4e édition

Notions fondamentales de management

Michel Darbelet

Laurent Izard

Michel Scaramuzza

enseignement supérieur

FOUCHER

ISBN 2-216-09591-5

SOMMAIRE

TITRE V. LES SYSTÈMES DE L'ENTREPRISE

Sous-titre I : Le système d'information

Sous-titre II : Le système de décision

TITRE VI. LA STRATÉGIE DE L'ENTREPRISE

Sous-titre I : L'analyse stratégique

Sous-titre II : L'action stratégique

1

INTRODUCTION À L'ANALYSE DE L'ENTREPRISE

L'entreprise est à la fois un concept et une réalité complexe et multiforme. Pour la cerner dans ses divers aspects nous envisagerons d'abord sa fonction économique (Section 1), ce qui conduit à analyser ses rapports au marché (Section 2), puis nous chercherons à identifier en quoi consiste sa production (Section 3), en contrepartie de laquelle elle se perçoit comme centre de distribution de revenus (Section 4). Cet aspect de son activité conduit à rune réflexion plus générale sur les finalités de l'entreprise (Section 5), en accordant une attention particulière à sa fonction sociale (Section 6). Enfin nous terminerons l'étude en examinant les problématiques de la décision dans l'entreprise (Section 7).

SECTION 1
LA FONCTION ÉCONOMIQUE DE L'ENTREPRISE

L'entreprise est définie, dans la microéconomie classique, par sa fonction économique. C'est un agent (aujourd'hui nous dirions plutôt une organisation) qui transforme des ressources (également dénommées facteurs de production ou intrants) en les combinant pour obtenir des produits sous forme de biens et services marchands.

Du point de vue technique, l'entreprise est un centre de combinaison de facteurs de production.
Du point de vue économique, la firme est un lieu de calcul économique.

L'entreprise est ainsi le *lieu de combinaison des facteurs de production* (aspect physique de l'activité) et le *lieu de calcul économique* permettant l'optimisation de l'emploi des facteurs. C'est une vision réductrice de l'entreprise, mais utile pour comprendre les problèmes d'optimisation techniques et économiques à résoudre.

Les facteurs utilisés sont le capital financier, le capital technique, les ressources naturelles, les consommations intermédiaires (appelées externes par les comptables) et le travail.

I. LA FONCTION DE PRODUCTION

La fonction de production traduit la transformation de ressources (intrants) en produits (extrants).

Toute firme se caractérise par sa fonction de production qui exprime la relation de transformation des facteurs (F) en produits (P) que l'on note :

$$P = P(F_1, F_2, \dots Fn)$$

expression dans laquelle P désigne à la fois la production obtenue (dans le premier membre) et le symbole fonctionnel de la transformation opérée dans le second membre.

L'intérêt de cette approche est de montrer que l'entreprise doit opérer des choix techniques et économiques pour *optimiser sa fonction de production*, c'est-à-dire utiliser le moins de facteurs possibles pour obtenir une production donnée. Elle doit être à la fois efficace et efficiente. L'*efficacité* c'est la réalisation de l'objectif de production, l'*efficience* est l'économie des moyens mis en œuvre.

La combinaison optimale des facteurs résulte d'un double choix technique et économique.

La combinaison optimale des facteurs n'est pas un choix exclusivement technique. C'est aussi un choix économique qui fait intervenir les prix des facteurs. En effet, en raison de la substituabilité des facteurs, il existe généralement de multiples possibilités d'obtenir un produit en combinant des facteurs de façon variable. Pour déterminer lesquels il faut choisir, et en quelles proportions les associer, il faut nécessairement tenir compte de leurs coûts respectifs (ou coûts relatifs) en utilisant la fonction de coût.

II. LA FONCTION DE COÛT

La fonction de coût exprime le coût global, croissant, en fonction des quantités produites.

La fonction de coût s'obtient à partir de la fonction de production en multipliant les quantités de chaque facteur F_i utilisé par son prix p_i. Elle s'écrit :

$$C(Q) = \Sigma p_i \times F_i$$

Le coût global minimum s'obtient lorsque les productivités marginales des facteurs pondérées par leur prix sont égales.

Ce coût global, pour une production Q donnée, est minimal lorsque ses dérivées partielles, par rapport à chaque facteur, sont nulles. On démontre ainsi qu'il existe, pour un niveau quelconque de production, une combinaison productive optimale permettant de minimiser le coût global. À cet optimum, les productivités marginales des divers facteurs, pondérées par leurs prix, sont égales. L'entreprise apparaît ainsi comme un centre de calcul économique visant à l'optimisation de sa fonction de production, pour minimiser son coût global.

Les fonctions de coût moyen et de coût marginal, utiles pour la gestion, se déduisent de la fonction de coût global.

Pour affiner l'analyse, il convient de distinguer trois sortes de fonctions de coût :

- le coût global C(Q) est toujours croissant en fonction des quantités produites ;
- le coût moyen C(Q)/Q est d'abord décroissant en raison de la répartition des coûts fixes sur des quantités de plus en plus grandes, puis croissant ensuite en raison de la loi des rendements décroissants ;
- le coût marginal C'(Q), très important pour les décisions de gestion, est mathématiquement la dérivée du coût total, et économiquement le coût additionnel supporté pour produire une unité supplémentaire. C'est par exemple le prix minimum auquel on peut vendre sans perte les unités supplémentaires. Le coût variable unitaire en constitue souvent, à structures inchangées, une bonne mesure approximative.

À ce stade de notre étude, le niveau de production à adopter reste indéterminé. Pour lever cette indétermination, il faut introduire la *fonction d'objectif* de la firme. Dans une économie de marché capitaliste, la finalité de l'entreprise (à ne pas confondre avec sa fonction économique qui est la production de biens et services marchands) est financière : il s'agit de maximiser le profit réalisé grâce à la production.

III. LA FONCTION DE PROFIT

La fonction de profit est la fonction d'objectif des firmes en économie de marché capitaliste.

Cela conduit à introduire la fonction de profit, après la fonction de production et la fonction de coût présentées précédemment. Le profit est la différence entre le produit des ventes (chiffre d'affaires) et le coût total soit :

$$B = p.Q - C(Q)$$

p étant le prix de vente et Q la quantité vendue.

Le maximum de cette fonction est obtenu lorsque sa dérivée est nulle, soit

$$p - C'(Q) = O$$

$$\mathbf{p = C'(Q)}$$

Sur un marché concurrentiel, le profit est maximum lorsque la firme égalise son coût marginal au prix imposé par le marché.

Ainsi, pour un prix de marché donné, ce qui est le cas pour les marchés concurrentiels sur lesquels l'entreprise doit respecter le prix établi par le marché, l'entreprise doit adopter un niveau de production tel que son coût marginal soit égal au prix de vente du produit.

Sur les marchés non concurrentiels, sur lesquels l'entreprise a une certaine liberté de fixation de son propre prix, on démontre qu'elle doit alors égaliser son coût marginal à sa recette marginale (qui est la dérivée de la recette globale par rapport aux quantités). Cela signifie que l'entreprise vendra moins, mais plus cher ce qui est bien la pratique des monopoles. Il en va de même sur les autres formes de marchés de concurrence imparfaite ou d'oligopole.

IV. LA FONCTION D'OFFRE DE L'ENTREPRISE

Considérons une entreprise qui fabrique un bien unique. Elle le vend sur un marché de concurrence. En situation de concurrence *le prix est fixé par le marché*. Il s'impose à l'entreprise : de ce fait, le prix p est une *donnée*.

Le fonctionnement de l'entreprise peut être décrit à partir des trois fonctions précédemment présentées : de production, de coût et de profit.

Son activité engendre :

– des quantités produites déterminées par la fonction de production :

$$\mathbf{P = P\ (F1,\ F2,\ \ldots\ Fn)}$$

– des coûts supportés exprimés par la fonction de coût :

$$\textbf{Coût global} = \mathbf{C = C(Q)}$$

– des résultats (Bénéfice) mesurés par la fonction de profit

Bénéfice = Recettes – Coûts

$$\mathbf{B = p \times Q - C(Q)}$$

Afin de déterminer le bénéfice maximum, on dérive la fonction de bénéfice par rapport aux quantités qui constituent la variable d'action de l'entreprise. On sait en effet que le maximum de cette fonction est obtenu lorsque sa dérivée est nulle (extremum de la fonction). Comme nous l'avons vu précédemment on obtient : $\mathbf{p = C'(Q)}$.

C'(q) est le coût marginal. *Mathématiquement*, le coût marginal est la dérivée de la fonction de coût total. C'est donc elle-même une fonction. À chaque niveau de production correspond un coût marginal particulier :

$$\textbf{Coût marginal} = \mathbf{C'(Q)} = \lim \frac{\Delta C}{\Delta Q} = \frac{\text{variation du coût}}{\text{variation des quantités}}$$

Économiquement, le coût marginal correspond au coût supplémentaire qu'il faut supporter pour produire une unité (ou un lot de fabrication) supplémentaire.

Coût marginal = coût supplémentaire de la dernière unité produite ou vendue.

Il peut être très élevé ou très faible, notamment parce que les coûts fixes augmentent par paliers. Lorsque les coûts fixes restent inchangés, il se confond souvent avec le coût variable unitaire. Ainsi le coût marginal de la production d'un kWh d'électricité supplémentaire est très faible tant que l'on utilise les centrales existantes ; il augmente brusquement très fortement s'il faut mettre en route une nouvelle centrale.

La forme des fonctions de coût résulte de la loi des rendements décroissants.

Selon une loi générale, dite **loi des rendements décroissants**, le coût marginal est d'abord décroissant puis croissant, en fonction des quantités produites et vendues. En effet, au début, les coûts sont étalés sur des quantités plus nombreuses et l'entreprise produit plus efficacement par apprentissage et économie d'échelle, ce qui fait baisser le coût marginal des unités supplémentaires. Mais il arrive un moment où le processus s'inverse : pour continuer à produire plus il faut recourir à des heures supplémentaires ou de nuit plus coûteuses, le rendement des machines se détériore et surtout il faut de nouveaux matériels, ce qui accroît les coûts fixes. Les rendements sont décroissants, ce qui correspond à une élévation du coût marginal.

Les fonctions de coût moyen et de coût margial sont d'abord décroissantes, puis croissantes.

Il résulte de la loi des rendements décroissants que *les courbes de coût marginal et de coût moyen comportent deux parties* : à gauche, elles sont d'abord décroissantes (zone des rendements croissants) ; à droite, elles sont ensuite croissantes (zone des rendements décroissants).

Le graphe ci-dessous représente l'évolution des courbes de coût en fonction des quantités produites.

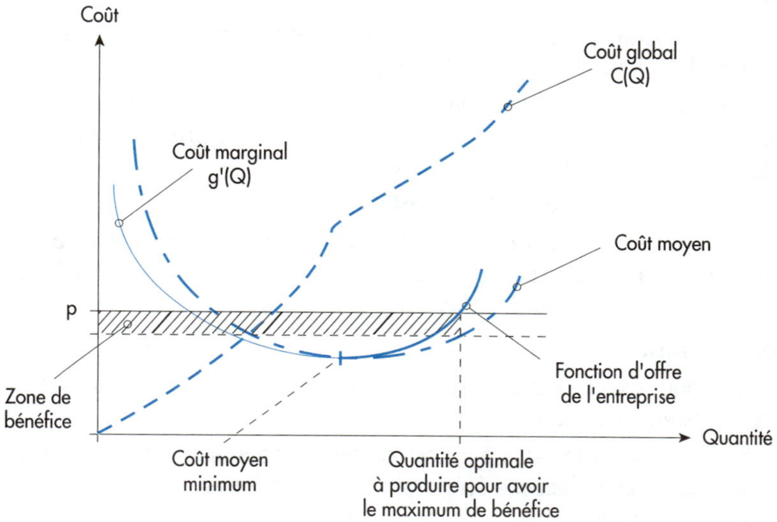

Il en résulte que le **coût moyen** (ou coût unitaire, qui est le quotient du coût global sur la quantité vendue) est lui-même décroissant (tant que le coût marginal lui est inférieur), puis croissant (dès lors que le coût marginal lui devient supérieur).

On démontre que le coût marginal est égal au coût moyen lorsque ce dernier est minimal.

Le coût marginal est donc égal au coût moyen lorsque ce dernier est minimum. Ce qui se démontre aisément mathématiquement :

$$\text{coût moyen} = \frac{C(Q)}{Q}$$

Le minimum du coût moyen est obtenu lorsque sa dérivée est nulle :

$$\text{minimum coût moyen} = \left(\frac{C(Q)}{Q}\right)' = 0$$

$$= \frac{C'(Q)Q - C(Q)}{Q^2} = 0$$

$$\Rightarrow C'(Q) = \frac{C(Q)}{Q}$$

$$\Downarrow \qquad \Downarrow$$

$$\Rightarrow \text{coût marginal} = \text{coût moyen}$$

– Le coût moyen minimum est atteint quand le coût moyen est égal au coût marginal.

– Il résulte de la formule établie précédemment C'(q) = p qu'une entreprise ne doit pas fixer ses quantités de façon à ce que son coût moyen soit minimal.

Une entreprise doit produire une quantité telle que son coût marginal (qui dépend des quantités produites) soit égal au prix de vente qu'elle peut pratiquer.

À ce niveau de production en effet *la dernière unité produite ne lui rapporte rien* puisque son coût marginal est égal à son prix ; en revanche, *elle gagne sur toutes les autres unités dont le coût marginal est inférieur au prix de vente*. En effet une firme a toujours intérêt à produire dans la zone des rendements décroissants, c'est-à-dire à coût marginal croissant et supérieur au coût moyen. Une firme qui produirait dans la zone des rendements croissants aurait intérêt à produire davantage pour abaisser son coût marginal et son coût moyen.

La fonction d'offre d'une firme correspond à la partie croissante de sa fonction de coût marginal.

Par conséquent, seule **la partie croissante de la courbe du coût marginal** est intéressante pour l'entreprise.

Cette partie croissante de la courbe du coût marginal relie les quantités produites au coût marginal, mais aussi au prix puisque prix = coût marginal. C'est la fonction d'offre de l'entreprise :

offre = O = O (p) avec O'(p) négative.

En conclusion, la **fonction d'offre d'une entreprise est une fonction croissante du prix**. Elle a une pente variable, qui dépend de la fonction de coût marginal de la firme.

Généralisation

Introduisons d'autres entreprises sur le marché (4 dénommées A, B, C et D dans l'exemple ci-dessous).

Elles sont caractérisées par des courbes de coût, spécifiques à chacune, en fonction de leur efficacité économique (gestion, organisation) et technique (mode de production, méthodes, procédés).

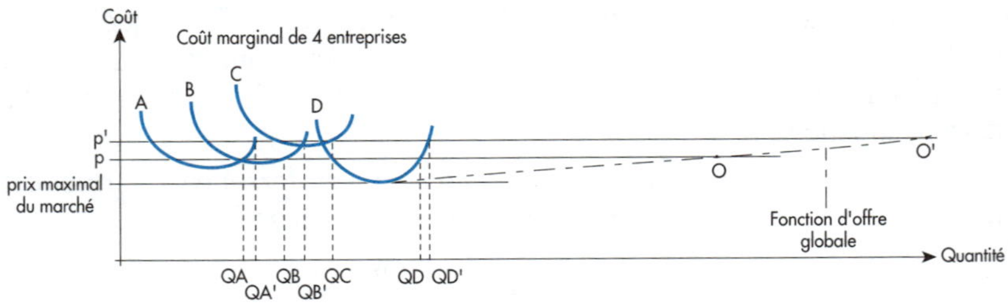

– Pour un prix p : l'entreprise C n'est pas compétitive sur le marché car elle a un niveau de coût trop élevé.

– Offre globale sur ce marché ⇒ $O = Q_A + Q_B + Q_D$.

– Pour un prix p' : L'entreprise C rentre sur le marché

– Offre globale $O' = Q_{A'} + Q_{B'} + Q_{C'} + Q_{D'}$.

Pour analyser l'offre globale sur un marché il faut additionner les offres individuelles des entreprises présentes, à chaque prix éventuel du marché. La fonction d'offre est hypothétique et potentielle.

La fonction d'offre globale sur un marché est la somme des fonctions d'offre individuelles.

Il s'agit d'une offre potentielle, éventuelle, hypothétique car le prix p est pour l'instant indéterminé : **si** le prix se fixe à p° quelconque, **alors** les quantités offertes seront de q°.

Offre globale = Σ des quantités offertes par les différentes entreprises aux divers niveaux de prix
= Σ des quantités optimales.

Cette analyse des fonctions d'offre et de coût des entreprises montre qu'une firme peut être éliminée du marché en raison de niveaux de coût trop élevés par rapport à ceux des concurrents. C'est même un mode fréquent de disparition des entreprises. Pour demeurer compétitives sur les marchés concurrentiels, les entreprises doivent donc en permanence conduire des actions de réduction de leurs coûts, ou, ce qui revient au même, d'amélioration de leur productivité en réalisant des gains de productivité.

L'écart entre les fonctions de coût des entreprises est un facteur explicatif majeur des avantages et handicaps compétitifs, et des disparitions d'entreprises.

De même, les écarts de compétitivité des entreprises proviennent souvent de courbes de coût décalées les unes par rapport aux autres, ce qui confère un avantage concurrentiel à celles qui ont les courbes de coût les plus basses, et inversement un handicap concurrentiel à celles dont les fonctions de coût sont élevées.

Cependant la considération des coûts comparés ne suffit pas à identifier la position compétitive d'une firme car, par sa fonction d'innovation, la firme peut s'écarter du contexte concurrentiel et imposer son propre prix au lieu de subir celui du marché.

V. LA FONCTION D'INNOVATION

Dans une économie de marché, la valeur d'un bien dépend en effet de son **utilité** (déterminée par l'intensité du besoin ressenti par les acheteurs, et par la solvabilité de ces derniers, liée au revenu, au capital possédé, et à la capacité d'endettement) et de sa **rareté**. La valeur d'un bien croît donc, pour une utilité donnée, avec sa rareté. L'objet de l'activité économique est de réduire cette rareté par la production.

Mais, *en participant à l'éclosion de nouveaux besoins*, **la production crée de nouvelles raretés** (dynamique des besoins au cours du temps du fait de l'élévation du revenu, dynamique des besoins provenant des produits nouveaux résultant des innovations des firmes). Ainsi les besoins sont satisfaits grâce à la production qui crée à son tour de nouveaux besoins.

Les entreprises jouent un rôle essentiel, par leur créativité économique et leur potentiel d'innovation, dans la dynamique des besoins marchands et la genèse de besoins nouveaux qui se traduisent par une demande sur un marché, c'est-à-dire constituent des besoins solvables.

L'innovation émanant des firmes crée de nouveaux besoins et de nouvelles demandes solvables ou solvabilisées.

Les **besoins sociaux** ne sont pas réductibles aux **besoins marchands** (solvables). Il existe des techniques de solvabilisation des besoins, techniques marchandes (ex. : le crédit) ou non marchandes (ex. : la subvention, les revenus de redistribution, les financements publics...).

Pour comprendre comment la demande s'adresse à la firme, il est essentiel d'introduire le concept d'**utilité marginale**.

L'utilité marginale d'un bien pour un acheteur est l'utilité de la dernière unité possédée de ce bien. Mathématiquement c'est la dérivée partielle, par rapport au bien considéré, de la fonction de satisfaction (ou d'utilité) de l'individu.

La demande à la firme dépend de l'utilité marginale ressentie par un acheteur potentiel.

Elle est décroissante, en fonction de la quantité du bien que l'individu possède (loi de saturation des besoins, lorsqu'on analyse un besoin particulier satisfait par un bien donné).

La valeur des biens dépend de cette utilité marginale. Plus un bien est rare, plus l'utilité marginale est forte et inversement, plus il est abondant, plus elle est faible.

Ainsi l'utilité marginale est un concept permettant de traduire simultanément l'utilité et la rareté.

Le prix de marché d'un produit se situe entre sa valeur coût pour le producteur et sa valeur utilité pour l'acheteur.

Sur un marché, le prix d'un bien peut donc se situer entre un minimum (le coût de l'entreprise marginale, c'est-à-dire la moins performante) et un maximum (l'utilité marginale du bien pour l'acheteur). La marge de négociation se situe entre la « valeur coût » (point de vue de l'offreur) et la « valeur utilité » (point de vue de l'acheteur).

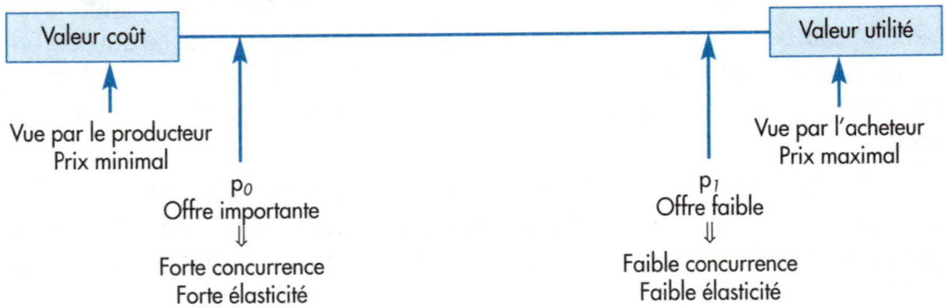

Lorsque la concurrence est faible, le prix se rapproche de la valeur utilité. Il tend à baisser et à se rapprocher de la valeur coût lorsque la pression concurrentielle s'intensifie.

Ainsi, pour les biens nouveaux la concurrence est faible et le prix peut s'établir à un niveau proche de la « valeur utilité » du bien, très éloignée de son coût. Au fur et à mesure du déroulement du cycle de vie du produit, la concurrence croissante ramène le prix du produit au voisinage de son coût. Plus il y a de concurrence, plus les prix des biens reproductibles sont ramenés près des coûts de production (et de distribution).

La stratégie d'innovation consiste donc à modifier les caractéristiques des biens, à produire de nouveaux produits de façon à bénéficier d'un double avantage provenant :

- de la faible pression concurrentielle due à l'absence de concurrents pour le produit nouveau ;
- de la forte valeur – utilité du produit nouveau.

L'ensemble combiné de ces deux phénomènes permet de pratiquer un prix élevé (proche de la valeur utilité) très éloigné du coût de production. La marge de monopole ainsi réalisée est progressivement réduite au fur et à mesure de l'accroissement de la pression concurrentielle.

VI. LA FONCTION DE MONOPOLE

L'innovation confère un monopole temporaire. Les avantages de la situation de monopole peuvent être précisés en dehors de toute innovation.

En monopole, le prix est fixé par la firme et non par le marché.

La différence des marchés de monopole et des marchés concurrentiels provient du mode de fixation des prix. Dans un univers concurrentiel, le prix est une donnée du marché qui s'impose à la firme. Dans un marché de monopole, le prix du produit est une variable d'action de l'entrepreneur.

Dans ces conditions reprenons la fonction de profit :

$$B = p \times Q - C(Q).$$

Mais, en monopole le prix est une variable que peut fixer l'entreprise, en fonction des quantités qu'elle compte vendre. Pour vendre plus, il faut abaisser le prix de vente puisque les fonctions de demande des acheteurs sont décroissantes en fonction du prix. La fonction de profit s'écrit alors :

$$B = p(Q) \times Q - C(Q).$$

Pour maximiser le bénéfice, il faut que la dérivée de cette fonction soit nulle, ce qui donne :

$$B' = p'(Q) \times Q + p(Q) - C'(Q) = 0.$$

D'où :

$$p'(Q) \times Q + p(Q) = C'(Q).$$

Le premier membre de cette expression est la recette marginale que procure la vente d'une unité supplémentaire. En effet, pour vendre une unité supplémentaire qui rapportera son prix p(Q), il faut accepter de baisser le prix de vente de : p'(Q) sur toutes les autres unités vendues (Q). L'expression p'(Q) × Q est donc négative : c'est la baisse de recettes sur toutes les unités, nécessaire pour vendre une unité supplémentaire au prix p (Q).

Il en résulte que la recette marginale procurée par la vente d'un produit supplémentaire est inférieure à son prix de vente.

Finalement, pour maximiser son profit, le monopole doit choisir un niveau de production (ou de prix car les deux sont interdépendants) tel que sa recette marginale soit égale au coût marginal de son produit. L'optimum du monopole correspond à **l'égalisation de la recette marginale et du coût marginal**.

Le monopole doit égaliser son coût marginal et sa recette marginale pour maximiser son profit.

Comme la recette marginale est inférieure au prix de vente du produit (en raison de l'élément négatif du premier membre de l'équation établie), il en résulte qu'en situation de monopole une firme a intérêt à produire moins qu'elle ne le ferait en situation concurrentielle, et à pratiquer des prix plus élevés. Les monopoles ont des comportements malthusiens.

Il en va de même des ententes lorsqu'elles ont pour objet de fixer des quotas de production.

Les autres marchés (de concurrence imparfaite, de concurrence monopolistique, d'oligopole) fonctionnent selon des principes similaires. D'une manière générale une firme a intérêt à s'éloigner de la concurrence parfaite par des stratégies d'innovation ou de différenciation de son produit pour retrouver une liberté partielle dans la fixation de ses prix de vente.

En raison des inconvénients de la concurrence parfaite, qui impose un prix de marché unique, les entreprises ont intérêt à innover et à différencier leurs produits de ceux des concurrents.

SECTION 2
ENTREPRISE ET MARCHÉ

L'entreprise est une réalité multiforme, complexe et évolutive. C'est aussi un concept relativement récent, car l'existence de la firme est fondamentalement liée à l'économie de marché qui, sous sa forme généralisée, n'a que peu de siècles.

I. L'ENTREPRISE ET LE MARCHÉ

En effet, **la caractéristique fondamentale de l'entreprise est son rapport au marché** : elle s'adresse nécessairement à des marchés qu'elle doit *satisfaire*, et auxquels elle doit *s'adapter*.

La pierre de touche de l'entreprise est son rapport au marché.

En fait elle participe à la dynamique des marchés car elle contribue également à leur évolution, voire à leur création. Le marché lui crée des *contraintes*, mais lui offre également des *opportunités*. Ce rapport permanent au marché sert à identifier l'entreprise, mais également à la différencier fortement d'autres organisations ou agents économiques. Ainsi, l'entreprise se distingue de l'établissement qui n'est qu'une unité technique de transformation des ressources (une usine, un entrepôt…) qui n'a pas de problématique marchande. De même l'entreprise se distingue de l'administration qui, comme beaucoup d'entreprises, rend des services mais non marchands, c'est-à-dire qu'elle ne vend pas, qu'elle ne commercialise pas sur des marchés.

La firme est un offreur pour ses produits sur le marché des biens et des services ; et un demandeur pour ses ressources sur les marchés des facteurs qui sont au nombre de quatre.

L'entreprise a un double rapport au marché, car elle s'adresse aux marchés à la fois comme offreur et comme demandeur.

Elle est *offreur de produits* (biens et services) sur ses marchés aval, sur lesquels elle doit satisfaire des besoins externes de clients (acheteurs, utilisateurs, transformateurs, consommateurs...). Il lui faut donc à cette fin :
- connaître ces besoins, et agir sur eux ;
- adapter les diverses caractéristiques de ses produits à ces besoins, à leur variété et à leur évolution.

Elle est *demandeur de ressources* (facteurs, intrants) sur les marchés amont, grâce auxquels elle satisfait ses besoins internes. Les marchés amont sur lesquels elle se présente comme demandeur sont au nombre de quatre :
- financier (au sens large, incluant le système bancaire) sur lequel elle se procure ses ressources financières c'est-à-dire son capital financier ;
- des équipements auprès duquel elle se procure, grâce au capital financier, le capital technique nécessaire à ses activités c'est-à-dire ses immobilisations (terrains, constructions, installations, matériels, outillages...) ;
- des approvisionnements où elle acquiert les consommations intermédiaires (matières, énergie, services...) transformées ou utilisées au cours du processus de production. À la différence des équipements qui servent à de multiples cycles d'exploitation successifs, les consommations intermédiaires ne participent qu'à un seul cycle d'exploitation au terme duquel elles disparaissent ou sont intégrées dans le produit ;
- du travail auprès duquel elle se procure la main-d'œuvre de conception, d'encadrement et d'exécution nécessaire à son activité.

Ainsi la caractéristique fondamentale de l'activité d'une firme n'est pas la production qui est également le fait d'autres agents économiques.

L'entreprise, en combinant des facteurs de production (ou intrants) **produit des biens et des services destinés à être vendus sur des marchés**. La firme n'a d'existence qu'en fonction du marché.

La fonction économique de l'entreprise est la satisfaction du marché par son produit. La firme satisfait des besoins solvables ou solvabilisés (par exemple par le crédit, par une subvention...) grâce aux produits qu'elle offre sur des marchés pour répondre à une demande, la susciter, la renouveler ou la créer.

La firme interagit avec le marché d'une part en y adaptant ses produits, d'autre part en influençant le marché.
Le marché est donc, pour une firme, à la fois une donnée et un terrain d'action.

Le rapport de la firme au marché n'est donc pas univoque. L'entreprise interagit avec les marchés :
- ils guident ses choix de produits, de prix, de facteurs, de techniques ;
- ils conditionnent ses performances (résultats, rentabilité, trésorerie) ;
- elle influence les marchés par ses actions commerciales et ses innovations ;
- elle participe à la genèse des besoins et à la dynamique des marchés par sa fonction d'innovation (la plupart de nos besoins actuels sont la résultante des innovations des firmes).

II. L'ENTREPRISE OU LE MARCHÉ

L'entreprise et le marché sont deux formes alternatives de coordination des actions des agents économiques.

D'un point de vue conceptuel l'entreprise, en tant qu'organisation, s'oppose au marché. Dans les deux cas – marché et entreprise – il s'agit de rendre compatibles les actions et d'assurer la *coordination d'agents*, fonctionnellement spécialisés en raison de l'intérêt de la division du travail du point de vue de la productivité, et de la compétence limitée de chaque personne.

Dans un marché ce sont les *relations marchandes* (les contrats) qui opèrent la coordination des actions des agents économiques, la régulation étant assurée par le marché qui ajuste les prix (loi de l'offre et de la demande). Dans une organisation – l'entreprise est une organisation – ce sont des *relations hiérarchiques* ou de coopération qui **réalisent la coordination et la régulation** entre personnes.

Si les entreprises se sont développées, c'est que les relations exclusivement marchandes génèrent des *coûts de transaction (coûts de collecte de l'information, coûts de négociation, coûts de passation des contrats, coûts liés à l'incertitude)* élevés, qui peuvent être évités dans le cadre d'une organisation en remplaçant les relations marchandes par des relations hiérarchiques. C'est ce qu'ont notamment étudié des théoriciens tels que Ronald Coase et Oliver Williamson. Pour la théorie des coûts de transaction, la firme se construit puis se développe en internalisant des transactions marchandes. L'internalisation est le processus par lequel des *relations hiérarchiques* se substituent aux *relations marchandes*. Ce processus est efficient tant que les **coûts organisationnels** marginaux demeurent inférieurs aux **coûts de transaction** marginaux.

L'internalisation consiste à remplacer des relations marchandes externes par des relations hiérarchiques internes.

Or, les coûts organisationnels croissent rapidement au fur et à mesure qu'augmentent la taille et la complexité de l'organisation (la loi des rendements décroissants s'applique en effet à l'organisation). Il en découle que, selon la théorie des coûts de transaction, il existe une *taille optimale de l'entreprise*, déterminée par l'égalisation des coûts organisationnels marginaux supportés avec les coûts marginaux de transaction supprimés.

L'internalisation réduit les coûts de transaction, mais accroît les coûts d'organisation.

En sens inverse, l'analyse comparée des coûts organisationnels (coûts de structure, coûts d'inefficience, surcoûts résultant du manque de pression concurrentielle) et des coûts de transaction peut conduire une firme à externaliser une partie de ses activités.

La théorie des coûts de transaction permet donc de comprendre et d'expliquer deux stratégies opposées, suivies par des firmes différentes, ou par une même firme à diverses époques : l'**internalisation** et l'**externalisation**

La comparaison des coûts organisationnels et des coûts transactionnels permet d'expliquer les stratégies d'internalisation et d'externalisation d'activités.

Par ailleurs, afin de combiner les avantages de la régulation par le marché et ceux de la régulation par l'organisation, de nombreuses grandes firmes recréent en leur sein la pression de relations marchandes pour préserver leur efficience sous forme, notamment :
- de relations client fournisseur ;
- de prix de cessions internes ;
- de centres de profit ;
- d'organisation en réseau.

SECTION 3
ENTREPRISE ET PRODUCTION

Nous avons vu que l'entreprise **produit des biens et des services**. C'est l'*aspect physique* et concret de l'activité d'une firme. Cependant, la production d'une firme n'est généralement pas exclusivement matérielle. Produire c'est fabriquer un bien, mais aussi fournir des prestations de services, transporter, stocker et distribuer des biens. Toute activité, matérielle ou immatérielle, aboutissant à une **création de valeur** est productive. Les entreprises

La production physique consiste à produire des biens et des services.

de distribution (commerces) et de services (hôtellerie, restauration, sociétés de services...) sont productrices au même titre que les firmes industrielles.

La production se mesure en valeur en valorisant les biens et les services par leur prix.

La production s'exprime donc en valeur : c'est la notion comptable de production qui apparaît au compte de résultat. Les comptables distinguent la production vendue, la production stockée et la production immobilisée qu'ils additionnent pour obtenir la production totale de l'exercice. Cependant la production ainsi mesurée n'est qu'une production apparente qui surestime la production réelle, car elle inclut les achats effectués auprès d'autres firmes.

La production économique réelle d'une firme est sa valeur ajoutée.

Pour obtenir la véritable valeur produite par l'entreprise, il faut retrancher de sa production apparente les consommations intermédiaires qu'elle utilise. **La production réelle d'une firme est donc sa valeur ajoutée, différence entre sa production comptable apparente et ses consommations externes.**

Valeur ajoutée = production comptable – consommations externes

Cette valeur ajoutée exprime ainsi la richesse créée par l'entreprise.

La valeur ajoutée est l'aspect économique de la production de l'entreprise. Mais il existe également une mesure financière de la valeur créée. L'entreprise, en contrepartie des facteurs qu'elle utilise, outre les consommations externes, supporte des coûts. Toute entreprise doit normalement produire une valeur lui permettant de couvrir ses coûts et, au-delà, de réaliser un profit. Du point de vue des associés d'une entreprise, cette dernière produit de la valeur lorsque le prix de ses produits excède leur coût de revient. C'est l'aspect financier de la création de valeur qui s'exprime par la rentabilité des capitaux investis dès lors que cette dernière est supérieure à la rémunération normale des capitaux sur le marché financier pour des actifs de même niveau de risque.

La créativité économique d'une firme s'exprime par la production d'innovations qui lui confèrent un avantage concurrentiel et lui permettent de s'adapter au marché ainsi que d'anticiper son évolution.

L'évolution des techniques et des marchés marque profondément l'entreprise en tant qu'unité de production. La dynamique des marchés et de la technologie conduit à l'obsolescence rapide des produits : l'entreprise routinière continue à produire des biens mais ne constitue plus une unité productive de valeur. Pour rester productive, la firme doit non seulement produire des biens, mais également *assumer* ***la créativité*** *économique en les renouvelant constamment et en proposant des produits nouveaux*, en suivant ou, mieux, en anticipant la concurrence et la demande. L'entreprise devient un centre de **production d'innovations**.

La firme produit également des externalités, positives et négatives, par les impacts qu'elle exerce sur son environnement.

Par ailleurs, la firme ne produit pas seulement des **biens** et de la **valeur** : ce sont les aspects marchands de sa production. Mais elle a également une production non marchande : ce sont les **externalités** qu'elle exerce sur son environnement. Rappelons qu'on désigne sous ce terme d'externalités tous les effets exercés par l'entreprise sur l'environnement et sur les personnes, mais qui ne sont pas intégrés dans sa comptabilité, soit qu'ils concernent d'autres agents économiques, soit qu'ils modifient l'environnement général (l'air, l'eau, les paysages, la flore, la faune notamment). L'entreprise produit deux sortes d'externalités : les unes sont positives (par exemple elle crée des emplois, soutient des fondations, pratique le mécénat) ; les autres, négatives, sont au cœur des problématiques actuelles sur le rôle des entreprises dans le « développement durable.

En résumé, l'entreprise est une unité de production sous plusieurs acceptions :
– elle est productrice de biens et de services ;

- elle est productrice de valeur, ajoutée à celle des biens et services qu'elle utilise : c'est le concept de valeur ajoutée ;
- elle est productrice de valeur au-delà du coût des facteurs qu'elle emploie (consommations externes, travail, capitaux empruntés) : c'est la rentabilité qui correspond au concept de valeur actionnariale des financiers, c'est-à-dire de création de valeur pour les associés, apporteurs de capitaux propres qui supportent le risque économique et financier et sont en contrepartie rémunérés par le profit aléatoire ;
- elle est productrice d'innovations ;
- mais elle est aussi productrice d'externalités, souvent négatives pour l'environnement et pour les personnes, que les politiques de développement durable s'efforcent de réduire.

SECTION 4
L'ENTREPRISE, UNITÉ DE RÉPARTITION DE REVENUS

L'entreprise, en contrepartie de la valeur créée (VA), répartit des revenus entre divers bénéficiaires.

La contrepartie monétaire de la production de l'entreprise, constituée des recettes qu'elle retire de ses transactions sur le marché, ne reste pas dans l'entreprise. Elle est répartie entre diverses parties prenantes ; comme telle, l'entreprise constitue une **unité de répartition de revenus**.

Nous avons déjà vu qu'une partie de ces recettes sert à payer les achats courants effectués auprès d'autres entreprises (les fournisseurs de consommations externes). À ce stade l'entreprise ne répartit pas la valeur créée en son sein ; elle se borne à récupérer sur ses clients la valeur créée dans d'autres entreprises.

I. LES BÉNÉFICIAIRES DE LA RÉPARTITION DE LA VALEUR AJOUTÉE

La VA se répartit entre six catégories de bénéficiaires, correspondant à trois parties prenantes.

En revanche, l'entreprise est un véritable centre de répartition de revenus lorsqu'il s'agit de sa valeur ajoutée. Les bénéficiaires de la valeur ajoutée par l'entreprise se répartissent en six catégories :

Les bénéficiaires de la répartition de la valeur ajoutée

Bénéficiaires	Instruments de répartition
le personnel	les rémunérations
les organismes sociaux	les cotisations sociales
l'État	les impôts et taxes
les prêteurs et les banques	les intérêts, les commissions
les associés	les dividendes
l'entreprise	l'autofinancement

D'une manière plus synthétique, la valeur ajoutée est répartie sous forme de revenus entre trois parties prenantes :
- le *personnel* ;
- les *administrations* (principalement l'État et les organismes sociaux) ;
- les *apporteurs de capitaux* (les prêteurs, les associés et l'entreprise elle-même), qui se partagent **l'excédent brut d'exploitation**.

L'excédent brut d'exploitation (EBE) mesure la part de la VA servant à rémunérer l'ensemble des capitaux utilisés par l'entreprise.

L'EBE est ce qui reste de la valeur ajoutée après paiement du personnel, des charges sociales et des impôts, pour rémunérer l'ensemble des capitaux mis à la disposition de l'entreprise, quelle qu'en soit l'origine (capitaux propres fournis par les associés, et capitaux empruntés).

VA =	rémunérations du personnel	+	impôts et cotisations sociales	+	EBE
	⇓		⇓		⇓
	Part allant au personnel		Part prélevée par les administrations		Part revenant aux apporteurs de capitaux

II. LES ÉTAPES DE LA RÉPARTITION DES REVENUS DANS L'ENTREPRISE

+	Production	Clients
–	Consommations externes	Fournisseurs
=	Valeur ajoutée (brute)	
–	Rémunérations du personnel	Salariés (salaire direct)
–	Charges sociales	Organismes sociaux (salaire indirect)
–	Impôts et taxes	État, collectivités territoriales
=	EBE	
–	Intérêts versés	Prêteurs
=	Résultat (net)	
–	Dividendes	Associés
=	Résultat non distribué	Entreprise
(+ amortissements)		

III. LES DÉTERMINANTS DE LA RÉPARTITION DE LA VALEUR AJOUTÉE

La répartition des revenus créés par la production entre ces trois catégories obéit à des règles différentes et a subi au cours du temps des évolutions profondes.

1. La part des administrations

La part de la VA allant aux administrations a fortement progressé, en raison du poids croissant des prélèvements obligatoires.

La part de la valeur ajoutée allant aux administrations, très faible au début de la révolution industrielle, n'a cessé de croître en raison du développement du rôle de l'État et de la naissance des systèmes de protection sociale (assurance maladie, retraites, allocations familiales, assurance chômage). Au cours des dernières décennies l'ensemble de ces prélèvements a crû plus vite que la valeur ajoutée des entreprises. Ces prélèvements ont un caractère obligatoire et dépendent de la réglementation en vigueur. Ils se répartissent en deux grandes catégories : les impôts et les cotisations sociales :

prélèvements obligatoires = impôts + cotisations sociales

2. La part du personnel

La part de la VA allant au personnel dépend de quatre facteurs principaux.

La fraction de la valeur ajoutée allant au personnel dépend essentiellement de quatre facteurs principaux :

– les règles de fonctionnement du **marché du travail** qui déterminent un « prix du travail » pour les diverses qualifications. Pour attirer et retenir du

personnel, comme pour éviter les conflits sociaux, l'entreprise doit respecter le niveau de salaire du marché. Ce dernier peut être influencé par l'État, lorsqu'il institue une réglementation des salaires, notamment par l'existence d'un salaire minimum (SMIC) ;
- la nature de la **combinaison productive** adoptée par l'entreprise, c'est-à-dire le rapport entre le travail et le capital employé. Dans une entreprise utilisant beaucoup de main-d'œuvre et peu de capital, l'essentiel de la valeur ajoutée va au personnel. Au contraire dans une entreprise fortement mécanisée ou automatisée, utilisant beaucoup de capital et peu de personnel, la part de valeur ajoutée allant au personnel est plus faible ;
- la **qualification du personnel** : à effectifs égaux une entreprise utilisant une main-d'œuvre plus qualifiée distribuera à son personnel une fraction plus forte de sa valeur ajoutée ;
- la **politique sociale de l'entreprise** : l'entreprise, au-delà des impératifs du marché du travail, peut, lorsque la valeur créée est suffisante, accorder des rémunérations plus élevées que le salaire moyen du marché. On observe en pratique que ce sont les entreprises performantes qui distribuent les salaires les plus élevés à leur personnel. Toutefois, la relation de causalité entre le salaire et les résultats de l'entreprise est complexe : des salaires plus élevés, s'ils accompagnent souvent la performance économique, en sont aussi souvent la cause car ils correspondent à une meilleure motivation et une plus grande efficacité du personnel.

3. La part des apporteurs de capitaux

La part de la VA allant au capital a fortement crû depuis 1983.

Enfin, la part de la valeur ajoutée allant aux apporteurs de capitaux, l'EBE, qui sert à rémunérer les capitaux (et donc aussi à les attirer) et à financer les investissements, a eu tendance à diminuer fortement de 1973 à 1983 du fait du poids croissant des charges sociales et de la progression des salaires. Un mouvement inverse s'est produit depuis 1983.

Le problème du *partage de la valeur ajoutée* de l'entreprise est une question essentielle, qui est au centre des conflits sociaux dans les entreprises et au cœur des débats sur la compétitivité des entreprises (poids des salaires dans les coûts et donc dans les prix de vente ; importance de l'EBE pour les investissements des entreprises).

IV. LA RÉPARTITION DES GAINS DE PRODUCTIVITÉ

Les gains de productivité résultent de la meilleure efficience de la combinaison productive de la firme.

Au cours du temps l'entreprise améliore son efficacité en combinant mieux ses facteurs de production (ex. : diminution de l'énergie ou de la matière consommée par unité produite ; augmentation des rendements des machines, procédés techniques meilleurs). Elle réalise alors des *gains de productivité* : la quantité de facteurs de production utilisés par unité produite diminue (ex. : diminution de plus de 4 heures à moins de 40 minutes du temps de main-d'œuvre nécessaire pour la fabrication d'un téléviseur).

Le surplus qui en résulte peut être réparti de plusieurs manières.

Ces gains de productivité posent à l'entreprise un problème de répartition du supplément de revenus qui en résulte. Le **surplus** dégagé peut en effet être consacré :
- à une baisse des prix de vente dont bénéficient les clients ;
- à une meilleure rémunération du personnel ;
- à un accroissement de l'EBE conservé par l'entreprise ou distribué à ses associés.

Cependant l'entreprise n'est pas totalement maîtresse de la répartition des revenus supplémentaires résultant des gains de productivité car elle subit les contraintes du marché et de la réglementation. C'est ainsi que les gains de productivité peuvent être compensés par une hausse des matières premières et des autres consommations externes (ex. : quadruplement du prix des produits pétroliers en 1973-1974), par des prélèvements obligatoires (impôts et charges sociales) ou par une hausse des taux d'intérêt. La répartition des gains de productivité tout comme la répartition de la valeur ajoutée sont au centre des négociations collectives dans les entreprises.

En résumé, l'entreprise, unité de répartition des revenus, doit résoudre deux problèmes :
- le partage de la valeur ajoutée ;
- la répartition des gains de productivité.

SECTION 5
LES FINALITÉS DE L'ENTREPRISE

L'entreprise est un système finalisé car elle a été créée en vue de la réalisation de certaines fins qui se concrétisent dans la fixation d'objectifs.

I. LA FINALITÉ POURSUIVIE PAR LES DIRIGEANTS

Dans les firmes capitalistes en économie de marché, la finalité première est financière : c'est la recherche de la rentabilité maximale des capitaux.

La finalité de l'entreprise est la **raison pour laquelle a eu lieu sa création**.

Toutes les entreprises ont la même fonction économique générale qui est la satisfaction des besoins du marché par la production de biens et de services. Mais cette fonction n'est pas le but que poursuivent les fondateurs et dirigeants de l'entreprise. La production de biens et de services ne satisfait pas leurs propres besoins, car ils ne sont pas les consommateurs de leur production. La fonction économique n'est que l'un des moyens de réaliser la finalité que se proposent les dirigeants et les fondateurs. Ainsi la finalité varie selon le type d'entreprise et le système social dans lequel elle se trouve. Dans les *entreprises capitalistes*, fondées et dirigées par des apporteurs de capitaux, le but est l'obtention du maximum de profit. Le profit est ce qui reste pour les associés après paiement de toutes les charges. En fait, c'est surtout le taux de profit, rapport du profit obtenu aux capitaux engagés, qui intéresse les capitalistes. Ce taux s'appelle le **taux de rentabilité des capitaux**.

Dans les pays à *économie de marché*, certaines entreprises sont créées avec des finalités très différentes. Ainsi les coopératives et certaines entreprises publiques ont pour but le service rendu à la collectivité (entreprise publique) ou à une communauté particulière de travailleurs ou de consommateurs (coopérative).

II. LA FINALITÉ DE L'ENTREPRISE COMME INSTITUTION

Mais d'autres finalités sont également à prendre en compte, au moins comme des contraintes à respecter : éthiques, sociales, sociétales et environnementales.

En se plaçant, non plus dans une optique **descriptive**, mais dans une optique **doctrinale**, certains économistes ont tenté de dissocier les buts de l'entreprise de ceux de ses fondateurs en faisant de l'entreprise une **institution**, dont la finalité serait double :

- la **créativité économique**, c'est-à-dire la fabrication et le renouvellement continu des biens et des services destinés au marché ;
- la **satisfaction** des divers groupes qui interviennent dans le fonctionnement de l'entreprise :
  - apporteurs de travail : rémunération élevée et croissante, intérêt du travail, formation professionnelle, épanouissement personnel ;
  - apporteurs de capital : rémunération des capitaux investis ;
  - clientèle : biens de qualité, adaptés aux besoins, prix en baisse, information sur les produits, services ;
  - fournisseurs : assurance de débouchés à un prix rémunérateur ;
  - État et collectivités locales : création d'emplois, respect de la législation et des objectifs économiques, versements d'impôts pour le financement des infrastructures ;
  - public : protection et sauvegarde du milieu, sécurité des installations et des produits.

Ainsi l'institution « entreprise » doit assumer simultanément une double fonction économique et sociale. Cette analyse trouve son prolongement dans la méthode des comptes de surplus qui s'efforce de déterminer comment chacune des parties prenantes a participé, chaque année, à la répartition des gains de productivité obtenus par l'entreprise :
- augmentation des salaires, pour les salariés ;
- baisse des prix de vente, pour la clientèle ;
- augmentation des prix des achats, pour les fournisseurs ;
- accroissement des prélèvements fiscaux, pour l'État ;
- augmentation des profits et des intérêts, pour les apporteurs de capitaux.

Cependant, dans les économies de marché capitalistes, l'entreprise ne constitue pas une institution. Il n'y a pas de définition juridique de l'entreprise. La conception institutionnelle est supplantée par la conception contractuelle qui fonde la détention du pouvoir et l'appropriation du profit sur la propriété des moyens de production. Le droit ne connaît que des sociétés et non des entreprises.

Ainsi l'entreprise individuelle n'est qu'un élément du patrimoine de son propriétaire. Dans l'entreprise sociétaire, il y a un contrat fondamental : le **contrat de société** par lequel les apporteurs de capitaux, et eux seuls, détiennent le pouvoir de décision et définissent la finalité de l'entreprise.

En l'état actuel des structures sociales et juridiques, la finalité de l'entreprise capitaliste reste donc celle des dirigeants et fondateurs c'est-à-dire le profit ou le taux de profit. Les buts poursuivis par les autres membres de l'entreprise ne sont que des contraintes que les dirigeants sont amenés à introduire dans leurs choix.

Les autres types d'entreprises se rapprochent davantage de la conception institutionnelle (ex. : entreprises publiques, coopératives).

III. LES OBJECTIFS

La finalité est un idéal abstrait qu'il faut concrétiser dans des objectifs, pour faire fonctionner l'entreprise. L'objectif, au contraire, est un but concret et accessible à moyen terme. Précisément parce qu'il est concret et accessible, l'objectif a un effet mobilisateur sur les membres de l'entreprise. La mise en place des objectifs constitue donc une double technique de motivation et de coordination.

Les objectifs sont des buts concrets à moyen terme assignés pour réaliser la finalité.

Les objectifs sont d'abord fixés au niveau de la direction générale qui peut adopter des **objectifs stratégiques** consistant à introduire un changement important pour agir sur l'environnement (création d'un produit nouveau, nouveau procédé de vente) ou des **objectifs tactiques** d'adaptation au changement imposé de l'extérieur (vendre sous emballage perdu pour répondre aux désirs de la clientèle). Au niveau de la direction générale, les objectifs sont à la fois qualitatifs (produit nouveau) et quantitatifs (rentabilité de 10 % des capitaux).

Les objectifs de direction générale constituent un moyen de réalisation de la finalité de l'entreprise. Ils sont ensuite décomposés en sous-objectifs assignés aux divers échelons hiérarchiques. Par exemple un objectif de x % de taux de rentabilité des capitaux peut se décomposer en deux sous-objectifs de baisse des coûts de y % et d'accroissement des ventes de 3 %, assignés aux services de production et aux services commerciaux.

IV. LA RÉGULATION

La régulation est le moyen d'assurer la coordination des actions et le respect des objectifs.

La régulation est essentielle dans une firme, car c'est elle qui assure le respect des objectifs en maintenant le fonctionnement normal du système qui assure :
- sa survie (régulation statique) ;
- l'évolution désirée assurant le développement (régulation dynamique).

Afin d'atteindre les objectifs, la régulation peut s'effectuer de deux manières :
- l'*autorégulation* : grâce aux interdépendances entre éléments, chacun d'eux ne peut varier que dans d'étroites limites qui assurent un pilotage automatique (rétroaction),
- la *régulation commandée* : un organe de commande intervient (ex. : direction, supérieur hiérarchique) pour contrôler les transformations opérées par le système en agissant sur les éléments qui le composent (ex. : décision de remplacement d'une machine défectueuse).

SECTION 6
LA FONCTION SOCIALE DE L'ENTREPRISE

Pendant longtemps, seule la fonction économique de l'entreprise a été perçue et étudiée. Nous avons d'ailleurs vu qu'elle était apparue comme une unité économique spécialisée, distincte du reste de la société.

L'OST, centrée sur les aspects techniques d'organisation de la production, a ignoré la réalité sociale de l'entreprise.

Les premiers théoriciens de l'entreprise, F.W. Taylor et ses successeurs notamment, ont centré leur réflexion sur la seule réalité économique et technique de l'entreprise. Les formes d'organisation qui résultent de leurs études connues sous le nom d'organisation scientifique du travail (OST), sont caractérisées principalement par :
- la rémunération individuelle au rendement ;
- la parcellisation des tâches, la division du travail entre les exécutants étant réalisée jusqu'au stade ultime de l'opération élémentaire (ex. : visser un boulon, percer un trou, actionner une machine) ;
- le travail à la chaîne ;
- la structure hiérarchique.

I. LA RECONNAISSANCE DE LA FONCTION SOCIALE

Très rapidement, ces formes d'organisation ont entraîné dans les entreprises des dysfonctionnements repérables à un ensemble de symptômes : absentéisme du personnel, accidents du travail, démissions, conflits collectifs (grève), apathie, indifférence à l'égard du travail et de l'entreprise, insuffisance de la qualité.

Les psychosociologues ont montré qu'une partie de ces phénomènes était due à l'ignorance de la réalité sociale de l'entreprise qui constitue un **groupe humain** régi par des règles spécifiques de fonctionnement, formé de **sous-groupes** au sein desquels et entre lesquels de l'**information** circule et des **relations** s'établissent par des **réseaux de communication**.

Les psychosociologues ont intégré à l'analyse la fonction sociale de l'entreprise, en prenant en compte les besoins des salariés et leur appartenance sociale.

Aujourd'hui, à côté de la *fonction économique*, est reconnue la *fonction sociale* de l'entreprise.

La fonction économique est orientée vers l'extérieur de l'entreprise, c'est-à-dire son marché aval : la satisfaction des besoins de la clientèle par les produits de l'entreprise (ex. : pour une compagnie aérienne, satisfaction de besoins d'un transport régulier, sûr, ponctuel et confortable exprimés par les passagers).

La fonction sociale est centrée sur l'intérieur de l'entreprise : c'est la satisfaction des besoins des salariés, garante de leur motivation et de leur productivité.

La réalité sociale de l'entreprise s'exprime d'abord par la répartition des revenus qu'elle assure (cf. : L'entreprise, unité de répartition).

La fonction sociale de l'entreprise n'est cependant pas réductible aux seuls aspects financiers. Elle comporte une *dimension sociologique*. Le personnel d'une entreprise, qui constitue sa ressource fondamentale, forme en effet un groupe humain présentant des caractères spécifiques.

II. LES CARACTÉRISTIQUES DU GROUPE SOCIAL

Le groupe social que constitue l'entreprise a des caractéristiques spécifiques qui le différencient des autres groupes sociaux.

C'est un groupe constitué exclusivement avec un *objectif économique* de production. Dans la majorité des cas, les objectifs non économiques des individus se réalisent dans le cadre d'institutions distinctes comme la famille, la ville, l'Église, l'association. Toutefois, dans certaines entreprises les objectifs non économiques du personnel peuvent être satisfaits : organisation de loisirs (club sportif), de voyages, de vacances. Certains types de travaux intéressants permettent, au-delà de la rémunération, un accomplissement personnel des travailleurs (travail de recherche, de conception par exemple).

Le groupe est exclusivement composé de personnes actives, spécialisées fonctionnellement. La sélection des membres du groupe se fait sur la base d'un critère de compétence fonctionnelle, à l'exclusion des caractéristiques personnelles extérieures à la profession.

Le personnel de l'entreprise est soumis à un renouvellement relativement rapide. L'ouverture du groupe est cependant limitée par l'existence d'une procédure d'accès et d'un effectif maximal. Bien qu'ouvert sur l'extérieur le groupe est *durable*.

Ce groupe nécessite une organisation dont le double rôle est de permettre le fonctionnement efficace du groupe, et de satisfaire les aspirations de ses membres.

Du point de vue interne le groupe est organisé. L'organisation est fondée sur l'établissement d'une hiérarchie et d'un réseau de communications. Mais le réseau des communications réelles excède largement les seules communications formelles, à côté desquelles se développent les communications informelles, non prévues par l'organisation (relations de travail, relations interpersonnelles).

En partie en raison de cette organisation, le groupe est *hétérogène* et donne naissance à des sous-groupes. Ils sont composés de membres proches par leur travail, leur qualification, leur formation ou leurs aspirations (groupes syndicaux). En particulier des sous-groupes apparaissent en raison de l'hétérogénéité du travail accompli qui peut être de conception, de direction ou d'exécution. L'opposition la plus vive apparaît entre les dirigeants du groupe et les dirigés dont les intérêts, les aspirations et les conceptions divergent ou s'opposent, particulièrement dans les entreprises capitalistes.

III. L'ORGANISATION DU GROUPE SOCIAL

En tant que groupe social, l'entreprise nécessite une organisation particulière, destinée à permettre le fonctionnement du groupe et à satisfaire les aspirations de ses membres :
- création d'un système d'informations ascendantes et descendantes afin de satisfaire les besoins de coordination de l'entreprise et de communication des personnes (ex. : procédure de choix d'investissement, journal d'entreprise, boîte à suggestions…) ;
- constitution de groupes de travail cohérents, motivés et efficaces, auxquels un objectif ou un projet est confié ;
- établissement de programmes de formation du personnel ayant pour objet son perfectionnement professionnel et son intégration dans l'entreprise par les perspectives qui lui sont offertes (ex. : profil de carrière) ;
- mise en place de structures de participation assurant l'intéressement du personnel (ex. : participation aux bénéfices, à la productivité, au chiffre d'affaires…) et permettant le dialogue social dans l'entreprise (ex. : droit d'expression des salariés, institutions de représentation du personnel).

La reconnaissance de l'entreprise comme cellule sociale se manifeste par l'obligation faite aux entreprises de plus de 300 salariés d'établir annuellement un **bilan social** qui présente, résume et synthétise, grâce à un ensemble d'indicateurs sociaux et de ratios sociaux :
- d'une part, l'état social de l'entreprise (structure des effectifs et des qualifications par exemple) ;
- d'autre part, les réalisations sociales au cours de la période écoulée (création d'emplois, actions de formation, dépenses consacrées aux activités socioculturelles au cours de la période, par exemple).

En résumé, l'entreprise cellule sociale, doit :
- constituer un groupe social motivé par un projet qui assure la cohésion du groupe ;
- mettre en place un système d'informations entre les membres du groupe ;
- instaurer un réseau de relations assurant l'interaction entre groupes de travail.

SECTION 7
ENTREPRISE ET DÉCISION

Pour la microéconomie classique, l'entreprise est un *centre de décision unique*, qui, au terme d'un *calcul économique*, procède à des choix d'*optimisation*.

En réalité cette approche sous-estime la complexité du réel. Trois facteurs, analysés en particulier par Herbert Simon, sont à prendre en compte :
- d'abord, *l'information incomplète et imparfaite*, notamment sur les fonctions de production et les fonctions de coûts, mais également sur les facteurs qualitatifs pour lesquels les calculs d'optimisation sont impossibles ;
- ensuite, la *rationalité limitée* des agents économiques responsables des décisions qui cherchent à améliorer une situation plutôt qu'à choisir la décision optimale ; ils se contentent d'une situation satisfaisante bien que non optimale ;
- enfin, la prise en compte d'*objectifs personnels ou catégoriels* dans la décision, à côté des objectifs organisationnels, ce qui conduit à mettre en place des mécanismes d'incitation et de contrôle.

Il y a donc dans la firme un ensemble de centres de décisions, une grande variété dans les catégories de décisions auxquelles s'appliquent de multiples procédures de décision dont on s'efforcera de présenter les principaux modèles d'analyse.

Pour comprendre les décisions d'une firme, il faut tenir compte de la rationalité limitée des décideurs, du caractère incomplet des informations disponibles, et des objectifs individuels et catégoriels poursuivis.
De ce fait la firme obéit rarement à une logique d'optimisation de ses choix. Elle recherche des solutions satisfaisantes, au regard des trois facteurs précédents, à ses problèmes.

I. LES CENTRES DE DÉCISION

L'activité et l'évolution de l'entreprise sont la conséquence des décisions prises à une date donnée, qui *engagent l'avenir* et déterminent les performances :
- décisions de financement (ex. : réaliser une augmentation de capital) ;
- décisions d'investissement (ex. : construire une nouvelle usine) ;
- décisions d'exploitation (ex. : établir le programme de production de l'année).

L'entreprise peut donc être définie comme un **centre autonome de décisions**.

L'entreprise est un centre autonome de décisions, prises par des délégataires d'autorité hiérarchisés.

Dans la petite entreprise, le chef d'entreprise constitue le seul centre de décision tant pour le fonctionnement interne de l'entreprise (choix techniques, programme de fabrication) que dans les relations extérieures (avec les banques, les fournisseurs, les clients notamment).

En revanche, dans la grande entreprise, il y a nécessairement un grand nombre de centres de décision car personne, par manque de temps et de compétence, ne peut prendre seul la totalité des décisions. Chaque responsable hiérarchique doit déléguer une fraction de son pouvoir de décision. Le management de l'entreprise est la résultante d'une myriade de décisions prises par les différents délégataires de l'autorité. La firme est un édifice constitué de **délégations d'autorité successives, coordonnées par un centre de décision supérieur constitué par la direction générale**.

II. TYPOLOGIE DES DÉCISIONS DE L'ENTREPRISE

En tant que centre de décision, l'entreprise fait des choix de trois types, qui concernent autant l'avenir (aspect dynamique des décisions) que le présent (dimension statique de la décision) :
- **définition des biens et services** à produire et de leur prix, en fonction des *besoins* du marché et du *potentiel* de l'entreprise ;
- **définition des facteurs de production** à employer, c'est-à-dire choix des financements, des équipements, des matières et du personnel ;

L'entreprise doit prendre des décisions portant sur les produits, les facteurs et les procédés (organisation, technique, méthodes...).

– **sélection enfin des procédés** de fabrication, c'est-à-dire de la fonction de production (combinaison des divers facteurs, organisation interne). Ces choix de l'entreprise sont autonomes, mais cela ne signifie pas qu'ils peuvent être quelconques. L'entreprise se heurte, en effet, à certaines contraintes qui lui sont imposées par le marché, la concurrence, les syndicats et la réglementation étatique.

Les décisions prises dans les entreprises sont d'inégale importance.

Les décisions d'exploitation portent sur le court terme. Les décisions de gestion sont relatives au moyen terme et aux moyens employés. Les décisions stratégiques concernent le long terme et les objectifs.

Les décisions peuvent être classées selon leur **échéance**, c'est-à-dire le délai séparant la prise de décision de l'apparition de ses effets et de leur durée. Ce critère conduit à distinguer :
– les *décisions d'exploitation* ou opérationnelles, aux effets rapides, mais peu durables (suivi des stocks) ;
– les *décisions de gestion*, dont les effets apparaissent à moyen terme (choix d'un fournisseur) ;
– les *décisions de direction* ou stratégiques, aux effets tardifs, mais durables et pour lesquelles les actions correctives sont très difficiles (choix d'un nouveau produit).

Les décisions diffèrent selon leur incidence, leur nature ainsi que par le degré d'incertitude de l'avenir.

Selon leur **incidence**, certaines décisions n'affectent qu'un seul service (modification de la procédure de traitement des commandes des clients) ; certaines, enfin, ont une portée générale et affectent l'ensemble de l'entreprise (fusion).

Selon leur **nature**, les décisions peuvent être quantitatives ou qualitatives. Les décisions les plus faciles à prendre sont celles pour lesquelles les facteurs de décision sont à la fois peu nombreux et quantifiables. Le choix peut alors être fait automatiquement à l'aide d'un modèle mathématique et statistique. Au contraire, lorsque les facteurs de décision sont qualitatifs et nombreux, la décision ne peut résulter de la simple solution d'un modèle mathématique. Les décisions les plus importantes, relevant de la direction générale, font intervenir de nombreux facteurs qualitatifs.

L'**avenir** auquel se trouve confrontée l'entreprise peut être *certain* (le marché augmentera de 20 % par an) ou *incertain* (le marché augmentera de 10 % ou 20 %, sans que l'on puisse préciser l'éventualité qui se réalisera). Dans certains cas, l'avenir est *probabilisable*, c'est-à-dire que l'on peut affecter des probabilités aux diverses éventualités ; tel est le cas des décisions répétitives pour lesquelles le passé renseigne sur la probabilité des diverses possibilités. Lorsque l'entreprise se heurte à la concurrence, l'avenir devient *antagoniste* c'est-à-dire que les décisions de l'entreprise entraînent des réactions des concurrents. Ces quatre types d'avenir possibles correspondent à un ordre de complexité croissante des problèmes à résoudre.

À titre d'exemple, modifier l'image de marque d'une entreprise, imposer un produit nouveau, exploiter une nouvelle technologie ou un nouveau marché sont des décisions stratégiques relevant de la direction générale de l'entreprise, ayant une incidence sur l'ensemble de l'entreprise, de nature essentiellement qualitative et prises dans un contexte concurrentiel antagoniste.

III. LA PROCÉDURE DE DÉCISION

1. Les étapes de la décision

La procédure de décision comporte six étapes.

Prendre une décision comporte un certain nombre d'étapes, identifiées par Herbert Simon :

- perception de la nécessité de la décision ;
- détermination de l'objectif poursuivi ;
- inventaire des choix possibles ;
- évaluation des conséquences des choix possibles ;
- comparaison de l'objectif aux conséquences des choix possibles ;
- et enfin sélection d'une décision.

Il apparaît donc que pour décider il faut disposer :
- d'un système d'information rapide, fiable et pertinent, c'est-à-dire sélectionnant les informations importantes) ;
- d'un système de décision dans lequel doivent intervenir tous les organes de l'entreprise sur lesquels la décision aura des conséquences (ex. : constitution de cercles de qualité ; réunion d'un comité de choix des investissements).

Le choix de la décision est aisé lorsque le **critère de décision**, c'est-à-dire l'indicateur permettant la décision est unique (par exemple le coût minimal par unité produite ou par heure de fonctionnement pour l'achat d'une machine ; le chiffre d'affaires par mètre carré pour le choix d'un emplacement de magasin).

Mais, pour de nombreuses décisions, il existe plusieurs critères de choix : l'entreprise est en présence d'un problème de choix multicritères. Tel est le cas, par exemple, des choix d'approvisionnement qui doivent se faire en considérant simultanément le prix d'achat, le délai de livraison, la qualité, les conditions de crédit. Dans de telles situations, des règles de choix particulières, fondées sur des *méthodes multicritères,* seront employées.

Les décisions simples sont monocritères. Mais la plupart des décisions nécessitent des choix multicritères.

Pour comprendre les processus de décision dans l'entreprise, il est nécessaire de se référer à la *théorie économique des droits de propriété*, à *l'analyse managériale* et à la *théorie de l'agence*.

2. L'analyse économique des droits de propriété

Pour un juriste le droit de propriété se définit par ses trois composantes : l'*usus*, l'*abusus* et le *fructus* qui sont respectivement le droit d'utiliser un bien, de le céder et d'en tirer un revenu. La conception économique du droit de propriété est sensiblement différente. Du point de vue économique la propriété comporte deux dimensions : l'*exclusivité* de l'usage d'une part et la *transférabilité* du bien d'autre part. Elle concerne non seulement des biens, mais également des ensembles de biens tels que des organisations ou des entreprises. L'exclusivité et la transférabilité confèrent au(x) propriétaire(s) un *pouvoir de contrôle* sur l'organisation utilisatrice des biens. À cette vision correspond l'idée fondamentale que le **pouvoir de décision appartient au propriétaire**, ce qui est vérifié dans les petites firmes, et notamment dans l'entreprise individuelle.

3. L'analyse managériale

Cependant, le développement des grandes firmes a conduit Adolf Berle (un juriste) et Gardner Means (un économiste) à proposer, dans les années 1930, une nouvelle approche explicative du mode de gouvernement des grandes firmes, connue sous le nom de théorie managériale, fondée sur la **dissociation du droit de propriété et du pouvoir de décision**.

Le pouvoir de décision découle normalement du droit de propriété. Mais, dans les grandes firmes, il y a dissociation du droit de propriété et du pouvoir de décision et séparation entre propriétairres et dirigeants.

En effet dès que la taille de l'entreprise augmente, le capital est dispersé entre un grand nombre d'actionnaires, et les compétences requises ne sont plus possédées par les propriétaires. Ces derniers doivent déléguer tout ou partie de leur pouvoir de décision. Il y a séparation entre *propriétaires* et *dirigeants* (également dénommés manageurs et technocrates), entre la propriété juridique et le contrôle économique de la firme.

Cette conception va être reprise, dans les années 1960, par John Kenneth Galbraith qui va élaborer le concept de technostructure pour désigner les dirigeants non propriétaires dont le pouvoir de décision, fondé sur le savoir organisé, se substitue au pouvoir des propriétaires (les actionnaires nombreux, dispersés, et incompétents). Cette analyse s'applique particulièrement aux entreprises dont le capital est dispersé entre un grand nombre d'actionnaires dont aucun ne dispose de la majorité. Elle doit cependant être relativisée par la prise en compte de l'absentéisme des actionnaires et des pouvoirs en blanc qui permettent dans de nombreuses firmes à un actionnaire financier minoritaires (ou à un groupe d'actionnaires coalisés, par exemple dans le cadre d'un pacte d'actionnaires) de détenir le pouvoir de décision.

Il en découle d'importantes conséquences sur les décisions prises puisque, à côté de la finalité financière (recherche du profit maximum), les dirigeants vont intégrer à leurs choix d'autres considérations comme par exemple la croissance, la part de marché, le prestige, l'image. Ainsi, alors que l'analyse néo-classique de la firme postule que la maximisation du profit constitue la fonction d'objectif de la firme, la théorie managériale considère que la *fonction de préférence des dirigeants intègre plusieurs composantes* résultant des objectifs individuels, catégoriels et organisationnels.

4. La théorie de l'agence

La théorie de l'agence analyse la firme comme un ensemble de relations d'agence entre des principaux et des agents qui agissent pour le compte des premiers.

Mais les thèses de Berle et Means, puis de Galbraith, fondées sur des observations empiriques et institutionnelles, manquent de référentiel théorique. C'est la théorie de l'agence, élaborée dans les années 1970 par S. Ross, M.C. Jensen et W.H. Mekling, qui permet d'analyser les *relations entre propriétaires et dirigeants*, mais aussi les *relations internes à l'entreprise* au sein des hiérarchies. La théorie de l'agence s'intéresse aux particularités des relations entre un mandant (appelé **principal**) et un mandataire (dénommé **agent**) qui agit pour le compte du principal. Plus généralement, la relation d'agence est une relation contractuelle ou quasi-contractuelle par laquelle une personne recourt aux services d'une autre personne pour agir ou décider en son nom. Dans cette optique les activités exercées dans le cadre du contrat de travail, et plus généralement les rapports hiérarchiques, sont des relations d'agence entre supérieurs et subordonnés.

L'entreprise est ainsi un « nœud de contrats d'agence » entre les participants à l'activité productive en vue d'une coopération durable. Mais ce réseau de contrats est incomplet, car les « contrats » passés entre le principal et l'agent sont affectés par l'*incertitude* (il est en effet impossible d'envisager ex ante toutes les éventualités et toutes les situations) et par l'*asymétrie de l'information* entre le mandant et son mandataire (place dans le circuit d'informations, rétention d'informations, filtrage des informations). Ces deux éléments confèrent à l'agent une certaine autonomie de comportement au sein de l'organisation, aboutissant à une non-conformité des résultats aux objectifs. Des comportements opportunistes (de ruse, de tricherie, d'interprétation des contrats) apparaissent : dès lors que l'une des parties au contrat possède plus d'informations ou de compétences spécifiques que l'autre, elle est incitée à exploiter cet avantage pour satisfaire un intérêt personnel. Cette analyse des relations d'agence existant dans l'entreprise montre l'importance du **système**

d'information, qui permet au principal de contrôler l'action de l'agent, et du **système d'incitation et de motivation** qui permet de faire converger les buts individuels et les objectifs organisationnels.

Conclusion : La complémentarité des approches

L'étude précédente montre que l'entreprise est une réalité complexe qui comporte de multiples facettes. En effet, elle regroupe et intéresse de nombreux agents économiques aux motivations diverses (les dirigeants, les associés, le personnel, les fournisseurs, les clients, les banquiers, les collectivités publiques...). Par ailleurs, sa complexité résulte également de la grande variété des environnements dans lesquels elle s'insère. Tous ces aspects ne peuvent être appréhendés complètement que par des approches variées, correspondant à des points de vue spécifiques.

En fait, chacune des parties prenantes au fonctionnement de l'entreprise a sur cette dernière un point de vue original mais partiel.

Les **théoriciens de l'économie** en proposent un schéma idéal. L'entreprise est le lieu de la combinaison optimale des facteurs de production pour obtenir des produits, afin de réaliser un profit maximal. Cette approche est utile pour rendre compte du fonctionnement d'ensemble de l'économie, et pour proposer des règles de gestion sous forme de normes d'optimisation. Mais elle néglige la réalité concrète des entreprises et de leur environnement.

Les **théoriciens de l'organisation** (Taylor, Fayol, Mayo, Maslow, Mac Gregor, Simon, Drucker, Chandler, Porter, Coase, Williamson, Mintzberg...) envisagent davantage l'entreprise de l'intérieur. Ils en appréhendent la réalité technique (Taylor) mais aussi la dimension psychosociologique affective (Mayo, Maslow), rationnelle (Simon) et organisationnelle (Coase, Williamson) sans que leurs analyses, souvent complémentaires, soient toujours compatibles. Les études les plus récentes, connues sous le nom de théorie contingente des organisations (Chandler qui a montré que la structure de l'entreprise doit être adaptée à sa stratégie ; Woodward qui a montré que les choix d'organisation dépendent du mode de production adopté ; Lawrence et Lorsch qui ont montré que les organes de l'entreprise doivent être différenciés pour s'adapter à leurs environnements spécifiques), concluent d'ailleurs qu'en fonction du contexte dans lequel elle évolue, l'entreprise doit adopter des finalités (financière, sociale, sociétale...), des structures (mécanistes, favorisant l'efficacité statique, ou organiques, favorables à l'adaptation dynamique comme l'ont montré T. Burns et G.M. Stalker) et des modes de gestion spécifiques (favorisant par exemple la productivité ou la flexibilité ; les coûts ou la qualité ; la sécurité ou la réactivité...) pour s'adapter à son environnement dans sa mouvance et dans sa complexité.

Au terme de cette analyse, l'entreprise se définit comme :

- un **système autonome**, créé en vue de réaliser la **finalité** voulue par ses dirigeants, la finalité pouvant comporter plusieurs dimensions, dont la composante financière (la rentabilité) est prédominante dans les économies de marché ;
- un **système ouvert** sur l'ensemble du système socioéconomique dans lequel elle puise ses facteurs de production et sur lequel elle agit par ses productions, ses innovations, sa communication et par les externalités (positives et négatives) résultant de son activité ;
- un **système animé** par un groupe d'hommes **organisé** et hiérarchisé formant une **cellule sociale** (communauté, groupes, équipes de travail, réseaux

relationnels) spécifique dotée de moyens juridiques, financiers, matériels et intellectuels ;
- un système placé sous l'autorité d'un **centre de décision** (la direction générale qui en est l'organe de commande) poursuivant la finalité choisie par la fixation d'**objectifs** échelonnés dans le temps ;
- un système constituant une **unité de production** fournissant, sur le marché, des biens et des services destinés à la satisfaction des besoins solvables ou solvabilisés ;
- un système formant également une **unité de répartition** de revenus correspondant à la contre-valeur de sa production.

2

Organisation et structure de l'entreprise

Nous tenterons en premier lieu de cerner le concept d'organisation (Section 1) avant d'étudier la structure des organisations (Section 2).

SECTION 1
QU'EST CE QU'UNE ORGANISATION ?

Après avoir précisé le concept d'organisation, il convient de s'interroger sur les composantes puis sur les conditions d'efficacité d'une organisation.

I. L'ORGANISATION, UNE RÉALITÉ COMPLEXE

Le terme organisation désigne à la fois une action (celle d'organiser) et le résultat de cette action (un ensemble structuré, relativement stable, doté de ses propres règles, et finalisé).

Il est très difficile de proposer une définition de l'organisation car ce concept a plusieurs sens distincts : il désigne en premier lieu l'action d'organiser, c'est-à-dire mettre de l'ordre dans une situation qui en était dépourvue (on parlera par exemple d'organisation du travail ou d'organisation de la production...). Il désigne en second lieu le résultat de cette action : une réalité sociale, économique et technique relativement stabilisée (par exemple un hôpital, une usine...).

J. March et H. Simon disaient qu'il n'est hasardeux de partir d'une définition et qu'il vaut mieux décrire des réalités observables. Mais il est possible de cerner sept éléments qui constituent le « phénomène organisationnel (1) » :

De nombreux auteurs ont tenté de décrire le concept d'organisation en la comparant à une machine, un être vivant, un cerveau... Les différentes approches ne sont pas contradictoires et permettent de comprendre un aspect, une spécificité de l'organisation.

- l'organisation est un espace où existe une certaine division du travail : il ne s'agit pas d'une foule indifférenciée ; des activités sont menées, des rôles attribués, même si les formes de cette division sont diverses et plus ou moins précises ;
- l'organisation est un espace de coordination collective. Il y a organisation parce qu'il faut aller au-delà de l'effort individuel ;
- division du travail et coordination sont nécessaires pour mener une certaine action. On a souvent présenté l'organisation comme étant une action finalisée : cette proposition est acceptable, à condition d'être prudent sur la notion de buts, trop souvent présentés comme clairs et partagés ;
- cette action est volontaire et comporte des choix, des possibilités de décision, de négociation ou d'arrangements variés (on écarte du coup, par hypothèse, une conception trop déterministe) ;
- cette action suppose la création de règles (de nature diverse) et le contrôle (formel ou non) de leur application ;
- les éléments ci-dessus existent pendant une certaine durée. Répartition des tâches et coordination stabilisent (provisoirement sans doute) l'action finalisée à un moment donnée ;
- une vision plus récente insiste aussi beaucoup sur le fait que l'organisation, pour être un lieu d'action, est aussi porteuse d'un ensemble de représentations, de connaissances accumulées. Elle comporte des « dispositifs cognitifs collectifs » qui supportent l'action de ses membres et lui permettent d'apprendre en permanence.

G. Morgan (1989) décrit l'organisation à travers sept images, sept métaphores (l'organisation comme...) qui dévoilent une nouvelle facette de l'orga-

(1) D'après Y.-F. Livian, *Organisation, Théories et pratiques*, Éditions Dunod 1998.

nisation et permettent ainsi de mieux comprendre la complexité du phénomène organisationnel. Ces images constituent également le fondement de méthodes de gestion et sont à la base de notre vocabulaire du management.

L'organisation comme…	Auteurs et principaux concepts	Apports à la vision de l'organisation	Notions léguées de management
… machine	L'organisation comme machine technique (Taylor) et comme machine administrative (Fayol)	Utilité et efficacité Prévisibilité	Rendements, contrôle, pilotage
… organisme vivant	L'organisation est un système ouvert sur l'extérieur (H. Simon, J.L. Lemoigne…)	Ouverture sur l'environnement et adaptation	Système, rétroaction, régulation, connexion, cycles de vie
… cerveau	Concept de cybernétique ou science de la régulation, flux entrants et sortants, rétroaction	Importance du traitement de l'information	Systèmes d'information et de décision
… culture	Système d'évidences partagées entraînant une adhésion des acteurs (Weber, Sainsaulieu, Reynolds…)	Importance des normes, règles et valeurs	Culture, identité, lien social, mythes, rites
… système politique	L'organisation est un lieu de décisions et de rapports d'autorité (Weber, March et Simon, Mintzberg, Crozier et Friedberg).	Gouvernement de l'organisation, phénomènes de pouvoir	Pouvoirs, acteurs, stratégie, influence, coalition
… espace psychique	L'organisation est le lieu où s'exprime le psychisme humain, conscient ou non (E. Jacques)	Lieu de plaisir et de souffrance	Stress, motivation, imaginaire managérial, inconscient
… instrument de domination	L'organisation est l'instrument au service des stratégies de domination dont l'économie ou la société globale sont le théâtre (Pages, E. Cohen)	Organisation et pouvoir dans la société. Distribution du pouvoir et classe dirigeante	Emprise, contrôle, domination

II. LES COMPOSANTES DE L'ORGANISATION

Il est possible de distinguer quatre composantes fondamentales de l'organisation (1) :

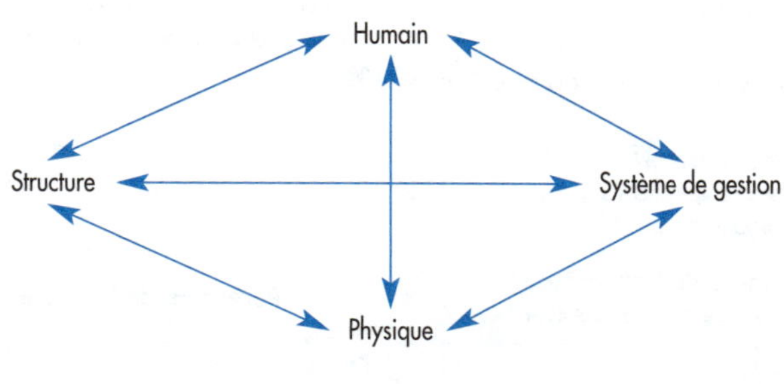

Toute organisation réunit quatre composantes fondamentales : une composante humaine, des moyens physiques et des flux de matières, des systèmes de gestion, une structure.

• La composante humaine, essentielle, concerne cinq des sept métaphores de Morgan (*cf.* ci-dessus) et inclut notamment les compétences disponibles, les attitudes au travail manifestes ou encore les appartenances revendiquées.

• La composante physique regroupe deux éléments liés :
- ce qui ressort de la distribution dans l'espace (localisation, flux de matières et d'énergie…) ;
- ce qui ressort du matériel (équipements techniques, bâtiments…).

(1) D'après Y.-F. Livian.

• L'appareil gestionnaire contribue au fonctionnement de l'organisation non seulement comme outillage au service d'objectifs, mais aussi comme influençant les comportements de ceux qui s'y trouvent. A. Desreumaux distingue à cet égard les systèmes d'objectifs, les systèmes d'information et de communication, les systèmes de contrôle, et enfin les systèmes d'évaluation et de récompense/sanction.

• Enfin, l'organisationnel inclut une configuration plus ou moins stabilisée des différents éléments qui constituent l'entité que l'on envisage. Il s'agit de la structure de l'organisation

III. L'EFFICACITÉ DE L'ORGANISATION

Qu'est ce qu'une organisation efficace ? Répondre à cette question complexe suppose en premier lieu de préciser les objectifs de l'organisation et ceux de ses principaux acteurs. L'efficience économique ne peut, à ce titre, être considérée comme le seul objectif d'une organisation.

La question de l'efficacité est au cœur des études portant sur les organisations. Le problème est complexe en raison des incertitudes pesant sur la définition même de cette efficacité : selon les cas, on accordera la priorité à la productivité, au rendement, à l'efficience, à la pérennité... De plus les attentes des différentes « parties prenantes » de l'organisation (actionnaires, salariés, clients, fournisseurs, dirigeants...) sont rarement en adéquation.

Pour synthétiser, l'efficacité organisationnelle peut être décrite à l'aide de quatre composantes : l'efficience économique (dimension économique), la valeur des ressources humaines (dimension psychosociale), la légitimité de l'organisation auprès des groupes externes (dimension politique) et la pérennité de l'organisation (dimension systémique).

Une organisation est efficace lorsqu'elle parvient simultanément à mobiliser ses ressources humaines, à satisfaire ses partenaires et à atteindre ses objectifs économiques tout en assurant sa pérennité.

Dimensions et critères de l'efficacité organisationnelle

Valeur des ressources humaines	**Efficience économique**
Mobilisation du personnel Degré d'intérêt que les employés manifestent pour leur travail et pour l'organisation ainsi que l'effort fourni pour atteindre les objectifs. *Moral du personnel* Degré auquel l'expérience du travail est évaluée positivement par l'employé. *Rendement du personnel* Qualité ou quantité de production par employé ou par groupe. *Développement du personnel* Degré auquel les compétences s'accroissent chez les membres de l'organisation.	*Économie des ressources* Degré auquel l'organisation réduit la quantité des ressources utilisées tout en assurant le bon fonctionnement du système. *Productivité* Quantité ou qualité de biens et services produits par l'organisation par rapport à la quantité de ressources utilisées pour leur production durant une période donnée.
Légitimité de l'organisation auprès des groupes externes	**Pérennité de l'organisation**
Satisfaction des bailleurs de fonds Degré auquel les bailleurs estiment que leurs fonds sont utilisés de façon optimale. *Satisfaction de la clientèle* Jugement que porte le client sur la façon dont l'organisation a su répondre à ses besoins. *Satisfaction des organismes régulateurs* Degré auquel l'organisation respecte les lois et les règlements qui régissent ses activités. *Satisfaction de la communauté* Appréciation que fait la communauté élargie des activités et des effets de l'organisation.	*Qualité du produit* Degré auquel le produit répond aux besoins de la clientèle. *Rentabilité financière* Degré auquel certains indicateurs financiers (par exemple, la rentabilité) de l'organisation augmentent ou diminuent par rapport aux exercices précédents, ou par rapport à un objectif fixé. *Compétitivité* Degré auquel certains indicateurs économiques se comparent favorablement ou défavorablement avec ceux de l'industrie ou des concurrents.

F.Y. Livian, *op. cit.*, d'après E.M. Morin, A. Savoie et G. Beaudin, 1994.

SECTION 2
LA STRUCTURE DE L'ENTREPRISE

Selon Mintzberg, « *la structure de l'entreprise peut être définie simplement comme la somme totale des moyens employés pour diviser le travail en tâches distinctes et pour ensuite assurer la coordination nécessaire entre ces tâches* ». *(1)*

L'étude des principales structures d'organisation, souhaitées par les décideurs, ou plus spontanées, montre qu'il s'agit d'une question particulièrement complexe, dont les évolutions récentes pourraient bien remettre en cause de nombreux acquis, ou pré-supposés acquis en matière d'organisation, de commandement ou de hiérarchie...

I. LES DIFFÉRENTS TYPES DE STRUCTURES

La structure des entreprises peut être représentée au moyen d'organigrammes, qui schématisent les relations d'ordre hiérarchique entre les différents services de l'entreprise.

Structure fonctionnelle et structure hiérarchique ont toutes deux été proposées par des auteurs de l'Organisation scientifique du travail. Alors que la structure fonctionnelle défend le principe de pluralité des supérieurs hiérarchiques pour un subordonné, la structure hiérarchique repose sur l'idée d'unicité du commandement : chaque subordonné ne reçoit d'ordres que d'un seul chef.

1. Les structures simples

La structure fonctionnelle

Cette structure, préconisée par l'ingénieur américain F.W. Taylor, repose sur le principe de division fonctionnelle de l'autorité : tout salarié dépend de plusieurs chefs, chacun n'ayant autorité que dans son domaine propre.

Cette structure a pour avantage de favoriser la spécialisation, principe de base de la conception taylorienne. Elle pose cependant des problèmes de coordination des activités, peut favoriser certains abandons de responsabilité, et constituer une source de conflits (multiplicité des commandements).

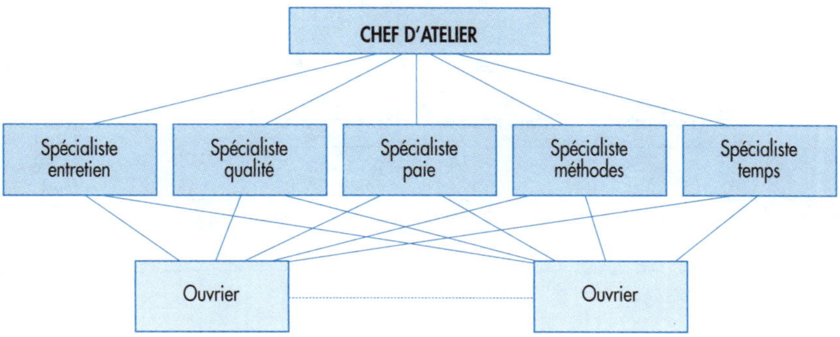

La structure hiérarchique

Ce type de structure a été proposé par Fayol, en réaction au modèle taylorien. Elle repose sur le principe d'unicité du commandement (chaque salarié ne dépend que d'un seul chef hiérarchique). Le découpage des responsabilités peut se faire par fonction, par produit, par unité de production...

La structure hiérarchique allie simplicité et clarté dans la définition des responsabilités. Mais elle s'avère particulièrement rigide (et décourage de ce

(1) Henry Mintzberg. *Structure et dynamique des organisations,* Ed. d'Organisation.

fait les initiatives), freine la circulation de l'information, et établit un cloisonnement entre les différents services, qui nuit à la coordination de l'entreprise.

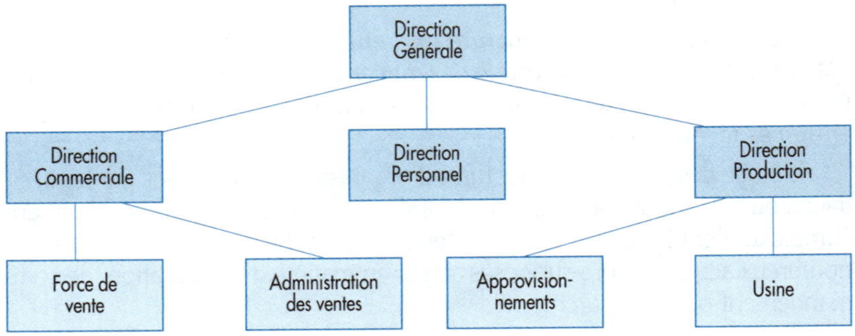

La structure hiérarchico-fonctionnelle repose sur un principe d'unicité de commandement, et sur la nécessité de recourir à des organes de conseil composés de spécialistes, pour la préparation des décisions et le contrôle de leurs applications.

La structure hiérarchico-fonctionnelle

La structure hiérarchico-fonctionnelle (ou *staff and line*) s'est développée aux États-Unis au début des années 1970. Elle vise à partager l'autorité entre les chefs opérationnels qui agissent, et les chefs fonctionnels qui conseillent et influencent. Cumulant les avantages des deux structures précédentes, elle associe donc des organes hiérarchiques (*line*), et des organes fonctionnels (staff) qui n'ont aucune autorité hiérarchique. La création d'un « état-major » élève cependant les coûts de fonctionnement, et peut être à l'origine de conflits entre opérationnels et fonctionnels.

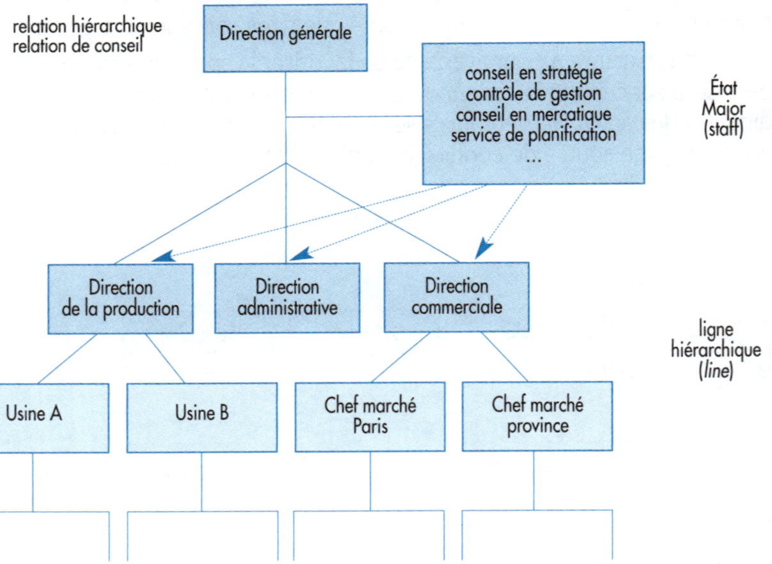

La structure décentralisée, caractérisée par l'autonomie de chaque division, convient particulièrement aux entreprises d'une certaine taille, à production diversifiée et complexe.

La structure décentralisée

Ce type de structure repose sur un principe de délégation du pouvoir de décision, de l'autorité et de la responsabilité.

La structure décentralisée géographique vise à répartir les activités d'une entreprise en zones géographiques autonomes.

La structure décentralisée par produits répartit la production entre plusieurs divisions qui sont chacune responsable d'un produit ou d'une famille de produits. La décentralisation de l'autorité pose parfois des problèmes d'homogénéité entre les décisions des différentes divisions.

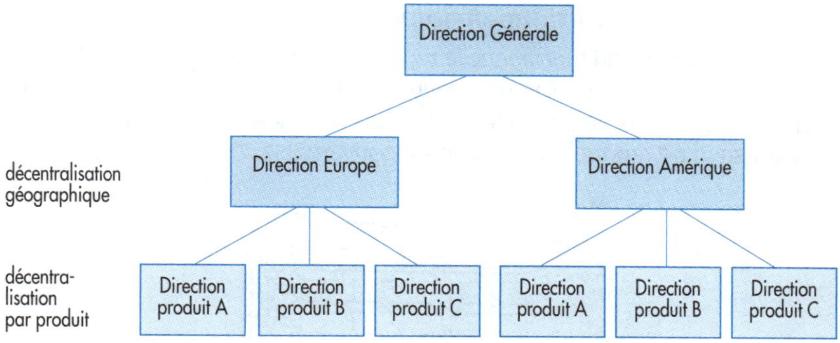

2. Les structures complexes

La structure matricielle

La structure matricielle, décrite par Jay Galbraith, au début des années 1970, repose sur un principe de dualité de commandement. Chaque salarié dépend simultanément d'un chef de projet (ou de produit) et d'un responsable fonctionnel. Cette structure est particulièrement bien adaptée à la complexité croissante de l'entreprise, ainsi qu'à l'impératif de flexibilité (la structure n'est pas figée, et un projet peut être annulé sans la remettre en question).

Privilégiant la stratégie, la structure matricielle facilite la décentralisation de l'entreprise et favorise la concurrence entre les chefs de projet. Mais elle génère également des difficultés de coordination, et peut être à l'origine de conflits. Les salariés quant à eux sont souvent hostiles à « l'ambiguïté fondamentale d'une structure qui ne leur indique pas clairement de qui ils dépendent » (1).

Les structures matricielles et multidimensionnelles sont le résultat d'une répartition des tâches en fonction de deux ou plusieurs critères : fonctionnels, divisionnels, géographiques...
Ce type de structure, bien adapté aux grandes entreprises dotées d'une organisation complexe, pose cependant des problèmes de coordination.

Direction générale

	Direction de la production	Direction commerciale	Direction administrative	Direction financière	
Direction produit A	Responsable production produit A	Responsable commercial produit A	etc.		
Direction produit B	Responsable production produit B				
Direction produit C	etc.				
Direction produit D					
Direction produit E					

(1) Mintzberg. *Structure et dynamique des organisations,* Éditions d'Organisation.

La structure multidimensionnelle

La structure multidimensionnelle repose sur le même principe que la structure matricielle, mais associe une double, voire une triple ligne hiérarchique permanente. Moins flexible que la structure matricielle, son extrême complexité risque de rendre l'organisation ingouvernable.

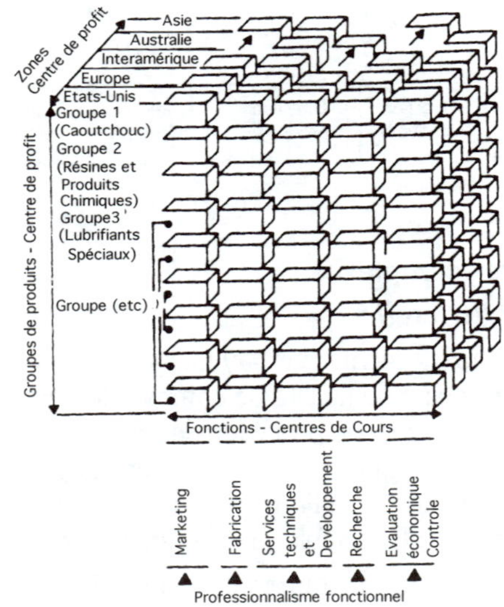

Henry Mintzberg, *Structure et dynamique des organisations, op. cit.*

La nouvelle représentation de l'entreprise proposée par Mintzberg permet d'analyser non seulement les flux d'autorité formelle, mais également les canaux d'information, formels et informels, ainsi que les flux et processus de décision et de contrôle.

3. La structure organisationnelle de Mintzberg

a. La représentation de la structure

Mintzberg propose une nouvelle représentation de la structure des entreprises, définie à partir de cinq éléments constitutifs :

- un centre opérationnel chargé d'assurer le travail de production des biens et des services ;
- le sommet stratégique, lui, a pour fonction de faire en sorte que l'organisation remplisse efficacement sa mission ;
- la ligne hiérarchique est une ligne d'autorité unique allant de haut en bas ;
- la technostructure a pour objectif de standardiser les procédures en vue de rendre plus efficace le travail des autres membres de l'organisation ;
- les fonctions de support logistique sont des unités ayant des tâches spécifiques. Ces fonctions découlent de la volonté des entreprises de maîtriser un maximum d'activités même marginales (réduction de l'incertitude et contrôle par l'entreprise de ses propres affaires).

L'organigramme classique ne décrit que partiellement la réalité de l'entreprise. Le schéma de Mintzberg, plus complet, permet de visualiser les relations de pouvoir, de conseil, et les mécanismes de coordination, formels et informels.

Mais une représentation exhaustive de l'entreprise devrait inclure les organes réglementaires (conseil d'administration, comité d'entreprise) et les organes non permanents (groupes d'études, comités d'information et de coordination, commissions de contrôle…).

Mintzberg insiste particulièrement sur la coordination entre les activités, seconde composante de la structure après la division du travail en tâches distinctes.

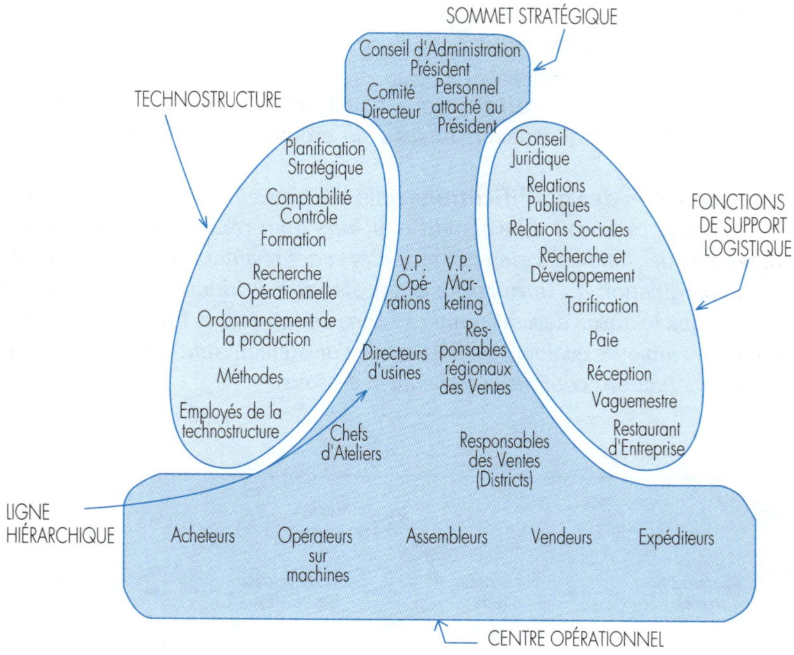

b. La coordination du travail

• Pour Mintzberg « les mécanismes de coordination sont la colle de la structure, l'élément fondamental qui maintient ensemble les parties de l'organisation ».

À partir du moment où le travail est divisé, et réparti entre plusieurs personnes ou services, il est nécessaire de mettre en œuvre des mécanismes de coordination afin d'éviter de graves dysfonctionnements de l'organisation.

Dans une organisation complexe, il est nécessaire de coordonner les travaux des différents services afin d'assurer un maximum de cohérence entre les multiples actions conduisant à la réalisation d'un objectif commun.

Par exemple, deux services de l'entreprise peuvent poursuivre des objectifs contradictoires en terme de positionnement : un produit de haute qualité et d'un prix élevé connaîtra certainement un échec s'il est proposé au public dans une grande surface à produits bon marchés.

Cinq mécanismes de coordination paraissent suffisants pour expliquer les moyens par lesquels les organisations coordonnent leur travail.

L'ajustement mutuel

Dans une entreprise composée de deux personnes, celles-ci doivent s'entendre ou tout au moins s'adapter l'une à l'autre, à la manière des deux rameurs d'un canoë.

La supervision directe

C'est un mécanisme par lequel une personne se trouve investie de la responsabilité du travail des autres (hiérarchie). Le responsable donne des instructions (directives et contrôle du travail). Quand la structure grandit en symbiose avec l'organisation, apparaît la nécessité de faire (délégation) donc de contrôler le travail des autres.

La standardisation du travail

Elle consiste à prévoir de façon précise les descriptifs des tâches avant de commencer à travailler (les employés d'une compagnie d'autobus savent précisément ce qu'ils ont à faire).

Mintzberg distingue cinq mécanismes de coordination du travail adaptés à la complexité de chaque organisation.

On peut décomposer cette standardisation en trois types :
- *standardisation* ***des procédés :*** *elle vise à programmer ou spécifier le contenu du travail (normes techniques) ;*
- *standardisation* ***des résultats :*** *sorte d'obligation de résultat visant à spécifier les dimensions et caractéristiques d'un produit ou bien la performance à atteindre ;*
- *standardisation* ***des qualifications :*** *elle vise à spécifier la formation de celui qui exécute un travail. Elle aboutit d'ailleurs à un résultat identique à celui obtenu par la standardisation des procédés et des résultats, à savoir le contrôle et la coordination du travail (rôle des écoles et institutions de formation). À mesure que le travail devient complexe dans une structure, les moyens de coordination employés évoluent en partant de l'ajustement mutuel, pour y revenir dans les situations complexes (schéma ci-dessous).*

D'après Mintzberg, *op. cit.*

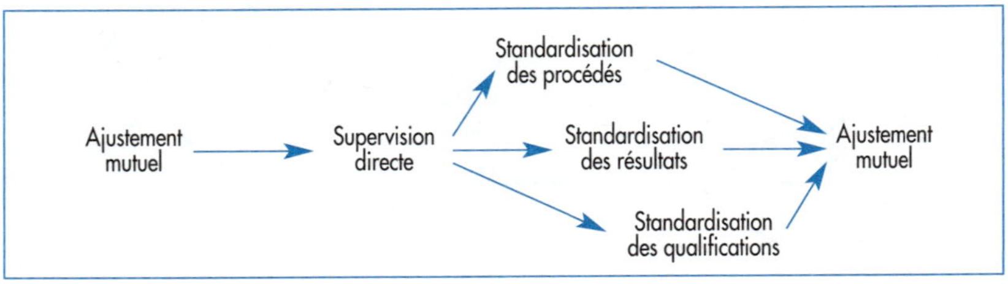

De nombreuses entreprises prévoient des organes de coordination, temporaire ou permanente, afin de résoudre certains problèmes urgents ou complexes, et assurer une meilleure cohérence du travail des différents membres de l'organisation.

• Dans la pratique, la coordination est souvent assurée par des mécanismes spécifiques se traduisant par la création de **comités** et de **coordinateurs :**
- La résolution de problèmes complexes ou urgents est parfois confiée à des **comités,** nombreux dans les grandes entreprises. Certains comités sont permanents (comité sécurité, comité développement) en raison de leur objet même. D'autres sont temporaires et sont dissous lorsque leur objectif est atteint (comité de lancement d'un nouveau produit, comité de résolution d'un conflit). Parfois, ces comités ont un rôle de décision (comité de direction), mais souvent ils n'ont qu'un rôle consultatif. Si les comités permettent de résoudre des problèmes difficilement solubles par les structures habituelles de l'organisation, leur multiplication peut générer certains dysfonctionnements au sein de l'entreprise (conflits de personnes, multiplications des réunions, parfois peu utiles, etc.).
- Certains cadres de l'entreprise – dits **coordinateurs** – placés en fonctionnels dans l'organigramme de l'entreprise, sont plus particulièrement chargés d'assurer une bonne coordination entre les différents services, et se voient confier une responsabilité précise.

Par exemple « le responsable de l'industrialisation » dans une entreprise produisant en série des téléphones, se voit confier la lourde tâche d'assurer la coordination entre le laboratoire qui réalise des prototypes et la fabrication qui doit les transformer en produits standards (1).

(1) D'après P. Baranger, *Gestion*, Vuibert.

II. LES DÉTERMINANTS DE LA STRUCTURE

De nombreux auteurs ont tenté d'expliquer les différences de structure entre les entreprises, et ont recherché les **facteurs** qui conditionnent le choix d'une structure :

1. Le secteur d'activité

Les entreprises qui travaillent dans un même secteur d'activité adoptent souvent des structures très proches. C'est le cas « des entreprises du marché de l'informatique qui ont généralement des structures très souples pour faciliter l'innovation ; ou bien celui des agences de publicité ou des sociétés de recherche qui s'organisent selon la structure matricielle » (1). Mais ce facteur ne peut expliquer à lui seul les choix de structure.

2. Le système technologique

À partir d'une analyse portant sur cent entreprises britanniques, Joan Woodward a montré qu'il existait une relation entre technologie et structure (1954). Les entreprises disposant de techniques de production similaires tendent à se doter des mêmes structures d'organisation. J. Woodward a par exemple montré que le nombre de niveaux de la direction de la production et le nombre de collaborateurs de la direction générale augmentent avec la complexité du système de production.

3. La taille de l'entreprise

Des chercheurs anglais composant le « groupe d'Aston » ont publié dès 1969 les résultats d'une étude qui infirme les conclusions de J. Woodward. S'ils n'ont pu trouver de relation directe entre structure et technologie, ils ont cependant mis en évidence le lien entre la taille de l'entreprise et sa structure. Plus le nombre de salariés augmente, plus la structure devient complexe : en effet, le nombre de niveaux hiérarchiques et le degré de spécialisation augmentent, impliquant la mise en œuvre de nouveaux moyens de coordination. L'entreprise peut ainsi, à partir d'une structure hiérarchique simple, adopter une structure décentralisée, puis une structure matricielle. Cela dit, les travaux du groupe d'Aston n'expliquent pas pourquoi on trouve presque toutes les formes de structure dans les entreprises de taille comparable.

4. L'environnement

Dès 1963, T. Burns et G.M. Stalker ont montré que les caractères de l'environnement (stabilité de la technologie utilisée, des marchés…) déterminent la structure d'une organisation.

Ces conclusions ont été confirmées par les travaux de Lawrence et Lorsch (1967 à 1972) : à partir d'une étude approfondie portant sur dix grandes entreprises américaines, ceux-ci ont en effet vérifié qu'à un environnement stable correspond une organisation formalisée, et à un environnement instable une organisation non formalisée. Pour Lawrence et Lorsch, les entreprises les plus performantes sont celles dont chaque fonction se structure selon les caractéristiques de son environnement.

Parmi les principaux facteurs qui influent sur la structure de l'entreprise, on distingue :
- **le secteur d'activité : automobile, textile, informatique ;**
- **le système technologique : production à l'unité, production automatisée en grandes séries ;**
- **la taille de l'entreprise : PME, grande entreprise, firme multinationale ;**
- **l'environnement : économique, institutionnel… plus ou moins stable et complexe ;**
- **la stratégie : diversification, croissance, concentration.**

(1) I. Carneiro, *Organisation et gestion des entreprises*, AENGDE-CLET.

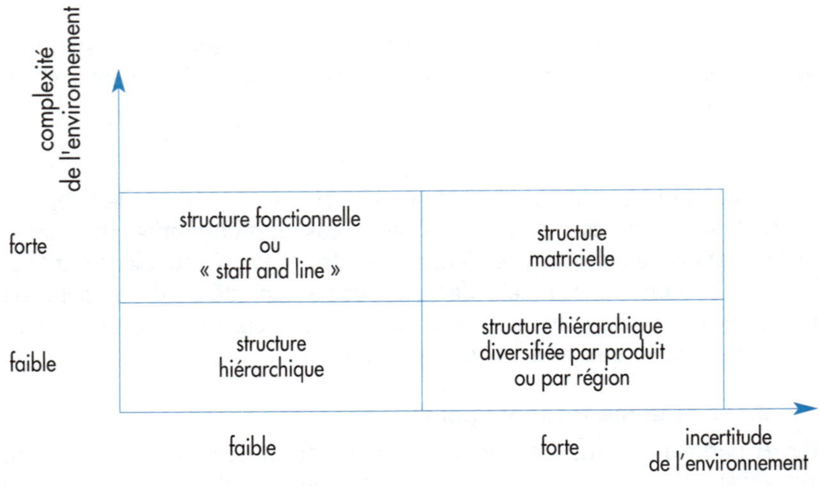

I. Carneiro, *op. cit.*

5. La stratégie

La relation entre stratégie et structure de l'entreprise a été mise en évidence par A. Chandler, à partir d'une étude portant sur plusieurs grandes entreprises américaines, comme la Standard Oil Company. Pour Chandler, les changements structurels interviennent au moment où les entreprises modifient leur stratégie. Ainsi, la décision de diversifier les activités de l'entreprise peut, par exemple, conduire l'entreprise à mettre en œuvre une structure décentralisée par produits.

D'autres auteurs, sans remettre en cause le lien entre stratégie et structure, ont critiqué cette théorie : pour G. Mussche, c'est la structure qui détermine la stratégie, et non le contraire. En fait, il est difficile de généraliser ce genre de conclusion en raison de la grande diversité des entreprises. La synthèse a été élaborée par I. Ansoff pour qui « la stratégie détermine la structure, mais la structure peut déterminer la stratégie selon les cas » (1).

La structure initiale de l'entreprise et son évolution dépendent ainsi de plusieurs facteurs dont l'influence respective est variable selon les cas, mais qui limitent tous la liberté de choix des dirigeants.

Les théories qui tentent d'expliquer les différences de structure ne sont pas contradictoires : elles montrent que le choix d'une structure est contingenté par plusieurs facteurs, limitant ainsi les possibilités de choix de l'entreprise.

III. STRUCTURES FORMELLES ET INFORMELLES

1. La structure formelle

La structure formelle est le résultat d'un processus décisionnel établissant une hiérarchie entre les différents services ou membres de l'organisation.

La structure formelle de l'entreprise a été planifiée, voulue par les dirigeants de l'entreprise. Ceux-ci ont divisé le travail, confié sa réalisation à plusieurs services hiérarchisés, et établi des modèles de relations entre les services afin de coordonner leur action et d'atteindre les objectifs de l'organisation.

Les conventions collectives, les livres de règlements, les dépliants publicitaires ou les rapports annuels permettent souvent de comprendre la structure formelle de l'organisation.

Les organigrammes, quant à eux, la représentent graphiquement.

(1) : I. Carneiro, *op. cit.*

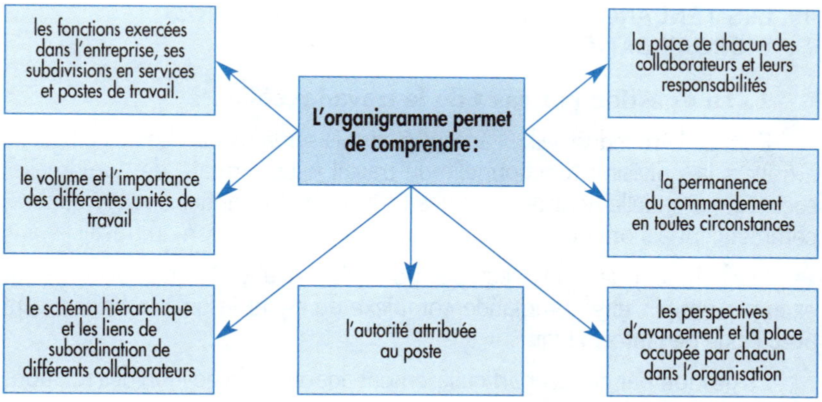

2. La structure informelle

Plusieurs auteurs, spécialistes en organisation (Kast, Rosenzweig, Lawrence et Lorsch) ont montré qu'il était impossible de comprendre une organisation en se référant à sa seule structure formelle. Il faut, disent-ils prendre en compte les réseaux de relations informelles (ex. : discussions lors de la pause café), les normes et règles officieuses (ex. : culture de l'entreprise, habitudes de travail non écrites), les relations d'autorités non prévues (liées par exemple à la forte personnalité ou à la compétence particulière d'un membre de l'organisation).

Aucune organisation ne peut fonctionner uniquement en s'appuyant sur les relations formelles représentées dans l'organigramme.

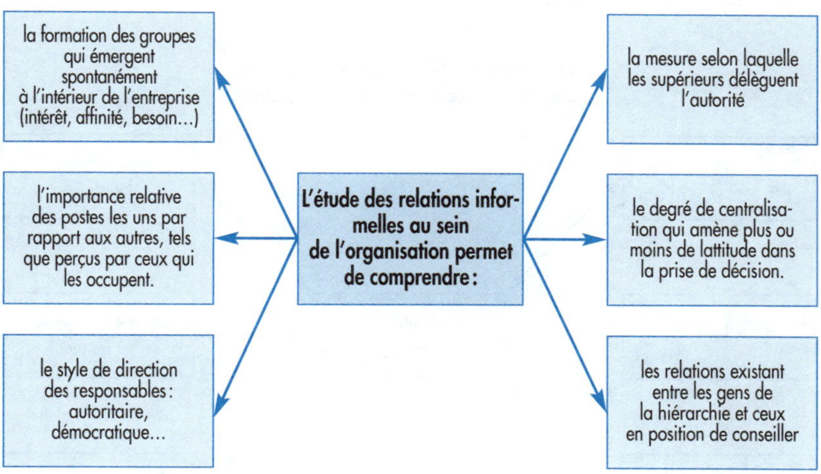

Les relations informelles, souvent spontanées, pallient les insuffisances de la structure formelle, mais peuvent, dans certains cas, être à l'origine de dysfonctionnements majeurs.

L'organisation informelle n'est que rarement représentée par un schéma ou un organigramme, mais elle joue cependant un rôle important.

Les relations informelles permettent une meilleure circulation de l'information, et contribuent souvent à rendre l'organisation plus performante, en palliant les insuffisances de la structure formelle. Mais l'organisation informelle peut dans certains cas prendre le pas sur l'organisation formelle et rendre inefficace l'action des dirigeants.

IV. LES TENDANCES D'ÉVOLUTION DES STRUCTURES D'ORGANISATION

La gestion par cas consiste à confier à des individus ou à des petites équipes une série de tâches du début jusqu'à la fin, avec l'aide de systèmes informatiques qui traversent toute l'organisation.

La gestion par cas est particulièrement utile dans les processus comportant un contact avec la clientèle et impliquant la gestion d'un cycle complet, de la commande à la livraison du produit, à la facturation et au paiement.

1. La « gestion par cas » ou le travail recollé...

Lors de l'ère industrielle, l'accent était mis sur la recherche de l'efficacité à travers la « division fonctionnelle du travail ». Désormais, de nombreuses sociétés, essentiellement américaines (Xerox, Bell Atlantic, Society bank...) commencent à s'orienter vers un cumul et non une division du travail.

Elles utilisent de petites équipes pour réaliser une série de tâches – par exemple remplir une commande complexe du début jusqu'à la fin, souvent avec l'aide de l'informatique.

La gestion par cas est particulièrement adaptée à la gestion des relations avec la clientèle, qui, dans certains cas, doit prendre contact successivement avec plusieurs fonctions de l'entreprise (production logistique, facturation...). Le gestionnaire de cas va prendre en charge l'ensemble du processus de travail, pour fournir un produit ou un service complet au client ; il se situe donc à l'intersection du client et des diverses fonctions de l'entreprise, dispose d'un accès facile à l'information, et bénéficie d'un pouvoir de décision étendu.

De ce fait, adapter la gestion par cas suppose inévitablement des changements importants, aussi bien dans la structure organisationnelle que dans les processus. Mais cette intégration de plusieurs fonctions dans un seul poste donne souvent des résultats spectaculaires.

Un modèle simple de gestion par cas, l'exemple des commandes de fabrication

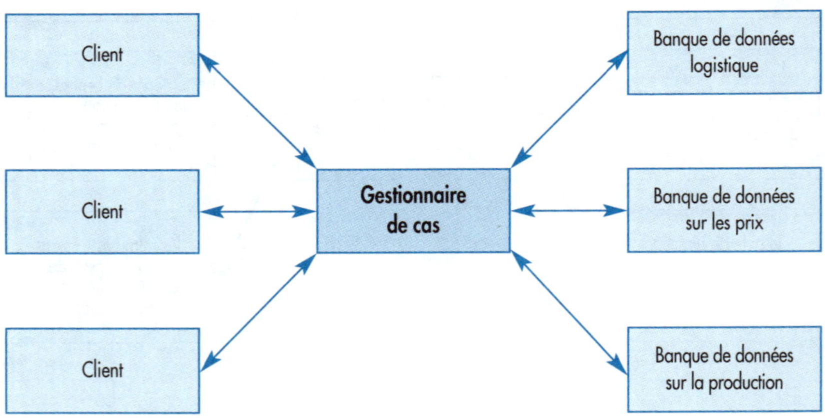

Source : d'après *L'Expansion Management Review*, automne 1994.

L'organisation par projets est une forme particulière d'organisation matricielle, qui combine une double ligne d'autorité, mais dont la structure évolue en fonction de l'apparition ou de l'achèvement de projets.
Cette structure est bien adaptée aux entreprises réalisant des projets complexes (travaux publics...).

2. La structure par projets ou organisation matricielle évolutive

– Il s'agit d'une structure flexible, permettant la réalisation de projets complexes faisant appel à plusieurs spécialistes de l'entreprise.

Prenons l'exemple d'une agence de publicité devant réaliser trois projets de campagnes publicitaires pour trois clients différents. La structure par projets de cette entreprise pourra être représentée de la manière suivante :

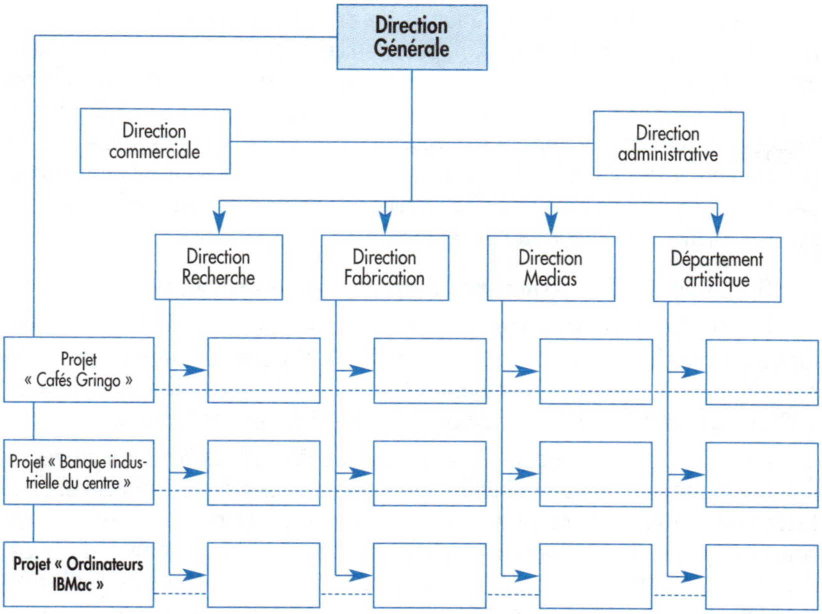

Cette organisation appelle trois remarques :

- Cette structure est par nature évolutive : ainsi, lorsque la campagne de publicité « IBMac » sera réalisée, l'équipe réunie en vue de ce projet disparaîtra, et sera répartie sur d'autres projets.
- La structure par projets combine une double ligne d'autorité :
  - une autorité hiérarchique (verticale), et permanente ;
  - une autorité pour chaque projet (horizontale), par nature temporaire.
- Le chef de projet joue un rôle essentiel dans la réussite de ce type de structure : il doit choisir ses collaborateurs dans chaque direction, et coordonner leur activité jusqu'à l'aboutissement du projet.

3. Le « portefeuille de compétences » ou la structure sans hiérarchie

L'organisation par projets n'échappe pas aux critiques formulées à l'encontre des structures matricielles : lourdeurs de fonctionnement, déresponsabilisation, dualité de commandement…

C'est pourquoi certains spécialistes en organisation ont proposé de supprimer l'autorité hiérarchique des filières de spécialistes d'une structure par projets. Dans ce type d'organisation, basé sur la responsabilité de tous, l'ex-responsable hiérarchique devient gestionnaire d'un centre de ressources humaines, et doit « vendre » les compétences de chacun de ses collaborateurs à un responsable de projet. Ce responsable de projet doit quant à lui sélectionner et organiser son équipe (ou « portefeuille » de compétences) dont la qualité sera évaluée en fonction de la satisfaction du client, « acheteur » du projet.

Le portefeuille de compétences résulte du maillage entre deux logiques : une appartenance semi-permanente à un centre de ressources spécialisé et autonome, et une affectation provisoire dans un projet. L'absence de hiérarchie liée à cette organisation implique la responsabilisation de tous et une préoccupation constante de la valeur ajoutée par chacun.

4. Vers des « organisations transversales » ou la coopération dans l'entreprise

La notion de transversalité est souvent utilisée pour caractériser des organisations nouvelles, visant à mettre fin aux cloisonnements des services, et à promouvoir une meilleure coordination entre les différents acteurs de l'entre-

Afin d'accroître l'efficacité de l'entreprise, il est possible d'adopter une structure transversale, les relations horizontales de coopération l'emportant sur les relations verticales hiérarchiques.

prise. Gestion par projets avec équipes de production autonomes, organisation par processus *(reengineering)*, portefeuille de compétences représentent ainsi quelques-unes des nouvelles formes d'organisation. Le maintien des fortes structures hiérarchiques rend cependant cette coopération difficile alors qu'elle représente aujourd'hui une source majeure d'efficacité. Pour certains auteurs (Tarondeau et Wright, 1995), l'organisation transversale pourrait ainsi succéder aux organisations fonctionnelles, multidivisionnelles et matricielles, et devenir une forme de structure à part entière.

5. L'avenir : les structures d'entreprise en réseaux

Le concept d'entreprise réseau résulte d'une double logique : la multiplication des alliances entre plusieurs entreprises dont les frontières sont de moins en moins précises ; l'autonomie des différentes cellules de l'organisation qui peuvent créer entre elles, à tout moment, des relations transversales sans passer par la hiérarchie.

Les multiples partenariats, alliances, coopérations ou franchises développés par les firmes conduisent à envisager l'entreprise du futur comme une « entreprise réseau ». Ce processus est favorisé par la baisse des coûts de transaction, les progrès de l'information et la sécurisation des échanges.

Le réseau est une organisation constituée de cellules bien identifiées, à forte autonomie et responsabilités, qui ont entre elles des relations contractuelles de partenariat ou de type client-fournisseur. Dans un réseau, la ressource clé est l'information, ou plutôt la capacité que l'on peut avoir d'y accéder et de la traiter. Ainsi, ce n'est plus la subordination ou les conflits de pouvoir qui règlent les rapports : ce sont des « contrats internes », qui engagent chaque entité de l'organisation.

Comme on recherche une réelle autonomie entre ces entités, la cohérence de l'ensemble ne peut être assurée que par une « vision commune » de l'entreprise et de ses objectifs, partagée par tout le personnel.

En conclusion, il n'y a pas de forme d'organisation idéale applicable à toutes les entreprises. C'est ce qu'ont bien montré les auteurs de l'école de la contingence (Woodward, Burns, Stalker, Lawrence et Lorsch) qui ont formulé le principe de contingence : toute entreprise doit adapter ses structures d'organisation aux diverses particularités de ses activités et de son environnement, choisir entre les divers modèles théoriques et souvent les combiner.

3

L'ENTREPRISE ET SON ENVIRONNEMENT

L'entreprise ne vit pas en autarcie : elle est conditionnée par le milieu dans lequel s'insère son activité et entretient des relations constantes avec son environnement. L'analyse de cet environnement est particulièrement complexe : il comprend en effet de multiples facettes, sur lesquelles les entreprises n'ont pas toujours la possibilité d'agir, et qui influencent néanmoins leur vie, leurs décisions et leurs actions (Section 1).

Les relations entre l'entreprise et l'intérêt général (et plus particulièrement la responsabilité sociale de l'entreprise) constituent des thèmes d'études privilégiés des sociologues, économistes et spécialistes de l'entreprise (Section 2).

Les relations interentreprises seront étudiées aux chapitres 29 et 34.

Enfin, les relations entre l'entreprise et certains partenaires en termes de pouvoir (gouvernance d'entreprise...) seront étudiées au chapitre 25.

SECTION 1
LES RELATIONS DE L'ENTREPRISE AVEC SON ENVIRONNEMENT

L'environnement de l'entreprise regroupe de très nombreuses composantes nationales ou internationales et connaît actuellement une évolution qui conduit certains auteurs à parler de véritable « mutation du champ d'action de l'entreprise ». Cette évolution ne doit cependant pas masquer le rôle déterminant de l'environnement local et régional sur la vie de l'entreprise.

I. L'ASPECT MULTIDIMENSIONNEL DE L'ENVIRONNEMENT DE L'ENTREPRISE

1. Définition de l'environnement

Dans un sens très général, l'environnement désigne l'ensemble des éléments constitutifs du milieu où vit l'homme (flore, relief, climat, géologie, eau douce...).

L'environnement peut se définir comme l'ensemble des forces extérieures qui agissent et réagissent au profit ou à l'encontre de l'entreprise.

L'environnement de l'entreprise regroupe tous les facteurs sociologiques, économiques, juridiques, techniques, etc. qui ont une incidence sur la vie de l'entreprise.

Jusqu'à une période récente, l'analyse de l'environnement se limitait trop souvent à l'étude des relations concurrentielles interentreprises. Cet aspect est certes important, mais l'environnement s'avère beaucoup plus complexe. Il regroupe en effet de multiples facteurs que l'on peut classer en deux grandes catégories :
– l'environnement général de l'entreprise ;
– l'environnement spécifique de l'entreprise.

2. L'environnement général de l'entreprise

On appelle « environnement général » l'ensemble des variables qui influent sur l'entreprise sans que celle-ci ne puisse exercer d'influence en retour (une certaine influence, sur un long terme, ne doit cependant pas être exclue).

Environnement général de l'entreprise

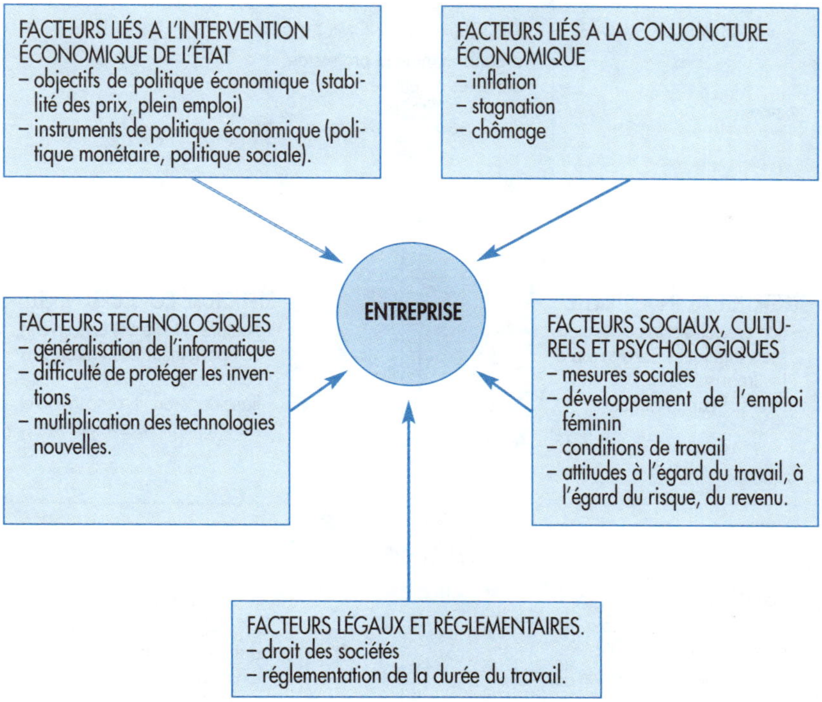

L'« environnement général » est constitué d'un ensemble de facteurs économiques, techniques, culturels, juridiques, qui s'imposent à l'entreprise, et définissent ainsi son cadre d'action.

Ces facteurs définissent le **cadre d'action** qui s'impose à l'entreprise. Si dans le contexte économique contemporain, particulièrement instable, l'étude de l'environnement est devenue aléatoire et délicate, il appartient cependant à l'entreprise de mettre en œuvre les instruments de prospective qui lui permettront de prévoir suffisamment tôt les mutations essentielles de son champ d'action.

À l'inverse, l'entreprise peut influencer les variables qui composent son « environnement spécifique ».

3. L'environnement spécifique de l'entreprise

« L'environnement spécifique » regroupe les éléments qui influencent directement l'entreprise mais sur lesquels celle-ci peut agir plus ou moins en retour.

L'influence sur ces variables dépend avant tout de l'importance de l'entreprise (taille, surface financière, appartenance ou non à un groupe...).

La prise en compte de l'importance de l'environnement sur la vie de l'entreprise a conduit de nombreuses sociétés (et en premier lieu des multinationales) à créer de véritables « **directions de l'environnement** » (1), chargées d'identifier, suivre et anticiper si possible les contraintes et opportunités de l'environnement afin d'y trouver une réponse.

**De grandes entreprises, conscientes de l'importance des relations avec leur milieu, ont créé, et inséré dans leur structure, des « directions de l'environnement ».
Ces directions ont un rôle d'étude, de réflexion, et de communication à l'extérieur et à l'intérieur de l'entreprise.**

(1) *Corporate Affairs* ou *Public and Social Affairs*.

Environnement spécifique de l'entreprise

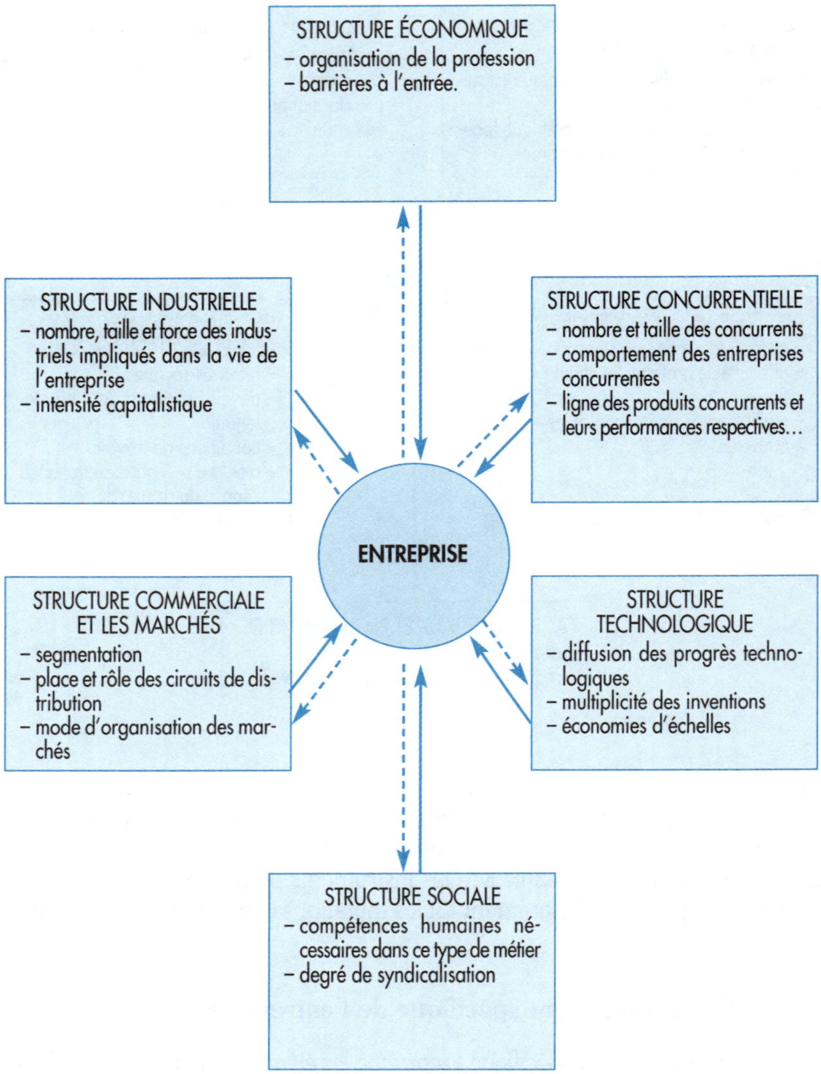

II. LE CARACTÈRE INSTABLE ET ÉVOLUTIF DE L'ENVIRONNEMENT DE L'ENTREPRISE

L'entreprise est confrontée à un environnement instable, qui connaît une profonde mutation particulièrement depuis le début des années 1980.

L'entreprise actuelle doit faire face à un environnement en pleine évolution. Si cette évolution a toujours existé, on assiste depuis le début des années 1980 à un véritable bouleversement de nombreux facteurs qui influent directement sur l'entreprise. Cette accélération brutale peut s'observer dans presque tous les domaines de l'environnement de l'entreprise…

1. L'environnement international

La nouvelle configuration des relations internationales n'est pas sans incidence sur l'entreprise.

Les années 1980-1990 ont été marquées par un renforcement de la mondialisation des économies. La multiplication des échanges, l'internationalisation financière et de la production, modifient le champ concurrentiel des entreprises.

Celles-ci doivent faire face à l'avènement des nouveaux pays industrialisés (Taiwan, Corée du Sud, Singapour...), à la régionalisation de l'économie, ainsi qu'aux conséquences de l'endettement et de l'appauvrissement des pays en voie de développement.

Au niveau européen, l'avènement de l'euro et la construction de l'Union européenne, qui implique la libre circulation des hommes, des marchandises et des capitaux, risque de pénaliser gravement les entreprises qui n'auront pas été en mesure de pouvoir s'adapter.

Enfin, l'ouverture de l'Europe de l'Est ou de la Chine aux entreprises occidentales crée de nouveaux marchés que les entreprises s'efforcent de conquérir.

2. L'évolution de l'environnement sociologique et institutionnel

Les années 1980-2000 ont connu une importante évolution sociologique, dégageant ainsi de nouvelles priorités :
– écologie,
– consumérisme, etc.
et mettant en valeur le rôle-clé de l'entreprise dans la vie économique.

L'entreprise se doit de tenir compte de l'évolution des mentalités et ne peut plus ignorer l'influence de nouveaux acteurs de la vie économique : ainsi, par exemple, la priorité accordée à la qualité de la vie a généré l'apparition et le développement de mouvements de défense qui luttent contre la pollution, la destruction de la forêt, l'implantation de sites industriels portant atteinte à l'équilibre écologique. De même, la technicité croissante des produits, l'élévation du pouvoir d'achat et l'exigence accrue des consommateurs a donné aux organisations de défense du consommateur (exemple : l'UFC) un rôle privilégié qui conduit les entreprises à ne plus négliger la qualité et la fiabilité des produits, ou l'information du consommateur.

Le droit positif s'efforce de répondre à l'évolution sociologique et économique. Mais il reste parfois mal adapté aux impératifs de sécurité et de rapidité du monde des affaires.

L'évolution juridique et institutionnelle a suivi, et parfois précédé l'évolution sociologique. Le législateur s'efforce d'adapter le droit positif à l'évolution sociale (lois sur la réduction du temps de travail) et économique (droit du crédit, nouveau droit des entreprises en difficulté). Le droit des affaires doit encore assurer une compétition loyale entre les entreprises (droit de la concurrence), tout en protégeant les consommateurs (droit de la consommation).

3. L'évolution de l'environnement économique, technologique et social

De nombreuses branches d'activité ont subi de plein fouet les effets combinés de la crise et de la concurrence internationale. Mais les perspectives économiques sont plutôt encourageantes :
- maîtrise de l'inflation
- stabilisation du taux de chômage
- restauration des marges de profit des entreprises...

Si les perspectives économiques sont plutôt encourageantes pour les entreprises, celles-ci doivent néanmoins tenir compte de l'environnement social et s'adapter au développement très rapide de la technologie.

La mutation économique et sociologique s'accompagne d'une évolution sociale et l'entreprise se doit de prendre en compte des phénomènes comme les changements de relations de pouvoir (rôle des syndicats au sein de l'entreprise), ou l'émergence de nouveaux types de conflits du travail.

Par ailleurs, la course à la technologie n'a jamais été aussi intense : réseaux, robotisation, génie biologique, la troisième révolution industrielle s'impose aujourd'hui à l'entreprise, modifie les règles du jeu concurrentiel, implique un renouvellement de l'organisation du travail et de la gestion des ressources humaines.

Cette « turbulence » de l'environnement technologique est un facteur d'instabilité, et constitue un véritable défi pour les entreprises, face notamment à l'intensification de la concurrence liée aux progrès technologiques dans certains pays en voie de développement.

III. L'ENTREPRISE ET SON ENVIRONNEMENT LOCAL ET RÉGIONAL

L'insertion dans le tissu économique signifie également une intégration de l'entreprise dans un environnement local et régional. Les communes, districts, départements ou régions mettent souvent en œuvre des moyens importants pour attirer des entreprises ou leurs filiales, et favoriser leur implantation.

Il existe des relations d'influence réciproque entre l'entreprise et son environnement local et régional. Ainsi, les collectivités locales peuvent favoriser l'implantation d'entreprises, créatrices d'emploi.

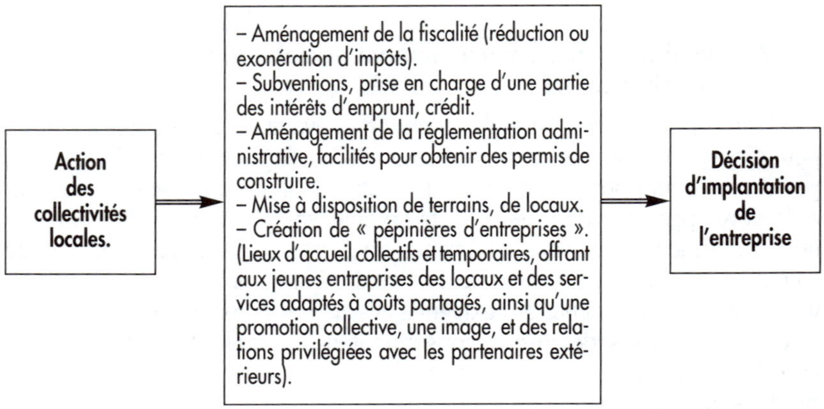

Ces mesures ne sont pas toujours suffisantes : la décision d'implantation dépend en effet de nombreux facteurs : main-d'œuvre qualifiée, infrastructure routière, débouchés régionaux, qui permettent de développer de façon optimale l'activité de l'entreprise.

La présence d'une ou plusieurs entreprises n'est pas sans conséquence pour l'environnement local. Les effets exercés sur l'environnement, qui n'entrent pas dans la comptabilité de l'entreprise, constituent des **externalités,** et se répartissent en deux catégories :

L'implantation d'entreprises génère des effets favorables (essentiellement économiques) et des effets défavorables (essentiellement écologiques) pour l'environnement local.

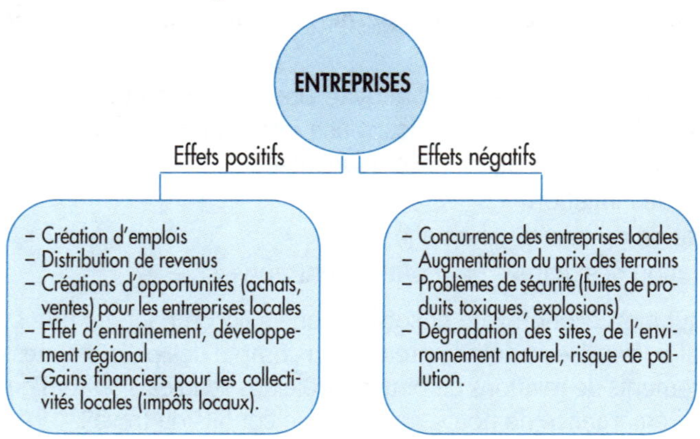

L'installation d'une ou plusieurs entreprises dans un lieu donné peut aussi jouer un rôle moteur dans le développement économique d'une commune ou d'une région, en attirant la population pour les emplois offerts, les capitaux à la recherche d'investissements rentables, etc. Cet **effet d'entraînement**

conduit d'autres entreprises à s'établir sur le même site, créant ainsi des pôles constituant des espaces socio-économiques plus ou moins denses et étendus (ex : Sophia Antipolis, Montpellier, Région parisienne).

LES PÔLES DE CROISSANCE	LES PÔLES DE DÉVELOPPEMENT	LES PÔLES DE RECONVERSION
⇓	⇓	⇓
Résultent d'une évolution spontanée, sans intervention de l'État, ou d'une collectivité locale.	Organisés par l'État dans le cadre d'une politique industrielle ou d'aménagement du territoire.	Résultent de la volonté de l'État de restructurer le tissu industriel des régions économiquement sinistrées (Nord, Est...) en attirant de nouvelles entreprises.

L'implantation d'entreprises dans un site donné a un « effet d'attraction ».
D'autres entreprises s'installent à proximité, donnant naissance à un « pôle de croissance ».
Lorsque l'implantation des entreprises est due à une initiative de l'État, il y a création soit d'un pôle de développement, soit d'un « pôle de reconversion ».

Dans certains cas, un pôle dominant peut exercer un effet d'attraction tel qu'il appauvrit son environnement (fuite des cerveaux, des capitaux, épuisement des ressources naturelles). Le pôle est alors négatif, et on parle d'effet de stoppage.

IV. L'ENTREPRISE, MAILLON DE SA FILIÈRE INDUSTRIELLE

1. Qu'est-ce qu'une filière ?

La notion de **filière** ne doit pas être confondue avec celle de **branche** ou de **secteur.**

Une filière est l'ensemble des étapes de la production qui permettent de passer de la matière première brute à l'objet final qui sera vendu sur le marché.

Les filières regroupent ainsi des activités complémentaires, et décrivent un cheminement orienté des produits de l'amont vers l'aval.

La nomenclature de l'INSEE décompose le système productif français en 19 filières. Classées par ordre d'importance en effectifs employés, ces filières sont les suivantes :

- Loisirs, tourisme
- Agro-alimentaire
- Communication
- Santé
- Bâtiment, génie civil
- Mécanique
- Automobile
- Textile
- Bois
- Chimie
- Banque, assurance
- Électronique
- Métallurgie
- Métaux non ferreux
- Énergie
- Rail
- Cuir
- Aéronautique
- Navigation

Une filière désigne un enchaînement ordonné d'activités, qui aboutissent à la mise à disposition sur un marché d'un produit industriel ou de consommation finale.

2. Les conséquences de l'appartenance à une filière

Au début des années 1980, la politique de filière constituait l'une des principales orientations de la politique industrielle de l'État. Il s'agissait :
- de définir des actions cohérentes destinées à favoriser le développement d'un ensemble intégré d'entreprises situées à des stades différents du processus de production d'une même famille de produits ;
- de détecter et de renforcer les maillons faibles de ces filières.

On oppose fréquemment stratégie de filière (spécialisation sur un secteur) et stratégie de créneau (spécialisation plus étroite, portant sur une activité ou un produit).
Dans la pratique, ces deux stratégies ne sont pas incompatibles et peuvent être mises en œuvre conjointement.

Aujourd'hui, l'identification de la filière joue un rôle essentiel dans la stratégie de l'entreprise. Celle-ci peut en effet :
- chercher à identifier les niveaux de la filière qui génèrent les profits les plus élevés ;
- développer des relations de complémentarité avec les entreprises amont ou aval de sa filière ;
- s'efforcer de contrôler tout ou partie de sa filière, etc.

Toutefois, de nombreuses entreprises préfèrent à la stratégie de filière, une stratégie de **créneaux** qui consiste à renforcer les activités les plus compétitives, au détriment des activités les moins rentables. Les petites et moyennes entreprises, en particulier, recherchent les emplacements laissés vacants par les grandes firmes (marchés particuliers, produits spécifiques) et où elles pourront s'implanter sans se heurter directement à une trop forte concurrence. On parle de « créneaux porteurs » lorsque ces emplacements connaissent une forte progression de la demande.

En fait, il apparaît que créneaux et filières ne sont pas incompatibles. Une stratégie mettant en œuvre une stratégie de filière peut en effet, profiter ponctuellement de l'opportunité d'un créneau dans lequel la concurrence est particulièrement réduite.

Un exemple de filière : la filière pêche

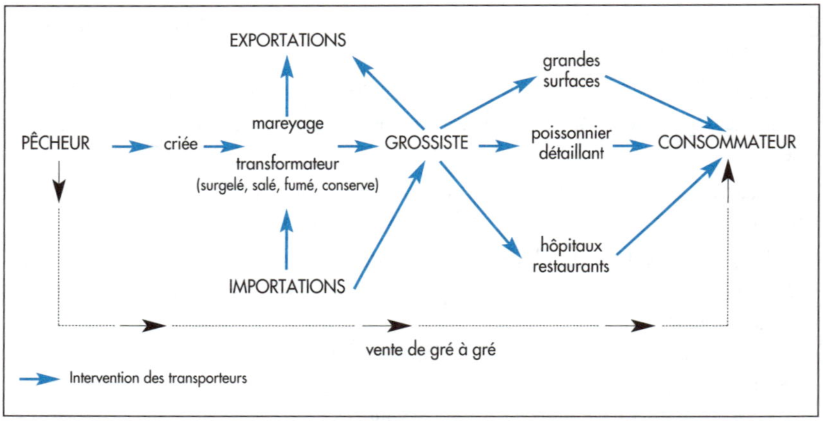

Section 2
L'entreprise et l'intérêt général

Si l'entreprise intervient nécessairement dans la mise en œuvre de la politique économique, elle a aussi une responsabilité sociale par rapport à ses salariés, bien sûr, mais également à l'égard de tous ses partenaires (consommateurs, collectivités locales…) et plus généralement vis-à-vis de l'ensemble de la société.

I. LA COMPATIBILITÉ ENTRE LA POLITIQUE ÉCONOMIQUE DE L'ÉTAT ET LES OBJECTIFS DES ENTREPRISES

Pour que le gouvernement puisse, dans une économie décentralisée, mettre en œuvre la politique économique qu'il a définie, il est indispensable qu'il s'appuie sur les décisions des entreprises.

En ce sens on peut dire qu'il y a une certaine adéquation nécessaire entre la politique économique menée par les pouvoirs publics et la stratégie retenue par les entreprises.

Cependant, des divergences peuvent exister : l'action des entreprises et les objectifs de l'État sont parfois en contradiction.

1. L'adéquation entre la politique économique de l'État et l'action des entreprises

• *La politique économique de l'État*

La politique économique correspond aux choix économiques qu'opèrent les pouvoirs publics pour orienter l'activité des agents dans une direction jugée souhaitable. Ainsi, la politique économique fixe des objectifs généralement quantifiés ; elle détermine aussi les moyens à mettre en œuvre pour les atteindre.

La politique économique correspond à l'ensemble des décisions prises par les pouvoirs publics en vue d'orienter l'économie du pays dans un sens jugé souhaitable.

Les objectifs les plus fréquemment recherchés peuvent être représentés à l'aide d'un carré dit magique, car il est difficile pour un pays d'atteindre simultanément les quatre coins de ce carré.

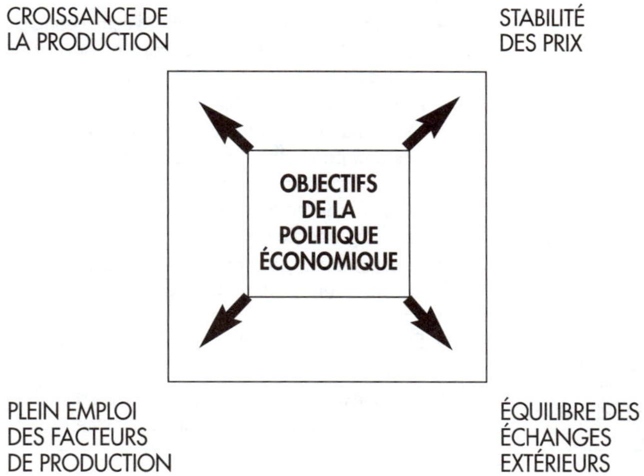

Cette approche des objectifs économiques est certes simplifiée ; elle permet cependant de bien poser les problèmes de nos économies qui ont des difficultés pour atteindre simultanément ces quatre objectifs. Deux seulement sont en effet souvent privilégiés au détriment des autres.

Toute politique économique se définit par ses objectifs. Les plus importants sont : la croissance de la production, le plein emploi des facteurs de production, la stabilité des prix, l'équilibre des échanges extérieurs.

Ainsi, par exemple, une relance de l'économie permet le plus souvent d'accroître la croissance de l'économie et de résoudre en partie les problèmes de l'emploi, mais une telle politique comporte des risques pour la stabilité des prix et l'équilibre du commerce extérieur.

À l'inverse, et quelquefois à la suite d'une politique de relance, il faut pratiquer une politique de rigueur pour freiner l'inflation et réduire le déficit extérieur.

On recense bien sûr d'autres objectifs poursuivis par l'État en matière de politique économique. On peut citer par exemple : la volonté de stabiliser la valeur de l'euro par rapport aux autres monnaies, la recherche de davantage de justice sociale en réduisant les inégalités, la réalisation d'un développement équilibré des activités économiques sur l'ensemble du territoire...

• *La place des entreprises dans la politique économique de l'État*

Dans une économie décentralisée, les objectifs de la politique économique de l'État doivent être atteints par l'intermédiaire des décisions des agents économiques et en particulier des entreprises. Dans ce sens, on peut dire qu'il y a un lien étroit entre objectifs de l'État et actions des entreprises.

Pour atteindre les objectifs essentiels qu'il s'est fixé, l'État, dans une économie capitaliste décentralisée, doit s'appuyer sur tous les agents économiques et en particulier les entreprises. Il apparaît même que le rôle des entreprises dans la mise en œuvre de la politique économique devient parfois si important que l'on assiste à l'émergence d'un certain culte de l'entreprise et des entrepreneurs, qui se manifeste notamment par une modification de l'image de l'entreprise dans l'opinion publique.

OBJECTIFS DE LA POLITIQUE ÉCONOMIQUE	ACTIONS DES ENTREPRISES
PLEIN EMPLOI	• Création d'emplois dans des entreprises existantes ou nouvelles. • formation du personnel pour améliorer sa qualification et maintenir les emplois. • Reconversion de certaines activités permettant d'éviter des mesures de licenciement du personnel.
STABILITÉ DES PRIX	• Non-répercussion des hausses des composants du coût de revient des produits avec limitation des hausses de salaires ou des marges bénéficiaires pour obtenir des prix de vente plus compétitifs. • Mise en œuvre d'une stratégie commerciale de baisse des prix pour affronter la concurrence.
CROISSANCE	• Création de nouveaux produits pour accroître les parts de marché de l'entreprise. • Investissement pour rester compétitif et faire face à la concurrence internationale.
ÉQUILIBRE DES ÉCHANGES EXTÉRIEURS	• Stratégie offensive de conquête des marchés extérieurs. • Stratégie défensive pour empêcher les produits des entreprises étrangères de se vendre en France.

2. Les divergences entre objectifs des pouvoirs publics et comportement des entreprises

L'observation du comportement réel des entreprises montre qu'elles n'agissent pas toujours nécessairement dans le sens préconisé par l'État. Ces divergences proviennent :

- soit d'attitudes délibérées des entreprises qui souhaitent contourner les règles pour favoriser leur intérêt personnel ;
- soit de comportements rationnels liés à la stratégie des entreprises et qui vont à l'encontre de l'intérêt général.

Ces deux types d'attitudes peuvent être appliqués pour tous les objectifs préalablement étudiés. Observons chacun de ces comportements possibles dans le cas par exemple de la lutte contre l'inflation et de la recherche de l'équilibre du commerce extérieur.

Le gouvernement, pour obtenir la **stabilité des prix**, peut réglementer leur fixation : blocage des prix, contrôle des marges... Mais il peut aussi laisser jouer la concurrence dans le cadre d'une politique de liberté des prix. Il faut alors que les entreprises pratiquent réellement la concurrence. Si celles-ci préfèrent s'entendre dans le cadre d'accords occultes pour fixer des prix planchers ou se répartir les marchés, il est évident que l'intérêt général est mis en cause. L'État est alors amené à sanctionner de tels agissements.

Dans le cadre de **l'équilibre des échanges extérieurs,** la stratégie des entreprises peut aller à l'opposé des objectifs du gouvernement, sans pour autant que le comportement des entreprises soit répréhensible. Ainsi, par exemple, les mauvais résultats de la balance extérieure française des produits manufacturés au cours des dernières années peuvent s'expliquer par les efforts d'assainissement des entreprises qui, pour se désendetter et rétablir leur marge, ont dû pratiquer des prix relativement élevés, donc peu favorables à l'exportation, et s'équiper de matériels performants importés.

Dans certains cas même, il n'est pas toujours évident de déterminer quel est le comportement des entreprises qui correspond le mieux aux objectifs définis par la politique économique. Ainsi par exemple, il est possible dans le domaine de l'emploi de s'interroger sur les problèmes suivants :

- *Faut-il aujourd'hui licencier une partie du personnel pour éviter demain de licencier la totalité de celui-ci ? Mais est-il alors certain que les licenciements d'aujourd'hui permettront de ne pas licencier demain ?*
- *Faut-il substituer du capital au travail et investir dans le matériel très productif pour accroître la compétitivité ou bien faut-il éviter de licencier et risquer de subir dans l'avenir une forte concurrence internationale ?*
- *La réduction du temps de travail, l'avancement de l'âge de la retraite, le recul de l'âge de l'entrée dans la vie active sont-ils des facteurs réducteurs du chômage ou pénalisent-ils la compétitivité des entreprises et risquent-ils de créer à terme davantage de chômage ?*

Autant d'interrogations auxquelles les experts apportent des réponses nuancées et quelquefois contradictoires qui font que face à une décision rationnelle d'un chef d'entreprise, à une stratégie exprimée d'une firme, on ne puisse pas toujours répondre avec certitude à la question : « Est-ce compatible avec les objectifs de la politique économique ? »

Si l'État, dans une économie capitaliste, doit s'appuyer sur les entreprises pour réaliser ses projets, les entreprises n'agissent pas toujours nécessairement dans le sens souhaité par les pouvoirs publics. Dans certains cas, les entreprises agissent délibérément à l'encontre des principes édictés par l'État.
Dans d'autres cas, c'est en toute logique que les décisions des entreprises ne convergent pas avec certains objectifs économiques de l'État.

II. LA RESPONSABILITÉ SOCIÉTALE DE L'ENTREPRISE

L'analyse des rapports entre l'entreprise et l'intérêt général ne se résume pas au seul domaine économique. Face aux exigences de la société tout entière, les entreprises se trouvent confrontées à d'autres types de responsabilités. Edmond Marqués (1) présente ainsi la responsabilité sociétale de l'entreprise :

« Il faut se préoccuper de la relation de l'entreprise avec l'ensemble de son environnement caractérisé par l'identification de certains socio-groupes : les fournisseurs, les clients, les consommateurs, les salariés, les actionnaires, la collectivité nationale, la presse, les organismes internationaux. »

C'est dire que la responsabilité de l'entreprise peut s'analyser sur le plan interne, avec notamment l'établissement du bilan social mais aussi au niveau externe. On analyse alors les rapports de l'entreprise avec la nature, en

Les entreprises n'ont pas uniquement un rôle économique. Leur comportement leur crée des responsabilités vis-à-vis de tous les membres et de tous les aspects d'une société. On parle alors de responsabilité sociétale de l'entreprise.

(1) Edmond Marqués, *RFG*, n° 12-13.

s'appuyant sur la relation existant entre l'activité productive et l'écologie ; on étudie aussi les relations entre l'entreprise et les consommateurs ainsi que les liens qui s'établissent avec les organismes publics dans la réalisation de missions d'intérêt général.

1. Entreprise et écologie

• *Les déséconomies externes liées à l'environnement*

Un agent économique peut être à l'origine d'économies ou de déséconomies externes.

D'une manière générale, un agent économique produit des économies externes lorsqu'il fournit à d'autres agents économiques des services dans des conditions qui ne permettent pas un paiement de leur part.

IBM qui forme des informaticiens fournit une économie externe à l'entreprise X qui embauche par la suite un salarié ainsi formé.

À l'inverse, lorsqu'un agent crée des servitudes, des nuisances sans compensation pour ceux qui les subissent, il y a déséconomies externes.

Une entreprise qui déverse ses déchets dans une rivière entraîne une déséconomie externe pour la collectivité.

Ces externalités négatives ou positives permettent d'appréhender les déséconomies externes dans les rapports entre environnement et entreprises.

On peut analyser trois types de déséconomies externes liées à la pollution. Elles peuvent être résumées dans le tableau suivant :

DÉSÉCONOMIES EXTERNES ET ENVIRONNEMENT

Surexploitation des ressources naturelles. La production inconsidérée de biens risque de détruire la substance même sur laquelle elle se réalise. Les ressources naturelles utilisées inconsidérément risquent de s'épuiser.

Nuisances liées à la production elle-même. La réalisation des opérations de production entraîne des nuisances : fumées, émanations toxiques, pollution de l'eau, risque de contamination…

Production de biens dont l'utilisation entraîne des risques pour l'écosystème. Dans ce domaine, les conditionnements des produits peuvent présenter des risques : la couche d'ozone est détruite par les aérosols ; des déchets (matière plastique, boîte d'aluminium) ont du mal à être éliminés ou recyclés.

• *La prise en compte des contraintes écologiques*

Face à ces problèmes généraux de détérioration de l'environnement, on constate dans nos sociétés trois grandes évolutions.

Dans leur activité de production et de vente, les entreprises peuvent provoquer des déséconomies externes en créant des nuisances, en occasionnant des pollutions.

- Des règles de plus en plus strictes sont édictées par le législateur ou le pouvoir exécutif (tant au niveau national qu'international).
  – Pot catalytique pour éviter la destruction des forêts par les émanations des véhicules à moteur.
  – Projet des États-Unis interdisant l'accès aux ports américains de pétroliers non équipés d'une double coque… pour éviter les risques de « marée noire ».

Dans ce cadre réglementaire, les États proposent de plus en plus des labels attribués aux produits écologiques.

*En Allemagne le label **Ange bleu**, au Japon le label **Ecol-Mark**. En France, en 1998, a été instituée la **pastille verte** pour les véhicules automobiles les moins polluants.*

La normalisation (ISO) incorpore maintenant des critères environnementaux.

- Des pressions de plus en plus fortes de la part des **groupements écologistes** et des consommateurs peuvent conduire au boycott de produits polluants ou fabriqués par des entreprises qui ne respectent pas l'environnement.
- Une volonté de la part des entreprises d'adopter un code de bonne conduite écologique, pour donner une image de marque favorable à leurs produits, apparaît de plus en plus nettement.

Les impératifs écologiques étant de plus en plus importants dans nos sociétés, la réglementation est plus sévère et les entreprises, par respect pour l'environnement et pour améliorer leur image de marque, s'imposent des codes de bonne conduite écologique.

2. L'entreprise et les consommateurs

• *L'analyse des rapports consommateurs-entreprises*

Les interrogations sur la responsabilité sociétale de l'entreprise dans le domaine de ses rapports avec les consommateurs se posent à plusieurs niveaux.

PRODUCTION ET VENTE

De biens inutiles	De produits nocifs ou dangereux	De produits détériorant l'environnement
Certains se demandent si dans nos sociétés de consommation, les entreprises ne sont pas conduites à produire et vendre des biens inutiles. On parle alors de civilisation des gadgets.	On reproche à certaines entreprises de mettre à la disposition des consommateurs des produits nocifs pour leur santé (tabac, alcool…) qui entraînent ensuite des dépenses importantes pour la collectivité.	La production de masse conduit parfois par la saturation de biens à des problèmes d'encombrement (embouteillages dans les villes) et de déchets qui détériorent l'environnement.

Les entreprises sont mises en cause par les consommateurs qui leur reprochent de mettre parfois sur le marché des produits inutiles, dangereux ou néfastes pour l'environnement.

Toutes ces critiques sont adressées par des économistes ou des groupements de consommateurs qui reprochent aussi aux entreprises de faire trop de publicité.

• *La conduite des entreprises face aux consommateurs*

Plusieurs formes de réponses concrètes sont actuellement mises en œuvre par les entreprises

Des actions directes vis-à-vis de la clientèle.	Un service consommateur.	Des opérations de mécénat.
La volonté des entreprises n'est pas de mettre en cause la sécurité des consommateurs. Dans le cas de risques réels ou virtuels, les entreprises préfèrent retirer le produit du marché ou réparer les biens en prenant les coûts à sa charge.	Les entreprises prévoient de plus en plus dans leur organisation un service consommateur dont le rôle est de répondre avec le plus d'attention possible aux besoins des consommateurs. Loin de traiter les seules réclamations, son but est de concevoir, en liaison avec les services mercatiques, des produits mieux adaptés à la demande.	Réalisées au profit d'œuvres ou d'organismes d'intérêt général ayant un caractère philantropique, éducatif, scientifique, social, humanitaire, sportif, familial, culturel ou concourant à la mise en valeur du patrimoine artistique, à la défense de l'environnement naturel ou à la diffusion de la culture, de la langue et des connaissances[1] scientifiques, les opérations de mécénat permettent aux entreprises d'améliorer leur image en concourant à l'intérêt général.

**La plupart des entreprises intègrent la volonté de répondre avec le maximum de soin aux attentes du consommateur.
Il s'agit, en effet, pour elles de garantir la sécurité de leurs clients et de préserver leur environnement.**

1. Loi du 23 juillet 1987.

Par ailleurs la législation intervient également pour limiter les abus ou interdire les pratiques qu'elle estime contraires à l'intérêt général :

Réglementation de la publicité pour le tabac ou l'alcool.

Réglementation du surendettement des ménages dû en partie à l'attitude laxiste de certaines entreprises qui désirent vendre des produits à n'importe quelles conditions aux clients.

3. L'entreprise et les organismes publics dans la réalisation de missions d'intérêt général

La plupart des entreprises ne se limitent pas à contribuer au financement de l'État, des collectivités locales ou des organismes sociaux, elles prennent part directement à des tâches d'intérêt général.

Intégrées dans le tissu économique, les quelque trois millions d'entreprises entretiennent de multiples rapports avec les organismes publics chargés de préserver et de contribuer à la mise en œuvre de l'intérêt général. Ainsi, par exemple, en tant que contribuables, les entreprises financent une large part des dépenses de l'État, des collectivités locales et des organismes sociaux. Les entreprises interviennent également dans trois domaines particulièrement importants : la formation, la recherche et la politique d'aménagement du territoire.

• *L'entreprise et la formation*

La compétitivité d'un pays dépend pour partie de la bonne qualification de sa population active. Le système éducatif français intègre de plus en plus les entreprises dans les moyens mis en œuvre pour réaliser sa mission. Depuis toujours, l'entreprise participe à la formation initiale par le biais des contrats d'apprentissage. On observe actuellement bien d'autres modalités de formation mises en œuvre dans l'entreprise. Les plus connues sont les stages en milieu professionnel qui permettent aux étudiants de confronter leurs approches théoriques aux problèmes réels et pratiques de l'entreprise.

Une partie de la formation initiale et une large part de la formation continue sont réalisées par les entreprises.

S'appuyant sur les aspects positifs des stages, on développe également, comme en Allemagne, des formations en alternance pour partie dans le milieu professionnel, pour partie dans un centre de formation.

Si les entreprises prennent une part de plus en plus grande dans la formation initiale, elles assurent également une partie de la formation continue. Depuis 1971, d'ailleurs, toutes les entreprises occupant régulièrement 10 salariés ou plus doivent consacrer chaque année un budget minimal au financement d'actions de formation. Ces actions qui concernent les salariés constituent le plan de formation qui est mis en œuvre sous l'autorité de l'employeur après consultation du Comité d'entreprise. Plus de 3 % de la masse salariale ont été ainsi, chaque année, consacré à la formation dans les entreprises françaises.

• *L'entreprise et la recherche*

Si la recherche fondamentale a pour objet d'acquérir de nouvelles connaissances théoriques sans envisager une application ou une utilisation particulière, la recherche appliquée, elle, est dirigée vers un but ou un objectif déterminé.

Pour créer de nouveaux procédés de fabrication, de nouveaux produits, il faut que les entreprises participent en collaboration avec les organismes publics à des activités de recherche-développement.

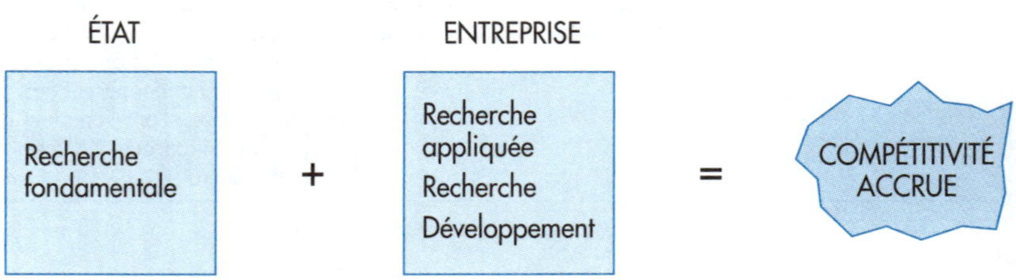

Quant à la recherche développement, elle est réalisée en vue de lancer la fabrication de nouveaux matériaux et produits, ou d'établir de nouveaux procédés ou encore d'améliorer ceux qui existent déjà. Une nécessaire coopération doit exister entre l'entreprise et les organismes publics de recherche.

Ce n'est qu'avec cette collaboration toujours plus grande entre les organismes de recherche de l'État, effectuant plutôt de la recherche fondamentale, et les entreprises chargées d'innover, que l'économie d'un pays peut se maintenir dans la concurrence économique internationale.

• *L'entreprise et l'aménagement du territoire*

Tout État doit s'assurer que le développement économique se réalise d'une manière harmonieuse sur l'ensemble du territoire. Il faut éviter que des zones se désertifient alors que d'autres deviennent des zones urbaines trop denses.

L'implantation des entreprises est un facteur essentiel de développement local. La création d'entreprises favorise l'emploi, évite l'exode des populations locales, revitalise une région ou une zone territoriale plus étroite.

L'entreprise est créatrice de richesses. En s'implantant dans une région ou une commune en difficulté, elle stimule l'activité de celle-ci et participe à l'aménagement du territoire.

C'est la raison pour laquelle les pouvoirs publics incitent à la création d'entreprises dans les régions en difficulté et pénalisent l'implantation dans les endroits trop urbanisés. De la même façon, les collectivités locales, par la création de zones industrielles, de subventions, d'avantages fiscaux, se donnent comme objectif de favoriser l'implantation d'entreprises créatrices d'emplois.

Conclusion

Responsabilité économique, responsabilité sociale, responsabilité sociétale : l'entreprise se trouve au centre de multiples problèmes de société. Face à cet enjeu, on évoque de plus en plus la notion d'éthique d'entreprise, c'est-à-dire la volonté d'agir dans le respect d'une morale de l'action. Le texte suivant met en évidence l'émergence de l'éthique dans les décisions de gestion de l'entreprise :

Face à toutes les responsabilités qui pèsent sur les entreprises, il apparaît de plus en plus nécessaire qu'elles agissent en respectant une certaine éthique.

« Respecter une certaine éthique en affaires revient à attribuer des valeurs aux diverses conséquences des activités économiques et à établir des priorités entre elles. Dans la mesure où les entreprises ne considèrent pas uniquement leur avantage immédiat mais pensent au long terme ; dans la mesure où elles essaient d'optimiser les relations multiples qu'elles ont avec ceux qui leur fournissent leurs ressources ou avec ceux sur lesquels elles ont un impact direct ou indirect ; dans la mesure où elles reconnaissent non seulement leur rôle économique, mais aussi leur responsabilité sociale, elles se comportent éthiquement : elles seront honnêtes, respecteront leurs collaborateurs, ne chercheront pas d'avantages au détriment de leur environnement naturel et culturel, etc... Ainsi comprise, l'éthique en gestion ne consiste pas en un canon mais en un processus : celui d'une réflexion continue sur les conséquences multiples des actions. »

A. Bergmann, *Ethique et gestion*,
Economica.

C'est dans cet esprit qu'émerge l'exigence de « **développement durable** ». Celui-ci est ainsi défini : « C'est la capacité des générations présentes à satisfaire leurs besoins tout en permettant aux générations futures de satisfaire les leurs ».

SOUS-TITRE I : *L'ACTIVITÉ COMMERCIALE*

4

LA MERCATIQUE ET LA CONNAISSANCE DU MARCHÉ

Dans les économies développées contemporaines, les entreprises ne peuvent plus se permettre de commencer par produire des biens et des services pour chercher ensuite à les écouler auprès des consommateurs. Cette situation, qui correspond à une économie de pénurie dans laquelle la demande est toujours supérieure à l'offre, s'est inversée.

Actuellement, les entreprises ne doivent produire que ce qu'elles sont quasiment certaines de pouvoir vendre. Ce changement d'optique qui fait de la connaissance préalable des besoins du consommateur un élément essentiel de la vie de l'entreprise conduit à définir le concept de mercatique (marketing en anglais) (Section 1).

La démarche mercatique ne se conçoit que par une bonne connaissance du marché auquel sont destinés les biens et les services produits par l'entreprise. Il est donc nécessaire de préciser la notion de marché (Section 2) et de présenter les moyens dont disposent les entreprises pour connaître celui-ci (Section 3).

SECTION 1
LE CONCEPT DE MERCATIQUE

Le concept de mercatique est très riche. On peut cependant chercher à en trouver les éléments essentiels en partant de la définition du mot.

La définition du concept de mercatique

▼

Ensemble des actions destinées à détecter les besoins et à adapter en conséquence et de façon continue la production et la commercialisation.

▼

- Étudier le marché.
- Définir le produit ou le service adapté aux attentes des consommateurs.
- Déterminer le prix de vente de ce produit.
- Choisir les canaux de distribution.
- Assurer la publicité et la promotion.
- Réaliser la vente et l'après-vente.

La mercatique est conçue comme l'ensemble des actions qui ont pour objectif de prévoir ou de constater – et le cas échéant, de stimuler, susciter ou renouveler – les besoins du consommateur en telle catégorie de produits ou de services, et de réaliser l'adaptation continue de l'appareil productif et de l'appareil commercial d'une entreprise aux besoins ainsi déterminés.

Comme on peut le constater, l'approche mercatique est une démarche qui doit être l'élément fédérateur de toutes les fonctions de l'entreprise.

L'évolution de la terminologie relative au concept de marketing est par ailleurs révélatrice de la modification des moyens et des objectifs des entreprises. On peut ainsi évoquer :
- le développement de la **satisfaction client** en liaison, en particulier avec l'émergence de la qualité totale ;
- la **gestion de la relation client** (GRC) dont le but est d'adapter la production des biens et des services aux attentes et désirs du client. C'est le

one to one qui permet au client de configurer le produit ou le service qu'il désire ;
- l'émergence de la **valeur client** pour fidéliser les acheteurs ;
- la place importante prise pour les nouvelles technologies de l'information et des communications (NTIC) qui permettent le développement des banques de données marketing (BDM), de logiciels du type customer relation ship management (CRM) qui permettent de mieux connaître les clients et qui créent, par exemple, de nouvelles formes de ventes (commerce électronique) et de publicité *spam*.

SECTION 2
LA NOTION DE MARCHÉ

Pour appréhender la notion de marché, il faut tout d'abord étudier ses composantes. Puis dans une optique mercatique, afin d'adapter sa production aux différents types de clientèle, il est indispensable d'analyser les modalités de découpage du marché.

Pour mettre en œuvre le concept de mercatique, l'entreprise doit définir avec précision le marché sur lequel elle souhaite agir.

I. LES COMPOSANTES D'UN MARCHÉ

Pour l'économiste, le marché est le lieu de rencontre (éventuellement abstrait) où les demandes des acheteurs s'ajustent à un certain prix avec les offres des vendeurs.

Pour le mercaticien un **marché se définit toujours concrètement** par rapport à une entreprise, à un produit ou une classe de produits et dans une zone géographique déterminée.

Ce marché, qui doit tenir compte d'environnements de différentes natures, comporte plusieurs intervenants.

1. Les différents aspects de l'environnement

Le marché d'une entreprise se situe au carrefour de divers environnements :

→ **Technologique :** l'évolution des techniques, les découvertes scientifiques peuvent avoir des répercussions très importantes pour les entreprises.

→ **Culturel :** l'attitude et les valeurs communes des divers groupes socio-économiques face aux problèmes de santé, de préservation de la nature… conduisent les entreprises à modifier et/ou à adapter leur comportement.

→ **Institutionnel :** l'ensemble des lois et règlements et leur évolution constituent bien évidemment des contraintes dont les entreprises doivent tenir compte.

→ **Démographique, économique et social** qui déterminent la composition et les possibilités financières de la population.

Tous les aspects de l'environnement de l'entreprise doivent être pris en compte par les mercaticiens.

Le but des responsables de la mercatique est aussi d'anticiper les évolutions techniques, culturelles, démographiques… qui caractérisent une société et une économie.

2. Les intervenants sur le marché

À côté de ces différents environnements, il faut aussi recenser les divers intervenants. Il y a, bien évidemment, le **consommateur du produit ou du service** dont il est fondamental de connaître les besoins et les comportements d'achat. Dans certains cas d'ailleurs, le consommateur n'est pas lui-même l'acheteur (achats de jouets pour les enfants, par exemple).

Connaître pour agir sur un marché, c'est aussi identifier et apprécier le rôle et le comportement de toutes les personnes (consommateurs, prescripteurs, distributeurs, concurrents) qui jouent un rôle sur celui-ci.

Certains produits peuvent faire l'objet de **prescriptions** (produits pharmaceutiques vendus sur ordonnance) conduisant à procéder à des études sur les motivations des prescripteurs.

Parmi les intervenants, il faut aussi connaître les **distributeurs** (grandes surfaces, petits commerces...) qui par leurs conseils, la mise en valeur ou non d'un produit peuvent avoir un rôle non négligeable sur la décision de l'acheteur.

Il convient enfin de souligner l'importance toute particulière que l'entreprise doit accorder à l'existence des **concurrents** dont elle doit avoir la meilleure connaissance possible.

II. LES DÉCOUPAGES DU MARCHÉ

1. Découpage traditionnel

Pour être opérationnel, dans le domaine de l'action mercatique, il faut procéder à un découpage du marché global. Cette opération a pour but d'adapter au mieux les produits à la clientèle visée.

Le marché d'un produit d'une entreprise peut faire l'objet du découpage suivant :

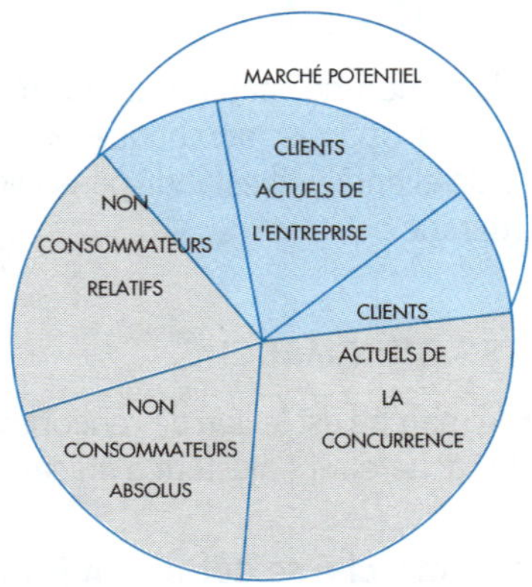

Les **non-consommateurs absolus** n'achètent pas le produit ou le service pour des raisons profondes, que celles-ci soient d'ordre physique, psychologique ou moral.

Les **non-consommateurs relatifs** ne consomment pas actuellement. Les motifs de ce comportement n'interdisent pas, cependant, une consommation ultérieure.

Peut-être ignorent-ils tout simplement l'existence du produit ou ne disposent-ils pas des moyens financiers pour se le procurer.

En s'efforçant de déterminer son marché potentiel, l'entreprise peut faire des prévisions de son chiffre d'affaires futur. Elle peut également établir au mieux sa production future et donc ses investissements.

Le **marché potentiel** de l'entreprise est estimé en tenant compte :
- des **clients actuels de l'entreprise** qu'il convient de **conserver**.
- des **non-consommateurs relatifs** qu'il est possible de transformer en **acheteurs effectifs**.
- des **consommateurs actuels** qu'on se fixe comme objectif de prendre aux **concurrents**.

Lorsqu'un marché comprend beaucoup de non-consommateurs relatifs, la concurrence entre entreprises est moins vive que lorsque ce marché en comporte peu car, dans ce cas, chaque entreprise ne peut se développer qu'en prenant des parts de marché aux autres.

2. Découpage en marché principal et autres marchés

Dans le *Marketing du réel*, C. Matricon propose un découpage différent du marché. Il oppose :
- le **marché principal :** « ensemble des produits semblables et directement concurrents » ;

- le **marché environnant :** « ensemble des produits de nature différente du produit principal, mais satisfaisant les mêmes besoins et les mêmes motivations dans les mêmes circonstances » ;
- le **marché support :** « ensemble des produits dont la présence est nécessaire à la consommation du produit étudié » ;
- le **marché générique :** « tous les produits liés au genre du besoin satisfait par le produit principal ».

Les différents marchés en relation avec le marché principal ont des répercussions sur celui-ci. C'est dire que les responsables du marketing doivent prendre en compte non seulement leurs concurrents directs qui vendent le même produit qu'eux, mais aussi les entreprises des marchés environnants. Ainsi un fabricant de stylo-bille peut voir ses produits concurrencés par des innovations dans les produits suivants : stylo-encre, feutre, machine à écrire…

Pour tout produit, il existe un marché principal, mais les études mercatiques doivent chercher tous les autres marchés qui ont des liens étroits ou non avec ce marché.

Ces diverses approches du marché permettent aux entreprises de mieux adapter leurs produits à la demande. En particulier, elles conduisent à la **segmentation du marché** qui peut être définie comme le découpage du marché potentiel en sous-groupes homogènes constitués de consommateurs qui ont les mêmes caractéristiques de sexe, d'âge, de niveau socio-culturel, de style de vie.

Ainsi NOKIA, pour rester le leader de son secteur utilise une méthode simple pour proposer de nouveaux produits. L'entreprise segmente à l'extrême sa clientèle. Par exemple, les téléphones portables sont divisés en neuf divisions constituées en centre de profit. Chaque responsable (*business application*, produit d'entrée de gamme ; caméras intégrées…) doit dégager des bénéfices.

Segmenter un marché consiste à réaliser un découpage de celui-ci en sous-groupes (segments) qui présentent une homogénéité. On peut ainsi adapter sa politique commerciale en fonction de ces segments.

SECTION 3
LA CONNAISSANCE DU MARCHÉ

Connaître un marché suppose de définir les informations à rechercher. Ensuite, l'entreprise utilise les techniques de recherche de l'information. La collecte peut enfin devenir systématique par l'intermédiaire des Bases de Données Marketing.

I. QUELLES INFORMATIONS RECHERCHER ?

Toute recherche d'informations sur le marché nécessite d'abord l'élaboration d'un projet d'étude qui doit préciser l'objet de l'étude et les informations à recueillir.

On peut résumer dans le schéma suivant le type d'informations que les entreprises peuvent rechercher :

La démarche mercatique consiste dans un premier temps à étudier le marché que l'entreprise souhaite conserver, agrandir, conquérir. Pour réaliser cette étude, l'entreprise doit rechercher des informations.

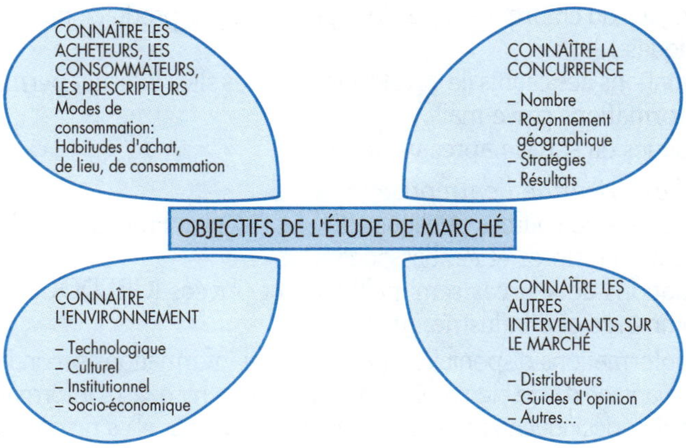

Les informations que les mercaticiens doivent rechercher concernent les caractéristiques du marché et de ses intervenants.

Ces études peuvent être réalisées à la création de l'entreprise :

Que produire ? Où s'installer ? ... ou au cours de sa vie : Faut-il lancer un nouveau produit ? Faut-il abandonner la vente d'un produit ? Quel type de campagne publicitaire faut-il faire ?

II. COMMENT TROUVER LES INFORMATIONS ?

Dans certains cas, les informations recherchées existent déjà ; il suffit alors de faire une recherche documentaire dans l'entreprise ou à l'extérieur pour obtenir les informations disponibles.
Si les informations existantes ne sont pas suffisantes, l'entreprise procède à des enquêtes ou à des expérimentations pour obtenir les informations nécessaires à une meilleure connaissance du marché.

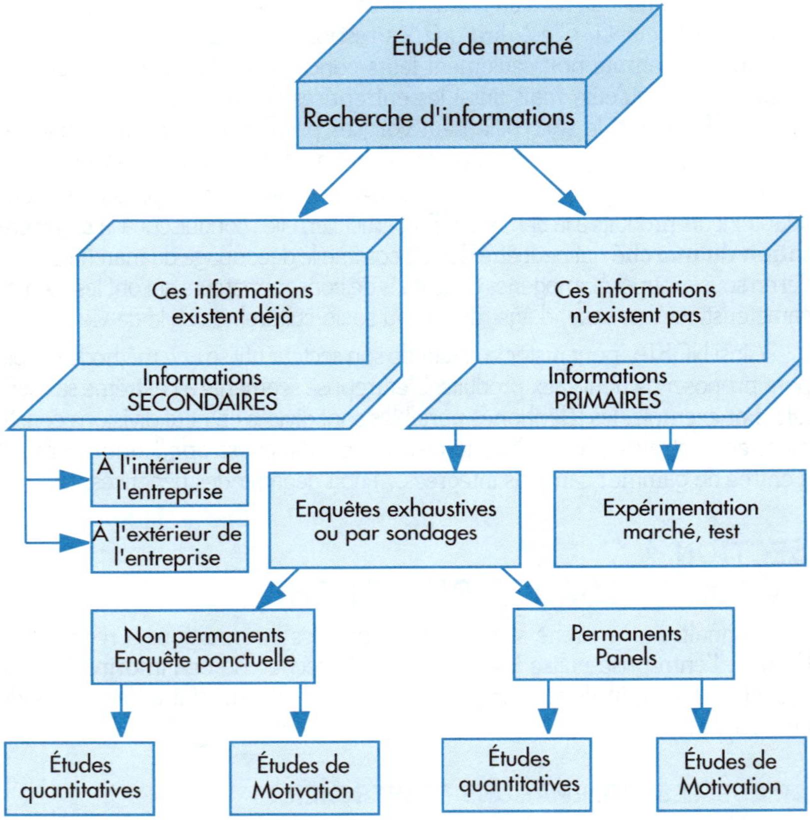

L'entreprise qui désire étudier son marché doit savoir qu'il existe déjà beaucoup d'informations immédiatement disponibles, soit dans l'entreprise (statistiques des ventes...) soit à l'extérieur (revues professionnelles, INSEE...).

1. Informations disponibles

• *À l'intérieur de l'entreprise*

- Rapport des représentants.
- Statistiques du chiffre d'affaires (par périodes, par produits, par zones géographiques...).
- Réclamations des clients (le développement des sites Internet permet l'envoi des informations par e-mail).
- Statistiques du service après-vente, etc.

• *À l'extérieur de l'entreprise*

- Informations de sources publiques (INSEE, Centre Français du Commerce Extérieur, Ministères et Ambassades...).
- Informations de sources semi-publiques et privées (CREDOC, Chambres de Commerce et d'Industrie, revues...).

Ces informations disponibles appelées aussi informations secondaires présentent l'avantage d'être bien moins coûteuses à obtenir que les informations qu'il faut collecter spécifiquement pour l'étude. En revanche, elles ne correspondent pas toujours exactement à l'attente des mercaticiens, elles sont aussi quelquefois un peu anciennes et doivent donc, dans ce cas, être utilisées avec précaution.

2. Informations à collecter par l'entreprise

a. Enquête

Lorsque les informations existantes sont insuffisantes, il est nécessaire de collecter des informations complémentaires encore appelées primaires, en menant une enquête auprès des consommateurs potentiels concernés. Comme le plus souvent la population à étudier est trop importante, on ne peut réaliser qu'un **sondage auprès d'un échantillon de la population.** Si cet échantillon de population est permanent et est utilisé plusieurs fois dans le temps, on parle de **panel.** Celui permet à une entreprise de connaître ses parts de marchés et celles de la concurrence.

Qu'il s'agisse d'enquête ponctuelle ou de constitution de panels, pour réaliser l'échantillon, il existe deux grandes techniques de base :

- **échantillon aléatoire** (ou au hasard), chaque individu de la population a les mêmes chances d'être sélectionné ;
- **échantillon par quotas**, dans ce cas l'échantillon est un modèle réduit qui reflète la composition de la population totale à étudier.

On peut résumer ainsi les étapes de la réalisation d'une enquête :

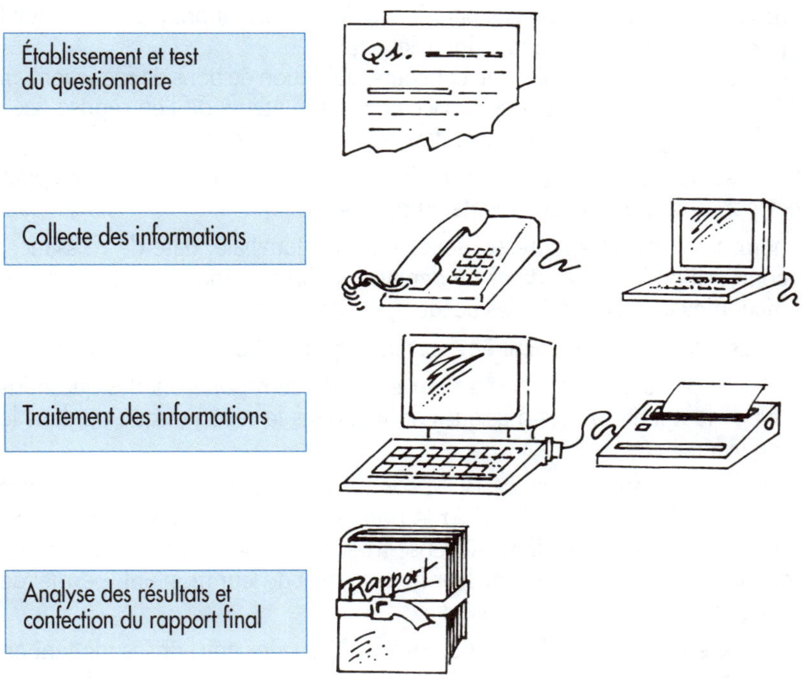

Enfin, de plus en plus, à côté des enquêtes ponctuelles ou périodiques qui donnent des informations quantitatives sur le marché, les entreprises cherchent aussi à analyser les causes profondes du comportement du consommateur.

Pour ce faire, on réalise des **études de motivations** qui s'appuient sur des méthodes utilisées en psychologie, sociologie et psychanalyse (entretiens libres, tests projectifs…).

Quelquefois, il n'existe pas d'informations déjà existantes permettant de répondre aux interrogations de l'entreprise. Dans ce cas, il faut que l'entreprise elle-même se mette en quête d'informations. Elle réalise ou fait réaliser alors des enquêtes pouvant prendre la forme d'enquêtes ponctuelles ou de panels.

La réalisation d'une enquête auprès d'un échantillon temporaire ou permanent (panel) implique la mise en œuvre de chacune des étapes de sa confection.

Les entreprises effectuent également des études de motivations pour mieux connaître le comportement psychologique des consommateurs.

b. Expérimentation : le marché test

Pour obtenir des informations sur le marché, mieux connaître les réactions possibles des consommateurs à une future campagne de publicité ou un nouveau conditionnement de produit, etc., les entreprises ou des sociétés de services travaillant pour le compte de leurs clients peuvent réaliser des tests.

Dans certains cas, l'enquête préalable ne suffit pas. Alors, les entreprises réalisent des expérimentations auprès de marchés « modèle-réduit » appelés marchés test.

Parmi ces tests, le marché témoin tient une place importante. C'est une technique qui consiste à choisir une ou plusieurs zones limitées dans lesquelles un lancement du produit nouveau sera effectué à titre d'essai. En fonction des résultats ainsi obtenus, l'entreprise décidera ou non du lancement.

III. LES BASES DE DONNÉES MARKETING (BDM)

L'informatique permet aux mercaticiens de détenir de plus en plus d'informations sur leurs clients ou prospects. La constitution de base de données marketing (BDM) suppose :
- de collecter l'information à l'occasion de tous les contacts clients ;
- de structurer l'information pour définir des segments de marchés potentiels homogènes ;
- d'utiliser les données pour des actions mercatiques dont le but est la conquête ou la fidélisation de la clientèle.

La collecte de l'information se réalise à l'occasion :
- de contacts commerciaux (achat, demande d'information, prise de contact par un représentant, contact Internet…),
- d'actions promotionnelles (jeu concours, utilisation de bons de réduction…),
- de contacts pris auprès des services consommateurs de l'entreprise (ex. : Fido a intégré son numéro vert dans son nouveau logo).

La structuration de la BDM se réalise autour des informations vitales pour l'entreprise concernant ses clients ou prospects :

nom, prénom, titre, adresse, sexe, situation familiale, date de naissance, composition du foyer, dates de demandes d'informations, dates de réclamation éventuelles, date des achats, produits demandés, essayés…

Ces informations doivent être systématiquement enrichies et actualisées.

La BDM de la FNAC permet par exemple de répondre à des questions du type : faut-il mettre les musiques de film dans le rayon disque ou dans le rayon vidéo ?

Enfin, les informations de BDM sont utilisées en mettant en œuvre des méthodes qui permettent d'évaluer le potentiel des clients. Par exemple, on peut utiliser la méthode RFM (Récense-fréquence, valeur monétaire) qui, en fonction des derniers achats, de leur fréquence et de leur montant, permet de cibler des offres très personnalisées.

C'est également par l'utilisation des BDM que les entreprises mettent en œuvre le *géomarketing* qui permet de visualiser sur une carte l'implantation de leurs clients et ceux de leurs concurrents. On peut ainsi mieux organiser les tournées de livraisons, identifier la zone de chalandise, optimiser le nombre de points de vente, et, d'une façon générale améliorer les actions mercatiques.

5

LA POLITIQUE COMMERCIALE : PRODUIT ET PRIX

Les études conduisant à la connaissance du marché débouchent sur la définition de la politique commerciale ou plan de marchéage (marketing mix). Celle-ci se décompose en quatre axes.

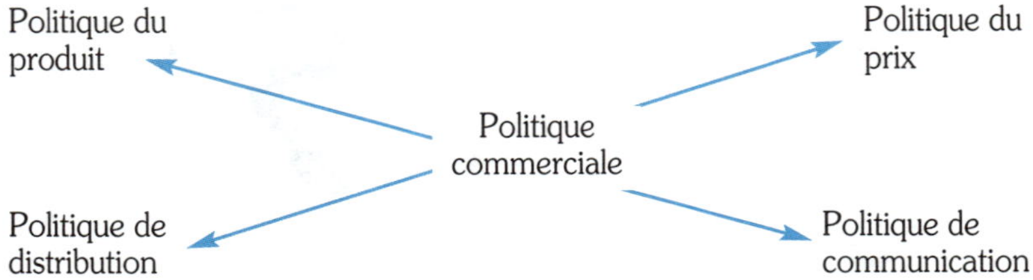

Dans un premier temps, il est indispensable de préciser le choix à opérer en matière de politique du produit (Section 1). Celle-ci est indissociable de la politique des prix (Section 2).

SECTION 1
LA POLITIQUE DU PRODUIT

Ce n'est qu'après avoir défini le produit et ses caractéristiques que l'entreprise peut prendre des décisions concernant la politique du produit.

I. DÉFINITION ET CARACTÉRISTIQUES DES PRODUITS

Les produits permettent la satisfaction des besoins. Ils donnent lieu à différentes classifications, qu'il s'agisse de produits de consommation finale ou de produits d'équipement.

1. Approche classique

Un produit peut être défini comme un bien ou comme un service permettant de satisfaire les besoins et les désirs des consommateurs.

Différentes classifications sont généralement proposées.

Qu'il s'agisse de biens de consommation finale ou de produits industriels, on constate que tous les biens ont un cycle de vie qui se décompose en plusieurs phases.

→ PRODUITS DE CONSOMMATION FINALE
- Biens durables
- Biens non durables
- Services
- Biens de consommation courante
- Biens d'équipement familial
- Produits banals
- Produits anomaux (achats peu fréquents, durée de consommation plus ou moins longue : disques, livres…)

→ PRODUITS INDUSTRIELS ET D'ÉQUIPEMENT
- Matières premières
- Produits semi-finis
- Biens d'investissement

Tous les produits naissent puis se développent (ou meurent de mortalité infantile). Après une phase de maturité permettant à l'entreprise de dégager d'importants bénéfices, les produits disparaissent pour être remplacés par d'autres.

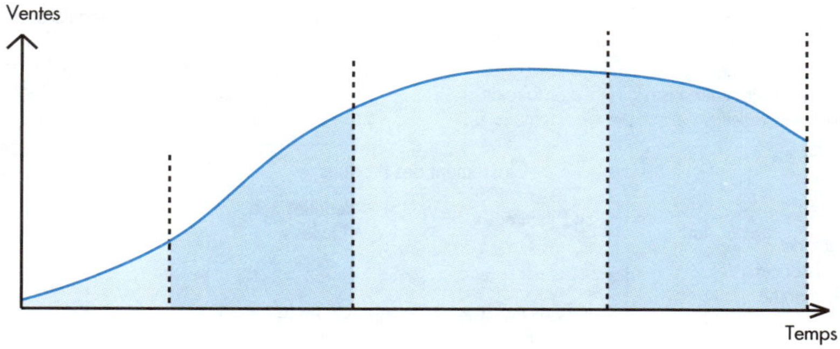

Phase 1
Lancement

Les ventes sont faibles, le marché s'ouvre progressivement.
Pendant cette phase, les dépenses sont élevées (publicité, mise en place de l'outil de production et de la distribution...)

Phase 2
Croissance

Les ventes se développent, c'est la phase de conquête du marché.
Généralement à ce stade, les bénéfices apparaissent.

Phase 3
Maturité

Toute la clientèle potentielle est touchée, les ventes se stabilisent. Les bénéfices augmentent car l'outil de production est constitué et ne nécessite pas d'investissements lourds supplémentaires.

Phase 4
Déclin

Les ventes diminuent car des produits correspondant mieux aux besoins des consommateurs apparaissent.
L'entreprise peut encore dégager des bénéfices, car celle-ci maîtrise bien les coûts de son produit. Mais il est nécessaire d'avoir prévu des produits de remplacement...

La nature et la durée de chaque phase du cycle de vie du produit sont étroitement liées à la nature de celui-ci.

Préalablement à la phase 1, on distingue parfois la phase 0 qui est la phase de recherche et de mise au point des produits nouveaux.

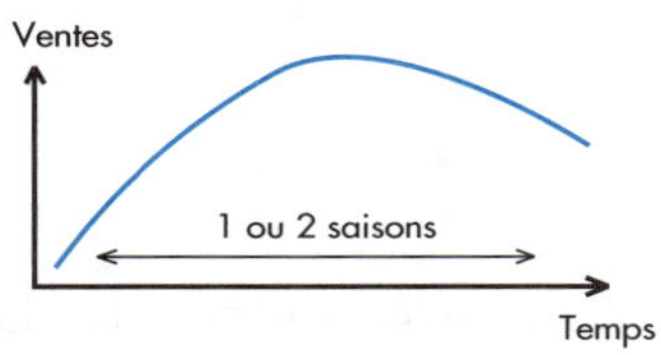

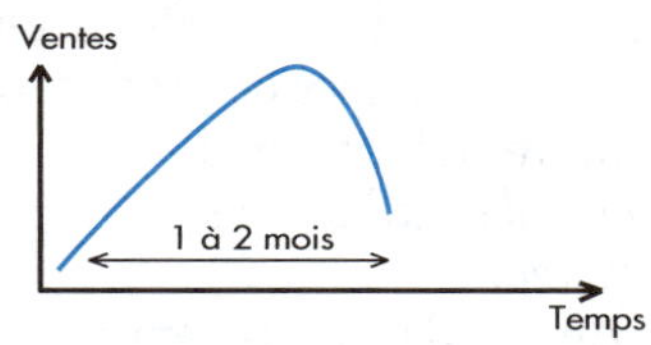

Quel que soit le type de produits, on constate dans nos sociétés, un raccourcissement de la durée de vie des produits.

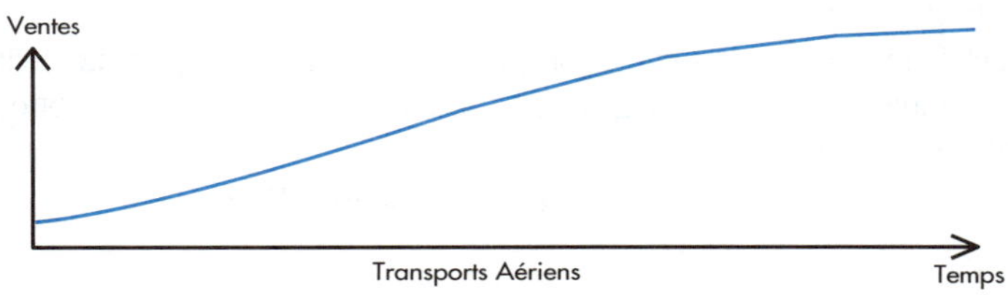

2. Approche moderne

La matrice du Boston Consulting Group (BCG) est la plus connue des approches modernes des portefeuilles de produits. Elle s'articule autour de deux variables :
- le taux de croissance du marché (ou du segment de marché) étudié ;
- la part relative de l'entreprise sur ce marché. Cette part se mesure par le ratio :

$$\frac{\text{part de marché de l'entreprise}}{\text{part de marché du concurrent principal}}$$

L'analyse moderne des produits utilise des matrices : on classe donc les produits en fonction de deux critères.
Par exemple le taux de croissance du marché et la part de marché de l'entreprise.

Les **produits dilemmes** sont des produits dont la croissance est forte, mais comme l'entreprise a une faible part de marché, la rentabilité est faible. Tout l'effort de l'entreprise doit être d'en faire des « produits vedettes » et non des « poids morts ».

Les **vedettes ou étoiles** sont des produits dont le marché est en forte croissance ; comme l'entreprise dispose d'une forte part de marché, ces produits sont rentables et permettent à l'entreprise de s'autofinancer.

Classement des Produits

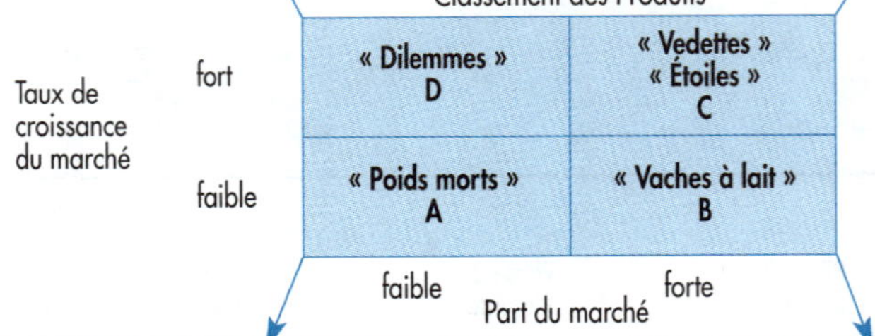

Les **poids morts** ont un faible potentiel de croissance. Leur rentabilité est faible, quelquefois négative.

Les **vaches à lait** correspondent à des produits dont le marché a une faible croissance (en maturité ou en déclin selon l'analyse précédente). Ces produits qui exigent peu d'investissements nouveaux sont fortement rentables.

II. LES DÉCISIONS CONCERNANT LE PRODUIT

Les produits vieillissent et sont amenés à disparaître. Ils ne peuvent rester éternellement « produits vedettes » ou « vaches à lait » ; les entreprises doivent donc prendre des décisions conduisant à proposer plusieurs produits pour satisfaire un besoin déterminé, et à créer de nouveaux produits.

Une gamme correspond à l'ensemble des produits qui répondent aux mêmes besoins.

1. Notion de gamme de produit

En général, les entreprises proposent à leurs clients plusieurs produits de même nature pour satisfaire un besoin déterminé. Une gamme de produits est l'ensemble des produits qui répondent au même besoin. Ainsi RENAULT a plusieurs gammes de produits :
- *voitures de tourisme ;*
- *véhicules utilitaires ;*
- *tracteurs.*

Au sein de chaque gamme, on peut distinguer plusieurs types de produits ou ligne de produits.

Un schéma permet de mieux comprendre la notion de gamme, celle de ligne de produits, ainsi que les concepts de largeur, profondeur et longueur d'une gamme de produits :

Longueur de la gamme = 11 produits

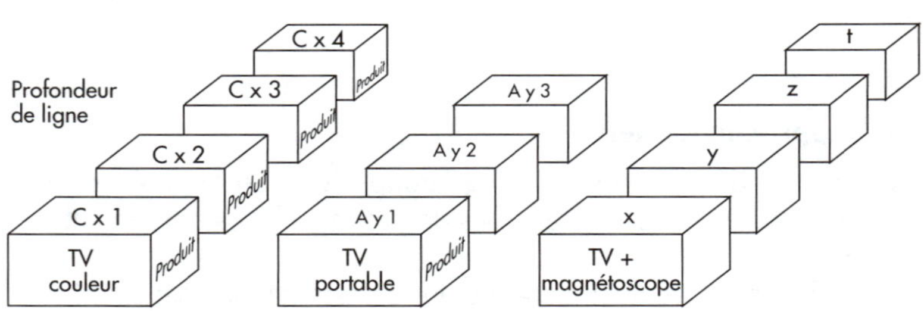

Largeur de la GAMME

- Largeur : nombre de lignes
- Profondeur : nombre de produits de la ligne
- Longueur : nombre total de produits

La longueur de la gamme, c'est-à-dire le nombre total de produits proposés par l'entreprise dépend de la nature des produits. Elle dépend aussi des choix de l'entreprise. VOLVO a une gamme courte alors que FIAT ou RENAULT ont des gammes longues.

En choisissant une gamme courte, on concentre les efforts sur quelques modèles, on allège les stocks et on simplifie la gestion. Par contre, en optant pour une gamme longue, on peut satisfaire la demande de toutes les catégories de clientèle, on réduit la vulnérabilité de la firme en cas de difficulté pour la vente d'un produit, on rentabilise au mieux les tournées des représentants, les investissements publicitaires et l'ensemble des dépenses de mercatique.

Les constatations faites sur la gamme de produits d'une entreprise s'appliquent également pour chacune des lignes de produits. Les entreprises peuvent choisir des lignes courtes, ou des lignes de produits longues (profondes).

Notons que, pour le commerçant, la variété des produits offerts porte le nom d'**assortiment**.

Une gamme longue permet d'exploiter plusieurs segments du marché, une gamme courte permet de concentrer les efforts sur quelques produits et de disposer d'un avantage comparatif sur les concurrents.

2. La création de produits nouveaux

Définir ce qu'est un produit nouveau n'est pas chose aisée. Selon Leduc, le produit nouveau peut :
- satisfaire un besoin latent (magnétoscope) ;
- satisfaire un besoin déjà satisfait (disque laser) ;
- être une amélioration d'un produit existant (réfrigérateur - congélateur) ;
- être une nouvelle variété de produit existant (café moulu) ;
- être une pseudo-nouveauté.

Avant l'arrivée de la phase de déclin de ses anciens produits, l'entreprise doit lancer des produits nouveaux.

D'autres auteurs (A. Patton…) distinguent par exemple : nouveauté incontestable ; changement important ; nouveauté partielle ; nouveauté superficielle.

On peut distinguer différentes étapes entre l'idée d'un produit et son lancement sur le marché. Elles peuvent être récapitulées dans le schéma.

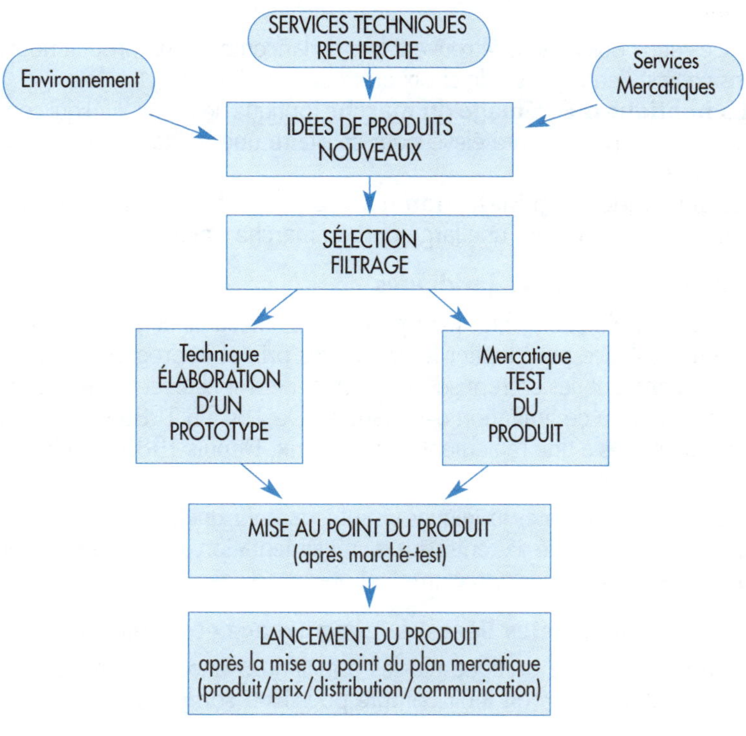

Un produit nouveau est le plus souvent le fruit d'un compromis entre les services techniques et les services mercatiques.

Dans les évolutions récentes, on observe :

- Le *co-branding* (cogriffage) : association de deux marques pour la commercialisation d'un même produit.
  Ainsi, lorsque l'entreprise NIVEA et le groupe Philipps produisent en commun un rasoir électrique qui diffuse une crème adoucissante, le *Philippshave cool skin*, il s'agit d'une alliance appelée *co-branding*.
- *L'auto-marketing* : forme de marketing dans lequel le client participe à la définition et aux spécificités du produit qui lui est destiné. On parle aussi de *one to one*. Certains spécialistes évoquent la « personnalisation et le sur mesure de masse ».

SECTION 2
LA POLITIQUE DE PRIX

Pour mettre en œuvre sa politique de prix, toute entreprise doit se fixer des objectifs et tenir compte de contraintes diverses. Ensuite, elle peut appliquer différentes méthodes pour fixer son prix.

I. LES ÉLÉMENTS À PRENDRE EN COMPTE POUR FIXER LE PRIX D'UN PRODUIT

1. Les objectifs de l'entreprise

Fixer le prix de ses produits constitue une décision importante pour l'entreprise. Elle le fait en tenant compte de ses objectifs concernant le marché et de la rentabilité attendue par la vente.

Deux grands types d'objectifs peuvent être recherchés par les entreprises.

- **Objectif de conquête** de part de marché. Le prix est alors fixé **en fonction des effets attendus** sur le volume des ventes.
- **Objectif de rentabilité.** L'entreprise recherche alors le prix qui lui permettra **d'obtenir le plus grand bénéfice,** quel que soit le volume des ventes.

Ces deux objectifs se retrouvent lors du lancement d'un produit nouveau. Dans ce cas, l'entreprise a le choix entre deux politiques :

- **La politique d'écrémage du marché** (optique de rentabilité) qui consiste à fixer un prix de vente élevé pour satisfaire une petite partie de marché potentiel.
- **La politique de pénétration** qui vise par l'intermédiaire d'un prix de vente faible à prendre une large part du marché potentiel.

2. Les contraintes juridiques

Dans certains cas, l'État peut prendre des mesures de nature réglementaire ou législative pour limiter le niveau des prix et la progression des prix. Bien évidemment, les entreprises sont tenues de respecter ces mesures de blocage des prix ou de limitation des marges. (De 1945 à 1986 les entreprises étaient soumises à une réglementation des prix. Depuis 1986, le principe est la liberté des prix.)

D'autres contraintes juridiques visant à garantir une concurrence saine et loyale limitent la liberté des entreprises : réglementation des prix d'appel, interdiction des ventes à perte, réglementation des soldes…

L'entreprise n'a pas une totale liberté de manœuvre pour fixer ses prix. Elle doit tenir compte des contraintes de son environnement.

3. Les contraintes liées à la concurrence et au marché

Le prix de vente pratiqué par les principaux concurrents est un facteur déterminant dont on doit tenir compte pour fixer son propre prix de vente.

Il est évident que plus le produit est banal, plus cette contrainte devient déterminante. Pour obtenir davantage de marge de manœuvre, il est possible de chercher à différencier réellement ou artificiellement ses produits. Actuellement des entreprises pratiquent la guerre des prix (*low cost*) dans des secteurs de plus en plus vairés (transport aérien, hôtellerie, location de voiture).

II. LES MODES DE FIXATION DES PRIX

1. À partir des coûts

Le prix est fixé en prenant compte des coûts calculés par les comptables de l'entreprise. On peut ainsi fixer le prix de vente minimum : celui qui fait que l'entreprise ne réalise ni bénéfice ni perte et atteint son seuil de rentabilité.

Dans les entreprises commerciales, la fixation des prix de vente est simple, elle consiste à appliquer un coefficient multiplicateur au coût d'achat des marchandises vendues pour obtenir le prix de vente.

Dans les PME, le prix de vente est souvent fixé en ajoutant une marge au prix d'achat ou au coût de revient des produits.

2. À partir de la demande

Les concepts étudiés en économie générale peuvent être utilisés par les entreprises pour fixer leur prix de vente. Celui de l'élasticité de la demande par rapport au prix permet de mesurer la variation de la quantité demandée d'un produit lorsque l'on modifie son prix.

$$e = \frac{\frac{\Delta D}{D}}{\frac{\Delta P}{P}}$$

– Élasticité = – 1. La demande diminue (ou augmente) dans la même proportion que le prix augmente ou diminue (l'entreprise obtient le même revenu).

– Élasticité > 1 (en valeur absolue). La demande varie proportionnellement plus que le prix (une baisse du prix augmente le revenu de l'entreprise).

– Élasticité < 1 (en valeur absolue). La demande varie proportionnellement moins que le prix (une hausse du prix augmente le revenu de l'entreprise).

La fixation du prix peut également se déterminer à partir de l'élasticité de la demande qui mesure la sensibilité de la quantité de produit vendu par rapport au prix de ce produit.

Le consommateur estime le plus souvent que le prix est un bon indicateur de la qualité du produit. Le consommateur est également sensible à d'autres facteurs peu rationnels tels que les prix ronds qui se terminent par un ou plusieurs zéros. On peut en effet observer que de nombreux commerçants estiment qu'il ne faut pas utiliser ces prix ronds et proposent des prix de 9,95 € ou 299 € par exemple.

Pour tenir compte de tous ces éléments, les entreprises peuvent chercher à déterminer le prix psychologique ou prix d'acceptabilité. Pour cela, il faut réaliser une enquête auprès d'un échantillon représentatif des clients potentiels. Chaque personne doit répondre à deux questions formulées ainsi :
- Au-dessus de quel prix considérez-vous que ce produit est trop cher ?
- En dessous de quel prix considérez-vous que ce produit est de mauvaise qualité ?

Dans le cas de lancement d'un produit nouveau, l'entreprise peut être amenée à faire un sondage auprès des clients potentiels pour déterminer le prix qu'ils seraient prêts à payer pour acquérir le bien. Le prix ainsi déterminé est appelé prix psychologique ou prix d'acceptabilité.

À l'aide des réponses et compte tenu des limites liées à ce type d'enquête, l'entreprise peut fixer un prix qui réponde aux attentes contradictoires des consommateurs.

Enfin, il faut toujours garder à l'esprit qu'une politique de prix est indissociable des autres composants de la politique commerciale : qu'il s'agisse de la politique de produit, de distribution ou encore de communication.

3. Coûts cibles (*target costing*)

La méthode des coûts cibles propose de lever l'opposition entre approche par les coûts et approche par la demande. En provenance du Japon, cette méthode vise à maîtriser l'étape de la conception des produits qui détermine en grande partie le coût de revient final d'un bien. Fruit d'une approche multidisciplinaire et transversale, elle conduit à constituer une équipe (*Task force*) composée de commerciaux, techniciens, gestionnaires et comptables... Pour un bien déterminé, il faut définir l'ensemble des fonctions qu'il doit satisfaire. Ces fonctions sont techniques, esthétiques, psychologiques...

Cette approche est similaire à celle pratiquée dans l'analyse de la valeur.

On doit ensuite définir l'importance relative de chaque fonction par rapport au prix de revient total. Le coût cible est alors fixé en pourcentage de sa contribution à la valeur totale de l'objet à fabriquer.

L'objectif est d'obtenir une fabrication qui permette de répondre aux exigences des coûts cibles.

Deux hypothèses sont envisageables :

Le coût prévisible est supérieur au coût cible. Il faut apporter des modifications et rechercher les économies.

Le coût prévisible est inférieur au coût cible. Il est alors possible d'améliorer le composant concerné pour répondre à l'attente des clients et assurer la pérennité des produits. On peut alors constater que la méthode des coûts cibles permet : « de prolonger la vie d'un nouveau produit au-delà de son effet d'innovation, tout en contrôlant mieux ses coûts ».

4. Le *yield cost* et le *yield management*

Dans le secteur des services, il est impossible de stocker. Partant de cette constatation, beaucoup d'entreprises modifient leurs prix en fonction de la date de commande. Cette politique de prix discriminatoires peut s'appliquer en fonction du cycle de vie, des saisons, des jours, parfois même des heures. Ainsi, les compagnies aériennes « varient à l'infini leurs tarifs afin d'optimiser le taux d'occupation ».

Cette pratique qui a tendance à s'appliquer aussi pour les biens dont on souhaite avoir un stock zéro est parfois risquée : la clientèle qui aurait payé le prix normal peut avoir tendance à attendre et profiter ainsi de l'effet d'aubaine lié à la politique de prix différenciés.

Selon certains experts, le développement du commerce électronique pourrait développer la pratique du *yield cost*. Le prix sera de plus en plus fonction de la date et de la forme du paiement. Logiquement, aussi, les acheteurs seront de mieux en mieux informés, ce qui tendra à aligner les prix à un instant donné.

6

La politique commerciale : distribution et communication

La politique du produit et la politique des prix étant déterminées, l'entreprise doit encore opérer des choix dans le cadre de sa politique commerciale. Il est indispensable tout d'abord de fixer les grandes lignes de la politique de distribution : comment le produit va-t-il parvenir dans les meilleures conditions auprès du consommateur ? (Section 1)

Il faut aussi faire connaître le produit, vanter ses qualités. La publicité permet de réaliser cet objectif. Cependant, on a tendance actuellement à estimer que, seule, la publicité est insuffisante et qu'il faut que l'entreprise donne une image d'elle-même par l'intermédiaire d'une politique de communication (Section 2).

SECTION 1
POLITIQUE DE DISTRIBUTION

La politique de distribution implique de connaître les différents types de canaux de distribution et d'en apprécier leurs rôles afin que l'entreprise puisse procéder à leur choix en fonction de ses contraintes et de ses objectifs.

I. DÉFINITION, TYPES ET FONCTIONS DES CANAUX DE DISTRIBUTION

1. Définition et types de canaux de distribution

Pour atteindre les clients, le bien produit suit un chemin appelé canal de distribution.

Un canal de distribution est le chemin parcouru par un bien pour aller du producteur au consommateur final.

Un circuit de distribution est constitué par l'ensemble des canaux par lesquels s'écoule un bien entre le producteur et le consommateur.

Les différents canaux de distribution se distinguent en fonction du nombre d'intermédiaires compris entre le producteur et le destinataire final du produit.

CLASSIFICATION TRADITIONNELLE DES CIRCUITS DE DISTRIBUTION

- CANAL LONG — Le nombre d'intermédiaires est égal ou supérieur à deux.
- CANAL COURT — Un seul intermédiaire est présent : le détaillant.
- CANAL ULTRA-COURT — Aucun intermédiaire entre le producteur et le consommateur.

Les différents intermédiaires présents dans un canal de distribution remplissent ensemble toutes les tâches indispensables pour la mise à disposition du bien auprès du consommateur final.

Le commerce électronique, en forte croissance, est un canal court (voire ultra-court).

Ce type de commerce présente des avantages pour le client :

• la commande peut être passée à tout moment sans contrainte de déplacement et de parking… ;

• l'information sur le produit est abondante, elle répond à l'attente de chaque consommateur ;

- l'absence de pression d'un vendeur qui souhaite arracher la vente ;
- l'ajustement rapide de l'offre de l'entreprise aux attentes des clients ;
- des coûts réduits.

Cependant, la réussite du commerce électronique repose sur une excellente logistique.

Le circuit de distribution des fruits et légumes peut s'analyser ainsi :

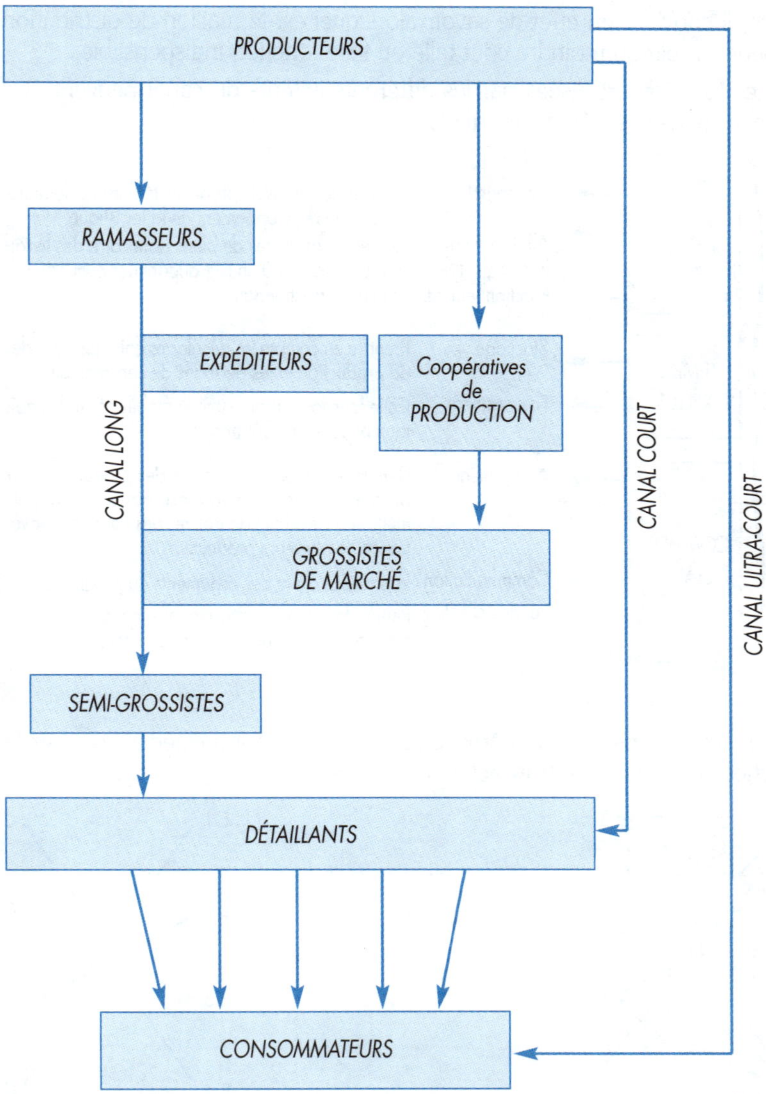

L'ensemble des canaux de distribution constitue un circuit de distribution. Il arrive parfois que les différents canaux qui composent le circuit de distribution soient en concurrence.

2. Les fonctions réalisées par les canaux de distribution

Un discours un peu simpliste consiste à affirmer que la réduction du nombre des intermédiaires, donc de la longueur des canaux de distribution, conduirait à une réduction des coûts. D'une façon plus brutale, cette affirmation conduit à présenter certains acteurs d'un canal de distribution comme des « parasites ».

L'analyse plus objective de la réalité montre cependant que les intermédiaires réalisent un certain nombre de tâches ou fonctions qui doivent, quelle que soit la longueur du canal, être réalisées. Le problème change donc de nature, il convient en effet de savoir alors quel est le maillon de distribution qui peut remplir au moindre coût telle ou telle fonction indispensable.

Les fonctions réalisées par les différents acteurs du canal peuvent être résumées dans le schéma suivant : (1).

Les fonctions assurées par les différents intermédiaires répondent à des besoins de transport, de fractionnement ou de regroupement, de stockage des marchandises. Il s'agit aussi de tous les services (installation, service après-vente...) rendus aux clients.

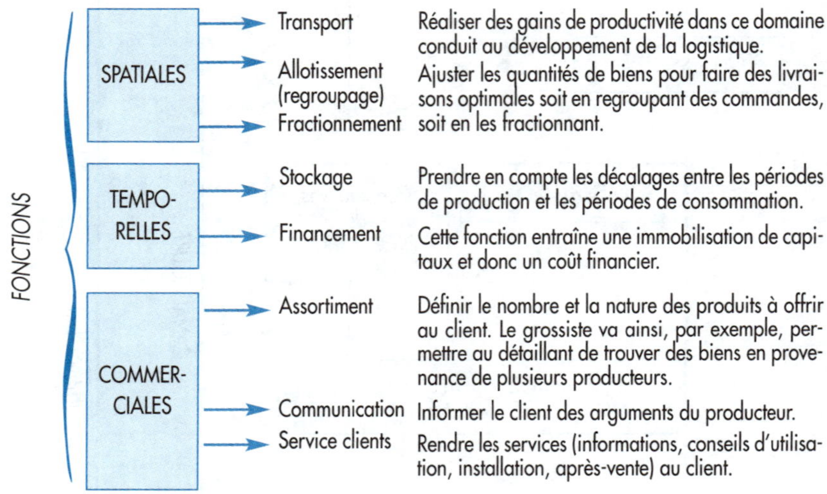

Un schéma permet de comprendre le rôle des intermédiaires pour la réduction du nombre de transactions.

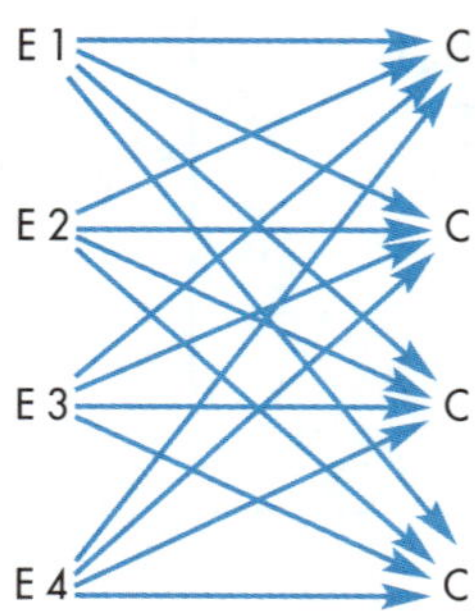

(4 × 4 = 16)

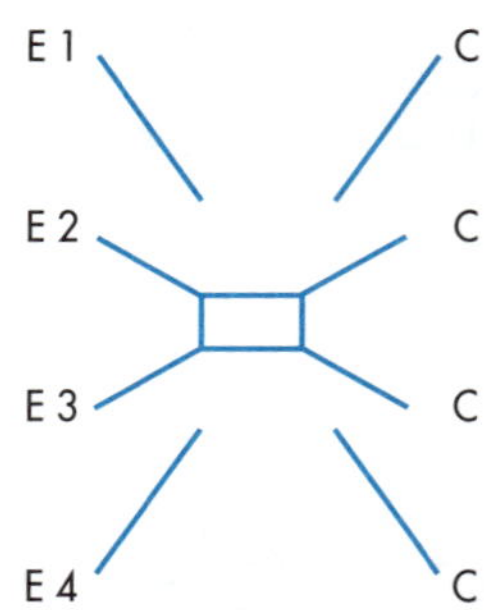

(2 × 4) = 8

De 16 transactions, l'introduction d'un intermédiaire permet de passer à 8.

(1) Dictionnaire de l'académie des Sciences commerciales.

II. LE CHOIX DES CANAUX DE DISTRIBUTION

Toute stratégie de choix des canaux de distribution se fait en tenant compte de **contraintes** relatives :
- au **produit à distribuer** et à **ses caractéristiques** : taille, poids, volume, degré d'originalité, degré de technicité, prix, phase de vie ;
- aux **clients** : dispersion, habitudes et fréquences d'achats ;
- aux **concurrents** et à leur propre politique de distribution ;
- à la **réglementation** : certaines pratiques sont interdites (ventes à perte), d'autres sont réglementées (distribution de produits pharmaceutiques).

Le choix des canaux de distribution doit également s'inscrire dans le cadre de **la politique commerciale globale de l'entreprise** et tenir compte des différents éléments du plan de marchéage. Ainsi, par exemple, une politique de prix conduisant à l'écrémage du marché, n'entraîne pas la même stratégie de distribution que lorsque l'on souhaite « pénétrer » le marché.

Les entreprises doivent choisir avec le maximum de rigueur le ou les canaux qui permettront l'écoulement de leur produit.

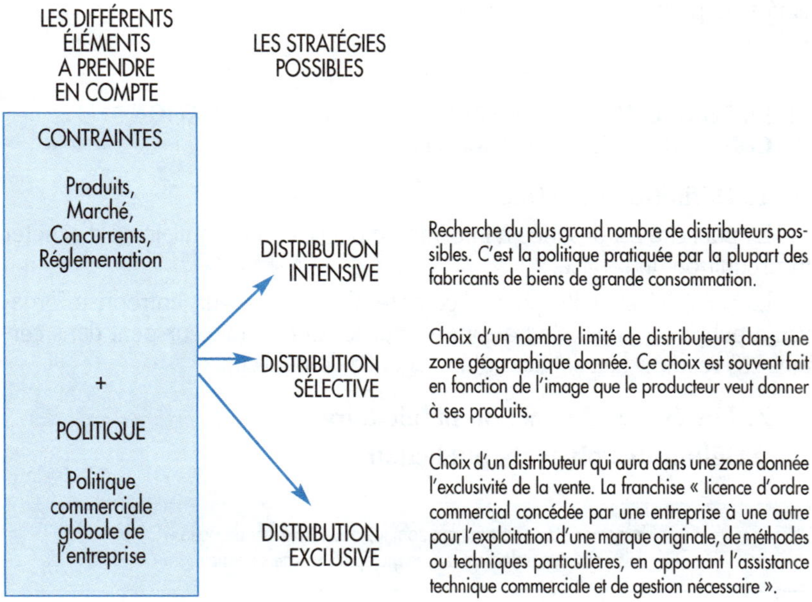

En fonction des diverses contraintes auxquelles elle est soumise et des objectifs commerciaux qu'elle s'est fixée, l'entreprise peut retenir différentes stratégies pour les choix de ses canaux de distribution.

SECTION 2
POLITIQUE DE COMMUNICATION

Communiquer, c'est transmettre un message d'un émetteur à un récepteur. La communication pour une entreprise peut se schématiser ainsi :

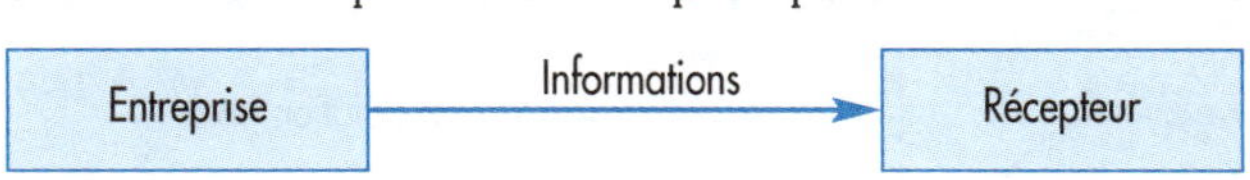

Elle a plusieurs buts :
- transmettre des informations ;
- développer une bonne image de marque ;
- influencer le comportement de l'acheteur potentiel.

Toute information ou comportement de l'entreprise constitue donc un élément de la communication de l'entreprise. Le magazine *l'Expansion* teste chaque année l'accueil téléphonique des entreprises.

En bref, *le premier vecteur de la communication d'une entreprise, c'est son téléphone. Il semble que toutes ne l'aient pas encore compris. Deux ans après avoir eu l'idée de tester les firmes stars, nous avons remis ça, toujours avec les experts de Phone Marketing. Bilan : des résultats en baisse – de 10 % en moyenne –, notamment du fait des appels qui se perdent dans la nature. Mais certaines entreprises améliorent considérablement leur score, comme l'UAP ou Ford. Et d'autres s'effondrent, tels Auchan, Olivetti ou la RATP.*

L'Expansion, n° 1629.

Dans un premier temps, il est indispensable de présenter la forme la plus courante de la communication commerciale : la publicité. Mais, dans leur stratégie de communication, les entreprises utilisent de plus en plus d'autres techniques : la promotion, le parrainage…

I. LA FORME TRADITIONNELLE DE LA COMMUNICATION COMMERCIALE : LA PUBLICITÉ

La publicité est une communication faite en faveur d'un produit, d'une marque ou d'une entreprise identifiés dans le message.
En France, les dépenses de publicité s'élèvent à environ 1 % du PNB.

1. Définition et acteurs

La publicité est destinée à informer le public et à le convaincre d'acheter un produit ou un service.

La publicité est faite pour le compte d'un annonceur, entreprise, organisme public ou privé, s'adressant au public. Cet annonceur peut dans certains cas recourir aux services d'une agence de publicité.

2. Les étapes de l'action publicitaire

⇨ Définir des objectifs publicitaires

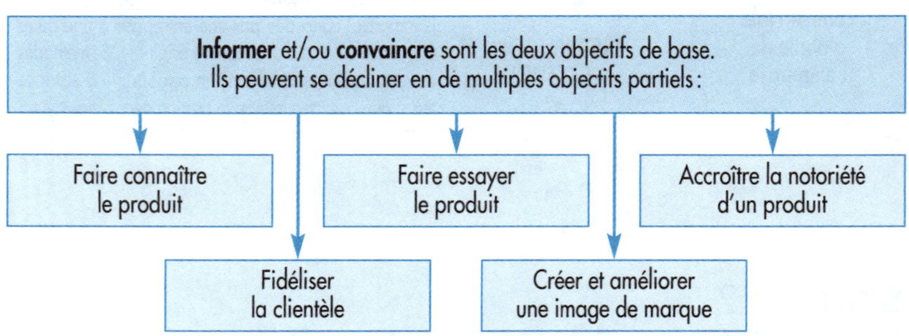

⇨ Préciser la cible

Faire une campagne de publicité implique de bien définir la cible que l'entreprise souhaite atteindre et de préciser les objectifs visés.

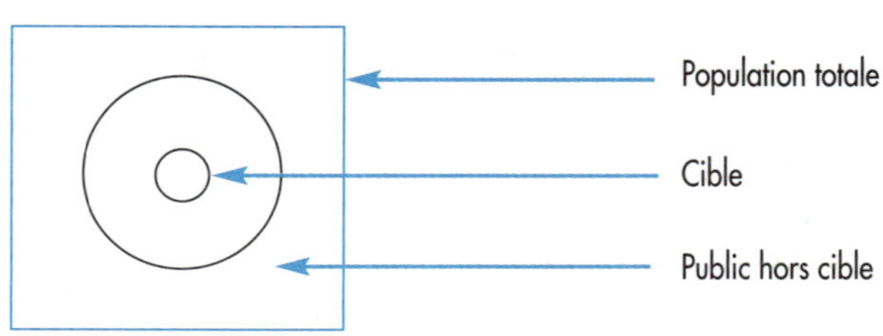

➩ Créer le message

La base de campagne, « ensemble de réflexions qui permet de passer à la réalisation d'une campagne publicitaire » (1) (en anglais, *Copy Strategy*), va conduire à définir un axe publicitaire, un thème et un message publicitaire.

Axe publicitaire	Élément psychologique essentiel pour le message à passer	« Équilibre »
Thème	Illustration de l'axe retenu	« Scène de vie au grand air »
Message	Le thème retenu va conduire à la création du message (utilisation, couleur, forme…)	

➩ Choisir les médias et les supports

La publicité est diffusée par l'intermédiaire de canaux de communication de masse appelés médias : presse, télévision, supports extérieurs (affiches, écritures dans le ciel), radio, cinéma, etc.

Un support est un vecteur particulier de communication. Ainsi, la presse est un média. Le journal *Le Monde* est un support.

Le **plan média** est la recherche de la combinaison optimale des différents médias et supports. Il tient compte des caractéristiques essentielles de différents supports et de leur coût.

Une fois le message réalisé, l'entreprise doit déterminer par quels médias (presse, TV…) et par quels supports de ces médias (magazine Elle…) elle va le diffuser.

En 2003, la répartition des dépenses de publicité (investissement) par média est la suivante.

◆ Presse	14,85 %	35,54 % de l'ensemble des dépenses marketing
◆ Télévision	12,43 %	
◆ Affichage	4,85 %	
◆ Radio	3,02 %	
◆ Cinéma	0,39 %	

Les 64,46 % restants concernent :

Markerting direct	32 %
Promotion	16 %
Relations publiques	5,78 %
Publicité événementielle	7,2 %
Annuaires	3,15 %
Multimédia	0,33 %

Cette dernière (multimédia) utilisant Internet devrait se développer. Elle permet une publicité interactive. Par ailleurs, Internet qui abolit les frontières, est un média transnational.

➩ Contrôler l'action publicitaire

Les dépenses de publicité sont de plus en plus souvent considérées comme des investissements immatériels. Pour s'assurer de leur rentabilité, il est donc

(1) JO, 18 février 1983.

L'entreprise qui fait de la publicité réalise un investissement immatériel. Pour mesurer la rentabilité de celui-ci, il faut mesurer le coût des dépenses publicitaires et le comparer aux gains réalisés grâce à elles. Cependant en pratique la détermination de ces gains est très délicate.

indispensable de chercher à mesurer les conséquences d'une campagne publicitaire. Cela reste dans tous les cas difficile, car il est toujours délicat d'isoler dans un plan de marchéage les effets qui ressortent uniquement de la publicité.

Les professionnels disposent cependant de moyens pour mesurer l'impact de l'action publicitaire. Les études d'impact sont faites par voie de sondage (ponctuel ou panels) pour s'assurer que le public « cible » :
- a bien vu le message (spot, affiche...), c'est le **score de reconnaissance** ;
- attribue correctement ce message à la marque de l'annonceur, c'est le **score d'attribution**.

Par sondage, on peut aussi déterminer :
- la **notoriété spontanée** (pourcentage de personnes capables de citer spontanément la marque dans le type de produit suggéré) ;
- et la **notoriété suggérée** (pourcentage de personnes connaissant la marque énoncée par l'enquêteur).

II. LES AUTRES FORMES DE COMMUNICATION COMMERCIALE

1. La promotion des ventes

La publicité cherche à attirer le client vers le produit, la promotion pousse le produit vers le consommateur.
Elle utilise pour cela différentes techniques : ventes avec primes, jeux, réduction de prix, essais et échantillonnage.

Pour R. Cohen, la promotion des ventes se définit comme « une série de techniques qui complètent la vente et la publicité et qui incitent le consommateur à acheter et le détaillant à être plus efficace, par des actions limitées dans le temps et dans l'espace, apportant un avantage supplémentaire ».

Les **techniques de promotion des ventes** sont nombreuses, elles peuvent être regroupées dans le tableau suivant extrait de La Revue *Libre Service Actualité*.

I – Ventes avec primes

- *Prime directe* : offre d'un article supplémentaire gratuitement remis, en même temps que la marchandise achetée.
- *Prime recette* : offre des fiches recettes en prime à tout acheteur d'un produit.
- *Prime différée* : offre d'un avantage supplémentaire (prime) dont la remise est différée par rapport à l'achat.
- *Prime à échantillon* : technique consistant à remettre en prime directement un produit échantillon.
- *Prime contenant* : technique consistant à transformer le conditionnement pour en faire un contenant réutilisable par l'acheteur.
- *Prime produit en plus ou prime girafe* : offre d'une plus grande quantité de produit pour le même prix.
- *Offre autopayante* : proposition d'un article à un prix particulièrement avantageux et véhiculée par une marque déterminée, sans que cette dernière ait à en subir la moindre répercussion financière.

II – Techniques des jeux

- *Concours* : promesse d'un gain substantiel acquis à la faveur d'une compétition faisant appel aux qualités d'observation, de sagacité et de créativité des participants.
- *Game, loterie, sweepstake* : formes diverses de jeux du type « tirage au sort » avec promesse d'un gain acquis grâce à l'intervention du hasard.
- *Winner per store (« Un gagnant par magasin »)* : réalisation par un producteur d'un tirage au sort dans un point de vente donné permettant à celui-ci de faire gagner un de ses clients, sans qu'il y ait obligation d'achat.

IIII – Réduction de prix

- *Bon de réduction* : coupon ou titre donnant droit à une réduction déterminée sur le prix normal du produit.
- *Offre spéciale* : prix spécial consenti au public pendant une période déterminée.
- *3 pour 2* : technique consistant à proposer trois produits pour le prix de deux, quatre pour le prix de trois, etc.
- *Vente groupée* : ensemble de produits vendus en même temps.
- *Offre de remboursement* : réduction différée sur le prix d'une marchandise don-

née et sur présentation d'une preuve d'achat.

• *Reprise de produit :* rachat par un fabricant d'un vieux produit de la marque.

IV – Essais et échantillonnage

• *Échantillon :* taille réduite d'un produit diffusé gratuitement pour faire connaître une nouveauté.

• *Cadeau gratuit :* distribution d'un cadeau pour inciter le public à une action déterminée (exemple : s'abonner à un journal ou visiter un supermarché).

• *Essai gratuit :* offre d'un essai gratuit, d'un nouveau produit, sans aucune obligation d'achat.

• *Démonstration :* présentation commentée des qualités d'un produit, avec, le cas échéant, dégustation de celui-ci ou essai pratique.

Libre Service Actualités, n° 869-870.

Ces techniques orientées vers le client, sont généralement renforcées chez le distributeur par des techniques spécifiques :
- Publicité sur le lieu de vente (PLV) : présentoir, enseigne…
- Animation sur le lieu de vente.

2. La force de vente, le service après-vente

Les vendeurs de l'entreprise qui composent la force de vente et le service après-vente constituent des relais essentiels pour la politique de communication de l'entreprise (image de marque…).

3. Sponsoring ou parrainage

Le sponsoring est une opération par laquelle une entreprise attache son nom à un événement (le plus souvent sportif) qu'elle finance en partie ou en totalité.

Exemples :
Voiliers : KRITER, FLEURY-MICHON, CRÉDIT AGRICOLE.
Cyclisme : LA REDOUTE, CASTORAMA.

Comme on peut le constater, la politique de communication d'une entreprise est multiforme. Toute la difficulté pour l'entreprise est de tenir compte de tous ces aspects pour forger d'elle à **l'extérieur** comme à **l'intérieur** une image cohérente.

Dans sa stratégie globale de communication, l'entreprise ne privilégie plus uniquement la publicité. L'image de marque de l'entreprise est véhiculée par : ses salariés, son réseau de vente...
Elle l'est aussi par des actions culturelles, sportives ou par la participation de l'entreprise à de grandes causes nationales ou internationales (lutte contre le sida, la drogue...)

4. Communication directe

Cette forme de communication regroupe l'ensemble des actions de communication qui permettent d'atteindre directement les individus cibles. Elle utilise les bases de données marketing (BDM).

Les entreprises envoient des messages personnalisés par voie postale, par fax, par Internet… L'envoi de SMS se développe également à destination de la cible des 15-25 ans. Le mailing (ou publipostage) représente ainsi le tiers des sommes investies en France dans la communication.

Dans le cadre des techniques de ventes directes, il est parfois difficile de séparer la communication de la gestion de la vente proprement dite.

7

RÉSEAU DE VENTE ET ORGANISATION COMMERCIALE

Le plan de marchéage ou politique commerciale de l'entreprise ne peut être mis correctement en application que si l'entreprise a une organisation qui lui permet d'être capable de prendre les bonnes décisions au bon moment en fonction de l'environnement. Aussi faut-il s'interroger sur les différents types d'organisation par fonction, par produit, par zone géographique (Section 1).

De même, il est nécessaire que l'entreprise possède un réseau de vente, c'est-à-dire des vendeurs salariés de l'entreprise ou indépendants qui permettent à celle-ci de vendre au mieux (Section 2).

Enfin, toute politique commerciale, qu'elle concerne les produits, les canaux de distribution, ou encore tous les aspects de la communication, doit se fixer des objectifs et s'assurer qu'ils sont atteints, ce qui nécessite d'effectuer un contrôle du plan de marchéage (Section 3).

SECTION 1 L'ORGANISATION COMMERCIALE

La fonction mercatique est de plus en plus importante. Pour sa mise en place, on recherche la meilleure position de la direction mercatique au sein de l'entreprise. Les dirigeants souhaitent aussi organiser au mieux cette direction.

I. PLACE DE LA DIRECTION MERCATIQUE AU SEIN DE L'ENTREPRISE

La position la plus classique de la direction mercatique est une position **opérationnelle**. Dans ce cas, la direction dispose d'un pouvoir de commandement sur les services dont elle a la responsabilité.

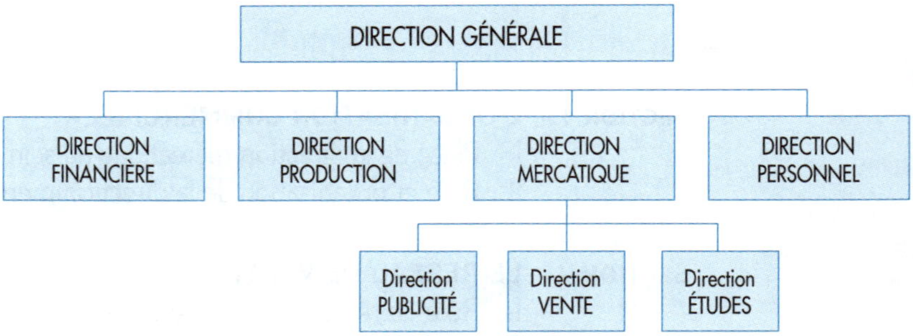

Le premier grand problème posé par l'organisation des fonctions mercatiques, est de déterminer la place qu'elles doivent occuper dans l'entreprise. La position de la direction mercatique au sein de l'entreprise peut être opérationnelle ou fonctionnelle.

On peut aussi envisager une position **fonctionnelle** ou en staff. Dans ce cas, la mercatique est en position de donner des conseils à chacune des directions.

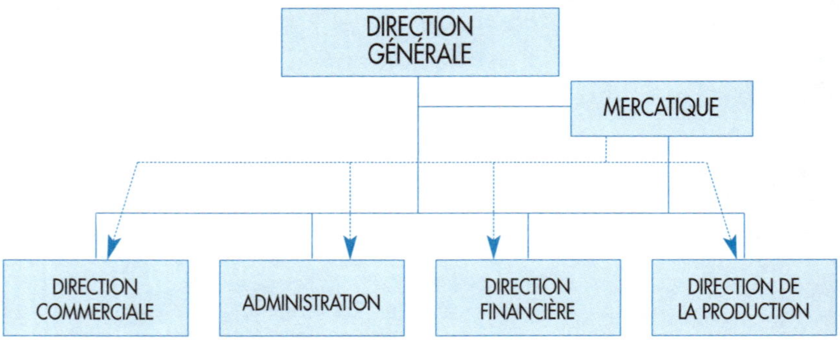

De toutes les façons, quel que soit le mode d'organisation adopté par l'entreprise (position opérationnelle ou fonctionnelle), il est indispensable que tous les responsables et le personnel de l'entreprise aient l'esprit mercatique.

II. RÔLE ET ORGANISATION DE LA DIRECTION MERCATIQUE

1. Le recensement des tâches de la direction mercatique

Ventes : conclure les ventes

- Relations avec la force de vente (représentants...)

Administration des ventes

- Facturation
- Stockage – distribution
- Service après-vente
- Service clients : enregistre les relations et réclamations des clients

Étude - Développement

- Prévision des ventes : rassemble les documents passés et les tendances d'évolution. Aide à établir un plan et des objectifs.
- Études de marché : identifie les besoins d'information de l'entreprise et exécute ou fait exécuter les études de marché et de motivations.

Communication

- Promotion et publicité
- Conditionnement : étudie et propose un emballage ; exécute ou fait exécuter les études, les opérations d'emballage étant faites par la fabrication ou la distribution.
- Service consommation : analyse et présente le point de vue des consommateurs, associations de consommateurs et opinion publique sur les produits de l'entreprise.

Les rôles de la direction mercatique sont multiples et variés. Ils vont des aspects administratifs aux aspects communication.

Dans certaines organisations, on associe à la fonction mercatique la fonction achat. Cette fonction recouvre les achats proprement dits (recherche des meilleurs fournisseurs, commandes...) et la gestion des stocks. Cependant, cette fonction est de plus en plus rattachée à la direction technique ou érigée en fonction propre dénommée logistique.

2. Organisation de la direction mercatique

- *La structure fonctionnelle*

Elle constitue la structure la plus évidente, elle consiste à répartir les tâches inventoriées ci-dessus entre différents responsables.

Ce type de structure est celui qui est adopté dans les PME et lorsque les produits, les marchés, les zones géographiques de l'entreprise sont relativement homogènes.

L'organisation par fonctions de la direction mercatique est adoptée par les entreprises dans les cas où il n'y a pas de grande diversité dans les produits, les régions et les clientèles de l'entreprise.

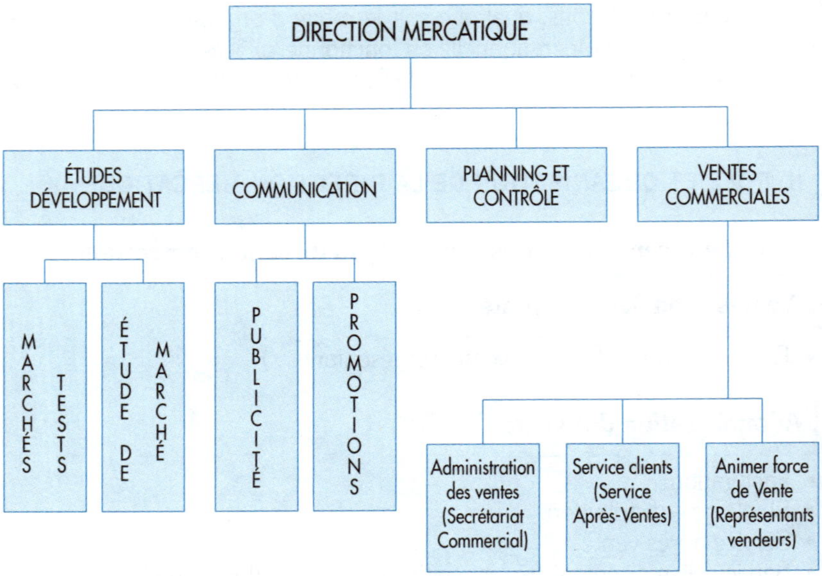

Lorsque l'entreprise a des marchés géographiquement distincts, la structure de la direction mercatique est organisée par zones géographiques.

• *La structure par zone géographique*

Si les marchés nationaux ou internationaux sont très différents, la structure de la direction mercatique doit prendre en compte la spécificité de chacune des zones géographiques ; dans ce cas, on obtient des organigrammes de ce type :

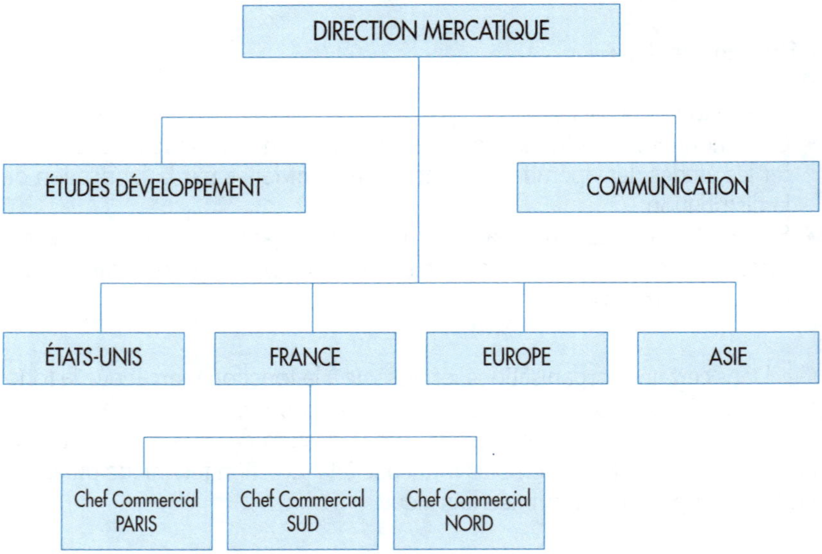

L'organisation par zones géographiques est souvent utilisée par les entreprises multinationales.

• *La structure par marché ou par clientèle*

Elle est adoptée lorsqu'une entreprise vend des produits assez homogènes à des clients ayant des motivations, des besoins, des habitudes d'achat très différents.

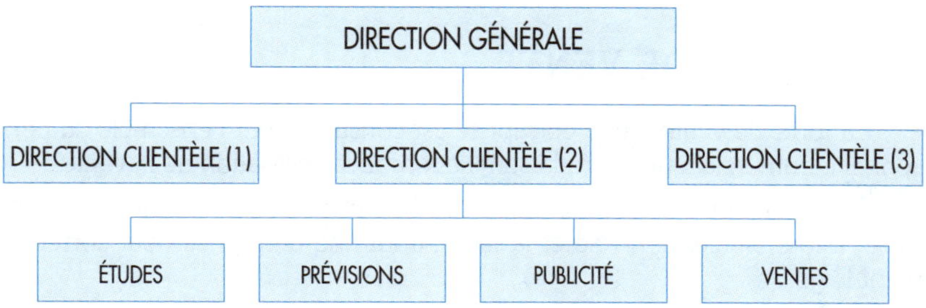

Lorsque l'entreprise présente le même produit ou service à des clientèles différentes, sa direction commerciale peut être organisée par type de client.

• *La structure par produit*

Cette structure est utilisée par des entreprises de taille moyenne ou grande qui ont des produits très différents les uns des autres avec des spécificités propres à chacun d'eux (technologie, clientèle, canal de distribution…). On la rencontre par exemple dans l'industrie chimique, dans l'aérospatiale, dans l'alimentaire.

Le chef de produit coordonne la politique d'un produit déterminé, la fait approuver par la direction du marketing et fait appel aux autres services pour la mettre en œuvre.

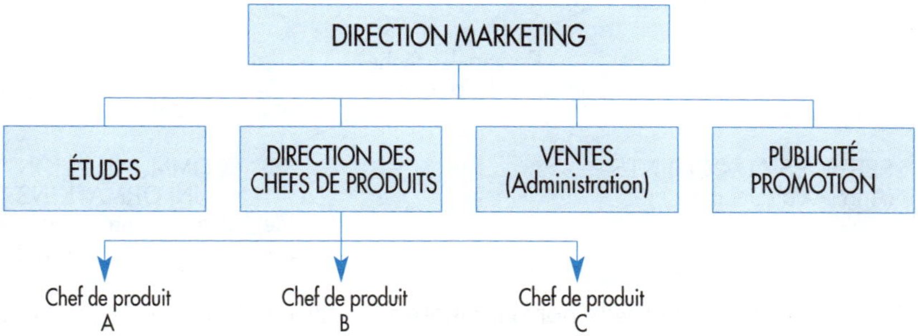

L'organisation de la direction mercatique par produit fait émerger la fonction de chef de produit.

Dans la vie des affaires, on constate que les grandes entreprises combinent les différentes formes d'organisation présentées ci-dessus. Ainsi, la structure matricielle permet une conduite des opérations par projet et/ou par produit.

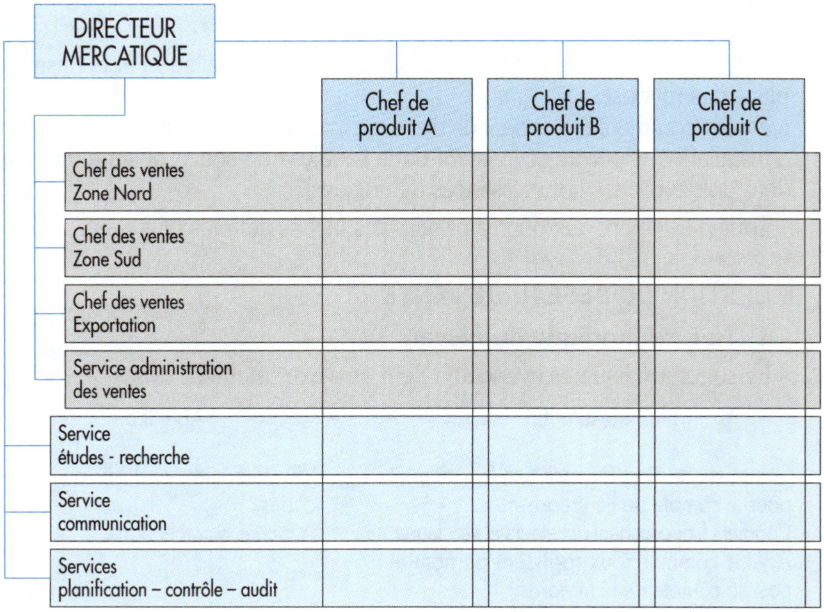

Extrait de Lauginié, Mercatique, Éditions Foucher.

SECTION 2
LE RÉSEAU DE VENTE

La force de vente d'une entreprise est constituée par l'ensemble du personnel commercial qui assure la stimulation ou la réalisation de la vente.

Pour bien appréhender l'importance de la force de vente dans une entreprise, il faut étudier son rôle et la façon dont une entreprise peut correctement la gérer.

I. RÔLE DU RÉSEAU DE VENTE

Dans la chaîne commerciale, le réseau de vente constitue le dernier maillon. C'est elle qui est en relation directe avec les acheteurs.

La force de vente a quatre rôles présentés dans le schéma suivant :

La force de vente est chargée de prospecter, de vendre, de rendre des services aux clients. Elle sert aussi de canal d'information de l'entreprise vers les clients et des clients vers l'entreprise.

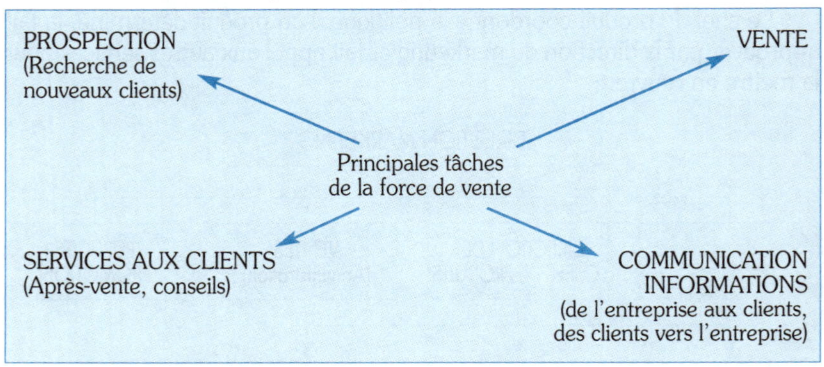

La force de vente est composée de personnes dont le métier peut être très différent.

Il n'existe pas de réelle normalisation de la terminologie sur les métiers constituant la force de vente ; on peut cependant citer parmi les professions les plus connues :
- preneur d'ordre (prise de commandes et quelquefois livraison) ;
- vendeur en magasin ;
- représentant ;
- chef des ventes ;
- marchandiseur (vendeur qui peut conseiller pour l'installation et la mise en place des rayons) ;
- technico-commercial (vendeur de biens techniques ou nécessitant des conseils d'installation. Pour aider le client dans l'analyse de son problème, le vendeur doit avoir des connaissances techniques).

Tous participent aux quatre principales tâches définies plus haut.

II. GESTION DU RÉSEAU DE VENTE

1. Nature juridique du réseau

Le statut juridique des vendeurs peut être extrêmement varié :

La nature des contrats, le degré de subordination permettent de distinguer deux types de personnes chargées de la vente : les salariés (intermédiaires internes à l'entreprise) et les non-salariés (externes à l'entreprise).

NON-SALARIÉS	SALARIÉS
– Commissionnaires (agissant en leur nom et pour le compte de l'entreprise). – Courtiers (rapprochent acheteurs et vendeurs). – Agents commerciaux (agissent au nom et pour le compte de l'entreprise). – VRP non statutaires	– VRP statutaires exclusifs ou multicartes. – Attachés commerciaux.

Un des choix essentiels de l'entreprise est celui de savoir si elle doit avoir sa propre force de vente salariée ou si au contraire, elle doit faire appel à des vendeurs non salariés.

En théorie ce choix doit être fait en fonction des coûts respectifs de ces deux solutions. Mais des facteurs organisationnels de maîtrise de la politique commerciale font que « du fait que la vente s'insère de plus en plus méthodiquement dans une séquence de tâches commerciales préparée à l'avance », les entreprises souhaitent de plus en plus avoir une forte maîtrise de leur force de vente externe.

La tendance actuelle des entreprises est de s'assurer une force de vente dont elle a la maîtrise. Ce choix permet aux entreprises de mieux assurer la cohérence de leur politique commerciale.

2. Réseau de vente et formation

Pour lui permettre d'atteindre ses objectifs de vente, l'entreprise est souvent conduite à organiser une formation spécifique. Celle-ci peut avoir trois axes :
- Connaissances des biens ou services vendus.
- Connaissances des clients potentiels et de la concurrence.
- Connaissances des techniques de vente.

Comme pour toute formation, les entreprises sont conduites à élaborer un plan de formation basé sur la détermination des besoins, des salariés et de l'entreprise. Cette formation est d'autant plus nécessaire que l'on assiste à une profonde mutation dans les tâches assurées par la force de vente : elle est due à l'introduction de l'informatique (VAO : vente assistée par ordinateur) de la télématique (minitel et terminaux portables), du téléphone, et du développement des réseaux (Internet). Cette évolution dans les prises de commandes conduit la force de vente à se spécialiser dans la prospection, la négociation et les tâches de conseil.

La vente dépend souvent de la formation des vendeurs. Dans les grandes entreprises, celle-ci est même assurée par des centres de formation spécifiques.

3. La rémunération du réseau de vente

La rémunération des vendeurs doit viser à stimuler la vente. Cette rémunération peut être fixe, totalement à la commission ou mixte : une partie fixe et une partie variable en fonction de la réalisation des objectifs. C'est ce dernier type de rémunération qui est actuellement le plus répandu.

Fixe, proportionnelle au chiffre d'affaires, ou savant dosage des deux formules, la rémunération de la force de vente doit être incitatrice et favoriser les ventes.

SECTION 3
CONTRÔLE DE L'EFFICACITÉ COMMERCIALE

La démarche mercatique doit prendre en compte de nombreux paramètres : prévision du chiffre d'affaires, élasticité de la demande par rapport au prix et au revenu, étude des styles de vie, comportement de la concurrence... Le plan de marchéage lui-même définit des objectifs en fonction de choix concernant le produit, les prix, les canaux de distribution, la politique de communication. La motivation de l'équipe de vente impose la fixation d'objectifs qui permettent de calculer les commissions à verser aux vendeurs et ainsi de les motiver. Planifier, établir des finalités concrétisées dans la fixation d'objectifs constituent une démarche naturelle de la direction commerciale. Pour que cette attitude soit suivie d'effets positifs, il est indispensable de confronter les prévisions aux réalisations. L'analyse des écarts doit permettre :
- de prendre des actions correctives ;
- de saisir des opportunités nouvelles ;
- d'améliorer les prévisions et décisions futures.

En ce sens, la démarche mercatique doit s'accompagner d'un contrôle. Celui-ci permet de garder la maîtrise de la politique commerciale de l'entreprise. Celle-ci peut être illustrée par les deux tableaux suivants :

Principaux défis du marketing et du management, par ordre décroissant :
1. améliorer la qualité des produits ou des services
2. développer de nouveaux produits
3. suivre l'évolution des clients
4. ajouter ou améliorer le service client
5. maîtriser la concurrence
6. améliorer l'interface du marketing avec les autres fonctions
7. créer une culture marketing dans l'organisation
8. être compétitif en prix
9. se concentrer sur de nouveaux segments
10. améliorer la productivité des dépenses commerciales

Les préoccupations marketing des dirigeants, par ordre décroissant :
1. l'accroissement de la concurrence sur les prix
2. la montée générale de la concurrence
3. le rôle croissant du service client
4. l'amélioration de la qualité
5. le taux élevé d'innovation en produits nouveaux
6. les changements de besoins des clients
7. l'émergence de nouveaux segments de marché
8. le pouvoir croissant de la distribution
9. le poids croissant de l'écologie

Extraits de Jean Brilman, *Les Meilleures Pratiques du management*, Éditions d'organisation, 2003.

Quels que soient la taille de l'entreprise et le montant du budget affecté au contrôle, on peut toujours réaliser des analyses partielles correspondant à des opérations ponctuelles. Le schéma suivant présente ainsi quelques contrôles de ce type.

Très souvent, les entreprises fixent des quotas ou objectifs de vente. Ces quotas déterminés pour des périodes à venir peuvent être confrontés aux résultats réels. L'analyse des écarts permet de prendre des mesures correctrices.

→ ANALYSE DES VENTES

	Objectifs de vente prévus	Résultats	Écarts
Par représentant Par zone géographique Par produit			

→ ANALYSE DES COÛTS

Détermination des coûts :

– par produit ;

– par zone géographique… etc.

L'ensemble de ces analyses ponctuelles peut s'intégrer dans le tableau de bord de l'entreprise qui permet de prendre à temps les décisions de régulation qui s'imposent.

→ SYNTHÈSE

Dans les grandes firmes et si l'entreprise veut porter un jugement global sur son plan de marchéage, elle peut réaliser ou faire réaliser un audit mercatique.

L'audit mercatique est une forme d'audit opérationnel.

Celui-ci vise à évaluer :
- l'organisation mise en place dans une structure,
- l'efficacité des choix réalisés par l'entreprise,
- les résultats obtenus.

Le travail de l'auditeur consiste le plus souvent à confronter l'adéquation – MOYENS – OBJECTIFS.

Des approches différentes peuvent être mises en œuvre. Ainsi on peut apprécier certains éléments :

AMBITION	ENVIRONNEMENT	VULNÉRABILITÉ
• Quels sont les objectifs de la politique commerciale ? • Ces objectifs sont-ils clairement définis ? • Les conséquences de ces objectifs ont-elles été analysées ?	• Les événements extérieurs sont-ils correctement inclus dans la définition des objectifs de l'entreprise ? • De quelles façons l'entreprise peut-elle agir sur les événements extérieurs ?	• Quelles sont les faiblesses de la politique de produit, de prix, de distribution et de communication ? • Que fait l'entreprise pour limiter les facteurs de vulnérabilité ?

L'audit mercatique, c'est-à-dire l'analyse critique cherchant à déterminer les points forts et les points faibles de la structure et de la politique commerciales, est pratiqué dans certaines grandes entreprises.

Une autre approche consiste à s'interroger sur les actions de la politique commerciale en appliquant les critères suivants :

Conformité
- Les règles internes et externes sont-elles correctement appliquées ?
(Ex. : respect de la réglementation des prix, des normes de sécurité...)

Efficacité
- L'adéquation moyens/objectifs est-elle satisfaisante ?
- La gestion est-elle efficace ?
- Les méthodes utilisées sont-elles pertinentes ?
(Ex. : en matière de publicité a-t-on choisi les bons supports ? a-t-on optimisé les dépenses en fonction des objectifs ?)

Qualité
- Quelle est l'image de l'entreprise et de ses produits ?
- Quels sont les critères retenus pour apprécier la qualité totale ?
- La politique de communication est-elle satisfaisante ?
(Ex. : en matière de produits, quelle est leur durée de vie, sont-ils fiables, quel est le nombre de retours, de réclamations ?)

Management
- L'adéquation objectifs/stratégie et structure/objectifs est elle satisfaisante ?
(Ex. : Appréciation de la politique commerciale [prix, produit, distribution, communication] par rapport à la stratégie globale de l'entreprise).

8

LA LOGISTIQUE : DOMAINE ET ENJEUX

Jusqu'à une période récente, la logistique était considérée comme une fonction secondaire de l'entreprise, aux contours mal définis. Le rôle des logisticiens (qui étaient rarement désignés par ce terme), se limitait à l'organisation matérielle des transports de matières premières ou de marchandises, et même si des sommes considérables étaient en jeu, on ne voyait guère la nécessité de procéder à une analyse ou réflexion globale portant sur l'ensemble des flux de l'entreprise.

Dans les années 1970 et 1980, la crise économique a accéléré l'évolution de la fonction qui est devenue une des clés fondamentales de la compétitivité des entreprises.

Comme il s'agit d'un concept nouveau, quelques imprécisions demeurent quant à la définition et au domaine de la logistique (Section 1). Mais la plupart des décideurs ont maintenant pris conscience des multiples enjeux de cette nouvelle fonction (Section 2).

Un exemple d'application dans le domaine de l'aménagement spatial de l'entreprise permet d'illustrer le processus logistique (Section 3).

SECTION 1
LA LOGISTIQUE, NOUVELLE FONCTION DE L'ENTREPRISE

Peu d'entreprises font apparaître dans leur organigramme un service spécifique appelé à développer la fonction logistique. Pour autant, les chefs d'entreprise n'en sont pas moins conduits à rechercher une meilleure coordination dans la gestion des flux physiques (matières premières, produits…) et des flux d'information, reflétant ainsi l'évolution du concept de logistique, et son extension à l'ensemble des activités de l'entreprise.

I. LA LOGISTIQUE, CONCEPT ÉVOLUTIF

Le terme « logistique », emprunté au vocabulaire militaire, n'a été transposé que récemment à la gestion de l'entreprise. Lié à l'origine au transport et au ravitaillement des armées, ce terme désigne aujourd'hui la gestion des flux au sein de l'entreprise.

L'origine du terme « logistique » est incertaine : issue du grec *logistikos* (relatif au raisonnement logique), ou provenant du verbe *loger*, la logistique, dans son sens le plus courant, désigne « *la partie de l'art militaire ayant trait aux problèmes de ravitaillement et de transport des armées* » (1).

L'application du concept de logistique à la gestion de l'entreprise est relativement récente, (1948), l'évolution des définitions traduisant l'enrichissement de la fonction.

En 1948, le Comité des définitions de l'American Marketing Association a proposé une première définition : « *Mouvement et manutention de marchandises du point de production au point de consommation ou d'utilisation.* »

En 1968, F. Magee introduit la notion de « flux » : « *La logistique est la technique de contrôle et de gestion des flux de matières et de produits, depuis leurs sources d'approvisionnement jusqu'à leurs points de consommation.* »

(1) Petit Larousse.

En 1981, les chercheurs français D. Tixier, H. Mathé et J. Colin proposent une définition plus abstraite, et surtout plus extensive :

« *La logistique est le processus stratégique par lequel l'entreprise organise et soutient son activité. À ce titre, sont déterminés et gérés les flux matériels et informationnels afférents, tant internes qu'externes, qu'amont et aval.*

Dans le cadre de la poursuite des objectifs généraux à laquelle elle concourt, sa mission consiste à permettre l'élaboration de l'offre de l'entreprise et à en réaliser la rencontre avec l'offre de marché, tout en recherchant systématiquement les conditions d'optimalité dans l'exécution. Sa mise en œuvre procédant de différents acteurs, elle est appelée à gérer en ce sens les tensions existant à leurs interfaces du fait de la non-identité de leurs objectifs propres ». (1).

Ainsi, il apparaît que la **fonction logistique** concerne l'ensemble des domaines qui touchent aux **flux physiques** des matières premières et produits ainsi qu'aux **flux d'information**, c'est-à-dire : les transports, les entrepôts, l'import-export, l'informatique, les déplacements et déménagements, etc.

Limitée dans un premier temps à l'organisation des transports et du stockage, la logistique intervient aujourd'hui dans toutes les phases de la vie du produit, depuis sa conception jusqu'à l'après-vente et la maintenance.

Pour mieux apprécier l'évolution de la fonction logistique, il convient également d'analyser son rôle et son champ d'application au sein de l'entreprise…

II. DOMAINE ET RÔLE DANS L'ENTREPRISE

Les activités de la logistique s'intègrent dans toute la vie de l'entreprise. On parle dorénavant de **chaîne logistique** afin de donner une logique globale de circulation à l'ensemble des flux de l'entreprise. Mais l'étendue du champ d'application de l'analyse logistique dépend directement du niveau de développement de la fonction au sein de l'entreprise :

- dans plus de la moitié des entreprises françaises, la fonction logistique n'existe pas en tant que telle : la gestion des flux est placée sous la responsabilité des directeurs de production et des directeurs commerciaux ;
- à l'inverse, la logistique occupe une place privilégiée dans les entreprises comme Carrefour, La Redoute, où les transports constituent un facteur-clé de réussite ;
- enfin, environ 5 % des entreprises françaises développent une démarche visant à concevoir une logistique stratégique, et à l'intégrer dans la stratégie globale de l'entreprise : Smart, Toyota…

La logistique est une fonction évolutive qui intervient dans tous les secteurs et dans la plupart des décisions de l'entreprise.

En distinguant trois groupes d'activités distinctes dans le processus logistique, H. Mathé et D. Tixier ont proposé un tableau retraçant les différents domaines de la logistique.

L'extension de la fonction logistique conduit à différencier les activités relevant de la **logistique de produit** de celles liées à la **logistique de soutien** (suivi logistique du produit après la vente) :

(1) D. Tixier, H. Mathe, J. Colin, *La Logistique au service de l'entreprise : moyens, mécanismes et enjeux*, Éditions Dunod Entreprise.

La « logistique de produit » concerne toutes les phases du cycle de production, depuis l'approvisionnement en matières premières, jusqu'au stockage dans les magasins de détail. La « logistique de soutien » intervient à partir de la vente des produits, et inclut l'après-vente et la maintenance.

FONCTION LOGISTIQUE		FONCTION LOGISTIQUE	
FONCTION LOGISTIQUE	LOGISTIQUE DE PRODUIT	Achat, approvisionnement des matières premières	LOGISTIQUE PUREMENT INDUSTRIELLE
		Transport des matières premières	
		Production et gestion de la production	
		Transport de produits finis	LOGISTIQUE DE STOCKAGE MASSIQUE
		Entreposage des produits finis	
		Alimentation plates-formes de redistribution	
		Transport commandes de détail client	LOGISTIQUE DE DISTRIBUTION
	LOGISTIQUE DE SOUTIEN	Stockage et gestion du stock dans les magasins de détail	
		Distribution de détail	
		Après-vente – Maintenance	

Il est possible de schématiser les circuits et étapes de flux, dépendant de la logistique :

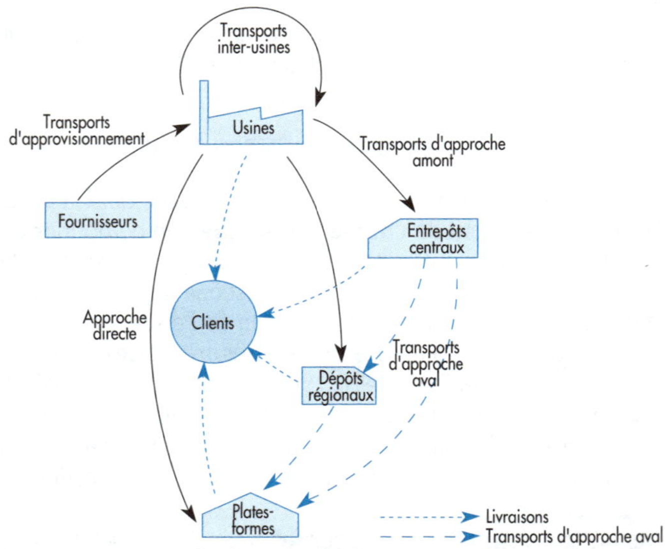

P. Carrère, *La Logistique*, Garnier Entreprise

Si l'approche en terme de flux peut permettre de mieux cerner le rôle de la logistique, elle reste une fonction transversale, en étroite relation avec les autres fonctions de l'entreprise.

Ainsi, la logistique est un concept transversal. « *Elle amène à prendre en compte les répercussions sur le flux physique suscitées en amont et en aval par les mesures intervenant au niveau de chaque fonction.* » C'est dire que la place de la logistique dans l'organigramme d'une entreprise n'est pas évidente. À terme, « *la logistique n'aura pas de support visible, car elle sera présente dans tous les réflexes des responsables* ».

De fait, il est souvent difficile de préciser sa place dans la structure de l'entreprise.

Afin d'obtenir une plus grande cohérence dans la gestion des différents flux physiques ou d'information, de nombreuses entreprises tendent aujourd'hui à développer une **logistique intégrée**.

Il s'agit de concevoir une logique unique entre les différents sous-systèmes de l'entreprise (approvisionnement, production, distribution…), afin d'éviter des dysfonctionnements liés à une gestion parcellaire des flux.

Une **fonction logistique intégrée** suit le produit depuis l'approvisionnement en matières premières, jusqu'à la distribution et l'après-vente.

SECTION 2
LES ENJEUX DE LA LOGISTIQUE

La logistique constitue un enjeu de taille pour l'entreprise : près de 90 % du temps de présence d'un produit dans un site est en effet utilisé à des déplacements et du stockage. Mais cet enjeu dépasse le cadre de l'entreprise, et intéresse également son environnement local, national, et international.

I. LES ENJEUX POUR L'ENTREPRISE

De par l'importance de ses enjeux, la logistique implique l'intégration de la maîtrise de la circulation des flux dans la stratégie de l'entreprise.

LA LOGISTIQUE CONDITIONNE

La croissance de l'entreprise
- soit parce que la stratégie implique une parfaite maîtrise des problèmes logistiques (logistique *a posteriori*) ; ex. : *la stratégie commerciale de La Redoute (livraison en 24 H chrono)*, implique une gestion des flux particulièrement performante.
- soit parce que la logistique est partie prenante aux stratégies industrielles qu'elle contribue à modeler (logistique *a priori*).

La maîtrise des coûts
- par une meilleure connaissance de l'ensemble des coûts du produit, depuis l'approvisionnement en matières premières jusqu'à l'après-vente, plus spécialement lorsque l'entreprise dispose d'une logistique intégrée : *ainsi la mise en œuvre d'une logistique intégrée chez Bull a permis d'améliorer les délais de livraison, de réduire les taux d'indisponibilité, tout en diminuant les coûts de façon significative.*
- par l'abaissement des coûts logistiques grâce à une réflexion et à une action globale sur l'ensemble des flux de l'entreprise (internalisation).

Les possibilités d'externalisation de l'entreprise
- l'analyse logistique permet à l'entreprise de se recentrer sur sa « vocation principale », en confiant à des spécialistes certaines opérations comme le transport ou les stockages de marchandises.
- l'entreprise peut avoir recours à la prestation de service, la sous-traitance, ou même créer une ou plusieurs filiales spécialisées.

La normalisation des produits et processus de gestion
L'optimisation des flux implique l'établissement de normes :
- standardisation de certains composants et produits
- normes relatives aux quantités stockées ou transportées
- procédures d'ordonnancement-lancement, d'approvisionnement
- normes de coûts

La diversification de l'entreprise
La maîtrise de la chaîne logistique permet à l'entreprise d'élargir la gamme de ses activités. Ex. : *Findus, à partir d'une parfaite maîtrise technologique de la chaîne du froid, a su élargir son activité de producteur de crème glacée à celle d'industriel du surgelé, quels que soient les produits concernés (viande, poissons, légumes, plats cuisinés)...*

La flexibilité et l'adaptabilité de l'entreprise
En raison, entre autres, du développement de la normalisation, d'une plus grande souplesse dans la distribution amont et aval, d'une meilleure maîtrise de la gestion des transports et du stockage.

La performance, et parfois même la pérennité de l'entreprise dépendent aujourd'hui de la maîtrise du processus logistique : stratégie, croissance ou flexibilité sont directement associées à la gestion des flux, qui conditionne les décisions stratégiques et les perspectives d'évolution de l'entreprise.

II. LES ENJEUX POUR L'ENVIRONNEMENT DE L'ENTREPRISE

Il existe un lien étroit entre l'amélioration de la productivité – nécessaire à la survie économique de l'Europe – et les progrès de la logistique. C'est pourquoi l'analyse des contraintes et des enjeux de la logistique est prise en compte par l'État dans l'élaboration des politiques économiques, industrielles et techniques, ce qui n'est pas sans conséquences pour l'entreprise…

LA LOGISTIQUE INFLUENCE

Le secteur des transports
Le développement de la logistique génère de profondes mutations et restructurations chez les différents acteurs du secteur des transports qui peuvent être conduits à modifier leurs politiques et les principes de gestion de leurs activités.

Le développement régional
Les entreprises, s'implantant plus volontiers dans les régions dotées d'une infrastructure logistique solide, contribuent à leur essor économique et à leur développement.

Les politiques économiques
La prise en compte du rôle croissant de la logistique conduit l'État et les collectivités locales à intensifier leurs interventions :
- amélioration d'un réseau routier pour désenclaver une région défavorisée ;
- mise en œuvre d'une politique de transports ;
- orientation de la mutation du secteur des transports, etc.

L'environnement scientifique et technique
- L'analyse logistique favorise en effet la généralisation de la productique, de la robotique ou de la transitique.
- Son domaine inclut également la création et la transmission des informations nécessaires à l'optimisation de la gestion des flux de produits.
- Le développement de la logistique est donc lié à celui de l'informatique, téléinformatique, télématique…
- La logistique constitue un élément de la politique scientifique et technique des pays industrialisés.

La logistique influence directement :
- **l'environnement local de l'entreprise (développement régional, infrastructure routière et ferroviaire) ;**
- **l'environnement national de l'entreprise (politique des transports, recherche scientifique, progrès technique).**

SECTION 3
LA LOGISTIQUE APPLIQUÉE DANS LES DOMAINES DE L'AMÉNAGEMENT SPATIAL DE L'ENTREPRISE ET DES TRANSPORTS

La logistique intervient, d'une part dans les choix relatifs à **l'emplacement** et au nombre des unités de production, de stockage, ou de distribution.

Elle conditionne d'autre part **l'agencement** de l'entreprise, la position des postes de travail, des matériels, des machines à l'intérieur des bâtiments. Elle intervient enfin dans l'organisation des transports externes.

I. LOGISTIQUE ET LOCALISATION DE L'ENTREPRISE

La localisation de l'entreprise dépend de multiples facteurs :

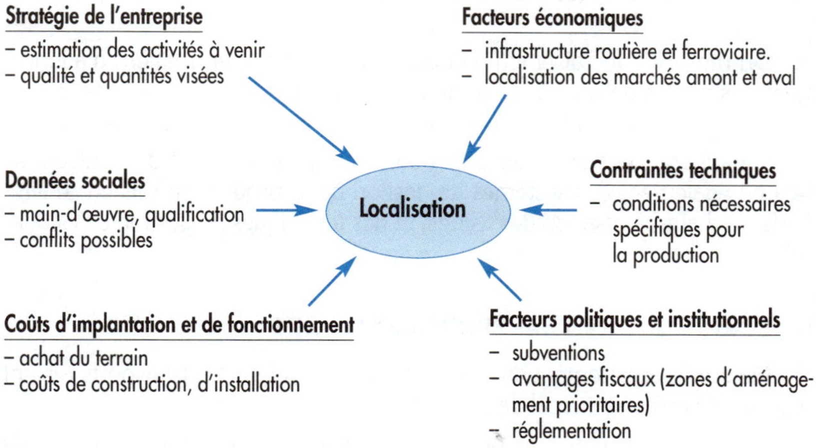

La logistique intervient dans les choix d'implantation géographique des entreprises. Pour optimiser ces choix, elle doit tenir compte de multiples facteurs et définir, lors d'études préalables, des objectifs précis, en étroite relation avec la stratégie de l'entreprise.

La logistique doit prendre en compte tous ces facteurs pour optimiser l'ensemble des flux de matières, de main-d'œuvre et de produits finis.

L'étude préalable, qui fera appel aux techniques de la recherche opérationnelle et à des programmes informatiques spécifiques à ce type d'analyse, définira plusieurs objectifs qui conditionneront les choix définitifs.

Le choix définitif de localisation de l'entreprise est lié à la définition d'objectifs prioritaires, au sein desquels la logistique a souvent un rôle prédominant.

Parmi ces objectifs, on peut citer :
- L'amélioration des systèmes d'approvisionnement et de distribution.
- Une meilleure satisfaction de la clientèle.
- La recherche d'une centralisation, ou au contraire d'une diversification des centres de stockage et de distribution.
- Une diminution des coûts de transport et de stockage des matières premières et produits finis.

Pour atteindre ces objectifs et optimiser les choix, une collaboration est nécessaire entre les responsables logistiques et la fonction production, la fonction vente, le cas échéant la fonction achats.

II. LOGISTIQUE ET AGENCEMENT DE L'ENTREPRISE

L'objectif de la logistique dans la mise en place des postes de travail est de minimiser les coûts liés aux transports internes, aux stockages intermédiaires ou à la manutention.

Là encore, des études complexes faisant appel aux techniques de la recherche opérationnelle peuvent être entreprises par les ingénieurs logisticiens.

L'évolution des techniques, la généralisation de l'automatisation, la rationalisation des systèmes de gestion de la production ont engendré d'importants progrès en fiabilité comme en qualité, et ont considérablement réduit les temps de production.

La logistique intervient dans les choix d'agencement des postes de travail.

Elle peut, dans ce domaine, permettre à l'entreprise de réaliser d'importants gains de productivité.

Pourtant, dans les ateliers, « *on constate qu'une pièce passe 90 % du temps à attendre au pied des machines et en manutention contre 10 % seulement en usinage.* »

Il est donc certain que la gestion des flux internes de produits peut être améliorée :

« *Ce que les machines spéciales et automatiques de production font gagner en temps et en qualité, est perdu dans les manutentions stériles, les files d'attente et les stockages intermédiaires, répétés et le plus souvent inutiles.* » (1)

On mesure donc aisément l'enjeu de la logistique en matière d'agencement des postes de travail, de gestion des flux physiques au sein des usines, qui peuvent eux aussi être automatisés : c'est le domaine de la **transitique**.

Mais il convient de noter cependant que l'agencement de l'entreprise dépend également des systèmes de gestion de la production mis en œuvre, du degré d'automatisation des usines, et des techniques de gestion des stocks utilisées.

III. LOGISTIQUE ET TRANSPORTS EXTERNES

Malgré l'élargissement du domaine de la logistique, les transports restent le cœur et l'enjeu principal de la fonction.

Les transports externes permettent l'approvisionnement des unités de production en pièces détachées ou en matières premières, puis l'approvisionnement des magasins grossistes ou de détail en produits finis (marchandises).

Il appartient au responsable logistique d'envisager les différents choix possibles, et de prendre les meilleures décisions en fonction des moyens disponibles et de la stratégie de l'entreprise.

La gestion des transports suppose un arbitrage efficace entre plusieurs possibilités techniquement réalisables, mais économiquement plus ou moins performantes.

ORGANISATION DES TRANSPORTS

Est-il plus avantageux d'intégrer ou de sous-traiter les transports ?
La sous-traitance constitue souvent une solution plus économique, particulièrement pour les PME ; les transports constituent un véritable métier que les entreprises préfèrent de plus en plus confier à des spécialistes (grands transporteurs nationaux).

Quels modes de transport choisir ?
- De multiples possibilités s'offrent aux entreprises : camions, train, avion, bateau…
- Les choix dépendent des coûts, de l'accessibilité des sites, de l'impératif de rapidité, etc.

Est-il nécessaire de disposer d'un parc propre de véhicules ?
De nombreuses entreprises préfèrent la solution de la location, qui permet de répondre aux variations d'activité, d'éviter de lourds investissements, des coûts de maintenance et de limiter les risques.

Est-il possible de partager l'organisation de ses transports avec d'autres entreprises ?
De plus en plus de PME s'associent pour gérer conjointement une flotte de véhicules, ce qui permet de remplir plus facilement les camions et d'amortir plus rapidement l'achat de nouveaux véhicules.

---

(1) J.-F. Saglio, *Revue française de logistique*, n° 22.

9

L'APPROVISIONNEMENT ET LA GESTION DES STOCKS

La rentabilité de l'entreprise dépend en grande partie des choix réalisés lors de l'acquisition des biens de production, matières premières, marchandises ou services divers nécessaires à son fonctionnement. On mesure donc l'importance de la politique d'approvisionnement, dont les objectifs doivent être conformes aux grandes orientations retenues par les dirigeants de l'entreprise (Section 1).

La mission-première de l'approvisionnement consiste à optimiser et contrôler le processus d'achat et à établir des relations commerciales stables avec les fournisseurs (Section 2).

À la fois immobilisation physique et immobilisation financière, les stocks génèrent des coûts particulièrement importants. C'est pourquoi, après avoir été longtemps négligée, la gestion des stocks apparaît aujourd'hui comme l'un des enjeux majeurs de la gestion des entreprises (Section 3).

SECTION 1 LES OBJECTIFS D'UNE POLITIQUE D'APPROVISIONNEMENT

Tout responsable des approvisionnements doit identifier les multiples objectifs, parfois contradictoires, de la politique d'approvisionnement et les hiérarchiser conformément aux grandes orientations stratégiques de l'entreprise.

La réussite d'une politique d'approvisionnement repose également sur la pertinence de certains choix fondamentaux, qui intéressent bien souvent de nombreuses fonctions de l'entreprise.

I. LA PLURALITÉ DES OBJECTIFS

1. Des objectifs parfois contradictoires

- La fonction d'approvisionnement comporte deux missions principales :

– Une mission d'achats, dont l'objectif consiste à créer et entretenir des rela-

Mission Achat	Mission Logistique
Politique d'achat : – Intégration – Internationalisation – Partenariat Étude du marché amont : – Marketing achats – Étude des produits – Analyse des coûts Choix des fournisseurs : – Appel d'offres – Négociation-Sélection – Contrats – Homologations – Assurance-qualité Suivi des fournisseurs : – Commandes – Indications de qualités et délais – Audits	Prévisions : – plans directeurs à moyen terme – budgets Expression des besoins : – Calcul des coûts – Gestion des stocks Commandes : – Groupage – Suivi commandes – Transports Réception : – Contrôles – Entreposage – Facturation

D'après P. Mahrer : *Le Guide du Management*, Éditions du Seuil.

tions avec les fournisseurs afin de fournir à l'entreprise les biens et les services dont elle a besoin.

– Une mission logistique dont l'objectif consiste à organiser les flux et le stockage des produits ou marchandises achetés, au moindre coût, et avec le maximum de sécurité.

- La fonction approvisionnement est étroitement liée aux autres fonctions de l'entreprise et conditionne leur performance :

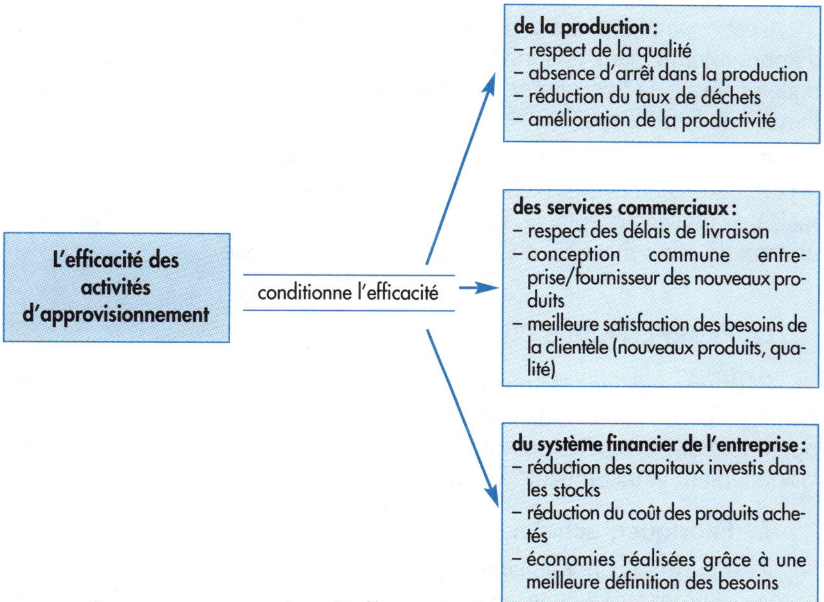

- Comment accroître l'efficacité de l'approvisionnement d'une entreprise ? Il s'agit d'analyser six contraintes qui constituent autant d'objectifs pour la politique d'approvisionnement. Ces variables clés sont mentionnées dans la plupart des documents relatifs à la planification des approvisionnements, et sont systématiquement discutées lors des négociations relatives au choix d'un nouveau fournisseur.

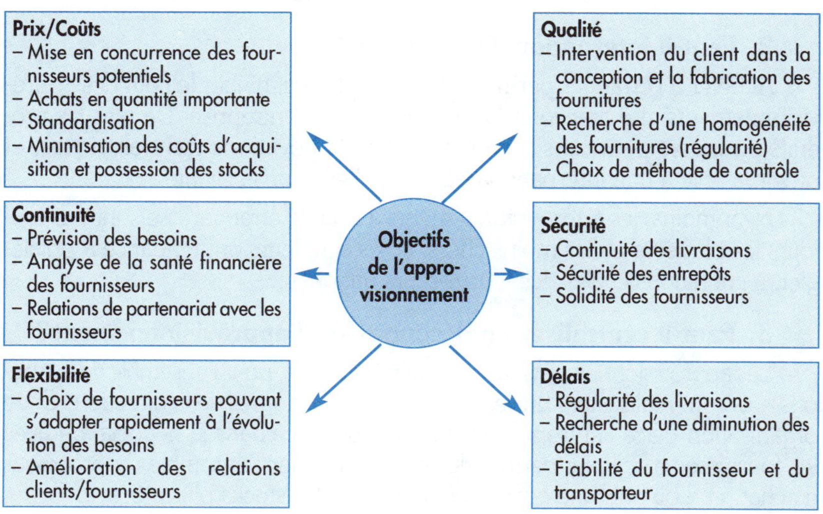

La fonction approvisionnement comporte une mission d'achat comprenant l'évaluation des besoins, la sélection et le suivi des fournisseurs, et une mission logistique incluant la gestion des stocks, du transport, de l'entreposage, etc.

La fonction approvisionnement n'est pas autonome : elle conditionne l'efficacité de la production, des services commerciaux et financiers, et constitue l'une des variables-clé de la rentabilité de l'entreprise.

Toute politique d'approvisionnement repose sur la réalisation d'objectifs, parfois contradictoires, relatifs aux coûts, à la sécurité et à la performance de la gestion des flux de produits, composants, matières ou marchandises.

2. La hiérarchie des objectifs

- Les différents objectifs de la politique d'approvisionnement ne sont pas toujours compatibles : par exemple, l'objectif de qualité des approvisionnements et l'objectif de prix bas peuvent être conflictuels.
- Certaines décisions visant à réaliser un même objectif peuvent également se révéler antinomiques : prenons par exemple l'objectif de minimisation des coûts : des achats en grande quantité permettent souvent de réduire les prix d'achat en bénéficiant de remises, mais ils accroissent les coûts de stockage des produits !

Les décideurs de l'entreprise doivent trouver un juste compromis entre ces différents objectifs, conforme à la politique générale de l'entreprise.

Il est donc nécessaire d'établir une hiérarchie des objectifs de la politique d'approvisionnement, en fonction des grandes orientations définies par la politique générale de l'entreprise, de l'intensité concurrentielle du secteur, ou de l'image de l'entreprise.

Ainsi, l'objectif de qualité n'est pas toujours nécessairement prioritaire ; la plupart des entreprises recherchent d'ailleurs non pas une qualité maximale, mais une qualité acceptable, et négocient par exemple avec leur fournisseur un taux de rebut maximal qui ne devra pas être dépassé.

II. LA PLURALITÉ DES CHOIX

Bâtir une politique d'approvisionnement suppose de prendre un certain nombre de décisions fondamentales qui conditionnent par la suite les choix opérationnels. Ces décisions dépassent parfois le cadre de la fonction approvisionnement et incombent alors à la Direction générale de l'entreprise.

1. Fabriquer, acheter, ou sous-traiter

Il est parfois économiquement plus intéressant, pour des raisons de coûts ou de savoir-faire, d'acheter un bien ou un service, plutôt que de le produire soi-même. *Ainsi, Renault a fait appel à des entreprises juridiquement indépendantes pour lui fournir des pièces ou ensembles de pièces destinés à être montés sur la Twingo : tableau de bord, système d'éclairage, etc.*

Dans certains cas, la solution de la sous-traitance pourra être retenue. L'achat porte alors sur des produits spécifiques, souvent conçus par l'entreprise cliente, mais fabriqués par une autre entreprise, qualifiée de sous-traitante, qui se voit imposer des normes de fabrication très strictes.

2. Faut-il internationaliser l'achat ?

Acheter à l'étranger permet bien souvent de diminuer le coût des approvisionnements et d'améliorer la productivité de l'entreprise. De plus les produits étrangers peuvent s'avérer porteurs d'innovations technologiques, et ouvrir la voie à une internationalisation de l'entreprise cliente.

Néanmoins, les approvisionnements d'origine étrangère ne sont pas toujours les plus sûrs ou les moins chers, et les acheteurs ont tendance à privilégier, à conditions égales, les fournisseurs nationaux.

3. Faut-il centraliser ou décentraliser l'approvisionnement ?

Les approvisionnements sont centralisés lorsque, pour l'ensemble de l'entreprise, ils sont réalisés par un service unique placé auprès de la direction. Cette organisation place l'entreprise en position de force dans la négociation avec les fournisseurs ; elle lui permet de mieux contrôler l'ensemble du processus d'achat, et d'obtenir une gestion économique des stocks plus efficace.

Des approvisionnements décentralisés (réalisés de façon indépendante par chaque établissement, chaque succursale) permettent de raccourcir les délais d'approvisionnement, d'améliorer l'adaptation aux besoins locaux, et de réduire les coûts de transport.

4. Faut-il privilégier un fournisseur unique ou préférer des fournisseurs diversifiés ?

Faire appel à un fournisseur unique place l'entreprise acheteuse en position de client privilégié et permet d'obtenir des remises importantes. Mais cette organisation entraîne souvent une situation de dépendance entre les deux partenaires, et génère des risques importants en cas de défaillance du fournisseur. Le recours à des fournisseurs multiples, lorsque cette solution est possible, permet de bénéficier des supériorités spécifiques de chaque fournisseur dans sa spécialité et de répartir les risques. Par contre, un achat en petites quantités conduit à des conditions de prix et de règlement moins favorables.

5. Faut-il privilégier les fournisseurs-clients ?

Lorsque différents fournisseurs potentiels proposent des prestations équivalentes (qualités, prix), il peut être judicieux de privilégier lorsqu'il existe, celui qui est également client de l'entreprise. Ce phénomène de **réciprocité** (chaque entreprise est simultanément fournisseur et client de l'autre) peut permettre d'accroître les ventes, mais génère parfois des relations de dépendance défavorables pour le partenaire placé en position d'infériorité.

6. Faut-il adopter un processus d'achat identique pour tous les approvisionnements (1) ?

Suivant l'importance ou la rareté du produit, des dispositions particulières s'imposent :

- **Certains produits stratégiques** jouent un rôle essentiel dans le fonctionnement de l'entreprise, soit parce qu'ils sont difficiles à obtenir, soit parce que leur coût influence de façon déterminante la rentabilité de l'entreprise (matières spéculatives en particulier). Ces produits doivent être suivis avec une attention particulière par un service centralisé. Des relations privilégiées, impliquant souvent la Direction Générale, sont entretenues avec les fournisseurs concernés.
- **Les produits spécifiques** sont fabriqués sur mesure pour l'entreprise cliente. Les exigences de qualité et de délais justifient souvent l'existence d'une relation durable, fondée sur des engagements contractuels. Le fournisseur est généralement un partenaire, qui contribue au développement du nouveau produit de son client.
- **Les produits standards** sont disponibles dans le commerce. Le processus de sélection des fournisseurs et d'approvisionnement peut reposer sur une approche traditionnelle de la gestion des achats.

La réussite d'une politique d'approvisionnement repose sur la pertinence de certains choix fondamentaux relatifs à l'organisation de la fonction achats, à la stratégie de sélection des fournisseurs, à l'adaptation de processus performants d'approvisionnement. Les conséquences de ces choix dépassent le simple cadre de la fonction achat, et intéressent donc souvent la Direction Générale de l'entreprise.

SECTION 2
LA GESTION DES ACHATS

La fonction achats est en pleine évolution : cette évolution atteint l'organisation même des services achats, et intéresse aussi directement le processus d'achats et les relations entre fournisseurs et acheteurs.

(1) D'après P. Mahrer, *Le Guide du management*, Éditions du Seuil.

I. L'ORGANISATION DE LA FONCTION ACHAT

La fonction achats a pour but de procurer à l'entreprise les biens (matières premières, produits semi-finis et finis), et services nécessaires à son exploitation aux moindres coûts, et dans les délais répondant aux besoins de l'entreprise.

- La fonction achats a pour objet l'acquisition des matières premières, produits finis ou semi-finis et services dont l'entreprise a besoin. Elle conditionne de ce fait la rentabilité de l'entreprise, la qualité et le prix des produits vendus, les délais de fabrication et de livraison. Certaines entreprises ont néanmoins conservé à la fonction achats un caractère purement administratif. Mais les Directions générales tendent de plus en plus à privilégier son rôle économique, et à intégrer les activités d'achat dans la réflexion stratégique globale de l'entreprise.
- Cette nouvelle conception de la fonction achats n'est pas sans conséquence sur le métier même de l'acheteur : celui-ci n'est plus un simple négociateur, mais devient un stratège de haut-niveau, souvent cadre supérieur, qui travaille sur le long terme (1 à 3 ans).

Ainsi, dans la distribution, les ***category managers*** *remplaceront bientôt les acheteurs traditionnels. Hommes multifonctions, ils seront capables de gérer aussi bien l'approche logistique que le marchandisage ou le marketing-vente. Un bouleversement des méthodes et des structures, dicté par le souci de mieux capter la clientèle en adaptant l'offre, et de gagner en productivité en diminuant les coûts* (1).

L'achat devient une fonction stratégique de l'entreprise. Cette évolution tend à élargir les attributions de l'acheteur, et peut influer sur l'organisation de la fonction achats.

- Malgré la prise de conscience du rôle essentiel joué par les approvisionnements, la fonction achats est rarement placée sous la responsabilité d'un service achats « autonome ». La gestion des relations avec les fournisseurs est en effet fréquemment confiée à la direction technique (ou à la direction commerciale dans les entreprises de distribution) notamment dans les PME. Elle incombe parfois au service production ou à la direction de la logistique. Même lorsqu'existe un service achats indépendant, celui-ci est, de fait, subordonné aux décisions issues de la fonction production, commerciale-vente, ou financière. À l'opposé, certaines entreprises ont opté pour une véritable décentralisation des approvisionnements, chaque service ou établissement réalisant ses propres achats. Enfin, la plupart des entreprises de distribution confient la gestion de leurs approvisionnements à des centrales d'achats afin, notamment, d'obtenir de meilleures conditions des fournisseurs.

II. L'APPROCHE TRADITIONNELLE DE LA GESTION DES ACHATS

Le principe consiste à mettre en concurrence les différents fournisseurs potentiels, et à sélectionner ceux qui offrent les meilleurs produits, les conditions de vente les plus intéressantes, etc.

Le tableau suivant synthétise le processus traditionnel de gestion des achats.

CONNAÎTRE LE MARCHÉ « AMONT »	– Le service achats procède à une étude permanente et approfondie du marché amont. – L'acheteur doit : • recenser les fournisseurs potentiels, analyser leurs capacités, comparer leur taille… • analyser l'évolution des produits, matières premières… • connaître les autres acheteurs, concurrents à l'achat. – Les techniques sont multiples : études de marché, réception de représentants, analyse de la documentation commerciale, technique, économique, consultation des fichiers fournisseurs, des fichiers articles…

(1) LSA, n° 1418, p. 36.

EXPRIMER LES BESOINS	– À moyen et long terme, la détermination des besoins incombe au système de planification de l'entreprise – À court terme, (moins d'un an), les besoins peuvent être : • non répétitifs : ils seront alors traités au coup par coup • répétitifs : la « gestion économique des stocks » permet alors de déterminer les quantités à commander, les dates de passation des commandes…
PROVOQUER L'OFFRE	– L'acheteur peut faire appel aux fournisseurs actuels, et négocier, le cas échéant, une amélioration de leurs conditions. – Le service achats peut également, dans le cas de marchés importants, effectuer un **appel d'offres**, qui découle souvent directement de l'analyse permanente du marché amont. – Dans le cas de marchés exceptionnellement importants, l'appel d'offres peut faire l'objet d'une publicité dans la presse nationale ou internationale.
ÉVALUER, SÉLECTIONNER LES FOURNISSEURS	– Les techniques d'évaluation sont multiples : grilles d'analyse multicritères, tableaux de comparaison, notation et analyse financière des fournisseurs… – Mais le choix définitif dépend en fait de critères variés : • rapport qualité-prix des services du fournisseur • relations commerciales avec le fournisseur (certains sont à la fois fournisseurs et clients de l'entreprise) • volonté de privilégier les fournisseurs locaux…
NÉGOCIER AVEC LES FOURNISSEURS	– La négociation consiste à entreprendre une série de démarches, d'entretiens, d'échanges de vue, pour parvenir à un accord avec le fournisseur sur les prix, la qualité, les délais de livraison… – La négociation conduit à l'élaboration d'un compromis alliant la mise en œuvre de relations durables avec le fournisseur, et l'acceptation de conditions de vente satisfaisantes pour l'entreprise.
COMMANDER	– La **commande** est le contrat qui résulte de la sélection des fournisseurs et de la négociation commerciale. Elle engage l'acheteur vis-à-vis du fournisseur, obéit de ce fait à de nombreuses règles juridiques, et doit notamment préciser le prix de vente, l'énoncé des conditions d'achat… – La commande peut être ponctuelle, ou porter sur des livraisons successives.
ASSURER LE SUIVI ET LA RÉCEPTION DE LA COMMANDE	– L'acheteur doit contrôler le respect par le fournisseur des conditions de vente précisées par le contrat (délais de livraison, modalités du transport). – En cas de difficultés, l'acheteur adresse une relance au fournisseur défaillant et peut éventuellement le mettre en demeure d'exécuter ses engagements au moyen d'une lettre recommandée avec accusé de réception. – Dès la réception des commandes, les magasins effectuent un double contrôle de **qualité** (respect des normes de qualité), et de **conformité** (nombre de colis, nature et nombre des articles).

Le service achats ne dispose, lorsqu'il existe, que d'une autonomie limitée.
Son rôle consiste à gérer, de façon optimale, le processus d'approvisionnement, depuis la recherche et la sélection des fournisseurs, jusqu'à la surveillance des livraisons et le contrôle des factures.

III. LES APPROCHES MODERNES : LA GESTION-FOURNISSEURS

Le terme de **gestion-fournisseurs** est plus ambitieux que celui de « gestion des achats ». Il signifie que l'entreprise cherche à obtenir un avantage concurrentiel par l'établissement de relations d'ordre stratégique avec les fournisseurs.

Le **partenariat acheteurs-fournisseurs**, (initialement mis en œuvre dans des entreprises japonaises comme Toyota) est fondé sur une « *dépendance mutuelle à long terme entre un acheteur et les fournisseurs qui peuvent garantir une qualité supérieure et une livraison rapide et fiable* » (1).

Le rôle stratégique des approvisionnements n'a souvent été reconnu que depuis peu par les dirigeants de l'entreprise.
La gestion fournisseurs vise à intégrer les activités d'achat dans le cadre de la réflexion stratégique des entreprises.

(1) Harvard, *L'Expansion*, n° 43.

Le modèle partenarial implique la mise en œuvre de relations suivies avec un nombre limité de fournisseurs, une interaction étroite entre les services de production, d'ingénierie et de conception des acheteurs et fournisseurs, la proximité géographique du fournisseur permettant une livraison « juste à temps ».

La **recherche de l'innovation dans l'approvisionnement** repose sur « *le désir de profiter des meilleurs outils de conception et du meilleur savoir-faire technologique dans le monde* ». Il s'agit :

– d'encourager les activités innovatrices des fournisseurs, qui se répercutent sur les produits de l'entreprise acheteur ;

– de détecter les fournisseurs qui sont à la pointe de la technologie afin de les impliquer dans les processus de production dès l'étape de conception du produit.

SECTION 3
LA GESTION DES STOCKS

La prise de conscience de l'importance des approvisionnements, et plus particulièrement des stocks, dans la vie de l'entreprise est tout à fait récente.

Réduire le volume des stocks de matières premières ou de composants élémentaires, afin de minimiser les coûts, et le capital immobilisé, constitue l'un des domaines-clés de la **logistique « amont »** (par opposition à la **logistique « aval »**, liée à la distribution).

L'étude de la gestion des stocks conduit à analyser la notion de stock, les principes de gestion économique des stocks et l'organisation matérielle et administrative des stocks.

I. LA NOTION DE STOCK

1. Qu'est-ce qu'un stock ?

Un stock est constitué par : l'ensemble des marchandises ou des articles accumulés dans l'attente d'une utilisation ultérieure plus ou moins proche et qui permet d'alimenter les utilisateurs au fur et à mesure de leurs besoins sans leur imposer les délais et les à-coups d'une fabrication ou d'une livraison par des fournisseurs (1).

Aux termes du plan comptable général, on appelle stock « *l'ensemble des biens qui interviennent dans le cycle d'exploitation de l'entreprise pour être soit vendus en l'état ou au terme d'un processus de production à venir ou en cours ; soit consommés au premier usage* ».

La notion de stock regroupe :

→ **les approvisionnements :** matières premières, fournitures ;

→ **les produits :** intermédiaires et finis ;

→ **les marchandises :** achetées pour être revendues.

Plus généralement, tout stock se caractérise par un **flux d'entrée** et un **flux de sortie** – sur lesquels l'entreprise n'a que rarement une maîtrise totale –, et un **niveau de biens en attente**.

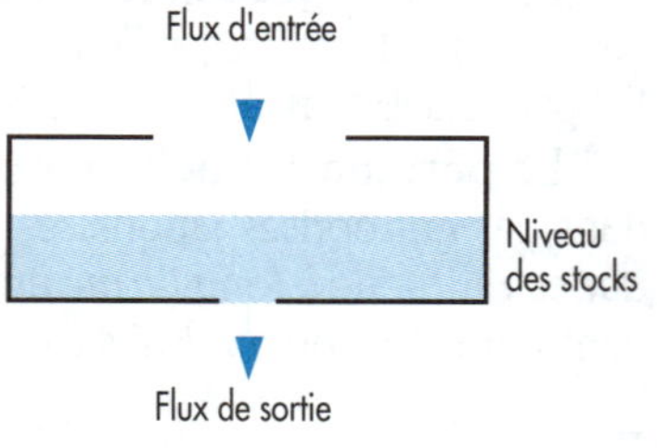

(1) P. Zermati, *La Pratique de la gestion des stocks*, Dunod.

2. Pourquoi y a-t-il des stocks ?

Le « niveau de biens en attente » correspond à des préoccupations variées :

Le rôle des stocks est multiple

Rôle de régulation
- Réponse à une demande souvent aléatoire (ex. : demande saisonnière).
- Protection contre les aléas des transports et de la production.
- Stockage intermédiaire au cours du processus de production (ex. en-cours de fabrication).

Rôle financier
- Stockage de produits coûteux dans un but spéculatif.
- Maintien des cours de certaines matières premières ou de certains produits.

Rôle économique
- Passation de commandes importantes pour diminuer le coût des transports.
- Fixation par les fournisseurs de « quantités minimales de livraison », qu'il convient de stocker.
- Stockage de la production excédentaire par rapport à la demande.

Rôle technique
- Amélioration de la qualité des produits :
  - bois d'ébénisterie, de lutherie ;
  - boissons alcoolisées

Rôle commercial
- Diminution des délais de livraison :
  - Achat en quantité importante pour bénéficier de réductions, d'escomptes.

De nombreuses raisons (économiques, financières, techniques, commerciales) justifient l'existence des stocks de matières premières, de composants élémentaires ou de produits semi-finis ou finis.

Ainsi, les avantages des stocks sont multiples. Mais ils entraînent également de nombreux inconvénients pour l'entreprise…

3. La finalité de la gestion des stocks

Un stock doit permettre de répondre rapidement aux demandes des clients, ou des utilisateurs des articles stockés. La solution de facilité consiste dès lors à disposer en permanence d'un niveau de stocks élevé. Mais cette solution est particulièrement coûteuse.

Les responsables de la gestion des stocks doivent donc **éviter deux écueils.**

Un niveau de stock trop élevé (surstockage)

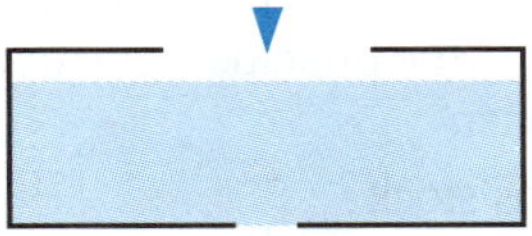

- génère de nombreux coûts (construction des entrepôts, assurance, personnel affecté à la gestion, à la manutention, au gardiennage, etc.
- immobilise des capitaux
- peut être à l'origine de graves difficultés de trésorerie
- accroît les risques de détérioration ou d'obsolescence des produits stockés
- conduit parfois l'entreprise à céder à la baisse son stock d'invendus.

Un niveau de stock trop faible

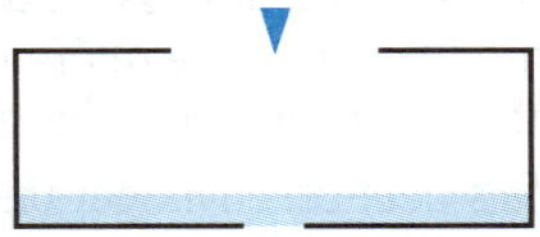

- multiplie les risques de rupture qui entraînent un arrêt de la production
- désorganise l'entreprise (goulots d'étranglement, augmentation des stockages intermédiaires)
- génère des retards dans les livraisons, d'où une diminution des ventes et une perte de clientèle.

La « gestion économique des stocks » désigne le système de régulation du volume et de la valeur des stocks, compte tenu des modalités de l'approvisionnement ainsi que du rythme de consommation. Elle vise à minimiser l'ensemble des coûts liés aux stocks.

L'entreprise doit donc simultanément chercher :
- à réduire au maximum le niveau moyen de ses stocks ;
- à minimiser les risques de rupture.

C'est l'objet de la gestion économique des stocks.

Mais la mise en œuvre d'un système performant de gestion des stocks implique un effort financier considérable. Est-il nécessaire d'accorder la même attention à tous les articles du stock ?

4. La gestion par exception

Il n'est pas nécessaire d'accorder la même attention à toutes les références du stock : on remarque en effet qu'un petit nombre d'articles représente souvent l'essentiel de la valeur stockée.

Elle consiste à appliquer aux stocks le principe de Pareto, selon lequel « *très souvent un petit nombre d'articles importants domine les résultats alors qu'à l'autre bout de la gamme de produits il y a un grand nombre d'articles dont le volume est si petit qu'ils n'ont que peu d'effets sur le résultat* ».

Dans le domaine de la gestion des stocks, on s'aperçoit effectivement qu'un petit nombre de références contribue à un pourcentage important de la valeur investie dans les stocks (ou de la consommation en valeur).

On vérifie ainsi souvent que approximativement :
- 20 % des références correspondent à 80 % de la valeur du stock ;
- 80 % des références correspondent à 20 % de la valeur stockée.

Cette **loi des 20/80** permet de mettre en évidence deux catégories de références : les articles de la catégorie « A » feront l'objet d'une gestion rigoureuse.

À l'opposé, on ne mettra pas en œuvre une gestion complexe (et donc coûteuse !) pour les articles de la catégorie « B ». Pour ces derniers il suffira par exemple de passer une commande annuelle, couvrant les besoins de l'année à venir avec une marge de sécurité confortable.

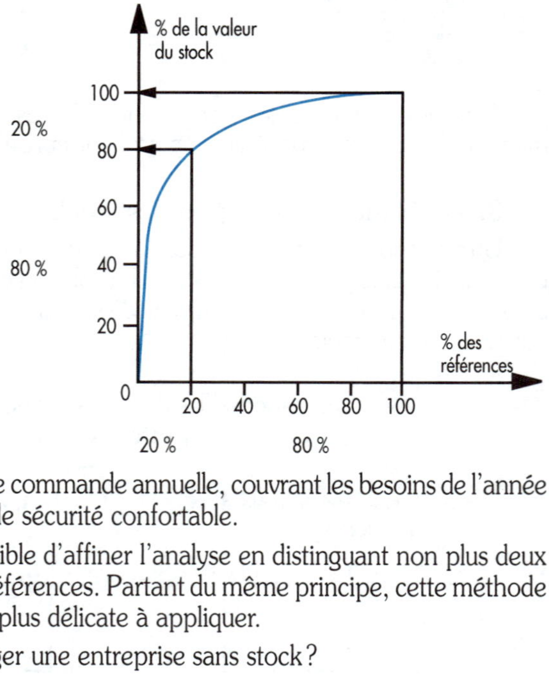

La méthode des 20/80 et l'analyse ABC permettent de distinguer les articles du stock qui nécessitent une gestion élaborée, de ceux pour lesquels une gestion plus globale suffit.

Il est également possible d'affiner l'analyse en distinguant non plus deux mais trois catégories de références. Partant du même principe, cette méthode dite **ABC** est cependant plus délicate à appliquer.

Mais peut-on envisager une entreprise sans stock ?

5. Est-il possible d'éliminer les stocks ?

C'est une des finalités des nouvelles méthodes de gestion d'origine japonaise. Pour atteindre l'objectif de **zéro stock**, plusieurs techniques se généralisent et commencent à être appliquées en Europe (Citroën, SKF, OPEL...).

a. Le JAT et le kanban

• **La méthode JAT** (Juste A Temps) vise à réduire les délais, et donc la durée du cycle de production, ce qui permet une nette diminution du volume des stocks.

L'idée maîtresse est d'adapter en permanence la production à la demande réelle du consommateur, au prix d'une transformation radicale des principes de fonctionnement de l'entreprise. Le rôle des logisticiens dans cette mutation s'avère essentiel. La conversion d'une entreprise au JAT implique :
- la mise en œuvre d'un système de production flexible, permettant, dans une même chaîne, de passer rapidement d'un produit à un autre ;
- une fiabilité totale des machines (zéro panne) ;
- un taux de rebut quasiment nul (zéro défaut) ;
- et surtout l'utilisation d'un système de pilotage capable de gérer la circulation des produits par unités, ou très petits lots (système kanban).

La méthode JAT permet un net abaissement des stocks grâce à une réduction significative de la durée du cycle de production.

• Indispensable complément de la méthode JAT, **le système kanban** consiste à gérer les flux physiques à partir de simples fiches cartonnées (les kanbans), qui accompagnent tous les lots de produits, pièces ou ensembles. Ces fiches sont à la fois des indicateurs de fabrication et des ordres de transport. Émises par l'utilisateur dès que le besoin apparaît, elles permettent de déclencher une fabrication qui correspond exactement aux quantités demandées, ce qui élimine les productions et stocks superflus.

Le système de fiches *kanban* lié à la méthode JAT, sert à gérer les flux de produits. Émises en aval (utilisateur), les *kanbans* déclenchent le processus de production en amont.

b. Les autres méthodes

• **La méthode PBC** (1) (Planification des Besoins en Capacité), consiste à organiser la production à partir d'une prévision systématique des besoins gérée par ordinateur. Cette technique, associée au JAT, permet un très fort abaissement du niveau des stocks.

Deux autres méthodes de gestion – PBC et OPT – conduisent à un très fort abaissement du niveau des stocks.

• Plus simple à mettre en œuvre et moins coûteuse, la **production synchronisée (OPT)** concerne les entreprises dont les productions sont dépendantes les unes des autres. La méthode est fondée sur une analyse du processus de fabrication qui permet d'identifier et d'éliminer les goulots d'étranglement.

Mais l'objectif de « stock zéro » est difficilement transposable dans l'industrie française.

Malgré leurs avantages, ces méthodes restent souvent complexes à mettre en œuvre, et la plupart des entreprises françaises continuent d'utiliser un système classique de **gestion économique des stocks**.

II. LA GESTION ÉCONOMIQUE DES STOCKS

1. Quelle cadence d'approvisionnement choisir ?

a. L'aspect économique du problème

Comparons la cadence d'approvisionnement de l'entreprise A et de l'entreprise B qui ont toutes deux une consommation équivalente d'un même article, (C = 1 000 unités par an).

Si le coût de stockage de l'entreprise A est supérieur à celui de l'entreprise B, (son stock moyen est en effet deux fois plus important), cette dernière a dû passer deux commandes. Or la passation des commandes représente un coût (frais de personnel, de contrôle…), qui sera, dans notre exemple, deux fois plus élevé pour l'entreprise B.

Ainsi, toute entreprise est soumise à une double contrainte : une cadence d'approvisionnement trop faible génère d'importants coûts de stockage ; une cadence d'approvisionnement trop élevée multiplie les coûts de passation des commandes.

(1) En anglais *MRP*.

D'une façon générale, plus l'entreprise passe de commandes au cours d'une période, autrement dit plus la cadence d'approvisionnement est élevée, et plus le stock moyen détenu est faible.

Une cadence d'approvisionnement élevée, en diminuant le stock moyen détenu par l'entreprise, minimise « le coût de possession des stocks », mais accroît le coût de passation des commandes.

La formule de Wilson permet de déterminer le nombre optimal de commandes qui minimise l'ensemble des coûts liés aux stocks :
- coûts de possession des stocks ;
- coûts de passation des commandes.

L'entreprise A ne passe qu'une seule commande dans l'année

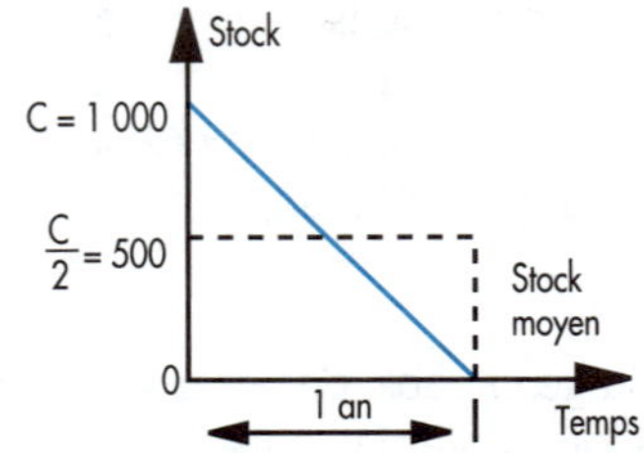

La quantité commandée correspond aux besoins annuels de l'entreprise.
Le stock moyen est de C/2

$$\text{stock moyen} = \frac{\text{stock initial} + \text{stock final}}{2} = \frac{1000}{2} = 500$$

L'entreprise B passe 2 commandes dans l'année

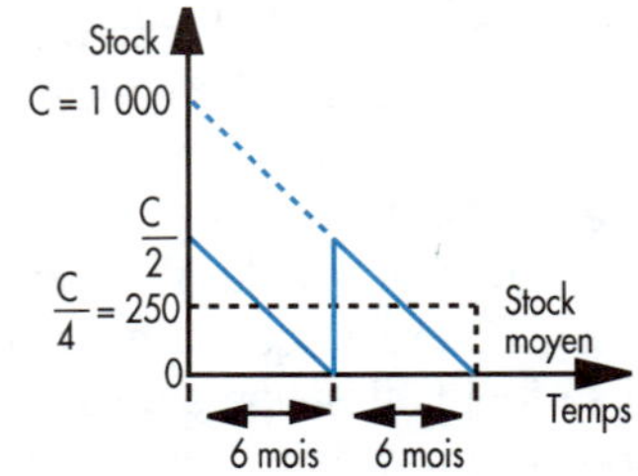

La quantité demandée lors de chaque commande correspond à la moitié des besoins de l'entreprise B.
Le stock moyen est de C/4

$$\text{stock moyen} = \frac{500}{2} = 250$$

Face à cette double contrainte, **le problème central de la gestion économique des stocks consiste à déterminer le nombre optimal de commandes qui permettra de minimiser le coût total des stocks** (c'est-à-dire la somme du coût de stockage et des coûts de passation des commandes). Ce problème peut être résolu mathématiquement et graphiquement.

b. Les solutions mathématique et graphique

• *La solution mathématique*

Elle consiste à appliquer la formule de Wilson.

En désignant par :

N : le nombre optimal de commandes dans la période donnée (l'année par exemple)

C : la consommation (besoins) de l'entreprise dans la même période

i : le coût de possession annuel pour 1F de stocks (ou taux annuel de possession du stock)

P : le coût de passation d'une commande.

On démontre que $N = \sqrt{\dfrac{C \cdot i}{2 \cdot P}}$

• *La solution graphique*

Le nombre optimal de commandes s'obtient à partir de la courbe de coût total :

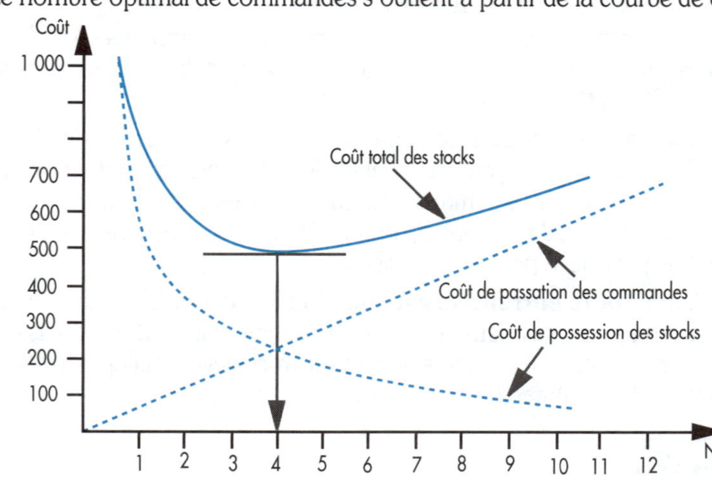

Il correspond au point d'intersection des deux courbes de coûts de possession et de passation des commandes.

• *Les limites du modèle de Wilson*

– L'application de la formule de Wilson suppose qu'il n'y ait aucune incertitude quant aux flux d'entrée et de sortie : les besoins sont connus et réguliers, les délais d'approvisionnement sont constants (gestion en avenir certain).

– Dans la pratique, de nombreux facteurs influent sur la cadence des commandes : ainsi, il est rare que le nombre de commandes annuelles soit supérieur à 12, en raison des habitudes de règlement (paiements « fins de mois ») : une commande passée le 5 janvier, suivie d'une seconde commande le 20 janvier aboutira à un règlement unique fin février…

Le modèle de Wilson est théorique : son application suppose notamment une parfaite connaissance des flux d'entrée et de sortie.

2. À quelle date l'entreprise doit-elle réapprovisionner ses stocks ?

À partir d'un cas théorique simple, nous intégrerons progressivement les différentes variables qui interviennent dans la détermination des dates de passation des commandes.

a. Les flux d'entrée et de sortie sont connus et réguliers

Il s'agit, sauf exception, d'un cas purement théorique : la détermination des dates de passation des commandes découle directement du choix de la cadence d'approvisionnement. Par exemple, si l'application de la formule de Wilson a permis de déterminer un optimum de six commandes dans l'année, (N = 6), l'entreprise passera une commande tous les deux mois. La quantité demandée reste constante lors de chaque commande.

En univers certain, le modèle de Wilson permet de déterminer les dates de réapprovisionnement.

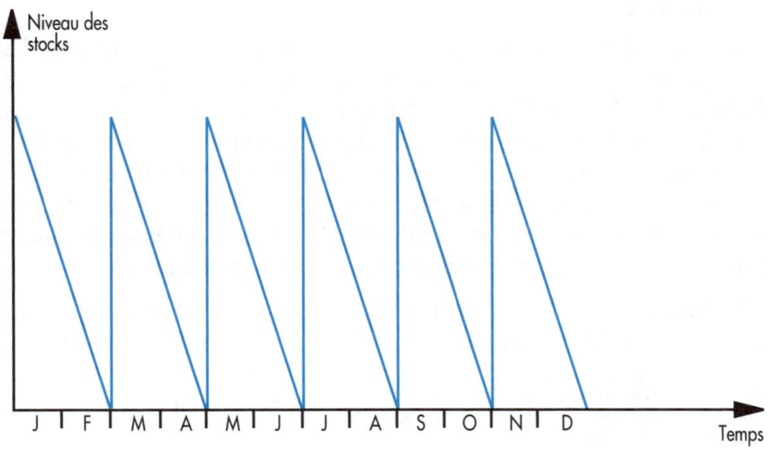

b. Les flux de sortie sont irréguliers

Si les flux de sortie (besoins) sont irréguliers, l'entreprise ne peut continuer à passer des commandes régulières et à quantités fixes, sans risquer la rupture des stocks.

Deux solutions s'offrent à elle :

Passer des commandes à date fixe mais varier les quantités commandées en fonction des besoins

⇓

GESTION CALENDAIRE

Fixer une quantité constante pour chaque commande, mais déterminer la date de chaque commande en fonction des besoins

⇓

SYSTÈME DU POINT DE COMMANDE

Gestion calendaire

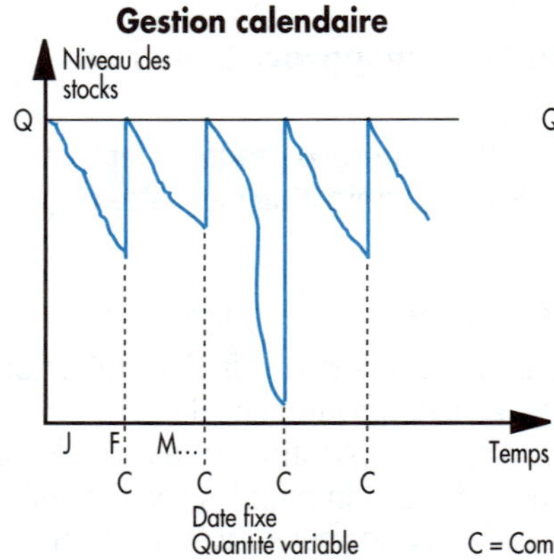

Système du point de commande

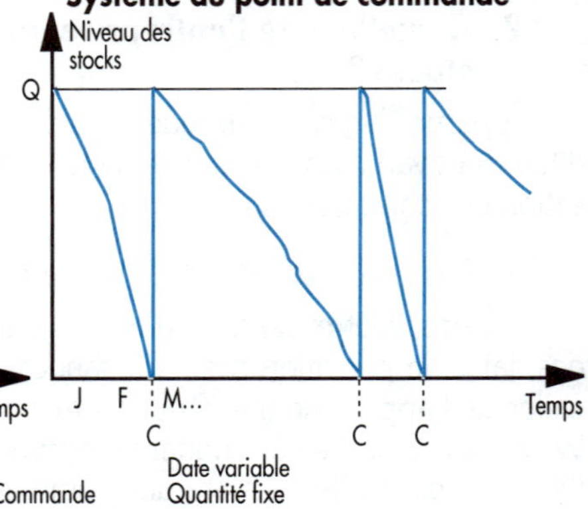

Lorsque les flux de sortie sont irréguliers, l'entreprise peut choisir entre un système de « gestion calendaire » (commandes régulières, mais d'un volume variable) et un système de « point de commande » (quantités commandées constantes, mais périodicité des commandes variables).

c. La prise en compte des délais d'approvisionnement : le stock d'alerte

Au cours des exemples précédents, nous avons considéré que les délais d'approvisionnement étaient nuls : une fois la commande passée, la livraison était instantanée. Dans la réalité, il en va tout autrement. Le fournisseur peut demander un délai d'un, deux, voire trois mois, et parfois beaucoup plus, lorsqu'il s'agit de commandes de matériels construits sur devis. L'entreprise ne doit donc pas attendre d'avoir épuisé tout son stock pour passer une nouvelle commande. Il convient de déterminer un **stock minimum**, également appelé **stock d'alerte**, qui une fois atteint déclenchera le processus de réapprovisionnement.

Les délais d'approvisionnement obligent l'entreprise à entretenir un stock dit « stock d'alerte ».

Le volume de ce stock d'alerte doit pouvoir couvrir les besoins de l'entreprise pendant le délai de livraison.

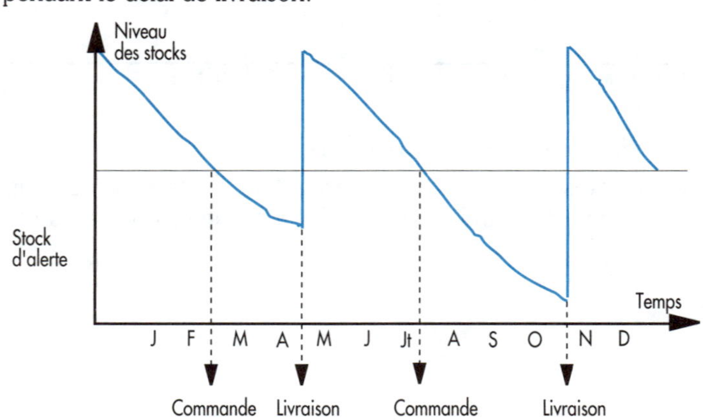

d. La gestion des stocks en univers incertain

En « univers incertain », les flux d'entrée et de sortie, les délais d'approvisionnement sont irréguliers et inconnus. Pour faire face à cette incertitude, et minimiser les risques de rupture de stocks, l'entreprise doit prévoir un **stock de sécurité** s'ajoutant au stock minimum.

Ce stock de sécurité lui permettra de se protéger contre un brusque accroissement des besoins, ou un important dépassement des délais de livraison.

L'incertitude quant aux flux d'entrée et de sortie conduit l'entreprise à prévoir un stock dit « stock de sécurité », qui s'ajoute au stock d'alerte.

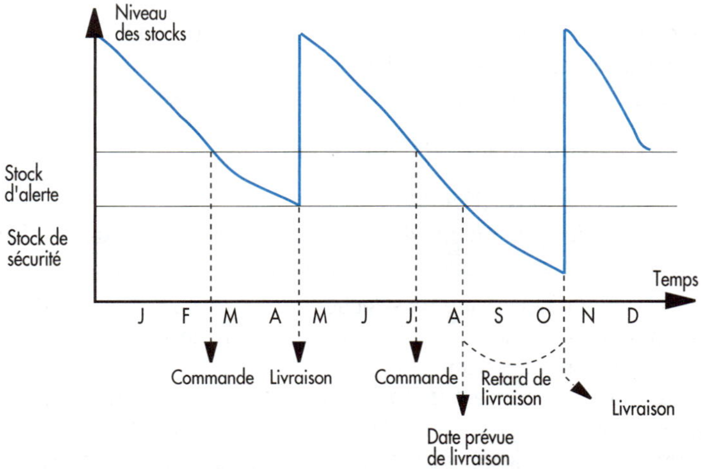

3. Quelle quantité l'entreprise doit-elle commander ?

a. Le volume du réapprovisionnement dépend du système de gestion des stocks retenu.

Lorsque **les flux de sortie sont connus et réguliers**, la quantité à commander découle directement de la cadence d'approvisionnement (N) choisie : si l'on appelle B les besoins annuels, la quantité à commander sera en effet $\frac{B}{N}$.

Lorsque **les flux de sortie sont irréguliers** :
- L'entreprise a choisi le système du point de commande : les quantités à commander sont constantes, le volume des réapprovisionnements sera déterminé en fonction de plusieurs facteurs : prévision des besoins, importance du stock d'alerte et du stock de sécurité, coût de passation des commandes, coût de stockage, capacités de stockage…
- L'entreprise a choisi un système de gestion calendaire : les quantités à commander sont variables : elles doivent permettre de reconstituer le niveau de stock initial. On parle dans ce cas de « niveau de recomplètement ».

b. De nombreux facteurs influent sur le volume des approvisionnements

Dans la pratique, les quantités à commander dépendent également :
- du type d'entreprise : les contraintes de l'entreprise de production ne sont pas les mêmes que celles de l'entreprise commerciale ;
- de la nature des besoins : répétitifs ou isolés ;
- de la structure des produits stockés : produits finis ou entrant dans un processus de production ;
- du système de gestion de la production mis en œuvre dans l'entreprise, etc.

Différents facteurs influent, quel que soit le système de gestion des stocks choisi, sur les volumes de réapprovisionnement.

III. LA GESTION MATÉRIELLE ET ADMINISTRATIVE DES STOCKS

La gestion des stocks ne se limite pas aux techniques permettant d'optimiser les approvisionnements.

Après la livraison, les marchandises doivent être stockées d'une manière rationnelle et économique.

Si la performance du système de stockage repose en grande partie sur l'agencement des locaux, elle dépend en fait de nombreux facteurs, ce qui conduit à étudier :
- les moyens matériels et humains nécessaires au stockage ;
- l'organisation administrative de l'entrepôt ;
- l'incidence de l'informatique dans la gestion du stockage.

1. Les moyens matériels et humains

a. Le personnel magasinier

L'efficacité du système de gestion des stocks de l'entreprise est liée à la compétence du personnel affecté aux magasins et entrepôts.

Un système de gestion des stocks performant repose sur un bon fonctionnement des magasins, nécessitant à la fois un recrutement attentif et une formation suivie du personnel magasinier.

Il s'avère donc nécessaire de sélectionner les magasiniers à partir de critères tels que la rigueur, le sens de l'organisation… et de leur apporter un minimum de formation qui portera sur :
- la gestion administrative des stocks : nomenclature des produits, suivi des articles par fiches, bordereaux, factures, travaux d'inventaire…
- les principes de stockage : plan de stockage de l'entreprise, nature des produits… ;
- le fonctionnement et les caractéristiques techniques des engins de manutention, les codes et enregistrements sur clavier… ;
- la sécurité : risques d'accidents, d'incendie, règles de stockage des produits « à risque ».

b. Les moyens matériels

La prise de conscience de l'importance du stockage, ainsi que l'évolution des techniques et des principes de gestion matérielle des stocks conduisent aujourd'hui les entreprises à concevoir les entrepôts avec le même soin qu'une unité de production.

La conception des entrepôts et magasins s'appuie désormais sur des études préalables rigoureuses, en liaison avec la stratégie de l'entreprise.

À partir d'une réflexion sur ses besoins, objectifs stratégiques et moyens financiers, l'entreprise élabore un **schéma directeur** qui définit les principales orientations retenues : localisation du bâtiment, capacité de stockage, capacité de réception et d'expédition, qualité et rapidité du service.

La conception et l'organisation du stockage dépendent de multiples facteurs comme la nature des produits stockés, le coût du stockage, les normes de sécurité…

Qu'il s'agisse de parcs de stockage (extérieurs), ou d'entrepôts, les solutions proposées doivent prendre en compte les multiples contraintes liées notamment à la diversité des produits stockés :
- le produit est-il solide, liquide, gazeux ?
- quelles sont les conditions de sa conservation (froid, absence de lumière ou d'humidité…) ?
- s'agit-il de matériels particulièrement fragiles (électronique), de produits dangereux (produits toxiques, inflammables, radioactifs…) ?

2. L'organisation administrative de l'entrepôt

Les tâches administratives effectuées dans les entrepôts ou magasins de stockage ont une importance particulière. Les enregistrements d'entrée et de sortie servent en effet de base à la gestion économique des stocks (déclenchement des procédures de réapprovisionnement). Ils permettent également d'effectuer des statistiques sur les articles stockés (rotation des stocks, taux de rupture de stock), qui rendront le système de gestion des stocks plus performant.

De leur réception à leur sortie, les stocks donnent lieu à un certain nombre de tâches administratives.

Toute opération matérielle sur les produits stockés donne lieu à une ou plusieurs opérations administratives.
L'analyse des informations ainsi obtenues sert de base à la gestion économique des stocks.

OPÉRATION MATÉRIELLE	TÂCHES ADMINISTRATIVES
RÉCEPTION	– Contrôle qualitatif, quantitatif et de conformité des marchandises livrées. – Contrôle de la facture, paiement éventuel du transporteur. – Acceptation ou refus motivé des marchandises. – Établissement d'un bon de réception ; transmission d'un exemplaire au service Achats. – Enregistrement de la livraison sur l'ordinateur ou les fiches de stock.
RANGEMENT	– Recherche du lieu de rangement adéquat. – Indication sur les fiches ou sur l'ordinateur des lieux de rangement des marchandises. – Contrôle des emplacements libres restants.
CONSERVATION	– Contrôle régulier des conditions de stockage (ex. : respect de la chaîne du froid). – Inventaire par comptage, au minimum une fois par exercice. – Établissement et mise à jour : • des fiches de casier (qui restent en permanence dans le « casier » où est rangé l'article) ; • des fiches de stock (qui permettant notamment de déclencher le processus de réapprovisionnement) ; • des fiches de réservation (qui enregistrent les réservations des utilisateurs).
SORTIE DU STOCK (DISTRIBUTION)	– Réception des ordres de sortie. – Rédaction des bons de sortie. – Mise à jour des fiches de casier, de stock (enregistrement des sorties). – Transmission d'un exemplaire du bon de sortie au service de la comptabilité matières, au service approvisionnements. – Éventuellement, préparation des documents de transport, douane.

Afin de minimiser les coûts de stockage et les risques d'erreurs, de nombreuses tâches administratives doivent être effectuées depuis la réception jusqu'à la sortie du stock.
Ce suivi administratif des stocks nécessite la collecte et la saisie d'un important volume d'informations ainsi que l'utilisation de nombreux documents administratifs.

3. Progrès technique et gestion des stocks

a. Le recours à l'informatique

La gestion des stocks a constitué l'un des premiers domaines d'application de l'informatique dans l'entreprise. Avec le développement de logiciels spécialisés, l'informatique est devenue un outil d'utilisation courante qui permet :

- de gérer plus efficacement les stocks :
  - constatation des mouvements de stocks (entrées et sorties) ;
  - calcul des dates de passation des commandes, des quantités à commander, des stocks d'alerte et de sécurité ;
  - gestion spatiale de l'entrepôt ;

L'ordinateur permet une gestion plus efficace des stocks, une amélioration des contrôles, la mise en œuvre d'un système de prévision.

- d'analyser la performance du système de gestion :
  – calcul systématique d'indices et de ratios ;
  ex. : *ratio de rotation des stocks en jours*

$$r = \frac{\textbf{stock moyen}}{\textbf{ventes de l'année en coût de revient}} \times 360$$

- établissement de statistiques liées aux stocks
- évaluation prévisionnelle des besoins à moyen ou long terme.

b. L'automatisation du stockage

Les entrepôts automatisés présentent de multiples avantages :
– sécurité des opérations,
– simplification des procédures
– diminution des coûts (malgré un investissement initial relativement lourd).

L'informatique a permis un développement rapide des entrepôts automatisés dans lesquels l'intervention humaine est limitée au strict minimum.

Les déplacements des produits stockés sont assurés par des transtockeurs, des chariots automatisés, des tapis roulants, dirigés par des automates programmables.

Les mouvements physiques de stocks sont systématiquement enregistrés dans des fichiers informatisés, ce qui diminue les risques d'erreur de la gestion administrative des stocks. Une sortie du stock peut ainsi déclencher automatiquement un processus de réapprovisionnement.

10

LA GESTION DE LA PRODUCTION

L'étude de la production des biens et services conduit tout d'abord à une classification des types de production (Section 1). Il faut ensuite préciser le rôle joué par l'organisation du travail qui va permettre la mise en œuvre de la production (Section 2). Il convient enfin, dans une économie de plus en plus ouverte, d'insister sur les impératifs modernes de la gestion de production. Il est nécessaire de trouver de nouveaux produits, de nouveaux procédés de fabrication, c'est l'objet de la recherche. Il faut aussi veiller à la qualité totale des produits (Section 3).

SECTION 1
LES TYPES DE PRODUCTION

À côté des classifications habituelles des productions de l'entreprise, la tendance actuelle est la recherche de la flexibilité des opérations de production.

I. CLASSIFICATIONS TRADITIONNELLES

Il existe de multiples façons de classer les types de production réalisés par les entreprises. On distingue ainsi la production de masse, la production en petites séries, la production unitaire.

1. La classification en fonction des quantités et de la répétitivité

Les quantités lancées peuvent être classées en :
- **production unitaire** ;
- **production en petites séries** (100) ;
- **production en moyennes séries** (1 000) ;
- **production en grandes séries** (100 000).

Pour chacune de ces quantités le **lancement peut être répétitif ou non.** En liant ces deux classifications on obtient par exemple, le tableau suivant :

Lancements / Séries	Lancements répétitifs	Lancements non répétitifs
Production unitaire	Moteur de fusée Pompes destinées au nucléaire	Travaux publics Moule pour presse
Petite et moyenne série	Outillage Machines outils	Sous-traitance (mécanique, électronique) Pré-séries
Grande série	Électroménager	Journaux Articles de mode

Gestion de production, Éditions d'organisation, 1989.

2. La classification selon le processus de production

Dans ce cas, on distingue la production en continu *process shop* de la production en discontinu *job shop*.

La **production en continu** est réalisée sans interruption. Généralement les machines sont spécifiques au produit ou à la famille de produits à fabriquer. Les industries pétrochimiques, les cimenteries utilisent ce type de production.

Dans la **production en discontinu**, la plupart des produits sont fabriqués en quantités relativement petites, les machines sont groupées par nature, il est donc relativement difficile d'équilibrer les tâches. Cela conduit souvent à des niveaux de stocks et d'en-cours élevés. Un indicateur, le ratio d'efficacité du processus permet de déterminer un rapport entre le temps de présence d'un produit dans le système, et le temps pendant lequel une valeur ajoutée a été apportée au produit :

$$\text{Ratio d'efficacité du processus : REP} = \frac{\text{Temps de travail effectif}}{\text{Temps total y compris les temps d'attente}}$$

Selon les biens réalisés, les entreprises peuvent organiser leur production en continu. Dans ce cas, la production est effectuée sans interruption (sidérurgie, chimie).
Les entreprises peuvent aussi fabriquer leurs biens en discontinu.
La production est alors fractionnée. Ce type d'organisation entraîne souvent la constitution de stocks d'en-cours relativement importants.

	TYPE CONTINU	TYPE DISCONTINU
FLUX DES PRODUITS	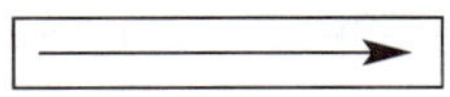 Linéaire	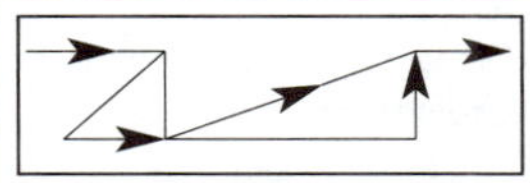 Flux complexes
EFFICACITÉ	REP moyen de 80 à 100 %	REP moyen de 5 à 30 %
FLEXIBILITÉ	Lignes de production rigides	Ateliers de production souples
SYSTÈME DE GESTION DE PRODUCTION	Systèmes relativement simples à gérer	Systèmes plus complexes

Gestion de production, op. cit.

3. La classification selon la relation avec le client

Cette classification permet de distinguer la **production sur stock** : le produit fabriqué étant stocké pour être toujours disponible à la vente et la **production à la commande** où l'on ne produit qu'après accord avec le client sur le prix et les spécifications techniques.

Dans certains cas, la production n'est réalisée qu'après commande ferme d'un client. Dans d'autres, l'entreprise produit, stocke et réalise ensuite la vente.

II. LA FLEXIBILITÉ DE LA PRODUCTION

Aujourd'hui, les entreprises qui font des productions en série, notamment de biens de consommation (automobiles, meubles, chaînes Hifi...) s'efforcent de présenter des versions différentes d'un modèle de base, pour répondre aux besoins variés des consommateurs (cf. optique mercatique). Les fabricants installent donc des machines dont les changements de réglage peuvent se faire rapidement. De plus, le SMED (*single minute exchange of die*), « changement d'outil en moins de 10 minutes » est une méthode d'organisation qui comme son nom l'indique facilite le changement rapide d'outils par l'ouvrier lui-même. Comme il permet également le raccourcissement des séries, le SMED est un facteur d'enrichissement du travail. L'aboutissement est la mise en place de cellules flexibles qui sont constituées de machines équipées de chargeurs automatiques d'outils. On passe ainsi très rapidement d'un type de produit à un autre sans perte de temps. Ce type d'organisation permet aussi de réduire délais et stocks. Elle s'appuie sur les évolutions technologiques repérées dans le tableau suivant :

Pour répondre plus facilement aux modifications de la demande des consommateurs, les entreprises mettent en place des équipements qui permettent de passer rapidement d'un type de produit à un autre (ex. : séries limitées dans l'automobile). Un atelier ainsi adaptable rapidement est appelé atelier flexible.

Les projets d'« Usine du futur » sont l'aboutissement de la démarche de modernisation.
Ils prévoient non seulement que toutes les tâches seront individuellement informatisées ou automatisées, mais également que leur synchronisation et leur pilotage seront assurés par un gros ordinateur central, ou par une hiérarchie d'ordinateurs.

Les nouvelles règles de la production

MODERNISATION ET USINE DU FUTUR
TERMINOLOGIE DE BASE

CAO (Conception Assistée par Ordinateur)

La CAO remplace la planche à dessin traditionnelle de bureaux d'études par une « planche à dessin électronique » qui permet de réaliser les dessins sur un écran d'ordinateur à l'aide d'un crayon électronique. Stockés en mémoire de l'ordinateur, les dessins peuvent être rapidement retrouvés, modifiés, transmis à d'autres utilisateurs.

CFAO (Conception et Fabrication Assistées par Ordinateur)

La CFAO assure la conversion directe des dessins (créés sur ordinateur par la CAO) en tâches de fabrication, effectuées par des machines-outils dirigées par ordinateur.

GPAO (Gestion de Production Assistée par Ordinateur)

Système informatisé assurant la planification de la production et des approvisionnements d'une usine à partir des données commerciales (prévisions de vente, commandes fermes), des niveaux de stocks et à l'aide d'informations concernant la structure des produits et leur méthode de fabrication.

Machine-Outil à Commande Numérique (MOCN)

Machine-outil dont les fonctions, les possibilités mécaniques et la structure sont identiques à celles d'une machine-outil traditionnelle, mais dont l'enchaînement des tâches est programmé et s'effectue sous le contrôle d'un calculateur ou d'un ordinateur. La MOCN peut donc fonctionner sans l'intervention permanente d'un opérateur qui est nécessaire à la machine traditionnelle. Les MOCN sont le plus fréquemment des tours, des fraiseuses, des perceuses, des scies et autres machines de découpe.

Robot

Outil automatique multifonctionnel, reprogrammable, dont les applications dans le domaine de la production sont nombreuses : soudure, peinture, manipulation de pièces, manutention, assemblage de pièces, mesure dimensionnelle. Les robots du futur seront capables d'"intelligence" (choix entre différentes options) et de « vision » (vérification d'encombrement, guide au déplacement, distinction entre pièces, inspection de pièces...).

Véhicule Guidé Automatisé (VGA)

Véhicule sur roues, sans conducteur, guidé à distance. Utilisé pour transporter des pièces ou des composants dans une usine. Guidés par signal radio pour les réseaux électriques implantés dans le sol, les VGA sont de taille variable (quelques centimètres à plus d'un mètre de largeur).

Magasin Automatisé

Dispositif de stockage automatisé piloté par ordinateur. L'ordinateur gère le contenu du magasin, les emplacements physiques, les déplacements des chariots automatisés qui effectuent les entrées, les sorties et les mouvements des conteneurs ou palettes dans le magasin.

Cellule Flexible

Unité de production automatisée constituée d'une ou plusieurs machines à commande numérique, de magasins de stockage et d'alimentation et d'un robot qui prend en charge le déplacement et le positionnement des pièces traitées. Pilotées par ordinateur, les cellules flexibles ont pour vocation d'usiner ou d'assembler successivement des *pièces différentes* (notion de flexibilité) sans intervention humaine ou reréglage. Elles constituent l'unité de base des ateliers flexibles.

Atelier flexible

Atelier de production automatisé capable de réaliser des *produits différents* : le volume de production pour chaque type de produit est totalement variable (flexibilité) et est modulé en fonction de la demande. Gérés par un ordinateur central, les ateliers flexibles sont composés de machines à commande numérique, de robots, de convoyeurs et véhicules automatisés, de magasins de stockage automatisés.

CIM

(*Computer Integrated Manufacturing.* Production intégralement informatisée). Concept clé de l'usine du futur, avec lequel toutes les tâches – de la conception des produits à leur expédition, en incluant l'assemblage, le stockage, la manutention, ainsi que le contrôle qualité ou la maintenance des machines – seront gérées et contrôlées par un ordinateur central.

Béranger, *Les Nouvelles Règles de la production*, Éditions Dunod.

SECTION 2
L'ORGANISATION DU TRAVAIL DE PRODUCTION

I. L'OST ET SES LIMITES

L'objectif de Taylor, ingénieur américain (1856-1915) est de rationaliser le travail.

• LA RATIONALISATION DU TRAVAIL

→ Analyse des mouvements et des opérations élémentaires du travail.

→ Examen critique de chaque élément du travail.

→ Synthèse et recomposition des mouvements. On détermine la meilleure façon de réaliser le travail *One best way*.

→ Mise en œuvre dans les ateliers et contrôle.

Cette rationalisation du travail conduit à une extrême division des tâches : le travail est parcellisé. Elle conduit aussi à distinguer le travail de conception du travail d'exécution. « Tout travail intellectuel doit être enlevé à l'atelier pour être concentré dans les bureaux de planification et d'organisation. »

Associée à un salaire au rendement, cette organisation scientifique du travail (OST) conduit à de nombreux dysfonctionnements :
- une mauvaise qualité des produits (rebuts, pannes…) ;
- un absentéisme important ;
- un *turn over* $\frac{\text{nombre de départs}}{\text{effectif}}$ élevé ;
- des conflits fréquents entre exécutants et encadrement ;
- des accidents de travail, l'attention des salariés diminuant en raison du peu d'intérêt de leur tâche.

L'ensemble de ces réactions, (absentéisme, conflits…) de la part de salariés ne permet pas aux entreprises d'être compétitives, c'est-à-dire de produire des biens de qualité excellente au meilleur prix.

II. LES NOUVEAUX MODES D'ORGANISATION DU TRAVAIL

Prenant en compte les besoins des salariés et les théories de la motivation, la réorganisation du travail peut prendre **différentes formes** :
rotation des postes, élargissement des tâches, enrichissement des tâches, équipes semi-autonomes.

Les thèses de A.H. Maslow, Mac Gregor, Fred Herzberg ont conduit à une remise en cause du travail à la chaîne.
Les méthodes proposées d'organisation du travail sont :
- la rotation des tâches ;
- l'enrichissement des tâches ;
- la constitution d'équipes autonomes ou semi-autonomes.

Les nouvelles formes d'organisation du travail*

	PRINCIPES	EXEMPLES	AVANTAGES	PROBLÈMES SOULEVÉS
ROTATION DES POSTES	Permettre aux salariés de travailler sur différents postes au sein d'un groupe de travail.	MITCHELL Fabrication de moulinets, 400 personnes. En 1975, les chaînes de montage ont été réorganisées pour permettre un travail en groupes de 3 personnes polyvalentes. Chaque personne connaît tous les travaux du groupe de montage. Depuis, cette entreprise a continué ses expériences vers la constitution de groupes semi-autonomes.	– Rompt la monotonie du travail. – Ne laisse pas les mêmes personnes effectuer toujours les travaux les moins intéressants.	Les tâches sont toujours peu intéressantes. On peut dire : une tâche inintéressante + une tâche inintéressante = une tâche inintéressante
ÉLARGISSEMENT DES TÂCHES	Regrouper des opérations jusque-là réparties entre plusieurs postes de travail.	CERABI « Production de matériaux de construction et de céramique ». 416 personnes. Les postes de travail de l'atelier de collage ont été regroupés. Il en est résulté un gain de productivité de 10 % et une baisse de l'absentéisme qui est passé de 14 % à 11 %.	– Rend le travail moins parcellaire. – Diminue la fatigue nerveuse des ouvriers.	Les tâches regroupées sont toujours aussi inintéressantes. Il n'y a pas de modifications dans le type de travail.
ENRICHISSEMENT DES TÂCHES	Additionner à des tâches d'exécution des tâches plus intéressantes en amont (réglage) et en aval (contrôle).	AUGE-DÉCOUPAGE 150 personnes. « Fabrication de matériel électronique ». L'enrichissement des tâches fait de chaque ouvrier sur presse un employé professionnel. Il est à la fois régleur, opérateur, contrôleur et non plus un simple O.S.	– Rend le travail beaucoup plus intéressant.	Nécessite l'approbation des salariés et une formation complémentaire.
ÉQUIPES SEMI-AUTONOMES	Groupes d'ouvriers assurant collectivement la responsabilité d'une production.	CITROËN Construction automobile. 2 200 personnes. Dans l'usine d'Asnières, un produit complet (conjoncteur, disjoncteur) est pris en charge par deux groupes de 7 ouvriers polyvalents : approvisionnement, entretien, contrôle, retouches.	– Développe les initiatives des salariés. – Augmente l'intérêt du travail.	Nécessite une réorganisation complète du travail (abandon de la chaîne), nécessite une formation des salariés.

* Les exemples sont tirés de l'ouvrage *Amélioration des conditions de vie dans l'entreprise*, Éditions Hommes et Techniques.

III. LA GESTION PAR PROJETS

Le projet peut être ainsi défini :

PROJET : « ...processus unique, qui consiste en un ensemble d'activités coordonnées et maîtrisées comportant des dates de début et de fin, entrepris dans le but d'atteindre un objectif conforme à des exigences spécifiques telles que contraintes de temps, de coûts, de ressources. » Norme ISO 10006.

Progressivement, pour des raisons liées à l'attente du marché, à la nécessité de réduire les délais pour répondre à la concurrence, une partie de plus en plus importante de la production des entreprises s'est opérée avec la mise en place de projets. Cette évolution s'est réalisée à la fois pour la production industrielle, mais aussi pour la réalisation de services et pour de nombreuses décisions organisationnelles internes à l'entreprise. En France, l'émergence de la gestion par projets a été médiatisée à l'occasion du lancement par l'entreprise Renault de la TWINGO. Un ouvrage (1993) a popularisé ce lancement. Son titre est *l'auto qui n'existait pas*, le sous-titre indique « Management par projets et transformation de l'entreprise ». Les auteurs précisent dans l'introduction : « [...] Le contexte est connu [...] on le désigne par le passage à l'économie de réactivité [...]. Ce qui est moins connu, c'est la forme d'organisation des nouveaux modèles d'organisation créative... [...] ».

Le management par projets est ainsi mis en exergue.

Le développement de cette gestion de projet s'est alors généralisé, aussi bien pour répondre aux demandes externes des consommateurs que pour des exigences internes de réorganisation.

La gestion de projet est même devenue un objet de communication des firmes. Ainsi, le groupe Danone explique dans son rapport aux actionnaires : « Le projet Thémis vise à améliorer la performance globale de l'entreprise en diffusant les meilleures pratiques, en harmonisant les processus et en privilégiant une approche transversale des activités. »

Parallèlement à cette évolution de l'organisation de la production, d'autres réflexions dans le domaine de la stratégie et des outils de gestion se sont développées. À partir de la notion de chaîne de valeur, développée par Porter, une approche différente de l'organisation de l'entreprise est apparue. La chaîne de valeur repose sur l'hypothèse selon laquelle chaque activité interne de l'entreprise contribue à sa position relative en termes de coût et de différenciation. Une approche d'organisation transversale de l'entreprise se développe alors. L'entreprise est ainsi définie comme un ensemble de processus opérationnels apportant de la valeur au client. Le projet est un vecteur essentiel de cette approche.

SECTION 3
LES IMPÉRATIFS MODERNES DE LA GESTION DE PRODUCTION

La compétition économique internationale ne se réalise plus uniquement par les prix. D'autres facteurs sont aussi déterminants, notamment la nouveauté des produits et leur qualité. À l'heure actuelle, la recherche de produits nouveaux ou de procédés de fabrication plus performants de même que l'obtention de produits de qualité sont des objectifs fondamentaux pour les entreprises.

I. LA RECHERCHE ET L'INNOVATION

Pour rester compétitives, les entreprises doivent connaître les évolutions technologiques et effectuer des recherches.

L'entreprise qui désire se maintenir compétitive doit absolument rester à l'état de veille technologique. Elle doit toujours être à l'affût des réalisations et innovations de ses concurrents. Elle doit aussi, pour être « en pointe », pratiquer des activités de recherche. Classiquement on distingue trois grands types de recherche.

On distingue trois grands types de recherche :
- la recherche fondamentale ;
- la recherche appliquée ;
- la recherche-développement.

C'est cette dernière qui conduit à la fabrication de nouveaux produits.

LA RECHERCHE FONDAMENTALE : son objectif est d'approfondir les connaissances de base, d'amener à une meilleure connaissance des lois de la nature.

Les recherches effectuées en biologie ont pour but de mieux comprendre les mécanismes génétiques. Leur but est de mieux analyser « la logique du vivant ».

LA RECHERCHE APPLIQUÉE : son objectif est de viser à une application pratique des lois définies par la recherche fondamentale et de définir les grandes lignes de procédés ou de produits nouveaux.

Dans le cadre du projet européen EUREKA, les entreprises et les centres de recherche européens s'efforcent d'appliquer les lois de la biologie à la technologie dont les applications pourront être mises en œuvre dans l'industrie agro-alimentaire.

LA RECHERCHE-DÉVELOPPEMENT : son objectif est de mettre au point de nouveaux produits ou nouveaux procédés de fabrication. C'est à ce stade que l'on parle d'innovation.

En Europe, aux États-Unis, au Japon, on cherche à mettre au point, au moindre coût, des écrans plats pour les téléviseurs.

Lorsqu'une entreprise ou un centre de recherche a réalisé une invention, celle-ci peut faire l'objet d'un brevet qui protégera l'inventeur contre les contrefaçons pendant 20 ans.

Les entreprises, en fonction de leur taille, de leur secteur d'activité, de leurs moyens financiers peuvent effectuer elles-mêmes ces différents types de recherches ou seulement de la recherche-développement. Elles peuvent aussi réaliser certains types de recherches en collaboration avec d'autres entreprises ou des organismes publics (université, centres nationaux de recherche).

Lorsque, grâce à la recherche, de nouveaux procédés de fabrication ou de nouveaux produits ont été trouvés, ces innovations peuvent être protégées par des brevets. Ceux-ci confèrent à leur dépositaire un monopole d'exploitation pendant 20 ans. Le nombre de brevets déposés est un critère d'évaluation de la réussite d'une politique de recherche.

II. LA QUALITÉ TOTALE

1. Approche de la qualité totale

La qualité d'un produit est définie par l'AFNOR comme son « aptitude à satisfaire les besoins des utilisateurs ».

Cette définition apparaît comme trop restrictive. Actuellement, on développe plutôt le concept de **qualité totale** d'un produit. Celle-ci recouvre plusieurs composantes :

Le concept de qualité tend de plus en plus, dans les entreprises, à être un état d'esprit que tous les salariés doivent partager pour que le client soit totalement satisfait.

- **économiques** : la qualité totale évite, comme le montre l'exemple ci-dessous, les pertes et frais qui résultent d'une mauvaise qualité des produits ;
- **stratégiques** : de plus en plus la qualité fait partie de l'image de marque de l'entreprise ;
- **organisationnelles et humaines** : pour que l'image de marque de l'entreprise soit effectivement perçue par l'environnement, il faut qu'elle soit totalement acceptée et intégrée par tous les membres de l'entreprise, c'est dire

que de plus en plus la qualité totale fait partie de la culture et du projet de l'entreprise. Dans cette optique F. Perrin-Pelletier a lancé l'idée des cinq zéros olympiques :

- *zéro panne* : fiabiliser les processus de fabrication.
- *zéro délai :* supprimer les attentes.
- *zéro défaut* : faire bien du premier coup.
- *zéro stock* : livrer juste à temps.
- *zéro papier* : simplifier les procédures administratives.

La qualité totale vise à la réalisation des cinq zéros :
- panne
- délai
- défaut
- stock
- papier
Cet objectif est souvent matérialisé dans le projet d'entreprise.

Pour Hervé Sérieux, on peut ajouter à cette liste la recherche du « *zéro mépris* » : zéro mépris du travail des autres, zéro mépris des fournisseurs, des sous-traitants, des clients...

La recherche de qualité totale devient de plus en plus un élément du projet d'entreprise.

Corning France s'exprime ainsi à ce sujet :

« *Nous tenons à ce que la Qualité Totale soit le fil conducteur de notre vie professionnelle. Cela implique une nouvelle façon de travailler ensemble. Cela implique également de connaître et de satisfaire les besoins de nos clients et de nos collègues de travail. Cela implique de bien faire notre travail du premier coup, chaque fois et dans les temps.* »

Les principales conséquences d'une mauvaise qualité des pièces

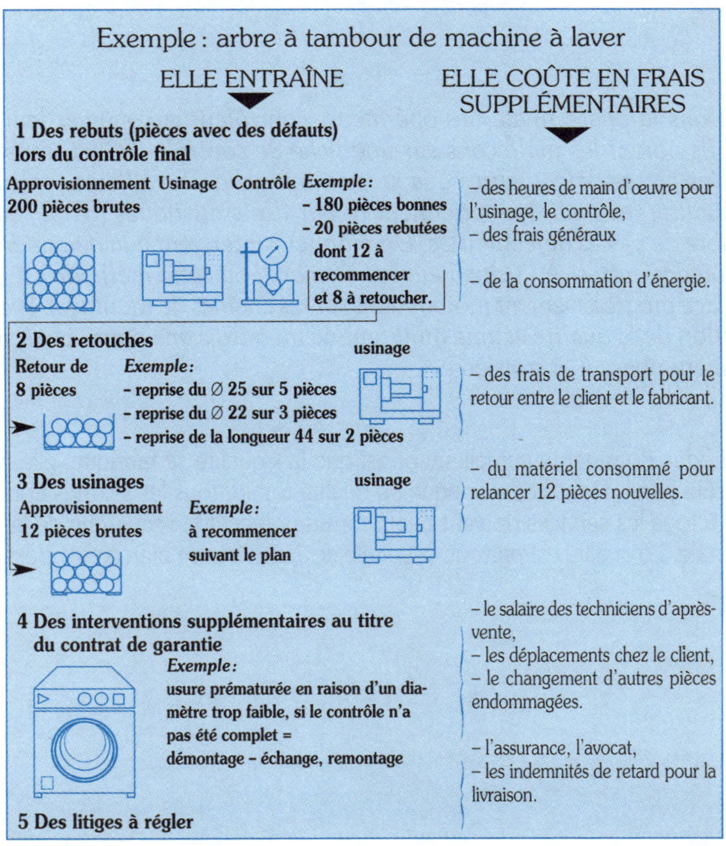

2. L'organisation et les outils de la qualité

• *Du contrôle traditionnel au contrôle à la japonaise*

À l'origine, la qualité est contrôlée à l'issue de la fabrication.

Dans le modèle Taylorien (ci-dessus) les opérateurs (●) exécutent sans réfléchir. En bout de chaîne, les contrôleurs (X) vérifient la qualité des pièces, et, si nécessaire, dirigent certaines d'entre elles vers l'atelier de retouche (▲).

De la conception du produit..., au service après vente, la recherche de la qualité est l'objectif commun.

Dans une étape de transition, la direction fait « éclater » la chaîne. Les opérateurs commencent à être responsabilisés, et, avec l'assistance d'un contrôleur, ils co-surveillent la qualité de leur travail. La retouche des pièces défectueuses a lieu sur place, à chaque étape de la production.

Pour motiver tous les salariés dans la recherche de la qualité, on abandonne de plus en plus les contrôles réalisés à la fin du cycle de production. Dans les organisations modernes chaque salarié contrôle lui-même la fiabilité des opérations qu'il a effectuées.

*

Dans la phase finale, les opérateurs contrôlent eux-mêmes leur travail. Ils notent les malfaçons sur une fiche de contrôle (FC) et transmettent les pièces défectueuses à la section retouche. Par ailleurs, en cercle de qualité, les opérateurs tiennent à jour des statistiques (STAT) sur le nombre de pièces défectueuses. Un moniteur intervient à la demande des uns ou des autres. À l'usine Peugeot-Sochaux, où cette méthode est mise en place progressivement (notamment sur les chaînes de montage), la coordination de la qualité estime qu'il faut de un à trois ans pour passer de la première phase à la troisième.

Science et Vie, n° 4.

L'idée dominante actuellement est que la « qualité se fabrique, elle ne se contrôle pas ». Dans cette optique de qualité totale, tous les salariés appartenant à tous les services doivent avoir comme objectif la recherche de la qualité totale. La qualité est partout, la spirale de Juran illustre bien cette approche.

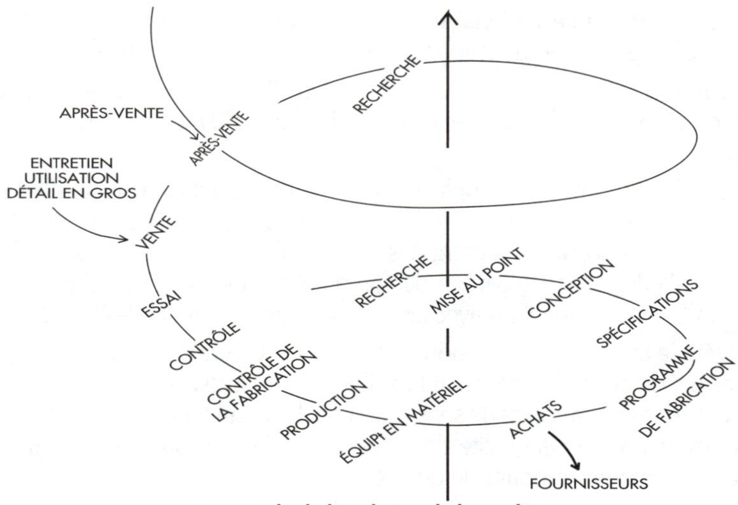

La spirale de l'évolution de la qualité
(la gestion Qualité JURAN. AFNOR)

• *Les outils de la qualité*

Pour obtenir la qualité totale, les entreprises doivent mobiliser les salariés de tous les services de l'entreprise.

Des **cercles de qualité** peuvent être mis en place :

Les cercles de qualité qui réunissent de petits groupes de salariés ont pour but de s'interroger sur la qualité des produits ou des services de l'entreprise et sur les moyens à mettre en œuvre pour la développer.

7 à 10 personnes volontaires

→ Réunion périodique

→ Objectifs
- améliorer la qualité des produits et services,
- améliorer la productivité par la diminution des coûts,
- améliorer les conditions de vie au travail,
- améliorer l'information et la concertation,
- développer les compétences personnelles, créer des opportunités de développement personnel.

→ Outils
- Application de la méthode d'analyse et de résolution de problème (MARP)

MARP

→
- Identifier les problèmes.
- Sélectionner un problème.
- Déterminer les causes du problème.
- Découvrir la cause la plus probable.
- Mettre au point une solution.
- Faire accepter cette solution.
- Mettre en œuvre la solution.

3. Qualités et normes

Apparues pour la première fois en 1987, les ISO 9000 traitent du système-qualité des entreprises. Pour se faire accorder le droit de se prévaloir de la norme ISO (International standard organisation), les entreprises doivent être agréées par un organisme indépendant (AFNOR en France).

Depuis 2000, il existe deux normes : ISO 9001 et ISO 9004. Cette dernière est un outil d'aide à la mise en place de l'ISO 9001 qui est la seule norme certifiable.

Ces deux normes sont applicables à tous les secteurs d'activité. Elles sont centrées sur la satisfaction client. Une implication forte du personnel est exigée. Enfin, ces normes intègrent des objectifs de résultat pour juger de l'efficacité de la démarche qualité et de son amélioration continue. (Les normes ISO 9000 sont compatibles avec les normes environnementales ISO 14000).

Définie au niveau international, la norme ISO attribuée à une entreprise lui permet de conquérir des marchés. Elle devient aussi de plus en plus indispensable dans les rapports de sous-traitance. Le donneur d'ordre souhaite, en effet être certain de la qualité des prestations de son fournisseur pour produire lui-même des produits de qualité.

4. Total quality management (TQM)

Le TQM est un « système de management basé sur les ressources humaines qui vise un progrès continu dans le service au client à un coût toujours plus bas ».

(Rhodgetts – Blueprints for continuons improvment)

TQM
Ensemble de principes, de méthodes, d'outils organisés pour satisfaire les besoins du client

Implication des hommes de l'entreprise

Implication des partenaires de l'entreprise

Adaptation des processus et de l'organisation de l'entreprise

L'entreprise Renault décline ainsi les cinq principes qui fondent le TQM dans « l'album Renault de la qualité totale ».

1 Le client, juge suprême de la valeur.
2 La recherche du juste nécessaire.
3 Maîtriser le processus, c'est réduire la dispersion.
4 Impliquer et responsabiliser les hommes.
5 Mettre en œuvre la spirale du progrès permanent.

11

LES OUTILS D'AIDE À LA DÉCISION

Lorsque le chef d'entreprise ou le responsable technique doivent prendre des décisions concernant la production, ils peuvent analyser leur choix et réfléchir aux conséquences de celui-ci en mettant en œuvre différents outils d'aide à la décision. Certains de ces outils utilisent les informations de la comptabilité générale et analytique. Il s'agit de l'analyse des coûts (Section 1) et de l'analyse de la valeur (Section 2) qui a pour objectif d'améliorer le rapport qualité-coût d'un produit. D'autres outils utilisent l'apport des mathématiques : la théorie des graphes pour le PERT (Section 3) ; l'optimisation de fonctions sous contraintes pour la programmation linéaire (Section 4).

SECTION 1 ANALYSE DES COÛTS

Une entreprise industrielle qui désire se créer ou s'agrandir doit choisir avec le plus grand soin son lieu d'installation. Le but est, en effet, de minimiser ses coûts d'installation. Dans le même esprit, il faut s'efforcer de réaliser la meilleure implantation possible des différents ateliers. Enfin, toute entreprise a le choix entre faire et faire-faire. Cette décision ne peut être prise qu'en prenant en compte les coûts respectifs de chacune des solutions.

I. LOCALISATION – IMPLANTATION

La meilleure installation d'une entreprise, la meilleure implantation des ateliers nécessitent un calcul de coûts. L'objectif de l'entreprise est de s'efforcer de minimiser ceux-ci.

Dans le but d'optimiser ses résultats et donc de minimiser ses coûts, l'entreprise rationnelle implantera une nouvelle usine, un nouvel atelier en tenant compte de différents éléments :
- coûts d'approvisionnement (frais de transport) ;
- coûts d'installation (zone franche) ;
- coûts de fabrication ;
- coûts de distribution ;
- coûts de circulation des flux (cf. chapitres sur la logistique).

De la même façon, l'implantation des postes de travail, des machines doit se faire dans le but de minimiser les coûts de manipulation, de transport, de stockage…

Réorganisation chez Citroën.

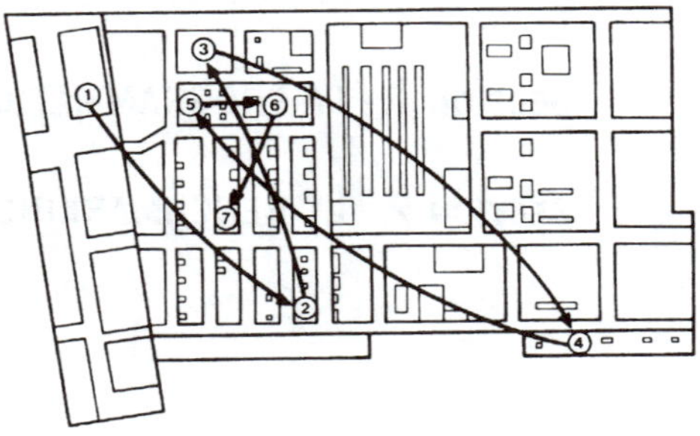

AVANT

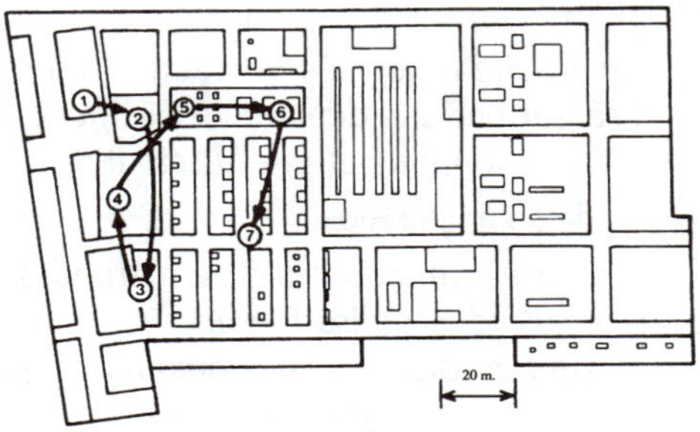

APRÈS

Exemple de rapprochement d'activités (usine Citroën de Rennes La Barre Thomas)

Les nouvelles règles de la production, P. Béranger, DUNOD.

II. SOUS-TRAITANCE – IMPARTITION

Toujours dans le but de réduire les coûts, une entreprise a le choix entre **faire** et **faire-faire**. Dans ce dernier cas, elle sous-traite. Une entreprise appelée donneur d'ordre peut faire réaliser sa production par d'autres entreprises appelées sous-traitants. On distingue deux formes de sous-traitance :
- la sous-traitance de **capacité :** le donneur d'ordre est équipé pour fabriquer le bien considéré mais préfère pour des raisons de coûts ou de qualité le faire réaliser à l'extérieur ;
- la sous-traitance de **spécialité :** le sous-traitant dispose d'un savoir-faire technique, de machines, de compétences dont ne dispose pas le donneur d'ordre.

On dit qu'il y a sous-traitance lorsqu'une entreprise, appelée donneur d'ordre, confie l'exécution de travaux de production à une autre entreprise, appelée sous-traitant.

La sous-traitance concerne essentiellement une activité de fabrication où le sous-traitant travaille selon les directives du donneur d'ordre. Elle ne constitue qu'un cas particulier des **politiques d'impartition,** politiques qui consistent pour une entreprise à déléguer à une autre firme des activités qu'elle pourrait réaliser elle-même.

L'entreprise réalise une impartition lorsqu'elle délègue à une autre firme une activité qu'elle pourrait réaliser elle-même.
La sous-traitance est une forme particulière d'impartition dans le domaine de la fabrication.

Dans les politiques d'impartition, on peut envisager tous les types de **rapports inter-entreprises :** contrat de fournitures générales, concession, franchise, accord de licence.

Les politiques d'impartition ont deux **objectifs** essentiels :
- réduire les coûts lorsque le partenaire fabrique à un prix moindre que ne le ferait l'entreprise impartitrice ;
- bénéficier d'effets de synergie : la coopération entre entreprises produit des effets positifs supérieurs à la somme des parties (1 + 1 = S > 2).

SECTION 2
ANALYSE DE LA VALEUR

L'analyse de la valeur est ainsi définie par divers organismes chargés de la normalisation :
- L'AFAV (Association française pour l'analyse de la valeur) :
  « L'analyse de la valeur est une méthode qui permet de concevoir un produit de telle sorte qu'il assure au mieux la satisfaction du client et la rentabilité du produit. »

– L'AFNOR (Association française de normalisation) :

« Méthode de compétitivité organisée et créative visant la satisfaction du besoin de l'utilisateur par une démarche spécifique de conception à la fois fonctionnelle, économique et pluridisciplinaire. »

– et enfin celle de Claude Jouineau :

« L'analyse de la valeur est un ensemble de méthodes d'analyse fonctionnelle, d'études et d'industrialisation applicable aux produits, aux services et autres moyens et solutions que nous créons ; par son approche systématique et organisée, elle permet de leur faire remplir au moindre coût, dans le cadre des critères d'optimisation à respecter, les fonctions réellement nécessaires à la satisfaction des besoins, ou désirs pour lesquels ils sont créés, et ceci avec le degré de qualité voulu. »

Le **but de l'analyse de la valeur** est d'améliorer le rapport qualité-coût d'un produit, d'un service, d'une activité soit en augmentant les services rendus à coût de revient constant soit en diminuant le coût de revient à niveau de service équivalent.

L'analyse de la valeur est une méthode qui a pour but d'améliorer les produits et de réduire leurs coûts.

La **mise en œuvre** de l'analyse de la valeur comprend généralement six phases.

– **Orientation générale de l'étude** qui vise à en déterminer le champ, les objectifs, les contraintes et le degré de remise en cause que l'entreprise s'autorise.
– **Recherche d'informations de toute nature**, internes ou externes à l'entreprise. C'est à ce stade qu'un groupe de 8 à 10 personnes aux compétences variées est constitué.
– **Analyse fonctionnelle :** c'est le stade le plus important car on analyse ici les besoins auxquels doit répondre le bien et on décrit les fonctions attendues du produit avec, pour chacune d'elles, les solutions techniques possibles, les contraintes, les coûts.

« Chaque fonction et chaque contrainte doivent être quantifiées, c'est-à-dire que l'on doit spécifier pour chaque caractéristique la valeur nominale, les tolérances et le niveau de qualité acceptable.

Ces fonctions de base peuvent être décomposées en fonctions secondaires (graphes fonctionnels). Il peut être également intéressant d'étudier les interdépendances possibles entre les fonctions.

Dès cette phase, il est utile de chercher à appréhender le coût par fonction, voire le marginal pour chaque caractéristique. L'appréciation du poids relatif des fonctions sur le coût permet d'orienter plus efficacement la recherche des solutions et permet également de s'assurer avec les services commerciaux ou le client de l'intérêt réel de la demande initiale dans le cas des fonctions les plus coûteuses (AFAV, Tour Europe, 92080 Paris La Défense) ».

La mise en œuvre de l'analyse de la valeur nécessite la constitution de groupes d'études composés de salariés motivés désirant apporter des améliorations aux techniques de fabrication et aux produits.

– **Recherche de solutions :** on fait alors appel à toutes les techniques de recherche d'idées, appelées parfois « synectique » (attitude d'esprit tournée vers la solution de problèmes pratiques en faisant appel à la créativité de groupe).
– **Étude et évaluation des solutions :** chacune d'elles est analysée en termes de rentabilité et d'avantages-inconvénients qualitatifs.
– **Réalisation.** Une fois la solution déterminée, il faut encore procéder à la mise en œuvre technique et pratique et contrôler les réalisations.

SECTION 3
LES GRAPHES : LE GANTT – LE PERT

C'est dans les opérations liées à l'ordonnancement que les entreprises utilisent des **graphes**. Dans les cas simples, lorsque les différentes opérations prévues dans la nomenclature sont peu nombreuses, on peut facilement utiliser le diagramme de GANTT. Mais si le nombre d'opérations devient plus important, on doit recourir au PERT. Le plus souvent, celui-ci est d'ailleurs maintenant réalisé par ordinateur.

I. LE DIAGRAMME DE GANTT

Le diagramme de Gantt permet :
- de **visualiser l'évolution d'un projet ;**
- de **déterminer sa durée** et donc sa date de réalisation ;
- de **confronter les prévisions et les réalisations** ;
- de **prendre des mesures correctives** en cas d'anomalies constatées (retard, panne de machines...).

Pour réaliser le diagramme de GANTT, on utilise éventuellement, de plus en plus, des logiciels de gestion de la production.

Le diagramme de GANTT permet de suivre les réalisations d'une prévision. Il facilite ainsi le repérage des tâches ou opérations pour lesquelles l'entreprise prend du retard.

II. LE PERT

Lorsqu'il y a trop d'opérations et que la succession des tâches est délicate, le diagramme de GANTT n'est plus utilisé : il devient rapidement illisible et très difficile à réaliser. Les services de production recourent alors au PERT (*Program Evaluation Research Task*).

Le PERT a été mis au point aux États-Unis dans les années 1956-1957. Son objectif principal était de réduire les retards dans la mise au point et la fabrication d'armements stratégiques (fusées Polaris et Minuteman). L'étude des facteurs de retard des projets avait montré en effet qu'on pouvait gagner environ 30 % du temps total de réalisation d'un projet en systématisant son organisation. Le premier résultat fut l'abaissement de la durée du projet Polaris qui passa de 7 à 5 ans. Par la suite, l'application de la méthode PERT fut généralisée dans l'armée américaine. Plus tard, vinrent les premières applications industrielles et commerciales, avec la société DU PONT DE NEMOURS en particulier (construction d'usines chimiques).

**Le graphique de Gantt ne peut être utilisé que lorsque le nombre de tâches ou opérations reste limité.
Si le nombre des tâches devient trop important, il faut réaliser un autre graphe : le PERT.**

Pour réaliser un PERT, il faut :
- décomposer le projet en tâches élémentaires ;
- déterminer la durée de chacune d'elles ;
- établir les antériorités, c'est-à-dire repérer les tâches qui doivent absolument être réalisées pour pouvoir exécuter les tâches suivantes.

Dans la méthode PERT :
- chaque tâche est symbolisée par une flèche. Sur la flèche, à droite de la lettre qui indique la tâche, on mentionne, entre parenthèses, la durée de celle-ci. La longueur du vecteur (ou de l'arc) est indépendante de la durée de la tâche ;
- chaque étape ou sommet indiqué à l'aide d'un carré ou d'un cercle représente le début ou la fin d'une ou plusieurs tâches. Les étapes sont numérotées de façon logique pour tenir compte de l'ordre dans lequel les tâches doivent être exécutées.

**Le PERT (*Program Evaluation Research Task*) est un outil qui permet d'éviter de prendre du retard dans la mise en œuvre d'une production unitaire (construction navale, grands travaux...).
Une traduction humoriste du sigle PERT est d'ailleurs : « Pour éviter les retards traditionnels ».**

Le graphe possède un début (début de projet) et une fin (fin de projet).
– certaines antériorités doivent être représentées par des vecteurs qui ne correspondent à aucune tâche réelle : ce sont les tâches fictives de durée nulle (arc représenté en pointillés).

Soit l'exemple très simple d'un projet défini comme suit :

Dans la technique du PERT, les tâches sont représentées par des flèches appelées vecteurs ou arcs ; les étapes correspondant à l'arrivée et au départ d'une ou plusieurs tâches par des carrés ou des cercles.

Tâches	**Durée** (en jours)	**Tâches antérieures**
A	4	
B	2	
C	4	B
D	5	A, B
E	2	C, D

1. Les niveaux

Il est tout d'abord nécessaire **de déterminer les niveaux** (ou rangs) des différentes tâches. Sont de niveaux n les tâches qui peuvent commencer lorsque les tâches antérieures de niveau (n–1) sont terminées.

Dans notre exemple, les tâches A et B, qui sont des tâches de début, n'ont pas de tâches antérieures : elles sont de niveau 1.

La tâche C peut commencer lorsque la tâche B (de niveau 1) est terminée ; la tâche D peut débuter lorsque les tâches A et B (de niveau 1) sont réalisées.

Les tâches C et D sont donc de niveau 2.

La tâche E peut être exécutée lorsque les tâches C et D (de niveau 2) sont terminées. Elle est donc de niveau 3.

Le tableau suivant peut être établi :

Toute construction d'un réseau PERT nécessite de déterminer les niveaux des différentes tâches.
On ne peut ainsi commencer les tâches de niveau 2 que si toutes les tâches de niveau 1 ont été réalisées.

NIVEAUX	1	2	3
Tâches	Tâches antérieures	Tâches antérieures après élimination de A et B	Tâches antérieures après élimination de C et D
A	–		
B	–		
C	B	–	
D	A, B	–	
E	C, D	C, D	–
N'ont plus d'« antériorités »	A, B	C, D	E

2. Construction du graphe

Au **niveau 1,** qui comprend les tâches A et B n'ayant ni l'une ni l'autre de tâches antérieures, le graphe se présente ainsi :

Pour la bonne compréhension d'un réseau PERT, il est quelquefois indispensable de faire figurer des tâches fictives.

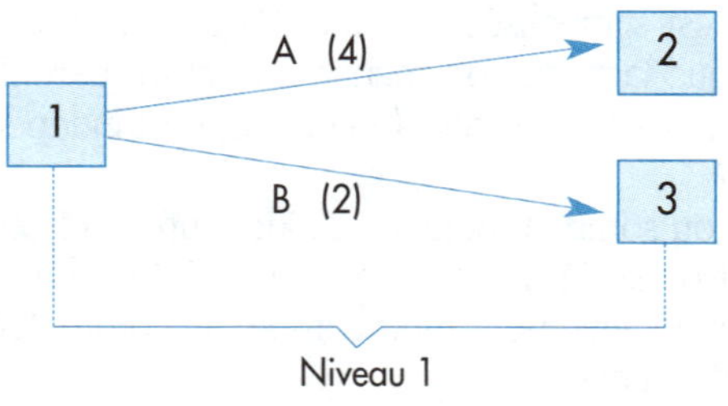

Au **niveau 2,** la tâche C qui a pour tâche antérieure la tâche B, commence à l'étape 3. La tâche D, qui a pour tâches antérieures la tâche A, d'une durée de 4 jours et la tâche B, d'une durée de 2 jours, ne peut commencer que lorsque la tâche A est terminée. Elle débute donc à l'étape 2, fin de la tâche A. Cependant, pour indiquer que la tâche D a également comme tâche antérieure la tâche B, on trace entre les étapes 3 et 2 un arc en pointillés qui représente une tâche fictive, de durée nulle : ✱ (0).

Le graphe complété se présente ainsi :

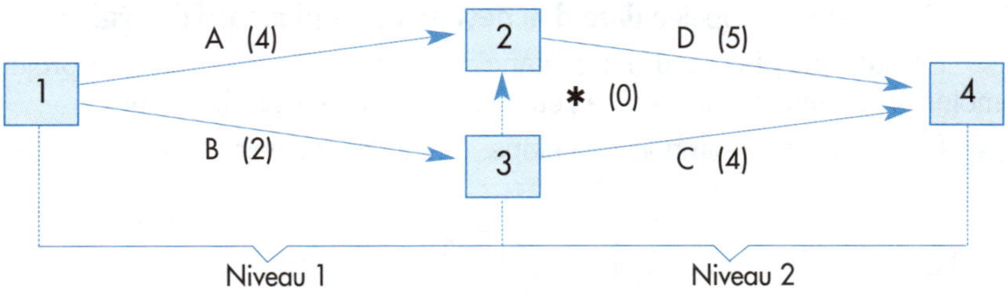

Au **niveau 3,** la tâche E est réalisée après les tâches C et D. Le graphe PERT final se présente donc comme suit :

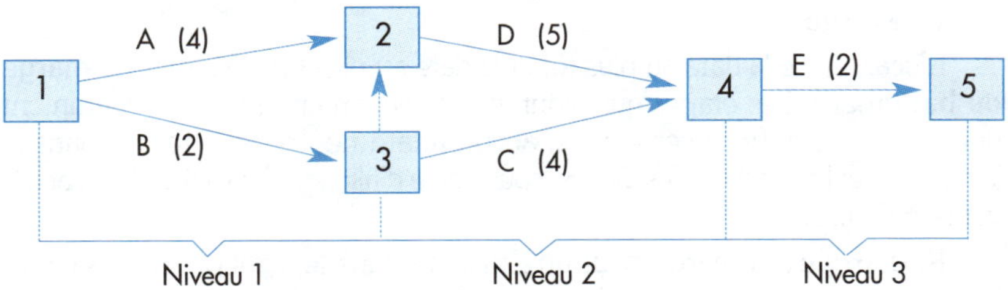

3. Chemin critique

L'examen du graphe PERT ci-dessus montre que la réalisation du projet demandera un délai de 4 + 5 + 2 = 11 jours, correspondant à la suite des arcs, appelée **chemin,** jalonnée par les étapes 1, 2, 4 et 5.

Ce chemin est celui qui permet d'aller de l'étape 1 (début de projet) à l'étape 5 (fin de projet) **en respectant toutes les contraintes.** Appelé **chemin critique,** il donne la durée nécessaire pour réaliser au plus vite le projet, dans notre exemple 11 jours.

Le chemin critique indique la durée totale du projet. Sur les graphes, le chemin critique est tracé en trait gras ou en double trait.

Dans le graphe PERT, le chemin critique permet de prévoir le temps minimum nécessaire pour réaliser le projet, en respectant les contraintes.

4. Tâches critiques

Les tâches A, D et E qui constituent le chemin critique sont appelées tâches critiques. Elles ne peuvent subir aucun retard, sous peine d'allongement de la durée totale du projet et doivent donc être particulièrement surveillées.

Les différentes tâches constituant le chemin critique portent le nom de tâches critiques. Tout retard de réalisation d'une tâche critique entraîne un allongement du temps du chemin critique.

5. Date au plus tôt, date au plus tard

Considérons une étape du graphe ci-dessus, l'étape 2 par exemple. Cette étape ne pourra être atteinte que lorsque la tâche A sera terminée, soit **au plus tôt** au bout de 4 jours. Cette date est appelée **date d'achèvement au plus tôt** de l'étape 2.

La **date au plus tôt** d'une étape représente le chemin le plus long entre l'étape « début de projet » et cette étape.

Par le calcul des dates au plus tard et des dates au plus tôt, les responsables de la production peuvent déterminer les retards éventuels que l'on peut prendre sans allonger la durée du projet.

Elle peut être indiquée comme suit sur le symbole de l'étape :

2	
4	

Considérons toujours l'étape 2, qui est suivie par les étapes D (5) et E (2).

Pour que le délai de réalisation du projet ne soit pas retardé, il faut que la tâche A soit achevée et donc que l'étape 2 soit atteinte **au plus tard** au bout de 11 – (5 + 2) = 4 jours.

Cette date est appelée **date d'achèvement au plus tard** de l'étape 2.

La **date au plus tard** d'une étape représente la durée totale du projet moins le chemin le plus long de cette étape à l'étape « fin de projet ».

Elle peut, sur le symbole de l'étape, être indiquée ainsi :

2	
	4

Remarques : la date au plus tard de l'étape 3, non située sur le chemin critique, est subordonnée à celle de l'étape 2. La tâche fictive ✱ ayant une durée nulle, la date au plus tard de l'étape 3 est donc 4.

6. Marge

L'écart entre la date au plus tôt et la date au plus tard est appelée **marge ou battement**. Les étapes qui jalonnent le chemin critique ont évidemment une marge nulle. Pour ces étapes, aucun retard ne pourra être pris dans le lancement et l'exécution des tâches, sous peine d'allonger le délai global d'achèvement du projet.

Remarque : la marge peut être inscrite dans le symbole représentant l'étape. Si celui-ci était un cercle, on aurait par exemple, pour les étapes 2 et 3 de notre graphe.

Actuellement, la confection des graphes PERT est de plus en plus souvent réalisée à l'aide de logiciels de gestion de production.

7. Graphe PERT

Avec l'indication du chemin critique et des dates au plus tôt et au plus tard, le **PERT** se présente ainsi :

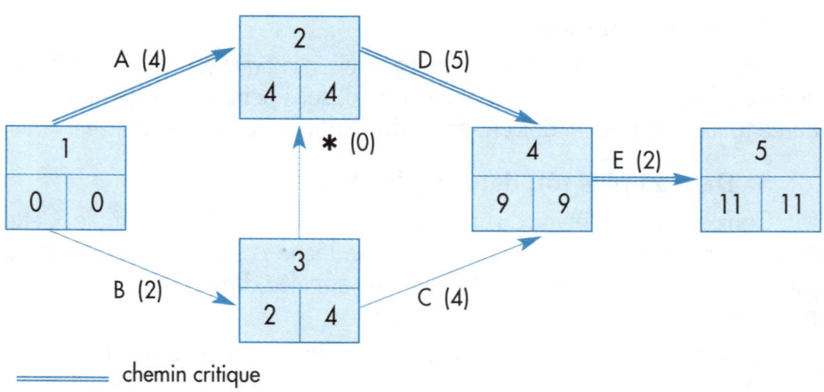

SECTION 4
LA PROGRAMMATION LINÉAIRE

La programmation linéaire est une technique de gestion qui permet de rechercher la meilleure solution, c'est-à-dire l'optimum en fonction de contraintes. Dans le domaine de la production, il s'agit de rechercher la production qui procure le maximum de rentabilité ou qui permet de minimiser les coûts. Bien évidemment, cette recherche doit s'opérer en tenant compte de contraintes techniques (nombre d'heures disponibles dans les ateliers, nombre d'ouvriers...) et de contraintes commerciales.

Les choix de production consistent à poursuivre des objectifs en employant des moyens de production (matériel, personnel...).
Les choix entraînent donc :
- des objectifs à atteindre
- des contraintes à respecter.

La société SONIM fabrique entre autres produits, deux articles P1 et P2 qu'elle vend sans problème à des grossistes aux prix respectifs de 640 € et 1 000 €.

Sur le plan fabrication, la production des produits P1 et P2 nécessite l'utilisation de trois machines appelées M1, M2, M3 pendant des temps exprimés en minutes, consignés dans le tableau suivant :

	Machines		
Produits	M1	M2	M3
P1	20	50	10
P2	30	50	40

Par ailleurs, pour cette fabrication, ces machines ne sont disponibles au cours d'un mois que :
- 300 heures pour M1
- 500 heures pour M2
- 200 heures pour M3.

La programmation linéaire est une méthode mathématique qui permet de déterminer un optimum, c'est-à-dire la meilleure solution tout en respectant toutes les contraintes.

Les marges sur coûts variables en pourcentage du prix de vente s'élèvent à :
- 25 % pour P1
- 20 % pour P2.

Dans le cas présent, l'objectif est de maximiser la marge sur coûts variables. La fonction à maximiser est donc :

MAX 160 P1 + 200 P2.

Dans la mesure où les produits s'écoulent sans difficultés, les seules contraintes sont des contraintes techniques liées à la capacité de production des machines :

M1 $20\,P1 + 30\,P2 \leqslant 18\,000$ (300 h x 60)

M2 $50\,P1 + 50\,P2 \leqslant 30\,000$ (500 h x 60)

M3 $10\,P1 + 40\,P2 \leqslant 12\,000$ (200 h x 60).

L'existence d'objectifs à atteindre et de contraintes à respecter se traduit dans un modèle mathématique : l'objectif est représenté par une fonction économique à maximiser (chiffre d'affaires, profits...) ou à minimiser (coûts) ; les contraintes correspondent à des inéquations à respecter.

Avec la machine **M1**, on peut fabriquer :

$\dfrac{18\,000}{20} =$

900 produits P1 si on ne fabrique aucun produit P2.

On peut produire :

$\dfrac{18\,000}{30} =$

600 produits P2 si on ne fabrique pas de produits P1.

Avec la machine M2 on peut fabriquer 600 P1 si on ne fabrique aucun P2 et 600 P2 si on ne fabrique aucun P1.

Avec la machine M3 dans les mêmes conditions P1 = 1 200 et P2 = 300.

Pour rechercher la solution optimale, il est nécessaire de faire un graphique qui indique les possibilités de production de chaque atelier.

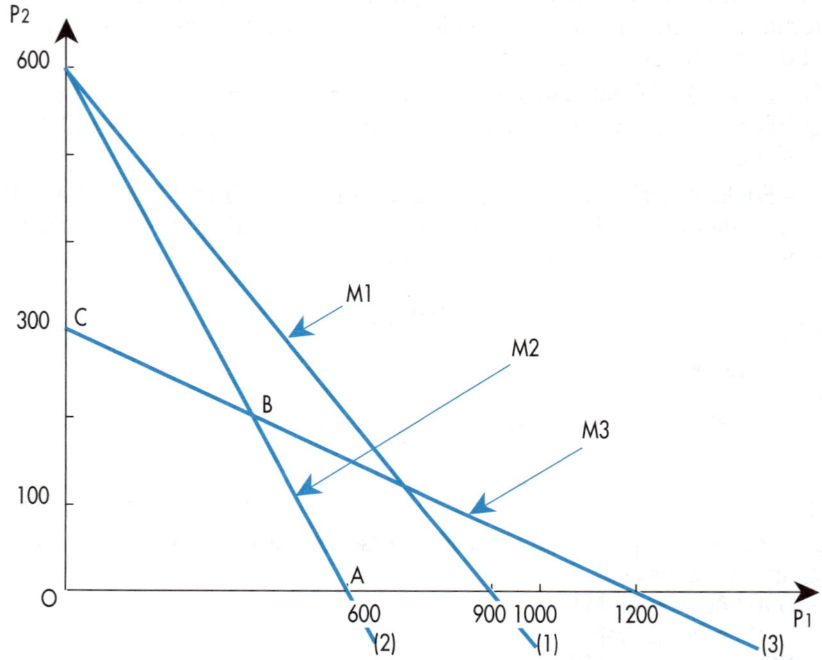

Sur ce graphique, la zone d'acceptabilité est la suivante : 0, A, B, C.

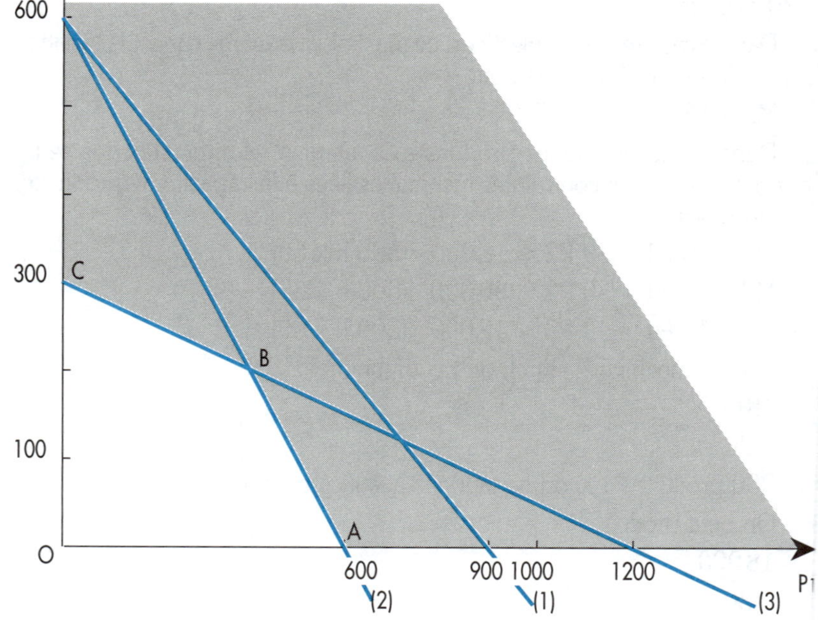

La représentation à l'aide d'un graphique des différentes contraintes permet de visualiser une zone où les solutions ou décisions sont possibles.

On démontre que les points optimums sont situés sur le périmètre de la zone d'acceptabilité. Il peut s'agir du point A, du point B, du point C. Calculons les marges obtenues pour les productions correspondant à ces points.

A : 600 P1 soit 600 x 160 = 96 000 € de marge

B : Il s'agit de l'intersection de la droite relative à la machine 2 et de la droite relative à la machine 3

50 P1 + 50 P2 = 30 000

10 P1 + 40 P2 = 12 000

d'où P1 = 400 et P2 = **200**.

La marge à ce point est donc :

(400 x 160) + (200 x 200) = 104 000 € de marge.

C : P2 = 300 soit 300 x 200 = 60 000 € de marge.

La recherche de la solution optimale est faite en testant différents points.

L'optimum, c'est-à-dire la plus forte marge, est atteint pour une production de 400 P1 et 200 P2.

Pour cette production, les machines 2 et 3 sont utilisées à leur pleine capacité.

Par contre, la machine 1 est sous-utilisée. En effet, elle peut fonctionner 18 000 minutes et on ne l'utilise que pendant :

(400 x 20) + (200 x 30) = 14 000 minutes.

SECTION 5
LE BENCHMARKING (OU ÉTALONNAGE)

Le benchmarking est un outil de management qui repose sur une méthode de travail consistant à observer l'environnement, à y repérer les méthodes les plus efficaces des entreprises du même secteur ou d'un secteur différent, et d'avoir ensuite comme objectif de les égaler.

Deux aspects caractérisent donc cette méthode de gestion : l'observation extérieure (la veille technologique et économique) et la volonté d'appliquer les meilleures méthodes à l'intérieur de l'entreprise.

Cette approche est pluridisciplinaire dans la mesure où elle vise une optimisation dans tous les domaines (coût, qualité...) en s'inspirant des meilleures pratiques et des meilleures entreprises.

Xerox, par cette technique, a mieux maîtrisé ses techniques d'emballage et d'entreposage en s'inspirant des méthodes de LL Bean le géant américain de la VPC. Xerox a aussi amélioré sa facturation en « benchmarkant » American Express.

12

LES BESOINS DE FINANCEMENT DE L'ENTREPRISE

Le fonctionnement d'une entreprise engendre des besoins de financement variés (Section 1). Certains d'entre eux correspondent aux investissements à réaliser, ceux-ci se répartissant en plusieurs catégories (Section 2). D'autres sont des besoins liés à l'exploitation (Section 3).

SECTION 1
LA VARIÉTÉ DES BESOINS DE FINANCEMENT

Pour exercer son activité, l'entreprise doit d'abord engager des dépenses avant de percevoir des recettes :
- réalisation des investissements matériels (terrains, installations, constructions, équipement) ;
- paiement des matières et des fournitures ;
- rémunération de la main-d'œuvre.

Ce n'est qu'ultérieurement, à l'issue du cycle de production et de commercialisation, que des recettes seront encaissées après la réalisation des ventes.

Les besoins de financement découlent de décalages entre l'engagement des dépenses et la perception ultérieure des recettes.

Il y a donc un décalage dans le temps entre les paiements et les encaissements, aussi bien en ce qui concerne les **investissements** (pour lesquels les dépenses ne seront récupérées qu'au terme de plusieurs années), que pour **l'exploitation** (pour laquelle les dépenses sont, en général, récupérées grâce aux ventes au cours de l'année). C'est ce décalage qui engendre des **besoins de financement**. L'entreprise va les couvrir en se procurant des capitaux.

I. LES INVESTISSEMENTS

Le financement est nécessaire pour les investissements qui exigent des capitaux durablement à la disposition de l'entreprise.

Les investissements exigent une mise de fonds élevée et durable. Les capitaux ainsi employés sont **immobilisés** c'est-à-dire indisponibles pour une longue période.

Ils ne seront récupérés qu'au fur et à mesure des **amortissements** pratiqués et de l'**autofinancement** dégagé chaque année ; ou par la **cession des actifs** correspondants (lors de la cessation de l'activité qu'ils ont servi à financer).

II. LE CYCLE D'EXPLOITATION

L'entreprise doit également financer son cycle d'exploitation, les coûts d'approvisionnement, de fabrication, de distribution étant supportés avant tout encaissement de recettes provenant des ventes.

Le cycle d'exploitation est constitué par l'ensemble des opérations allant de l'acquisition des facteurs de production (matières, fournitures, services, main-d'œuvre) à l'encaissement du produit des ventes.

Plus ce cycle est long, plus le décalage dans le temps entre les décaissements qu'il nécessite et les encaissements ultérieurs qu'il permet est important, ce qui entraîne un besoin accru de capitaux.

Ainsi il faut davantage de capitaux pour financer l'exploitation dans une entreprise industrielle que dans une société de distribution : la première doit financer le *cycle de fabrication* en plus du *cycle de distribution* et du *cycle d'approvisionnement*.

cycle d'exploitation = cycle d'approvisionnement + cycle de fabrication + cycle de distribution

En conclusion, une entreprise a deux sortes de besoins de financement : ceux liés à ses investissements d'une part, et ceux liés à son exploitation d'autre part.

SECTION 2
LES BESOINS DE FINANCEMENT DES INVESTISSEMENTS

L'entreprise doit investir à sa création mais aussi chaque année pour assurer sa survie et son développement.

À sa création, l'entreprise doit se procurer un ensemble de biens destinés à rester dans la firme pour une longue durée, de plusieurs années.

Il en va de même chaque année, l'entreprise devant réaliser des investissements de natures variées correspondant à des objectifs multiples en vue d'assurer sa survie (par le renouvellement et l'adaptation de ses matériels) et son développement (par l'accroissement de ses installations).

I. LES INVESTISSEMENTS MATÉRIELS

Les investissements matériels sont constitués par l'acquisition de biens d'équipement.

Les investissements matériels consistent en l'acquisition de terrains, de locaux, d'équipements et d'installations, toujours inscrits à l'actif du bilan (sauf en cas d'investissement financé par un crédit-bail).

Leurs buts sont principalement le maintien et l'accroissement de la capacité, la productivité et la modernisation.

Ils répondent à des objectifs variés :
- création d'une capacité de production compte tenu de la demande prévue lors de la constitution de l'entreprise ;
- maintien de la capacité, par le renouvellement des immobilisations au terme de leur durée de vie : ce sont les **investissements de remplacement** ;
- accroissement de la capacité pour assurer le développement : ce sont des **investissements de capacité** ;
- orientation vers de nouvelles activités, sous forme de produits ou de procédés nouveaux : ce sont des **investissements de modernisation** ;
- réalisation de gains de productivité afin de réduire les coûts, accroître les marges et améliorer la compétitivité : ce sont des **investissements de productivité** (mécanisation, automatisation, informatisation par exemple).

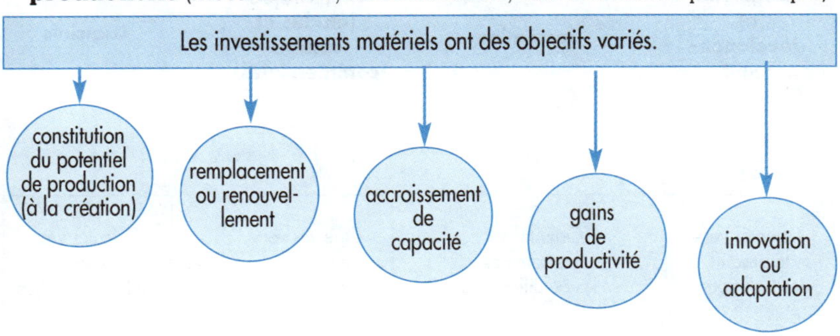

Ces diverses catégories d'investissements matériels ne sont pas disjointes. Ainsi en raison de l'évolution des techniques et des goûts, les remplacements se font rarement à l'identique : l'investissement de remplacement inclut souvent un investissement de modernisation ; on le qualifiera d'investissement de renouvellement.

Par ailleurs l'entreprise doit simultanément maintenir sa capacité pour certaines activités, l'accroître pour des produits en expansion et chercher à améliorer ses coûts. Les investissements de remplacement, de capacité et de productivité sont ainsi complémentaires.

Les investissements réglementaires sociaux et de prestige sont nécessaires mais leur rentabilité est indirecte et difficile à mesurer.

Aux investissements matériels précédents, guidés par des considérations de production et de productivité, s'ajoutent d'autres investissements :
- **les investissements réglementaires** sont imposés par la législation, par exemple les équipements de sécurité ou les dispositifs de lutte contre les rejets polluants ;
- **les investissements sociaux** sont destinés à améliorer les conditions de vie et de travail du personnel (restaurant d'entreprise, salles de réunions, bibliothèque…) ; ils conditionnent le climat social de l'entreprise et participent de façon non mesurable à sa performance ;
- **les investissements de prestige** visent à créer ou à développer l'image de marque de l'entreprise (siège social, boutiques de luxe).

II. LES INVESTISSEMENTS INCORPORELS

Les investissements incorporels ne figurent généralement pas au bilan.
Leurs objectifs sont l'innovation, l'acquisition de connaissances et de compétence, et l'adaptation.

Les investissements incorporels ont la particularité de ne pas toujours apparaître au bilan car, du point de vue comptable, ils sont considérés comme des charges de l'exercice. En effet, ils ne correspondent pas à l'entrée d'un bien dans l'entreprise.

Ceci provient de leur nature et de leurs objectifs. Ce sont des investissements de nature intellectuelle ; ils ont pour objectifs principaux **l'innovation** et **l'adaptation** des matériels, des méthodes, des produits et des personnels (niveau et type de qualification).

Tel est le cas des dépenses de **recherche**, de **formation**, de **mercatique** (études et actions commerciales) et de **logiciels** qui constituent les quatre principales catégories d'investissements incorporels.

Recherche, formation, mercatique et logiciels sont les quatre domaines principaux des investissements incorporels.
Ils sont complémentaires des investissements matériels.

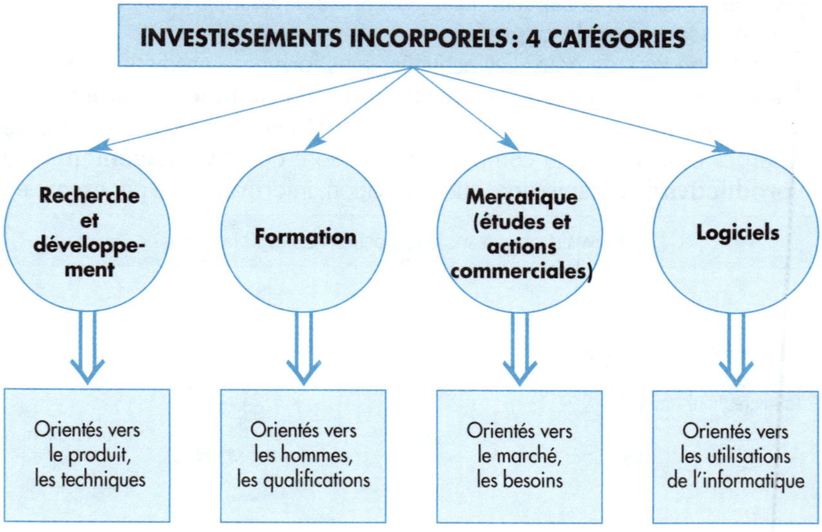

Les investissements incorporels sont complémentaires des investissements matériels qu'ils précèdent, accompagnent ou suivent.

Ainsi les **investissements de recherche** précèdent les investissements matériels lorsqu'ils aboutissent à améliorer, adapter ou imaginer des procédés et matériels nouveaux.

Les **investissements en formation** accompagnent les investissements matériels dont ils permettent l'usage efficace par l'adaptation des qualifications des utilisateurs.

Les **investissements en logiciels** se poursuivent au-delà de l'acquisition des matériels informatiques et, de même, les **investissements dans l'action commerciale** se poursuivent après la mise en fabrication du produit.

Les investissements incorporels précèdent, accompagnent ou suivent les investissements matériels.

III. LES INVESTISSEMENTS FINANCIERS

Les investissements financiers, par des **prises de participations,** des **filiales communes,** des **absorptions,** des **acquisitions** et des **fusions** permettent :
- d'élargir la compétence de l'entreprise à d'autres domaines d'activités ;
- de contrôler des sources d'approvisionnement, des débouchés et des technologies ;
- de s'implanter dans des activités nouvelles en vue de réaliser des diversifications ;
- d'obtenir des effets de synergie en tenant compte des complémentarités entre diverses sociétés.

Les investissements financiers consistent à acquérir les titres d'autres sociétés dans le cadre d'une stratégie de groupe.
Ils répondent à des objectifs variés.

La synergie des investissements s'exprime par le fait que la valeur des actifs regroupés (A et B) est supérieure à la somme de leurs valeurs séparées :

$$V(A + B) > V(A) + V(B)$$

Les investissements financiers tendent à se développer dans les grandes entreprises. La société devient ainsi une **holding mixte** qui a simultanément des activités d'exploitation industrielles et commerciales, et des activités de gestion et de contrôle de ses filiales et participations. Dans une étape ultérieure la **société mère** abandonne à des filiales toutes ses activités d'exploitation et devient une **société de portefeuille** ou **holding pure**. Les immobilisations financières constituent alors l'essentiel de son bilan. Ses revenus sont constitués de produits financiers et ne proviennent plus de ses ventes.

En résumé les investissements corporels, incorporels et financiers sont complémentaires. Ils représentent les moyens de mise en œuvre de la stratégie de l'entreprise dont ils constituent les **éléments du développement futur**.

La réalisation des investissements est un moyen essentiel d'application de la stratégie de survie et de développement de l'entreprise.

SECTION 3
LES BESOINS DE FINANCEMENT DE L'EXPLOITATION

Indépendamment des investissements que nous venons d'étudier, **l'exploitation** engendre des besoins financiers qui apparaissent dans les postes du bas du bilan (actif circulant et dettes).

Le déroulement du cycle d'exploitation entraîne également des besoins de financement.

I. LES CAPITAUX NÉCESSAIRES À L'EXPLOITATION

Au sein de l'actif circulant il faut distinguer les actifs d'exploitation et les actifs de trésorerie.
Les actifs d'exploitation, constitués principalement des stocks et des crédits accordés aux clients, exigent un financement permanent.

Pour évaluer les capitaux nécessaires à l'exploitation, deux grandes rubriques sont à distinguer, du point de vue des cycles financiers, au sein de l'actif circulant :

- les **actifs de trésorerie** constituent des *emplois passagers et facultatifs* du financement disponible : valeurs mobilières de placement, disponibilités ; ces actifs peuvent en cas de nécessité être cédés sans délai ; ils n'exigent donc pas un financement durable ;
- les **actifs d'exploitation** sont *nécessaires en permanence* dans l'entreprise pour assurer le déroulement continu et régulier du cycle d'exploitation : ce sont principalement les *stocks* et les *créances sur les clients*.

Une durée, variable selon les activités, s'écoule entre le moment où la firme engage des dépenses et celui où elle perçoit les recettes provenant des ventes. L'exploitation nécessite donc un **financement permanent**. Il correspond à tous les **coûts de production** supportés aux diverses phases du cycle d'exploitation :

- durée du cycle de fabrication au cours duquel les frais d'achat et de fabrication sont payés ;
- durée de stockage des produits finis ;
- durée du crédit accordé à la clientèle.

Ces éléments constituent les **actifs d'exploitation**. Ces besoins de financement se renouvellent en permanence. Ils doivent donc être financés par des **ressources stables**, faute de quoi l'entreprise risquerait de ne pouvoir faire face aux échéances de remboursement de ses dettes.

Actifs d'exploitation = besoins de financement permanents.

II. LES CAPITAUX FOURNIS PAR L'EXPLOITATION

Les crédits accordés par les fournisseurs et les autres dettes d'exploitation sont des ressources de financement renouvelables et donc stables.

Le passif du bilan permet de distinguer trois catégories de capitaux :

- les **ressources stables**, qui ne sont pas liées à l'exploitation, notamment les capitaux propres et les emprunts auprès des établissements de crédits ;
- les **dettes d'exploitation** constituées par les dettes se renouvelant continuellement et automatiquement du fait du déroulement du cycle d'exploitation ; ce sont principalement les crédits accordés par les fournisseurs ;
- les **dettes de trésorerie** formées de ressources temporaires instables ; ce sont notamment les découverts bancaires.

Ainsi, l'exploitation, si elle exige un financement stable, procure également des moyens de financement stables.

Dettes d'exploitation = ressources de financement stables

III. LE BESOIN DE FINANCEMENT DE L'EXPLOITATION (BFE)

Le financement ainsi obtenu grâce au crédit accordé par les fournisseurs peut être affecté à la couverture des besoins d'exploitation. En effet, à la nature **durable** de ces derniers correspond le caractère **stable** du financement obtenu par le renouvellement continu des crédits-fournisseurs.

L'exploitation engendre donc un besoin de financement permanent des actifs d'exploitation (stocks et créances sur les clients principalement), partiellement compensé par les ressources de financement stables fournies par les dettes d'exploitation (crédits accordés par les fournisseurs principalement).

Si les durées de stockage et les délais de règlement des clients et des fournisseurs restent constants le besoin de financement de l'exploitation (BFE) évolue proportionnellement à l'activité.

La différence entre le financement nécessaire et le financement obtenu constitue un besoin de financement permanent : c'est le besoin de financement de l'exploitation (BFE) ou besoin en fonds de roulement d'exploitation (BFRE). Le BFE est ainsi le solde entre les actifs d'exploitation (stocks, créances-clients) et les dettes d'exploitation (dettes-fournisseurs).

L'entreprise doit financer avec des ressources non liées à son exploitation, la différence entre les actifs d'exploitation et les dettes d'exploitation.

BFE = Actifs d'exploitation – Dettes d'exploitation

Par approximation, en ne retenant que les éléments essentiels :

Cette différence est le besoin de financement de l'exploitation (BFE) ou besoin en fonds de roulement.

BFE ≈ Stocks + Créances clients – Dettes fournisseurs

Le besoin de financement de l'exploitation (BFE) a le caractère d'un investissement : c'est un **emploi durable de capitaux** dans le cycle d'exploitation.

L'entreprise doit financer avec des ressources stables ses immobilisations et son besoin de financement de l'exploitation.

En conclusion, les besoins de financement permanents sont constitués par deux composantes :
- les **immobilisations** ;
- le **besoin de financement de l'exploitation** qui leur est associé, compte tenu du niveau d'activité et des caractéristiques du cycle d'exploitation.

L'entreprise doit donc se procurer des **ressources stables** pour couvrir l'ensemble de ces besoins.

13

Les moyens de financement de l'entreprise

Les besoins sont multiples et les sources de financement diverses mais n'y a-t-il pas des correspondances à respecter entre les sources disponibles et les besoins à couvrir ?

La distinction entre les besoins liés aux **investissements** (Section 1) et ceux liés à **l'exploitation** (Section 2) nous permettra d'apporter un peu de clarté dans les critères de choix, et de savoir à qui s'adresser, dans quelles conditions et pour quels usages.

SECTION 1
LES SOURCES DE FINANCEMENT DES INVESTISSEMENTS

Les ressources stables doivent financer les investissements de l'entreprise, y compris le besoin de financement de l'exploitation.

L'entreprise a des **besoins de financement permanents,** pour assurer la réalisation de ses investissements et de son exploitation.

Par ailleurs, elle dispose de **ressources stables** qui restent durablement à sa disposition.

Les immobilisations, ainsi que le besoin de financement de l'exploitation (BFE), doivent donc être financés par des ressources stables.

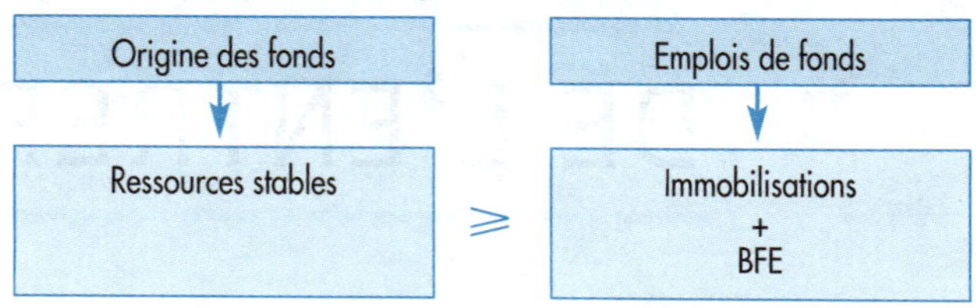

Plus précisément, chaque investissement doit être financé par des capitaux restant à la disposition de l'entreprise pour une durée au moins égale à la durée de vie de l'immobilisation.

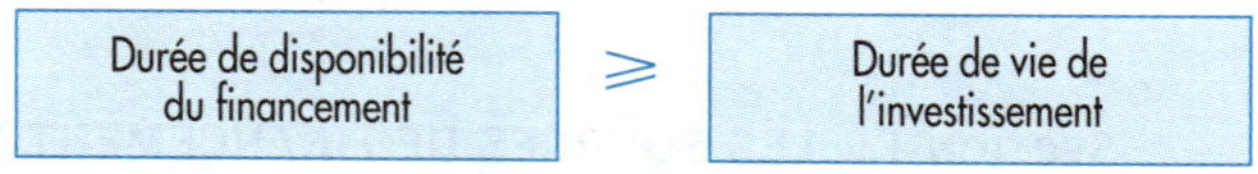

Les ressources stables comprennent les capitaux propres et les dettes financières à plus d'un an.

Les ressources stables disponibles pour réaliser ces investissements comprennent :
- d'une part les **capitaux propres** fournis par les associés (le capital social) ou accumulés par l'entreprise elle-même (l'autofinancement) ;
- d'autre part les **capitaux empruntés** à des prêteurs (emprunts auprès des établissements de crédit) ou à des sociétés spécialisées (crédit-bail).

Parmi les dettes financières, il faut inclure les dettes à long terme, les dettes à moyen terme, mais aussi les ressources de crédit-bail.

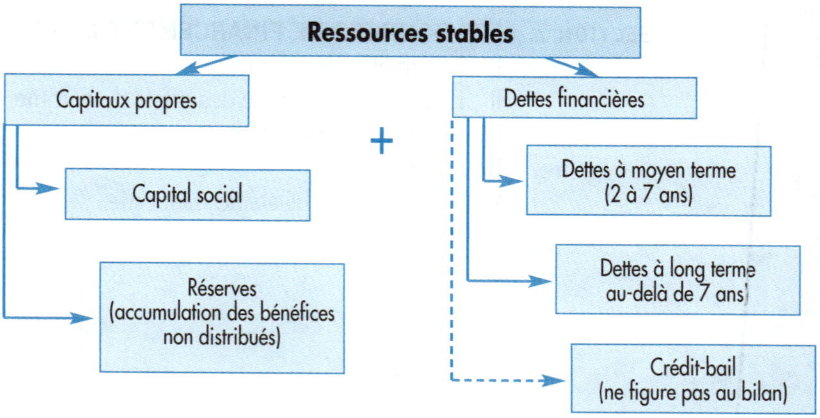

I. LE CAPITAL SOCIAL

L'apport de capital par les associés s'effectue :
- à la création de l'entreprise : c'est une condition indispensable pour constituer une société ; il s'agit de la **constitution du capital social.**
- au cours de la vie de l'entreprise : c'est un moyen d'accroître les ressources stables ainsi que la capacité d'emprunt ; il s'agit de l'**augmentation du capital.**

Le capital social est constitué à la création de la société et lors des augmentations de capital par les apports des associés.

En contrepartie des **apports** qu'ils effectuent (en espèces ou en nature), les associés reçoivent des titres d'associés portant le nom de **parts sociales** (dans les sociétés de personnes et les SARL) ou **d'actions** (dans les sociétés anonymes, la société par actions simplifiée et la société en commandite par actions).

Il est représenté par les parts sociales ou les actions.

Postérieurement à la constitution de la société, l'augmentation de capital consiste à demander aux associés ou actionnaires d'effectuer de nouveaux apports en espèces (actions de numéraire) ou sous forme de biens (actions d'apport).

L'augmentation de capital permet de financer le développement de l'entreprise (investissements nouveaux) ou, en cas de perte, de rétablir une situation financière saine (reconstitution du capital souvent appelée recapitalisation).

Le capital social joue un double rôle : d'une part il forme une ressource stable permettant de financer les investissements ; d'autre part il constitue une garantie pour les prêteurs car il ne peut être remboursé, sauf en cas de dissolution de la société qu'après remboursement de toutes les dettes. De ce fait l'importance des capitaux propres détermine la capacité d'emprunt de l'entreprise.

Le capital social finance les investissements et sert de garantie aux prêteurs.

Le capital social est rémunéré par les dividendes, variables en fonction des bénéfices réalisés et de la politique adoptée par l'entreprise quant à l'autofinancement qu'elle souhaite constituer (partage du bénéfice net entre les dividendes et les réserves).

II. L'AUTOFINANCEMENT

Le capital social est non remboursable et sa rémunération est facultative selon les bénéfices.

Lors de son fonctionnement l'entreprise encaisse des produits (produits d'exploitation, financiers et exceptionnels) en contrepartie desquels elle doit payer des charges (charges d'exploitation, financières et exceptionnelles).

La différence entre les produits encaissables et les charges décaissables constitue la **capacité d'autofinancement** (CAF). La CAF représente l'ensemble des ressources engendrées par le fonctionnement de l'entreprise et dont elle peut disposer librement.

En pratique elle peut affecter la CAF au paiement de dividendes ou bien la conserver. Les sommes qu'elle garde constituent l'autofinancement.

La CAF constitue une mesure du potentiel de financement interne de l'entreprise.

Autofinancement = CAF – dividendes

L'autofinancement est donc un **financement interne** dégagé par l'entreprise et librement utilisable pour : financer les investissements et le cycle d'exploitation ; rembourser des emprunts ; améliorer la trésorerie

L'autofinancement apparaît ainsi comme un **surplus monétaire** que l'entreprise peut librement affecter. Ce surplus monétaire a deux origines :

– les bénéfices non distribués qui constituent **l'autofinancement net ;** ils permettent d'accroître les fonds propres par la constitution de **réserves ;**

L'autofinancement est une source de financement stable avantageuse qui est souvent privilégiée mais ne peut être le fondement exclusif du financement des investissements.

– les dotations aux amortissements et aux provisions (nettes des reprises) qui constituent **l'autofinancement de maintien.** Elles permettent le remplacement ou le renouvellement des immobilisations anciennes et la couverture des risques (ex. : dépréciation des titres ou des créances).

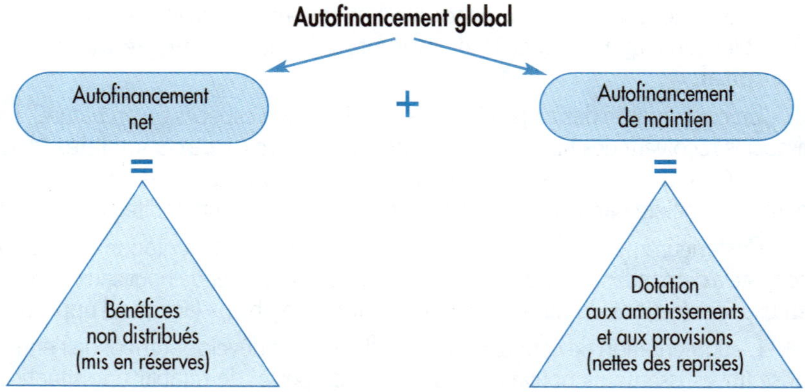

L'emprunt entraîne le paiement périodique d'intérêts et, au terme de la durée de l'emprunt, le capital doit être intégralement remboursé.

Ainsi **l'autofinancement global** comporte deux composantes : l'autofinancement de maintien (indispensable à la survie de l'entreprise) et l'autofinancement net (permettant l'investissement ou le remboursement des emprunts).

L'autofinancement constitue une ressource stable non remboursable avantageuse car :
- son coût de collecte est nul ;
- il se renouvelle annuellement (ressource périodique) ;
- il évite de recourir au marché financier ;
- il accroît les capitaux propres ;
- il augmente la capacité d'emprunt de l'entreprise.

Cependant l'autofinancement ne doit pas être la seule base de financement de l'entreprise car :
- il risque d'être insuffisant par rapport aux investissements nécessaires ;
- il peut entraîner le mécontentement des associés (dividendes insuffisants) ou des salariés.

III. LES EMPRUNTS

L'emprunt entraîne le paiement périodique d'intérêts et, au terme de la durée de l'emprunt, le capital doit être intégralement remboursé.

L'emprunt est une **opération juridique et financière** par laquelle un (ou plusieurs) prêteur met à la disposition de l'emprunteur des capitaux en contrepartie :
- du versement d'un *intérêt* périodique calculé sur le capital restant dû ;
- du *remboursement du capital* prêté par fractions successives ou en totalité à la fin de l'emprunt.

L'emprunt se caractérise par cinq paramètres principaux :
- le montant ;
- la durée ;
- le taux d'intérêt ;
- le nombre de prêteurs, ce qui distingue l'emprunt indivis de l'emprunt obligataire ;
- le mode de remboursement, en une seule fois ou par fractions successives.

1. L'emprunt obligataire

L'emprunt obligataire est un emprunt à long terme (5 à 15 ans) dont le montant est divisé en fractions égales représentées par des titres appelés obligations, souscrits par plusieurs prêteurs.

En général, l'émetteur consacre chaque année une somme appelée **annuité** au paiement des **intérêts** et au **remboursement d'une partie du capital** correspondant à un certain nombre d'obligations tirées au sort.

L'emprunt obligataire est fractionné en obligations souscrites par des prêteurs multiples.

Le **tableau d'amortissement** de l'emprunt donne, pour chaque année, la répartition de l'annuité entre le paiement des intérêts (décroissant) et le remboursement du capital (constant ou croissant).

Avec ce système de remboursement progressif on évite une charge de trésorerie trop importante au cours de la dernière année. Cependant, il existe aussi des emprunts obligataires remboursables en une seule fois au terme de leur durée de vie, et non par remboursements successifs.

Le tableau d'amortissement fixe les modalités de remboursement de l'emprunt. Le remboursement peut s'effectuer par annuités ou en une seule fois au terme de l'emprunt ce qui conduit à distinguer les emprunts amortissables et les emprunts remboursables in fine.

Pour les grandes entreprises (seules les sociétés par actions peuvent émettre des obligations), les inconvénients de l'emprunt obligataire sont largement compensés par ses avantages.

L'emprunt obligataire

Avantages
- Financement important (grand nombre de souscripteurs).
- Remboursements étalés dans le temps.
- Capitaux disponibles pour une longue durée.
- Intérêts fiscalement déductibles.

Inconvénients
- Importantes formalités juridiques.
- Délais de réalisation.
- Frais d'émission élevés (commissions bancaires).
- Réservé aux sociétés par actions.
- Risque de non-souscription des obligations.

2. Les prêts des établissements de crédit

Les banques accordent aux entreprises, pour financer leurs matériels et leurs équipements, des crédits à moyen terme dont la durée s'étend de 2 à 7 ans ; ainsi que des prêts à long terme, pour financer notamment les terrains, constructions et grosses installations.

Les crédits à moyen terme sont accordés par les banques, et les prêts à long terme par des organismes financiers spécialisés.

Ces crédits et prêts peuvent être consentis à taux variable ou fixe. Ils peuvent être remboursables au terme de l'emprunt, mais le sont le plus souvent par fractions successives sous forme d'amortissements constants ou croissants.

Les banques exigent généralement des garanties réelles (hypothèque, nantissement) ou personnelles (cautionnement) préalablement à l'octroi du financement.

En général les banques cherchent à faire coïncider la durée des financements qu'elles accordent avec la durée de vie des équipements financés (en fait avec leur durée d'amortissement).

Certains organismes financiers sont spécialisés selon l'objet des prêts accordés ou la nature des emprunteurs.

IV. LE CRÉDIT-BAIL

Le crédit-bail comporte une période de location et une option à terme.
C'est une location avec option d'achat (LOA).

Le crédit-bail est simultanément un procédé d'investissement et de financement. Une société spécialisée de crédit bail mobilier ou immobilier achète, à la demande d'une entreprise, un bien d'équipement professionnel ou un immeuble, qu'elle lui loue pour une période au terme de laquelle le locataire peut opter entre :
- la restitution du bien au bailleur ;
- le renouvellement de la location ;
- l'achat à une valeur de rachat prédéterminée dans le contrat.

Le contrat de crédit-bail s'analyse donc comme une location avec option d'achat à terme.

C'est un moyen de financement des investissements, dans lequel les capitaux sont fournis en totalité par la société de crédit-bail.

Il est bien adapté aux besoins d'investissement des entreprises rentables à croissance rapide.

Compte tenu des redevances élevées, il est bien adapté aux entreprises ayant des investissements à **forte rentabilité** et une **croissance rapide** à financer. Cette forme de financement est très utilisée par les entreprises qui n'ont pas accès au marché financier ou qui ne peuvent plus emprunter en raison de leur endettement.

V. LA LOCATION FINANCIÈRE

Une alternative au crédit-bail consiste à réaliser une opération de location financière. L'entreprise fait acheter par une société spécialisée des locaux ou des matériels qui seront ensuite loués pour une longue période.

Ce financement diffère du crédit-bail en raison de l'absence d'option ; il diffère également de la simple location puisque c'est le locataire qui choisit et fait acheter l'immobilisation.

La location financière connaît un important développement en raison de son avantage : elle permet de disposer d'immobilisations sans apport de capitaux. Les deux procédés du crédit-bail et de la location financière, en raison de leurs similitudes, portent le nom de location-financement.

SECTION 2
LES SOURCES DE FINANCEMENT DE L'EXPLOITATION

Le financement du cycle d'exploitation est assuré pour partie par des ressources stables et pour partie par des dettes à court terme.

Une partie du financement de l'exploitation est assurée par des ressources stables : c'est le fonds de roulement qui doit couvrir le besoin de financement de l'exploitation (BFE).

Pour les autres besoins d'exploitation, l'entreprise peut recourir à des dettes à court terme temporaires ou renouvelables :
- le crédit fournisseurs ;
- l'escompte bancaire des effets de commerce ;
- les découverts bancaires ;
- l'affacturage ;
- l'émission de billets de trésorerie.

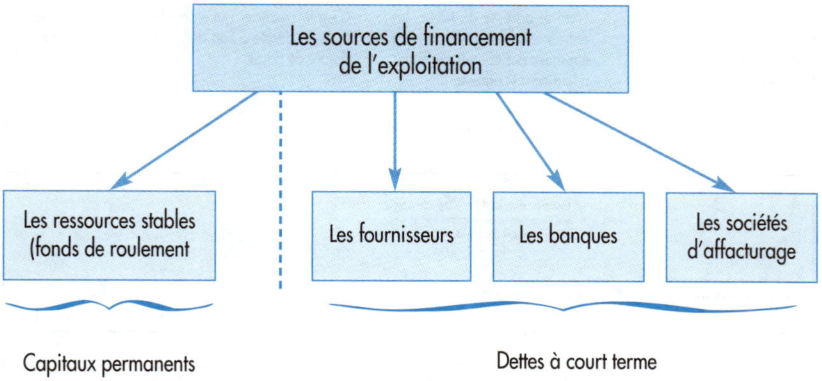

I. LE CRÉDIT FOURNISSEURS

Le crédit fournisseurs est un crédit interentreprises correspondant au délai de paiement accordé par le fournisseur à son client.

Dans les relations inter-entreprises chaque fournisseur accorde à son client un délai de règlement variable, en général de 30 à 90 jours selon les branches et les produits à compter de la livraison des marchandises.

Le crédit fournisseurs correspond à ce délai de règlement accordé aux clients. Il est, en principe, destiné à financer le stock pendant la période durant laquelle les produits restent en stock chez les clients.

La créance du fournisseur peut être matérialisée sous deux formes : facture à échéance ou effet de commerce.

Malgré ses inconvénients, ses avantages en ont fait une source de financement très importante et généralisée.

Bilan du crédit fournisseurs	
Avantages	**Inconvénients**
– Obtention facile (forme de crédit interentreprises généralisée) – Souplesse de fonctionnement (pas de formalités à accomplir) – Automaticité (lié à l'achat) – Renouvelable (à chaque achat)	– Coût élevé (perte des escomptes de règlement pour paiement comptant) – Risque de dépendance envers le fournisseur – Risque de réduction du crédit obtenu en cas de difficultés du fournisseur

II. L'ESCOMPTE BANCAIRE DES EFFETS DE COMMERCE

Les effets de commerce sont une source de crédit bancaire par la procédure d'escompte.

L'entreprise qui détient des créances sur ses clients sous forme d'effets de commerce (traites, billets à ordre) peut les conserver jusqu'à l'échéance (elle assure elle-même dans ce cas le financement de ses créances). Avant l'échéance, elle peut également les **escompter** auprès d'une banque : elle obtient alors un **refinancement** de ses créances lui procurent de la trésorerie pour payer ses propres dettes.

1. Les instruments utilisés

Il existe plusieurs types d'effets de commerce : traite, billet à ordre.

Les instruments utilisés sont les effets de commerce, titres représentatifs d'une créance commerciale exigible à une date déterminée. La lettre de change (ou traite) et le billet à ordre en sont les deux principaux types.

La **lettre de change** (également appelée traite) est un écrit par lequel un créancier **(le tireur)** donne l'ordre à son débiteur **(le tiré)** de payer une

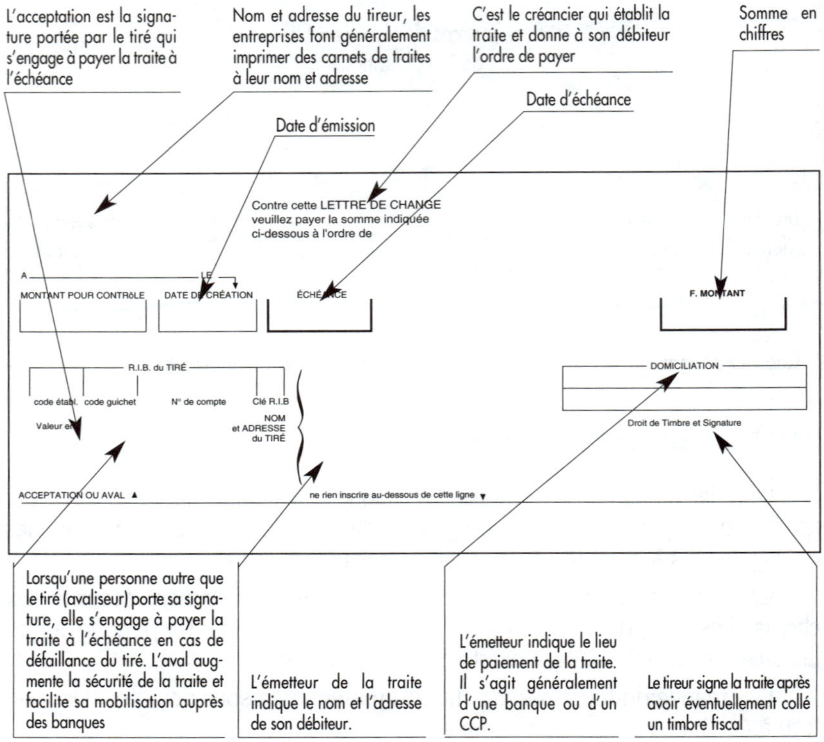

LA LETTRE DE CHANGE

La lettre de change comporte des mentions obligatoires, complétées de mentions facultatives.

certaine somme à une certaine date, à lui-même ou à une tierce personne **(le bénéficiaire)**. La plupart des traites, outre leurs mentions obligatoires, comportent des mentions facultatives (domiciliation bancaire, acceptation, aval).

La lettre de change est l'effet de commerce le plus employé. Elle peut être utilisée de diverses façons.

Le tireur d'une lettre de change peut l'utiliser de 4 manières :
- la conserver jusqu'à son échéance et procéder à cette date à son encaissement auprès du tiré (cas rare des traites non domiciliées) ;
- la conserver en portefeuille et la faire encaisser par une banque ou un centre de chèques postaux en la leur remettant quelques jours avant l'échéance ;
- la transmettre par endossement à un créancier comme moyen de paiement ;
- la négocier auprès d'une banque pour obtenir, avant l'échéance, un crédit.

À la différence de la lettre de change, ordre de payer donné par un créancier, le billet à ordre est un engagement de payer établi par un débiteur.

Le **billet à ordre** est un écrit par lequel un débiteur **(le souscripteur)** s'engage à payer une certaine somme à une date déterminée à son créancier **(le bénéficiaire)**. Il diffère de la traite sur deux points :
- il est établi par le débiteur et non par le créancier ;
- il concerne deux personnes et non trois ;

Le billet à ordre est d'un usage beaucoup moins répandu que la traite.

2. Le mécanisme de l'escompte

L'escompte est un procédé de crédit fondé sur la remise d'effets de commerce à une banque avant l'échéance.

Dans l'escompte traditionnel, l'entreprise remplit un « bordereau de remise à l'escompte » récapitulant les divers effets de commerce remis à la banque.

Cette dernière crédite immédiatement le compte de l'entreprise du montant des effets, sous déduction d'un agio correspondant à des commissions bancaires, des frais et à l'intérêt du capital prêté entre la date de remise des effets et leur date d'échéance.

À l'échéance la banque escompteuse présentera l'effet à la banque du tiré (dans le cas des traites domiciliées) qui débitera le compte de ce dernier par le crédit de la banque escompteuse.

Pour éviter le trop grand nombre de traites à manipuler l'escompte traditionnel peut être remplacé par le crédit de mobilisation des créances commerciales (CMCC). L'entreprise, après facturation à ses clients, regroupe les factures d'échéances voisines et crée, pour leur montant global, un billet à ordre qui sera escompté par sa banque. À l'échéance les clients régleront par un chèque l'entreprise émettrice du billet à ordre qui remboursera ainsi sa banque.

Le CMCC et la LCR complètent l'escompte traditionnel dont ils réduisent les coûts.

L'escompte se réalise actuellement de façon informatisée par l'utilisation de la lettre de change relevé (LCR) qui a remplacé la traite traditionnelle sous forme papier.

La LCR est une lettre de change comportant également le relevé d'identité bancaire (RIB) du tiré, c'est-à-dire son numéro de compte, le code de son agence et le code de sa banque.

Les LCR sont saisies par les entreprises et transmisess aux banques sur des supports informatiques qui automatisent les traitements et les transmissions entre banques en supprimant la circulation matérielle du papier.

III. LES DÉCOUVERTS BANCAIRES

La banque peut autoriser l'entreprise à avoir un compte courant débiteur. On dit que l'entreprise a un découvert sur lequel elle paiera des intérêts en fonction de l'importance et de la durée du découvert. Il existe ainsi plusieurs formes de découvert.

Les entreprises ont parfois des **décalages passagers** de quelques jours entre leurs encaissements et leurs décaissements, notamment à l'occasion des échéances périodiques (salaires, charges sociales, impôts). Elles peuvent en ce cas utiliser les **facilités de caisse** accordées par les banques.

Pour des **besoins exceptionnels,** notamment dans l'attente de ressources plus durables (ex. : délais de réalisation d'une augmentation de capital ou de cession d'une immobilisation), les banques accordent également des **crédits relais** (ex. : financement de l'acquisition d'un bâtiment dans l'attente de la vente d'une autre construction).

Les découverts bancaires couvrent des besoins variés et revêtent diverses formes : facilité de caisse, crédit-relais, crédits de campagne...

Pour des **besoins réguliers,** liés au caractère saisonnier de l'achat, de la production ou des ventes (ex. : industrie du jouet, de la conserve), l'entreprise peut obtenir de sa banque des **crédits de campagne** pour financer ses achats, sa fabrication ou ses stocks de produits finis pendant quelques mois. Elle doit ensuite rembourser ce crédit avec les recettes provenant des ventes. L'obtention d'un tel crédit est subordonnée à la présentation d'un budget prévisionnel de trésorerie.

Dans tous les cas la banque accorde à l'entreprise un plafond de découvert qu'elle ne doit pas dépasser.

IV. L'AFFACTURAGE

Pour beaucoup d'entreprises, le recouvrement des créances sur les clients est une opération lourde, surtout si elles ne disposent pas de services administratifs suffisants.

L'affacturage est un crédit accordé à une entreprise par une société spécialisée. Il est fondé sur la cession de créances détenues sur les clients.

Dans ce cas, elles peuvent recourir aux sociétés d'affacturage.

L'affacturage est un **procédé de financement et de recouvrement** des créances commerciales par l'intermédiaire de sociétés spécialisées.

Le mécanisme de l'affacturage

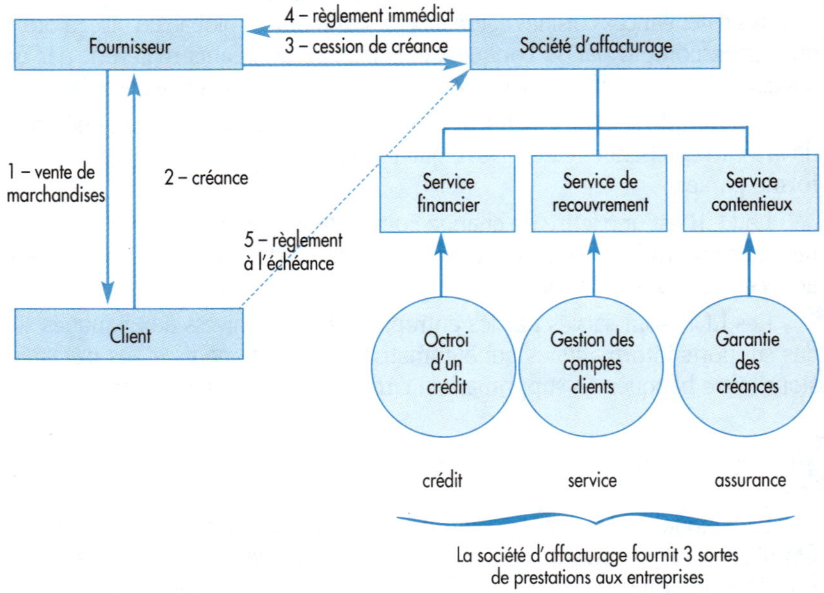

(les numéros figurant sur les flèches correspondent à l'ordre de succession des opérations)

La société d'affacturage fournit un crédit, une prestation de services, et une assurance-crédit.

L'entreprise vend ses créances à la société d'affacturage (factor) qui remplit trois fonctions :
- elle règle immédiatement le montant des créances au fournisseur, déduction faite d'un intérêt et d'une commission ;
- elle se charge de recouvrer, à l'échéance, les créances auprès des clients ;
- elle prend également à sa charge le contentieux du recouvrement : actions judiciaires, garantie des impayés.

En résumé la société d'affacturage fournit un **crédit,** un **service** et une **assurance.**

V. L'ÉMISSION DE BILLETS DE TRÉSORERIE

Les entreprises dont la taille est suffisante et les besoins financiers importants peuvent émettre des **billets de trésorerie** pour se procurer des ressources à court terme.

Les billets de trésorerie sont des titres de créance négociables (TCN) d'une durée allant de un jour à un an et d'un montant unitaire minimum de 152 449 €.

Ils permettent aux entreprises d'accéder directement au marché monétaire et donc de le financer à moindre coût, au taux d'intérêt du marché monétaire en évitant les frais de l'intermédiation bancaire, le taux de base bancaire (TBB) étant très supérieur au taux d'intérêt du marché monétaire.

14

L'ANALYSE FINANCIÈRE DE L'ENTREPRISE

Le bilan est à la base de toute analyse financière de l'entreprise, mais le bilan comptable doit être retraité pour obtenir les bilans financiers et fonctionnels (Section 1). Leur étude permet l'analyse de la structure financière (Section 2). L'étude du fonds de roulement, comparé aux besoins de financement de l'exploitation conditionne la situation de trésorerie de l'entreprise (Section 3). Parallèlement à l'examen de l'équilibre entre les emplois et les ressources, il est nécessaire d'analyser l'équilibre des sources de financement (Section 4) telles que les révèle le passif du bilan.

SECTION 1
LE BILAN, INSTRUMENT D'ANALYSE FINANCIÈRE

Le bilan fournit l'image de la situation financière de l'entreprise à **une date donnée** en décrivant la **composition de son patrimoine**.

Le bilan comptable normalisé décrit le patrimoine de l'entreprise selon une optique plus juridique que financière.

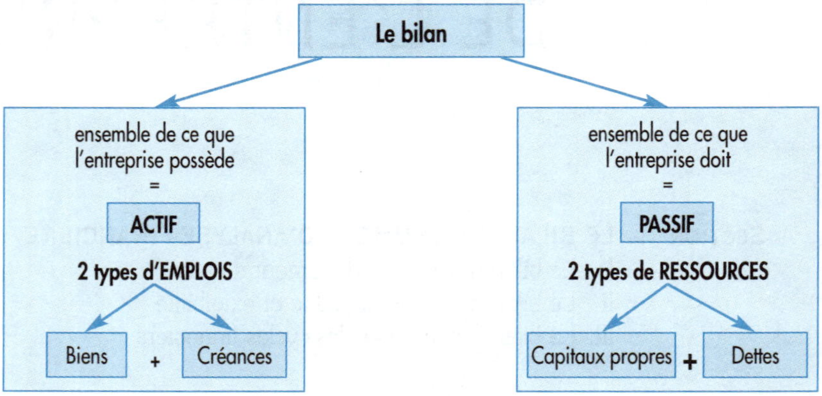

I. LE BILAN NORMALISÉ : DOCUMENT DE BASE

Le bilan est le reflet des choix financiers de l'entreprise. Le bilan comptable normalisé décrit au passif les ressources et à l'actif les emplois qui en ont été faits.

1. Le passif

Au passif trois types de ressources apparaissent :
- celles qui ont été fournies par le propriétaire ou les associés et qui constituent **le capital social** ;
- celles qui ont été accumulées par l'entreprise grâce aux bénéfices non distribués et qui constituent **les réserves** ;
- celles qui ont été apportées par des prêteurs, des banques et les fournisseurs et qui constituent **les dettes**. Toute dette constitue en effet, au moment où elle est contractée, une ressource de financement.

Les deux premières catégories de ressources, capital social et réserves, forment **les capitaux propres** qui ont en commun :
- d'être la propriété des associés ;
- de ne pas être remboursables à une échéance déterminée avant dissolution de l'entreprise ;

- d'être le gage des créanciers car ils servent de garantie aux prêteurs en cas de difficultés de l'entreprise.

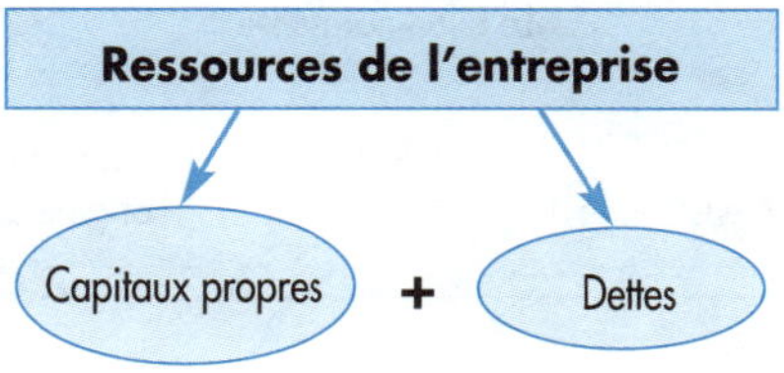

Le passif décrit les ressources composées, selon leur origine, des capitaux propres et des dettes.

2. L'actif

À l'actif les deux types d'emplois des ressources sont constitués par l'actif immobilisé et l'actif circulant.

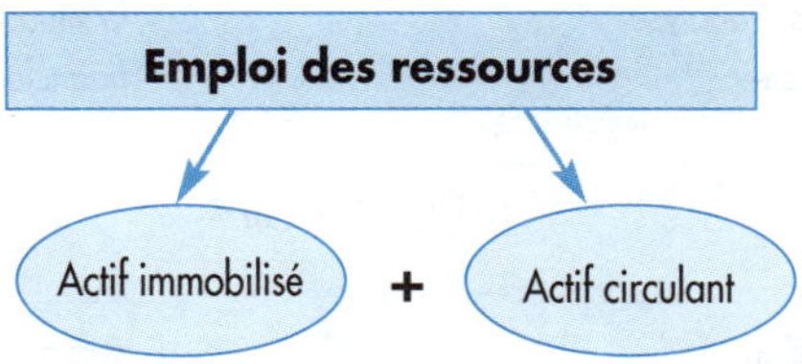

L'actif regroupe les immobilisations et l'actif circulant selon le critère de la destination des biens acquis.

L'actif immobilisé est formé de tous les éléments **permanents** d'exploitation, acquis en vue d'une **détention durable** et participant à **de nombreux cycles d'exploitation** successifs. Durant leur vie la plupart de ces actifs immobilisés se déprécient progressivement du fait de l'usure et de l'obsolescence (dépréciation provoquée par les changements dans les techniques, les goûts et les besoins). L'actif immobilisé fait ainsi l'objet d'amortissements (enregistrement de la dépréciation résultant de l'usure) et de provisions (dépréciations résultant de causes accidentelles).

L'actif circulant est formé par l'ensemble des biens et créances qui séjournent pendant une brève période, inférieure à un an, dans l'entreprise. Une grande partie d'entre eux, notamment les stocks et les créances sur les clients sont nécessaires à l'exploitation tandis que d'autres, par exemple les valeurs mobilières de placement, sont sans lien avec le cycle d'exploitation.

Pour l'analyse financière, le bilan normalisé de l'entreprise fournit un certain nombre de renseignements, notamment d'ordre juridique.

À partir de ce document, il est possible d'établir un bilan financier et un bilan fonctionnel.

II. LE BILAN FINANCIER : LIQUIDITÉ ET EXIGIBILITÉ

1. Un autre classement des éléments d'actif et de passif

Pour réaliser une analyse de la situation financière il est nécessaire d'établir un **bilan financier** en classant :

- les actifs selon un critère de **liquidité** croissante ; la liquidité d'un bien étant le délai, plus ou moins long, nécessaire pour qu'il puisse être transformé en monnaie : plus ce délai est long plus la liquidité est faible ;
- les passifs selon un critère **d'exigibilité** croissante ; l'exigibilité d'une dette se mesure par le délai séparant la date du jour de celle de l'échéance du remboursement ; elle exprime donc la durée pendant laquelle l'entreprise peut disposer d'une source de financement : plus cette durée est longue, plus l'exigibilité est faible.

À la différence du bilan comptable normalisé, le bilan financier classe les ressources selon leur exigibilité et les emplois selon leur liquidité.

Les deux bilans – comptable et financier – diffèrent alors par leur rôle et leur finalité.

Bilan normalisé et bilan financier

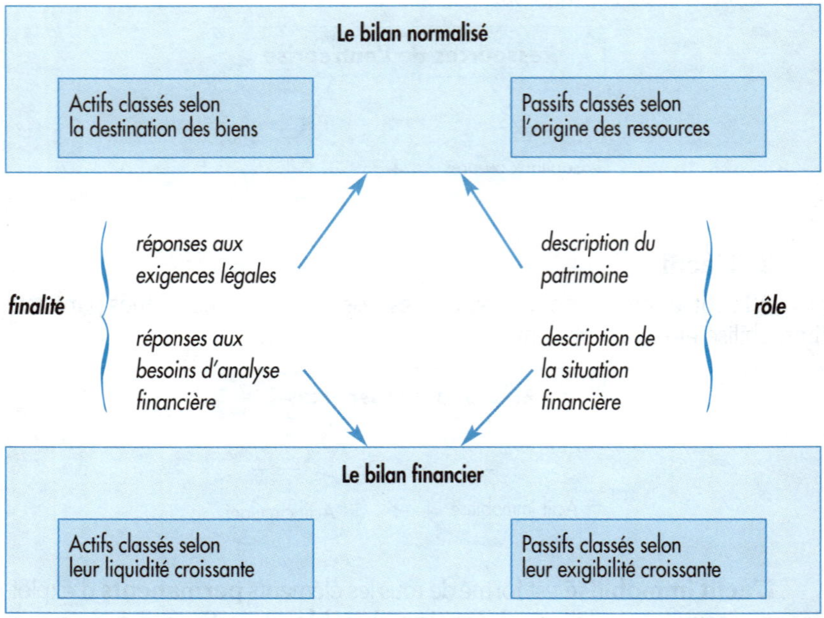

Le bilan financier s'obtient en **regroupant** les rubriques du bilan en grandes masses et en effectuant des **reclassements** des postes du bilan, en fonction des indications des notes du bas du bilan et de l'annexe.

Le bilan financier nécessite des regroupements et des reclassements des rubriques du bilan normalisé.

Bilan financier = { Bilan normalisé
+ Reclassements à partir du bas du bilan et de l'annexe
+ Regroupement en grandes masses }

2. L'actif

Du point de vue financier on divise les emplois, selon leur liquidité croissante, entre emplois dont le séjour dans l'entreprise est supérieur à un an et ceux dont le séjour est inférieur à un an.

Ceci conduit à distinguer deux grandes masses à l'actif.

L'actif du bilan financier

Regroupement des emplois selon le critère financier de la *liquidité*

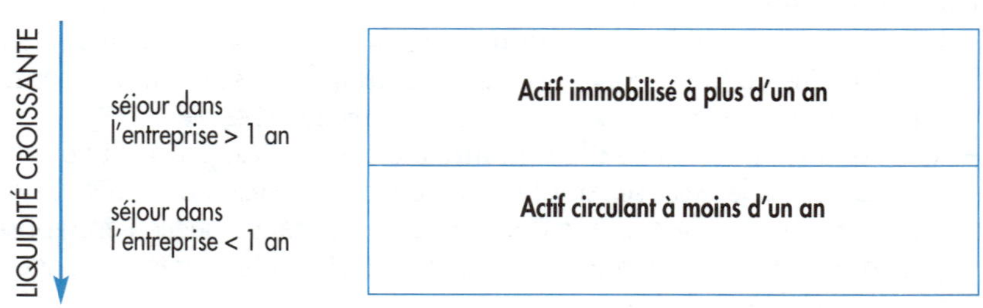

3. Le passif

Les provisions et les dettes doivent être classées selon leur échéance à court, moyen ou long terme.

Au passif du bilan financier les reclassements et regroupements portent sur les dettes et les provisions pour risques et charges.

Les provisions sont destinées à faire face à des dépenses probables. Certaines provisions, ayant le caractère de réserves, s'ajoutent aux capitaux propres, car leur exigibilité est nulle. Les autres provisions, correspondant à des dépenses probables, sont rattachées aux dettes.

Après ces retraitements deux grandes masses apparaissent au passif du bilan financier : les ressources stables et les dettes à court terme.

Ces reclassements et regroupements conduisent à distinguer, au lieu des capitaux propres et des dettes, critère juridique employé dans le bilan normalisé, deux grandes rubriques : **les capitaux permanents** et **les dettes à court terme.**

Le passif du bilan financier

Regroupement des ressources selon le critère financier de **l'exigibilité** qui exprime la durée pendant laquelle l'entreprise peut disposer d'un financement.

EXIGIBILITÉ CROISSANTE ↓

Capitaux permanents :
- Capital
- Réserves
- Report à nouveau
- Résultat non distribué
- Provisions à caractère de réserves

} Capitaux propres

- Dettes à plus d'un an
- Provisions correspondant à des risques certains mais lointains

} exigibilité supérieure à 1 an

Dettes à court terme
- Fournisseurs
- Créanciers divers
- Découvert bancaire (concours bancaires courants)
- Provisions correspondant à des risques prochains

} exigibilité inférieure à 1 an

PASSIF = CAPITAUX PERMANENTS + DETTES À COURT TERME

III. LE BILAN FONCTIONNEL : LES CYCLES FINANCIERS

La prise en compte de cycles financiers et des flux qui leur sont associés conduit à l'élaboration du bilan fonctionnel.

Le **bilan normalisé** se prête mal à l'analyse financière. Le **bilan financier** répond essentiellement aux besoins d'étude de la liquidité et de la solvabilité de l'entreprise. Pour compléter l'analyse il est nécessaire de se référer au **bilan fonctionnel** qui constitue l'instrument essentiel de l'analyse financière contemporaine.

Le bilan fonctionnel est fondé sur les **cycles financiers** de l'entreprise : *cycle d'investissement* portant sur les immobilisations, *cycle de financement* portant sur les ressources stables et *cycle d'exploitation*.

1. L'actif

Au sein de l'actif du bilan fonctionnel trois sortes d'emplois apparaissent : les immobilisations, les actifs d'exploitation et les actifs de trésorerie.

Du point de vue des **emplois** trois types d'actifs doivent être distingués :
- le cycle d'investissement correspond aux **immobilisations brutes ;**
- le cycle d'exploitation correspond aux stocks et aux crédits accordés aux clients, qui se renouvellent continuellement : ils constituent donc, du point de vue financier, des emplois durables de capitaux en **actifs d'exploitation ;**
- des emplois temporaires irréguliers et instables qui ne sont liés ni aux investissements, ni à l'exploitation. Ils peuvent être cédés en cas de besoin ; ils

correspondent aux **actifs de trésorerie :** liquidités, valeurs mobilières de placement…

Ainsi le **bilan fonctionnel** s'obtient en distinguant, au sein de l'actif circulant, les actifs d'exploitation et les actifs de trésorerie. D'où la structure de l'actif du bilan fonctionnel.

Les actifs immobilisés et les actifs d'exploitation sont présents en permanence dans l'entreprise.

L'actif du bilan fonctionnel

Optique liquidité		Optique fonctionnelle
(Actif immobilisé)	**Actifs immobilisés bruts** *(liés aux cycles d'investissement)* • Immobilisations incorporelles • Immobilisations matérielles • Immobilisations financières	Emplois durables Présence continue indispensable dans l'entreprise
(Actif circulant)	**Actifs d'exploitation** *(liés au cycle d'exploitation)* • Stocks • Créances • Autres créances d'exploitation	(Emplois durables — suite)
	Actifs de trésorerie *(non cycliques)* • Titres de placement • Disponibilités.	Emplois temporaires

2. Le passif

Du point de vue des ressources de l'entreprise, trois types de passifs doivent être distingués :

– des financements durables constituant des **ressources stables** (ex. : le capital social, les réserves, les emprunts…) ;

– des financements résultant du cycle d'exploitation au cours duquel ils se renouvellent continuellement (notamment les crédits fournisseurs) ; ils constituent donc, du point de vue financier, des ressources financières renouvelables ; ce sont les **dettes d'exploitation ;**

– des financements temporaires, irréguliers et instables qui risquent de disparaître sans possibilité de renouvellement ; ils correspondent aux **dettes de trésorerie :** (ex. : découverts bancaires).

Au sein du passif du bilan fonctionnel trois catégories de ressources apparaissent : les ressources stables, les ressources renouvelables (ou dettes d'exploitation) et les ressources précaires (ou passifs de trésorerie).

Ainsi le **bilan fonctionnel** s'obtient en distinguant les dettes d'exploitation et les dettes de trésorerie. D'où la structure du passif du bilan fonctionnel.

Il y a deux catégories de dettes à court terme, selon qu'elles sont, ou non, liées au cycle d'exploitation.

Le passif du bilan fonctionnel

Optique exigibilité			Optique fonctionnelle
Capitaux permanents	**Ressources stables** • Capital • Réserves • Report à nouveau • Amortissements et provisions • Dettes financières	Ressources stables	Ressources financières durables
Dettes à court terme	**Dettes d'exploitation** • Fournisseurs • Autres dettes d'exploitation	Dettes à renouvellement automatique	(Ressources financières durables — suite)
	Dettes de trésorerie • Découverts bancaires • Escompte • Billets de Trésorerie		Ressources temporaires

En résumé : **Passif : ressources stables + dettes d'exploitation + dettes de trésorerie**

SECTION 2
L'ANALYSE DE LA STRUCTURE FINANCIÈRE

Pour fonctionner correctement, l'entreprise a besoin de ressources financières adaptées aux emplois de fonds qui sont nécessaires à la réalisation des **investissements** et à **l'exploitation** courante.

La durée de financement doit correspondre à la durée des emplois de fonds.

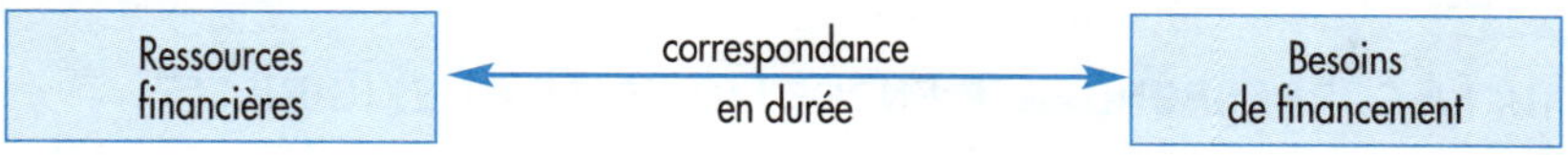

Ainsi, les échéances de remboursement des dettes doivent correspondre aux durées d'emploi des fonds. C'est la correspondance entre l'**exigibilité** des dettes et la **liquidité** des actifs, mise en évidence par le **bilan financier.**

I. LA LIQUIDITÉ DES ACTIFS

La **liquidité** d'un actif, nous l'avons vu, est la durée nécessaire pour que, par le fonctionnement normal de l'entreprise, un bien se transforme en disponibilités.

Par exemple, la liquidité d'une créance sur les clients est plus grande que la liquidité des stocks de produits finis, elle-même plus élevée que la liquidité des matières premières.

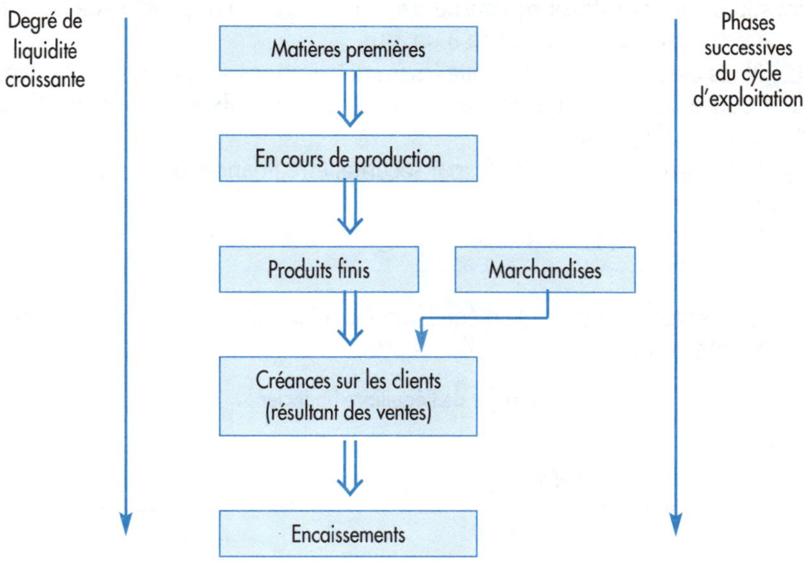

La liquidité et l'exigibilité sont deux concepts financiers importants pour l'étude de l'équilibre financier d'une entreprise.

En résumé, la liquidité des différents postes de l'actif circulant varie selon leur place dans le cycle d'exploitation qui conduit de l'achat des matières premières à l'encaissement du chiffre d'affaires.

II. L'EXIGIBILITÉ DES PASSIFS

L'**exigibilité** d'une dette, nous l'avons vu, est la durée séparant la date du jour de celle de son remboursement. Par exemple, à sa souscription au 1er janvier 2002, un emprunt remboursable le 31 décembre 2011 a une exigibilité de 10 ans.

Degré de disponibilité d'un élément de passif (capitaux propres, dettes) ↗ ⟷ Degré d'exigibilité du passif considéré ↘

L'exigibilité représente donc la durée pendant laquelle l'entreprise peut disposer d'une source de financement. Plus cette durée est longue, plus l'exigibilité est faible.

III. LA CORRESPONDANCE ENTRE LIQUIDITÉ ET EXIGIBILITÉ

Dans une entreprise, si la liquidité des actifs est plus faible que l'exigibilité des ressources (= passifs), il arrive un moment où :
- des dettes sont à rembourser immédiatement (elles sont exigibles) ;
- les fonds correspondants sont employés dans des éléments d'actif (créances, stocks, immobilisations) non immédiatement liquides.

Il y a alors perturbation du fonctionnement de l'entreprise et **cessation de paiement** pouvant conduire au redressement judiciaire, voire à la liquidation de l'entreprise.

Il doit y avoir correspondance entre la liquidité des actifs et l'exigibilité des dettes.

Il est donc nécessaire d'assurer un pilotage financier de l'entreprise permettant de contrôler constamment la correspondance entre exigibilité et liquidité. Elle s'étudie à l'aide du **bilan financier.**

L'ensemble des capitaux propres et des dettes à moyen et long terme constituent les **capitaux permanents,** qui restent à la disposition de l'entreprise pour une durée supérieure à un an.

Nous avons également vu que les immobilisations sont elles-mêmes dans l'entreprise pour plusieurs années : ce sont des **emplois stables** et durables des capitaux disponibles.

Les emplois stables doivent, par sécurité, être financés par des ressources stables.

Capitaux permanents $\geqslant$ Actif immobilisé

Le respect de cette règle d'équilibre financier minimum conditionne mais ne garantit pas la pérennité de l'entreprise.

Les emplois durables dans l'actif immobilisé doivent être financés par des ressources stables, constituées par les capitaux permanents.

La règle de l'équilibre financier

principe : Durée de détention d'une immobilisation $\leqslant$ Durée de disponibilité du financement correspondant

Conséquence : les actifs immobilisés doivent être financés par des *capitaux permanents.*

ACTIF IMMOBILISÉ		CAPITAUX PERMANENTS
équipements	→	crédits à moyen terme (2 à 7 ans)
constructions, installations, gros matériel	→	emprunts à long terme (7 à 20 ans)
éléments incorporels, projets risqués	→	capitaux propres (capital, autofinancement)

SECTION 3
LE FONDS DE ROULEMENT FONCTIONNEL ET LE BESOIN DE FINANCEMENT DE L'EXPLOITATION

À partir du bilan fonctionnel, l'analyse du fonds de roulement permet d'étudier l'équilibre financier de l'entreprise et d'apprécier sa situation de trésorerie.

I. NATURE DU FONDS DE ROULEMENT FONCTIONNEL

Le fonds de roulement, différence entre les ressources stables et les immobilisations brutes, est une ressource de financement disponible pour financer l'exploitation.

La différence entre les ressources stables et les immobilisations brutes constitue le **fonds de roulement** (FR).

Le fonds de roulement, grandeur financière fondamentale, est donc l'excédent des ressources stables (capitaux propres + amortissements + provisions + dettes financières hors concours bancaires courants) sur les besoins de financement stables.

FR = Ressources stables – Immobilisations brutes

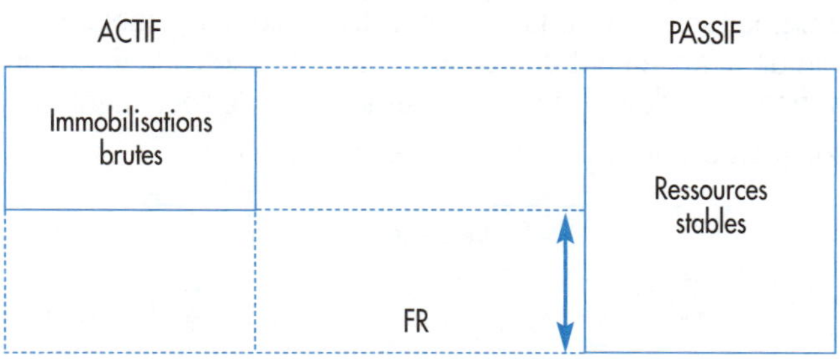

Le FR est une RESSOURCE DE FINANCEMENT STABLE

Il existe deux modes de calcul du fonds de roulement.

C'est un *paramètre structurel* qui indique le montant des ressources financières durables mises à la disposition de l'entreprise pour couvrir ses besoins d'exploitation.

II. RÔLE DU FONDS DE ROULEMENT

Nous avons vu (ch. 13), qu'outre les investissements matériels, incorporels et financiers, l'exploitation nécessite un financement permanent : c'est le besoin de financement de l'exploitation (BFE) (1).

Par ailleurs, les ressources stables fournissent, après avoir financé l'actif immobilisé, un excédent de financement : c'est le fonds de roulement.

Il faut donc, pour avoir une structure financière saine et équilibrée (les besoins stables étant couverts par les ressources stables), que le fonds de roulement couvre le besoin de financement de l'exploitation.

(1) Notons que le besoin de financement de l'exploitation est souvent appelé besoin en fonds de roulement d'exploitation (BFRE)

Il doit y avoir correspondance entre le fonds de roulement et le besoin de financement de l'exploitation (BFE).

FONDS DE ROULEMENT ET BESOIN DE FINANCEMENT DE L'EXPLOITATION (BFE)

Le FR		Le BFE
RESSOURCE de financement stable = ressources stables – immobilisations brutes	finance →	BESOIN de financement permanent = actifs d'exploitation – dettes d'exploitation

Il faut donc que le fonds de roulement soit suffisant pour couvrir le besoin de financement de l'exploitation.

D'où la règle d'équilibre financier :

$$FR \geqslant BFE$$

SECTION 4
LA TRÉSORERIE

La trésorerie est constituée par la différence entre les actifs de trésorerie et les passifs de trésorerie.

Dans une entreprise :
- l'actif immobilisé doit être financé par des ressources stables ;
- le besoin de financement de l'exploitation, qui a le caractère d'un investissement financier, doit être financé par le fonds de roulement.

Lorsqu'il en est ainsi, la trésorerie est équilibrée :

Trésorerie = 0

ou : Trésorerie = Actifs de Trésorerie – Passifs de trésorerie = 0
(ex. : liquidités, titres de placement) *(ex. : découverts bancaires)*

Si, en revanche, le fonds de roulement est insuffisant pour couvrir le besoin de financement de l'exploitation, l'entreprise a une trésorerie négative : elle doit faire appel à des découverts bancaires. Mais cette situation ne peut être que transitoire, car ces ressources sont instables, et il y a risque de crise de trésorerie entraînant une cessation de paiement.

Il existe ainsi un rapport étroit entre le fonds de roulement, le besoin de financement de l'exploitation et la trésorerie.

Cela permet de préciser la notion de trésorerie, de comprendre les causes de sa dégradation et les moyens de son amélioration.

I. LA NOTION DE TRÉSORERIE

La trésorerie ne doit pas être confondue avec les liquidités.

L'analyse précédente montre que la **trésorerie** ne doit pas être confondue avec l'**encaisse** ou les **disponibilités**.

Pour bien préciser le contenu de la trésorerie, considérons les composantes du bilan fonctionnel. L'égalité de définition du bilan fonctionnel s'écrit :

Actifs = **Passifs**

Actifs immobilisés + Actifs d'exploitation + Actifs de trésorerie = Ressources stables + Dettes d'exploitation + Dettes de trésorerie

Et, en regroupant les termes en fonction de leur signification financière, on obtient :

Actifs de trésorerie – Dettes de trésorerie = Ressources stables – Actifs immobilisés – Actifs d'exploitation + Dettes d'exploitation

Trésorerie nette = Fonds de roulement – Besoin de financement de l'exploitation

Ce qui permet de définir la trésorerie de deux manières :
- Trésorerie = actifs de trésorerie – dettes de trésorerie (aspect descriptif)
- Trésorerie = FR – BFE (aspect explicatif)

Il existe deux définitions de la trésorerie, fondées sur le bilan fonctionnel.

En conclusion, la situation de la trésorerie dépend de l'importance du fonds de roulement par rapport au besoin de financement de l'exploitation.
- Elle est équilibrée lorsque le fonds de roulement couvre le BFE.
- Elle est excédentaire lorsque le fonds de roulement est supérieur au BFE.
- Elle est déficitaire lorsque le fonds de roulement est inférieur au BFE.

La situation de trésorerie s'explique par l'écart entre le fonds de roulement et le besoin de financement de l'exploitation.

II. LES CAUSES DE DÉGRADATION DE LA TRÉSORERIE

On peut donc en déduire les causes de dégradation de la trésorerie. Elles proviennent :
– soit de la diminution du fonds de roulement ;
– soit de l 'accroissement du besoin de financement de l'exploitation (ou BFE).

La dégradation de la trésorerie peut avoir deux causes provenant soit du cycle d'exploitation, soit des politiques d'investissement et de financement.

Les causes de dégradation de la trésorerie

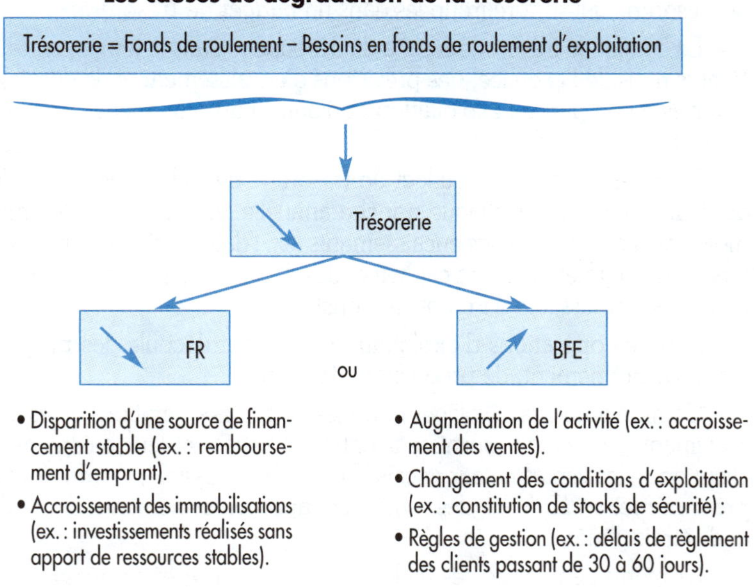

III. LES MOYENS D'AMÉLIORATION DE LA TRÉSORERIE

Cette analyse permet également d'identifier les moyens d'améliorer la trésorerie. L'entreprise dispose à cette fin de deux possibilités d'action.

L'entreprise dispose de nombreux moyens d'action pour améliorer sa trésorerie en agissant sur le haut ou sur le bas de son bilan.

- Augmenter son fonds de roulement :
  • augmentation de capital ;
  • autofinancement ;
  • emprunt à moyen ou long terme ;
  • cessions d'actifs immobilisés ;

  ce sont des actions sur le haut du bilan.
- Diminuer son besoin de financement de l'exploitation :
  • réduction des stocks ;
  • réduction des crédits accordés aux clients ;
  • accroissement des crédits-fournisseurs ;

  ce sont des actions sur le bas du bilan.

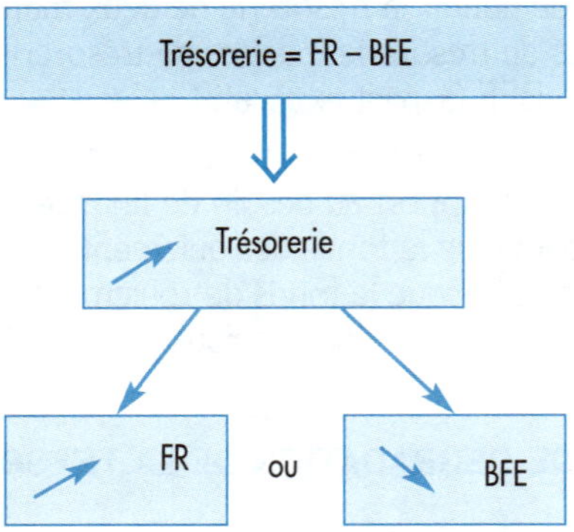

IV. LE BUDGET DE TRÉSORERIE

Le budget de trésorerie regroupe tous les encaissements et décaissements de l'entreprise.
Ils découlent des plans d'investissement et de financement d'une part et des programmes d'approvisionnement, de production et de vente d'autre part.

Les plans d'investissement et de financement d'une part, les programmes de production et de vente d'autre part, permettent d'effectuer des prévisions de trésorerie qui sont regroupées dans un *budget de trésorerie.*

Le budget de trésorerie résulte du découpage dans le temps, entre les différents mois de l'exercice, des prévisions d'encaissement et de décaissement relatives d'une part à l'exploitation et d'autre part aux opérations d'investissement et de financement.

Pour ces dernières le budget de trésorerie découle directement du plan de financement. Pour chaque tranche annuelle du plan il indique, mois par mois, les dates prévues des encaissements (ex. : date de disponibilité des fonds lors d'une augmentation de capital) et des décaissements (ex. : dates de paiement des fournisseurs d'immobilisations).

Pour les opérations d'exploitation le budget découle des programmes d'approvisionnement, de production, de vente.

Compte tenu des décalages entre les dates des opérations et les dates de règlement (ex. : crédit-fournisseur entre les achats et leur paiement ; crédit client entre les ventes et leur encaissement) il est possible de *transformer ces programmes en budgets* (des ventes, des approvisionnements, de production et des frais généraux).

Le regroupement de ces budgets fournit le **budget général** de l'entreprise qui indique le *solde de trésorerie* de chaque période.

Compte tenu de la situation de trésorerie initiale, il est alors possible de déterminer les moyens de financement complémentaires à mettre en œuvre (ex. : crédit de campagne, crédit-relais, escompte de traites, découvert bancaire).

L'élaboration d'un budget de trésorerie est indispensable :
- pour éviter les crises de trésorerie,
- pour justifier auprès des banques les demandes de crédit,
- pour mettre en place à l'avance les moyens de financement nécessaires, compte tenu des délais exigés,
- pour contrôler les réalisations par rapport aux prévisions et prendre des mesures correctives.

Le budget de trésorerie est un outil de gestion prévisionnelle et de contrôle.

SECTION 5
L'ANALYSE DES SOURCES DE FINANCEMENT : LA STRUCTURE DU PASSIF

Nous venons de voir que le bilan permet de comparer la structure de l'actif à celle du passif. Il constitue également un moyen d'appréciation de la composition du passif, c'est-à-dire de l'équilibre interne entre les diverses sources de financement.

Le passif regroupe les capitaux propres et les dettes dont il faut apprécier les parts respectives. Quatre facteurs interviennent pour déterminer la part que doivent prendre les dettes dans l'ensemble des ressources :
- la recherche de la **sécurité** (réduction des risques de non-remboursement des annuités d'emprunt ou des crédits) ;
- l'impératif **d'indépendance** à l'égard des tiers apporteurs de capitaux : banquiers, fournisseurs ;
- la nécessité du **développement** de l'entreprise, qui rend nécessaire le recours à l'endettement pour financer les investissements ;
- l'objectif de **rentabilité** guide également les choix de financement car il peut ou non être opportun d'emprunter selon que le taux d'intérêt à verser est inférieur ou supérieur au taux de rentabilité des investissements réalisés.

Il faut considérer quatre facteurs pour déterminer le niveau d'endettement de l'entreprise par rapport à ses capitaux propres : sécurité, indépendance, développement et rentabilité.

I. FINANCEMENT ET SÉCURITÉ

1. L'autonomie financière

La sécurité et l'indépendance sont favorisées par le recours aux capitaux propres puisqu'ils ne doivent pas être remboursés et que leur rémunération est facultative. Ceci conduit, dans les choix financiers, à respecter le ratio d'indépendance financière.

$$\frac{\text{Capitaux propres}}{\text{Dettes financières (hors concours bancaires courants)}} > 1$$

Il signifie que les dettes financières ne doivent pas dépasser les capitaux propres.

Au-delà de cette limite, outre la perte d'indépendance et le risque encouru, les prêteurs (notamment les banquiers) refusent d'apporter leur concours. En raison de la vulnérabilité trop grande de l'entreprise et du risque qu'elle représente, ils considèrent que le gage constitué par les capitaux propres devient insuffisant.

Les dettes financières ne doivent pas excéder les capitaux propres.

2. La capacité de remboursement

Cependant l'entreprise, en fonctionnement normal, ne rembourse pas ses emprunts avec ses capitaux propres. Ces derniers sont déjà employés pour financer les immobilisations.

La seule ressource nouvelle dont dispose l'entreprise pour rembourser ses emprunts est constituée par sa capacité d'autofinancement.

Outre le versement (facultatif) de dividendes, la CAF a donc deux utilisations :
- financer des investissements nouveaux ;
- rembourser les emprunts.

L'entreprise ne doit pas consacrer plus de la moitié de sa CAF au remboursement annuel de ses emprunts.

Il est donc normal de ne pas consacrer chaque année plus de la moitié de la CAF au remboursement des emprunts.

D'où la règle à respecter.

$$\frac{\text{Remboursement annuel des emprunts}}{\text{Capacité d'autofinancement (CAF)}} < \frac{1}{2}$$

3. Le niveau d'endettement

Pour éviter le surendettement des entreprises, la plupart des organismes prêteurs s'assurent que l'entreprise emprunteuse n'a pas une dette globale trop importante.

L'endettement global ne doit pas représenter plus de trois années de capacité d'autofinancement.

On apprécie l'endettement global d'une entreprise par rapport à sa CAF puisque c'est avec celle-ci que les emprunts doivent être remboursés. Les organismes financiers considèrent qu'une entreprise doit être capable de rembourser ses dettes en trois ans au maximum si elle y consacre chaque année toute sa capacité d'autofinancement. D'où la règle à respecter : il ne faut pas que les dettes excèdent 3 fois la capacité d'autofinancement.

$$\frac{\text{Dettes financières}}{\text{CAF}} < 3$$

4. L'équilibre financier annuel : le tableau des flux de trésorerie

Pour chaque année, on peut vérifier la cohérence des choix d'investissement et de financement de l'entreprise en comparant :
- l'ensemble des ressources durables nouvelles dont elle a disposé : CAF, augmentation de capital, nouveaux emprunts, cessions d'immobilisations ;
- avec les emplois stables qu'elle a réalisés au cours de l'année : investissement nouveaux, remboursements d'emprunts, paiement de dividendes.

Le tableau de financement recense les emplois durables et les ressources stables d'un exercice. Il explique la variation du fonds de roulement.

Le tableau de financement est le document qui décrit d'une part toutes les ressources durables nouvelles et d'autre part tous les emplois stables d'une année. La différence entre les ressources et les emplois de l'exercice correspond à la *variation du fonds de roulement*. Le fonds de roulement augmente lorsque les ressources durables de l'exercice sont supérieures aux emplois stables, et diminue dans le cas contraire.

Au lieu de raisonner en termes d'emplois et de ressources, beaucoup d'entreprises préfèrent analyser les **flux de trésorerie** et élaborent un **tableau**

des flux de trésorerie fondé sur la distinction fonctionnelle des flux d'exploitation, d'investissement et de financement ce qui permet de mettre en évidence trois soldes de trésorerie relatifs à chacune de ces catégories d'opérations : solde de la trésorerie d'exploitation (STE), solde de trésorerie des investissements (STI) et solde de la trésorerie du financement (STF). Le solde de trésorerie global d'un exercice est la somme de ces trois soldes :

$$STG = STE + STI + STF$$

Tableau de flux de trésorerie de l'exercice

I. Flux de trésorerie d'exploitation
+ Encaissements d'exploitation
– Décaissements d'exploitation
= Flux net de trésorerie d'exploitation (ou STE)

II. Flux de trésorerie des investissements
+ Acquisitions d'immobilisations
– Cessions d'immobilisations
= Flux net de trésorerie des investissements (ou STI)

III. Flux de trésorerie du financement
+ Augmentation de capital
+ Nouveaux emprunts
– Remboursement d'emprunts antérieurs
= Flux de trésorerie du financement (ou STF)

IV. Flux de trésorerie global = STE + STI + STF
+ Trésorerie initiale au début de l'exercice
= Trésorerie finale à la fin de l'exercice

II. INCIDENCE DU FINANCEMENT SUR LA RENTABILITÉ

Nous venons de voir les principales règles à respecter dans le choix des sources de financement. Elles font apparaître qu'un double équilibre est nécessaire : entre les sources de financement d'une part ; entre les emplois de fonds et les ressources de financement d'autre part.

Mais le choix des diverses sources de financement ne doit pas seulement se faire en fonction de *contraintes d'équilibre financier* à respecter. Il doit également tenir compte de *l'objectif de rentabilité* de l'entreprise. Or les diverses sources de financement ont des incidences très différentes sur la rentabilité.

En contrepartie l'endettement joue un rôle positif dans la croissance et la rentabilité des capitaux propres.

1. La notion de rentabilité

La rentabilité est une notion purement financière. C'est le rapport d'un résultat (comptable) aux capitaux investis :

$$\text{taux de rentabilité} = \frac{\text{résultats obtenus}}{\text{capitaux investis}}$$

Les capitaux investis ont deux origines :
- ceux qui sont apportés par des tiers prêteurs dont la rémunération est fixée contractuellement lors du prêt (ce sont les charges financières) ;
- ceux qui sont apportés par les associés dont la rémunération est fonction du bénéfice réalisé.

Il y a donc deux mesures possibles de la rentabilité.

La *rentabilité économique* est celle qui rapporte le résultat comptable à l'ensemble des capitaux investis.

$$\text{rentabilité économique} = \frac{\text{EBE (ou résultat d'exploitation)}}{\text{capitaux investis}}$$

Il faut distinguer la rentabilité économique des capitaux investis et la rentabilité financière des capitaux propres.

La *rentabilité financière* est celle qui, s'intéressant aux seuls associés, rapporte le résultat aux capitaux propres :

$$\text{rentabilité financière} = \frac{\text{résultat net ou résultat courant}}{\text{capitaux propres}}$$

La rentabilité constitue l'un des aspects essentiels de la gestion de l'entreprise. En économie capitaliste de marché, c'est même l'objectif principal poursuivi par les entreprises. Elle constitue à la fois un moteur de l'activité (stimulant), une mesure de l'efficacité de la gestion (sanction des pertes, récompense par les profits) et un moyen de financement des investissements (par l'autofinancement).

2. Endettement et rentabilité

L'endettement agit sur la rentabilité en fonction du *prix du crédit* (les taux d'intérêt) et du *volume de l'endettement*.

Pour un montant donné de capitaux propres, le recours à l'endettement permet d'accroître l'activité de l'entreprise (c'est-à-dire les ventes). Ce supplément d'activité se traduit par une augmentation des marges bénéficiaires de l'entreprise.

Il est nécessaire, pour apprécier l'effet de l'endettement sur la rentabilité, de comparer *le supplément de marge (EBE) obtenu aux intérêts versés (charges financières)*. Si le supplément de marge est supérieur aux intérêts, l'emprunt accroît la rentabilité des capitaux propres. Il la réduit dans le cas contraire. C'est le mécanisme de l'***effet de levier financier.***

Lorsque la rentabilité économique excède le taux d'intérêt des capitaux empruntés l'entreprise dégage un effet de levier financier qui améliore la rentabilité de ses capitaux propres.
Elle a dans ce cas intérêt à emprunter, dans la limite du respect des règles d'équilibre financier.

L'EFFET DE LEVIER

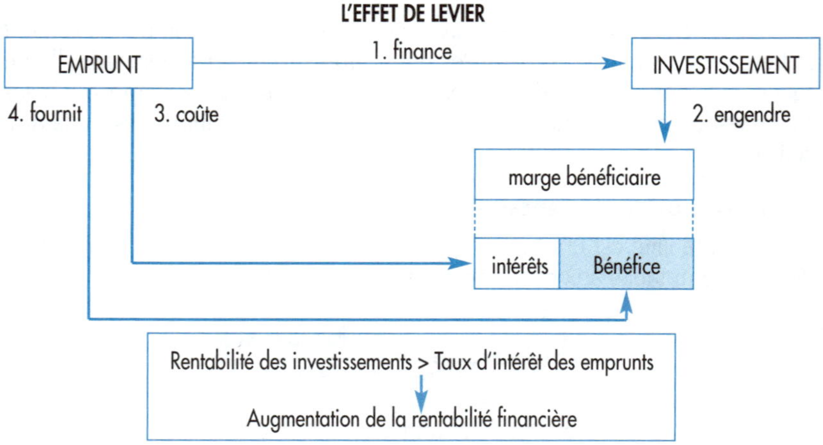

Ainsi, lorsque la rentabilité des investissements dépasse le taux d'intérêt, l'endettement permet d'accroître la rentabilité financière de l'entreprise.

3. Endettement et risque

Il existe une relation simple entre la rentabilité économique (Re) et la rentabilité financière (Rf).

Si i est le taux d'intérêt payé sur les dettes, D le montant de la dette, CP les capitaux propres, elle s'écrit :

$$Rf = Re + (Re - i)\ D/CP$$

En effet, chaque euro de dette rapporte Re, mais coûte i, de telle sorte que la dette globale D augmente le résultat de $(Re - i) \times D$; soit, en pourcentage des capitaux propres c'est-à-dire en taux :

$$(Re - i)\ D/CP.$$

Dans cette expression, (Re – i) s'appelle le **différentiel de taux** ; et le rapport D/CP porte le nom de **bras de levier**.

Il apparaît ainsi qu'une firme a intérêt à s'endetter pour accroître sa rentabilité financière. Mais naturellement, cela n'est vrai que tant que le différentiel de taux est positif. S'il s'inverse, l'effet de levier devient négatif et abaisse la rentabilité financière au-dessous de la rentabilité économique : c'est l'*effet de massue*.

L'effet de levier a un autre inconvénient : il entraîne des variations de la rentabilité financière amplifiées par rapport à celles de la rentabilité économique : c'est l'*effet de volatilité* qui rend instable la rentabilité financière de la firme.

Pour ces raisons, l'effet de levier élève le niveau de risque de l'entreprise. C'est pourquoi lorsque le taux d'endettement (D/CP) d'une firme augmente, les apporteurs de capitaux exigent une rémunération de plus en plus élevée pour compenser le risque croissant qu'ils encourent (prime de risque) ; par ailleurs les agences de notation financière (rating) déclassent (en abaissant leur note) les entreprises dont l'endettement s'accroit, ce qui renchérit le coût de leurs financements, voire rend inaccessible le recours aux marchés financiers. Les exemples passés de France Télécom, de Vivendi constituent des illustrations de ces phénomènes.

SOUS-TITRE I : *LA GESTION DU PERSONNEL*

15

LA GESTION DES RESSOURCES HUMAINES

Pour comprendre l'évolution de la fonction personnel, il faut l'insérer dans les changements qui ont profondément affecté son environnement (Section 1) et les conceptions de l'homme au travail (Section 2). Ils ont abouti à une modification profonde des pratiques de gestion du personnel (Section 3).

SECTION 1 LES FACTEURS D'ÉVOLUTION DE L'ENVIRONNEMENT

Les politiques du personnel ont connu une importante évolution liée à quatre types de transformations de l'environnement : économiques, techniques, psycho-sociologiques et socio-politiques.

I. LES FACTEURS ÉCONOMIQUES

Les effets des nouveaux aspects de la **croissance** économique et de l'**internationalisation** des entreprises ont des répercussions importantes sur la gestion des ressources humaines.

Irrégularité et disparité des taux de croissance, et ouverture internationale caractérisent l'évolution de l'économie.

La croissance économique, en élevant le pouvoir d'achat moyen, a accéléré la **dynamique des besoins :** les désirs des acheteurs se diversifient et leurs exigences s'accroissent. Ces exigences portent sur la qualité, la sécurité, la personnalisation des biens et des services, les services annexes et postérieurs à la vente, la continuité du service offert dans le temps.

Dans ses rythmes la croissance économique est devenue faible et irrégulière et très différenciée selon les secteurs en raison des déplacements de la demande (crise des industries traditionnelles, essor de la haute technologie et des services). Elle crée ainsi des problèmes humains : le manque de qualifications coexiste avec l'existence de sureffectifs (main d'œuvre trop nombreuse). Ainsi la gestion des **effectifs** et celle des **qualifications** deviennent primordiales.

Ces changements accroissent les impératifs de flexibilité de l'entreprise qui se traduisent dans la gestion de ses effectifs et l'évolution des qualifications de son personnel.

L'ouverture internationale combine ses effets à l'irrégularité des rythmes de croissance en accroissant l'**incertitude** et en renforçant la **concurrence**. L'entreprise doit s'adapter en permanence à la dynamique de son environnement concurrentiel ce qui implique une forte mobilité de sa main-d'œuvre. D'une façon générale, l'impératif de compétitivité requiert une disponibilité et une flexibilité plus grandes de l'entreprise et donc de son personnel dans ses effectifs et dans ses horaires de travail.

II. LES FACTEURS TECHNIQUES

D'importantes mutations technologiques nécessitent une adaptation des caractéristiques quantitatives et qualitatives de la main-d'œuvre.

Les techniques de production évoluent, notamment sous l'influence de l'informatisation et de l'automatisation.

Les techniques de production augmentent la complexité des machines. Elles incluent de plus en plus d'automatisation et d'informatique, y compris dans les services avec l'essor de la **bureautique** tandis que la **productique** a envahi le domaine industriel.

La mise en œuvre de ces nouvelles techniques nécessite une main-d'œuvre qualifiée, par exemple pour piloter les machines à commande numérique, alors que l'OST héritée du système de Taylor s'appliquait à une main-d'œuvre peu formée. Les technologies de l'information et de la communication ont entraîné un changement profond de l'organisation des entreprises et du travail.

Il en résulte un double mouvement de déqualification, c'est-à-dire de dévalorisation d'anciens métiers et de surqualification, c'est-à-dire d'accroissement ou d'élargissement des compétences pour de nouveaux métiers.

De nouvelles préoccupations apparaissent en matière de gestion des ressources humaines : élévation du niveau des qualifications, élargissement des compétences. Les politiques de formation deviennent un outil essentiel d'adaptation de la main-d'œuvre aux mutations techniques. Symétriquement l'entreprise doit savoir gérer le mouvement de déqualification qui affecte les anciens métiers par des techniques de réorganisation du travail. Enfin l'évolution des techniques génère d'importants gains de productivité ce qui réduit fortement la main-d'œuvre nécessaire, d'où l'importance des méthodes de **gestion prévisionnelle du personnel** permettant de planifier à moyen terme la double évolution des qualifications et des effectifs.

La gestion prévisionnelle du personnel est nécessaire pour résoudre les problèmes posés par les évolutions techniques.

III. LES FACTEURS PSYCHOSOCIOLOGIQUES

De même que la croissance provoque l'apparition de nouveaux besoins des consommateurs, elle induit chez les travailleurs de nouvelles aspirations.

Dans un premier temps, avec l'école des relations humaines, les psychosociologues industriels, tels Elton Mayo et ses successeurs, ont reconnu que les **facteurs d'ambiance** (couleurs, lumière, mobilier…) constituent des éléments favorables à la productivité du travail. La gestion des ressources humaines a ainsi inclus dans ses préoccupations l'**ergonomie** c'est-à-dire l'adaptation du poste de travail aux besoins du travailleur.

Les nouvelles aspirations des travailleurs ont conduit à inclure dans la gestion du personnel les considérations relatives aux conditions de travail, puis celles portant sur le contenu du travail.

Après avoir identifié l'importance des **conditions de travail** dans les déterminants de la satisfaction individuelle et de la productivité du travail, les spécialistes en organisation du travail ont perçu la nécessité d'améliorer le **contenu du travail,** ce qui a conduit aux méthodes d'élargissement des tâches (moins parcellaires et plus variées) et d'enrichissement du travail (davantage d'initiative, d'autonomie, de responsabilité données à l'individu dans la préparation et le contrôle de son propre travail).

Par la suite les **facteurs sociaux** de la productivité ont été mis en évidence. Le travailleur n'est pas un être isolé mais appartient à un **groupe de travail** ce qui a conduit à des réflexions sur l'organisation de l'entreprise en groupes homogènes, cohérents et motivés (équipes autonomes, cercles de progrès, îlots de production, cercles de qualité…) prenant en compte les problèmes de communication, d'information et de relations internes au groupe par l'adoption de structures en réseau qui remplacent ou complètent les structures hiérarchiques traditionnelles.

La reconnaissance de l'entreprise comme communauté sociale et l'existence de groupes de travail, imposent à la fonction personnel de s'intéresser aux aspects collectifs du travail en élargissant le champ de ses préoccupations.

Les sociologues ont montré que, au-delà de son appartenance immédiate à un groupe de travail, l'individu fait également partie d'une **communauté sociale** qui regroupe l'ensemble du personnel de l'entreprise. Dans cette perspective, la gestion des ressources humaines (GRH) inclut l'ensemble des relations sociales collectives dans l'entreprise : définition d'un projet social, négociation des avancées sociales, programmation de la gestion des carrières.

En tenant compte des aspects psychologiques et sociaux du travail humain, la fonction personnel a élargi son champ à la **dimension sociale de l'entreprise.**

IV. LES FACTEURS SOCIOPOLITIQUES

La fonction personnel doit s'adapter aux évolutions rapides du cadre légal.

Le contexte socio-politique constitue enfin un facteur d'environnement contraignant pour la définition de la politique du personnel de l'entreprise.

Or, de ce point de vue on assiste à une **évolution rapide du cadre législatif et réglementaire** auquel l'entreprise doit adapter ses méthodes de recrutement, de formation, de rémunération et de licenciement.

Elles créent de nouvelles obligations et accroissent les rigidités dans la gestion du personnel.

Des **rigidités** nouvelles apparaissent qu'elle doit prendre en compte, par exemple quant aux possibilités de recourir aux divers types de contrats de travail, à l'obligation de formation, à la réglementation du licenciement. Elle doit mettre en place les institutions de représentation du personnel et négocier avec les partenaires sociaux le statut du personnel dans l'entreprise (une loi de 1982 a institué une obligation de négociation annuelle dans l'entreprise).

Les deux lois relatives à la réduction et à l'aménagement du temps de travail (lois Aubry relatives aux 35 heures, instaurant la RTT) ont conduit à des négociations (obligatoires pour bénéficier d'allégement des charges sociales), et à une réorganisation profonde des modalités et des horaires de travail, dans une optique de maintien de la **productivité** et de recherche de la **flexibilité**, considérée par de nombreuses entreprises, comme la contrepartie de la réduction du temps de travail.

En outre, l'entreprise ne peut avoir une image favorable dans l'opinion publique que si elle assume son rôle social à côté de sa fonction économique traditionnelle, en s'intéressant à ses ressources humaines.

Au-delà des aspects réglementaires, elle doit s'adapter au contexte sociopolitique. Si l'image de l'entreprise s'améliore dans l'opinion publique comme lieu indispensable et irremplaçable de création de richesses, elle ne peut pérenniser cette image favorable qu'en reconnaissant pleinement, à côté de sa fonction économique, son rôle social. Elle n'est plus simple utilisateur de main-d'œuvre mais responsable des ressources humaines qu'elle doit valoriser et satisfaire.

SECTION 2 L'ÉVOLUTION DES CONCEPTIONS DE L'HOMME AU TRAVAIL

La politique du personnel pratiquée par les entreprises reste très hétérogène selon la **taille** des firmes, la **qualification** de leurs salariés et leur **environnement** socioculturel.

Aux changements techniques, économiques, sociaux et politiques, il faut ajouter l'évolution des conceptions de l'homme au travail pour comprendre l'élargissement de la fonction personnel.

Cependant en règle générale, les politiques du personnel ont connu une importante évolution liée à deux types de transformations :
- tout d'abord les changements techniques, économiques et sociaux (techniques de production, niveau de vie, genre de vie, niveau culturel), ont fortement influencé les politiques sociales des entreprises ;
- ensuite, les politiques du personnel ont connu une importante modification. À la seule prise en compte de la **dimension physiologique** de l'homme s'est ajoutée la reconnaissance de son **appartenance sociale,** et la considération de ses **motivations personnelles,** psychologiques et intellectuelles, pour aboutir à une vue moins partielle des besoins de l'homme au travail.

Elle ne peut plus être localisée dans un service du personnel. C'est désormais une fonction partagée.

Cette évolution ne concerne pas seulement les services du personnel de l'entreprise (direction du personnel et services spécialisés), mais tous les services de l'entreprise : modification du mode de commandement, changement des conditions de travail, transformation du contenu du travail.

Nous étudierons trois grandes phases de l'évolution des conceptions dans le domaine des rapports de l'homme et de son travail :
- la prise en compte de la dimension physiologique de l'homme au travail ;

– l'intégration des facteurs psychosociologiques ;
– les analyses contemporaines des besoins de l'homme au travail.

I. LA DIMENSION PHYSIOLOGIQUE DE L'HOMME AU TRAVAIL : L'ÉCOLE CLASSIQUE

Les conceptions de l'École classique (Fayol, Taylor, Ford, Gilbreth, Gantt...) ont eu d'importantes conséquences sur les modes de gestion du personnel des entreprises.

L'école classique, taylorienne et fordiste, est à l'origine des premières formes d'organisation du travail et de gestion du personnel.

1. Les types de travaux étudiés

L'École classique s'est intéressée, à la fin du XIXe siècle et au début du XXe siècle, d'abord aux **travaux répétitifs de production** (travail dans les ateliers), puis aux **tâches administratives** (travail de bureau).

Les autres activités (études, conception notamment) sont restées en marge de ses réflexions.

2. Les caractéristiques de l'homme au travail

Pour les théoriciens de l'école classique, l'homme au travail est foncièrement **matérialiste :** sa motivation principale est **pécuniaire** dès lors que sa sécurité est assurée... D'où l'importance prise par le calcul de **rémunérations individuelles au rendement** (primes).

Par ailleurs, les individus au travail ont des caractéristiques physiologiques. D'où l'intérêt accordé à **l'analyse des mouvements et des temps** par l'OST (Organisation scientifique du travail), et la dissociation entre les activités d'exécution et les activités de réflexion (préparation, contrôle) confiées à des organes distincts et spécialisés. Exemple : le service des méthodes divise le travail en opérations élémentaires ; les ouvriers spécialisés les exécutent.

Sa conception des motivations humaines et de la nature du travail est très restrictive, ce qui explique les nombreux dysfonctionnements sociaux constatés dans les entreprises appliquant de façon étroite les principes de l'organisation scientifique du travail, exclusivement centrés sur les aspects techniques.

3. La nature du travail

Le travail est considéré comme une activité pénible par nature de telle sorte que le critère d'appréciation de l'entreprise doit être sa **productivité** et non la **satisfaction** des hommes dans leur travail. Il en résulte une prédominance des préoccupations de rendement. L'entreprise a une fonction économique mais n'a pas de fonction sociale.

4. Les insuffisances de la théorie classique

L'application des conceptions de l'école classique, en matière **d'organisation** du travail et de **rémunération** notamment, a souvent conduit à un mauvais fonctionnement des entreprises :
– absentéisme chronique ;
– rotation du personnel (*turn over*) élevée ;
– accidents du travail nombreux ;
– usure prématurée des outillages ;
– taux de rebut important ;
– coulage (disparition de matières, d'outils, de produits) ;
– conflits inter-individuels entre ouvriers ou entre ouvriers et maîtrise ;
– conflits collectifs du travail (grèves).

C'est que, fondée et représentée principalement par des ingénieurs et des techniciens (Taylor notamment), l'école classique insiste surtout sur les impératifs techniques de la production.

II. L'INTÉGRATION DES FACTEURS PSYCHOSOCIOLOGIQUES

L'école des relations humaines a étudié les facteurs psychologiques et sociaux qui conditionnent la satisfaction et la productivité du travail.

L'école des relations humaines, que l'on peut également qualifier de théorie psycho-sociologique des organisations, est née aux États-Unis vers 1930 en réaction contre les principes et les effets de l'École classique.

Le mouvement des relations humaines s'intéresse principalement aux relations entre individus au sein de groupes de travail restreints, à partir d'une étude des motivations.

Elle s'est intéressée à cinq thèmes principaux.

Les thèmes d'étude sont principalement :
- les **facteurs d'ambiance** (température, bruit, lumière…) et leurs relations avec la productivité et le climat social ;
- les phénomènes de nature psycho-sociale qui naissent dans les **groupes de petite taille :** tensions, types de relations, autorité ;
- les **communications** interpersonnelles : obstacles, distorsions, effets des différents réseaux de communication ;
- les **phénomènes informels,** c'est-à-dire ceux qui ne sont pas prévus par l'organisation officielle : raisons de leur apparition, fonctions qu'ils remplissent, liaisons informelles, rumeurs ;
- les **conflits :** types, raisons, modalités de déroulement, modes de résolution.

1. Les groupes de travail

L'étude des facteurs d'ambiance (éclairage, bruits, couleurs…) dans leurs relations avec la productivité est le point de départ des travaux d'Elton Mayo, à la Western Electric de 1927 à 1932.

La productivité dépend non seulement de facteurs matériels mais aussi du climat du groupe de travail, de la qualité des relations inter-individuelles et des communications.

Ses découvertes sont le résultat d'expériences portant sur l'effet de la modification des **facteurs d'ambiance**. Paradoxalement le rendement élevé se maintenait lorsque les conditions initiales d'ambiance (défavorables) étaient rétablies. Ces résultats conduisirent Mayo à l'idée que des éléments, autres que des facteurs d'ambiance, interviennent. Le dépouillement d'entretiens avec les ouvrières permit de montrer que ce ne sont pas des **facteurs matériels** qui gouvernent principalement le rendement mais des éléments de **nature psychosociale**, notamment :
- l'influence du groupe ;
- l'importance de l'information ;
- la nature des relations avec l'encadrement.

2. Les réseaux de communication

Les réseaux de communication peuvent être caractérisés par leur degré de centralisation.

Nous avons vu que l'école des relations humaines insiste sur le rôle joué par les communications dans l'entreprise. Alex Bavelas a étudié les communications dans les petits groupes et s'est intéressé aux propriétés des réseaux de communication caractérisés par leur degré de centralisation.
- Réseau en cercle où chaque participant a une situation identique à celle des autres ; il communique directement avec une ou deux personnes au plus :

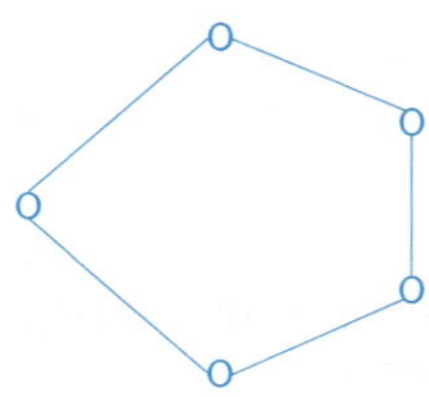

- Réseau en ligne dans lequel les individus terminaux n'ont qu'un seul interlocuteur :

- Réseau en croix organisé autour d'un individu particulier : c'est la structure hiérarchique.

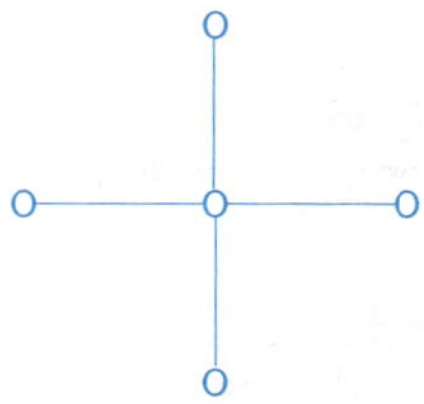

Les réseaux de communication ont une influence sur le rendement du travail et sur le moral des individus.

Les divers réseaux diffèrent entre eux par leur degré de centralisation. Les résultats des expériences de Bavelas concernent la réponse à deux questions essentielles :
- Y a-t-il des réseaux plus efficaces que d'autres ?
- Quelle est l'incidence de la structure du réseau sur le moral du groupe et de chacun des participants ?

Le degré de centralisation des réseaux de communication a une grande incidence sur ces deux paramètres.

Rendement : plus le réseau est centralisé, plus :
- la solution du problème est rapide ;
- le nombre d'erreurs est faible ;
- le nombre de messages réduit.

C'est le réseau hiérarchique qui apparaît le plus efficace.

Moral : Il faut distinguer le moral du groupe (en moyenne) et le moral de chacun des participants.

Dans les réseaux centralisés, le moral moyen est faible ; les individus périphériques (placés aux extrémités de la ligne de communication) ont un mauvais moral ; au contraire, les individus centraux ont un moral élevé (car ils apprécient leur travail et leur place dans le groupe).

Inversement dans les réseaux non centralisés (réseau en cercle notamment), le moral des divers participants est meilleur et il y a peu d'écarts entre eux. Ils ont l'impression d'être des participants plutôt que des exécutants.

III. LES ANALYSES CONTEMPORAINES DES BESOINS DE L'HOMME AU TRAVAIL

L'école des systèmes sociaux, ainsi appelée parce qu'elle considère que les entreprises sont d'abord des **organisations sociales** analyse les besoins des travailleurs pour dégager :
- les raisons du mauvais fonctionnement des entreprises ;
- des principes nouveaux en ce qui concerne la politique sociale des entreprises et leur organisation humaine.

C'est en se fondant sur l'analyse des besoins de l'homme au travail que l'on peut améliorer la gestion des ressources humaines.

1. La typologie de A. Maslow

Abraham Maslow a classé les besoins humains en quatre catégories qui constituent une hiérarchie de besoins à l'apparition successive :

– les besoins physiologiques constitués par les éléments nécessaires à la survie, y compris le besoin de sécurité ;

– les besoins sociaux primaires qui tiennent à la nature sociale de l'homme qui désire être intégré au groupe (besoin d'appartenance) ;

– les besoins sociaux secondaires liés également à la nature de l'homme qui désire être reconnu par le groupe (besoin d'estime, de prestige) ;

– les besoins personnels qui sont liés au désir de dépassement, d'accomplissement personnel et qui sont satisfaits par la réalisation d'une « œuvre ».

Maslow distingue quatre catégories de besoins. Ils apparaissent successivement. Il existe ainsi une dynamique des besoins.

Ces besoins sont **hiérarchisés** en ce qui concerne leur apparition. Ce n'est que lorsqu'une catégorie de besoins est satisfaite que la catégorie suivante fait son apparition. Il en résulte que, selon leur situation sociale, leur culture et leur milieu, les travailleurs sont caractérisés par des niveaux d'aspiration très différents : d'où des politiques sociales diversifiées et notamment des politiques spécifiques en ce qui concerne le personnel d'encadrement.

De plus, les besoins physiologiques et les besoins sociaux primaires sont **limités**, de telle sorte qu'ils ne constituent plus des sources de motivation positive pour l'individu chez lequel ils sont satisfaits. Au contraire, les besoins supérieurs (sociaux et personnels) sont **illimités** ; ce caractère dynamique en fait une source de motivation permanente pour les individus.

2. La classification de F. Herzberg

Herzberg a montré que le contenu du travail joue un rôle plus important que les conditions de travail dans les motivations du personnel et dans son comportement.

Dans son ouvrage *Le travail et la nature de l'homme*, F. Herzberg a classé les sources de satisfaction des individus en deux catégories :

Les facteurs d'hygiène sont relatifs à l'environnement du travail : rémunérations, œuvres sociales, relations sociales, systèmes d'information et de communication, facteurs d'ambiance.

Les facteurs de motivation sont relatifs au contenu du travail ; initiative, autonomie, responsabilité, variété, possibilité d'évolution professionnelle (perfectionnement, formation).

Herzberg a constaté que la contribution des facteurs d'hygiène et de motivation à la satisfaction des individus est dissymétrique.

Les facteurs d'hygiène ne jouent pas de rôle positif mais seulement un rôle négatif. Si vous recevez des coups de bâton vous en éprouvez une vive insatisfaction, s'ils cessent vous ressentez un soulagement immédiat mais non une satisfaction durable !

Au contraire, les facteurs de motivation jouent un rôle essentiellement positif. Ils sont la principale source des satisfactions durables.

Herzberg en déduit que les sentiments de frustration envers l'entreprise et les comportements qui en découlent (départ, absentéisme, apathie, hostilité) sont dus essentiellement à la non-prise en compte des facteurs de motivation par les politiques sociales.

3. La distinction de D. Mac Grégor

Douglas Mac Grégor dans son ouvrage « La dimension humaine de l'entreprise » a montré que les différents types de direction sont inspirés de deux conceptions de l'homme qualifiées de « Théorie X et Théorie Y ».

La théorie X correspond au point de vue traditionnel selon lequel le travail est pénible par nature ce qui nécessite une direction et un contrôle permanent des individus.

La théorie Y se propose de montrer que les **buts individuels** du personnel et les **buts de l'entreprise** peuvent être intégrés et compatibles.

Mac Gregor a dégagé deux types de direction du personnel, fondés sur des conceptions différentes des motivations des individus.

Lorsque le travail est intéressant et que les relations dans l'entreprise sont agréables, les salariés peuvent adopter les buts de la firme comme des moyens de réalisation de leurs propres objectifs.

Une entreprise est efficace lorsque, par son organisation, par les conditions de travail et le contenu des tâches, elle sait faire converger les buts individuels et ceux de l'organisation. C'est le **principe d'intégration**.

Il pense que certaines techniques de direction et de gestion du personnel permettent de faire converger les buts des individus et ceux de l'entreprise.

Il résulte de ces diverses analyses que les rapports des individus avec leur travail sont variables : le travail lui-même, et la diversité des motivations humaines.

Le **travail** peut être considéré soit comme une activité pénible soit comme une occupation agréable. Cela dépend notamment de deux variables sur lesquelles peut agir l'entreprise : les conditions et le contenu du travail.

Les **motivations** diverses des individus à l'égard du travail sont liées à leur niveau d'aspiration, variable selon les personnalités, le milieu, le niveau culturel et le revenu.

Cette double hétérogénéité, à la fois dans la nature du travail et dans les attitudes à son égard, rend particulièrement délicate la définition de la politique sociale des entreprises où l'on rencontre toujours diverses sortes de travail et différentes catégories de personnel.

Il en résulte que la gestion du personnel doit souvent être différenciée selon les catégories de travail et les personnels intéressés.

SECTION 3
L'HOMME ET LE TRAVAIL : L'ÉVOLUTION DES PRATIQUES

Les pratiques relatives aux rapports de l'homme avec son travail ont suivi l'évolution des conceptions que nous avons analysées dans les paragraphes précédents. Elles sont à l'origine de méthodes destinées à permettre :
- une meilleure adaptation de l'homme à son travail ;
- et, réciproquement, une adaptation du travail à l'homme ;
- enfin, une amélioration des relations humaines.

Nous étudierons successivement ces trois aspects.

I. L'ADAPTATION DE L'HOMME À SON TRAVAIL

L'adaptation de l'homme à son travail correspond à des conceptions très anciennes (taylorisme) et à des approches contemporaines (formation professionnelle notamment).

1. La rationalisation du travail

L'organisation scientifique du travail repose sur la parcellisation du travail.
Il est décomposé en opérations élémentaires confiées à des exécutants différents.

En application des conceptions de l'école classique, les politiques sociales ont d'abord mis l'accent essentiellement sur la rationalisation du travail dans le cadre de l'OST. Elle comporte cinq étapes :

- **analyse des tâches :** décomposition du travail en opérations et en mouvements élémentaires ;
- **critiques de chaque élément du travail :** gestes, positions, équipements ;
- **recomposition des mouvements :** élimination des gestes inutiles, association de plusieurs mouvements exécutés simultanément ;
- **calcul du temps d'exécution,** soit par chronométrage soit par utilisation des tables de temps standard (addition des temps élémentaires de chaque mouvement) ;
- **mise en œuvre :** explication à l'exécutant, suivi d'exécution, correction des modes d'exécution.

2. Les tests psychotechniques

Pour adapter l'homme à son emploi des tests psychotechniques de sélection des travailleurs les plus aptes à l'emploi sont pratiqués : soit lors de l'embauche, soit lors des affectations ou des promotions.

Les tests psychotechniques permettent de sélectionner le travailleur dont le profil personnel est le plus adapté au profil du poste de travail.

Fondés sur la méthode expérimentale, les tests servent à établir le **profil du travailleur** (c'est-à-dire ses caractéristiques physiques, sociales, morales, intellectuelles, professionnelles). Sa confrontation avec le **profil du poste de travail** (ses exigences en matière d'efforts physiques, de conditions de travail, d'aptitude aux relations sociales, de connaissances et d'expérience professionnelle) permet de décider : l'embauche immédiate ; l'embauche avec un programme de formation complémentaire ; l'orientation vers d'autres postes de travail ; les possibilités de promotion ; la définition des programmes de formation.

La nature des tests varie selon le degré de qualification du personnel.

Pour les exécutants, les tests sont surtout des **tests physiologiques** (ex. : test de précision, d'habilité manuelle, d'acuité visuelle...) et des tests relatifs à la **compétence professionnelle.** Pour l'encadrement, ils comportent fréquemment des **tests psychologiques** (destinés à déceler les traits de caractère jouant un rôle dans l'aptitude aux contacts sociaux) et des **tests intellectuels** (intelligence, créativité, imagination, initiative, mémorisation...).

La psychotechnique fournit des éléments d'information utiles pour éclairer les décisions concernant le personnel. Mais elle ne doit pas être le seul facteur de décision car les tests correspondent à des situations artificielles et simplifiées dans un contexte expérimental éloigné du contexte réel de la vie du travail.

3. La formation

La formation permet de réduire les écarts entre le profil du poste et celui du travailleur en élevant sa qualification.

Enfin la formation constitue un autre moyen d'adapter l'homme à son travail actuel ou futur en élevant les qualifications.

II. L'ADAPTATION DU TRAVAIL À L'HOMME

1. L'environnement du travail

En sens inverse, à la suite des analyses des psychosociologues industriels, de nombreuses tentatives ont été faites pour adapter le travail à l'homme :
- étude des **facteurs d'ambiance :** lumière, acoustique, température hygrométrie, couleurs, en vue d'améliorer la **satisfaction** psychologique et la **productivité** ;
- études d'**ergonomie** : elles conduisent à redéfinir les caractéristiques des outils, des équipements, du poste de travail (disposition des cadrans, des écrans, des manettes...) des aires de circulation, en vue de réduire les efforts physiques ou nerveux, d'accroître la sécurité et le rendement ;
- étude des **rythmes de travail :** aménagement des horaires, détermination de la fréquence et de la durée des pauses ;
- étude des **dispositifs de sécurité** ;
- amélioration des **conditions de travail :** durée du travail, cadence.

Tous ces travaux portent sur l'environnement du travail (conditions de travail) sans remettre en cause le principe de parcellisation des tâches posé par Taylor.

Il existe de nombreux procédés pour améliorer l'environnement du travail : facteurs d'ambiance, ergonomie, rythmes de travail...

2. Le contenu du travail

Plus récemment, l'adaptation du travail à l'homme a considérablement évolué en intégrant les analyses globales des besoins de l'homme :
- l'**élargissement des tâches** consiste à réduire la parcellisation du travail en allongeant le cycle opératoire. Cet allongement est obtenu en regroupant plusieurs travaux confiés auparavant à des ouvriers différents. Il en résulte un travail plus varié et donc moins monotone ;
- l'**enrichissement des tâches** consiste à confier aux exécutants des travaux de préparation et/ou de contrôle de leur activité, soit individuellement, soit dans le cadre d'une équipe de travail (équipes semi-autonomes). Le travail retrouve ainsi sa signification et son intérêt ;
- l'**automatisation** substitue à l'action humaine des machines assurant les diverses fonctions : motrices (ex. : chariot-élévateur), sensorielles (ex. : capteurs) et intellectuelles (ex. : mémorisation et décision par des équipements informatiques). L'automatisation joue un rôle important dans les efforts d'adaptation du travail à l'homme car elle permet la suppression des travaux pénibles et/ou répétitifs remplacés par une activité de surveillance **physiquement** moins éprouvante, **socialement** mieux considérée et **psychologiquement** plus intéressante.

L'élargissement du cycle opératoire, l'enrichissement des tâches et l'automatisation aboutissent à une modification du contenu du travail.

Les systèmes d'élargissement du travail, d'enrichissement des tâches et d'automatisation provoquent des transformations importantes dans l'entreprise :
- réorganisation des services et de leurs relations ;
- modification des rapports humains : le rôle de la maîtrise (contremaîtres, chefs d'ateliers) évolue du commandement vers l'animation d'une équipe.

En outre, sur le plan économique, ils ont généralement d'importantes conséquences : investissements élevés, mais amélioration de la productivité et de la qualité.

Les nouveaux emplois qui en résultent exigent d'importants investissements matériels et incorporels (en formation du personnel notamment).

III. LES POLITIQUES DE RELATIONS HUMAINES

En se fondant sur l'étude des relations humaines par les psycho-sociologues, les politiques de relations humaines cherchent à améliorer les relations sociales dans l'entreprise.

Le terme de relations humaines recouvre trois réalités :
- le **fait** des relations humaines, c'est-à-dire l'existence de rapports interindividuels (à ne pas confondre avec les relations sociales relatives aux rapports collectifs entre l'entreprise et les représentants des travailleurs) ;
- l'**étude** des relations humaines par les psychosociologues en vue d'apprécier leur qualité ;
- la **politique** des relations humaines relative aux actions qui sont conduites dans le but d'améliorer les relations au sein de l'entreprise principalement à trois niveaux :
  - entre les exécutants et la maîtrise (chef d'équipe, chef d'atelier, contremaître) ;
  - entre les exécutants et l'encadrement ;
  - entre le personnel et la direction.

L'amélioration est recherchée afin de réduire ou de supprimer les tensions qui ont une incidence néfaste sur le climat social et la productivité.

1. Les méthodes d'évaluation

Elles reposent sur des techniques d'évaluation des individus et des groupes de travail comme la psychométrie et la sociométrie.

Les méthodes d'évaluation ont pour objet d'apprécier les caractéristiques d'un individu par rapport à un groupe : c'est la **psychométrie** qui est utilisée comme technique d'adaptation du personnel aux emplois lors de l'embauche, de l'affectation, des mutations et des promotions.

Elles peuvent également avoir pour but l'évaluation de groupes : évaluation globale du groupe, constitution de groupes de travail efficaces, appréciation de la place d'un individu dans le groupe. C'est la **sociométrie**.

Qu'il s'agisse de psychométrie ou de sociométrie, on utilise de façon complémentaire : les tests ; les questionnaires ; les entretiens ; l'analyse graphologique ; les études morphologiques (plus encore que les tests ces deux dernières approches ont un caractère scientifique contesté).

Actuellement, l'évaluation des salariés, fondée notamment sur un **entretien annuel d'évaluation** (EAE), tend à se généraliser. Elle sert de base à l'évolution des rémunérations, à l'élaboration des plans de formation, et à la détermination des profils de carrière dans le cadre de systèmes de gestion prévisionnelle de l'emploi et des compétences (GPEC) qui reposent de plus en plus sur la réalisation de **bilans de compétences** en vue de maintenir l'**employabilité**, interne et externe, du personnel par son adaptation permanente au contenu de plus en plus évolutif des emplois, des métiers et des qualifications.

2. Les méthodes d'information

La politique de communication de l'entreprise utilise à la fois les relais hiérarchiques, les représentants du personnel et les communications directes entre la direction et le personnel.

La politique de relations humaines repose sur **l'amélioration de la communication** au sein de l'entreprise. Le renforcement des **communications descendantes** peut s'effectuer en utilisant trois canaux :
- les **communications hiérarchiques :** elles évitent que la hiérarchie ait le sentiment d'être « court-circuitée ». Par contre, elles ont l'inconvénient de créer une grande « distance sociale » entre la direction et le personnel ;
- les **canaux de représentation du personnel :** les représentants du personnel (délégués du personnel, membres du comité d'entreprise ou d'établissement, délégués syndicaux) peuvent être utilisés comme relais de transmission de l'information. Mais comme on vient de le voir, il y a un équilibre

difficile à trouver entre les communications de type hiérarchique et les communications par l'intermédiaire des représentants du personnel (risque de court-circuit de la hiérarchie). Schématiquement les informations d'ordre technique ou professionnel, ainsi que les questions d'ordre individuel sont transmises par la voie hiérarchique ; les informations d'ordre général, à caractère collectif portant sur le domaine social, sont communiquées par le canal des représentants du personnel (réponses aux revendications collectives, aux réclamations individuelles, données sur la politique sociale de l'entreprise, information économique générale) ;
- les **communications de masse** visent à supprimer tout intermédiaire entre la direction et le personnel. Elles utilisent des moyens variés : brochures d'accueil remises lors de l'embauche ; journal d'entreprise périodique relatant les faits saillants de la vie de l'entreprise : nouveaux marchés, innovations techniques, produits nouveaux, actualité sociale, événements familiaux ou personnels, promotions notamment, présentation des divers établissements, portrait d'un travailleur... ; expositions organisées à l'intention du personnel de l'entreprise ; journées portes ouvertes et visites de l'entreprise ; affichages ; conférences ; films et diapositives sur l'entreprise et ses réalisations (certaines firmes réalisent sous cette forme leur journal d'entreprise diffusé par un circuit de vidéo interne). Les technologies d'information et de communication (TIC) ont été mises à profit par les grandes entreprises pour faire évoluer et enrichir leur information envers le personnel : utilisation du serveur Internet et de l'Intranet de l'entreprise, du courrier électronique pour la diffusion d'informations individuelles et collectives portant sur la vie de l'entreprise, ses résultats, ses actions, son personnel, sur les opportunités sociales qu'elle offre (en matière d'emploi, de formation, de mobilité notamment).

La politique d'information ne se limite pas à la mise en place de circuits d'information descendante. Elle concerne aussi la création de réseaux de **communication ascendants**. Ils sont également de trois types :

La gestion du personnel ne consiste pas seulement à diffuser des informations. L'entreprise doit également mettre en place des réseaux de collecte de l'information auprès du personnel.
À cette fin, les trois réseaux hiérarchiques, représentatifs et de communication directe sont utilisables.

- hiérarchiques ;
- institutionnels par les représentants du personnel : revendications, réclamations individuelles et collectives d'ordre économique (rémunérations par exemple) ou sociales (conditions de travail, formation...) ;
- individuels : constitués à l'initiative de la direction ou de l'encadrement.

Ils revêtent des formes variées :

• système de boîte à suggestions permettant au personnel de faire des propositions (ex. : amélioration de la qualité). Les propositions adoptées font généralement l'objet d'une prime accordée à leurs auteurs.
• ouverture d'un bureau des réclamations permettant à chacun de trouver un interlocuteur ;
• création d'un service social chargé d'examiner les cas sociaux ;
• consultation du personnel par questionnaire sur un problème précis (ex. : aménagement des horaires).

En ce domaine également les réseaux Intranet et Internet sont de plus en plus utilisés comme substitut ou en complément des méthodes traditionnelles pour interroger le personnel, faire remonter les propositions et les suggestions, ainsi que les aspirations et les insatisfactions afin d'y apporter des réponses ou d'engager des actions rapidement (recherche de réactivité).

16

L'ORGANISATION DE LA FONCTION PERSONNEL

Par nature, les problèmes de personnel de l'entreprise sont des problèmes de relations. Ce n'est que lorsque préalablement les questions relationnelles ont été examinées, qu'apparaissent les problèmes de gestion, c'est-à-dire de procédures administratives permettant d'appliquer des méthodes standardisées à la résolution de questions communes à des effectifs importants : recrutement, rémunération, affectation, appréciation, promotion, mutation, formation...

Fréquemment, cependant, les problèmes sociaux des entreprises ne sont pas envisagés dans leur globalité, c'est-à-dire sous le double aspect des relations et de la gestion. Seule cette dernière dimension est privilégiée ce qui conduit à faire des problèmes de personnel des questions purement administratives, niant la dimension et la finalité sociale de l'entreprise.

Après avoir rappelé le contexte dans lequel se situe la gestion du personnel, nous verrons comment organiser les services (Section 1) ; puis les principales procédures relatives à la gestion des emplois (Section 2) ; portant sur l'analyse des postes de travail et le recrutement du personnel ; enfin nous étudierons la gestion des personnes (Section 3), conditionnée par les systèmes de rémunération et de formation mis en place.

SECTION 1
LES PRINCIPES D'ORGANISATION

I. LES OBJECTIFS ET LES ATTRIBUTIONS

La gestion des ressources humaines comporte quatre dimensions complémentaires.

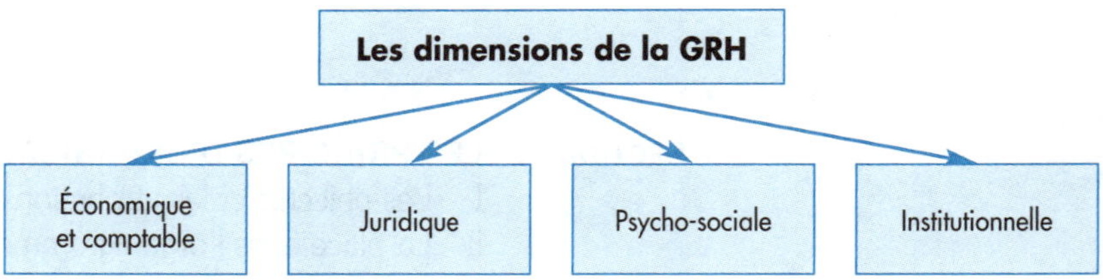

1. La dimension économique

Le travail est un facteur de production, mais il comporte des spécificités ce qui a conduit à en réglementer l'emploi.

La dimension économique et comptable revient à considérer le travail comme « un facteur de production » source de charges, dont le coût doit être minimisé. Elle étudie tous les aspects quantitatifs et monétaires liés à la gestion du personnel et utilise un ensemble de documents de gestion : feuilles d'affectation, fiches de pointage, bons de travail...

2. Le cadre légal

Le cadre légal de l'emploi des salariés est ainsi constitué par une série de textes hiérarchisés.

Du point de vue juridique, les rapports de l'entreprise avec son personnel sont régis par :
- le contrat de travail (correspondant le plus souvent à la lettre d'engagement) ;
- le règlement intérieur de l'entreprise (élaboré unilatéralement par l'employeur, sous le contrôle de l'inspection du travail) ;
- la convention collective d'entreprise ou de branche ;
- la réglementation étatique (Code du travail principalement).

Le cadre légal fixe des règles contraignantes (ex. : *licenciement, représentation du personnel, durée du travail*). Le chef du personnel est chargé d'appliquer le droit social. Mais souvent ce dernier ne constitue qu'un minimum légal dont le dépassement s'avère nécessaire. C'est par ce dépassement que se manifestent l'originalité et le contenu de la politique sociale de l'entreprise. De fait, beaucoup d'initiatives sociales des entreprises (ex. : les prestations familiales, les congés payés, la formation) ont ensuite été reprises par la législation sociale.

L'entreprise performante dépasse souvent l'application stricte du droit social.

3. Le champ psychosocial

La prise en compte des aspects économiques et juridiques (le travailleur co-contractant de l'entreprise) est insuffisante. L'entreprise doit également s'intéresser au personnel comme :

- ensemble de **personnes,** chacune d'elles ayant ses propres perceptions, motivations et comportements ;
- ensemble de **groupes de travail,** au sein desquels se développent des phénomènes collectifs irréductibles aux seuls rapports inter-personnels ;
- **communauté sociale** ayant des intérêts, des aspirations et des points de vue communs.

Pour intégrer et motiver le personnel de l'entreprise il faut considérer à la fois les individus, les groupes de travail et la communauté sociale constituée par l'ensemble des travailleurs.

L'évolution des politiques du personnel a d'ailleurs consisté à **déplacer la réflexion du travail** vers le **travailleur** et les **groupes** de travailleurs. Ce changement est particulièrement manifeste dans les modes de rémunération : de « revenu du travail » le salaire devient de plus en plus le « revenu du travailleur » (prise en compte d'éléments familiaux, maintien en cas de réduction d'activité ou de maladie). En outre, individuelles à l'origine, les primes deviennent de plus en plus collectives (primes d'atelier, primes d'équipe, intéressement aux résultats, participation aux bénéfices de l'entreprise).

4. Les obligations institutionnelles

Enfin, dès que la taille de l'entreprise devient importante, elle doit définir une politique à l'égard des représentants du personnel et de la collectivité des travailleurs.

L'entreprise doit également permettre le fonctionnement des institutions de représentation du personnel qui sont des outils du dialogue social et de la négociation collective.

Une approche synthétique de la gestion des ressources humaines, intégrant les points de vue économique, juridique, psychosocial et institutionnel est aujourd'hui nécessaire car chacun d'eux correspond à un éclairage spécifique porté sur les problèmes sociaux de l'entreprise.

La direction du personnel a désormais des activités dont le nombre, l'importance et la diversité se sont considérablement accrus dans les grandes entreprises. Au-delà de la gestion du personnel, il s'agit d'assurer le **développement des ressources humaines** de l'organisation, compte tenu des nombreuses **contraintes** qui sont à prendre en compte : complexité des rapports sociaux et des textes juridiques, coûts financiers des mesures sociales.

La gestion des ressources humaines est aussi une activité synthétique, devant intégrer divers points de vue et diverses contraintes, pour contribuer au développement des ressources.

II. LA PLACE DANS L'ORGANIGRAMME

L'organisation de la fonction personnel est très variable selon les entreprises. La taille, le type d'activité, la qualification du personnel employé, conduisent à des structures très diverses dont nous examinerons les principales.

1. Le rattachement à la direction

Dans les petites entreprises, les problèmes de personnel relèvent directement de la direction générale. Pour les problèmes de gestion courante (paie, formalités administratives) elle est assistée soit par les services administratifs et comptables, soit par un service du personnel spécialisé.

Dans les PME la direction s'occupe directement des problèmes de personnel.

2. L'autonomie de la fonction

Les grandes entreprises créent des directions du personnel, avec des services spécialisés.

Dès que la dimension de l'entreprise devient importante, l'ensemble des problèmes relatifs au personnel est généralement confié à une direction du personnel ou direction des relations sociales, elle-même structurée en services spécialisés. Parfois, c'est la direction administrative qui s'occupe également des problèmes relatifs au personnel.

3. L'éclatement des services

Dans les firmes à établissements multiples, chaque établissement important (ex. : usine) comporte son propre service du personnel qui dépend :
- hiérarchiquement du chef d'établissement ;
- fonctionnellement du directeur du personnel du siège social qui transmet des instructions et des directives : procédures à respecter pour l'embauche, la notation, la rémunération, la sécurité, les statistiques à recueillir et à transmettre.

La direction du personnel comporte des services décentralisés dans les entreprises à établissements multiples.

Les services du personnel des établissements ont des attributions plus ou moins étendues selon le degré de centralisation de l'entreprise et selon sa taille. Ils s'occupent dans la plupart des cas de l'embauche des exécutants et de la maîtrise de leur établissement, de la centralisation des informations utiles à la mise à jour des dossiers du personnel, au calcul de la paie et à l'établissement des statistiques relatives au personnel.

4. Les relations de la direction du personnel avec la direction générale

En raison de son importance la définition de la politique sociale est toujours l'une des attributions de la direction générale.

Les directions du personnel ont des relations hiérarchiques, fonctionnelles et de conseil, tant avec la direction générale de l'entreprise qu'avec l'encadrement.

Il y a ainsi une répartition des tâches :
- la définition de la politique sociale de l'entreprise est une tâche de la direction générale ;
- la direction du personnel intervient dans la préparation (fonction de conseil) et l'application (fonction hiérarchique) de cette politique.

Par ailleurs, la direction du personnel participe également à la définition des autres politiques de l'entreprise en y apportant son point de vue spécifique (juridique et social) lors des conseils de direction regroupant les principaux directeurs fonctionnels et opérationnels.

5. Les relations de la direction du personnel avec la hiérarchie

Dans toute entreprise il y a **partage d'attributions** et de responsabilités en matière de gestion du personnel, de relations humaines et de relations sociales entre les services de la direction du personnel, et l'encadrement hiérarchique.

Les services du personnel ont des attributions élargies qui dépassent les seules questions d'administration du personnel.

La hiérarchie doit conserver la responsabilité des relations directes avec le personnel en application du principe de l'unité de commandement et en raison de son contact permanent avec les subordonnés. Vis-à-vis de la hiérarchie, les services du personnel ont un triple rôle de conseiller, de prestataire de services et de spécialistes fonctionnels.

Conseillers : les services du personnel assistent la hiérarchie dans tous les problèmes de gestion et de relations.

Prestataires de services : les services du personnel déchargent la ligne hiérarchique de toutes les tâches d'administration du personnel (ex. : recrutement, paie).

Fonctionnels : les services du personnel élaborent des règlements (ex. : en matière de sécurité) que doivent respecter les autres services.

6. L'évolution du rôle des services du personnel

Cantonnés à l'origine dans la gestion administrative du personnel, les services du personnel ont connu, nous l'avons vu, une transformation importante :

- accroissement de leur **place dans la structure** (direction à part entière) ;
- élargissement de leur **horizon temporel :** définition de profils de carrières, gestion prévisionnelle du personnel, formation :
- extension de leurs compétences aux **relations sociales :** négociations avec les représentants du personnel, bilan social.

La variété des tâches des services du personnel nécessite des qualifications diverses et de haut niveau.

On observe ainsi un élargissement progressif du domaine d'intervention des services du personnel. Aux problèmes d'administration se sont ajoutées les questions de perfectionnement, de motivation et d'intégration.

La solution des problèmes relatifs au personnel nécessite donc actuellement de bonnes connaissances administratives, juridiques, psycho-sociologiques ainsi que le sens des contacts sociaux.

Cette variété d'attributions et l'étendue des compétences nécessaires ont conduit à la création de services spécialisés.

III. LES SERVICES SPÉCIALISÉS

Comme nous l'avons vu, il faut, dans les grandes firmes, distinguer les services spécialisés du **siège social** et les services du personnel de chaque **établissement.** On distingue également les services légalement obligatoires (médecine du travail, service social dans certaines industries), et les services créés librement par l'entreprise. Leur nombre varie selon les effectifs, la branche d'activité et la qualification du personnel. Cependant, dans de nombreux cas, la création de ces services est pratiquement indispensable.

La direction du personnel comporte souvent des services spécialisés.

1. Le service de paie

Le service de paie a des liaisons :

- en amont avec les services utilisateurs du personnel,
- en aval avec les services comptables et financiers.

Il établit les **bulletins de paie** et tient à jour le **fichier du personnel** avec l'ensemble des caractéristiques qui interviennent dans le calcul et le paiement des rémunérations (ex. : *renseignements d'état-civil, situation familiale, domicile, numéro de sécurité sociale...*).

Mensuellement le service de paie procède :

- à une mise à jour du fichier compte tenu des mouvements du personnel (départs, arrivées) et des modifications qui lui sont notifiées sur la situation individuelle ou professionnelle de chacun (mutation, promotion, élévation d'échelon). En outre, il doit également actualiser sa documentation juridique sur la réglementation des rémunérations et, en cas de changement, déclencher les modifications nécessaires, notamment en ce qui concerne les pro-

Le service de paie gère des fichiers, établit périodiquement des bulletins de paie après avoir collecté les informations nécessaires.

grammes informatiques (ex. : changement des taux et des plafonds des cotisations, évolution du *SMIC*...) ;
- à la collecte des documents nécessaires au calcul de la paie (bons de travail, fiches de pointage, relevés d'absence, certificats médicaux). Il transmet ensuite les données nécessaires au service informatique pour l'édition des bulletins de paie.

D'autres travaux du service de paie n'ont pas un caractère périodique.

En dehors de ces travaux périodiques, le service de paie intervient également :
- pour instruire les dossiers de réclamation ou les demandes d'explication des salariés ;
- à l'occasion des démissions ou des licenciements pour la liquidation des droits de l'intéressé ;
- lors des départs à la retraite pour l'instruction du dossier de départ.

2. Le service de sécurité

Il ne faut pas confondre le service de sécurité et le comité d'hygiène, de sécurité et des conditions de travail.

Le service de sécurité est le complément quasi indispensable du Comité d'hygiène, de sécurité et des conditions de travail, légalement obligatoire. Il en est l'exécutif et il assure la continuité de la politique de sécurité de l'entreprise. Dans les grandes entreprises industrielles où les problèmes de sécurité sont importants (métallurgie, chimie, mécanique, mines notamment) le chef de service est un ingénieur, voire un ingénieur en chef.

Le rôle du service est **fonctionnel** en ce qui concerne la *prévention*, la formation et le contrôle, **opérationnel** en ce qui concerne les *interventions* (opérations de secours, réalisation des dispositifs de sécurité notamment).

En ce qui concerne les actions de prévention et de contrôle le service de sécurité comprend fréquemment une section prévention dont les attributions sont :

Le service de sécurité a une action préventive en matière de contrôle, de matériel de sécurité, d'information, de formation du personnel, et d'enquêtes sur les accidents.

- la réalisation de **visites périodiques de sécurité :** contrôle du respect des consignes de sécurité, vérification du fonctionnement des dispositifs de sécurité (ex. : arrosage automatique en cas d'incendie, arrêt des machines, si la teneur de l'air en gaz toxiques dépasse la tolérance maximum) ;
- la conception et la **réalisation des équipements de sécurité** individuels et les dispositifs collectifs (ex. : vêtements spéciaux, masques). Dans le cas d'achats extérieurs à l'entreprise, le service est chargé d'effectuer la sélection des appareils (en fonction de considérations d'efficacité, prioritaires sur les considérations de prix) et de faire adapter à la situation particulière de l'entreprise les articles standards des fournisseurs ;
- l'**information** des divers services sur les questions de sécurité. En ce domaine son objectif est de créer et de développer l'esprit de sécurité (ex. : insertion des consignes de sécurité dans la brochure d'accueil, réalisation d'affiches) ;
- la **formation** du personnel sous forme de stages (ex. : mode d'emploi des dispositifs de sécurité, démonstration, essai, exercices d'alerte et d'évacuation) ;
- les **enquêtes** sur les accidents du travail.

En dehors de ces attributions fonctionnelles qui, comme on vient de la voir, sont à la fois d'ordre **technique** et d'ordre **administratif,** le service de sécurité a également une activité **opérationnelle** confiée à une section intervention :

Le service de sécurité a également une action en matière d'alerte et de secours.

- gestion centralisée des moyens d'alerte (ex. : réseau de télécommunications, télé-détection par affichage lumineux ou signal sonore, surveillance par un réseau vidéo) ;

– intervention des équipes de secours ou de sécurité en cas de sinistre ou d'accident du travail.

3. Le service de formation

Le service de formation définit les **programmes** de formation, gère le **budget** de formation, réalise les stages intérieurs et établit annuellement un **bilan** de la formation dans l'entreprise.

Il peut être organisé de plusieurs manières. Dans les petites entreprises la plupart des actions de formation (obligatoires depuis la loi de 1971 sur la formation continue) se déroulent à l'extérieur de l'entreprise. Le service a donc une importance réduite ; le responsable de la formation a surtout pour attributions :

- de définir les formations nécessaires du personnel (formation à l'initiative de l'entreprise) ;
- d'instruire les dossiers de demande de congé formation présentés par le personnel (le congé formation est un droit pour tous les salariés, sous réserve de conditions d'ancienneté et d'effectifs en cours de formation) ;
- de signer les conventions de formation avec les organismes spécialisés, privés ou publics ;
- de préparer les déclarations annuelles à l'administration fiscale.

Dans les PME le service de formation signe les conventions de formation, avec des organismes extérieurs, après avoir identifié les besoins.

Dans les grandes entreprises, le service de formation comporte souvent une section administration de la formation chargée des budgets, des programmes, de l'organisation des stages et de l'ensemble des formalités administratives ainsi que des centres de formation et de perfectionnement qui réalisent matériellement les stages. Ces centres sont centralisés soit au siège social, soit dans un établissement spécialisé.

Dans les grandes entreprises beaucoup de stages de formation sont réalisés par l'entreprise elle-même.

SECTION 2
LA GESTION DE L'EMPLOI

La gestion de l'emploi a pour objet de procurer à l'entreprise les effectifs et les qualifications dont elle a besoin. Elle comporte donc la détermination des besoins en personnel, qui débouche sur des politiques de recrutement.

Gérer l'emploi, c'est procurer à l'entreprise les effectifs et les qualifications dont elle a besoin.

I. LA DÉTERMINATION DES BESOINS

La détermination des besoins en personnel requiert une bonne connaissance des **postes de travail.** Ces derniers évoluent au cours du temps, tant en nombre qu'en caractéristiques. Il faut donc mettre en place un système de **gestion prévisionnelle du personnel** (GPP) qui devient de plus en plus une gestion prévisionnelle des emplois et des compétences (GPEC).

1. L'analyse des postes de travail

L'analyse de poste décrit le **contenu du travail,** en terme d'ensemble de tâches à accomplir ce qui permet de déterminer les qualifications nécessaires. Elle indique aussi les **conditions de travail** ce qui permet de préciser les caractéristiques physiques et caractérielles qu'implique le poste de travail.

La connaissance des besoins en personnel repose sur les analyses des postes de travail.

L'analyse de poste peut être réalisée soit par **observation** directe du travail effectué, soit par un **entretien** avec le responsable du poste de travail,

L'analyse d'un poste de travail peut être réalisée selon diverses méthodes.

soit enfin par **un questionnaire** qui fournit une grille commune pour tous les emplois de l'entreprise et facilite les comparaisons. En général les diverses méthodes sont associées en raison de leur caractère complémentaire : recoupements possibles, prise en compte d'aspects particuliers.

Elle aboutit à définir le profil du poste : contenu du travail, conditions de travail, compétences nécessaires.

L'analyse de poste permet d'établir une **fiche de poste** et un **profil de poste.** La fiche de poste décrit l'emploi du point de vue des **conditions de travail** (lieu, horaires, contraintes, avantages) des **caractéristiques du poste de travail** (agencement du poste de travail, équipements et outils utilisés).

Le profil de poste décrit les **qualifications nécessaires** (niveau de connaissances générales, compétences techniques, expérience) et le **profil psychologique et intellectuel** requis (caractère, capacité d'organisation, d'initiative, de commandement, aptitude aux relations sociales).

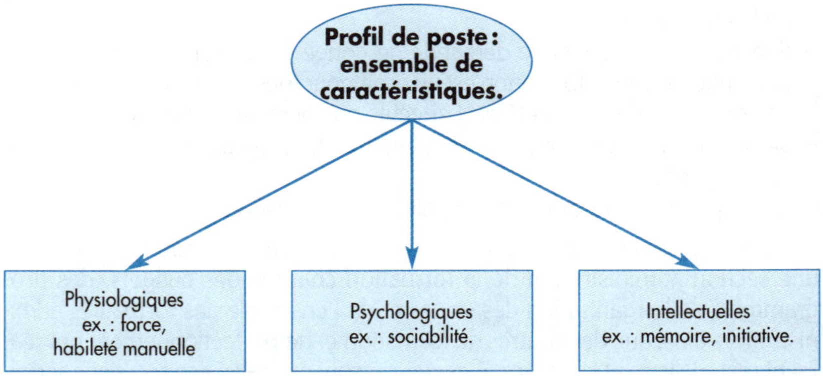

Les analyses de poste servent au recrutement, à la formation, à la rémunération et à l'évaluation du personnel.

Les analyses de poste servent au **recrutement** (par comparaison entre le profil du candidat et le profil du poste), à la **formation** (pour supprimer les écarts entre les profils du candidat et les exigences du poste), à la **rémunération** (chaque emploi est valorisé en niveau de qualification et en niveau de pénibilité ce qui permet d'établir la hiérarchie des salaires). Elles peuvent également être utilisées pour procéder à **l'évaluation** du personnel.

2. La gestion prévisionnelle du personnel (GPP)

La définition de toute politique d'embauche doit reposer sur la détermination préalable des besoins en personnel : effectifs nécessaires, ventilés par qualification professionnelle et par service utilisateur.

a. La prévision des effectifs

Compte tenu des prévisions de production et de vente, divers paramètres doivent être pris en compte pour prévoir les effectifs nécessaires.

Dans les entreprises n'effectuant aucune planification à moyen terme, la prévision des effectifs et des qualifications s'effectue à partir des prévisions commerciales, du programme de production et des demandes des services utilisateurs de main-d'œuvre.

En ce qui concerne les effectifs nécessaires, les prévisions de vente et de production permettent de déterminer les besoins pour la main-d'œuvre directe d'exploitation compte tenu de plusieurs facteurs : l'horaire de travail, le rapport des heures travaillées aux heures disponibles, l'absentéisme, le rendement horaire (productivité du travail).

Les effectifs de main-d'œuvre indirecte ne peuvent être prévus aussi rigoureusement : leur production n'étant pas directement mesurable, leur nombre ne varie pas de façon proportionnelle aux ventes.

b. La détermination des qualifications

La GPP est aussi fondée sur la comparaison des qualifications requises aux qualifications actuelles du personnel.

Le recrutement du personnel exige, pour chaque emploi, une triple évaluation :
- évaluation des exigences du poste définies par la « fiche de poste » ;
- évaluation des caractéristiques actuelles et des aptitudes du candidat à l'emploi ;
- évaluation du candidat par rapport aux exigences du poste ; elle résulte de la comparaison entre les deux évaluations précédentes.

c. L'ajustement des ressources aux besoins

La prévision des ressources en personnel prend en compte trois variables principales.

Parallèlement à la prévision de ses besoins en effectifs et en qualifications que nous venons d'étudier, l'entreprise doit faire une prévision de ses ressources en personnel.

La prévision des ressources se fonde sur trois éléments :
- les effectifs et qualifications actuels ;
- l'évolution naturelle de la démographie de l'entreprise : départs en retraite, démissions, décès ;
- l'évolution des carrières du personnel compte tenu des programmes de promotion, de mutation et de formation.

Il est donc possible de connaître, pour chaque qualification, les effectifs disponibles à moyen terme.

La confrontation des ressources aux besoins met en évidence des écarts servant à définir les politiques d'embauche et de formation.

La confrontation des deux prévisions des besoins et des ressources met en évidence des écarts (qualifications manquantes, sureffectifs par exemple).

En fonction des écarts constatés la gestion prévisionnelle du personnel débouche sur : une politique d'embauche, une politique de formation.

II. LE RECRUTEMENT DU PERSONNEL

Le service d'embauche est l'un des plus anciens parmi les services du personnel. On le rencontre pratiquement dans toutes les entreprises en raison de l'universalité des problèmes à résoudre.

En raison des coûts qu'il induit le recrutement doit faire l'objet d'une procédure rigoureuse.

La procédure de recrutement fait intervenir toute une série de spécialistes et de services. Une bonne organisation du recrutement est essentielle en raison de son importance pour la firme (coût de prospection, coût de la vacance des postes de travail, coût de l'inadaptation des travailleurs à leur emploi) et pour les candidats à l'embauche (épreuve psychique lors de la sélection, épreuve permanente pendant la vie de travail si le profil du candidat est inadapté au profil du poste de travail).

Deux phases successives doivent être distinguées dans la procédure de recrutement :

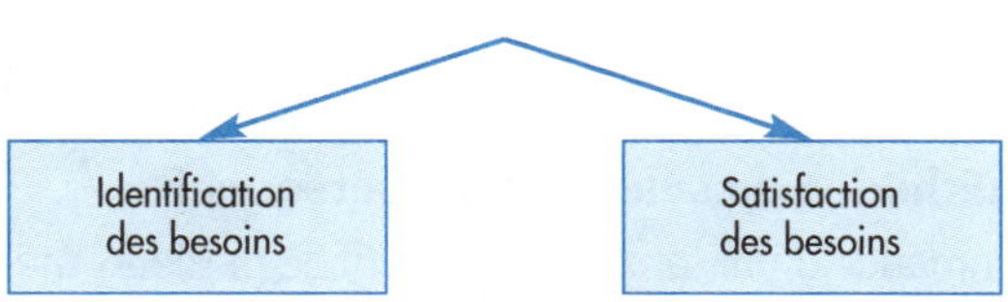

L'embauche repose sur la définition préalable des besoins.

Dans une première étape, purement interne, l'entreprise doit :
- déterminer les qualifications nécessaires ;
- déterminer les effectifs dans chaque qualification.

Prospection, sélection et accueil sont les trois phases essentielles de la procédure d'embauche.

Au cours de la seconde phase l'entreprise doit :
- prospecter le marché du travail, avec les moyens adaptés au type de qualification recherchée ;

La prospection est plus ou moins intense selon les qualifications recherchées.

L'entreprise doit choisir entre les diverses méthodes de sélection, selon la nature du poste à pourvoir.

Il existe également de nombreuses méthodes de sélection. Sept d'entre elles en particulier peuvent être utilisées de façon complémentaire pour procéder à des recoupements.

- sélectionner le candidat le plus apte à l'emploi à pourvoir ;
- l'accueillir dans l'entreprise.

1. La prospection

L'entreprise doit avoir une attitude active sur le marché de l'emploi en vue de susciter des candidatures nombreuses et de les mettre en concurrence pour sélectionner la meilleure.

La prospection a plus ou moins d'importance selon les emplois et selon la conjoncture économique. Plus la qualification est élevée plus la prospection est nécessaire en raison de la pénurie de main-d'œuvre qualifiée et des écarts de qualification.

Les méthodes de prospection sont nombreuses, elles doivent être adaptées à la qualification de la main-d'œuvre recherchée.

Les moyens de prospection de l'entreprise

Nature	Portée	Intérêt	Limites
Affichage	Personnel d'exécution	Peu coûteuse rapide – simple	Inefficace en cas de plein emploi ; portée géographique réduite
Annonces dans la presse générale	Personnel d'encadrement, de conception, de direction	Prospection très large	Coût élevé
Annonces dans la presse professionnelle	Idem	Présélection des candidatures.	Idem
Recrutement interne de l'entreprise.	Toute qualification	Source de motivation du personnel Moyen de réaliser des plans de carrière Fournit des occasions de mobilité	Prospection réduite. Risque de sclérose de l'entreprise. Risque d'inadaptation. Nécessité d'une formation complémentaire.
Associations d'anciens élèves	Profil de formation de l'école Débutants seulement.	Coût très faible	Constitution de castes dans l'entreprise.
Entreprise de travail temporaire	Exécutants	Flexibilité. Rapidité	Le recours au travail temporaire est légalement réglementé.
Conseil en recrutement	Dirigeants Cadres supérieurs	Sélection efficace	Coût élevé
Internet, Intranet	Toute qualification	Peu coûteuse, rapide Actualisation	Ne s'adresse qu'aux utilisateurs d'Internet

2. Les méthodes de sélection du personnel

Il est recommandé d'utiliser simultanément de plusieurs méthodes car chacune d'elles comporte des défauts et il est bon de procéder à des recoupements, les risques d'erreurs étant réduits lorsque l'appréciation résulte de plusieurs sources.

L'examen médical d'embauche, obligatoire, est destiné à dépister les maladies contagieuses et les contre-indications à l'emploi aux divers postes de l'entreprise. L'examen médical est peu sélectif (plus de 90 % des candidats sont acceptés) ; il est de fait réalisé après les autres moyens de sélection.

Méthodes	Informations obtenues	Limites
Curriculum vitae	Antécédents scolaires et professionnels Appréciation des qualités de rédaction, d'ordre, d'exposition, de logique, de clarté	Subjectivité
Certificats de travail	Expérience professionnelle antérieure	Incomparabilité de postes de travail de même dénomination selon la taille de l'entreprise Absence d'appréciation de la qualité des travaux
Diplômes	Détermination des niveaux scolaires et des connaissances générales	La compétence professionnelle pratique ne peut être jugée
Tests psychotechniques	Variables selon la nature des épreuves du test : aptitudes physiques aptitudes sensorielles caractéristiques psychologiques caractéristiques intellectuelles	– Coût – Appréciation partielle – Qualité variable des tests – Résultats plus ou moins fiables selon les aptitudes testées – Impossibilité de cerner l'ensemble de la personnalité
Essais professionnels	Compétence professionnelle pratique immédiate	– Non applicable aux métiers exigeant un long délai d'initiation (encadrement) – Ne révèle pas le potentiel du candidat, ni ses capacités d'adaptation
Attestations	Appréciation qualitative et personnalisée	Risques d'interférence entre les liens d'amitié et le jugement des qualités
Entretien d'embauche	Permet de déceler la personnalité et d'apprécier la compétence et l'expérience	Risque de subjectivité des appréciations

À l'occasion des opérations de sélection, le candidat remplit le **questionnaire d'embauche** (ou un membre du service du personnel le complète en fonction des renseignements fournis par le candidat ou du résultat des épreuves qu'il a passées). Le questionnaire d'embauche regroupe tous les renseignements relatifs au candidat. Il est conservé au service du personnel pour constituer le dossier individuel de chaque salarié. Le **dossier individuel** sera ensuite complété au cours de la vie professionnelle du salarié qu'il retracera. Il servira notamment pour les mutations, les promotions, les changements d'affectation et les calculs de rémunération.

Les informations collectées au cours de la procédure de sélection sont regroupées dans le dossier individuel du candidat.

À l'issue des opérations de sélection la décision finale d'embauche est prise par le futur responsable hiérarchique du candidat et non par le service du personnel qui a seulement un rôle de conseiller et de prestataire de service (rôle fonctionnel).

3. L'accueil

À l'issue de la procédure de sélection, dont nous avons étudié les diverses composantes, les candidats retenus sont accueillis d'une part au service du personnel et d'autre part sur le lieu de travail.

Les candidats non retenus doivent être informés par écrit. Dans les entreprises correctement gérées la réponse est motivée et peut comporter des

Le contrat de travail fixe les principales modalités de l'emploi, notamment la qualification et la rémunération.

conseils d'orientation ou de formation. Le candidat sélectionné reçoit une **lettre d'engagement** qui vaut **contrat de travail** et précise la date et le lieu d'embauche, le poste d'affectation, la qualification, la rémunération initiale et la durée de la période d'essai pendant laquelle le salarié comme l'employeur peuvent unilatéralement mettre fin au contrat de travail.

La réception du nouveau salarié a lieu au service du personnel pour :
- la réalisation des formalités administratives (ex. : affiliation à la Sécurité sociale) ;
- la présentation de l'entreprise : visite, brochure d'accueil, comportant tous les renseignements utiles au nouvel embauché (horaires de travail, œuvres sociales, services auxquels s'adresser, consignes de sécurité…), projection de films ou de diapositives sur l'entreprise et ses productions.

L'accueil a un rôle important pour l'intégration du nouveau salarié dans l'entreprise.
Il doit se faire à la fois au service du personnel et sur le lieu de travail.

L'accueil sur le lieu de travail est effectué par le supérieur hiérarchique du nouvel arrivant :
- présentation du travail à accomplir, de l'outillage et des équipements, des notices d'emploi et des règlements de sécurité ;
- présentation de l'équipe de travail ;
- informations sur les règles générales de fonctionnement en vigueur : horaires, pauses, documents à utiliser, procédures de travail.

L'ensemble de la procédure de recrutement engendre des coûts importants et nombreux, tant avant l'embauche qu'après sa réalisation : coûts d'adaptation, coût de formation et coûts cachés.

À l'issue des opérations d'accueil les **coûts de recrutement** du personnel sont terminés. Mais pour déterminer le coût total d'une embauche il faut ajouter les **coûts d'adaptation** correspondant à la période pendant laquelle le salarié n'est pas pleinement efficace, ainsi que les **coûts de formation.**

Lorsque la procédure de recrutement n'est pas bonne il s'y ajoute des **coûts cachés** dûs à l'inadaptation du candidat recruté : mauvaise productivité, absentéisme, rotation du personnel et coût de la vacance du poste en cas de départ.

SECTION 3
LA GESTION DES PERSONNES

La bonne intégration des personnes recrutées repose largement sur la qualité du **système de rémunération** adopté et sur la valeur des **programmes de formation** qui fournissent des perspectives de carrière intéressantes et enrichissantes.

I. LE SYSTÈME DE RÉMUNÉRATION

1. Les fonctions du système de rémunération de l'entreprise

Le système de rémunération doit satisfaire deux séries de besoins : ceux des travailleurs et ceux de l'entreprise.

a. Les besoins des travailleurs

Le niveau des rémunérations, leur échelle, la sécurité et la clarté sont quatre paramètres permettant d'apprécier la qualité d'un système de rémunération.

Les besoins des travailleurs correspondent à quatre préoccupations :
- **couverture des besoins** personnels et familiaux par une rémunération suffisante, compte tenu du niveau général des prix et des habitudes sociales. C'est à cette condition que l'entreprise peut attirer et conserver du personnel compétent ;

- **sécurité** de la rémunération qui tend à faire évoluer les systèmes de rétribution vers une fixité de plus en plus grande et la garantie de paiement en cas d'aléas (ex. : *chômage technique, travail à temps partiel*) ;
- **équité,** qui résulte d'une échelle hiérarchique correspondant aux qualifications ;
- **clarté,** c'est-à-dire comprendre et contrôler le mode de calcul de la paie. Pour cela, il faut d'abord que le décompte soit clairement présenté et détaillé. Par ailleurs, il faut que le système de calcul soit simple (notamment en ce qui concerne les primes).

b. Les besoins de l'entreprise

Ils s'articulent autour de cinq préoccupations essentielles :

- la **productivité** du travail, d'où l'instauration de salaires au rendement et de primes de productivité ;
- la **flexibilité** du travail ;
- la **qualité** des travaux ;
- la **sécurité** du travail ;
- le **climat social,** d'où l'importance du niveau des rémunérations par rapport au marché du travail, et de l'échelle des rémunérations.

Pour l'entreprise la rémunération doit susciter la productivité et la qualité tout en contribuant à un bon climat social et à la sécurité du travail.

2. Les tendances d'évolution des systèmes de rémunération

Le salaire est un revenu pour le travailleur et un coût pour l'entreprise. Les tendances actuelles d'évolution des systèmes de rémunération prennent en compte ces deux caractéristiques.

Le salaire est à la fois un coût et un revenu.

Ainsi, le revenu du travailleur tend à être garanti ce qui conduit à l'abandon des rémunérations exclusivement au rendement. Il est également complété ou remplacé par un salaire indirect versé par des institutions collectives de solidarité et de prévoyance financées par des cotisations sociales qui amputent le revenu direct et dont le poids est croissant.

En raison des charges et prestations sociales, coût et revenu ne coïncident pas.

Les systèmes de rémunération actuels comportent généralement trois ou quatre éléments :

Rémunération	**Salaire de qualification**	Il rétribue les compétences, l'expérience et le niveau de formation.
	Indemnités	Elles sont destinées à compenser des conditions de travail défavorables ou pénibles.
	Primes individuelles	Elles sont versées lorsque le rendement ou les résultats obtenus sont mesurables (par exemple pour la force de vente).
	Suppléments collectifs	Ils sont distribués au titre de l'intéressement et de la participation aux résultats et à la productivité calculés par équipe de travail ou atelier, par établissement ou pour toute l'entreprise (ex. : la participation aux bénéfices, obligatoire dans toutes les entreprises de plus de 50 salariés).

Les systèmes de rémunération doivent comporter des éléments liés à la qualification, aux conditions de travail, et aux performances individuelles. Il s'y ajoute souvent des suppléments collectifs.

Les primes individuelles et les suppléments collectifs permettent de mieux intégrer le personnel dans l'entreprise en l'associant à ses performances. Mais ils répondent aussi au souci de réduire les coûts afin d'assurer la compétitivité de l'entreprise. Celle-ci cherche en effet à lier étroitement rémunération et productivité. C'est pourquoi de plus en plus les rémunérations sont :

- **désindexées** par rapport à l'évolution des prix, la progression de la masse salariale étant liée à l'évolution de l'activité et des résultats de l'entreprise plus qu'au taux d'inflation ;

Les entreprises cherchent à lier rémunération et productivité ce qui conduit à désindexer et individualiser les salaires.

- **individualisées** en fonction du mérite, la progression des salaires étant différenciée selon les efforts et les performances, au-delà d'un minimum de progression garanti collectivement.

Ainsi le salaire comporte une **part variable** qui tend à croître par rapport à la part fixe de la rémunération.

3. Les diverses formes de salaire

Le salaire mixte combine le salaire au temps et le salaire au rendement.

Il existe trois modalités principales de rémunération :
- le salaire au temps, qui dépend du temps de présence dans l'entreprise : forfait horaire, mensuel ou éventuellement annuel ;
- le salaire au rendement, qui dépend de la production réalisée ; il est de règle pour le travail à domicile ;
- le salaire mixte qui combine le salaire au temps avec une prime liée à la productivité, aux résultats ou au chiffre d'affaires (ex. : représentants).

Le salaire au temps, calculé sur une base horaire ou mensuelle tend à se généraliser car il a de multiples avantages :
- simplicité du calcul à partir des **fiches de pointage** ou des **relevés de présence.** D'où une réduction des coûts administratifs d'établissement de la paie et la diminution des sources de contestation ;
- sécurité pour le salarié, particulièrement dans le cas de forfait mensuel ;
- adaptation aux caractéristiques actuelles de la production dans laquelle le rendement est non mesurable ou indépendant du salarié (chaîne, machines automatiques).

De plus en plus le salaire individuel est complété par des suppléments collectifs (primes d'équipe, d'atelier, d'établissement, intéressement à la productivité ou aux résultats de l'ensemble de l'entreprise).

4. Le choix entre les formules de rémunération

Plusieurs facteurs doivent être pris en compte pour choisir une formule de rémunération : degré d'interdépendance des postes de travail, degré d'influence du travailleur sur la production, possibilités de mesurer le travail accompli.

Le choix entre les différentes formules de rémunération dépend de plusieurs critères :
- **le degré d'interdépendance des postes de travail.** Aux deux extrêmes se rencontrent : les postes de travail indépendants ; les postes de travail dépendants *(ex. : le travail à la chaîne) ;*
- **le degré d'influence du travailleur sur la production.** Aux deux extrêmes se rencontrent : le travail autonome dans lequel le travailleur est responsable de son rendement ; le travail lié dans lequel l'homme est sans influence *(ex. : surveillance d'une machine automatique).* C'est le critère principal d'option entre la définition des salaires exclusivement en fonction de la qualification, ou l'adoption d'un intéressement à la production ou à la productivité ;
- **les possibilités de mesure du travail.** Elles dépendent principalement : de la nature du travail accompli (répétitif ou non, décomposable ou non en opérations élémentaires) ; du système d'organisation du travail qui permet, ou non, de saisir correctement les temps de travail (ex. : bons de travail indiquant les temps passés à l'exécution d'une tâche).

Quel que soit le système adopté, le **bulletin de paie** détaille les éléments constitutifs de la rémunération.

II. LA FORMATION

La formation du personnel est devenue l'un des aspects essentiels de la gestion et du développement des ressources humaines des entreprises.

Elle entretient, avec le recrutement que nous avons précédemment étudié, des relations complexes. Elle est *complémentaire de l'embauche* lorsque cette dernière est suivie d'un programme de formation interne à l'entreprise destiné à combler les lacunes du nouvel embauché ou à le former aux techniques spécifiques de l'entreprise. Mais elle peut aussi être *concurrente du recrutement*. Pour beaucoup d'entreprises se pose le choix entre recruter ou former. L'entreprise doit chercher un équilibre entre le recrutement interne, assurant des perspectives de carrière au personnel de l'entreprise, et le recrutement externe permettant le rajeunissement de la pyramide des âges de l'entreprise, le maintien de son dynamisme, et son ouverture aux techniques nouvelles.

La formation est utile aussi bien pour le personnel nouvellement recruté que pour le personnel en place.

Après une analyse des objectifs poursuivis et des types de formation correspondants, nous étudierons comment déterminer puis satisfaire les besoins en formation.

La formation répond à des besoins sociaux.

1. Les objectifs de la formation

Les problèmes de formation du personnel sont relativement récents ; ils sont issus d'un triple besoin :

- **satisfaction, intégration et motivation des travailleurs** dont les niveaux d'aspiration se sont élevés et modifiés, ce qui conduit à une évolution du contenu du travail et des qualifications. La formation contribue à la réalisation d'une carrière dans l'entreprise, en permettant d'accéder à un emploi plus qualifié moyen essentiel de promotion sociale ;
- **amélioration de la productivité** afin de maintenir et d'améliorer la compétitivité de l'entreprise face à la concurrence ;
- **adaptation des travailleurs aux évolutions** des systèmes de relations, des modes d'organisation, des techniques, des marchés et des produits. Ces changements aboutissent à une obsolescence rapide des conceptions, des techniques, des outillages et des savoirs-faire et donc à une dépréciation des qualifications antérieures : disparition d'emplois traditionnels, modification des qualifications requises dans la plupart des professions, apparition de nouveaux métiers.

Elle sert surtout à améliorer les performances des travailleurs dans leur emploi et à les adapter aux évolutions techniques.

Ainsi ce sont à la fois des **motifs économiques, des raisons sociales et des considérations personnelles** qui justifient les actions de formation dans les entreprises.

La formation concerne à la fois le personnel d'encadrement et d'exécution.

La formation a d'abord concerné l'encadrement (simulation, jeux d'entreprise, méthode des cas pour la formation à la gestion notamment) et les agents de maîtrise (méthode de formation aux relations sociales, à la conduite des groupes, au commandement...). Puis elle s'est étendue aux autres catégories de travailleurs après les lois de 1971 et de 1986 sur la formation continue.

2. Les types de formation

Les politiques de formation des entreprises sont à la fois récentes, complexes et diversifiées car, comme nous venons de l'analyser, elles répondent à des besoins divers et s'adressent à des catégories de travailleurs très hétérogènes.

Perfectionnement, promotion, prévention et conversion sont les quatre objectifs principaux de la formation.

Selon leurs objectifs, il faut distinguer plusieurs types de formations auxquelles correspondent plusieurs sortes de stages :

- **L'adaptation** ou **le perfectionnement** a pour objet d'améliorer les connaissances et les compétences d'une personne disposant déjà d'une qualification dans laquelle apparaissent des lacunes : manque de maîtrise des connaissances classiques ou ignorance des progrès des techniques.
- **La promotion professionnelle** permet l'acquisition d'une qualification plus élevée et le changement de métier.
- **La prévention** prépare à un changement d'emploi dans la perspective d'une restructuration de l'entreprise ou d'un changement technique.
- **La conversion** concerne les salariés dont l'emploi est menacé ou supprimé afin de les préparer à un nouvel emploi fondé sur une qualification différente de celle qu'ils possédaient initialement.

3. La détermination des besoins en formation

Le plan (pluriannuel) et le programme de formation (annuel) sont établis à partir de la **définition des besoins en formation** qui doit être faite annuellement et systématiquement pour l'ensemble du personnel à partir :
- des demandes individuelles des salariés ;
- des besoins exprimés par la ligne hiérarchique.

Les techniques d'entretiens, de questionnaires et de confrontation entre les analyses de postes et les profils individuels servent à déterminer les besoins en formation.

Les responsables hiérarchiques établissent les besoins en formation de leurs services :
- par des **entretiens** individuels avec leurs subordonnés afin de recenser les difficultés professionnelles et les aspirations de chacun en matière de formation et de qualification ;
- par des **questionnaires** préétablis par le service de formation et diffusés dans l'ensemble de l'entreprise ;
- par la confrontation des exigences des postes de travail résultant des **analyses de postes** et des **profils individuels** des travailleurs.

Cette analyse détermine les *besoins actuels* (insuffisance des travailleurs dans leurs emplois présents). Elle doit être complétée par une évaluation des *besoins prévisionnels* de formation en fonction du plan de développement, des changements des techniques et des profils de carrière.

Les chefs de service transmettent les besoins au Service de formation qui les centralise afin d'établir le **programme de formation** annuel, accompagné du **budget de formation** qui en est la traduction financière.

4. La satisfaction des besoins de formation

Le programme de formation doit définir les actions, les personnels, les moyens et le calendrier des stages.

Le programme de formation définit les **actions de formation** dispensées, les **personnels** intéressés, les **moyens** matériels et financiers consacrés à chacun et le **calendrier** des actions de formation.

Les grandes entreprises réalisent elles-mêmes tout ou partie des actions de formation en associant des cadres spécialisés du service de formation et des spécialistes extérieurs. Dans les PME la formation est confiée à des organismes extérieurs dans le cadre de conventions de formation.

La politique de formation doit respecter quelques principes généraux assurant son efficacité :
- s'appliquer à l'ensemble du personnel ;
- respecter les aspirations des travailleurs quant aux besoins ressentis et aux types de formations désirées ;

– se fonder sur la détermination préalable des besoins quantitatifs (effectifs) et qualitatifs (évolution des postes de travail et des qualifications).

La formation doit être évaluée quant à ses résultats par rapport aux coûts et aux objectifs.

L'évaluation de la formation est un problème délicat. Elle peut être effectuée sous différentes formes : **tableau de bord** regroupant divers chiffres relatifs aux coûts et aux résultats obtenus (ex. : durée moyenne de formation, nombre d'heures, bénéficiaires), **questionnaire de fin de stage** rempli par les stagiaires, **évaluation différée** des résultats dans le poste de travail.

La formation est une obligation pour les entreprises et un droit pour les salariés.

La formation s'effectue dans un cadre légal. Une loi de 1971 a créé à la charge des entreprises une **obligation de formation** (elles doivent y consacrer 1,6 % de la masse salariale) et au bénéfice des salariés un **droit individuel à la formation.** Ils peuvent obtenir des congés de formation pour suivre des stages de prévention, de conversion, d'adaptation, de promotion, de perfectionnement ou « pour s'ouvrir plus largement à la culture et à la vie sociale ». Comme nous l'avons vu ces stages peuvent se dérouler dans l'entreprise ou à l'extérieur, par voie de conventions avec des organismes de formation agréés.

La loi sur la formation professionnelle et le dialogue social d'avril 2004 a relevé la participation financière des entreprises à la formation. Les entreprises de plus de 10 salariés doivent consacrer au moins 1,6 % de leur masse salariale à des dépenses de formation : financement du congé individuel de formation, des contrats et des périodes de professionnalisation, des bilans de compétences et du plan de formation de l'entreprise.

Par cette même loi de 2004, chaque salarié ayant au moins un an d'ancienneté se voit reconnaître un droit individuel à la formation (DIF), qui s'accumule au fil des ans, jusqu'à 7 ans. Ce droit est de 20 heures de formation par an. Il incombe au salarié de prendre l'initiative d'utiliser les droits accumulés pour une action de formation, en accord avec l'employeur. La formation est réalisée en dehors du temps de travail, mais prise en charge financièrement par l'entreprise qui, en outre, verse au salarié une allocation de formation.

La compétitivité des entreprises repose essentiellement sur la qualification de leurs ressources humaines. Les programmes et les plans de formation ont de ce fait un caractère stratégique. Les firmes les plus performantes et les secteurs à forte évolution technologique y consacrent annuellement des sommes très supérieures au minimum légal.

17

LA CULTURE D'ENTREPRISE

Analyser la culture d'entreprise conduit à s'interroger sur la définition et les raisons de l'émergence actuelle de ce concept (Section 1). S'il y a culture d'entreprise, celle-ci doit nécessairement se matérialiser dans la vie quotidienne de l'entreprise (Section 2). Enfin, après avoir montré l'importance de la prise en compte de la culture dans la gestion de l'entreprise, il est intéressant de repérer la manière dont les entreprises performantes peuvent matérialiser les valeurs communes de l'entreprise et de ses membres dans le cadre d'un projet d'entreprise (Section 3).

SECTION 1 LE CONCEPT DE CULTURE D'ENTREPRISE

La question de la culture et de la diversité culturelle fait l'objet d'un itinéraire récent pour un certain nombre de raisons, notamment la mondialisation et les stratégies d'internationalisation correspondantes des entreprises. Les firmes multinationales doivent gérer une main-d'œuvre de plus en plus diversifiée aux plans culturel et linguistique (exemple : dix nationalités sont présentes au sein de l'état-major de Danone).

Aussi la direction d'une entreprise multinationale doit-elle gérer et optimiser cette diversité.

Le défi (et la difficulté) est de produire une **culture d'entreprise** suffisamment forte qui reflète la diversité culturelle et le sentiment d'appartenance au groupe (cf. la réussite de l'entreprise Renault au Japon avec la firme Nissan par l'intermédiaire de son dirigeant C. Goshn).

De même les stratégies utilisées par les entreprises, telle la fusion, voient leur succès largement dépendre du facteur humain et par conséquent de la nécessaire prise en compte des aspects culturels.

Avant de s'interroger sur les raisons de l'émergence de cette approche psychosociologique des organisations, il convient de définir la notion de culture d'entreprise et de recenser ses liens avec d'autres cultures : celles des habitants du pays dans lequel l'entreprise est implantée, celles aussi des sous-groupes qui composent l'entreprise.

I. DÉFINITION DE LA CULTURE D'ENTREPRISE

L'identité d'une entreprise correspond à l'ensemble des éléments spécifiques qui permettent de la différencier des autres entreprises.

La culture d'une entreprise correspond à la somme des pratiques professionnelles, des valeurs, des mentalités et des comportements partagés par les membres de l'entreprise.

Chaque entreprise a une personnalité représentée par son identité et sa culture. L'ensemble des éléments constitutifs de la spécificité d'une entreprise et qui sont le fondement de son développement constitue l'identité de l'entreprise.

Cette identité va conduire les membres composant l'entreprise (dirigeants, personnel) à partager un certain nombre de valeurs, à agir de façon semblable, vis-à-vis des tiers, à réagir de manière analogue face à des opportunités ou des menaces de l'environnement, à avoir des comportements similaires dans la vie quotidienne de l'entreprise. Ces différents éléments de pensée et d'action qui unissent le personnel d'une entreprise constituent la culture de celle-ci. De très nombreux auteurs proposent des définitions de la culture d'entreprise. Par exemple :

- L'ensemble cohérent des attitudes communes à tous les salariés dans leur contexte de travail[1].
- Un ensemble de symboles, de cérémonies et de mythes permettant de transmettre aux employés les valeurs et convictions intrinsèques de l'entreprise[2].
- Un mode de pensée et d'action habituel et traditionnel plus ou moins partagé par tous ses membres, qui doit être appris et accepté (…) par les nouveaux membres pour être acceptés dans l'entreprise[3].

Dans tous les cas on trouve toujours au moins trois composantes de la culture d'entreprise qui débouchent toujours sur l'action.

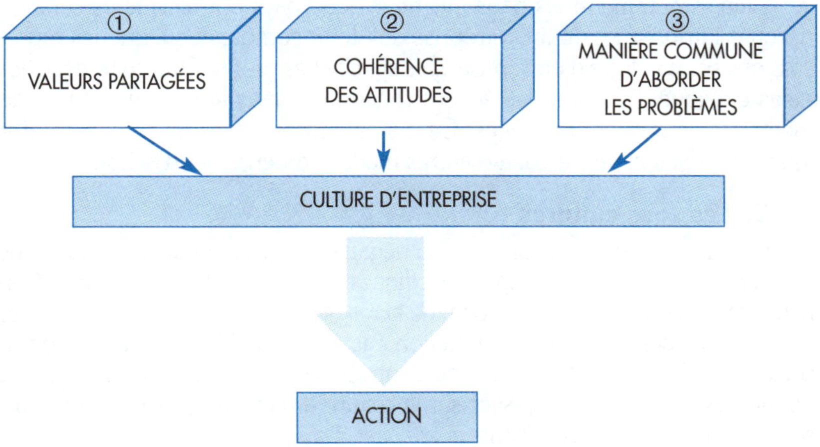

L'intérêt de la culture d'entreprise est qu'elle oriente tous les efforts du personnel vers la réalisation d'objectifs communs.

Bien évidemment cette culture d'entreprise dépend de multiples facteurs : l'histoire de l'entreprise, la personnalité de ses dirigeants, la structure et la taille de l'entreprise. Elle dépend également de la culture du pays dans lequel est implantée l'entreprise et de la culture des sous-groupes qui la composent.

II. CULTURE NATIONALE, SOUS-CULTURES

1. Culture nationale

Une anecdote citée par William Ouchi dans son livre *Théorie Z* permet d'illustrer les liens entre une culture nationale et une culture d'entreprise : une société américaine implantée au Japon avait mis en place une boîte à idées pour permettre aux salariés d'exprimer leurs suggestions… En six mois aucune idée n'avait été proposée. Les cadres américains en restèrent très surpris. On leur avait tant parlé de l'esprit inventif, de l'engagement et de la loyauté des travailleurs japonais. « Après étude, la réponse des travailleurs fut la suivante : personne ne peut avoir seul une idée concernant l'amélioration du travail. Nous travaillons tous ensemble, et les idées que l'un de nous peut avoir naissent en fait de l'observation des autres… Cela nous gênerait tous si l'un de nous devait être distingué pour avoir proposé une telle idée ».

La culture d'une entreprise dépend de la culture nationale dans laquelle elle agit et de la culture des groupes qui la composent.

De nombreux auteurs se sont efforcés de mettre en évidence les caractéristiques des cultures nationales. On parle ainsi de culture française, américaine ou japonaise.

1 Boyer Equibry, 88.
2 W. Ouchi, 82.
3 Elliot Jacques, 86.

Selon M. J.C. Vachette, la culture française peut ainsi être résumée.

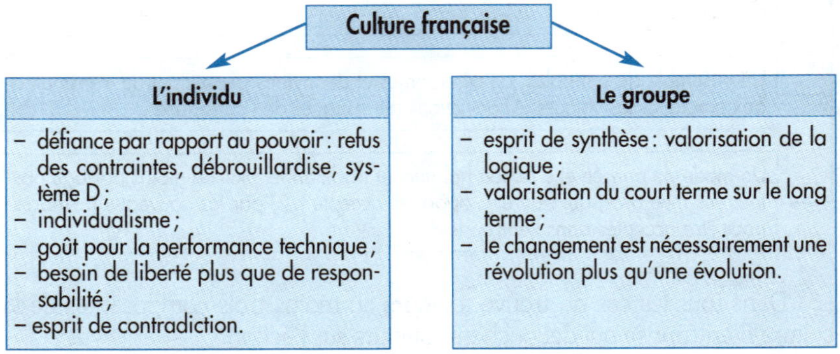

Bien évidemment, les habitants de chaque pays ont ainsi leurs caractéristiques intrinsèques dont l'entreprise doit tenir compte et qui ont des répercussions sur la culture d'entreprise. Ces spécificités propres aux cultures nationales expliquent souvent les échecs rencontrés dans la mise en œuvre de méthodes de gestion importées. Ce qui est efficace dans un pays peut être inopérant dans un autre qui a d'autres modes de pensée et d'action.

Ce n'est qu'en connaissant bien les spécificités des cultures nationales qu'une entreprise peut :
- **s'implanter avec succès à l'extérieur ;**
- **réussir des opérations de coopération internationale ;**
- **adapter pour elle-même des techniques de gestion étrangères.**

Chacun des groupes homogènes d'une entreprise a sa propre culture. On parle alors de sous-cultures que l'entreprise se doit nécessairement d'intégrer dans la sienne propre.

2. Les sous-cultures

Ce terme n'est pas à connotation négative, il signifie seulement que dans l'entreprise il existe des groupes spécifiques qui peuvent avoir des caractéristiques propres en fonction de l'âge, de la religion, de la position hiérarchique, du métier de ses membres, en fonction également de l'implantation géographique de chaque établissement de l'entreprise. Si bien que, à un moment donné, les éléments qui agissent sur la culture d'une entreprise peuvent être schématisés de la façon suivante :

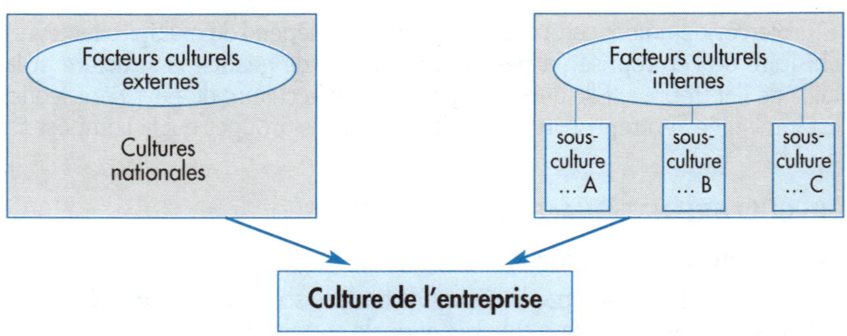

Chacun de ces facteurs contribue, dans une plus ou moins grande mesure, à déterminer la culture de l'entreprise. L'harmonie entre ces facteurs conduit à l'émergence d'une culture d'entreprise très forte et très cohérente.

III. LES RAISONS DE L'ÉMERGENCE DU CONCEPT DE CULTURE D'ENTREPRISE

La mise en évidence de l'importance de la culture d'entreprise dans la gestion s'est faite dans les années 1980.

L'émergence dans les années 1980 du concept de culture d'entreprise peut s'expliquer par quatre séries de raisons.

• Tout d'abord, par réaction aux méthodes de planification par trop quantitatives, la culture relevant davantage de la subjectivité, dans les décisions de gestion.

Ainsi, dans les techniques de croissance externe, l'absorption d'une société peut être un échec si les deux entreprises ont des cultures très différentes qui conduiront à des conflits. De même, la création d'une filiale, dans un pays étranger, doit être préparée en tenant compte des éléments culturels spécifiques du pays concerné.

• Ensuite, l'analyse de l'essor de l'économie japonaise a largement contribué au développement du concept de culture d'entreprise. Comment expliquer, sans tenir compte de facteurs culturels, qu'un pays sans ressources naturelles puisse avoir une production qui s'accroisse deux ou trois fois plus vite que celle de ses principaux concurrents ? Conscients qu'aucune technique de gestion ne peut être mise en œuvre sans une réflexion de nature culturelle, les économistes et les entreprises américaines et européennes ont été conduits à s'interroger sur ce concept.

L'émergence du concept de culture d'entreprise provient d'une réaction aux méthodes de planification, de l'étude de la réussite des entreprises japonaises et de certaines entreprises américaines.

• Des échecs de nombreux rapprochements d'entreprise (fusion) ont été constatés en raison de culture(s) différente(s) des firmes en question.

• Enfin, des études menées par différents auteurs sur les entreprises de l'excellence aboutissent à la conclusion que le modèle rationnel de gestion des entreprises a fait faillite et qu'il faut mobiliser les hommes autour de valeurs partagées par tous. On explique ainsi le succès des firmes par la **cohérence des actions** et du système de **valeurs** constituant la culture d'entreprise.

Par exemple, l'entreprise 3M est très innovatrice car, dans son système de valeur, on privilégie la naissance de produits nouveaux en appliquant ce principe admis par tout le personnel « tu ne tueras point une idée de nouveau produit ».

On s'appuie de plus en plus sur la notion de culture, car elle permet de mieux prendre en compte le capital humain dans l'entreprise. D'une certaine façon, la culture d'entreprise privilégie le qualitatif par rapport au quantitatif.

SECTION 2 MATÉRIALISATION DE LA CULTURE D'ENTREPRISE

La culture d'entreprise entraîne nécessairement la mise en évidence de valeurs partagées par les membres du groupe. Certains auteurs parlent même du **credo** de l'entreprise : ensemble des principes d'après lesquels on agit. Cette référence à la religion conduit à étudier le soubassement idéologique de la culture : mythes, héros, tabous ainsi que les éléments de sa mise en pratique quotidienne : symboles et rites.

I. MYTHES, HÉROS, TABOUS

• Les **mythes** sont le plus souvent des histoires, des anecdotes qui circulent dans l'entreprise. Elles peuvent concerner la création de l'entreprise. Dans ce cas, le fondateur est souvent présenté comme un héros qui a su anticiper les événements, faire preuve d'une pugnacité très forte.

Pour l'analyste extérieur ou pour les membres du personnel, la culture d'une entreprise apparaît par des histoires significatives racontées dans l'entreprise.

Apple, par exemple, mythifie l'histoire de ses deux premiers fondateurs qui fabriquaient leur micro-ordinateur dans un garage vétuste.

Ces histoires peuvent aussi avoir pour objet d'entretenir les valeurs essentielles de l'entreprise.

Ainsi, chez Mac Donald's, les histoires qui circulent illustrent les quatre thèmes du credo de l'entreprise : rapidité, qualité, bas prix, propreté. Pour insister sur ce dernier thème, certains affirment avoir vu un jour une limousine noire s'arrêter sur le parking d'un restaurant Mac Donald's et le fon-

Les mythes mettent souvent en scène des héros qui permettent la mise en exergue des valeurs essentielles de l'entreprise.

dateur de l'entreprise, M. Ray Kvoc, en descendre vêtu de son costume de bonne coupe pour aller ramasser les papiers gras qui traînaient.

• Les **héros**, comme on l'a vu précédemment, participent le plus souvent aux mythes de l'entreprise. Il peut s'agir des fondateurs, des dirigeants qui ont su développer ou sauver l'entreprise. Il peut s'agir aussi de personnes qui serviront de référence aux autres salariés.

Par exemple, Francis Bouygues élève au rang de héros les compagnons du minorange intronisés chaque année à la suite d'une sélection des meilleurs dans l'entreprise.

• Enfin, comme il existe des mythes, il existe des **tabous**, des choses, des événements, des situations qu'il ne faut pas évoquer dans l'entreprise.

Ce peut être, par exemple, « l'échec du lancement d'un produit », « le nom d'un collaborateur passé chez un concurrent et qui a brillamment réussi ».

II. SYMBOLES ET RITES

Les valeurs de l'entreprise fortifiées par les mythes et les héros se matérialisent concrètement par des symboles. Ainsi, par exemple, la tenue vestimentaire du personnel est un signe chargé de sens culturel.

• Les **symboles** sont des signes chargés d'informations culturelles. On peut représenter les principaux symboles des entreprises par le schéma suivant :

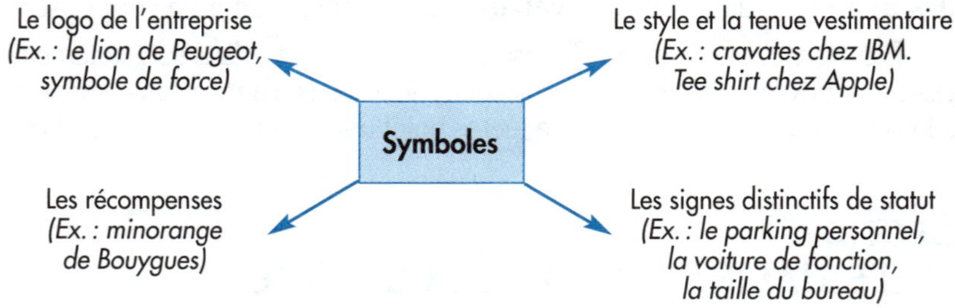

Les symboles sont des éléments de la communication de l'entreprise tant pour le personnel (communication interne) que pour l'extérieur.

Les **rites** sont plus spécifiquement tournés vers l'intérieur de l'entreprise. Il s'agit d'actes, de comportements qui se répètent et qui ont pour objet de :
- développer le sentiment d'appartenance à l'entreprise ;
- fixer la culture d'entreprise.

Ces rites peuvent marquer la **vie quotidienne** de l'entreprise.

L'examen des rites du personnel d'une entreprise est révélateur de la culture de celle-ci.

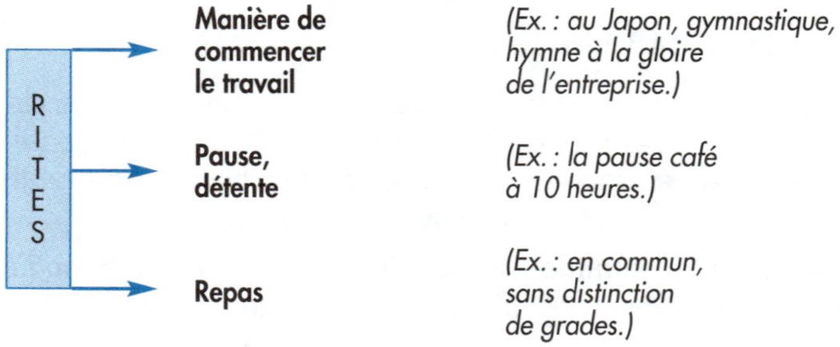

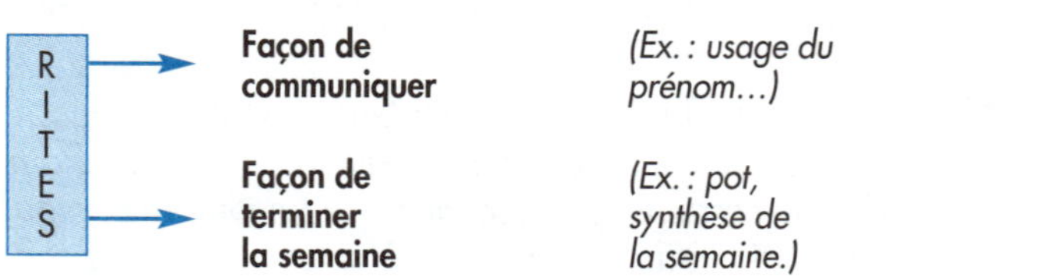

D'autres rites peuvent aussi être pratiqués à l'occasion d'événements plus exceptionnels : à l'**embauche**, l'accueil de nouveaux salariés pouvant donner lieu à un cérémonial particulier (stage, séminaire, présentation aux différents services), lors de **promotions**, de **départs en retraite** ou de **mutations**, lors de **fêtes** organisées par l'entreprise.

Les rites s'accomplissent dans la vie quotidienne de l'entreprise ou à l'occasion de faits marquants : embauche, mutation, départ en retraite, anniversaire...

À travers ses mythes, ses héros, ses symboles, ses rites et ses tabous, l'entreprise parvient à créer un état d'esprit qui permet la mobilisation du personnel autour des valeurs clés de l'entreprise.

SECTION 3 IMPORTANCE DE LA CULTURE POUR LA GESTION. LE PROJET D'ENTREPRISE

Si de nombreux théoriciens mettent en avant le concept de culture d'entreprise, c'est en raison de ses aspects positifs pour la gestion de l'entreprise. On va même jusqu'à concrétiser davantage les principes d'actions des entreprises, le credo, en les matérialisant sous la forme d'un projet d'entreprise.

I. CULTURE D'ENTREPRISE ET GESTION

Bien évidemment, si la notion de culture d'entreprise est mise en avant, c'est vraisemblablement parce qu'elle présente des aspects favorables à la gestion. Pourtant, certains pensent qu'une trop forte culture d'entreprise peut entraîner un risque de sclérose de celle-ci.

1. Éléments favorables

La prise en compte de la culture d'entreprise, la mise en évidence de valeurs essentielles sur lesquelles tous les salariés sont d'accord entraînent une meilleure **cohésion** du personnel, améliorant ainsi son efficacité. Un autre facteur de performance généré par la culture d'entreprise provient de la **simplification** des structures, des consignes, notes de service... En effet, le credo de l'entreprise contient des principes intériorisés par les salariés qui leur permettent d'adopter une attitude commune face à une situation donnée.

Lorsque le personnel d'une entreprise est d'accord sur l'essentiel, sur les valeurs et les principes de base de l'entreprise, il n'est plus besoin pour la direction de tout prévoir, de tout rédiger sous forme de directives. Face à un problème nouveau les salariés réagissent de la même façon.

Par exemple, dans les mythes de l'entreprise Dana Corporation, on rapporte l'histoire suivante : au cours d'une réunion, le président René Mac Pherson jeta à la corbeille les manuels de politique et de procédures de l'entreprise et fit distribuer pour les remplacer la liste en une page du credo de l'entreprise.

2. Éléments défavorables

Dans les entreprises à forte culture, il est possible que celle-ci soit un frein aux changements. En effet, la culture provient de l'histoire, de la personnalité des fondateurs, des événements marquants, du développement de l'entreprise. Tout ceci peut conduire les salariés, comme les dirigeants, à une volonté de conserver les acquis du passé, à un refus du changement, à une certaine forme d'immobilisme qui peut dans certains cas conduire à la disparition de l'entreprise.

Dans certains cas, une trop forte adhésion aux valeurs de l'entreprise peut conduire à l'immobilisme par attachement systématique au passé.

II. LE PROJET D'ENTREPRISE

Un projet d'entreprise constitue une forme de direction de l'entreprise.

Conscientes de l'importance de la culture pour une bonne gestion, certaines entreprises ont décidé de matérialiser de façon formelle, dans un document, les valeurs de l'entreprise. Plus généralement, le projet d'entreprise est concrétisé par une charte qui répond à la triple question :
- Qui sommes-nous et que faisons-nous ?
- Pourquoi combattons-nous ?
- Où voulons-nous aller ?

1. Qui sommes-nous et que faisons-nous ?

Le préalable à toute mise en place d'un projet d'entreprise est la détermination des forces et faiblesses de celle-ci.

Pour mettre au point un projet, il est indispensable de connaître les forces de l'entreprise, ses faiblesses et de caractériser son métier. « La motivation générale impliquée par le projet d'entreprise s'appuie sur une mise en valeur des caractéristiques dominantes et positives, ainsi que sur la reconnaissance des difficultés et des points faibles » (1).

La différence essentielle entre cette approche et celle du diagnostic d'entreprise tel qu'il peut être réalisé dans le cadre de la mise en œuvre de la stratégie d'entreprise, c'est qu'elle doit associer le plus possible les salariés de l'entreprise. Pour que le personnel soit réellement mobilisé par le projet, il est fondamental que tous les éléments de celui-ci résultent de la volonté commune des membres de l'entreprise.

L'office public des HLM de Marseille a mis en place un projet d'entreprise après trois années intensives d'actions de « préparation du terrain » sous forme de séminaires de communication, de formation au traitement de problèmes de groupe et de mise en place de cercles de qualité (2).

2. Pourquoi combattons-nous ?

Le projet d'entreprise est destiné à motiver le personnel en fixant des objectifs auxquels tous les salariés adhèrent.

Pour qu'un projet soit mobilisateur, il faut que les valeurs personnelles des différents membres du personnel soient en harmonie avec celles que dégage l'entreprise. Il faut donc que le projet d'entreprise définisse les raisons de l'action de l'entreprise.

3. Où voulons-nous aller ?

En liaison avec les raisons du combat, il faut définir les objectifs. D'ailleurs, la définition d'un projet implique bien cette dimension : « un but que l'on se propose d'atteindre ». L'ensemble du personnel se fixe donc des ambitions communes pour le futur. Ces ambitions sont consignées dans la charte de l'entreprise.

Les objectifs des projets d'entreprise sont le plus souvent centrés sur la volonté d'être les premiers, les meilleurs, de privilégier la qualité totale.

Exemples :
- **Delco rémy** : « Faire de cette usine l'usine de batteries la plus propre du monde ».
  « Procurer aux clients des batteries sans défaut ».
- **Corning** : « Nous serons dans le premier quart des 500 entreprises classées par le magazine Fortune quant aux résultats financiers ».
- **Accor** (Novotel, Sofitel…) : « Le sens de la vie dans l'entreprise, c'est de croître, d'entreprendre, d'innover, de relever les défis difficiles, pour tous et à tous les niveaux, sans jamais céder sur la qualité ».

Il est possible de schématiser les objectifs, les moyens et la mise en application d'un projet d'entreprise selon le schéma suivant.

(1) Claude Lebœuf et Alex Mucchielli, *Le Projet d'entreprise*. Éditions ESF.
(2) Cité dans *Mobiliser pour réussir*, Éditions du Seuil.

PROJET D'ENTREPRISE

Pourquoi ?
- Motiver les hommes.
- Assurer la cohésion du personnel.
- Développer l'entreprise.

Pour qui ?
- Destiné à l'ensemble du personnel.
- Présenté aux candidats à l'embauche.

Comment le réaliser ?
- Rechercher en commun les valeurs clés de l'entreprise.
- Fixer en commun les objectifs de l'entreprise.
- Fixer en commun les réponses aux modifications de l'environnement.

Comment le mettre en application ?
- Établir une charte en commun.
- La diffuser.
- Faire régulièrement le point sur son application.

Un des écueils primordiaux dans la conception du projet d'entreprise est pour une firme de vouloir obéir à une mode et donc de mettre en place une charte déconnectée des besoins de l'entreprise et de la volonté de ses salariés. C'est la raison pour laquelle il faut insister sur le fait que tout projet doit être le fruit d'une réflexion et d'une participation de l'ensemble du personnel composant l'entreprise. Le secret de Toyota réside dans la culture puissante partagée sur l'ensemble de ses rites (*Toyota Way*).

Pour être efficace, un projet d'entreprise doit nécessairement être établi en faisant participer tout le personnel.

18

MOTIVATIONS DE L'HOMME AU TRAVAIL ET STYLES DE COMPORTEMENT DES DIRIGEANTS

À partir du moment où un individu est conduit à entrer dans la vie active et à travailler, il recherche des satisfactions apportées par le travail qu'il effectue. Ces satisfactions peuvent être de nature très diverses : pour les caractériser, on parle de motivations de l'homme au travail (Section 1). L'évolution de l'exigence des travailleurs liée à de multiples facteurs et en particulier l'élévation du niveau culturel des salariés amène les dirigeants à adapter leur style de comportement tant à l'intérieur qu'à l'extérieur de l'entreprise (Section 2).

SECTION 1
LES MOTIVATIONS DE L'HOMME AU TRAVAIL

L'étude des motivations du travailleur conduit à analyser les raisons qui poussent celui-ci à accomplir son travail. Avec l'évolution de nos sociétés et l'élévation du niveau de vie, on observe que les motivations des travailleurs se sont modifiées. Après avoir privilégié des aspects strictement économiques et professionnels, le rôle des groupes a été mis en avant. On en arrive actuellement, en liaison avec l'étude de la culture et de la mise en place du projet d'entreprise, à des motivations fondées sur l'implication et la mobilisation.

I. LES MOTIVATIONS ÉCONOMIQUES ET PROFESSIONNELLES

Les premières explications des raisons pour lesquelles un salarié travaille sont de nature économique et professionnelle.

Celles-ci peuvent être résumées dans le schéma suivant :

MOTIVATIONS

→ **Économiques**
- Montant du salaire.
- Régularité du salaire.
- Avantages financiers et sociaux.

→ **Professionnelles**
- Nature du travail.
- Environnement du travail.
- Adaptation du travail à l'homme (ergonomie).

Si l'on ne retient que des motivations de nature économique et professionnelle, il est possible logiquement de rationaliser le travail et de déterminer les meilleurs stimulants financiers.
C'est l'application à l'homme au travail du principe de l'*homo economicus*

Cette approche strictement économique et matérielle incite l'entreprise à mettre en place un système de rémunération incitatif. L'entreprise est également amenée à s'engager dans deux types d'actions visant à :
- adapter l'homme à son emploi par une sélection à l'embauche (tests psychotechniques...) et par des actions de formation ;
- adapter le travail à l'homme, c'est le but de l'ergonomie qui a pour objectif de remédier aux inadaptations des postes de travail, limiter les atteintes à la santé physique et mentale, réduire la fatigue professionnelle.

La seule prise en compte de ces facteurs est apparue insuffisante pour permettre une bonne intégration des salariés dans l'entreprise. D'où la mise en évidence d'autres types de motivation.

II. LES MOTIVATIONS LIÉES AU GROUPE DE TRAVAIL

Les résultats des expériences d'Elton Mayo à la Wersten Electric dans les mines de Hawthorne entre 1927 et 1932 conduisent à mettre en évidence des motivations de nature psychosociologique. En effet, le problème de l'aménagement matériel du poste de travail est largement réglé, les préoccupations économiques deviennent moins primordiales, d'autres motivations apparaissent. Elles peuvent être ainsi schématisées :

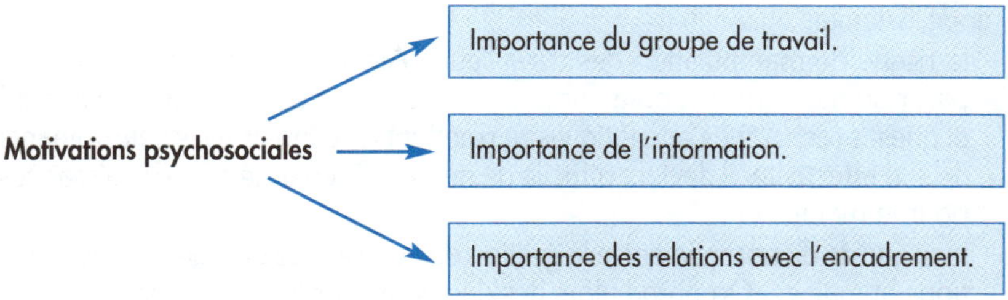

La prise en compte de ces facteurs a conduit au développement du mouvement dit des Relations Humaines. Ce mouvement est fondé sur l'effet Hawthorne : une plus grande liberté et une plus grande attention accordées aux travailleurs entraînent une productivité plus importante.

Cette approche des relations humaines met en évidence le rôle des groupes dans l'entreprise. E. Schein note qu'il faut admettre les groupes informels comme une réalité et chercher à agir sur les groupes plutôt que sur les individus.

D'autres raisons que des raisons strictement économiques motivent l'homme dans son travail.
Elton Mayo, à la suite d'études aux usines Hawthorne met en évidence, dans les années 1930, le rôle central des besoins sociaux de l'homme au travail.

On est amené à utiliser des techniques de gestion des groupes comme la dynamique de groupe qui vise à utiliser les potentialités mêmes du groupe pour obtenir de meilleurs résultats dans l'entreprise. Dans l'optique des relations humaines, l'entreprise s'efforce d'améliorer les relations supérieurs-subordonnés. Pour favoriser l'intégration des nouveaux salariés, on peut les accueillir en organisant des rencontres avec leurs futurs collègues, leurs supérieurs et leurs subordonnés, en organisant des stages... Toutes ces actions ont pour objectif de placer la nouvelle recrue dans de bonnes conditions psychologiques. Pour mobiliser le salarié, on peut également le tenir informé des principaux événements survenus dans l'entreprise. Le journal d'entreprise, par exemple, soude ainsi les différents groupes d'une entreprise en leur fournissant des informations communes.

Enfin, un système de prise en compte des propositions, des suggestions des membres du personnel, peut être mis en place. Dans sa forme initiale, le système prend la forme de boîte à idées dans laquelle les salariés déposent leurs propositions d'amélioration de la gestion de l'entreprise. Actuellement, ce système transite plutôt par des groupes de propositions dont les cercles de qualité sont une des modalités de mise en œuvre. Le schéma suivant récapitule les moyens d'action des relations humaines.

À la suite des découvertes d'Elton Mayo, les entreprises mettent en œuvre des politiques de relations humaines dans l'entreprise. Ces politiques ont pour but de mieux souder les groupes de travail dans l'entreprise.

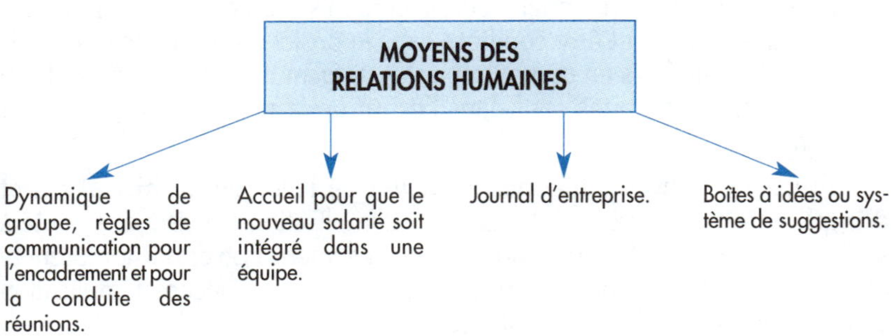

Cette approche psychosociologique des motivations des salariés encore qualifiée d'approche de **l'homme social** par opposition à l'approche de **l'homme économique** étudiée préalablement a l'avantage de prendre en considération la personnalité des travailleurs et l'attitude des groupes. Pour certains, cependant, cette optique des relations humaines peut présenter deux limites :

- le risque de manipulation des travailleurs. Ainsi Michel Crozier note : « À partir du moment où l'on a compris que l'homme est aussi un être affectif et que les recherches scientifiques permettent de connaître les déterminants de son affectivité, il devient difficile de ne pas se servir de ses connaissances pour le manipuler » ;
- le risque de dichotomie entre la gestion de l'entreprise et la gestion des relations humaines. On prend alors des décisions d'ordre technique, commercial, financier, et on demande à la direction des relations humaines de tout faire pour que cela soit accepté par les salariés.

La politique dite des relations humaines a été critiquée par certains sociologues qui voient dans l'utilisation de techniques psychologiques la possibilité de manipuler les travailleurs et de dissocier la gestion de l'entreprise et celle des relations humaines.

III. LES MOTIVATIONS DE MOBILISATION

1. Les analyses classiques

L'étude de la gestion des ressources humaines nous a déjà conduits à présenter les analyses modernes de la motivation des travailleurs.

• **Maslow** distingue les besoins physiologiques des besoins sociaux primaires ou supérieurs.

• **Herzberg** distingue quant à lui des facteurs d'hygiène (rémunérations, facteur d'ambiance) et des facteurs de motivation (initiative, autonomie, responsabilité). Son apport essentiel a été de démontrer que seuls les facteurs de motivation entraînent des effets positifs pour le travailleur et pour l'entreprise. Les facteurs d'hygiène, eux, engendrent une insatisfaction lorsqu'ils ne sont pas réalisés, mais leur satisfaction n'entraîne pas d'effets positifs durables.

• **Mac Gregor**, enfin, est célèbre pour sa distinction entre la théorie X, point de vue traditionnel selon lequel le travail est pénible par nature, ce qui implique un contrôle permanent des salariés et la théorie Y dans laquelle les buts individuels du personnel et les buts de l'entreprise peuvent être intégrés et sont compatibles.

Dans l'approche plus moderne des motivations des salariés, trois auteurs émergent en raison de leur analyse : Maslow, Herzberg et Mac Gregor.
Ils mettent tous les trois en avant des motivations plus nobles des travailleurs. Pour caractériser les entreprises qui prennent en compte ces motivations, Mac Gregor parle de théorie Y par rapport à la théorie X qui s'applique aux entreprises tayloriennes.

2. Les théories récentes

Dans la lignée des approches précédentes, d'autres théories ont vu le jour dans les années quatre-vingts. Elles se rattachent le plus souvent à l'idée d'adhésion du personnel à des valeurs mises en exergue par l'entreprise. Celles-ci peuvent être codifiées dans le projet d'entreprise qui détermine les objectifs fixés en commun par les dirigeants et le personnel. Bien évidemment, ces théories sont dans l'esprit de la théorie Y exposée par Mac Gregor.

Toutes les nouvelles théories conduisent à l'idée de **mobilisation** et **d'implication** du personnel. Le concept d'implication qui vise sans doute à se substituer à celui de motivation fait actuellement l'objet de nombreuses recherches. Celles-ci conduisent notamment à définir le concept d'implication et à réaliser une typologie des salariés.

Enfin, dans la lignée des facteurs de mobilisation du personnel, liés à la culture d'entreprise, on met en exergue la notion d'implication du salarié.
Celle-ci conduit à des typologies des salariés.

IMPLICATION

Fondée sur la cohérence entre le travailleur et les valeurs de l'entreprise.

LE TRAVAILLEUR DOIT

- Accepter les valeurs de l'entreprise.
- Agir dans le sens des buts et objectifs de l'entreprise.
- Avoir le désir de participer.

Réalisant une typologie des salariés, le modèle Holodis distingue différentes catégories de travailleurs :

Modèle HOLODIS
En fonction de l'implication du travailleur

LE MISSIONNAIRE

Très fortement attaché aux valeurs de l'entreprise, il ne recherche pas d'avantages personnels. Ce type de personnel risque à long terme d'être déçu par l'ingratitude de l'entreprise.

LE MERCENAIRE

Ce travailleur se moque des valeurs de l'entreprise et n'est présent que pour les seuls avantages qu'elle lui procure. Il est prêt à partir s'il trouve des avantages supérieurs ailleurs.

LE DÉMISSIONNAIRE

Il se caractérise par une faible adhésion aux valeurs de l'entreprise et il ne bénéficie pas d'avantages personnels dans celle-ci.

Être un travailleur impliqué, c'est combiner la recherche d'avantages particuliers pour le salarié avec la recherche de la mise en application des valeurs de l'entreprise.

Cette analyse peut être illustrée par le graphe suivant :

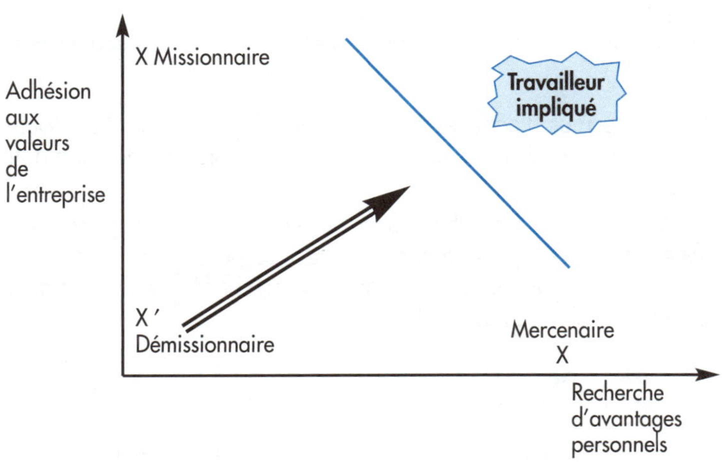

Une entreprise performante est celle qui permet à ses salariés d'être impliqués. L'entreprise du 3e type permet ainsi « la mobilisation des contributions, du progrès des hommes, et de leur cohésion dans l'entreprise ».

Le travailleur impliqué est donc celui qui adhère aux valeurs de l'entreprise tout en recherchant des avantages personnels.

Ces nouvelles approches de la motivation des travailleurs se retrouvent dans les entreprises dites du 3e type. Pour MM. G. Archier et H. Sevieyx, le 1er type d'entreprise est l'entreprise taylorienne ; le 2e type est l'entreprise d'État à planification centrale ; le 3e type concerne les entreprises qui « assurent à chacun d'être aussi contributif que son potentiel et ses capacités le lui autorisent ». Elles se retrouvent également dans les entreprises de l'excellence (*cf.* chapitre précédent).

Bien évidemment, selon que l'on privilégie telle ou telle forme de motivation, le style de commandement et la mise en œuvre du management seront bien différents.

SECTION 2
LE STYLE DE COMPORTEMENT DES DIRIGEANTS

L'évolution des motivations des travailleurs entraîne nécessairement des différences dans le style de comportement des dirigeants. Après s'être interrogé sur le rôle et les qualités requises d'un dirigeant qualifié encore de leader, il est intéressant de repérer quelques études théoriques de styles de comportement pour relier ces styles avec la motivation des salariés.

En liaison avec l'évolution des formes de motivation des salariés, on constate une évolution des styles de comportement des dirigeants.

I. RÔLES ET QUALITÉS D'UN LEADER

Être dirigeant, c'est avoir la responsabilité d'un groupe, ce groupe pouvant être de taille variable. Quelles que soient les modalités d'exercice du pouvoir, celui-ci nécessite l'exercice de plusieurs activités de la part du leader au sein du groupe.

Toute une littérature existe sur le métier de chef d'entreprise, profession patron... Il en ressort qu'il n'existe pas de dirigeant type. Leur comportement, leurs valeurs, les méthodes de prise de décisions sont différents.

Ces trois formes d'activités existent à des degrés divers dans toutes les entreprises. Dans les plus grandes, par exemple, la prise de décision doit être organisée.

Jean-Louis Servan Schreiber, dans son livre *Le Métier de patron* (1) présente les écueils qui guettent le chef d'entreprise pour rester *leader* : « mauvaises capacités relationnelles », « inadaptation au changement », « narcissisme envahissant », « pusillanimité », « faible coriacité ».

Pour être leader, il est indispensable d'avoir des qualités de communicateur afin d'établir de bonnes relations avec autrui.
Il faut aussi être apte à la prise de décision dans l'entreprise.

(1) Jean-Louis Servan-Schreiber, *Le Métier de patron*, © Librairie Arthème Fayard, 1990.

II. ÉTUDES THÉORIQUES DES STYLES DE COMPORTEMENT DES DIRIGEANTS

1. La grille managériale de Blake et Mouton

Ces auteurs sont les premiers à réaliser une analyse du comportement des dirigeants. Ils proposent une grille managériale dans laquelle ils intègrent deux variables :
- l'intérêt porté aux hommes et aux problèmes humains ;
- l'intérêt porté à la production.

Le résultat de leur analyse conduit au tableau suivant :

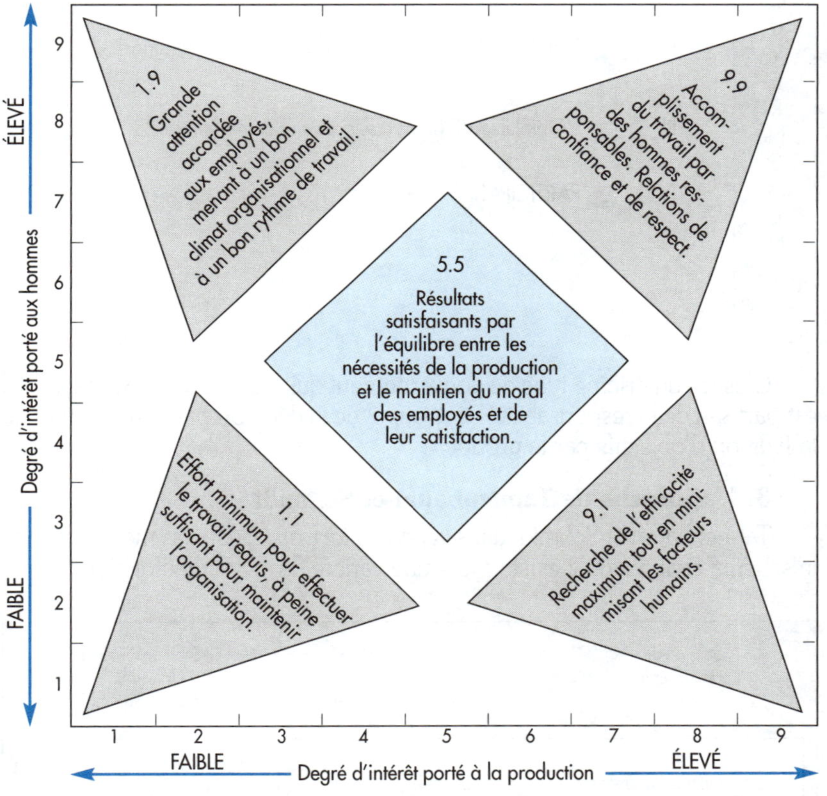

Maxime Cremer et Bernard Monteil, *Principes de management*
Presses universitaires du Québec.

Le style 9.1 tend à être abandonné, il correspond à une approche très taylorienne.

Le style 1.1 correspond à un dirigeant qui garde une certaine distance vis-à-vis de ses subordonnés.

Le style 1.9 met le maximum pour obtenir de bonnes relations humaines dans l'entreprise : la production dépend de l'état de ces relations.

Le style 9.9 apparaît comme idéal, il est très difficile à mettre en pratique.

C'est dire que le style 5.5 peut être un point moyen intéressant permettant d'aller vers l'idéal (9.9).

La plupart des études théoriques des styles de comportement des dirigeants repose sur l'analyse des motivations des travailleurs.

Blake et Mouton distinguent cinq types de commandement dont certains sont très tayloriens alors que d'autres s'appuient sur des motivations d'implication : « Accomplissement du travail par des hommes responsables. Relations de confiance et de respect ».

Pour Likert, le leader est despotique (approche taylorienne) ou alors, obéissant aux règles des relations humaines, il est bienveillant. Il peut aussi être en phase avec les motivations nouvelles des salariés.

2. L'analyse de Likert

Rensis Likert, quant à lui, après enquête auprès d'un grand nombre d'entreprises, distingue quatre styles de direction qu'il présente dans son livre *Le gouvernement participatif* :

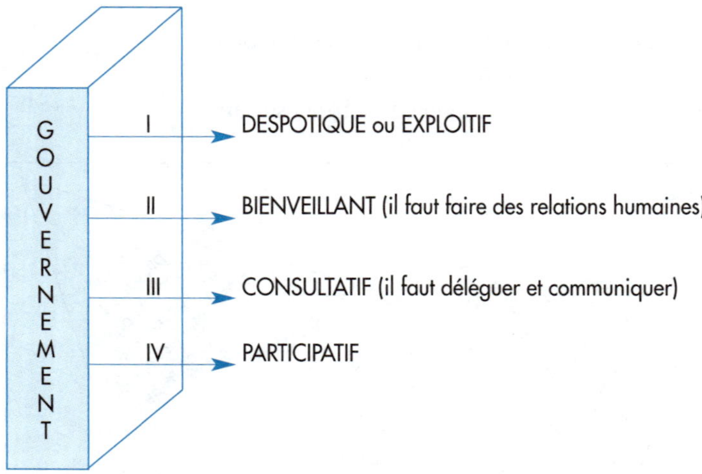

C'est ce quatrième type de gouvernement qui a la faveur de R. Likert : « il est partisan de la responsabilité de groupe, de la décision par consensus et de la fixation d'objectifs par le groupe ».

3. L'approche de Tannenbaum et Schmidt

Tannenbaum et Schmidt dans la revue *Harward Business* montrent dans le schéma ci-après qu'il existe toute une variété de styles de direction.

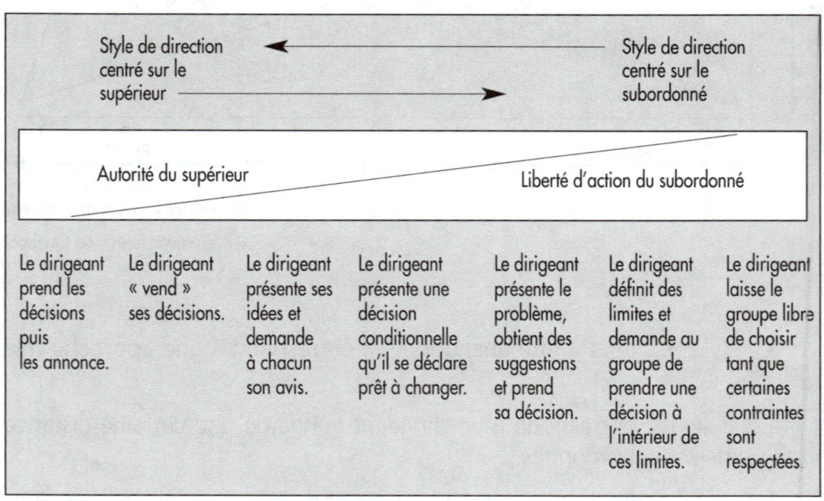

Cité dans *Principe du management*, Presses universitaires du Québec.

III. ÉVOLUTION DU POUVOIR DIRIGEANT

1. Émergence de la *corporate governance*

Dans les entreprises sociétaires, on peut repérer des divergences entre les actionnaires qui détiennent le capital et les dirigeants qui prennent les décisions.

Cette dichotomie est analysée dans la **théorie de l'agence**. Celle-ci peut être ainsi schématisée :

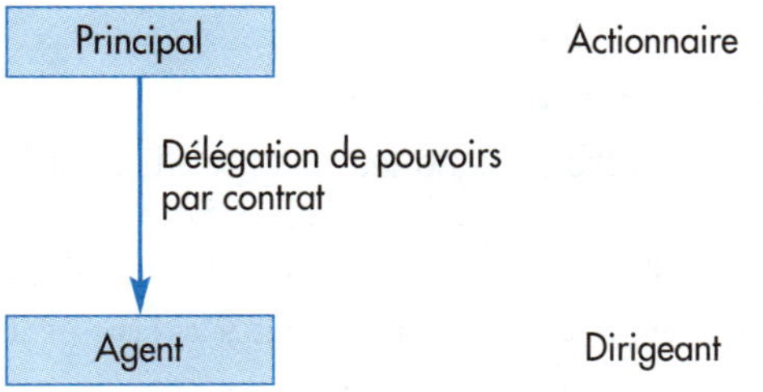

Trois éléments peuvent être repérés dans les rapports entre **principal** et **agent**.
- des objectifs divergents (rentabilité ou croissance, par exemple) ;
- une incomplétude du contrat (celui-ci ne pouvant envisager toutes les situations dans lequel doit décider l'agent) ;
- une asymétrie d'information (les dirigeants « sur le terrain » disposent de plus d'informations que les actionnaires).

La *corporate governance* vise à accroître le rôle des actionnaires par trois grandes séries de mesures :
- accroissement du rôle des actionnaires par des conseils d'administration plus vigilants ;
- accroissement de l'information à destination des actionnaires ;
- jugement et rémunération des dirigeants (managers) sur des critères de performance attendus par les actionnaires (par exemple la hausse du cours de l'action, d'où le développement des stocks options).

2. Diriger au XXIe siècle

Deux évolutions modifient le rôle et les pouvoirs des dirigeants :
- la nécessité de prendre en compte l'**opinion** interne et externe. On observe le développement de cet impératif par le rôle de plus en plus important que prend la communication tant en interne qu'en externe dans l'entreprise ;
- l'émergence de l'*empowerment* : « c'est celui qui est le plus proche du client ou qui réalise les opérations qui est le mieux placé pour prendre la décision. Elle lui revient par essence ».
  Cette nouvelle forme d'organisation liée à la volonté de développer le TQM nécessite pour les dirigeants une limitation de leur pouvoir et la nécessité de devenir de véritables animateurs de groupes.

Les études empiriques sur les dirigeants illustrent leurs nouveaux rôles.

Gérer ses équipes

Trouver l'équilibre entre le management des hommes et l'attention à leur vie personnelle. « L'entreprise doit être capable d'écouter » estime Éric Pietrac chez Deloitte et Touche.

Maîtriser le temps

Avec les 35 heures, les horaires se resserrent et imposent une autre organisation. « En 4/5e, j'ai réalisé des gains de productivité », s'enthousiasme Murielle Mathieu, chez Unilever.

Gérer la pression

Résister au stress, un impératif pour des managers qui focalisent toutes les attentes.

« Prendre des décisions partagées permet de diminuer les tensions » analyse Philippe Oddo, chez Oddo & Cie.

Restaurer la confiance

Comment rester crédible quand les salariés affichent leur scepticisme ? « Pour faire passer les mesures de la direction, j'ai responsabilisé le *middle management* » témoigne Véronique Eccidio chez Giat Industries.

(D'après le dossier *Devenir un bon manager*, Enjeux-les Echos n° 199 – Février 2004.)

19

Rôle et droits des salariés dans l'entreprise

Les salariés ont vu leurs droits évoluer depuis le XIXe siècle. La révolution industrielle et la concentration des entreprises ont généralisé le salariat et transformé sa nature. Du prolétaire décrit par Marx, nous sommes passés à la notion de citoyenneté dans l'entreprise (Section 1). Depuis longtemps, le problème de la participation des salariés à la vie de l'entreprise s'est posé dans les économies capitalistes. La participation peut être simplement financière, elle peut aussi aller jusqu'à la cogestion et au rachat de l'entreprise par ses salariés (Section 2). Enfin, cette évolution historique, cette prise en compte du « capital humain » dans l'entreprise a conduit à la réalisation d'instruments de mesure de l'activité sociale de l'entreprise : le bilan social est même devenu une obligation légale (Section 3).

SECTION 1
L'ÉVOLUTION DES DROITS DES SALARIÉS DANS L'ENTREPRISE

Les grandes dates de l'évolution du droit social confirment l'analyse de la culture française réalisée par Vachette : « Le changement est nécessairement une révolution ». Les étapes marquantes du droit des salariés correspondent en effet à des périodes de conflits sociaux ou de changements politiques.

Au XIXe siècle deux dates importantes marquent le droit du travail : 1864 et 1884. Elles légalisent le droit de grève et le droit de constituer des syndicats.

Au cours du XIXe siècle, deux lois importantes marquent l'histoire du droit du travail. La loi du 25 mai 1864 qui supprime le délit de coalition : la grève devient ainsi licite.

La loi du 21 mars 1884 donne aux syndicats une existence légale. Ils se constituent au niveau local et se groupent au sein des bourses de travail.

Au XXe siècle, les étapes marquantes de l'évolution de droit du travail sont :

1936 — Les accords de Matignon

Naissance d'un droit du travail collectif.

- Semaine de 40 heures.
- Congés payés.
- Conventions collectives.
- Délégués du personnel.

1946 — Libération

On note dans la constitution que les droits sociaux sont particulièrement nécessaires à notre temps.

- Comité d'entreprise.
- Sécurité sociale.

L'étude de l'historique du droit du travail montre que les grandes dates de son élaboration correspondent le plus souvent à des événements sociaux ou politiques importants : 1936, 1945, 1968, 1981.

1968 — Les accords de Grenelle

Extension du droit syndical.

- Reconnaissance de la section syndicale d'entreprise.

1981-1982

Lois Auroux

Le rapport Auroux pose comme principe que les libertés publiques doivent entrer dans l'entreprise.

- Citoyenneté dans l'entreprise.
- Conventions et accords collectifs.
- Comité d'entreprise.
- Comité d'hygiène de sécurité et des conditions de travail (CHSCT).

1993-1994

La persistance de la crise de l'emploi.

- Loi quinquennale et modification de l'organisation du travail.

2000

Durée hebdomadaire du travail : 35 h.

2002

Loi de moderniation sociale.

L'évolution du droit du travail montre que son champ d'application s'est peu à peu élargi pour traiter d'éléments de plus en plus qualitatifs. Les thèmes traités suivent chronologiquement l'évolution des besoins de l'homme au travail tels que les a déterminés Maslow.

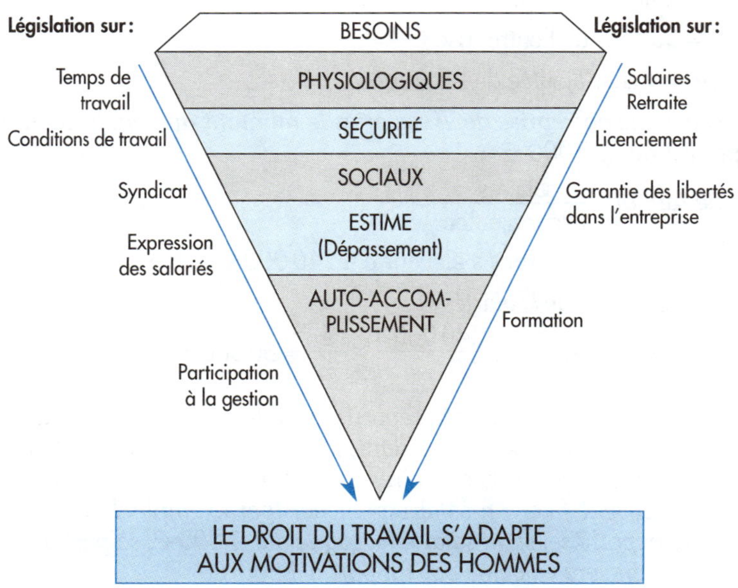

**En étudiant l'historique du droit du travail, on constate qu'il a évolué en prenant en compte l'évolution des motivations des salariés.
Du domaine strictement matériel (salaires, conditions de travail) on passe à des aspects plus qualitatifs (droit d'expression, participation à la gestion...).**

SECTION 2
LA PARTICIPATION DES SALARIÉS À LA VIE DE L'ENTREPRISE

Nécessairement, les hommes participent à la vie de leur entreprise. Mais celle-ci peut mettre en œuvre des moyens pour développer le sentiment d'appar-

Il existe différentes formes de participation des salariés à la vie de l'entreprise.
Cela va de la participation financière à la participation au pouvoir dans l'entreprise.

tenance des salariés. Ces moyens peuvent être de nature financière. Dans ce cas, on intéresse les salariés par un partage des bénéfices. On peut aussi aller plus loin, et permettre aux salariés de participer réellement au pouvoir dans l'entreprise.

I. PARTICIPATION FINANCIÈRE DES SALARIÉS

Celle-ci peut prendre différentes formes. Dans certains cas, elle est réglementée par la loi : « participation des salariés aux fruits de l'expansion », « intéressement des salariés » dans d'autres cas, elle résulte de la négociation sociale.

1. La participation des salariés aux fruits de l'expansion

Le législateur a imposé dans les entreprises de plus de 50 salariés une forme de participation aux résultats calculée chaque année en fonction des bénéfices de l'entreprise.

Le régime de la participation des salariés aux bénéfices de l'entreprise mis en place par l'ordonnance du 21 octobre 1986 reprend les principales dispositions de la participation aux fruits de l'expansion en vigueur depuis l'ordonnance du 17 août 1967. La loi du 7 novembre 1990 a étendu le champ d'application de la participation à toutes les entreprises de plus de 50 salariés, alors qu'au préalable, l'obligation ne concernait que les entreprises de plus de 100 salariés. Chaque année les entreprises doivent calculer la réserve de participation à affecter aux salariés. La formule de calcul est la suivante :

$$\text{Réserve de participation} = \frac{1}{2} \times \left(B - \frac{5C}{100}\right) \times \frac{S}{VA}$$

B = Bénéfice net de l'entreprise

C = Capitaux propres

S = Salaires de l'entreprise

VA = Valeur ajoutée de l'entreprise.

Dans une entreprise de 70 salariés le montant du bénéfice net après impôt est de 720 000 €.

Le rapport $\frac{\text{salaires}}{\text{valeur ajoutée}} = \frac{1}{3}$

Les capitaux propres s'élèvent à 4 740 000 €.

Participation des salariés =

$$\frac{1}{2}\left(720\,000 - \frac{5 \times 4\,740\,000}{100}\right) \times \frac{1}{3} = 80\,500\ €$$

Ces 80 500 € sont ensuite répartis entre les salariés proportionnellement à leurs salaires. Cependant, la loi du 7 novembre 1990, dans le but de favoriser les bas salaires prévoit que les accords de participation peuvent fixer un salaire plancher (par exemple 1 200 €). Dans cette hypothèse, si un salarié ne gagne que 1 000 €, sa part de la participation sera calculée par rapport à 1 200 €.

Le montant annuel de la participation affecté à chaque salarié est bloqué pendant 3 ou 5 ans. Les sommes ainsi bloquées peuvent être placées selon des modalités déterminées par accord entre employeurs et salariés.

Les droits affectés à chaque salarié ne sont pas immédiatement à leur disposition. Les fonds sont bloqués 5 ans ou 3 ans seulement si un **accord de participation** résultant d'une négociation employeur-salariés a été signé. Selon les cas, et en fonction des accords, les fonds peuvent être affectés à :
- l'attribution d'actions de la société ;
- des fonds d'investissement (comptes bloqués) ;
- l'acquisition de titres de SICAV ou parts de fonds commun de placement ;
- l'ouverture de plans d'épargne.

2. L'intéressement

L'intéressement résulte d'un accord entre employeur et salariés. Il doit revêtir l'une des trois formes suivantes :
- participation collective aux résultats de l'entreprise ;
- participation à l'accroissement de productivité ;
- tout autre mode de rémunération collective permettant de réaliser l'intéressement des salariés à l'entreprise.

L'État voulant favoriser les accords d'intéressement, des avantages fiscaux et sociaux sont accordés aux salariés et à l'entreprise. Ainsi, les primes d'intéressement sont exonérées d'impôt si elles sont versées sur un « plan d'épargne entreprise ». Mais certaines entreprises recourant par trop au système de l'intéressement pour échapper aux prélèvements fiscaux et sociaux, la loi fixe un plafond au montant de l'intéressement. Le montant global des primes d'intéressement distribuées aux salariés ne doit pas dépasser annuellement 20 % du total des salaires bruts versés aux salariés concernés. Cette limite permet aussi une certaine sécurité aux salariés : leur rémunération ne fluctue pas trop par rapport aux résultats de l'entreprise.

Dans leur système de rémunération, les entreprises peuvent, en accord avec les salariés, mettre en place des formules d'intéressement. Celles-ci ont pour but de motiver davantage le personnel.

3. Le plan d'épargne d'entreprise (PEE)

Les sommes en provenance de la participation, de l'intéressement, de l'épargne volontaire des salariés de l'entreprise elle-même, peuvent être versées dans un plan d'épargne d'entreprise. Ce plan d'épargne permet la réalisation de placements par l'entreprise. Favorisant l'épargne et l'investissement, ces PEE sont encouragés par l'État qui accorde des avantages fiscaux et sociaux sous forme d'exonération d'impôt et de cotisations sociales.

Associant salariés et entreprise à la gestion de l'épargne commune, le plan d'épargne d'entreprise permet aux salariés d'être mieux informés de la marche de leur entreprise. C'est aussi une forme de collaboration entre les différents partenaires dans l'entreprise.

**D'une façon générale, les formules de participation aux fruits de l'expansion, d'intéressement, de mise en place de plan d'épargne d'entreprise sont favorisées par l'État car elles permettent d'accroître l'autofinancement des entreprises et donc de favoriser l'investissement.
Cependant le législateur limite la part du salaire qui peut être attribuée sous forme d'intéressement pour éviter une évasion fiscale et sociale trop importante.**

4. Les stocks-options

Instrument de motivation des cadres, les stocks options (option de souscription ou d'achat d'actions) offrent la possibilité pour certains cadres d'acquérir dans un délai déterminé (par exemple 5 ans) des actions de la société dans laquelle ils travaillent à un prix fixe et déterminé. Dans certains cas, lorsque la société se développe considérablement, les gains pour les bénéficiaires peuvent être substantiels. Souvent réservés aux principaux dirigeants, ce mode de rémunération a été parfois critiqué pour ses abus.

Avec les stocks-options, qui conduisent certains cadres à devenir actionnaires, nous passons déjà à la notion de participation au pouvoir dans l'entreprise.

**La loi de 1986 relative au développement économique a permis aux sociétés anonymes d'offrir à tout ou partie du personnel le droit d'acheter des actions à un prix convenu d'avance.
Le personnel dispose d'un certain délai (durée de l'option) pour exercer ce droit.
Si les actions ont pris de la valeur, les intéressés sont favorisés car ils paieront finalement moins cher que le prix du marché.**

Juridiquement, dans les économies de marché, le pouvoir appartient aux apporteurs de capitaux.

On peut envisager deux grandes formes de modalité de participation des salariés au pouvoir. Ou bien ils deviennent associés et dans ce cas, on reste dans la logique capitaliste. Ou bien le législateur impose des modalités de participation des travailleurs à la prise de décision.

En France, dans les sociétés anonymes qui ont un comité d'entreprise, des membres de celui-ci représentent le personnel au conseil d'administration. Ils disposent seulement d'un rôle consultatif.

Il existe des textes (ordonnance de 1986) donnant la possibilité d'accorder plus de pouvoir aux salariés, mais ils sont peu utilisés car cela implique une perte du pouvoir absolu pour les apporteurs de capitaux.

En s'inspirant du modèle américain, beaucoup d'entreprises cherchent à développer l'actionnariat chez leurs salariés.
En utilisant cette démarche, on ne remet pas en cause les fondements du capitalisme.

II. PARTICIPATION AU POUVOIR

Traditionnellement, dans les économies capitalistes, le pouvoir appartient aux apporteurs de capitaux. Les salariés, apporteurs de travail, n'ont normalement pas la possibilité de participer à la prise de décisions dans l'entreprise ; cependant, dans certains pays, des représentants des salariés dirigent conjointement avec les représentants des apporteurs de capitaux. En France, le législateur a donné la possibilité aux salariés de participer aux décisions d'une façon plus limitée par l'intermédiaire du comité d'entreprise ou dans le cadre de l'ordonnance de 1986.

Les salariés peuvent néanmoins être partie prenante dans le pouvoir en devenant actionnaires ou plus encore en rachetant l'entreprise dans laquelle ils collaborent : c'est le RES (rachat de l'entreprise par les salariés).

1. Cogestion allemande, modalités françaises

La cogestion est une forme d'organisation qui permet d'associer les salariés à tout ou partie des décisions relatives à la gestion. L'Allemagne a institué une forme de cogestion dans les entreprises. Le conseil d'administration des sociétés importantes est composé pour moitié d'actionnaires et pour moitié de représentants élus des salariés.

En France, la législation impose la participation du comité d'entreprise au conseil d'administration des sociétés anonymes, mais avec voix consultative seulement. Une ordonnance de 1986 prévoit que des représentants élus par le personnel salarié peuvent siéger avec voix délibérative au sein du conseil d'administration ou du conseil de surveillance des sociétés anonymes. Cette possibilité donnée par les pouvoirs publics n'a pas rencontré beaucoup de succès dans les sociétés entrant dans son champ d'application. C'est sans doute parce qu'il existe bien d'autres façons de participer au pouvoir pour les salariés, notamment en devenant actionnaires de leur entreprise.

2. L'actionnariat des salariés

Aux États-Unis, beaucoup de salariés sont les actionnaires de leur propre entreprise. En France, l'actionnariat se développe également pour le personnel. Dans certains cas, l'entreprise incite ses salariés à devenir actionnaires dans le cadre de la participation financière. Les accords de participation, d'intéressement peuvent prévoir la distribution d'actions de l'entreprise.

Dans le cadre des « stocks-options » (cf. *infra*) les salariés deviennent actionnaires de leur entreprise.

Dans d'autres cas, c'est l'État qui incite certaines entreprises à distribuer une partie de leur capital à leurs salariés.

Lors de la privatisation de certaines sociétés nationales, une partie du capital est réservée aux salariés à des conditions avantageuses.

3. Reprise d'entreprise par les salariés (RES)

Transposition d'une technique américaine *Leverage Management buy out* (LBMO), le mécanisme du RES se présente ainsi :

Les salariés d'une entreprise peuvent en prendre le contrôle avec un apport réduit et un endettement élevé. Le remboursement des emprunts n'est possible que grâce aux bénéfices réalisés par l'entreprise achetée dont les salariés sont propriétaires. En cas de RES, les salariés ne deviennent donc propriétaires à part entière qu'après avoir remboursé les emprunts contractés pour l'acquisition de leur entreprise.

Encouragées par l'État et bénéficiant d'avantages fiscaux importants, plus de 400 opérations de RES ont été réalisées en France à ce jour (Darty, Fougerolles...).

Mécanisme d'une reprise d'entreprise par les salariés :

L'entreprise XYZ est une SA au capital de 50 000 000 d'euros composé de 500 000 actions de 100 euros. Actuellement ces actions cotent 220 euros.

Les salariés désirent réaliser une opération de RES. Ils créent une société holding qui rachète 52 % des actions de XYZ. Soit 57 200 000 euros à trouver. Les salariés apportent 17 200 000 euros et empruntent 40 000 000 euros. Le bilan de la société holding se présente ainsi :

Holding

		Capital	17 200 000
Actions	57 200 000	Emprunt	40 000 000
XYZ 52 % des actions			
cotées 220 euros			

Avec les résultats de la société XYZ qui distribuera des dividendes, les salariés pourront payer les intérêts de l'emprunt et rembourser les 40 000 000 d'euros empruntés. À terme, les salariés deviendront majoritaires dans la société XYZ.

Inspirée de pratiques américaines, la reprise d'entreprise par ses salariés (RES) est mise en œuvre dans diverses sociétés.

SECTION 3
LES INSTRUMENTS DE MESURE DE L'ACTIVITÉ SOCIALE

Il n'est de « richesse que d'homme » disait Jean Bodin au XVIe siècle. Dans les entreprises, depuis quelques décennies, on prend en compte le capital humain. Mais comment l'évaluer ? Certains ont proposé de faire chaque année le bilan social de l'entreprise. Ce document est même obligatoire dans les entreprises de 300 salariés ou plus. D'autres proposent de tenir une comptabilité des ressources humaines dans l'entreprise. Ces techniques ne sont pourtant pas encore bien opérationnelles.

I. LE BILAN SOCIAL ET LES TABLEAUX DE BORD SOCIAUX

Le bilan social a fait l'objet de la loi du 12 juillet 1977. L'exposé des motifs de cette loi précise :

« Le bilan social doit permettre aux chefs d'entreprises et aux salariés d'avoir une vue d'ensemble de la situation sociale de l'entreprise et de faire le point sur sa gestion sociale au cours d'une année déterminée. » Obligatoire

Face aux développements de l'intérêt porté aux ressources humaines, on a été conduit à développer des outils d'analyse du capital humain dans l'entreprise.

dans les entreprises de 300 salariés au moins, il est établi chaque année et comporte plus de 100 indicateurs regroupés en sept chapitres.

La loi retient sept chapitres. Le décret du 8 décembre 1977 précise les 34 rubriques et les quelque 134 informations devant figurer dans le bilan social. Le tableau ci-dessous donne les 34 rubriques composant le bilan social.

Emploi	Rémunération et charges accessoires	Conditions d'hygiène et sécurité	Autres conditions de travail	Formation	Relations professionnelles	Autres conditions de la vie relevant de l'entreprise
11. Effectifs	21. Montant des rémunérations	31. Accidents du travail et de trajet	41. Durée et aménagement du temps de travail	51. Formation professionnelle continue	61. Représentants du personnel et délégués syndicaux	71. Œuvres sociales
12. Travailleurs extérieurs	22. Hiérarchie des rémunérations	32. Répartition des accidents par élément matériel	42. Organisation et contenu du temps de travail	52. Congés formation	62. Information et communication	72. Autres charges sociales
13. Embauche	23. Mode de calcul	33. Maladies professionnelles	43. Conditions physiques de travail	53. Apprentissage	63. Différences concernant l'application du droit du travail	
14. Départs	24. Charges accessoires	34. CHS	44. Transformation de l'organisation du travail			
15. Promotion	25. Charges salariales globales	35. Dépenses en matière de sécurité	45. Dépenses d'ACT			
16. Chômage	26. Participation financière des salariés		46. Médecine du travail			
17. Handicapés			47. Travailleurs inaptes			
18. Absentéisme						

Jean Peretti – *Gestion du personnel* – Vuibert Gestion, 1988.

Le bilan social, composé d'indicateurs multiples permettant de mesurer la qualité de la gestion des ressources humaines est obligatoire dans les entreprises de plus de 300 salariés.

Instrument d'informations, de gestion, de concertation, le bilan social est utile :

Aux dirigeants

- Situer son entreprise par rapport aux autres entreprises.
- Détecter des conflits possibles.
- Disposer d'informations de base pour négocier.

Aux salariés et syndicats

- Disposer d'un instrument d'évaluation de la politique sociale de l'entreprise.
- Préparer des actions sociales (préavis de grève...).
- Disposer d'informations de base pour négocier.

Le bilan social est un outil d'information, de concertation et de gestion.
Il permet de définir la stratégie sociale de l'entreprise.

Dans le but de favoriser cette information, l'entreprise doit diffuser son bilan social.

- au comité d'entreprise
- aux actionnaires dans les sociétés par actions.
- aux délégués syndicaux
- aux salariés qui en font la demande.
- à l'inspection du travail

En dehors du bilan social, certaines entreprises mettent aussi en place des **tableaux de bord sociaux.**

« Aux différents niveaux proposés, les tableaux de bord sociaux délivreront par exemple un minimum vital de l'information sociale, essentiellement des éléments sur la surveillance des temps et des présences, puis ils pourront servir à la communication interne, à la gestion prévisionnelle des effectifs et de la masse salariale. Au mieux, ils deviendront un système d'information sociale intégré, véritable outil de gestion individuelle et collective. » (*Liaisons sociales* n° 33, 1990.)

Dans certaines entreprises on met en place des tableaux de bord sociaux dans le but d'aider les responsables de la gestion des ressources humaines.

II. LA COMPTABILITÉ DES RESSOURCES HUMAINES

La partie visible d'une entreprise est composée par ses terrains, ses constructions, ses machines… En réalité, tout cela ne constitue qu'une petite partie de sa valeur. Le personnel qui la compose et permet son fonctionnement en est par contre un élément essentiel.

Depuis les années 1970, des recherches visent à réaliser une comptabilité des ressources humaines dans le but d'évaluer le capital humain des entreprises. Bien des méthodes sont proposées pour évaluer le capital humain. Deux sont particulièrement utilisées.

Différents systèmes ont été proposés pour réaliser une comptabilité sociale.
Le but est d'évaluer la valeur du capital humain dans les entreprises.

Méthode des coûts historiques

On se propose de chiffrer le coût de l'investissement humain en faisant la sommation des charges le concernant :
- coût de recrutement ;
- coût de formation ;
- coût d'intégration dans l'entreprise ;
- coût d'adaptation à l'emploi ;
- coût de promotion et de mutation ;
- coût d'organisation d'équipes cohérentes et de groupes efficaces.

Méthode des coûts de remplacement

Cette méthode consiste à évaluer le capital humain d'une entreprise en cherchant quels seraient les coûts qu'il faudrait engager pour le reconstituer à l'identique.

Objet de recherches importantes, diverses et multiples, les comptabilités sociales se heurtent à la difficulté de donner une évaluation à certains coûts.

Quelles que soient les difficultés techniques rencontrées, les comptabilités sociales présentent l'intérêt d'une prise en considération de plus en plus grande de l'homme au travail.

Objet de recherches importantes, les comptabilités sociales se heurtent à la difficulté de donner une évaluation à certains coûts. Comment chiffrer par exemple les effets d'un accident du travail ? Utilisées lorsqu'un acheteur, un repreneur désire connaître la valeur économique et financière d'une entreprise, ces méthodes dont on constate les limites ont cependant l'intérêt de faire prendre conscience du coût et donc de la valeur du personnel d'une entreprise à un moment donné de la vie de celle-ci. Elles ne peuvent aller que dans une prise en compte toujours plus grande du facteur humain dans les entreprises.

20

Conflits et négociation dans l'entreprise

Dans tous les pays de l'Union européenne, la tendance des pouvoirs publics est de laisser un rôle de plus en plus grand aux accords collectifs, fruit de la négociation. En France une loi de 1982 fait même obligation aux partenaires sociaux de négocier tant au niveau de l'entreprise que de la branche professionnelle (Section 1).

À l'occasion de cette négociation sociale, pour l'application des accords ainsi obtenus, ou pour tout autre motif, des conflits peuvent apparaître entre les partenaires sociaux. Si certains pensent que ces conflits sont source de progrès, en créant des occasions propres à l'innovation sociale et économique, pour d'autres, ils provoquent des dysfonctionnements nécessitant de tout faire pour les empêcher de naître et pour les régler au plus vite en cas de déclenchement (Section 2).

SECTION 1
LA NÉGOCIATION COLLECTIVE

Dans l'entreprise, il existe deux grands niveaux de négociation :

- **la négociation individuelle** consiste pour un salarié, dans le cadre de son travail et quel que soit son niveau hiérarchique, à s'entendre avec ses collègues, ses supérieurs ou ses subordonnés *(ex. : négociation du temps pour accomplir une mission déterminée, négociation pour un représentant auprès d'un atelier pour que son client soit servi dans les meilleurs délais)*;
- **la négociation collective** a pour objet de définir les conditions générales du travail *(ex. : des syndicats peuvent demander une augmentation de salaire)*.

Dans les entreprises, il existe deux niveaux de négociation, la négociation individuelle et la négociation collective.

Réalisée entre un ou plusieurs employeurs et des représentants de salariés, la négociation collective implique des acteurs du dialogue social parmi lesquels les syndicats ont un rôle essentiel. Le législateur est par ailleurs intervenu pour définir un cadre légal à la négociation collective. Enfin, chaque année, au niveau de l'entreprise, comme au niveau national, on peut dresser le bilan de la négociation collective.

I. LES ACTEURS DU DIALOGUE SOCIAL

1. Importance du rôle des syndicats

Aux termes de l'article L 132.19 du Code du travail relatif aux dispositions générales applicables aux conventions et accords collectifs d'entreprise, la négociation doit s'effectuer entre d'une part, l'employeur et d'autre part, les organisations syndicales de salariés qui sont représentatives dans l'entreprise ou le champ couvert par la négociation.

Les syndicats dits représentatifs ont un rôle essentiel dans la vie de l'entreprise.
Ce sont eux en particulier qui peuvent négocier les conventions ou accords collectifs.

Ces organisations négocient obligatoirement par l'intermédiaire de leur délégué syndical dans l'entreprise. Les syndicats représentatifs de plein droit sont : CGT, CFDT, FO, CFTC et en ce qui concerne les cadres exclusivement la CFE–CGC.

Les autres syndicats peuvent être déclarés représentatifs en fonction de l'application des critères tels que : l'importance de ses adhérents dans l'entreprise, l'indépendance à l'égard de l'employeur, l'importance et la régularité des cotisations perçues.

Les syndicats ont donc un rôle essentiel dans la négociation collective. Ils ont également une grande importance dans la mise en place des institutions du dialogue social dans l'entreprise puisque le syndicat :

- **désigne** les délégués syndicaux ;
- **propose** les candidats aux fonctions de délégué du personnel et de membre du comité d'entreprise.

C'est dire que, bien que le taux de syndicalisation des salariés français soit relativement faible, de l'ordre de 15 %, les syndicats jouent cependant un très grand rôle dans l'entreprise et dans le cadre des négociations de branche.

Le rôle des syndicats semble d'autant plus important que l'entreprise est grande. Seuls 2,4 % des délégués du personnel ne sont pas syndiqués dans les entreprises de plus de 1 000 salariés, alors que 68 % ne le sont pas dans les entreprises de 11 à 49 salariés.

Bien qu'une minorité de salariés soit adhérente, les syndicats sont très présents dans les élections professionnelles. La majorité des délégués du personnel, membres du comité d'entreprise, est constituée de personnel syndiqué.

2. La section syndicale d'entreprise

Instituée par une loi de décembre 1968, la section syndicale est de droit dans toutes les entreprises, quelle que soit leur taille. La section syndicale d'entreprise peut notamment :

- collecter des cotisations ;
- afficher des informations ;
- distribuer des tracts ;
- réunir ses adhérents ;
- inviter des personnalités extérieures à l'entreprise.

Dans les entreprises de 50 salariés au moins, les sections syndicales d'entreprise désignent des **délégués syndicaux.** Ceux-ci représentent alors la section syndicale et à ce titre les délégués syndicaux présentent au chef d'entreprise les revendications de leurs adhérents.

Depuis 1968, les syndicats peuvent créer des sections syndicales d'entreprises. Lorsque l'effectif est au moins égal à 50, il est possible de désigner des délégués syndicaux.

3. Les délégués du personnel

Obligatoires dans tous les établissements de plus de 10 salariés, les délégués du personnel sont chargés de présenter à l'employeur les réclamations individuelles et collectives des salariés et de saisir éventuellement l'inspecteur du travail des plaintes relatives à l'application de la réglementation du travail.

Dans les entreprises sans comité d'entreprise ou comité d'hygiène, de sécurité et des conditions de travail, ils exercent les attributions de ceux-ci.

Le rôle des délégués du personnel élus dans les entreprises de plus de 10 salariés est essentiellement revendicatif.

4. Le comité d'entreprise

La mise en place d'un comité d'entreprise est obligatoire dans les entreprises occupant au moins 50 salariés.

Composition	– Le chef d'entreprise ou son représentant. – Représentants du personnel élus par collège (ouvriers, employés, agents de maîtrise et assimilés, cadres).
Rôle	– Assurer une expression collective des salariés pour permettre la prise en compte des intérêts des salariés dans les décisions techniques, économiques, financières de l'entreprise. – Formuler à son initiative, ou examiner à la demande de l'employeur, toute proposition de nature à améliorer les conditions de travail, d'emploi et de formation professionnelle, les conditions de vie…

Le comité d'entreprise obligatoire dans les entreprises de 50 salariés au moins permet la participation des salariés à la gestion de l'entreprise.

Le tableau suivant montre l'importance des décisions soumises pour consultation au comité d'entreprise.

Toute négociation suppose comme préalable l'information des parties prenantes. Par l'intermédiaire du comité d'entreprise, le législateur a organisé la circulation de l'information dans l'entreprise.

Thèmes de la consultation	Objet de la consultation	Périodicité
Évolution économique et financière de l'entreprise	– Modification de l'organisation économique ou juridique, notamment en cas de fusion et de cession. – Avant toute déclaration de cessation de paiement et lorsque l'entreprise fait l'objet d'une procédure de redressement judiciaire. – Avant toute décision relative à la poursuite de l'activité et lors de l'élaboration du projet de plan de redressement. – Lors de l'acquisition ou de la cession de filiale ou de prise de participations dans une société.	
Organisation de l'entreprise	– Modifications importantes des structures de production. – Problèmes généraux résultant de l'organisation du travail.	
Gestion du personnel	– Évolution de l'emploi au cours de l'année précédente et des prévisions d'emploi pour l'année à venir. – Projet de licenciement économique et mesures sociales d'accompagnement. – Projet de licenciement de représentants du personnel. – Convention de chômage partiel. – Convention FNE. – Conditions d'accueil et d'aménagement des postes de travail des accidentés du travail, invalides et handicapés. – Situation comparée des hommes et des femmes. – Règlement intérieur de l'entreprise.	1 fois par an 1 fois par an
Conditions de travail	– Incidence des projets portant sur l'organisation du travail, l'introduction de nouvelles technologies, les conditions d'emploi, l'organisation du temps de travail, les qualifications et les modes de rémunération. – Plan d'étalement des congés et fixation de la période des congés (à défaut de disposition conventionnelle). – Modalités d'exercice du droit d'expression (en l'absence d'accord). – Bilan social.	 1 fois par an 1 fois par an
Formation professionnelle	– Accueil et formation des apprentis et affectation des sommes prélevées au titre de la taxe d'apprentissage. – Orientation de la formation permanente et plan de formation de l'entreprise. – Report ou refus du congé individuel de formation.	1 fois par an 1 fois par an
Recherche	– Politique de recherche et de développement technologique de l'entreprise.	1 fois par an
Conditions de vie	– Aide au logement. – Affectation de la contribution patronale au titre de l'effort de construction.	
Durée du travail	– Aménagements du temps de travail. – Dérogation à la durée maximale du travail.	

(Ministère du Travail).

La loi du 15 mai 2001 sur les nouvelles régulations économiques (NRE) prévoit :

Concernant les OPA/OPE :

Réunion immédiate du CE de l'entreprise cible dès l'annonce de l'OPA. Le CE décide ou non d'entendre l'auteur de l'offre. Si l'initiateur de l'offre ne répond pas à la convocation du CE, ses droits de vote dans la société cible sont suspendus jusqu'à ce qu'il vienne. Nouvelles règles sur la publicité des pactes d'actionnaires 3 mois après le début d'une OPA, le conseil des marchés financiers (CMF) peut fixer une date limite de clôture des opérations.

II. LE CADRE JURIDIQUE DES NÉGOCIATIONS COLLECTIVES

La première loi sur les conventions collectives date de 1919. Depuis cette date, avec la montée en puissance des syndicats, d'autres lois sont venues matérialiser l'intérêt du législateur pour la négociation collective : 1936, 1950, 1968, 1971, 1982. Ainsi le droit du travail tend de plus en plus à devenir un droit contractuel. À côté des accords d'entreprise qui permettent l'adoption de règles mieux adaptées aux spécificités de chaque entreprise, des formules différenciées cherchent à résoudre les problèmes concrets tels que : salaires, effectifs, intéressement du personnel, modulation des horaires pour faire face aux fluctuations d'activité.

La loi du 13 novembre 1982 impose et organise la négociation collective. Son objectif est de « reconnaître à chaque acteur de la vie sociale son rôle propre et sa mission de rééquilibrer le capital et le travail en donnant au salarié une dimension plus grande dans l'entreprise ». Cette loi impose une négociation tant au niveau de la branche qu'à celui de l'entreprise.

Depuis 1982, la négociation est devenue obligatoire tant au niveau des branches que des entreprises.

Les négociations obligatoires portent principalement sur les salaires, la durée et l'organisation du travail.

Au niveau de la branche

→ **Tous les ans**
Obligation de négociations sur les salaires.
La loi a prévu qu'au cours de cette réunion seraient examinées l'évolution économique et la situation de l'emploi dans la branche, l'évolution des salaires effectifs moyens par catégories professionnelles et par sexe.

→ **Tous les cinq ans**
Obligation de négociation sur les classifications.

Au niveau de l'entreprise

→ Négociation **annuelle** sur les salaires effectifs.

→ Négociation **annuelle** sur la durée effective de travail.

→ Négociation **annuelle** sur l'organisation du temps de travail.

Dans le cadre européen, l'harmonisation de la législation sociale devra se faire par profession par l'intermédiaire d'accords européens.

De plus, la loi de 1989 relative à la prévention du licenciement économique et au droit à la conversion précise que la négociation annuelle obligatoire doit être l'occasion d'un examen par les parties de l'évolution et des prévisions annuelles ou pluriannuelles d'emplois établies dans l'entreprise.

Pour que la négociation annuelle dans l'entreprise porte ses fruits et permette un véritable échange, il faut que les salariés disposent d'informations et que les réunions soient correctement organisées.

Les entreprises tenues de négocier sont celles dans lesquelles sont constituées une ou plusieurs sections syndicales d'organisations représentatives (Art L 132-27).

À l'occasion de toutes ces négociations, le chef d'entreprise doit fournir des informations aux délégués syndicaux.

« Ces informations doivent permettre une analyse comparée de la situation des hommes et des femmes en ce qui concerne les emplois et les qualifications, les salaires payés, les horaires effectués et l'organisation du temps de travail. Ces informations doivent faire apparaître les raisons de ces situations ». (Art. L 132-28).

Grâce à ces informations, dans la mesure où le chef d'entreprise souhaite réellement développer le dialogue social, il est possible de négocier.

Il faut noter enfin que l'obligation annuelle de négocier n'est pas assortie d'une obligation de résultat. Si la négociation n'aboutit pas, les négociateurs le constatent dans un procès-verbal de désaccord.

La loi prévoit d'autres obligations de négocier dans les domaines de la formation professionnelle, des formules d'intéressement, de la mise en place du droit d'expression.

Indépendamment de l'obligation annuelle de négocier, il existe bien d'autres types de négociations prévues par la loi.

En matière de **droit d'expression** des salariés dans les entreprises de 50 salariés et plus, les modalités d'exercice du droit d'expression doivent être négociées entre employeurs et organisations syndicales.

En matière de **formation professionnelle,** la loi de 1984 a expressément prévu l'obligation de négocier pour fixer les objectifs et les moyens de la formation professionnelle des salariés.

En matière de **participation et d'intéressement**, employeur et salariés se doivent aussi de négocier les modalités de mise en place et de fonctionnement de ces formes de rémunérations.

III. LES RÉSULTATS DE LA NÉGOCIATION COLLECTIVE

1. Différents types d'accords ou de conventions

La négociation, lorsqu'elle aboutit, se matérialise par une convention ou un accord collectif.

La négociation collective peut prendre différentes formes. Les résultats sont différents selon qu'elle porte sur un ou plusieurs sujets bien déterminés (salaires, durée du travail) ou sur l'ensemble des conditions d'emploi et de travail. La négociation est différente également selon qu'elle se situe au niveau de l'entreprise, de la branche ou de plusieurs branches.

NIVEAUX / OBJET	ENTREPRISE	BRANCHE	PLUSIEURS BRANCHES
Ne traite qu'un ou plusieurs sujets *(Ex. : durée du travail)*	Accord d'entreprise	Accord professionnel	Accord interprofessionnel
Traite des conditions de travail et d'emploi dans leur ensemble	Convention collective d'entreprise	Convention collective de branche	

Au niveau de l'entreprise, d'une façon générale, les accords ou conventions doivent être plus favorables aux salariés que ce qui résulte des accords professionnels ou des conventions de branche.

Les conventions ou accords collectifs d'entreprise peuvent :

- adapter les conventions de branche et accord professionnel ou interprofessionnel aux conditions particulières de l'entreprise ;
- comporter des dispositions moins favorables aux salariés qu'un accord de branche si ce dernier l'autorise.

La convention ou l'accord collectif d'entreprise peuvent comporter :
- des clauses qui dérogent aux règles légales ou réglementaires lorsque celles-ci l'autorisent (durée et organisation du temps de travail) ;
- des clauses qui dérogent à des dispositions concernant les salaires conclues au niveau professionnel ou interprofessionnel.

Dans ces cas, la ou les organisations syndicales représentatives qui n'ont pas signé la convention ou l'accord collectif d'entreprise peuvent s'opposer à son entrée en vigueur par l'exercice d'un droit de veto.

Le ministère du Travail peut mettre en œuvre une procédure permettant d'étendre une convention ou un accord à toutes les entreprises comprises dans leur champ d'application.

Les accords et/ou conventions s'appliquent aux entreprises signataires ou adhérentes aux syndicats patronaux signataires. Le ministre du Travail peut décider de sa propre initiative ou à la demande d'organisations syndicales, **d'étendre une convention de branche, un accord professionnel ou interprofessionnel** à toutes les entreprises comprises dans son champ d'application. Dans ce cas, l'accord ou la convention devient la loi concertée du secteur.

2. Le bilan annuel de la négociation

Le bilan annuel de la négociation collective d'entreprise élaboré par le ministère du Travail met en évidence :

Chaque année, le ministère du Travail dresse un rapport pour faire le bilan de la négociation d'entreprise

• **L'existence d'une meilleure couverture conventionnelle.** De plus en plus d'entreprises et de salariés sont désormais couverts par des accords ou conventions collectives. Cette extension provient de l'obligation de négocier, qui est de mieux en mieux respectée dans les entreprises et des bons résultats puisque la négociation débouche sur un accord dans 7 cas sur 10.

Un des problèmes centraux de la négociation collective d'entreprise est qu'elle ne touche encore, qu'une minorité de PME.

• **Une disparité selon la taille des entreprises.**

Il apparaît que l'un des problèmes centraux de la négociation d'entreprise est qu'elle ne parvient pas réellement à s'implanter dans les PME.

« Par voie de conséquence, on observe de fortes disparités sectorielles, le pourcentage de salariés couverts par un accord d'entreprise variant dans des proportions considérables suivant que les secteurs d'activité professionnelle comprennent beaucoup ou peu de petites entreprises. Ainsi les écarts maxima se situent à 1,6 % des effectifs dans les garages et 77,4 % dans le secteur aéronavale-armements.

Une telle situation conduit à orienter la réflexion sur l'avenir des relations professionnelles dans deux directions : celle de l'adaptation des formes de représentation du personnel et de la négociation dans les PME, et celle de la place centrale et irremplaçable de la négociation de branche pour la très grande majorité des salariés de notre pays. » (Ministère du Travail).

• **Des thèmes de négociation privilégiés.**

Les thèmes les plus fréquents de la négociation portent sur

NÉGOCIATION
- → Salaires
- → Temps de travail
- → Classifications
- → Formation professionnelle
- → Conditions de travail
- → Droit syndical
- → Institutions représentatives
- → Droit d'expressionion

• Des réflexions sur le rôle de la loi et des accords conventionnels.

En 2003, une réflexion s'est engagée initiée par le patronat (MEDEF). L'objectif est de restreindre les prérogatives du pouvoir législatif face au droit conventionnel.

Nécessitant une réforme constitutionnelle, cette évolution a été abandonnée. Cependant deux propositions ont été prises en compte pour réformer le cadre social (loi de 2004) :

- l'introduction d'une logique majoritaire. La validité des accords d'entreprise est subordonnée à leur signature par la ou (les) organisation(s) ayant obtenu au moins 50 % des suffrages exprimés aux élections professionnelles précédentes. À défaut, l'accord doit être soumis à l'approbation de la majorité du personnel. Pour les accords de branche, l'absence d'opposition de la majorité des syndicats (en nombre) suffit ;
- l'assouplissement du « principe de faveur ». Un accord d'entreprise pourrait comporter des dispositions moins favorables aux salariés qu'un accord de branche, si ce dernier l'autorise.

Dans la vie de l'entreprise, des conflits de personnes naissent fréquemment. Ces conflits sont d'importance et de nature diverses.

D'autres conflits opposent un groupe de travailleurs au chef d'entreprise et constituent des conflits collectifs.

SECTION 2
LES CONFLITS SOCIAUX

Le conflit peut s'analyser comme une opposition d'intérêts entre deux ou plusieurs parties. S'agissant de l'entreprise, on peut constater une extrême diversité des types de conflits. Certains d'entre eux, cependant, sont particulièrement graves tant pour l'entreprise que pour les salariés : il s'agit des conflits collectifs opposant la direction de l'entreprise à tous les salariés de l'entreprise ou à une partie d'entre eux seulement.

Les conflits peuvent naître pour des raisons diverses, économique, sociale, psychologique, technologique...

I. LA DIVERSITÉ DES CONFLITS DANS L'ENTREPRISE

L'étude des conflits dans l'entreprise peut conduire à différentes analyses sur la nature, la portée, la signification des conflits. On distingue notamment :

- Les conflits **individuels** et les conflits **collectifs.** En effet, si certains conflits sont de nature individuelle *(ex. : deux personnes veulent obtenir leurs congés à la même date...)*, d'autres présentent un caractère collectif *(ex. : problème de primes concernant un atelier...)*. La distinction n'est cependant pas toujours évidente, car des conflits individuels à l'origine *(ex. : problème du salaire d'un travailleur bien déterminé)* peuvent déclencher un conflit collectif. Celui-ci existe dès lors qu'il concerne un groupe de salariés et qu'il porte sur des intérêts communs aux salariés.

On peut également distinguer les conflits d'**égal à égal** et les conflits **hiérarchiques ;** les conflits **horizontaux** entre lignes hiérarchiques et les conflits **verticaux** dans la même ligne hiérarchique ; les conflits **spontanés** et les conflits **provoqués.**

L'origine des conflits, dont la connaissance est importante pour les entreprises, peut être de nature **économique** *(partage de la valeur ajoutée, problème de salaire, primes...)*, **sociale** *(opposition entre groupes sociaux ou* *catégories professionnelles),* **psychologique** *(conflit des personnes, de génération...),* **technologique** *(introduction de nouvelles technologies).*

Toutes les approches nouvelles de la gestion des ressources humaines visent à désamorcer les conflits potentiels. La démarche de prévention des conflits peut être récapitulée dans le schéma suivant :

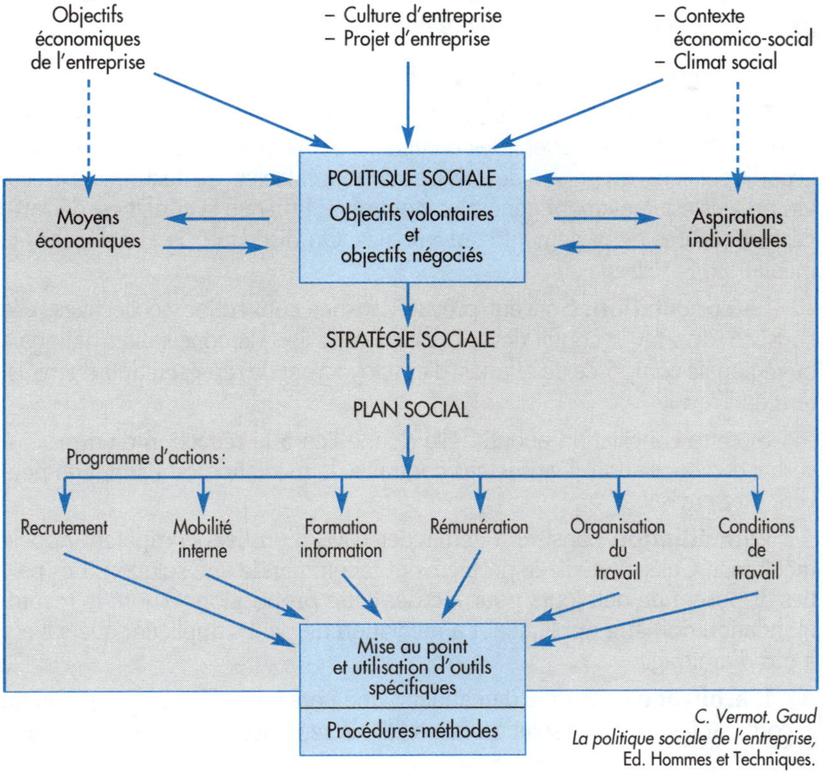

C. Vermot. Gaud
La politique sociale de l'entreprise,
Ed. Hommes et Techniques.

II. LES CONFLITS COLLECTIFS

1. Définition et nature

Un conflit collectif ouvert prend le plus souvent la forme d'une grève.

Un conflit collectif oppose la direction à un groupe de salariés, le conflit pouvant être général ou catégoriel. Le conflit déclaré prend la forme de la grève ; celle-ci est la cessation collective concertée du travail, motivée par des revendications de nature professionnelle.

Toute grève entraîne des conséquences importantes à la fois pour les salariés et pour l'entreprise.

Les formes de grève les plus répandues

- **grève classique :** elle correspond à la définition juridique qui impose la cessation concertée du travail pour des motifs professionnels.
- **grève perlée :** les salariés restent à leur poste de travail mais réduisent leur rendement.
- **grève thrombose :** un petit nombre de grévistes paralysent l'ensemble d'un atelier, d'une usine, d'une entreprise.
- **grève tournante.**
- **grève avec occupation des locaux.**
- **grève sauvage :** elle est décidée par la base en l'absence de mot d'ordre syndical.

Quelle que soit sa forme, la grève entraîne du point de vue économique et social, des conséquences importantes pour les salariés et l'entreprise. La grève peut ainsi aboutir, par exemple, à des améliorations de salaires ou à de meilleures conditions de travail. Mais elle peut aussi présenter des inconvénients tant pour les salariés (perte du salaire sur les jours de grève, risque à terme si l'entreprise a des difficultés économiques) que pour l'entreprise (perte de production et de marchés, perte d'image de marque).

2. Règlement des conflits collectifs

Les conventions collectives prévoient généralement des procédures pour régler les conflits collectifs.
Dans le cas contraire, la loi prévoit des procédures de conciliation, de médiation et d'arbitrage.

En raison des conséquences très graves d'un arrêt de travail, les entreprises s'efforcent de prévenir les conflits collectifs. Aussi, dans de nombreux accords collectifs on prévoit des négociations préalables à la décision de grève. Un préavis est également généralement prévu. Lorsque le conflit est déclaré, des procédures de règlement sont prévues. On distingue : la conciliation, la médiation, l'arbitrage.

La **conciliation.** Souvent prévue dans les conventions collectives, elle consiste à porter le conflit devant une commission de conciliation nationale ou régionale composée de salariés, d'employeurs et de représentants du ministère du Travail.

Si cette conciliation aboutit, elle donne lieu à la rédaction d'un procès-verbal de conciliation. Dans le cas contraire, la médiation ou l'arbitrage peuvent être envisagés.

La **médiation** consiste à demander l'avis d'un tiers compétent appelé médiateur. Celui-ci étudie le problème et recommande une solution. Les parties disposent de huit jours pour récuser cette proposition. Sinon, la recommandation doit être appliquée. La médiation ne peut s'appliquer que s'il n'y a pas d'arbitrage.

L'**arbitrage** consiste à demander à une personne choisie d'un commun accord par les parties la solution du conflit ; la sentence arbitrale s'impose aux parties.

Quelles que soient les thèses des sociologues ou des spécialistes des relations humaines, le plus souvent la grève est le constat d'un échec, le plus souvent aussi elle laisse des traces négatives soit chez les salariés qui ont l'impression d'avoir fait la grève pour rien, soit chez l'employeur qui pense avoir cédé d'une façon trop laxiste. C'est pourquoi il est bien préférable de **négocier** plutôt que de déclencher les hostilités et recourir à la grève.

21

APPROCHE SYSTÉMIQUE ET SYSTÈME D'INFORMATION

La systémique n'est pas réellement une nouvelle théorie scientifique : il s'agit plutôt d'une autre façon de voir, d'une nouvelle orientation dans la perception des phénomènes étudiés.

L'application de la « théorie générale des systèmes » à l'entreprise (Section 2) nécessite cependant une connaissance préalable des principaux concepts de l'analyse systémique (Section 1).

SECTION 1
L'ANALYSE SYSTÉMIQUE

L'étude de la genèse de l'analyse systémique permet de mieux comprendre la notion même de système, ainsi que ses principales caractéristiques.

I. LA GENÈSE DU CONCEPT DE SYSTÈME

1. Les sources de la vision système

Deux évolutions majeures expliquent l'apparition du concept de système :

- en premier lieu, les phénomènes techniques, économiques ou sociologiques connaissent une **complexité croissante**, en raison du développement de la civilisation *(extension des agglomérations, changement des modes de vie…)* et des progrès scientifiques *(nouveaux prolongements des sciences traditionnelles, apparition de nouvelles sciences comme l'informatique ou la robotique…)* ;
- en second lieu, complexité et gigantisme ont entraîné une **multiplication des interactions** entre les différents phénomènes ou unités de base.

La complexité croissante des phénomènes étudiés et la multiplication des interactions ont mis à jour la nécessité d'une nouvelle méthodologie d'analyse.

Ainsi, le fonctionnement d'une raffinerie de pétrole ne peut être étudié sans tenir compte des progrès de la chimie, de l'évolution de l'industrie pétrolière ou de la conjoncture économique internationale.

Peu à peu est apparue la nécessité d'une nouvelle approche scientifique globalisante permettant de mieux maîtriser cette double évolution.

La convergence des différentes sciences est à cet égard significative :

Des sciences aussi diverses que la physique, la biologie ou la gestion ont mis en œuvre de nouvelles méthodes d'analyse présentant de nombreux points de convergence pour décrire et étudier certains phénomènes complexes. Ces nouvelles approches sont à l'origine de l'analyse système.

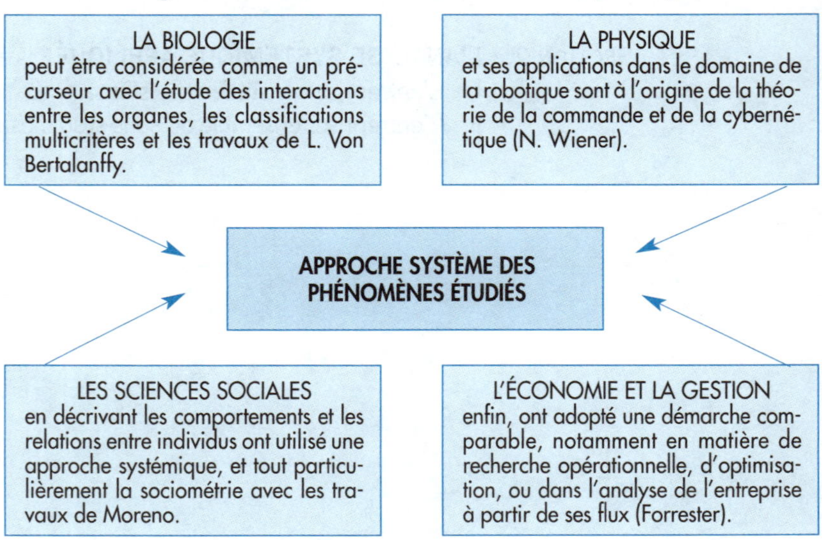

2. L'insuffisance des méthodes traditionnelles d'analyse

La **méthode analytique** (ou cartésienne) repose sur quatre principes de base :
- vérifier chaque chose par soi-même en évitant les préjugés ;
- diviser le problème à résoudre en autant de parties que l'intelligence peut traiter ;
- ordonner les problèmes du plus simple au plus complexe et les traiter successivement par ordre de difficulté croissant ;
- intégrer tous les paramètres (ne rien laisser de côté).

Cette démarche, unanimement admise jusqu'aux années 1940, n'est cependant pas exempte de critiques ; en effet :
- tous les phénomènes ne sont pas indéfiniment divisibles, et les relations entre les parties s'avèrent souvent essentielles ;
- la démarche analytique présuppose que « le tout est la somme des parties », ce qui revient notamment à faire abstraction des phénomènes de **synergie** (accroissement de performance dû à la mise en commun de moyens ou d'actions orientés vers un objectif unique) ;
- pour analyser un phénomène, on l'isole de son environnement. Or, dans la réalité, l'incidence de l'environnement est rarement négligeable.

Ainsi, pour étudier un pool de dactylos, il est possible d'analyser le travail d'une seule dactylo. Mais lorsque 10 dactylos travaillent ensemble, les résultats individuels sont différents (fatigue due au bruit de 10 machines, aides et conseils réciproques...).

En définitive, la démarche analytique n'est pas toujours adaptée aux phénomènes étudiés, surtout lorsque ceux-ci sont complexes : les détails sont connus, mais les interactions entre les éléments, et surtout les buts restent mal définis.

Les méthodes traditionnelles d'analyse, conduisant à décomposer un phénomène et à l'isoler de son environnement, sont bien adaptées à l'étude de processus simples et isolés.

Mais ces méthodes négligent les effets de synergie, l'influence de l'environnement et s'avèrent insuffisantes pour étudier des phénomènes complexes.

3. La théorie générale des systèmes (TGS)

Elle a été créée par le biologiste américain Ludwig Von Bertalanffy dans les années cinquante, et postule qu'il existe dans la nature des lois générales, des principes qui s'appliquent à tous les systèmes, indépendamment de leurs propriétés particulières ou de leurs éléments. Ces lois sont communes à différentes disciplines telles que la physique, la biologie, la gestion.

La **théorie générale des systèmes** s'oppose à la **démarche analytique** par la façon d'appréhender les phénomènes étudiés. En effet, l'approche système :
- considère un système dans sa globalité, afin de ne pas négliger les interactions entre ses différents éléments ;
- intègre la durée dans son analyse ;
- considère comme essentielles les liaisons d'un système avec son environnement ;
- prend en compte les buts poursuivis, et ne retient que les éléments essentiels.

En outre, l'intérêt de la TGS est de rendre plus facile la communication, le travail et la réflexion dans un groupe, et de permettre la découverte et le choix des solutions. Il s'agit avant tout d'un outil de modélisation et d'analyse.

À l'opposé de la démarche analytique, la théorie générale des systèmes privilégie une approche globale des phénomènes, et considère qu'il est au moins aussi important d'étudier l'ensemble, la totalité des éléments que les attributs ou détails de chaque élément.

La TGS est donc une nouvelle méthodologie permettant de rassembler et d'organiser les connaissances en vue d'une plus grande efficacité de l'action.

II. DÉFINITION ET CARACTÉRISTIQUES DES SYSTÈMES

1. Qu'est-ce qu'un système ?

Un système est un modèle, une représentation du réel, composé d'un ensemble d'éléments en interaction, qui forment un tout organisé.

L. Von Bertalanffy définit un système comme « un ensemble d'éléments en interaction ». Les différentes études sur les systèmes ont par la suite affiné et précisé cette définition.

Nous retiendrons qu'**un système est un outil de modélisation permettant de représenter et d'analyser des complexes d'éléments caractérisés par leur nombre élevé et un réseau de relations imbriquées.**

Un système est donc un instrument de représentation du réel, dans sa complexité et dans son unité.

Ainsi, le corps humain peut être représenté par un système. Il en est de même pour les planètes qui gravitent autour du soleil, pour une ruche d'abeilles, une agglomération urbaine, etc.

2. Les principales caractéristiques d'un système

Tout système peut être caractérisé par plusieurs traits structuraux (ses éléments, ses limites) et fonctionnels (flux d'information, de matières, centres de décision).

TOUT SYSTÈME EST CARACTÉRISÉ PAR :

Ses éléments
Un système est constitué par un certain nombre d'éléments dont la diversité et les interactions déterminent sa complexité. Certains éléments peuvent être regroupés, et forment ainsi des sous-systèmes. Un système peut donc être décomposé en sous-systèmes, ou modules.
Ex. : le système respiratoire, le système nerveux, le système digestif sont des sous-systèmes du système « corps humain ».

Ses frontières
Un système est un ensemble fini borné.
Il a donc des frontières qui le séparent de son environnement (ensemble des éléments qui n'appartiennent pas au système mais qui sont susceptibles d'avoir une influence sur lui ou d'être influencés par lui).
Ex. : la peau constitue la frontière du système corps humain.

Son réseau d'interactions
Le réseau d'interactions d'un système permet les échanges de matières, de capitaux, ou d'informations. Il contribue également à la régulation du système. On distingue deux catégories d'interactions :
- les relations entre les éléments du système ;
- les relations entre le système et son environnement.

Son état

On appelle « état d'un système » l'ensemble des valeurs prises à une date donnée par les éléments qui le composent.
Ex. : le système de réglementation de la circulation à un carrefour peut prendre les états suivants : vert, orange, rouge, orange clignotant, éteint.

Sa variété

La variété d'un système est l'ensemble des états possibles de ce système.
Ex. : la variété du feu tricolore est de cinq états.
– Lorsque la variété d'un système diminue dans le temps, il y a un risque d'**entropie** (tendance au désordre).
– Inversement, une importante variété accroît les capacités de régulation, d'adaptation et d'évolution d'un système.

3. Typologie des systèmes

Il est possible d'effectuer une classification des systèmes sur la base de leurs propriétés discriminantes.

- Un système peut être :

concret : les éléments qui le composent sont, au moins en partie, des objets concrets.
Ex. : un système informatique ;

abstrait : les éléments de ce système sont des concepts ou des procédures.
Ex. : un système de gestion des stocks.

- Un système peut être :

finalisé : il est alors affecté d'un ou plusieurs objectifs précis.
Ex. : un système de traitement des commandes ;

non finalisé : le système n'est soumis à aucune finalité, voulue ou imposée.
Ex. : le système solaire.

- Un système peut être :

ouvert : il entretient alors des relations continues avec son environnement :

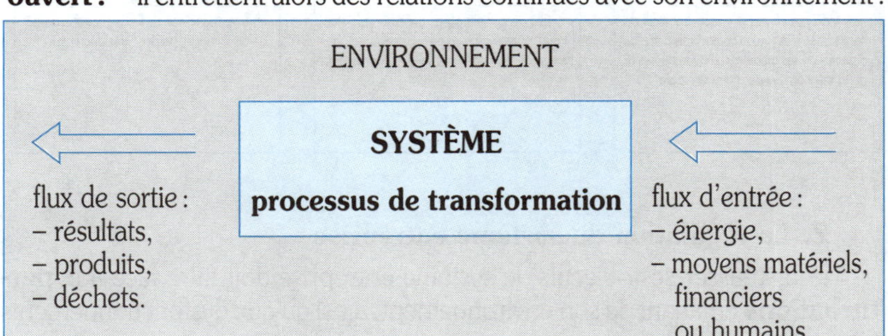

fermé : isolé de son environnement, ce système peut connaître des phénomènes d'entropie. Il ne dispose pas, en effet, de l'énergie, des matières ou des informations nécessaires pour assurer sa régulation.

**Il est possible d'établir plusieurs classifications des systèmes.
La plupart des systèmes étudiés sont concrets, ouverts sur leur environnement, finalisés et régulés.**

SECTION 2
L'ANALYSE SYSTÉMIQUE APPLIQUÉE À L'ENTREPRISE

Dans les années soixante, la théorie des systèmes a été étendue à l'entreprise sous l'impulsion de chercheurs comme N. Wiener, W. Mc Culloch ou J. Forrester (1).

L'entreprise peut ainsi être considérée comme un système complexe, composé de sous-systèmes organisés pour assurer l'exercice des activités de l'organisation.

I. L'ENTREPRISE CONSTITUE UN SYSTÈME

1. Le système entreprise

L'entreprise, en tant qu'organisme complexe composé de multiples parties interconnectées, en évolution permanente sous l'action de l'environnement et de ses dirigeants, est assimilable à un système.

L'entreprise peut être décrite en terme de système, car elle forme un tout organisé, composé de multiples parties interconnectées, poursuivant un (ou plusieurs) objectif général.

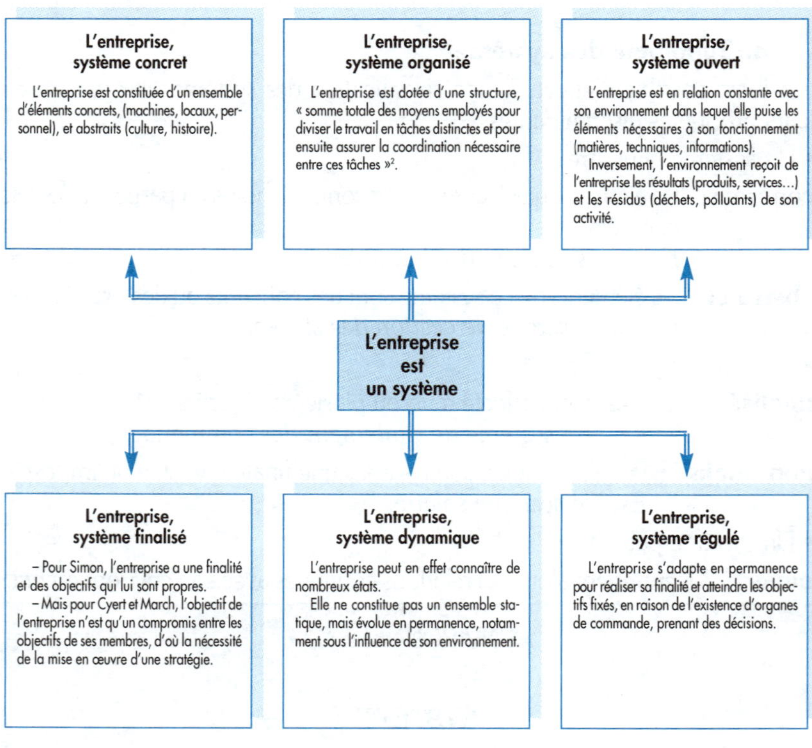

2. La régulation du système entreprise

Pour réaliser ses objectifs, le système entreprise doit faire face aux **perturbations** émanant de son environnement, ainsi qu'aux dysfonctionnements internes.

(1) J.L. Lemoigne et Jacques Melèse ont adopté par la suite une démarche comparable.
(2) Mintzberg, *Structure et dynamique des organisations*.

Il incombe au **système de commande** de prendre les décisions, et de donner les instructions destinées à corriger ces perturbations.

Pour cela, le système de commande doit, dans un premier temps, être informé de l'existence et de la gravité de la perturbation, afin d'analyser son incidence sur les objectifs de l'entreprise.

En fonction de l'origine de cette information, on distingue trois modes de régulation.

• **La régulation par anticipation :** la perturbation est identifiée et traitée par le système de commande, avant d'avoir affecté le système entreprise.
Ex. : une étude de marché permet de déceler une évolution des besoins des consommateurs.

• **La régulation par alerte :** la perturbation, d'origine interne ou externe, est connue du centre de commande en raison de ses effets sur le fonctionnement interne du système.
Ex. : le système de gestion des stocks enregistre un important gonflement des stocks de produits.

• **La régulation par erreur** (rétroaction) : la perturbation n'est identifiée qu'au niveau des flux de sortie du système entreprise : le système de commande détecte alors des écarts par rapport aux objectifs *(diminution des ventes)*, et entreprend des actions correctrices (*plan de redressement, modification du produit, arrêt de fabrication)*.

L'entreprise peut également, dans certains cas, mettre en œuvre des systèmes d'autorégulation, permettant de traiter les dysfonctionnements sans intervention des organes de commande.

Ex. : systèmes automatisés de gestion des stocks de matières premières.

Pour réaliser sa finalité et ses objectifs, le système entreprise doit disposer d'un système de commande, un organe de pilotage assurant la régulation de son fonctionnement.

En fonction de l'origine de la perturbation, le système de commande opère une régulation par anticipation, par alerte ou par erreur.

Dans les systèmes automatisés, on s'efforce de mettre en œuvre des processus de régulation automatique (ou autorégulation), qui complètent l'action des organes de commande.

Régulation du système entreprise

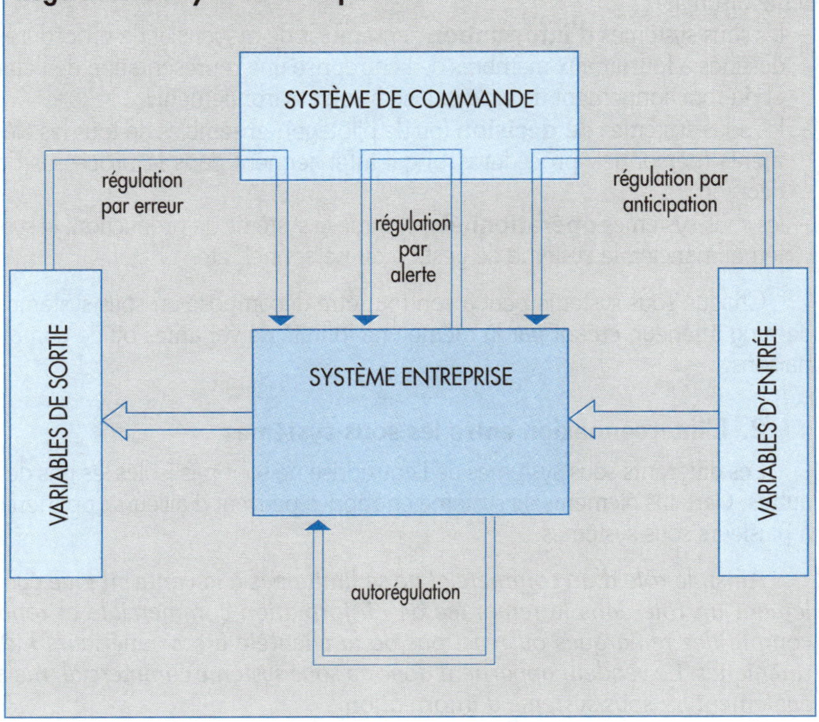

II. L'ENTREPRISE, UN ENSEMBLE DE SOUS-SYSTÈMES INTERCONNECTÉS

1. Une infinité de décompositions

Il appartient aux décideurs de regrouper les multiples éléments du système entreprise afin d'identifier des sous-systèmes, et particulièrement des systèmes de gestion, avec le maximum de cohérence, d'efficacité et d'harmonie.

Le système entreprise est constitué d'une imbrication de sous-systèmes.
Chaque entreprise identifie arbitrairement les sous-systèmes qui vont déterminer son organisation et ses actions.

Un système de gestion est un ensemble de moyens matériels, humains et de procédures organisés sous forme de système, qui ont pour objet d'assurer l'exercice des activités de l'entreprise (direction, information, animation, rémunération...).

Il n'existe pas de liste exhaustive des sous-systèmes de l'entreprise : chaque entreprise crée ses propres systèmes. Néanmoins, certaines grandes décompositions sont fréquemment utilisées :

• Une première classification, fondée sur un critère fonctionnel, conduit à distinguer :
- le sous-système d'**approvisionnement** ;
- le sous-système de **production** ;
- le sous-système de **commercialisation,** etc.

• Il est également possible d'identifier les principaux sous-systèmes d'après les types de flux échangés :
- le sous-système **physique** gère les flux réels (ou de matières) ;
- le sous-système **financier** gère les flux de capitaux ;
- le sous-système **de communication** gère les flux d'information.

La principale décomposition du système entreprise distingue :
- les sous-systèmes d'information ;
- les sous-systèmes de décision (ou systèmes de pilotage) ;
- les sous-systèmes opérationnels.

• Mais la décomposition la plus intéressante au regard de l'analyse système distingue :
- les sous-systèmes **d'information** : ensembles de moyens et de procédures destinés à fournir aux membres de l'entreprise une représentation de l'état et du fonctionnement de celle-ci face à son environnement :
- les sous-systèmes **de décision** (ou de pilotage) : ensembles de tous les éléments (personnel, procédures...) qui interviennent dans le processus de décision ;
- les sous-systèmes **opérationnels**, comme le système de production, le système financier, le système de gestion du personnel, etc.

Chaque sous-système peut à son tour être décomposé en sous-systèmes de rang inférieur, créant par là même une infinité de variantes ou de combinaisons.

2. L'interconnexion entre les sous-systèmes

Les différents sous-systèmes de l'entreprise ne sont pas isolés les uns des autres. Certains éléments du système entreprise peuvent d'ailleurs appartenir à plusieurs sous-systèmes.

Ainsi, le rôle d'un commercial ne se limite pas à la vente : il joue également un rôle dans la remontée de l'information commerciale et rend compte des remarques ou réactions de la clientèle à ses supérieurs hiérarchiques. Le vendeur appartient donc au sous-système commercial, mais également au sous-système d'information.

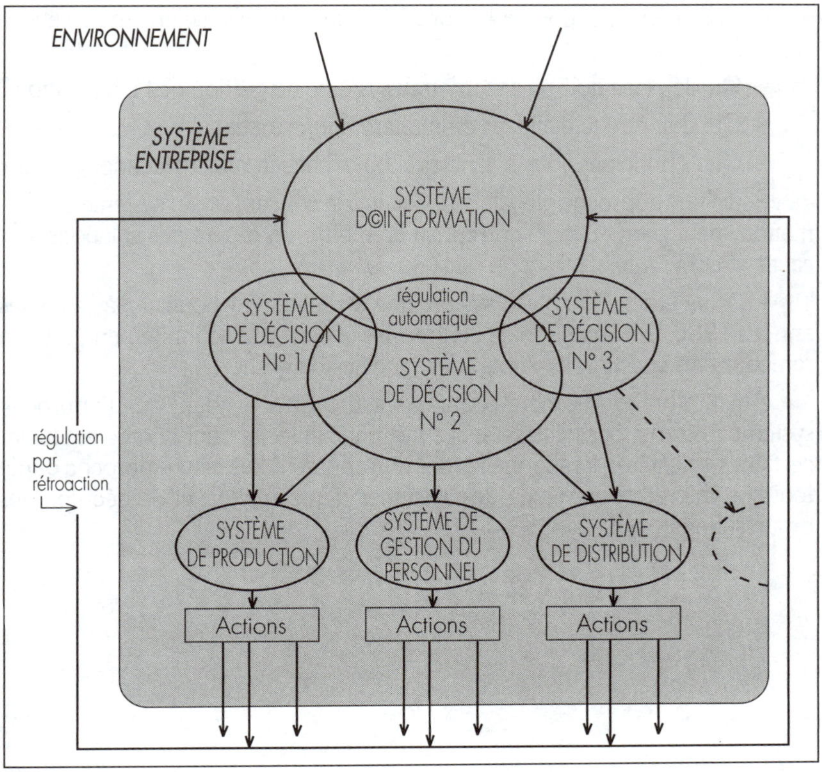

La circulation des flux entre les sous-systèmes de l'entreprise assure leur couplage et permet le fonctionnement coordonné de l'ensemble.

Les sous-systèmes du système entreprise sont reliés entre eux par un réseau de flux (flux matériels, flux d'information, flux monétaires) qui assurent leur **couplage** et coordonnent leur action.

Deux systèmes sont couplés, lorsque les variables de sortie de l'un constituent les variables d'entrée de l'autre, ce qui en assure la coordination.

Ainsi, l'application de l'analyse système à l'entreprise présente un triple intérêt :
- elle apporte une nouvelle représentation de la firme en la définissant comme une organisation hiérarchique de systèmes et de sous-systèmes ;
- elle rend possible l'étude par simulation des conséquences d'une décision, d'un programme ou d'une politique ;
- elle aide à déterminer les mesures permettant d'améliorer le fonctionnement du système entreprise en lui fournissant un certain nombre d'outils conceptuels et méthodologiques.

L'approche système n'a cependant pas vocation à remplacer la méthode analytique, et vise uniquement à la compléter.

L'analyse système, en proposant une nouvelle vision de la firme, prolonge et complète la méthode analytique.
Elle s'avère particulièrement performante dans deux domaines clés de la vie de l'entreprise : l'information et la décision.

En effet, si la démarche systémique s'avère particulièrement bien adaptée à l'étude et au traitement des problèmes d'information et de décision, l'efficacité de son application aux autres domaines de la gestion de l'entreprise n'a jusqu'à présent pas été démontrée.

• À cet égard, l'étude des systèmes d'informations entraîne une remise en cause de certains principes fondamerntaux de gestion de l'infomation au sein de l'entreprise, et conduit à se poser de nombreuses questions essentielles :

– Comment sélectionner l'information utile au milieu d'une masse abondante de données ?

– Quelle place doit-on accorder au système de gestion de l'information ?

– Qui doit être le décideur en matière d'information ?

– Quels principes gouvernent les choix architecturaux et technologiques ?

Seule une approche globale, appliquée à la conception du système d'information, peut permettre à l'entreprise de mettre en œuvre des solutions efficaces et cohérentes...

En conclusion, l'analyse systémique a réellement bouleversé, dans les années 1980, la perception de l'entreprise et de son fonctionnement, tout en remettant en question la plupart des modèles de gestion.

Aujourd'hui, de nombreux auteurs estiment cependant que l'approche système présente des faiblesses, et s'avère insuffisante pour décrire et étudier certaines activités opérationnelles des entreprises. Mais cette approche garde tout son intérêt pour l'étude des systèmes d'information et de décision des organisations.

22

DE L'INFORMATION DE GESTION AU SYSTÈME D'INFORMATION

Le développement de l'informatique dans l'entreprise a conduit décideurs et gestionnaires à s'interroger sur la nature, le rôle et l'importance de cette ressource que constitue l'information (Section 1). Celle-ci ne peut plus être gérée au coup par coup, mais doit s'inscrire dans un ensemble cohérent orienté vers la prise de décision : le système d'information (Section 2).

SECTION 1
LE CONCEPT D'INFORMATION

Le concept d'information s'avère relativement complexe, et a été l'objet de nombreuses controverses.

Il convient donc de préciser la nature de l'information et ses principales caractéristiques, avant d'étudier son rôle dans le fonctionnement du système entreprise.

I. INFORMATION ET COMMUNICATION

1. La nature de l'information

Dans son sens général, une information est un renseignement qui améliore notre connaissance sur un sujet quelconque.

L'existence d'une information conduit à préciser (1) :

L'ENTITÉ CONCERNÉE	L'ATTRIBUT	LA MESURE
C'est-à-dire l'individu, le concept, l'événement dont il est question. *Ainsi, pour le service commercial, le client Martin ou le client Dupont sont des entités.*	C'est-à-dire la propriété retenue pour décrire l'entité. *Par exemple, le « solde » du compte du client Martin est un attribut associé à l'identité du client Martin.*	La valeur de cet attribut *Par exemple, le client Martin est débiteur de 2 500 € : 2 500 est la mesure de l'attribut « solde ».*

L'information est un élément central de la gestion de l'entreprise.
À la différence d'une simple donnée, l'information est directement utile pour le décideur, et peut l'aider à optimiser ses choix.
Toute information peut être caractérisée par une entité donnée, l'attribut de celle-ci, et la mesure de cet attribut.

L'analyse systémique associe le concept d'information à une représentation imagée des objets ou des faits, qui réduit l'incertitude.

La théorie mathématique de l'information (Shannon, Weaver) considère d'ailleurs que l'on peut mesurer la quantité d'information apportée par une observation à partir de la diminution de l'incertitude, au sens statistique, associée à cette observation.

À l'instar des spécialistes en systèmes d'information, nous retiendrons qu'**une information représente les données transformées sous forme significative pour la personne qui les reçoit ; elle a une valeur réelle pour ses décisions et ses actions (2)**.

---

(1) D. Leclère, *Information et systèmes d'information*, Tertiaire n° 3.
(2) G. Davis, *Système d'information pour le management*, Economica.

L'un des rôles du système d'information consiste ainsi à transformer un ensemble de **données** *(ex. : registres et publications de l'INPI)* en **informations utilisables** *(ex. : études effectuées à partir des brevets déposés par les entreprises concurrentes).*

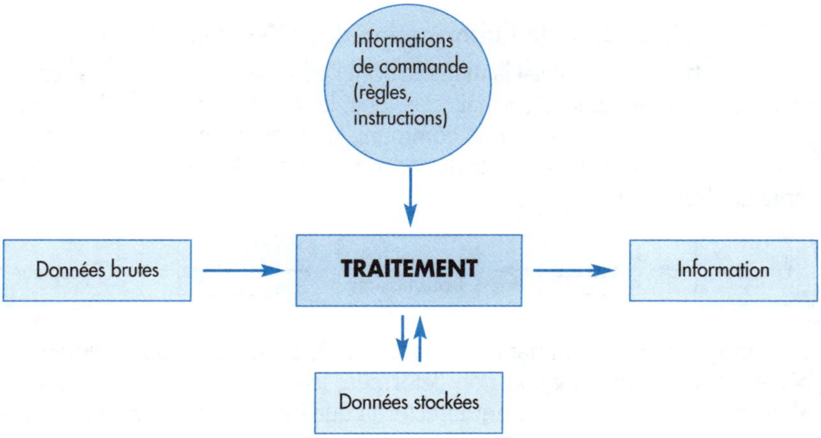

Le traitement d'un ensemble de données permet de créer de l'information, et donc de réduire l'incertitude du décideur.

2. Contenu et valeur d'une information

• Pour Mac Kay, les individus ou organisations transforment les données pour obtenir deux types d'informations :
- une information globale, permettant d'apprécier une tendance ;
- une information détaillée, permettant de connaître les variations autour de la tendance.

Mac Kay en tire l'idée qu'une information a un contenu triple :

Un contenu sélectif	Un contenu structurel	Un contenu métrique
C'est le volume d'information que contient le message. *Ex. : La commande spontanée d'un client nouveau présente un contenu informationnel plus riche que celle d'un client ancien.*	Il représente le degré de synthèse de l'information. *Ex. : Le CA ventilé par produits est plus significatif que le CA global.*	Il équivaut au degré de précision de l'information. *Ex. : Le nombre de chiffres après la virgule d'un taux d'intérêt.*

• **L'acquisition d'une information n'a d'intérêt que dans la mesure où sa valeur est supérieure à son coût.**
- Le coût d'une information est relativement facile à évaluer : il correspond à l'ensemble des sommes engagées pour acquérir l'information (recherche, traitement, stockage).
- Par contre, une information n'a pas de valeur dans l'absolu : elle n'en a que par rapport à l'utilisation qui est faite de cette information.

L'information n'est pas gratuite : les coûts générés par la recherche et la gestion de l'information ne se justifient qu'en raison de sa valeur.

Dans un contexte décisionnel, la valeur de l'information peut être évaluée à partir :
- du pouvoir réducteur d'incertitude dans lequel se trouve le décideur ;
- de l'ampleur de la modification de la décision générée par l'information ;
- du coût de l'erreur que permet d'éviter l'information.

La valeur d'une information correspond à l'amélioration de la décision qu'elle permet : plus le décideur est informé, meilleure sera sa décision.

Ainsi, une étude de marché permet de réduire l'incertitude quant à la demande potentielle d'un produit, peut entraîner de profondes modifi-

cations du programme de production, et faire économiser à l'entreprise les coûts liés, par exemple, aux produits invendus.

Mais seule une information de qualité, fiable, disponible et directement utilisable, permet d'optimiser la prise de décision.

La valeur d'une information dépend donc de sa qualité, c'est-à-dire de son utilité, de sa fiabilité, et de sa disponibilité.

3. La circulation de l'information dans l'entreprise

La **communication** est la manière dont l'information circule dans l'entreprise. Selon un schéma désormais classique, la transmission de l'information s'effectue à travers un réseau de communication qui comporte au moins un émetteur (ou source), un système de codage, un canal de transmission, un système de décodage et un récepteur.

Afin de faire circuler l'information, l'entreprise doit créer et mettre en œuvre des circuits de communication.

Émetteur → codage → Canal de transmission → décodage → Récepteur

Un émetteur peut ainsi transmettre des informations vers un récepteur, par l'intermédiaire d'un canal de transmission.

Un système de communication efficace doit permettre au récepteur de bénéficier d'une information non déformée, identique à celle de l'émetteur. Mais des perturbations peuvent affecter la qualité et la précision de la communication. Ces perturbations peuvent avoir pour origine l'émetteur lui-même, le canal de transmission ou le destinataire de l'information.

Des perturbations peuvent affecter la qualité de la communication et remettre en question l'efficacité même du circuit de communication.

La théorie de la communication, proposée initialement par N. Wiener, conduit à s'interroger sur l'efficacité du processus de communication :
- au niveau technique, on se demande avec quelle précision l'information est transmise ;
- au niveau sémantique, la question est de savoir jusqu'à quel point les symboles transmis véhiculent le message avec les significations désirées ;
- au niveau de l'efficacité, on veut comprendre jusqu'à quel degré le message va motiver l'action.

Chaque entreprise regroupe de nombreux circuits de communication :

LES COMMUNICATIONS HIÉRARCHIQUES	LES COMMUNICATIONS FONCTIONNELLES
transitent successivement par les différents niveaux d'autorité, en suivant la voie hiérarchique.	caractérisent les relations d'un spécialiste avec les autres membres de l'organisation.

En dehors des communications hiérarchiques et fonctionnelles, certaines lignes de communication peuvent s'établir spontanément et permettre une circulation souple et rapide de l'information.

Certains circuits de communication sont institués par la volonté des dirigeants de l'entreprise (organigrammes, schémas de circulation des documents SCOM…). Ces circuits sont prévus par la structure de l'organisation.

Mais des **circuits de communication informels,** non prévus par des textes d'organisation, peuvent jouer un rôle essentiel dans la transmission de l'information au sein de l'entreprise.

II. LE RÔLE DE L'INFORMATION DANS LES ORGANISATIONS

L'information n'a de valeur qu'en raison de l'usage qui en est fait. En gestion, l'information est considérée comme la matière première de la décision. Reste à préciser son rôle exact pour l'entreprise.

Michel Chobron et Robert Reix distinguent quatre usages possibles de l'information et des technologies de l'information :

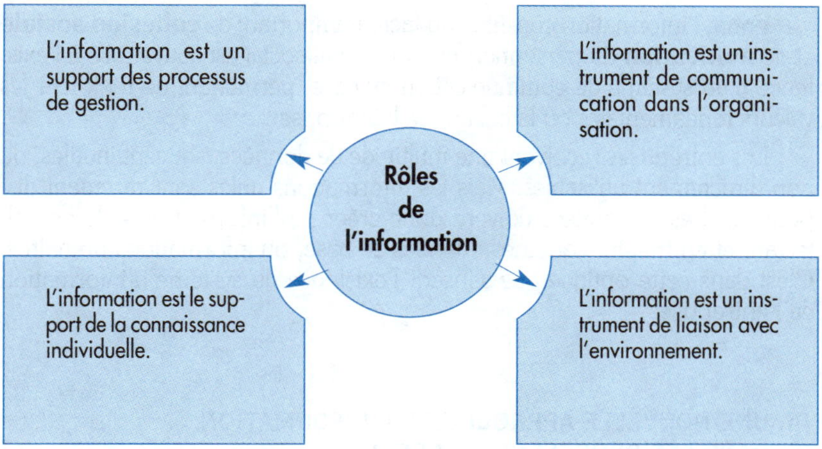

• *L'information, support des processus de gestion.*

Un processus de gestion (processus d'approvisionnement, de gestion des commandes...) est un ensemble d'activités et de décisions combinées pour produire des résultats souhaités par l'entreprise. Chaque processus, lui-même créateur d'informations, doit disposer de ressources en informations pour être exécuté.

Les technologies de l'information ont considérablement accru l'efficacité de la plupart des processus de gestion en augmentant leur rapidité, leur capacité à stocker et à transmettre de plus grandes quantités d'informations à un coût plus réduit.

Le rôle de l'information ne se limite pas à la prise de décision et à la réalisation des processus de gestion. L'information est, en effet, un instrument de la cohésion fonctionnelle de l'entreprise. Elle permet également d'améliorer « l'intelligence globale de l'organisation » et d'assurer son adaptation face à l'évolution de son environnement.

• *L'information, instrument de communication dans l'organisation.*

Des échanges d'information permettent d'assurer la coordination entre l'activité des différents membres de l'organisation.

La fonction de communication a acquis un caractère prédominant avec l'émergence :
- des bases de données ;
- de la bureautique (systèmes de messageries et courriers électroniques) ;
- de la télématique (réseaux publics ou locaux).

• *L'information, support de la connaissance individuelle.*

La capacité cognitive de l'organisation est d'abord celle des individus qui la composent.

Dans ce domaine de la connaissance individuelle, les technologies informatiques (systèmes de mémorisation, d'aide à la décision, systèmes experts) fournissent un support de plus en plus important.

• *L'information, instrument de liaison avec l'environnement.*

Les différentes technologies de l'information sont aussi susceptibles d'utilisations plus directement liées à l'environnement de l'entreprise :
- l'information peut être **incorporée dans un produit** (prix, caractéristiques, mode d'emploi) et devient lisible par un ordinateur ;

– des **systèmes d'information interentreprises** peuvent être mis en œuvre, certains fournisseurs installant, par exemple, des terminaux chez leurs clients destinés à faciliter la prise de commandes.

Enfin, l'information constitue un facteur important de **cohésion sociale** et de **motivation** du personnel : un bon climat social est souvent lié à l'existence d'un système de communication efficace, permettant de renforcer les valeurs fondamentales ou la culture de l'entreprise[1].

Les entreprises reçoivent une multitude de données, souvent inutiles, ou non directement utilisables. Mais les informations utiles sont rarement disponibles. Les entreprises doivent donc créer de l'information utile en collectant et en traitant certaines données de base, ou informations primaires. C'est dans cette optique que s'inscrit l'existence du système d'information de l'entreprise.

III. UNE NOUVELLE APPROCHE DE L'INFORMATION DANS LES PROCESSUS DE GESTION

L'évolution rapide des technologies de l'information a bouleversé la conception classique des processus de gestion. En particulier, et jusqu'au début des années 1980, les chercheurs et les acteurs des organisations se sont surtout intéressés à l'information structurée et formalisée, ignorant de ce fait les conditions réelles de fonctionnement des organisations.

1. Les conséquences de l'évolution des technologies

Les progrès des technologies de l'information sont spectaculaires. Les évolutions concernent les matériels, les logiciels, et les moyens communication :

Les évolutions les plus spectaculaires ont d'abord concerné les **matériels** (*hardware*).

L'évolution des technologies de l'informatique a entraîné un accroissement des capacités quantitatives et qualitatives des ordinateurs.

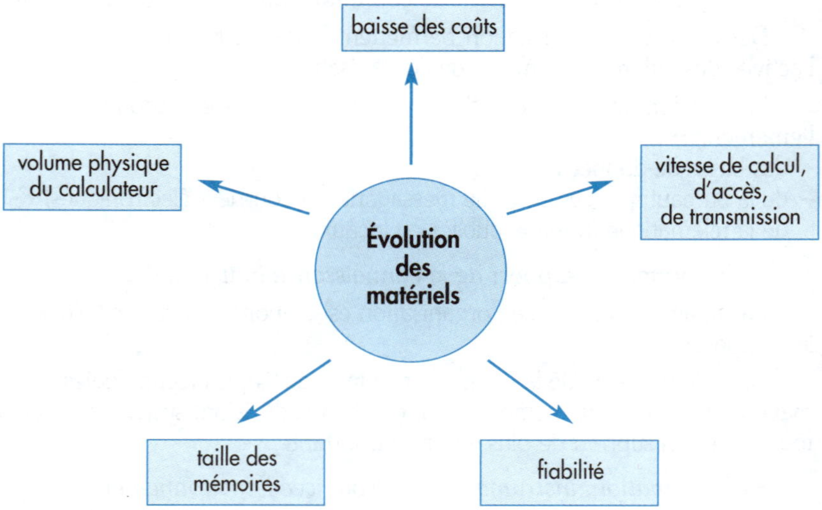

Les enjeux informatiques se sont ensuite portés sur **les logiciels** (*software*) et plus particulièrement sur leurs capacités et leur facilité d'utilisation.

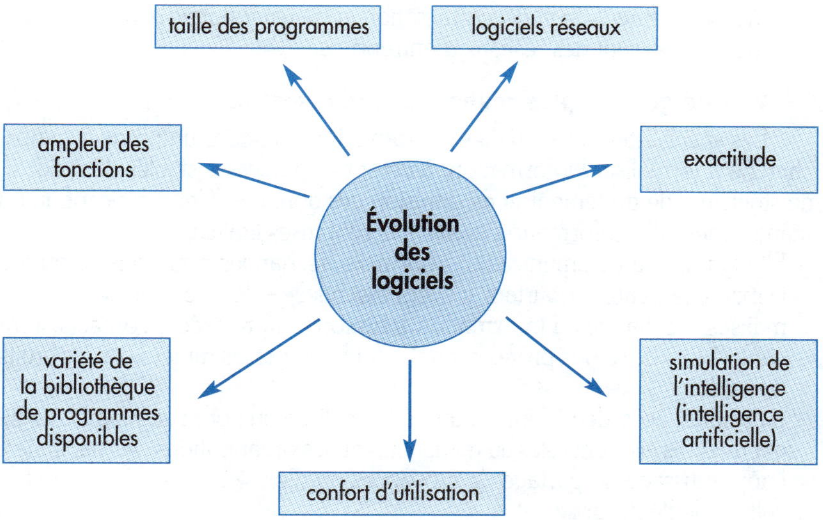

Les recherches portant sur les logiciels rendront l'informatique de demain plus fiable, plus conviviale, tout en élargissant encore ses domaines d'utilisation.

De nos jours, les réseaux informatiques constituent l'ossature des systèmes d'information des entreprises, et conditionnent les capacités opérationnelles, en assurant la disponibilité et la confidentialité des informations nécessaires à la conduite de leurs activités.

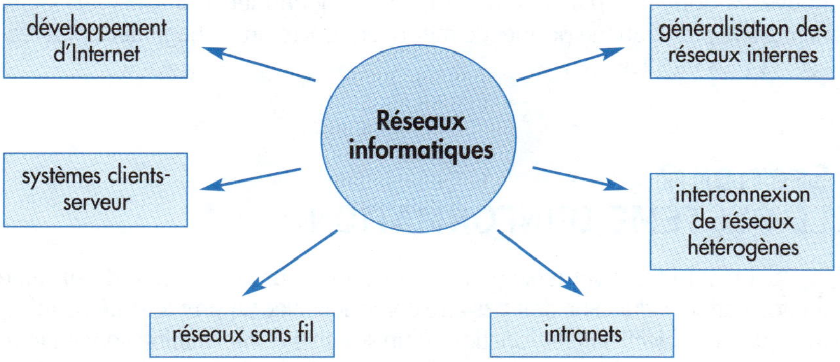

C'est le développement d'Internet qui a permis la généralisation des réseaux informatisés.

Les progrès des nouvelles technologies de l'information et de la communication (NTIC) ont bouleversé l'organisation et les processus de gestion des entreprises :

- Le domaine d'application des technologies de l'information s'est considérablement étendu. En effet, ce domaine a longtemps été limité aux travaux répétitifs de volume élevé (facturation, comptabilité, paie...). Aujourd'hui, de multiples applications sont possibles :
  - aide à la décision ;
  - traitement d'informations non formalisées ;
  - accès à de multiples sources documentaires ;
  - diffusion illimitée de l'information via Internet ;
  - multimédia (sons, images, vidéos...)
- La diffusion des NTIC a entraîné d'importantes évolutions organisationnelles :
  - intégration des activités ;
  - tendance à l'aplatissement de la structure d'organisation ;
  - évolution de la répartition des pouvoirs ;

Les progrès des technologies informatiques ont permis une extension de leur domaine d'application, entraînant d'importantes évolutions de l'organisation des entreprises.

– développement de la décentralisation et de l'autonomie ;
– développement des réseaux d'entreprises.

2. Une gestion plus réaliste de l'information

De nos jours, les spécialistes de l'information s'efforcent de tenir compte de la réalité de l'entreprise, et s'intéressent à la communication informelle, aux compétences des utilisateurs, aux habitudes de l'organisation.

Les spécialistes des systèmes d'information ont, dans un premier temps, cherché à formaliser l'information, à créer des processus stables de collecte, de stockage, de traitement et de diffusion des données. Cette conception du management de l'information avait de nombreuses limites.

– Elle ignorait la communication informelle, (échanges ponctuels autour de la machine à café) – pourtant souvent essentielle –, les mécanismes peu formalisés d'échanges d'information (réunions improvisées, contacts, rencontres lors de salons professionnels), tout comme les rumeurs ou les bruits de couloir.
– La priorité accordée à l'information, formalisée ou non, conduisait à négliger d'autres éléments clés du management des organisations : les habitudes, l'apprentissage, le partage de croyances ou d'expériences, l'histoire et la culture de l'entreprise.
– L'objectif principal était de rendre l'information disponible. Mais on ne s'intéressait pas suffisamment aux destinataires : ceux-ci n'avaient pas toujours les connaissances, les capacités cognitives, le temps ou les moyens pour tirer profit de l'information reçue.

Les processus actuels de gestion de l'information tentent d'intégrer ces nouvelles données, par nature complexes à identifier et à analyser. Cette démarche pragmatique permet de mettre en œuvre un management plus réaliste et plus efficace.

SECTION 2
LE SYSTÈME D'INFORMATION

S'il n'existe pas véritablement de consensus sur la définition du système d'information, celui-ci ne doit pas être confondu avec un simple système informatique : les objectifs et les fonctions d'un système d'information sont en effet beaucoup plus ambitieux et doivent être replacés dans une vision systémique du processus de gestion.

I. LA DÉFINITION DU SYSTÈME D'INFORMATION

1. Le système d'information : un sous-système du système entreprise

Un système d'information est un ensemble d'éléments (personnels, matériels, logiciels...) permettant d'acquérir, traiter, mémoriser, communiquer régulièrement des informations.

Un système d'information est l'ensemble des moyens et des procédures destinés à fournir aux membres de l'organisation une représentation de l'état et du fonctionnement de celle-ci face à son environnement.

Il ressort de cette première approche qu'un système d'information a un double rôle :

Un rôle descriptif :
permettre une perception exacte de l'état de l'organisation.
(Ex. : bilan comptable).

Un rôle de traitement et de circulation de l'information organisatrice
(Ex. : transmission des ordres, standardisation du travail...).

Un système d'information est donc un sous-système du système entreprise, qui produit de l'information pour assister les êtres humains dans les fonctions d'exécution, de gestion et de prise de décision.

On pourrait concevoir un système d'information sans apport informatique. Mais le concept n'est réellement intéressant qu'en raison des capacités et de la puissance des ordinateurs.

Tout système d'information est constitué par :
- l'ensemble des informations formelles circulant dans l'entreprise ;
- l'ensemble des procédures et des moyens humains et techniques utilisés pour rechercher et traiter ces informations.

Les auteurs sont partagés quant au rôle des informations informelles dans la réalisation du système d'information.

Pour certains auteurs, l'importance de la communication informelle (messages téléphoniques, carnets de note personnels...) nécessite de l'intégrer dans le système d'information. Mais cette conception extensive du système d'information n'est guère opérationnelle : comment intégrer certaines informations, une rumeur, un bruit de couloir, dans l'ensemble des procédures organisées et répétitives que constitue le système d'information ?

La régularité et la répétitivité des informations transmises par le système d'information excluent de celui-ci l'information informelle.

C'est pourquoi l'objet de notre étude se limitera aux systèmes formalisés.

2. Les différentes approches du système d'information

• Le traitement des **informations internes** à l'entreprise conduit à s'interroger sur la conception même d'un système d'information.

Le principe de base postule qu'un système d'information est réalisé dans l'optique de la décision et a pour objectif de fournir des flux d'entrée (ou intrants) au système de décision, dont les choix détermineront les flux de sortie du système opérant.

Tout système d'information a comme premier objectif de fournir au système de décision des informations utiles, dans l'optique de la prise de décision.

Par exemple, un grave défaut de fabrication d'un produit provoque une chute des ventes. Le système d'information en informe le directeur de la production (flux d'entrée) qui décide de modifier le procédé de fabrication, entraînant par là même une amélioration de la fiabilité du produit (flux de sortie).

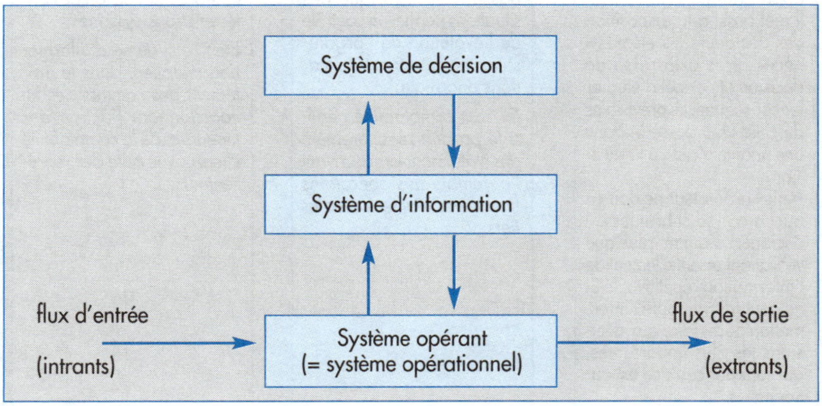

La conception traditionnelle du système d'information vise à définir, dans un premier temps, un répertoire des décisions à prendre, puis à déterminer les informations dont on a besoin, avant de construire le système d'information.

Les flux de ressources traversant le système « entreprise » permettent au système d'information de collecter les informations internes nécessaires à la gestion de l'organisation.

Mais il s'avère difficile de prévoir à l'avance toutes les décisions à prendre et de déduire les informations nécessaires à la prise de décision. C'est pourquoi cette première conception du système d'information a été progressivement éliminée au profit d'une nouvelle approche, proposée par J.-L. Le Moigne.

Pour cet auteur, la réussite de l'entreprise dépend de la façon dont elle gère ses propres ressources humaines, financières, matérielles et en produits. Ces ressources constituent des flux qui traversent l'entreprise.

Un système d'information doit être construit autour de ces ressources, et procurer au système de décision les informations nécessaires, à partir des flux de ressources et de leurs modifications.

Les informations externes ne sont pas générées par l'entreprise.
Elles peuvent être stockées dans une base de données.

• **Les informations externes** ne sont pas, quant à elles, générées par l'entreprise. Pour se les procurer, le système d'information peut les intégrer en permanence dans une base de données *(ensemble de données structurées et organisées pour répondre aux besoins de différents utilisateurs, et géré par un logiciel spécialisé),* ou faire appel au coup par coup à des ressources externes (banques de données, publications spécialisées).

II. LES FINALITÉS ET LES FONCTIONS DU SYSTÈME D'INFORMATION

1. Les finalités du système d'information

Selon J.-L. Peaucelle (1), il est possible d'identifier trois finalités principales du système d'information :

Le système d'information a une triple finalité d'analyse des décisions, de contrôle de l'organisation et de coordination des différents sous-systèmes.

Finalités du système d'information

LA DÉCISION	LE CONTRÔLE	LA COORDINATION
Le système d'information permet d'automatiser un certain nombre de décisions qui se traduisent par des actions appropriées. Il met aussi à la disposition des décideurs les éléments nécessaires à la prise de décision et permet d'étudier les conséquences prévisibles de celle-ci. Il possède donc une finalité d'aide à la décision. Mais l'ordinateur ne doit en aucun cas se substituer au décideur, d'autant plus que véhiculant essentiellement de l'information répétitive, le SI ne peut fournir toute l'information nécessaire aux décisions les plus importantes, qui sont par essence exceptionnelles.	Le système d'information doit être la mémoire de l'organisation en traitant les informations concernant son passé. Cet historique des situations permet un contrôle de l'évolution de l'organisation en détectant les situations anormales. *Ex. : La comptabilité générale produit régulièrement des états financiers décrivant l'ensemble des opérations financières réalisées avec les tiers.*	Le système d'information doit également traiter les informations concernant le présent de l'entreprise afin de coordonner l'action des différents sous-systèmes. *Ex. : Le système d'information intervient dans le traitement des commandes en coordonnant l'action des livreurs et de la comptabilité clients avec celle des représentants.*

À chacune de ces trois finalités correspond une série d'impératifs qui déterminent la fiabilité et la qualité du système d'information.

(1) *À quoi servent les systèmes d'information ?* RFG n° 43 p. 9 et s.

Finalité du SI	Information portant sur :	Impératifs de qualité du SI
Décision	Le futur	– Rapidité – Pertinence des prévisions
Contrôle	Le passé	– Exactitude – Fiabilité
Coordination	L'action à réaliser	– Rapidité – Exactitude

2. Les fonctions du système d'information

a. La fonction d'alimentation du système

Alimenter le système d'information implique de drainer et de recueillir de nombreuses données en vue d'une utilisation ou d'un traitement ultérieurs. Le système d'information doit ainsi être en mesure d'écouter, saisir, classer, codifier et condenser les données.

Écouter

- Certains flux d'information informelle importants traversent le système entreprise et risquent d'être perdus en l'absence de système d'écoute interne permettant de les capter et de les formaliser (boîte à idées, comptes-rendus de réunions).
- Un système d'écoute externe permet de connaître les évolutions de l'environnement de l'entreprise.
Ex. : la veille technologique : des ingénieurs de l'entreprise sont chargés de suivre les progrès scientifiques et technologiques, les innovations des concurrents.

Saisir

La saisie, qui consiste à entrer des données et des informations dans le système d'information, suppose l'existence de capteurs « hommes » ou « machines ». La saisie sera d'autant plus efficace qu'elle sera faite le plus près possible de la source détectée.

Alimentation du SI

Classer et codifier

- La classification est l'opération qui permet de retrouver les informations avec le minimum de difficulté. Les classifications peuvent être effectuées par nomenclatures, hiérarchie, arborescence.
Dans certains cas, une classification systémique est nécessaire.
Ex. : le fichier articles de Siemens qui compte près de 300 000 références.
- La codification est le corollaire de la classification destiné à simplifier la manipulation de l'information en réduisant son volume et en traduisant la classification en termes simples (ex. : numéro d'INSEE).

Condenser

La condensation des données consiste à réduire leur volume pour des raisons de coûts de stockage. Elle peut être faite :
– par extrait ;
Ex. : dans un fichier client on ne conserve que le solde du compte et on élimine le détail des opérations.
– par sondage ;
Ex. : contrôle par sondage des fiches de stock pour les petites fournitures.
– par vieillissement.
Ex. : les données anciennes sont alors remplacées par des données plus récentes.

b. La fonction de mémorisation

Cette fonction correspond à la capacité du système à stocker de manière durable et stable les informations.

Cette fonction suppose l'utilisation de moyens techniques (disques durs, cédérom, DVD, entrepôts de données informatisées) et organisationnels (méthodes d'archivage, de protection).

L'évolution des technologies de l'informatique permet de stocker de plus en plus de données, dans des fichiers, ou dans une base de données.

Le traitement constitue la fonction la plus importante du système d'information car il entraîne la création d'informations directement utilisables par les décideurs.

Deux procédures principales peuvent assurer la mémorisation des données :
- **les fichiers**, constitués en fonction de chaque application désirée : paie, comptabilité…
- **une base de données**, regroupant l'ensemble des informations de l'entreprise, considérées comme ressources communes, et gérée par un « système de gestion de base de données » (SGBD).

c. La fonction de traitement

Le traitement transforme, par des opérations de tri, de classement ou de calcul, des données inutiles en l'état, en informations utilisables par l'entreprise. Il peut être manuel ou informatisé.

On distingue trois catégories principales de traitement

Traitements de gestion générale
- paie,
- comptabilité,
- …

Traitements classiques
- statistiques,
- recherche opérationnelle,
- …

Traitements finalisés à objet précis
- traitements spécifiques demandés par les décideurs,
- …

Le système d'information assure enfin la restitution et la circulation de l'information ainsi créée.

d. La fonction de restitution et de circulation des informations

Les informations n'étant pas nécessairement utilisées là où elles sont produites, le système d'information doit assurer leur restitution et leur circulation, qui peut être ascendante, descendante ou horizontale. La sécurité et la confidentialité de certaines informations peut expliquer leur diffusion restreinte.

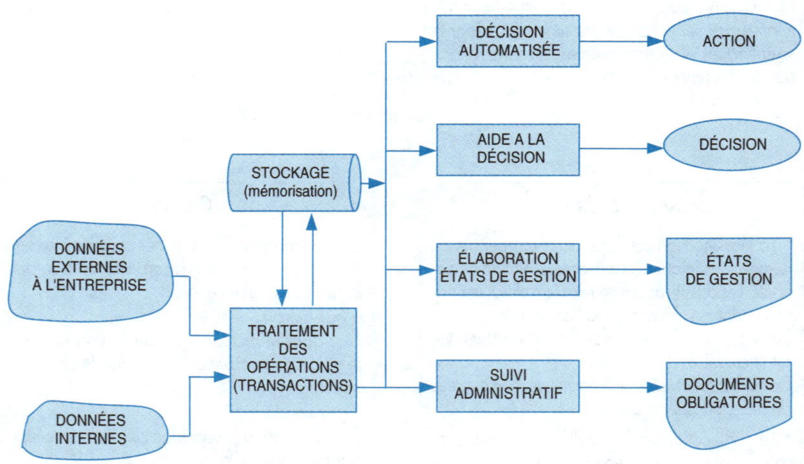

Système d'information pour la gestion

R. Reix, *Informatique appliquée à la comptabilité et la gestion,* Éditions Foucher.

III. LA TYPOLOGIE DES SYSTÈMES D'INFORMATION DES ENTREPRISES

Il est possible de classer les systèmes d'information en trois catégories en fonction de leur rôle principal au sein de l'organisation.

– Historiquement, les premiers systèmes d'information avaient pour but l'automatisation de tâches opérationnelles (comptabilité, suivi des commandes...). Aujourd'hui, les **systèmes d'information opérationnels** s'intéressent également à la gestion des stocks, à l'organisation de la production ou au suivi de l'approvisionnement. L'objectif est plus ambitieux, car il ne s'agit pas seulement d'automatiser des processus préexistants, mais d'améliorer voire de repenser les processus de l'entreprise.

– Les premiers **systèmes d'information d'aide à la décision** sont apparus dans les années 1960. Les objectifs étaient excessivement ambitieux (la machine va décider à la place de l'homme, cf.: *2001 L'odyssée de l'espace*...), et les résultats décevants. Néanmoins, en raison de l'évolution des technologies, ces systèmes ont considérablement progressé dans des domaines spécifiques comme l'aide à la segmentation client en marketing, ou le suivi de tableaux de bord en contrôle de gestion.

– Enfin, les **systèmes d'information de communication** ont connu un développement spectaculaire depuis la fin des années 1980, avec l'avènement des réseaux et la technologie d'Internet : les systèmes d'information sont désormais communicants avec les partenaires de l'organisation (échanges avec les clients, les fournisseurs, portails d'entreprise, extranets...).

Il est possible de classer les systèmes d'information en fonction de leur rôle principal au sein de l'organisation. On distingue alors :
- **les systèmes d'information opérationnels ;**
- **les systèmes d'information d'aide à la décision ;**
- **les systèmes d'information de communication.**

	Rôle du système d'information	**Exemples d'applications**
Système d'information opérationnel	Collecter, mémoriser, traiter les données nécessaires à la conduite de l'activité Automatiser, fluidifier et optimiser les processus	Achats, stocks, logistique Gestion de production, gestion des données techniques Comptabilité générale et analytique Trésorerie, suivi des investissements Gestion des commandes, suivi des ventes Paie et gestion des ressources humaines Service après-vente, maintenance Workflow
Système d'information d'aide à la décision	Fournir des indicateurs pertinents sur l'activité Connaître les clients, offrir des outils d'analyse et de simulation Gérer la connaissance	Budget, tableau de bord des activités, reporting, simulations Analyse du profil client ; datamining, logiciels experts (scoring) et statistiques (segmentation) Bases de données de connaissance, communautés virtuelles
Système d'information de communication	Communiquer les informations en interne Échanger avec les partenaires (clients, fournisseurs)	Messagerie, réseau d'échange interne (workflow, intranet, groupware, portails d'entreprises, gestion de la connaissance) Échanges normalisés (EDI) ; réseaux d'échanges avec les clients et les fournisseurs (supply chain, extranet, plate-formes de commerce électronique), sites web

M.-H. Delmond, Y. Petit, J.-M. Gautier, *Management des systèmes d'information*, Éditions Dunod 2003.

IV. LES INTERACTIONS ENTRE L'ENTREPRISE ET LE SYSTÈME D'INFORMATION

1. Les facteurs d'influence du système d'information

Les caractéristiques de l'entreprise et de son environnement déterminent l'architecture du système d'information.

Un système d'information n'est pas une entité figée, insensible à l'évolution de son environnement et transposable d'une organisation à une autre.

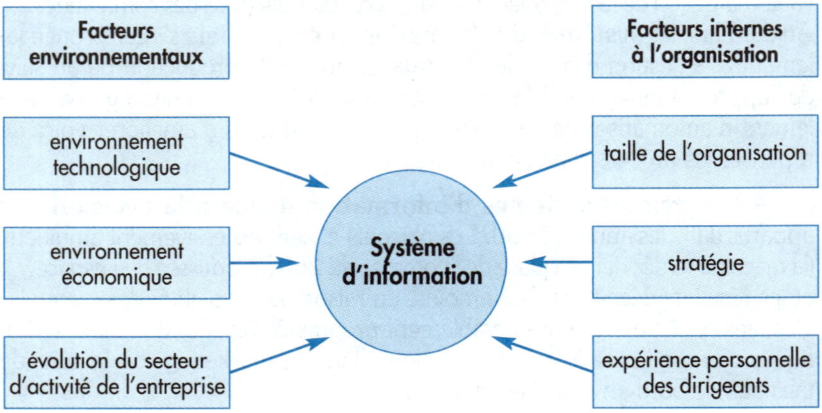

2. Les incidences du système d'information sur l'organisation

La mise en œuvre d'un système d'information exerce un impact sur l'organisation et a parfois des conséquences inattendues.

Le développement de projets de système d'information n'est pas neutre pour l'organisation. Les effets recherchés sont clairement identifiés, mais certains effets induits sont parfois mal anticipés.

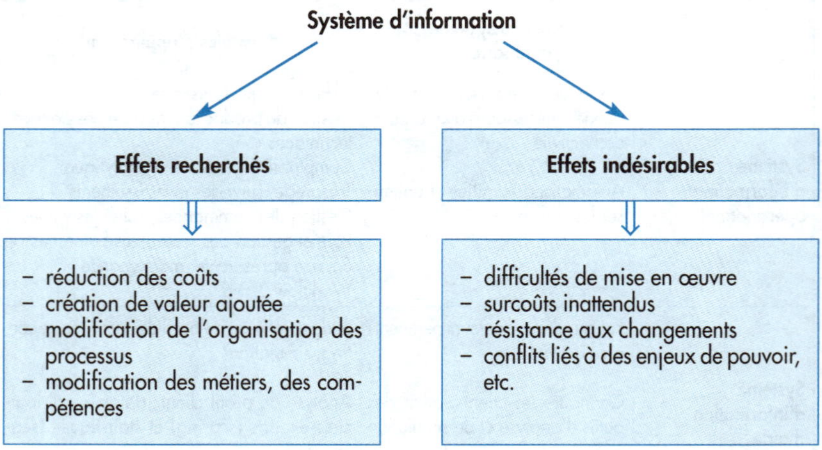

23

LE MANAGEMENT DU SYSTÈME D'INFORMATION

La réussite de la réalisation d'un système d'information repose sur le respect d'une méthodologie adaptée à l'entreprise (Section 1) et sur la maîtrise des contraintes qu'engendre nécessairement un tel changement de son organisation (Section 2).

SECTION 1
LA MÉTHODOLOGIE DE DÉVELOPPEMENT D'UN SYSTÈME D'INFORMATION

La détermination des **besoins en information** constitue un préalable indispensable au processus de conception et de **réalisation du système d'information.** Toutes les méthodologies de développement d'un système d'information insistent d'ailleurs sur la collaboration nécessaire entre **informaticiens** et **utilisateurs** non informaticiens (comptables, juristes...). Le rôle de ces derniers ne doit donc pas être sous-estimé.

I. LA DÉTERMINATION DES BESOINS ET LES INFLUENCES SUR LES CHOIX INFORMATIQUES

1. Les stratégies d'identification des besoins en information.

Un système d'information doit être à même de satisfaire trois types de besoins en information :
- les besoins en information de l'ensemble de l'organisation ;
- les besoins de chaque base de données ;
- les besoins en informations détaillées pour chaque application (ex. : traitement automatisé des commandes).

Le choix d'une stratégie appropriée dépend avant tout des caractéristiques de l'entreprise concernée, et en particulier de l'incertitude globale dans le processus de détermination des besoins. Le schéma suivant décrit les différentes étapes de sélection d'une stratégie et d'une méthode d'identification des besoins en information (1).

2. Les influences sur la politique informatique de l'entreprise

Les principaux choix informatiques ne dépendent pas uniquement de l'identification des besoins en information. La politique informatique de l'entreprise est en effet soumise à plusieurs facteurs d'influence (2).

En premier lieu, le système d'information doit être cohérent avec la stratégie de l'entreprise et respecter ses orientations, tant en ce qui concerne les objectifs, que le calendrier de leur réalisation.

En second lieu, les concepteurs du système d'information doivent prendre en compte les aspirations des utilisateurs et l'environnement sociologique de l'entreprise : les utilisateurs veulent garder leur particularisme, leur personnalité, et ne pas « être assujettis aux servitudes du monopole ordinateur » (2).

Les besoins en information de l'entreprise, la stratégie de celle-ci, les souhaits des utilisateurs et l'évolution des technologies déterminent les principales orientations de la politique informatique de l'entreprise.

(1) G. Davis, *op. cit.*
(2) G. Balantzian, *Le Schéma directeur d'informatisation de votre entreprise*, Éditions Masson.

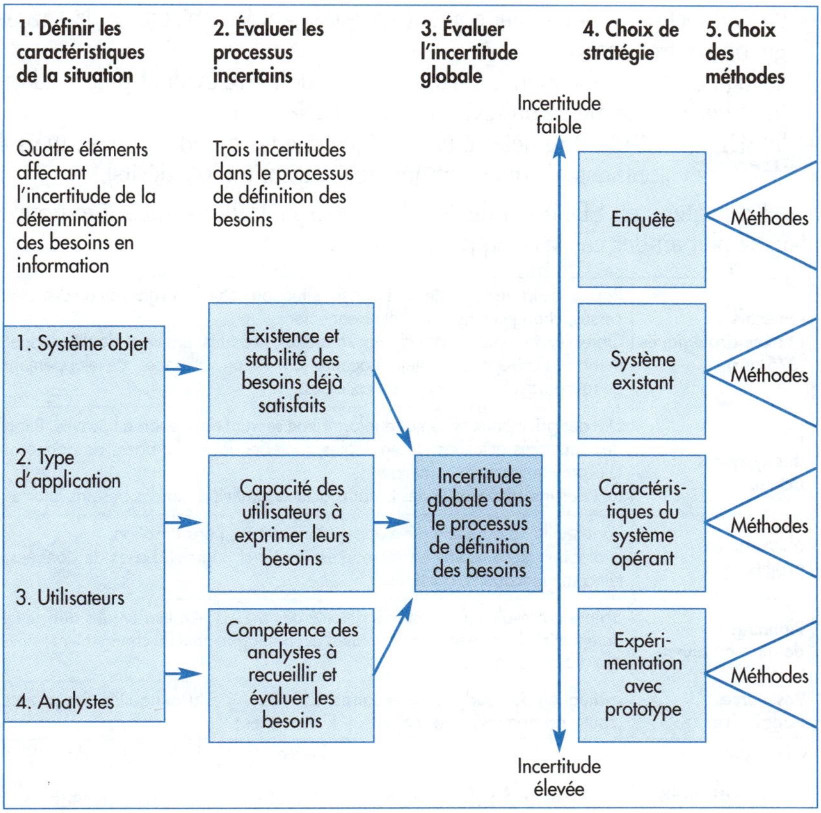

La capacité des informaticiens et des utilisateurs à évaluer leurs besoins en informations conditionne le choix d'une stratégie adaptée à l'entreprise.

Enfin, les choix réalisés doivent intégrer de nombreuses données techniques : évolution de la technologie informatique, politique des constructeurs, politique de l'État en matière informatique : filière électronique, programmes de recherche (ex. : programme ESPRIT), législation en vigueur…

II. LES ÉTAPES DU DÉVELOPPEMENT DU SYSTEME D'INFORMATION

Quelle que soit la méthode utilisée, la mise en place d'un système d'information doit respecter plusieurs phases :
- établissement d'un schéma directeur d'informatisation ;
- élaboration d'une planification opérationnelle ;
- réalisation et contrôle.

1. Le schéma directeur d'informatisation (SDI)

Son rôle est de fournir les grandes orientations du développement du système d'information, en définissant le cadre général dans lequel celui-ci viendra s'insérer.

Le schéma directeur d'informatisation est un document écrit synthétisant les principaux choix dans la conception du système d'information, et les grandes lignes de sa réalisation.

Autrement dit, le SDI, dont le volume est très variable (30 à 3 000 pages !) doit assurer la coordination des sous-systèmes, et rationaliser les principaux choix.

L'établissement d'un schéma directeur doit obéir à plusieurs règles d'élaboration :
- sa conception peut être confiée à un groupe appartenant à la structure de l'entreprise ou à un consultant extérieur, mais il reste sous la responsabilité

Il appartient aux dirigeants de l'entreprise de contrôler le processus d'élaboration du schéma directeur et d'y imprimer leur volonté.

de la direction générale qui connaît parfaitement les objectifs et la stratégie de l'entreprise ;
- il s'agit d'un travail continu, permanent, qui doit être évolutif pour s'adapter à des changements ou révisions périodiques ;
- le SDI ne doit pas être détaillé (il n'indique que les grandes lignes), mais il doit être volontariste (la direction générale y imprime ses désirs).

Le contenu du SDI est variable selon les organisations, mais il regroupe dans la plupart des cas les cinq points suivants :

Objectifs et axes stratégiques (3/5 ans)	Rappel de la stratégie de l'entreprise : situation actuelle, organisation des processus, changements dans l'environnement. Objectifs stratégiques principaux : marchés, produits, politique de développement de l'entreprise (projets d'acquisition, fusion, alliances, développement géographique), évolution des processus.
Bilan des systèmes actuels	État des principaux systèmes d'information servant de support à l'activité. Bilan des capacités actuelles : technologies, matériel, logiciels, bases de données, télécommunications, hommes. État des insuffisances et des besoins actuels ; anticipation des besoins futurs.
Nouveaux projets	Portefeuille de projets à développer et impact sur l'organisation. Évaluation des besoins en ressources : matériel, logiciel, bases de données, télécommunications, hommes.
Planning de mise en œuvre	Scénario d'évolution : planning détaillé des projets ; évaluation des difficultés potentielles de mise en œuvre ; plan d'accompagnement du changement ; suivi des actions en cours.
Ressources budgétaires	Évaluation des budgets nécessaires. Estimation de la rentabilité des projets (coûts, économies ; valeur ajoutée). Financement.

Source : d'après Laudon et Laudon, 1998.

Le schéma directeur est un document peu détaillé et évolutif. Il prévoit néanmoins la structure du futur système d'information et les priorités essentielles de sa réalisation.

L'efficacité du système d'information repose dans une large mesure sur la qualité du SDI qui dépend de nombreux facteurs comme l'implication de la Direction Générale, la durée de l'étude ou le caractère évolutif des sous-systèmes envisagés.

2. La planification opérationnelle

À partir du schéma directeur, une équipe de spécialistes réalise la planification informatique.

Planifier un système d'information signifie prévoir les actions à entreprendre, préciser le calendrier de leur mise en œuvre, contrôler leur cohérence.

Le plan affine les orientations du schéma directeur, le quantifie, affecte les ressources et les moyens.

La réalisation d'une planification d'un système d'information nécessite le travail coordonné d'une équipe pluridisciplinaire (informaticiens, spécialistes en organisation et en sciences humaines, dirigeants utilisateurs, financiers...), divisée en trois organes :
- le comité directeur, regroupant notamment les rédacteurs du schéma directeur ;
- un organe de planification, qui élabore le plan et les budgets ;
- les responsables de projets.

Le plan d'ensemble développe les grandes orientations du schéma directeur, et définit les principes généraux de la réalisation du système d'information.

Le plan est souvent composé de deux parties :

Le plan d'ensemble	Les plans systèmes (ou plans projets)
Il décrit les principes généraux de la planification, les stratégies mises en œuvre, et prépare l'implantation à moyen terme du système d'information, en liaison avec le SDI. Le plan d'ensemble commence à rentrer dans les détails, précise les choix informatiques, réalise un arbitrage coût/efficacité.	Un plan système est directement applicable à une partie du projet global. Il est très détaillé et précise notamment : – les budgets ; – le calendrier de réalisation ; – les choix précis de matériels ; – la localisation des ressources humaines et matérielles.

Les plans systèmes sont particulièrement détaillés et précisent toutes les données techniques, financières ou humaines de chaque projet, ainsi que le calendrier de leur réalisation.

Une rétroaction *feed-back* est souvent nécessaire : un plan système peut faire apparaître certaines contraintes, non prévues à l'origine, qui sont répercutées sur le plan d'ensemble et le schéma directeur d''informatisation.

3. La réalisation et le contrôle

La mise en œuvre du système d'information doit respecter les orientations du schéma directeur et le calendrier défini par la planification.

Le modèle des périodes de Nolan permet d'étudier et de contrôler la croissance du système d'information.

Pour Nolan, l'informatique pénètre l'entreprise avant toute démarche de planification, ou de réalisation du système d'information. Nolan considère également que tout système d'information traverse chaque période avant de parvenir à l'étape suivante :

PÉRIODE	DESCRIPTION
Démarrage	Un petit nombre d'utilisateurs se servent de l'ordinateur pour leurs besoins propres. Régulation décentralisée, pas ou peu de planification.
Contagion	On encourage les initiatives par une grande autonomie. Pas de planification ; on prend le risque d'une augmentation importante des coûts qui fera apparaître la crise et la nécessité de passer à l'étape suivante.
Régulation	Reprise en main et contrôle des décisions en matière de systèmes d'information. On développe un schéma directeur informatique et on insiste pour son application.
Intégration	Les données communes aux applications sont intégrées dans la base de données. Les interfaces entre applications sont spécifiées et normalisées. L'accent est mis sur la performance et la limitation des coûts.
Administration des données	Le grand nombre de données communes exige une gestion spécifique de leur définition et de leur cohérence. On laisse de nouveau une autonomie à l'utilisation de ces données, par exemple pour l'aide à la décision à condition de ne pas modifier la base de données communes.
Maturité	Le dossier applications est complet. On a développé des applications spécifiques à l'entreprise et qui lui donnent un avantage stratégique. On a atteint les objectifs organisationnels en termes de services et de coût.

D'après G. Davis, *op. cit.*

Le modèle des périodes de Nolan analyse l'évolution du système d'information, qui passe par plusieurs étapes avant d'atteindre sa phase de maturité.

Ce cycle d'évolution peut cependant être remis en cause, en raison de la rapidité des changements technologiques.

Nolan envisage que le système d'information ne puisse jamais arriver à la phase de maturité, le changement technologique replaçant périodiquement le système vers le début du cycle.

La réalisation du système d'information doit être contrôlée régulièrement et peut nécessiter l'intervention d'un audit.

Le processus de mise en œuvre d'un système d'information doit être contrôlé régulièrement. Plusieurs méthodes de contrôle permettent d'évaluer la performance du système aux différents stades de sa réalisation. Il est ainsi possible de comparer périodiquement l'avancement du système d'information aux calendriers des plans systèmes, d'analyser les écarts, et de mettre en œuvre des actions correctrices.

L'intervention d'un audit du système d'information peut permettre d'améliorer sa qualité et d'éliminer de nombreux dysfonctionnements (perte d'information, erreurs, problèmes de sécurité...).

III. LE RÔLE DES UTILISATEURS DANS LE DÉVELOPPEMENT DU SYSTÈME D'INFORMATION

« Les systèmes d'information sont une chose trop essentielle au fonctionnement de l'organisation pour qu'on en laisse la gestion aux seuls informaticiens » (1). Les utilisateurs, clients du service informatique, doivent donc participer à la réalisation du système d'information. On a vu que les besoins en information ne peuvent être définis sans une collaboration active des utilisateurs. Cette collaboration permet de motiver ces derniers et d'atténuer leur réticence à l'égard du nouveau système d'information.

Le système d'information est avant tout destiné aux utilisateurs. Ceux-ci doivent donc être associés à sa conception et à sa réalisation.

Si les stratégies d'informatisation (à l'exception du prototypage), accordent un rôle majeur aux spécialistes en informatique, les utilisateurs interviennent néanmoins à plusieurs niveaux :

Type de tâche	Fonction concernée (outre l'informatique)
Planification informatique schéma directeur des systèmes d'information	Direction générale Comité directeur informatique
Évaluation des avantages attendus (dans l'étude de faisabilité)	Service(s) utilisateur(s)
Décision de réaliser	Direction générale Comité directeur informatique
Définition des besoins • données – traitements • interfaces (documents en entrée, documents en sortie, écrans – dialogues) • qualités attendues du système (temps de réponse, rythmes, sécurité, confidentialité, souplesse, etc.) • rôle du système dans le travail des gens	Service(s) utilisateur(s)
Mise en place documentation formation	Service(s) utilisateur(s)
Évaluation *a posteriori*	Service(s) utilisateur(s)
Demandes de maintenances	Service(s) utilisateur(s)

(1) J.-L. Peaucelle, *Informatique*, Éditions Vuibert Gestion.

La mise en œuvre du système d'information peut entraîner des changements dans l'organisation de l'entreprise (implantation des bureaux, nouvelle répartition des responsabilités, modification des postes de travail…).

Ces changements, qu'ils soient voulus, ou une simple conséquence du processus d'informatisation, peuvent modifier la structure même de l'entreprise, et impliquent donc d'y associer activement les différents membres de l'organisation.

La réalisation d'un système d'information est un facteur important de changement organisationnel ; sa mise en œuvre peut entraîner une modification des relations de pouvoirs, et conduire à une nouvelle définition des responsabilités.

IV. LE DÉVELOPPEMENT D'UN NOUVEAU PROJET

Le schéma directeur a défini les grandes orientations du système d'information et la planification opérationnelle a fixé un calendrier de réalisation des différents projets. Il reste à mettre en œuvre chaque projet selon une méthode prédéfinie, après validation d'une étude d'opportunité.

1. L'étude d'opportunité relative à un nouveau projet

Cette étude a pour objectif de vérifier la valeur ajoutée apportée par le nouveau projet, que celui-ci ait été prévu par le schéma directeur, ou qu'il s'agisse d'un projet spécifique destiné à répondre à une évolution non prévue de l'entreprise ou de son environnement.

Le schéma directeur comporte de nombreux projets qui sont d'abord évalués par une étude d'opportunité.

L'étude, qui sera pilotée par la direction utilisatrice, comporte généralement trois parties plus ou moins détaillées :
- un descriptif du projet ;
- un argumentaire sur les enjeux stratégiques, organisationnels, techniques, et financiers du projet ;
- un calendrier de mise en œuvre souhaité par la direction utilisatrice.

L'analyse de l'étude d'opportunité conduit logiquement à une décision : arrêt du projet, report à une date ultérieure, réalisation d'une étude complémentaire pour estimer la viabilité du projet, modification du champ du projet, accord pour poursuivre le projet.

2. L'évolution des méthodes de développement des projets

Malgré le développement des progiciels de gestion, les entreprises doivent parfois encore développer des applications spécifiques dans des domaines stratégiques et/ou peu standardisés.

L'approche classique conduisait à appliquer une méthode spécifique comportant différentes étapes, points de passage obligés assortis d'une validation permettant de passer à l'étape suivante. La méthode Merise a ainsi très souvent été utilisée dans les entreprises françaises.

La mise en œuvre de chaque projet peut reposer sur une méthodologie « classique » de type méthode Merise.

Deux critiques peuvent être formulées à l'égard de cette approche : elle n'implique que très faiblement les utilisateurs, et s'avère souvent trop rigide et trop longue.

Démarche classique de développement et implication des utilisations

Étape du cycle de développement	Implication des utilisateurs	Conséquences
Étude préalable	*Généralement bonne.* Les utilisateurs sont motivés par le projet. Ils interagissent volontiers avec les informaticiens pour présenter leur projet. En revanche, ils ont parfois du mal à identifier concrètement ce que sera le nouveau système d'information.	L'étape fonctionne bien surtout en environnement « connu » (projet d'automatisation, tâches bien définies). Les utilisateurs manquent de repères pour des projets plus complexes.
Cahier des charges	*Désengagement fréquent.* Les utilisateurs sont peu formés pour rédiger un cahier des charges ; les informaticiens prennent souvent le relais, en s'appuyant sur des entretiens avec les utilisateurs et sur l'analyse de l'existant.	Le cahier des charges ne peut pas jouer son véritable rôle de contrat. Il est souvent volumineux et les utilisateurs ne le valident pas correctement. Les premiers risques de dérapage apparaissent.
Conception détaillée	*Aucune implication.* Du point de vue des utilisateurs, le projet a disparu dans un « trou noir » ; ils ne maîtrisent pas ou mal les techniques utilisées dans l'analyse détaillée (modèles conceptuels de données et de traitement).	Les risques de dérapage augmentent car les analystes programmeurs connaissent mal le fonctionnement opérationnel du métier. Ils peuvent donc faire des erreurs ou ne pas repérer les problèmes potentiels.
Réalisation	*Implication très faible.* Les utilisateurs ne maîtrisent pas la technique. Ils sont sollicités pour faire des tests partiels ou pour fournir des jeux de données aux informaticiens, que ceux-ci utilisent pour tester leurs programmes.	La réalisation comporte des phases de validation, mais qui sont centrées sur les aspects techniques. Des dysfonctionnements importants peuvent passer inaperçus.
Recettage	*Parfois insuffisant* (incomplet).	Validation partielle.
Lancement	*Implication forte, mais souvent douloureuse.* Les premières utilisations posent souvent des problèmes de fonctionnalités (incomplètes ou mal comprises) ; des erreurs sont décelées tardivement.	Le lancement est souvent chaotique. Les utilisateurs éprouvent des problèmes d'organisation et d'adaptation au nouveau système, qui conduisent parfois à un rejet de celui-ci.
Exploitation	*Implication forte.* Les utilisateurs sollicitent beaucoup la *hot line* informatique, surtout au début de l'exploitation.	Sauf en cas de dysfonctionnement majeur, les utilisateurs s'adaptent au système.

M.-Hélène Delmond, *Management des systèmes d'information*, Éditions Dunod 2003.

Les approches récentes s'efforcent de tenir compte des dysfonctionnements des méthodes classiques, mais c'est surtout la généralisation des progiciels de gestion qui a révolutionné la réalisation des projets informatiques.

Les nouvelles approches de développement d'un projet spécifique s'efforcent de corriger les dysfonctionnements des méthodes classiques en définissant de nouvelles priorités :

- recherche d'une réduction de la taille des projets, découpage en phases plus rapides ;
- utilisation du prototypage et d'outils d'aide au développement pour faciliter l'expression des besoins, la conception et la réalisation ;
- développement d'un véritable projet organisationnel, sous la responsabilité des utilisateurs et coordonné avec le projet informatique.

En conclusion, il convient de signaler que la plupart des nouveaux projets ne sont plus aujourd'hui *spécifiques* mais *standardisés*, et reposent principalement sur le paramétrage et l'intégration d'un progiciel de gestion intégré (ERP).

SECTION 2
LA PRISE EN COMPTE DES CONTRAINTES

Réaliser un système d'information ne signifie pas seulement apporter des solutions techniques et organisationnelles à des besoins en information. La performance d'un système d'information dépend également de la maîtrise des **contraintes humaines** liées à l'introduction de technologies et de procédures nouvelles dans l'organisation.

L'information est aujourd'hui devenue l'un des secteurs les plus sensibles de l'entreprise. Tout changement en ce domaine ne peut donc se concevoir qu'après avoir prévu des **systèmes de sécurité** et de contrôle adéquats.

La maîtrise technique de l'information, la gestion des obstacles organisationnels, humains et de sécurité se traduisent enfin par une importante **contrainte financière.**

L'entreprise doit donc être en mesure d'évaluer avec un maximum de précision les coûts et la valeur du nouveau système d'information.

I. LE FACTEUR HUMAIN

1. Le personnel du système d'information

• La mise en œuvre de nouvelles technologies requiert l'existence d'un personnel hautement qualifié.

Il appartient donc à l'entreprise de faire un choix :

Soit elle maintient en place le personnel actuel et lui apporte une formation technique (ce qui n'exclut pas le recrutement de quelques spécialistes).

Soit elle embauche une équipe de spécialistes destinée à remplacer le personnel ancien.

L'adaptation du personnel aux nouvelles technologies et procédures n'est pas toujours aisée.
La réalisation du système d'information doit donc s'accompagner d'actions de formation et d'information ; elle peut dans certains cas être à l'origine de licenciements.

La plupart des entreprises ont aujourd'hui tendance à privilégier la première solution. Une embauche massive de spécialistes se traduit en effet par des licenciements, des difficultés d'adaptation du nouveau personnel qui ne connaît pas l'entreprise, et par un coût nettement plus important.

• Les dirigeants de l'entreprise ne doivent pas négliger les phénomènes de **résistance aux changements :** certains membres du système d'information peuvent en effet craindre de ne pas avoir les qualités nécessaires pour maîtriser les nouveaux matériels, ou appréhendent une remise en cause de leur rôle dans leur service.

Il appartient donc aux décideurs de l'entreprise de consulter les personnels concernés, et de les associer à la réalisation du projet. La mise en œuvre des nouvelles technologies doit être accompagnée d'explications et d'actions de formation, afin d'être ressentie comme une amélioration des conditions de travail, et non comme un changement imposé.

2. Les utilisateurs

• Pour les utilisateurs, la difficulté réside avant tout dans l'acceptation des conséquences de la réalisation du nouveau système d'information : leur rôle ne va-t-il pas être modifié ? Les informaticiens ne vont-ils pas constituer un

Les membres du système d'information comme les utilisateurs doivent être directement associés à la réalisation du nouveau système d'information.
Pour ces derniers, les phénomènes de résistance au changement peuvent être particulièrement forts, en raison notamment des risques de remise en cause de leur pouvoir dans l'organisation.

contre-pouvoir à leur action ? Quelle sera l'incidence sur le contenu concret de leur travail ?

C'est pourquoi l'association des utilisateurs à la réalisation du système d'information ne répond pas seulement à un impératif de définition des besoins (voir I), mais intègre, comme pour les membres du système d'information, une composante psychologique.

• La formation des cadres-utilisateurs aux nouvelles technologies s'avère particulièrement délicate : la plupart des cadres acceptent difficilement de consacrer du temps aux réunions de formation. La démarche la plus fréquemment utilisée consiste donc à laisser quelques semaines à l'utilisateur pour qu'il prenne conscience de ses lacunes et de ses difficultés à utiliser le nouveau système.

Dans un second temps, des actions de formation très spécialisées, et réalisées en petits groupes, leur sont proposées.

II. L'IMPÉRATIF DE SÉCURITÉ

L'importance des informations véhiculées par le système d'information justifie la mise en œuvre de systèmes de sécurité performants mais coûteux, destinés à éliminer les risques d'erreurs ou de malveillances.

1. Les dispositifs de sécurité

Un système d'information performant doit être capable de fournir à tout moment l'information souhaitée avec un maximum de confidentialité.

Des **dispositifs de sécurité** doivent donc être mis en œuvre afin de minimiser les risques de malversations, d'erreurs ou de défaillances techniques.

Ces dispositifs incluent :

– **des composantes techniques :**
• procédures de contrôle informatiques ;
• badges électroniques ;
• accès sélectifs aux fichiers par mots de passe évolutifs.

– **des composantes humaines :**
• gardiennage ;
• accès restreint aux salles informatiques ;
• sélection rigoureuse du personnel informatique.

Le schéma ci-après visualise les principaux risques de défaillance du système, et propose quelques axes de solutions.

2. L'évaluation de la sécurité

Il est possible d'évaluer la sécurité d'un système d'information. Cette évaluation peut parfois nécessiter l'intervention d'un audit, ou mobiliser plusieurs analystes de l'entreprise.
Mais des systèmes de sécurité performants n'éliminent pas intégralement les risques de défaillance du système d'information.

Il existe plusieurs méthodes pour évaluer la sécurité d'un système d'information :

- **La méthode statistique** comptabilise les défaillances observées pendant une période donnée, les analyse et détermine un « taux de pannes » ou « taux d'erreurs ».
- **La méthode de l'audit informatique** consiste à vérifier l'existence des mécanismes normaux de sécurité (programmes de contrôle, dispositifs de protection-incendies, recopie systématique des fichiers magnétiques, destruction des documents confidentiels).
- **La méthode des incidents** peut être utilisée après une défaillance grave : elle analyse les causes de cette défaillance et propose des solutions pour éviter qu'elle ne se reproduise.
- **La méthode de la mise à l'épreuve** consiste à tenter de prendre en défaut les sécurités du système : des analystes provoquent volontairement des défaillances, simulent des fraudes, et testent les réactions du système.

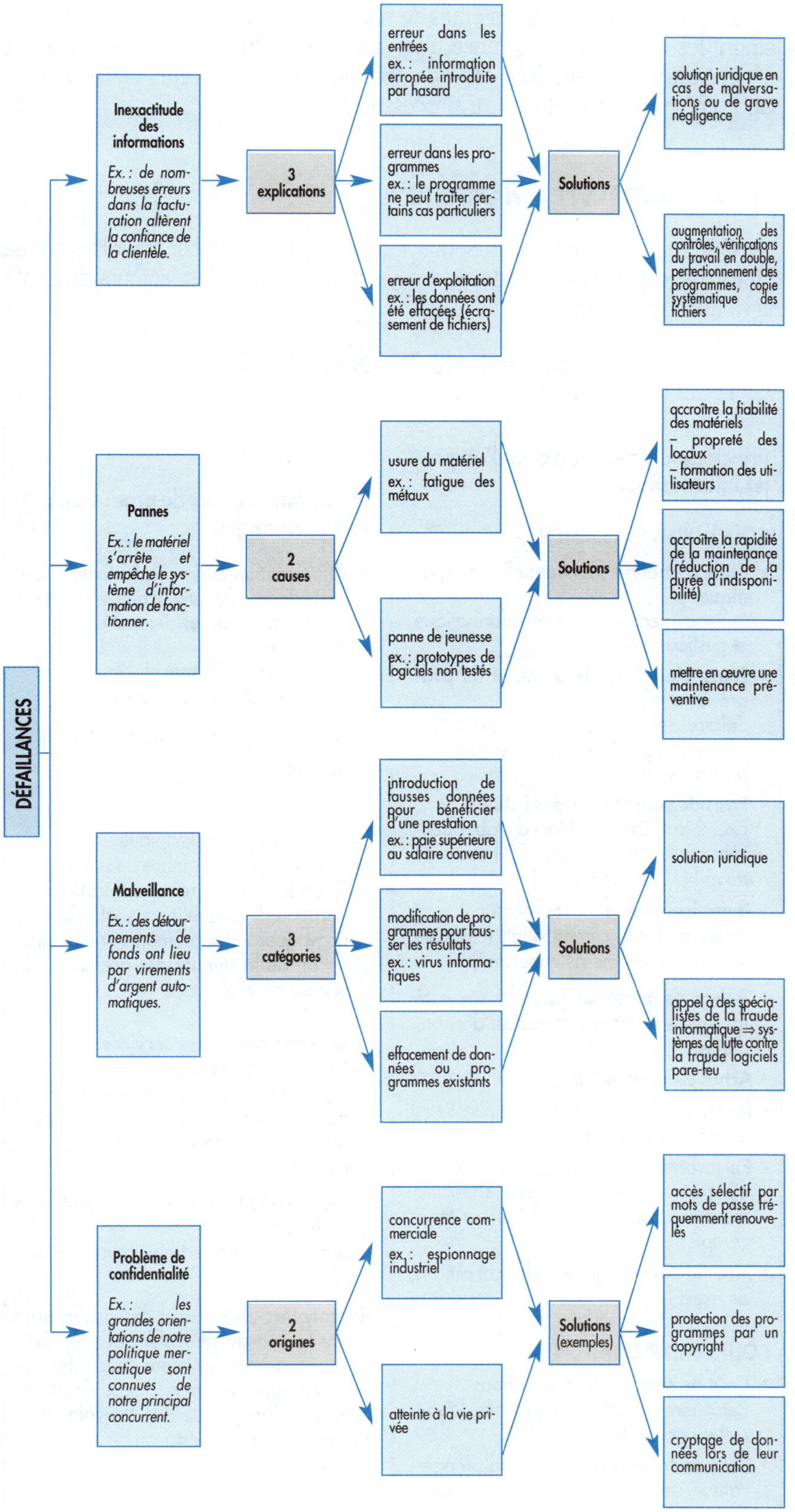

D'après J.L. Peaucelle, *op. cit.*

Les systèmes de sécurité informatiques incluent des composantes techniques, organisationnelles, mais également juridiques.

La mise en œuvre de systèmes de sécurité coûteux ne supprime pas totalement les risques de défaillance d'un système d'information. Les dirigeants de l'entreprise doivent donc tenir compte des risques d'erreurs ou de malversation, et les intégrer dans leur processus de décision.

III. LA CONTRAINTE FINANCIÈRE

Comme pour tout investissement, il est possible d'établir pour le système d'information un bilan financier, analysant les coûts et les facteurs de profit du nouveau système.

La réalisation d'un système d'information est un investissement et se traduit donc par un coût.
Il convient de distinguer les coûts d'investissement liés à la mise en œuvre du nouveau système, et les coûts d'exploitation : dépenses liées au fonctionnement habituel du système, à la maintenance...

Éléments du BILAN FINANCIER

Principaux facteurs de coût d'un projet informatique

COÛTS D'INVESTISSEMENT

- **Frais d'analyse fonctionnelle et organique**
  Ils concernent le personnel informatique et gestionnaire
- **Frais d'analyse détaillée et de programmation**
  Salaire des analystes et des programmeurs et frais de test (pour essayer les programmes)
- **Frais de constitution des fichiers**
  Exemple : 20 000 fichiers à établir peuvent correspondre à 20 000 heures de travail (12 mois/homme)
- **Investissement pour les locaux**
  Aménagement, climatisation (ce poste tend à devenir moins important)
- **Achat de matériel pour la sécurité** (groupe électrogène, détecteur d'incendie, etc.)
- **Achat de matériel de bureau**
- **Dépenses de formation** des utilisateurs et des informaticiens
- **Perturbations** introduites dans les services par le nouveau système (difficilement chiffrables, mais il faut en tenir compte)
- **Modifications négatives** des conditions de travail.

COÛTS D'EXPLOITATION

- **Coût de saisie des informations**
  Personnel spécialisé (opératrices de saisie) ou non spécialisé
- **Coût de transmission** (choix d'un opérateur de télécommunications, ex. : France Télécom)

La réalisation d'un système d'information est également source de profit.

Principaux facteurs de profit d'un projet informatique

- **Amélioration de la productivité** apparente dans le traitement de l'information par suppression et diminution de certains coûts :
  – suppression de machines ;
  – suppression de fonctions.
- **Amélioration de la qualité des informations**
  On peut envisager :
  – moins d'erreurs ;
  – une plus grande rapidité ;
  – un plus grand nombre de statistiques.
  Selon le type de traitement, cette amélioration de la qualité des informations provoquera plus ou moins une amélioration de la qualité des décisions, du service au client, etc.
- **Réorganisation des services**
  La mise en place d'un système informatique (et notamment des fichiers) va être un élément structurant, grâce auquel on procédera à certaines réorganisations.
- **Modifications positives des conditions de travail**
  Suppression de certains travaux répétitifs.

Remarque : en général ces profits sont moins facilement chiffrables que les coûts et sont fonction du volume des informations (l'augmentation de la productivité est d'autant plus grande que les volumes à traiter sont plus importants).

- **Coût du matériel informatique** (ordinateur, terminaux etc.)
- **Coût du personnel informatique** (exploitation, maintenance des programmes, etc.)
- **Frais généraux de fonctionnement** (papier, disques, électricité, etc.)
- **Coût de mise à jour des fichiers** (difficilement chiffrables mais toujours importants)

Remarque : Pour tout projet particulier tous ces coûts sont en général fonction :
- des volumes d'information à traiter ;
- des taux de mise à jour des fichiers et des programmes ;
- des délais de réponse.

Y. Lasfargue, *Une informatique par et pour les gestionnaires*, Éditions d'Organisation.

L'analyse des coûts et des facteurs de profit permet d'effectuer un bilan financier du système d'information.

Certains éléments de ce bilan financier sont particulièrement difficiles à chiffrer : comment évaluer le coût des perturbations introduites dans les services, ou le gain financier généré par une plus grande rapidité dans la transmission de l'information ?

Certains coûts et facteurs de profit d'un système d'information sont parfois difficiles à chiffrer.
Plusieurs techniques permettent de réaliser une évaluation *a priori* du coût total et de la valeur du système d'information.
Ces techniques ne permettent pas toujours de déceler les coûts cachés du système – non prévus à l'origine – et parfois très lourds.

Plusieurs techniques (démarche coûts/bénéfices, approche marginaliste) peuvent apporter, ***a priori***, des précisions utiles, et éclairer l'aspect financier de la décision d'informatisation. L'évaluation ***a posteriori*** du système d'information s'avère plus aisée mais moins utile, les décisions essentielles, entraînant des coûts irréversibles, ayant déjà été prises.

Plusieurs études comparatives (1) ont montré que le *ratio* : dépenses en matériel informatique/chiffre d'affaires, se situait en moyenne autour de 1 %, et ne devait pas dépasser 2 %.

Mais les dépenses en matériel informatique ne constituent qu'un aspect des dépenses générées par le système d'information : les coûts de formation, de mutation, de réorganisation, les frais généraux peuvent dépasser très largement le coût de l'investissement en matériels.

Enfin, certains **coûts cachés** *(ex. : isolation d'une salle informatique en raison d'un degré d'humidité trop élevé)* propres à chaque entreprise sont particulièrement difficiles à détecter, et alourdissent parfois considérablement le budget-dépenses consacré au système d'information.

(1) Ex. : enquêtes du cabinet de conseil Diebold.

24

DÉCISION ET AIDE À LA DÉCISION

La décision est un processus conduisant au choix, entre plusieurs solutions possibles, d'une action portant sur la mise en œuvre de ressources ou la détermination d'objectifs, compte tenu d'un ou plusieurs critères d'évaluation des solutions. Les spécialistes de la décision ont cherché à classer les différents types de décision intéressant les organisations (Section 1), puis à analyser le processus même de prise de décision (Section 2). Enfin, de nombreux outils assistent le décideur au cours du processus de décision. Les outils « classiques » ont été étudiés au chapitre 11. Les outils informatisés d'aide à la décision seront brièvement présentés dans la section 3.

SECTION 1
LES TYPOLOGIES DE DÉCISION

Le système entreprise génère chaque jour de nombreuses décisions qui n'ont pas la même incidence pour l'organisation.

Les multiples décisions prises au sein du système entreprise n'ont pas la même importance, ni la même portée. Par ailleurs, les décisions exceptionnelles ne sont pas traitées de la même façon que les décisions répétitives. C'est pourquoi les chercheurs en sciences de la décision ont établi des typologies permettant d'identifier et de traiter au mieux chaque décision que le décideur est amené à prendre.

I. L'INCIDENCE DE LA DÉCISION

Plusieurs critères, isolés ou associés, permettent de déterminer l'incidence de la décision pour l'entreprise.

1. L'objet de la décision

Une première classification peut être effectuée à partir du critère de l'objet de la décision. Ce critère conduit à distinguer les décisions stratégiques, – les plus importantes –, les décisions tactiques et les décisions opérationnelles.

Ce critère, proposé par I. Ansoff, conduit à distinguer les décisions stratégiques, tactiques et opérationnelles :

- **la décision stratégique** concerne les relations de l'entreprise avec le milieu, et porte essentiellement sur les choix de marchés et de produits afin d'obtenir une « adaptation de la firme à son milieu » ;
- **la décision tactique** (ou administrative) est relative à la gestion des ressources : acquisition, organisation et développement des ressources.
- **la décision opérationnelle** porte sur l'exploitation courante (établissement des « plannings », des budgets, gestion des stocks). Elle a pour objet de « rendre le processus de transformation des ressources le plus efficace possible ».

Ces trois catégories de décisions ne sont pas indépendantes, mais hiérarchisées. Les décisions opérationnelles, les plus nombreuses, concrétisent les choix tactiques, issus eux-mêmes des décisions stratégiques.

2. L'échéance de la décision

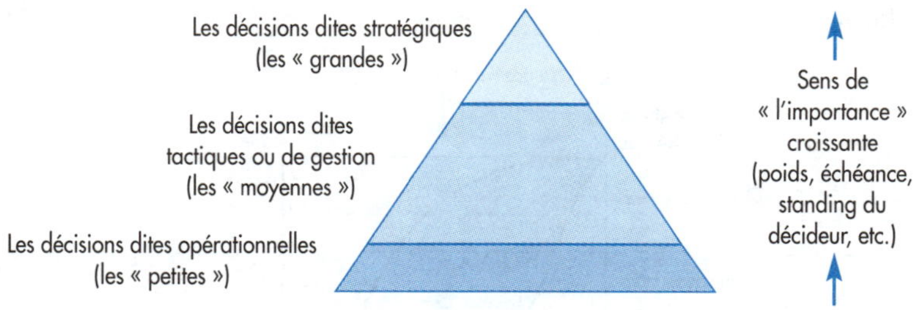

- **Les décisions à court terme** n'ont d'effet que sur une courte période et sont pour la plupart réversibles. En cas d'erreur, l'entreprise peut entreprendre des actions correctives dont les effets se feront sentir rapidement *(ex. : choix en matière d'approvisionnement, établissement d'un planning de production).*
- **Les décisions à moyen terme** engagent l'entreprise sur plusieurs exercices *(ex. : lancement d'un nouveau produit, décision de créer une nouvelle unité de production).* Ces décisions restent dans la plupart des cas réversibles mais les actions correctives sont coûteuses et lentes.
- **Les décisions à long terme** sont exceptionnelles. Elles concernent l'existence même de l'organisation (processus de création de l'entreprise), ses principes fondamentaux (culture, identité de l'entreprise) ou sa politique générale (principales orientations, objectifs à long terme, finalités). De telles orientations correspondent en fait à une constellation de décisions échelonnées dans le temps mais étroitement imbriquées. Ces orientations ne sont que très difficilement réversibles.

Le critère de l'échéance de la décision permet d'apprécier la portée de celle-ci : certaines décisions engagent l'entreprise sur une longue période.

3. La classification échéance / champ couvert

Cette classification, voisine de la classification par l'objet,
mais plus proche des principes de la théorie générale des systèmes,
repose sur un double critère :

Le champ couvert

La décision peut concerner quelques personnes, un (ou plusieurs) sous-système(s) de l'entreprise, ou au contraire avoir un champ d'action très large et affecter la totalité de l'organisation.

L'échéance envisagée

La décision peut engager l'entreprise pour quelques heures seulement (décision de très court terme), plusieurs mois ou plusieurs années.

Ce double critère permet de distinguer :

- **les décisions de planification :** il s'agit de décisions de nature générale concernant l'intégralité du système entreprise et engageant celui-ci sur une longue période *(ex. : localisation des locaux, fusion, OPA, absorption).*
- **les décisions de pilotage :** ces décisions ont une portée plus limitée (généralement inférieure à un an). Elles s'inscrivent dans le champ d'action d'une fonction ou d'un sous-système de l'entreprise. Le domaine privilégié des décisions de pilotage concerne l'adaptation de l'entreprise aux fluctuations de l'environnement, la surveillance et le contrôle *(ex. : décision de sous-traiter, lancement d'une campagne promotionnelle).*
- **les décisions de régulation :** il s'agit de décisions simples, souvent répétitives et de court terme qui assurent le bon fonctionnement au jour le jour

En croisant le critère du champ couvert (quelques personnes, l'ensemble de l'entreprise...) avec le critère de l'échéance de la décision, il est possible de distinguer trois niveaux de décision :
- les décisions de planification concernant les objectifs d'évolution à moyen et long terme de l'entreprise ;
- les décisions de pilotage reposant sur des objectifs de performance ;
- les décisions de régulation concernant le fonctionnement quotidien de l'organisation.

du système entreprise *(ex. : renouvellement des stocks, facturation, gestion de la trésorerie…).*

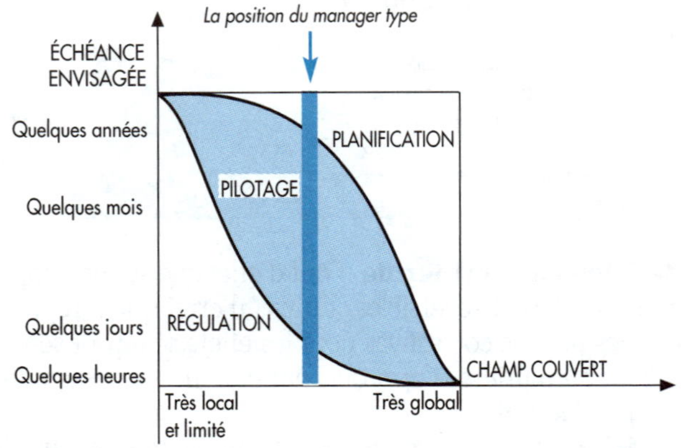

J.L. Lemoigne, *« Les systèmes de décision dans les organisations »*, *Éditions* PUF.

II. LE DEGRÉ DE STRUCTURE DE LA DÉCISION

Les décisions peuvent également être classées en fonction de la méthode utilisée par le décideur pour aboutir au choix définitif.

Les décisions de routine, par nature simples et répétitives, peuvent être traitées grâce à des procédures prédéterminées : il s'agit de décisions programmables.
Les décisions imprévisibles ou plus exceptionnelles doivent être traitées au coup par coup et ne sont donc pas programmables.
Lorsque ces décisions sont structurées, le décideur peut faire appel à des outils d'aide à la décision.
Pour les décisions peu structurées, la complexité du problème à résoudre conduit le décideur à se fier à son expérience et à ses facultés de jugement.

Le nombre et la complexité des paramètres intervenant dans un processus de décision peuvent être très variés.

• Lorsque les paramètres sont peu nombreux, aisément identifiables et quantifiables, il est possible de « formaliser » la décision, c'est-à-dire recourir à une procédure standard de résolution ou élaborer un modèle de prise de décision. Tout problème est alors soumis à une succession d'opérations exécutées dans un ordre précis et sous certaines contraintes, pour passer des informations de base aux choix définitifs.

On parle alors de décisions programmables *(ex. : processus de traitement des commandes, application du modèle de Wilson pour la gestion des stocks).*

• À l'inverse, lorsque les paramètres de la décision sont nombreux ou qualitatifs, il est pratiquement impossible de les soumettre à un algorithme de traitement prédéterminé.

Ces décisions, souvent imprévisibles, mais néanmoins fréquentes, sont dites **non programmables.** Parmi les décisions non programmables, deux cas de figure doivent être distingués :
- **Les décisions structurées :** il s'agit de décisions dont les principaux paramètres sont à peu près identifiables. S'il est difficile de recourir à une procédure standard de résolution, le décideur peut néanmoins faire appel à des techniques d'aide à la décision qui éclaireront son jugement *(ex. : organisation des tournées d'un VRP, règles de rémunération des salariés).*
- **Les décisions faiblement structurées** (ou non structurées). Pour ce type de décision, les paramètres à prendre en compte sont multiples et complexes. Aucun processus de résolution préétabli ne peut être mis en œuvre. Le décideur doit se fier à sa capacité de jugement, à son expérience et parfois à son intuition. On parle alors de démarche heuristique *(ex. : attaque de marchés étrangers, lancement d'une campagne promotionnelle).*

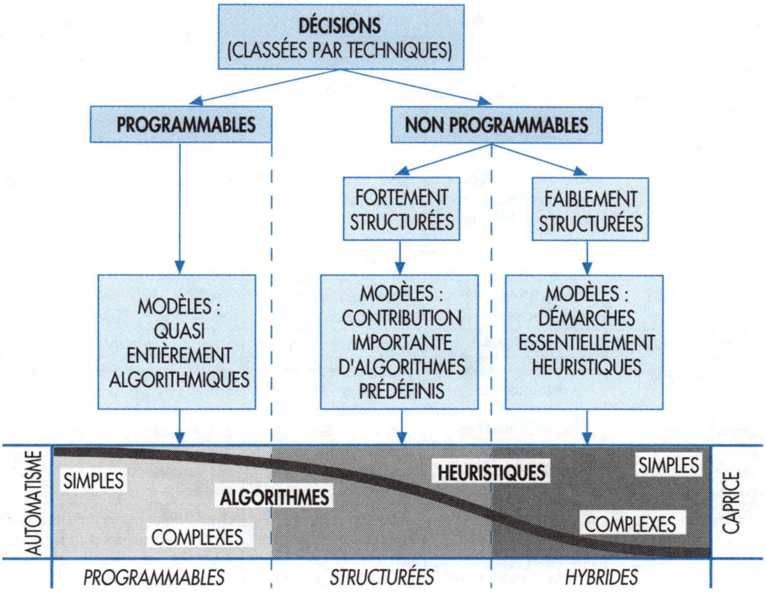

J.L. Lemoigne, op. cit.

III. LES CLASSIFICATIONS SYNTHETIQUES

1. Ces classifications combinent plusieurs critères et conduisent à envisager de nouvelles typologies de décisions.

Ainsi, J.L. Lemoigne propose de croiser les critères d'échéance / champ couvert avec celui du degré de structure de la décision.

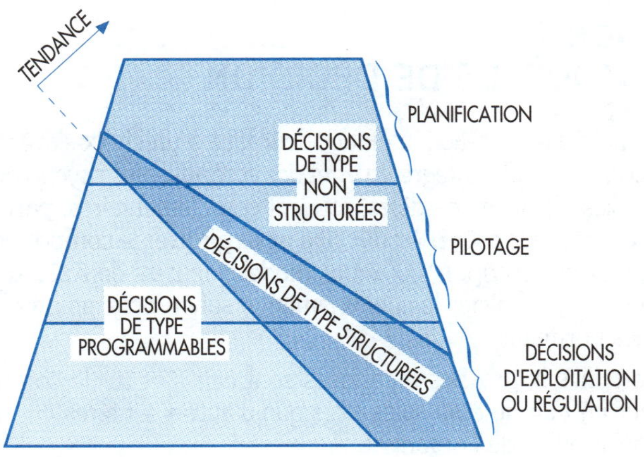

J.L. Lemoigne, op. cit.

Cette étude montre que les décisions de régulation sont plus structurées que les décisions de planification par nature plus rares et plus complexes.

2. L'objet de la décision peut également être combiné avec d'autres critères tels que l'échéance du temps, la possibilité des actions correctives, la répétitivité des choix…

En combinant le critère de l'incidence de la décision et celui de la méthode de résolution utilisée, J.L. Lemoigne montre que les décisions les plus importantes sont le plus souvent les moins structurées.

Nature des décisions	Opérationnelles	Tactiques	Stratégiques
Domaine des décisions	Exploitation	Gestion	Stratégie
Horizon de temps	très court terme	court terme	moyen et long terme
Effets des décisions : Durée des effets Réversibilité des effets	très brève forte	brève faible	durable nulle
Modalités	adaptation aux aléas correction des déviations par rapport à la trajectoire	fixation d'objectifs à l'exploitation contrôle de réalisation adaptation des objectifs	fixation d'objectifs à long terme relatifs à l'évolution et aux mutations de l'entreprise
Actions correctives	faciles	difficiles	impossibles
Répétitivité des choix	forte répétitivité à fréquence élevée	faible répétitivité à fréquence basse	unicité des choix (absence de répétitivité)
Procédure de décision	programmable	semi-programmable	non programmable
Variables de la décision : • domaine étudié • portée de la décision • nombre • quantification	processus de transformation des ressources portée restreinte (1 service) peu nombreuses quantitatives	gestion des ressources, (acquisition, affectation, amélioration…) portée intermédiaire (plusieurs services) nombreuses quantitatives en majorité	relations de l'entreprise avec l'environnement (marchés, produits…) portée générale (toute l'entreprise) très nombreuses qualitatives en majorité
Exemples	gestion des stocks ordonnancement de la production affectation du personnel organisation des tournées de livraison	prévisions de vente programmes de production embauche de personnel plan de marchéage gestion budgétaire contrôle de gestion	choix d'organisation et de restructuration d'investissement et de financement plan politique de produits politique de distribution (type de canal, de clientèle) programme de recherche regroupement avec d'autres firmes (firme, scission, OPA…)

Il est possible de synthétiser dans un tableau les différents critères de classification des décisions, mais cette technique entraîne une perte de précision dans l'information.

Ce type d'analyse a le mérite de synthétiser plusieurs approches de la décision. Mais il est réducteur d'information *(ex. : toutes les décisions opérationnelles ne sont pas nécessairement programmables).*

SECTION 2
LES MODÈLES DE DÉCISION

Plusieurs auteurs ont tenté de décrire le processus de la prise de décision, ou ont proposé une démarche à suivre pour aboutir à un choix optimal.

L'analyse de la réaction du décideur face à un choix s'avère particulièrement complexe. Elle intègre en effet des composantes psychologiques et non rationnelles. Plusieurs modèles, souvent complémentaires, parfois contradictoires, ont été proposés pour **décrire et expliquer** le comportement du décideur (modèles descriptifs). D'autres modèles tentent de **fixer des règles** au décideur et de lui dicter le cheminement à suivre pour prendre ses décisions (modèles normatifs).

Certaines approches théoriques sont centrées sur le comportement du décideur en tant qu'être isolé, alors que d'autres s'intéressent au comportement décisionnel de l'organisation.

I. LES MODÈLES DE COMPORTEMENT DU DÉCIDEUR ISOLÉ

D'après les modèles classiques du preneur de décision rationnel, le décideur évalue toutes les alternatives avant d'effectuer son choix.
Ce choix est exempt de contraintes, et correspond à une logique de maximisation du profit.

1. Le modèle classique de la décision (dit modèle de Harvard)

Cette conception de la décision, inspirée du modèle économique classique, repose sur plusieurs hypothèses :
– le décideur est entièrement libre et autonome ;
– les choix possibles et leurs conséquences sont connus ;

- le décideur est rationnel : il recherche la maximisation du profit ou de l'utilité ;
- les choix sont irréversibles.

Très normatif, ce modèle décrit les différentes étapes que le décideur doit respecter pour aboutir au choix optimal. Mais ce modèle est plus théorique que pratique, les hypothèses de base étant rarement vérifiées.

2. La rationalité limitée

Ce modèle, proposé par H. Simon, considère que les décideurs ne recherchent pas la solution optimale, mais une solution satisfaisante. Les décideurs sont en effet soumis à de nombreuses contraintes de temps, de budgets, d'objectifs, qui limitent les possibilités de recherche d'une rationalité pure : leur capacité à traiter les informations est restreinte, faute de temps ou de spécialistes. Si le preneur de décision est rationnel à l'intérieur des limites imposées par sa culture, son milieu social et sa connaissance des choix potentiels, la plupart des choix sont en réalité effectués dans un environnement complexe et partiellement inconnu. **La rationalité du décideur est donc limitée :** la plupart des stratégies décisionnelles sont fondées sur des règles empiriques et la décision finale traduit avant tout les propres aspirations du décideur.

Pour H. Simon, la rationalité du décideur est nécessairement limitée : la décision s'intègre en effet dans un environnement complexe qui restreint la perception des choix et impose de nombreuses contraintes au décideur.

3. La théorie de la dissonance cognitive (L. Festinger)

Cette théorie s'intéresse au comportement du décideur après que celui-ci a effectué son choix. La solution sélectionnée n'étant jamais optimale, le décideur peut ressentir un sentiment de malaise, de **dissonance cognitive,** en pensant aux solutions rejetées qui présentaient certainement quelques aspects positifs. Le décideur va donc chercher à justifier son choix, *a posteriori*, en recherchant une confirmation du bien fondé de ce choix, et en diminuant ainsi la dissonance cognitive.

Selon la théorie de la dissonance cognitive, le décideur cherche à justifier, *a posteriori*, la qualité du choix qu'il a effectué.

4. Le modèle du décideur émotif (L. Janis)

Lorsqu'une décision comporte un risque, le décideur est soumis à un conflit interne (stress) qui le pousse à différer son choix, ou à fuir devant sa responsabilité. À l'idée de rationalité limitée s'ajoute donc celle de **tension**, qui accompagne nécessairement la prise de décision.

La prise de décision se traduit par une tension interne, qui peut conduire le décideur à éviter la décision d'une façon défensive.

5. Les différences individuelles

Les êtres humains, placés dans une situation identique, ne préconisent pas tous la même solution. La façon d'aborder un problème dépend en effet de l'expérience, des connaissances, ou du profil psychologique du preneur de décision. Deux décideurs exerçant les mêmes responsabilités auront ainsi des besoins en information différents, une perception personnelle du problème, un raisonnement qui leur est propre. La personnalité du décideur constitue dès lors un élément essentiel du processus de décision.

La personnalité du décideur joue un rôle important dans la prise de décision : chaque décideur a sa propre perception d'un problème et sa propre façon de le traiter.

II. LES MODÈLES DE COMPORTEMENT DÉCISIONNEL DE L'ORGANISATION

1. La multiplicité des objectifs

Des auteurs comme Cyert et March (1963) ou Linblom (1958) définissent la firme comme une organisation complexe constituée d'acteurs ou de groupes d'acteurs aux intérêts divers et parfois contradictoires. Les objectifs

Chaque salarié, chaque service a des intérêts et des buts différents de ceux de l'organisation dont il fait cependant partie. L'entreprise doit donc mettre en œuvre des techniques de résolution des conflits d'objectifs.

personnels des acteurs peuvent ainsi être très différents de ceux de l'organisation. Apparaît alors une logique de négociation où chaque partie s'efforce de faire prévaloir ses propres intérêts. Afin d'atténuer les conflits, et éviter que ne soient prises des décisions incompatibles, l'entreprise doit chercher à mettre en œuvre une politique de décentralisation ou définir des règles et procédures décisionnelles dans lesquelles doivent s'inscrire toutes les décisions. La stabilité est également assurée par la structuration de l'organisation ainsi que par la mise en œuvre d'un système de contrôle.

2. La réduction d'incertitude

Toute organisation cherche en priorité à éviter l'incertitude et le risque, aux dépens de la valeur espérée résultant de la décision.

La théorie comportementale de la firme montre aussi que les décideurs de l'organisation cherchent en priorité à réduire leur état d'incertitude, même si cela limite les résultats escomptés d'une décision. Autrement dit, les décideurs acceptent généralement de retenir une solution sans risque, de modérer leurs objectifs, en échange de la certitude de les atteindre.

Afin de réduire son état d'incertitude, le preneur de décision cherche ainsi à acquérir le maximum d'informations, à stabiliser les relations de l'organisation avec son environnement, et à privilégier les décisions de court terme.

3. Les procédures décisionnelles

La procédure de décision est une procédure collective, même si la responsabilité du choix définitif repose sur une seule personne. Les organes de préparation de la décision ont, dans cette procédure, un rôle considérable.

Dans les organisations, les décisions ne dépendent pas de la volonté d'une seule personne : nombre d'entre elles sont analysées par plusieurs autorités qui ont chacune un pouvoir de contrôle : par exemple, une proposition exprimée par un cercle de qualité remonte la voie hiérarchique avant de se traduire par un changement concret dans l'entreprise.

Plus particulièrement, L. Sfez a montré l'importance des organes de préparation de la décision : le choix final effectué par le décideur repose en effet fréquemment sur les propositions d'un service, sur les études techniques, ou les recommandations des experts.

4. La recherche par problème

La recherche d'une solution est, dans un premier temps, effectuée près des symptômes du problème.
Dans un second temps, en cas d'échec, la recherche est élargie vers des zones plus éloignées du problème initial.

Cyert et March montrent que, face à un problème donné, l'organisation essaiera de réagir en recherchant une solution dans l'environnement immédiat du problème : ainsi, une diminution des ventes pourra entraîner une remise en cause des méthodes ou des services de vente. Ce n'est que lorsque la recherche locale a échoué que l'organisation élargira ses investigations vers des zones plus éloignées du problème (fabrication), ou plus sensibles (recrutement du personnel). Les décisions de régulation pourront donc être tardives et parfois inadaptées au problème de départ.

5. La théorie de la poubelle

Les théories les plus récentes – comme la théorie de la poubelle – vont parfois jusqu'à rejeter toute idée de rationalité dans les processus décisionnels des organisations. Ceux-ci dépendent avant tout du hasard et de la nécessité...

En 1972, March, Cohen et Olson publient un article, devenu célèbre, visant à rendre compte de décisions prises au sein d'organisations, décisions caractérisées par une forte ambiguïté des préférences des décideurs, l'importance des raisonnements heuristiques et du tâtonnement, et un degré très fluctuant d'engagement des acteurs. La rationalisation possible des organisations complexes (qualifiées d'« anarchies organisées ») n'est donc qu'une illusion, d'où l'analogie avec la poubelle : de même que la composition d'une poubelle dépend de l'aléa des dépôts de détritus, de la vitesse de ramassage des ordures, les décisions sont le produit de rencontres, tout aussi fortuites, de problèmes, de modes de résolution, de solutions et de décideurs. Les décisions prises dépendent donc surtout du hasard et de la nécessité...

Les auteurs adressent néanmoins aux décideurs diverses recommandations (soutenir leurs idées, garder leur énergie pour les décisions essentielles, faire participer les opposants à la prise de décision…).

III. LES ÉTAPES DU PROCESSUS DE DÉCISION

Dans les années soixante, H. Simon a proposé un schéma très général expliquant le processus mental de la prise de décision (modèle IMC).

Pour Simon, prendre une **décision** signifie **résoudre un problème.** Le processus de résolution de ce problème passe nécessairement par **quatre phases** distinctes et successives :

1. La phase d'intelligence (1)

« Un problème bien posé est à moitié résolu. » Le décideur doit donc procéder à une analyse détaillée du problème, reconnaître les conditions dans lesquelles il se pose, observer l'environnement pour mettre en évidence les opportunités de décisions.

Tout processus de décision peut être décomposé en plusieurs phases successives.
Le processus de décision le plus connu a été proposé par H. Simon.
La première phase, dite phase d'« intelligence », consiste à explorer l'entreprise et son environnement pour détecter les situations qui nécessitent une prise de décision.

La phase d'intelligence comprend ainsi trois dimensions

Perception d'une situation décisionnelle	Recherche d'informations	Perception des composantes du problème
Le décideur doit tout d'abord prendre conscience de la nécessité d'une décision, nécessité qui n'est pas toujours clairement exprimée.	Cette démarche doit être facilitée par le système d'information.	Il appartient au décideur de tenir compte des objectifs poursuivis, des contraintes et des intérêts en jeu, pour cerner le véritable problème et établir un diagnostic.

C'est seulement lorsque le problème aura été clairement identifié que commencera la seconde phase du processus de décision.

2. La phase de modélisation (ou de conception)

Cette étape du processus décisionnel conduit à concevoir et à formuler toutes les voies possibles offertes à la résolution du problème.

Dans un premier temps, le décideur organise et structure les informations recueillies sur le problème identifié. Dans un second temps il confronte ce problème à ses objectifs et met ainsi en évidence les écarts entre la situation actuelle et le futur souhaité. Enfin, le décideur recense les différentes alternatives potentielles, leurs avantages et leurs inconvénients.

Lorsque la situation décisionnelle est clairement identifiée, il appartient au décideur de recenser les solutions envisageables. Cette seconde phase du processus de décision est dite phase de « modélisation » ou de conception.

3. La phase de choix (ou de sélection)

La sélection d'une opportunité parmi les différentes alternatives possibles dépend d'un ensemble de facteurs concrets (objectifs de l'organisation, normes préétablies, critères d'évaluation des conséquences du choix, taux de risque accepté) et abstraits (volonté de créativité, intuition du décideur).

Cette phase est généralement courte, mais elle est parfois retardée en raison de l'appréhension du décideur au moment du choix. Le développement de l'intelligence artificielle et des techniques d'aide à la décision joue ici un rôle considérable, même si le décideur reste seul responsable de son choix.

La phase de choix vise à sélectionner la meilleure opportunité de solution, en tenant compte de contraintes concrètes ou abstraites.

(1) Le terme *intelligence* doit ici être compris dans son sens originel : il signifie compréhension, perception du problème.

Modèle de Processus décisionnel

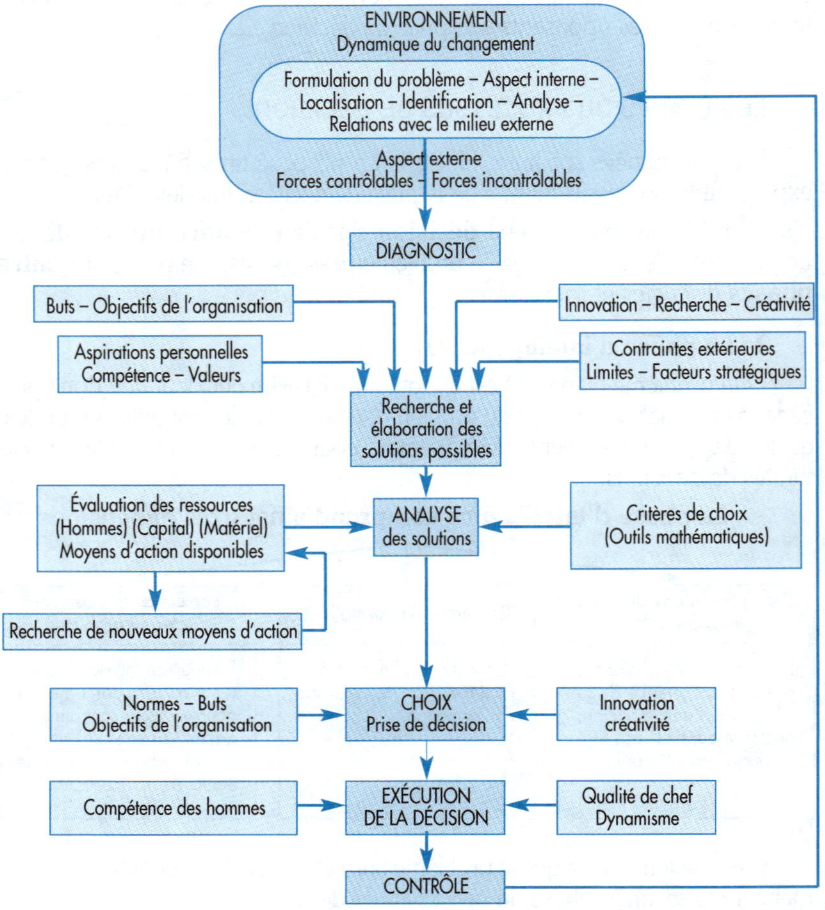

H. Simon, op. cit.

La dernière phase, dite d'« évaluation », vient confirmer le choix effectué, ou remettre en question le processus de décision en réactivant l'une des trois précédentes phases.

Le processus de décision se termine par la mise en œuvre de la solution retenue.
L'application et les effets de la décision peuvent être contrôlés, le contrôle pouvant confirmer ou infirmer le bien-fondé de la décision.

4. La phase d'évaluation

La solution **provisoirement** retenue comme satisfaisante est évaluée au regard des trois phases précédentes. Le **bilan** ainsi établi peut déboucher sur la réactivation de l'une de ces trois phases, ou au contraire sur la validation de la solution reconnue comme **finalement** satisfaisante.

Le schéma page précédente synthétise les différentes phases du modèle IMC de processus décisionnel.

Après l'ultime phase d'évaluation, la décision retenue est concrétisée en programmes d'actions, diffusés auprès des personnes et services concernés. L'application de ces programmes ainsi que leurs résultats donnent lieu à des contrôles permettant d'évaluer, *a posteriori*, le bien-fondé du choix définitif retenu et mis en œuvre.

SECTION 3
L'APPORT DE L'INFORMATIQUE DÉCISIONNELLE

Recourir aux technologies informatiques pour assister les dirigeants au cours du processus de décision n'est pas nouveau. Curieusement, alors que ces technologies ont connu une évolution fulgurante, les objectifs recherchés sont devenus plus modestes : il s'agit surtout de traiter l'information et d'effectuer des simulations pour permettre au décideur de réaliser les choix les plus pertinents. Cela dit, les outils disponibles sont de plus en plus performants, et les domaines d'application de l'informatique décisionnelle se multiplient, avec plus ou moins de réussite...

I. L'ÉVOLUTION DES PROCÉDÉS D'AIDE À LA DÉCISION

On peut distinguer schématiquement quatre périodes dans l'histoire de l'informatique décisionnelle :

– Les années 1960 : on rêve d'un ordinateur qui pourrait décider à la place de l'homme... En attendant, on commence à analyser des données stockées grâce à des procédés de reporting, selon des critères prédéfinis dans la phase de développement. Ces systèmes d'information d'aide à la gestion courante fournissent aux gestionnaires des outils leur permettant de synthétiser des informations sous forme de rapports périodiques. Ces rapports ont pour objectif de faciliter le contrôle du fonctionnement opérationnel de l'entreprise (respect des contraintes de ressources...).

– Apparaissent ensuite dans les années 1970 des outils d'aide à la décision dont la mise en œuvre passe par un dialogue entre l'utilisateur et la machine.

Les **SIAD (Systèmes interactifs d'aide à la décision)** se superposent aux systèmes informatiques traditionnels et extraient les données stratégiques qui serviront à arrêter les principales options, à moyen et long termes, de l'entreprise.

Leur rôle consiste donc à résumer et modéliser des chiffres et des données significatives qui nourriront la réflexion et orienteront le choix du décideur.

À cet égard, les **tableurs** peuvent être considérés comme les premiers outils informatiques d'aide à la décision.

Les tableurs permettent en effet de stimuler différentes situations au moyen de tableaux évolutifs.

Spécialisés dans le traitement des décisions complexes et peu structurées, les SIAD sont avant tout caractérisés par leur importante convivialité.

Mais les SIAD modernes, couplés à une base de données, peuvent intégrer et traiter beaucoup plus de variables, tester les différents choix possibles, et possèdent un langage de communication convivial qui rendent leur utilisation particulièrement aisée.

Ainsi, les SIAD sont surtout adaptés aux décisions peu structurées, répétitives et complexes.

– Une nouvelle étape est franchie dans les années 1980 avec la mise en œuvre des premiers *Executive Information System* (EIS), en français Systèmes d'information de direction, destinés aux décideurs de haut niveau.

Les EIS (ou tableaux de bord électroniques) permettent aux dirigeants non informaticiens de naviguer et de visualiser les données de suivi et de contrôle de l'entreprise.

Certains SIAD sont destinés plus particulièrement aux dirigeants de l'entreprise : il s'agit des **tableaux de bord électroniques** ou *Executive Information System* (EIS). Traditionnellement, l'information des dirigeants repose sur des réunions, des revues de presse et des rapports réguliers de leurs collaborateurs.

Pour répondre vite et mieux à leur demande, les EIS ont pour vocation de présenter, directement à l'écran, des informations adaptées, à partir de sources externes ou internes (comptables, commerciales, financières...).

Chaque EIS est créé « sur mesure » pour s'adapter à l'utilisateur, souvent non informaticien et l'assister dans sa prise de décision. Les EIS sont rapides et présentent l'information sous forme de graphiques et tableaux simples, permettant au dirigeant de mieux suivre et contrôler l'activité de l'entreprise.

– Enfin, depuis le début des années 1990 se développent des outils baptisés *Business Intelligence System*. Il s'agit de l'ensemble des méthodes, concepts et techniques utilisant des systèmes d'aide fondés sur des faits pour améliorer la prise de décision en entreprise. Ces systèmes fournissent aux dirigeants une information structurée multidimensionnelle en confrontant, à leur demande, plusieurs données (ex. ; rapport entre le chiffre d'affaires et produits, saisonnalité, secteurs de vente).

II. QUELQUES OUTILS INFORMATISÉS D'AIDE À LA DÉCISION

1. Le stockage et l'extraction des informations

L'entrepôt de données informatisées (ou *data warehouse*) est une base de données permettant à l'utilisateur d'accéder rapidement à l'information utile, favorisant aussi une bonne prise de décision.

• L'efficacité de l'informatique décisionnelle repose avant tout sur un archivage performant des données : de nos jours, la principale difficulté n'est pas de stocker de multiples données, mais de fournir la bonne information au bon utilisateur. Un pas décisif a été franchi en ce domaine avec l'apparition des **entrepôts de données informatisées** (ou *data warehouse*). Il s'agit d'une base d'informations performante destinée à aider la prise de décision dans les différents services de l'entreprise.

Les données de base sont collectées et, à l'aide d'outils d'extraction, de traitement et de visualisation des informations (ou *datamining*), l'entrepôt de données propose à l'utilisateur une véritable analyse des données de base. Il inclut normalement les informations concernant tous les métiers de l'entreprise et nécessite de fait une très grande capacité de stockage.

2. Les systèmes experts

Les systèmes experts peuvent reconstituer, après avoir acquis les connaissances nécessaires, le raisonnement qu'aurait réalisé un expert humain pour traiter un problème déterminé et aboutir à une solution cohérente.

Un système expert est un logiciel qui tente de simuler un raisonnement humain. Il a pour objectif de mettre à la disposition des utilisateurs les connaissances d'un expert humain dans un domaine déterminé (médecine, finance...) et de reproduire les facultés de décision ou de jugement de cet expert, grâce à un véritable dialogue entre l'utilisateur et le système. Un système expert peut ainsi délivrer un diagnostic, effectuer des simulations, des interprétations ou des analyses de situation.

Dans un premier temps, le système acquiert les connaissances de l'expert humain, et les stocke au sein d'une « base de connaissances ».

Dans un second temps, lors de l'utilisation du système expert, l'utilisateur présente au système le problème à résoudre (faits initiaux). L'ordinateur peut questionner l'utilisateur, « raisonner » et déduire d'autres faits grâce à une unité logique (le moteur d'inférence), avant d'apporter une solution au problème.

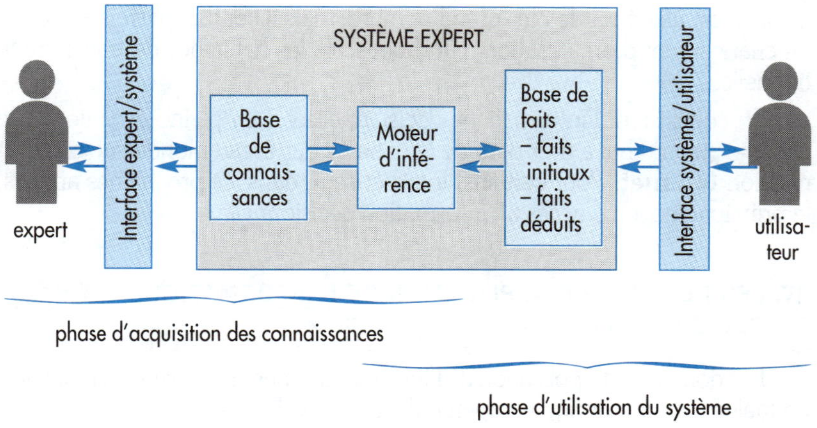

Les premiers systèmes experts ont été testés en 1974, mais ils n'ont connu une utilisation courante en entreprise qu'à partir de 1985.

Le système expert présente trois avantages majeurs par rapport à l'expert humain

- Le système expert ne peut pas perdre des connaissances, ce qui n'est pas le cas de l'expert humain (ex. : départs à la retraite).
- Le système expert peut facilement être reproduit alors que dans certains domaines l'expert humain est unique.
- Pour certains problèmes complexes, l'intervention de plusieurs experts humains est nécessaire. À l'inverse, la capacité cognitive du système expert est quasiment illimitée et lui permet de résoudre à moindre coût la plupart des problèmes posés.

« Un système expert n'est jamais malade, travaille vingt-quatre heures sur vingt-quatre, ne prend pas de vacances, explique toutes ses décisions, et dispose d'une mémoire infinie » (H. Kanovi, directeur de la société SAIA).

L'utilisation des systèmes experts est encore limitée en raison de difficultés techniques, de leur coût de développement ou des réticences des experts à dévoiler leurs principes de raisonnement. Les systèmes experts posent également des problèmes de pouvoirs et de responsabilité dans l'entreprise : le décideur est-il encore responsable d'une décision découlant directement d'un diagnostic effectué par un système expert ?

3. L'aide aux travaux de groupe (*groupware*)

De nouveaux outils informatiques (*groupware*) sont destinés à faciliter le travail sur des projets communs.

Ces logiciels présentent deux caractéristiques majeures :

– ils permettent de constituer à plusieurs des bases de connaissances sur un sujet donné, rassemblant ainsi l'expérience et les diverses compétences de l'entreprise ;

– ils donnent la possibilité à l'utilisateur de travailler en groupe lorsqu'il en a le loisir : les différents contributeurs à un projet peuvent, grâce au *groupware*, être virtuellement réunis, tout en échappant aux contraintes formelles des réunions. Ainsi, il est possible de réaliser un véritable travail de groupe rassemblant des participants géographiquement dispersés, et ne travaillant pas aux mêmes heures.

De nouveaux systèmes informatisés permettent de faciliter le travail de groupe et la prise de décision collective en créant des réunions virtuelles rassemblant des utilisateurs dispersés.

Identifié dès lors comme un outil de productivité pour l'entreprise, le *groupware* prend toute sa valeur et permet d'optimiser les décisions collectives lorsqu'il est utilisé par le plus grand nombre. Mais il conduit parfois à prévoir un changement d'organisation, car il bouscule les habitudes de travail traditionnelles.

En conclusion, l'informatique décisionnelle est en pleine évolution. Elle cherche aujourd'hui à tirer parti de la richesse du réseau mondial de communication **Internet**. Pour certains, Internet sera, dans les prochaines années, le principal moyen d'accès à l'information décisionnelle.

IV. LES DOMAINES D'APPLICATION DE L'INFORMATIQUE DÉCISIONNELLE

Les domaines d'application de l'informatique décisionnelle sont multiples. Le tableau suivant donne un aperçu de leurs possibilités.

Domaine comptable et financier	Domaine commercial et marketing	Pilotage global de l'entreprise
Historiquement le premier domaine d'application de l'informatique décisionnelle.	Dans ce domaine, les fonctionnalités d'analyse de données, de simulation et de modélisation sont multiples.	Analyse des performances de l'entreprise autour de quatre axes.
Applications de reporting : suivi des activités opérationnelles, comparaisons prévisions/réalisations, productions de rapports standards périodiques…	Applications d'analyse des ventes et de gestion des achats : ex. : simulation sur de nouveaux services (carte d'adhésion), tableau de bord permanent de l'activité commerciale…	Axe financier d'analyse *a posteriori* : profit, croissance, valeur, risque.
Applications d'analyse comptable et financière par ex. : consolidation des comptes dans une même devise, des filiales étrangères d'un groupe.	Applications de gestion de la relation client : analyse de comportement client, scoring, ciblage d'opérations de marketing direct…	Indicateurs clients prospectifs : satisfaction, service, qualité, segmentation, fidélité.
Applications de contrôle de gestion : construction de budgets prévisionnels complexes, suivi des indicateurs financiers, évaluation des retours sur investissement…	Applications de géomarketing : définition de secteurs commerciaux, simulations d'implantation de points de vente en fonction de la concurrence, de l'accessibilité, des flux de population…	Indicateurs prospectifs d'organisation : processus internes, productivité, coûts, cycles, logistique.
		Indicateurs prospectifs de développement : formation, innovation, veille technologique, brevets, carrières.

D'abord réservée au domaine comptable et financier, l'informatique décisionnelle concerne aujourd'hui de nombreuses fonctions de l'entreprise et intéresse les dirigeants pour le pilotage global de l'entreprise.

25

Pouvoir et décision

Analyser les modalités de l'exercice du pouvoir de décision (Section 1) suppose en premier lieu d'identifier les différents éléments du système de décision et les principales sources du pouvoir.

L'organisation de tout système de décision implique également de répartir les compétences et les choix à effectuer entre différents niveaux de décision (Section 2).

SECTION 1 LA DISTRIBUTION DU POUVOIR DE DÉCISION

Le fonctionnement de tout groupe social suppose l'existence de dirigeants dotés du pouvoir d'imposer aux autres membres du groupe des comportements convergents vers des objectifs généraux.

Après avoir analysé l'origine et les titulaires de ce pouvoir, nous nous intéresserons à la structure du système de décision et à ses liens avec le système d'information de l'entreprise.

I. LE FONDEMENT DU POUVOIR DE DÉCISION

1. Pouvoir et autorité

Tout pouvoir de décision se traduit par des ordres, des instructions, des directives, qui devront être appliqués par les différents membres de l'organisation concernés.

Le sociologue Max Weber (1920) a tenté d'expliquer les origines de ce pouvoir en analysant les raisons qui conduisent les individus à obéir aux ordres.

Pour Max Weber, il convient d'effectuer une distinction entre la notion de **pouvoir**, et celle d'**autorité.**

Pourquoi, dans une organisation, les individus obéissent-ils aux ordres ?
Max Weber a établi une distinction entre la légitimité du pouvoir – aptitude à forcer l'obéissance –, et celle de l'autorité – aptitude à faire observer volontairement les ordres.

Le **pouvoir** est la capacité d'imposer sa volonté, de forcer l'obéissance ou de faire prévaloir son opinion au sein d'une organisation.

L'exercice du pouvoir n'implique pas obligatoirement l'adhésion des individus concernés, et peut nécessiter le recours à des moyens coercitifs : sanctions, menaces de sanctions…

L'**autorité** désigne l'aptitude à faire respecter volontairement les ordres. Dans un système d'autorité, les décisions sont appliquées car les subordonnés les croient légitimes. Les mesures contraignantes deviennent dès lors inutiles, en raison de l'existence d'un véritable consensus entre le décideur et les subordonnés.

Alors que le **pouvoir** est lié à une **fonction** précise (comité de direction, directeur du personnel), un rapport d'**autorité** est le plus souvent attaché à une **personne**, en raison de ses qualités spécifiques, de ses traits de personnalité ou de l'ascendant (leadership) qu'elle possède sur les autres membres de l'organisation.

Max Weber a établi une typologie des organisations en fonction de leur structure d'autorité. Il est ainsi possible de distinguer trois cas de figure selon la source de la légitimité :

Type d'autorité

L'autorité traditionnelle

Elle repose sur la force de la tradition, les usages ou les précédents.
Ex. : entreprise familiale qui se transmet de père en fils.

L'autorité charismatique

Elle est fondée sur la croyance dans les qualités exceptionnelles du décideur, très supérieures à celles des autres individus.

L'autorité rationnelle légale

Elle repose sur l'existence de règles écrites établies par le décideur, reconnues comme légitimes et acceptées par les membres de l'organisation.
Ce type d'autorité est caractérisé par une forte dépersonnalisation et une grande efficacité.

L'existence de rapports d'autorité permet de faire accepter les ordres. L'autorité peut être fondée sur la tradition, les qualités personnelles du leader, ou l'établissement par celui-ci de règles écrites reconnues par tous comme légitimes.

L'autorité d'un décideur ne s'acquiert pas en quelques jours. Elle dépend essentiellement du type de relation que le décideur entretient avec ses subordonnés, et du style de commandement qu'il met en œuvre.

2. Le pouvoir juridique

L'exercice du pouvoir est lié le plus souvent à l'existence de rapports hiérarchiques d'origine juridique : ainsi, le contrat de travail implique une subordination juridique du salarié vis-à-vis de l'employeur.

Dans l'entreprise, le fondement du pouvoir repose avant tout sur le **droit de propriété.** Mais les propriétaires n'exercent pas toujours eux-mêmes ce pouvoir qui peut être confié à un ou plusieurs dirigeants (direction générale, gérants salariés…). Plusieurs cas peuvent donc être distingués :

Traditionnellement, le fondement du pouvoir est de nature juridique.
Dans l'entreprise, l'exercice du pouvoir peut être assuré directement par les propriétaires (cas de la petite entreprise), ou par des mandants interposés (ex. : conseil d'administration).

Organisation du pouvoir

Actionnaires dispersés

Dans cette hypothèse, les actionnaires recherchent avant tout la rentabilité des capitaux. Pour garder le pouvoir, la direction doit donc dégager une certaine marge bénéficiaire.

Confusion entre actionnaires et dirigeants

Ce cas de figure ne pose pas de problème immédiat de pouvoir, tant que l'entreprise ne cherche pas à faire appel à de nouveaux associés (ex. : introduction en bourse), ce qui peut entraîner une dilution du pouvoir.

Propriété totalement séparée de la direction

Les dirigeants doivent dans ce cas obtenir un appui de leurs mandants (gouvernement dans le cas d'une entreprise publique, salariés dans le cas de l'entreprise coopérative ouvrière). Ces mandants peuvent poursuivre d'autres objectifs que la recherche du profit.

Capital détenu par une autre entreprise

Il s'agit du cas d'une filiale contrôlée par une maison-mère qui possède l'intégralité du pouvoir. Le pouvoir réel des dirigeants de la filiale est donc nécessairement limité.

L'exercice du pouvoir juridique ne peut, à lui seul, assurer un fonctionnement efficace de l'entreprise. En effet, les décisions sont d'autant mieux appliquées qu'elles sont acceptées par les subordonnés chargés de les mettre en œuvre ; d'où l'importance de **l'autorité psychosociologique.**

Mais la conception juridique du pouvoir est insuffisante pour diriger avec efficacité un groupe social.

II. LA GOUVERNANCE DE L'ENTREPRISE

Le concept et les modèles de la gouvernance d'entreprise

La gouvernance d'entreprise désigne l'ensemble du dispositif institutionnel et comportemental concernant ses dirigeants, depuis la structuration de leurs missions et leur nomination, jusqu'au contrôle de leurs actions et aux décisions de régulation les concernant, au point que l'on a pu définir la gouvernance comme « le management du management » (R. Perez, 2003).

Il peut exister des conflits d'intérêt et de pouvoir entre les actionnaires, les dirigeants et certains acteurs ou partenaires de l'entreprise.

La financiarisation de l'économie a donné un coup d'arrêt à l'emprise croissante des dirigeants salariés et à l'ascension du pouvoir managérial : les groupes d'actionnaires s'intéressent à la stratégie et à la gestion des entreprises, exigent des informations, et demandent des comptes aux dirigeants (voir l'exemple d'Eurotunnel en avril 2004...). Sur le plan théorique, ce retour en force activiste de l'actionnaire conduit à redécouvrir les travaux de A. Berle et G. Means qui diagnostiquaient en 1932 un écart grandissant entre les intérêts des actionnaires et ceux de leurs dirigeants.

Il est possible d'établir une typologie des systèmes de gouvernance : la plupart des analystes opposent le modèle libéral orienté vers les actionnaires *shareholders*, à celui, plus large, intégrant les parties prenantes *stakeholders* de l'entreprise.

– Le premier modèle repose sur la théorie de l'agence. Cette théorie, formulée par des économistes ultralibéraux dans les années 1970 décrit la relation entre les actionnaires et les dirigeants, assimilée à une relation entre un principal (mandant) et un agent (mandataire). Le mandant ne dispose pas des informations suffisantes pour contrôler efficacement le mandataire. Les actionnaires peuvent donc soupçonner les dirigeants de profiter de la situation et d'agir en donnant la priorité à leurs propres intérêts.

Ces conflits sont à la base de la réflexion concernant la gouvernance de l'entreprise.

– Le second modèle (R. Freeman, 1980) considère que l'activité de la firme affecte non seulement les actionnaires, mais également les salariés, les fournisseurs, les banquiers, les collectivités locales etc. Toutes ces « parties prenantes » peuvent disposer de certains pouvoirs et influencer l'entreprise.

Il est également possible de proposer une typologie de la gouvernance en quatre modèles :
- le modèle boursier, régulé par les marchés financiers ;
- le modèle partenarial, régulé par les partenaires économiques ;
- le modèle administré, régulé par les pouvoirs publics ;
- le modèle réticulaire, régulé par les réseaux interpersonnels et sociaux.

Enfin, pour R. Perez, un système de gouvernance comprend différents éléments constitutifs que l'on peut regrouper en trois séries de composantes :

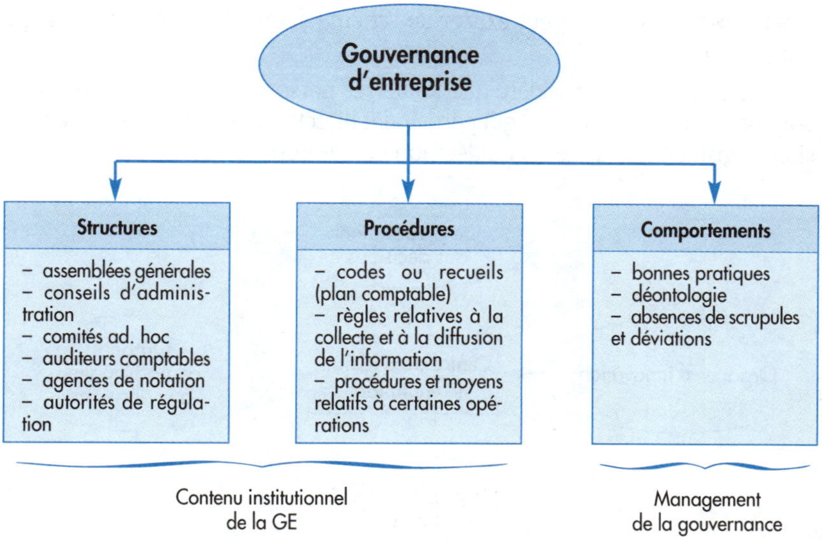

Trois types d'institutions, de nature différente, complètent ce dispositif :
- les organisations professionnelles : amicales, ordres professionnels ;
- les tutelles administratives : commission bancaire, CSA, AMF ;
- les instances juridictionnelles : Cour de cassation, Conseil d'État.

SECTION 2 LE SYSTÈME DE DÉCISION DE L'ORGANISATION

I. LE CONCEPT DE SYSTÈME DE DÉCISION

La théorie générale des systèmes a très vite intégré le concept de décision dans sa problématique. L'approche système permet en effet de décrire et de préciser les différents aspects du processus de décision, et de mettre en avant l'importance de la décision dans la gestion de l'entreprise.

Un système de décision est constitué de l'ensemble des éléments qui interviennent dans un processus de décision. Cette définition, particulièrement extensive, témoigne de la difficulté rencontrée pour cerner avec précision le contenu réel d'un système de décision.

La notion de système de décision n'est cependant pas très précise : un système de décision est défini comme **l'ensemble des éléments qui interviennent dans un processus de décision.**

Toute personne, toute procédure, toute méthode, et à la limite toute information participant à un processus de planification, de définition d'une stratégie, ou à une décision ponctuelle, appartient donc au système de décision… Dès lors, il s'avère particulièrement délicat d'en délimiter les frontières ou d'en préciser tous les éléments.

Les auteurs sont également divisés quant au caractère rigide ou évolutif de la structure du système de décision.

Il n'existe pas un modèle donné de système de décision applicable directement à toutes les entreprises.

Pour Mintzberg, chaque problème appelle la constitution d'un système de décision *ad hoc,* nécessairement éphémère, alors que d'autres auteurs considèrent que le système de décision de l'entreprise est composé d'un nombre déterminé et constant de sous-systèmes, chaque type de décision étant traité par le même sous-système.

En définitive, il ne peut exister de schéma standard représentant le système de décision.

Néanmoins, on considère que toutes les personnes, tous les organes (de commande ou d'état-major) qui participent directement au processus de décision, constituent le système de décision de l'entreprise :

Dans la pratique, l'organe de commande et les organes d'état-major constituent le système de décision de l'entreprise, dont la coordination est assurée par différents organes de contrôle et de liaison.

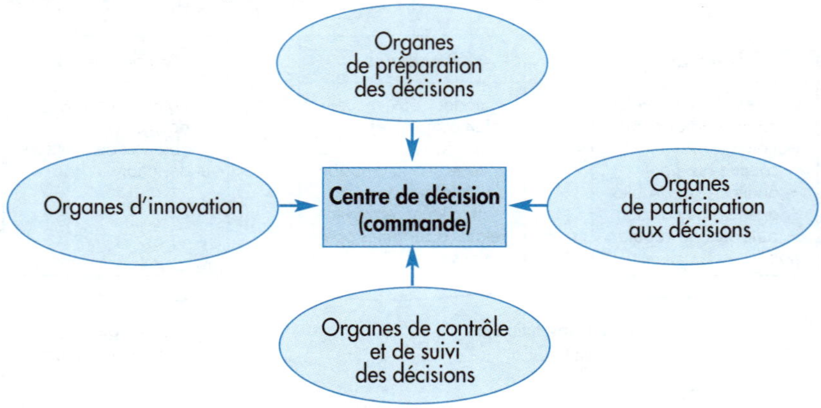

Enfin, le bon fonctionnement d'un système de décision suppose l'existence d'organes de **contrôle** ou de **liaison** (comités de direction, cadres intégrateurs) chargés de coordonner l'action des différents centres de pouvoir.

II. SYSTÈME DE DÉCISION ET INFORMATION

1. L'information source du pouvoir de décision ?

L'information est-elle synonyme de pouvoir ? En tout cas, il apparaît que le développement de l'informatique génère des déplacements de pouvoir au sein des organisations.

Il existe un lien étroit entre l'information et la décision. Pour beaucoup, information est synonyme de pouvoir, les dirigeants les mieux informés ayant la possibilité d'effectuer les choix les plus rapides et les plus performants. On peut alors s'interroger sur le rôle de l'informatique vis-à-vis des choix organisationnels ou de pouvoir. De nombreuses observations (1) ont montré que l'ordinateur pouvait ne pas être totalement neutre :

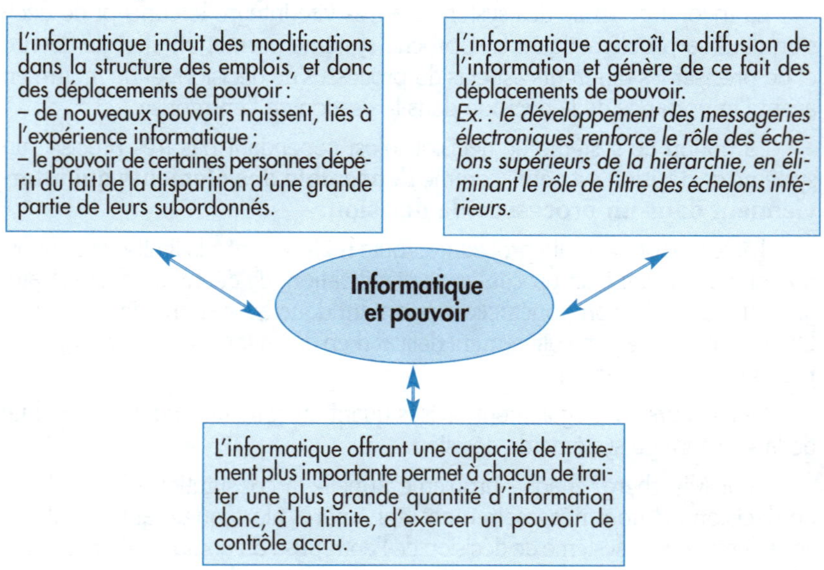

(1) Voir par ex. : R. Reix, *Les Cahiers français*, n° 233.

2. Les frontières entre SI et SD sont particulièrement imprécises

Dans le cas des SIAD et des systèmes experts, le système de décision est connecté en permanence au système d'information sur lequel il a autorité.

Pour les décisions répétitives, il est possible de mettre en œuvre des **systèmes intégrés de décision.** Il s'agit de complexes systémiques dans lesquels le SD n'est qu'une composante du SI. Le SD se présente donc comme un module de traitement de l'information dont les flux de sortie sont constitués par les décisions.

Les systèmes intégrés de décision permettent une économie de moyens et ne laissent passer aucune opportunité de décision.

Par exemple, le SID de Thomson gère les stocks de composants électriques, et détruit systématiquement les composants après deux ans de stockage.

Le système de décision est loin d'être indépendant du système d'information.
Dans le cas extrême du « système intégré de décision », le système de décision n'est qu'un module du traitement de l'information dont les sorties sont constituées par des décisions automatiques.

SECTION 3
LA DÉCENTRALISATION DU POUVOIR DE DÉCISION

La décentralisation apparaît bien souvent comme une nécessité. Elle présente effectivement de nombreux avantages par rapport à une organisation centralisée. Mais une véritable décentralisation du pouvoir dans l'entreprise reste délicate à mettre en œuvre.

I. CENTRALISATION ET DÉCENTRALISATION

1. Le principe de centralisation

Une organisation est dite **centralisée** lorsque tous les pouvoirs de décision sont regroupés entre les mains d'une personne ou d'un groupe de personnes.

Cette conception de l'exercice du pouvoir a été encouragée par l'Organisation Scientifique du Travail et les modèles paternalistes, qui reposent sur un clivage organisationnel entre d'un côté ceux qui pensent – et par conséquent décident – et de l'autre ceux qui travaillent.

La centralisation constitue un puissant mécanisme de coordination et de cohérence : le décideur ne peut en effet qu'être d'accord avec lui-même. Néanmoins, une décentralisation, même limitée, devient inévitable lorsque l'entreprise atteint une certaine taille : une trop forte centralisation tend en effet à déresponsabiliser le personnel et à restreindre la performance des décisions dans la mesure où une personne (ou un groupe limité de personnes) ne peut contrôler efficacement toutes les phases du processus de décision. (H. Simon)

Dans une entreprise centralisée, tous les pouvoirs sont concentrés en un point de l'organisation.
Le principe de centralisation, prôné par les théoriciens de l'OST, s'avère difficilement applicable dans les grandes entreprises, en raison notamment des limites de la capacité cognitive du décideur.

2. Le principe de décentralisation

Une organisation est dite **décentralisée** lorsque le pouvoir de décision est réparti entre plusieurs personnes.

La notion de décentralisation ne doit pas être confondue avec celle de délégation : la délégation consiste à confier à un subordonné une mission précise ainsi que les moyens pour la réaliser. On parle également de délégation lorsque le décideur transfère l'**exercice** du pouvoir (ex. : délégation de signa-

La décentralisation est un système dans lequel une personne ou un service dispose d'une autonomie de décision réelle vis-à-vis de sa hiérarchie.

ture) à une ou plusieurs personnes. Mais dans ces deux cas, le décideur reste le seul détenteur du pouvoir de décision.

De nombreuses raisons justifient le principe de décentralisation au sein des organisations :

La décentralisation est fréquemment associée aux idées d'efficacité et de motivation du personnel.
Mais toute décentralisation suppose l'existence de mécanismes de coordination destinés à empêcher la dispersion des efforts des différents centres de pouvoir.

- La capacité cognitive des individus est limitée (une personne ne peut tout faire).
- Une trop grande concentration de l'information présente un risque, surtout lorsque la décision est prise loin de la source.
- La décentralisation accroît la flexibilité de l'entreprise et sa rapidité de réponse face aux fluctuations de son environnement.

→ **Décentralisation** ←

- La décentralisation répond à un impératif de motivation, et permet aux cadres de prendre plus de responsabilités.
- La décentralisation permet de prendre des décisions plus performantes dans la mesure où les décideurs sont plus près des problèmes à traiter et les connaissent mieux.
- La décentralisation, en développant des structures de participation, favorise l'initiative et la créativité.

Une décentralisation extrême s'avère cependant particulièrement délicate en raison des risques de dispersion ou d'incompétence. Toute décentralisation implique la mise en œuvre simultanée d'un système de coordination efficace.

Il appartient à chaque entreprise de déterminer le degré de décentralisation correspondant le mieux à ses besoins spécifiques.

En fait, il n'existe pas d'entreprise totalement centralisée ou décentralisée : toutes les solutions intermédiaires sont envisageables, et le choix du degré de décentralisation dépend des caractéristiques propres et des besoins de chaque entreprise.

3. Les différentes formes de décentralisation (d'après Mintzberg)

La décentralisation peut être :

- **Verticale :** ou
  le pouvoir de décision est dispersé vers le bas de la **ligne hiérarchique** : il s'agit de la forme la plus classique de décentralisation.
- **Horizontale :**
  les pouvoirs sont transférés aux **fonctionnels** (ou staff)
  : **technostructure** : formation, méthodes…
  : **support logistique** : recherche et développement, relations sociales…

- **Globale :** ou
  chaque unité décentralisée a le pouvoir de prendre **toutes** les décisions concernant son activité, ses services, ses produits, sa zone géographique, etc.
- **Sélective :**
  chaque unité décentralisée peut prendre **certaines** décisions (ex. : fonctionnement interne, décisions opérationnelles). Les autres décisions (ex. : décisions stratégiques) restent sous la responsabilité de la direction générale.

La décentralisation du pouvoir de décision est rarement totale : elle peut être limitée :
- **à certaines personnes ou certains services ;**
- **à certains types de décisions ;**
- **ou encore à certaines phases du processus de décision.**

Exhaustive : ou	l'unité décentralisée contrôle l'**intégralité** du processus de décision (intelligence, modélisation, choix)
De phase :	l'unité décentralisée ne contrôle que **quelques phases** du processus de décision ex. : des experts préparent la décision, analysent les différentes opportunités, mais le choix définitif incombe à la Direction Générale.

II. LES MODES FORMALISÉS DE LA DIRECTION DÉCENTRALISÉE

1. La direction par objectifs (DPO) (P. Drucker)

La direction par objectifs (DPO), adoptée par les entreprises américaines dans les années 1960, consiste à donner aux subordonnés des objectifs à atteindre, et non des tâches à accomplir. Les objectifs sont fixés par la direction générale et sont ensuite assignés individuellement aux différents responsables. Ceux-ci doivent être parfaitement informés des objectifs qui leur sont proposés. Ils peuvent les discuter avec leur hiérarchie s'ils estiment ne pas disposer des moyens nécessaires pour les atteindre.

La DPO permet d'accroître l'efficacité des différents organes, et facilite la coordination et le contrôle des unités décentralisées. Enfin, la répartition des responsabilités, associée à une politique de salaire et de carrière adaptée, constitue un important facteur de motivation.

La direction par objectifs est une méthode de gestion décentralisée de l'entreprise, permettant de diriger l'ensemble des tâches à accomplir vers les objectifs fixés par la direction générale, et acceptés par les différents responsables.

2. La direction participative par les objectifs (DPPO)

À l'instar de la DPO, la direction participative par les objectifs (DPPO) considère l'entreprise comme un système d'objectifs. Mais ici, le personnel est directement associé, lors de réunions, à la négociation et à la fixation des objectifs.

La DPPO favorise l'intégration et la responsabilisation du personnel autour du projet d'entreprise. Elle encourage la recherche de la qualité totale, facilite la communication interne et améliore le climat social.

Dans la pratique toutefois, seuls les objectifs tactiques et opérationnels peuvent réellement donner lieu à une véritable négociation.

La direction participative par objectifs est un modèle élargi de DPO dans lequel les objectifs sont fixés avec le personnel, chaque salarié participant à la négociation, du moins en ce qui concerne les objectifs tactiques.

3. La cogestion

Ce système, mis en œuvre dans les entreprises allemandes dès le début des années 1950, associe les salariés à la gestion de l'entreprise. La cogestion (ou codétermination) repose sur une participation indirecte, exercée par les organes de représentation du personnel (conseil d'établissement, conseil économique, conseil de surveillance…).

Les différents organes sont régulièrement informés et consultés ; ils disposent en outre d'un pouvoir effectif d'intervention dans les décisions.

La cogestion est un système de direction décentralisé dans lequel les représentants du personnel exercent conjointement avec les représentants du capital la gestion de l'entreprise.

4. L'autogestion

L'autogestion, largement répandue dans les entreprises yougoslaves, repose sur un principe de totale décentralisation : la gestion est assurée par l'ensemble du personnel, soit directement, soit par l'intermédiaire de représentants élus.

En France, un système similaire existe dans les sociétés coopératives ouvrières, ou en cas de reprise d'entreprise par les salariés (RES).

L'autogestion est une méthode de gestion d'une entreprise dans laquelle les salariés détiennent le contrôle du fonctionnement de l'entreprise, et sont donc titulaires du pouvoir de décision.

Le principe de l'autogestion est très critiqué, essentiellement pour des raisons de compétence : l'autogestion, si elle entraîne une motivation accrue de l'ensemble des salariés, semble en effet mettre en cause la productivité et l'efficacité des entreprises concernées.

5. La gestion par exception

Ce mode de gestion repose sur l'idée que le dirigeant (ou supérieur hiérarchique) n'examine que les décisions exceptionnelles, anormales ou nouvelles, et délègue systématiquement les questions plus opérationnelles à des subordonnés.

6. La gestion par projets

La gestion par projet peut être regardée comme une autre forme de décentralisation limitée à un objet (le projet) et à une période de temps (le temps du projet) mais très étendue dans la gamme des décisions à prendre.

26

DÉCISION ET ÉTHIQUE

L'éthique d'entreprise est un sujet à la mode... Mais ne s'agit-il précisément que d'une « mode », destinée à disparaître au profit d'autres concepts mobilisateurs, ou au contraire d'une évolution irréversible exerçant une influence déterminante sur le management des organisations ?

L'opinion publique, la presse économique, mais également de nombreux dirigeants d'entreprise semblent depuis quelques années découvrir une nouvelle dimension dans les qualités requises pour diriger une organisation : le sens moral. Les plus avertis évoquent plutôt les termes d'éthique de l'entreprise, éthique des affaires ou déontologie sans pour autant s'entendre sur une définition précise de ces concepts.

On peut évidemment choisir de ne voir dans cette évolution qu'une réaction ponctuelle à la révélation d'un certain nombre de scandales financiers. Mais on peut également s'interroger sur les raisons pour lesquelles l'éthique est subitement devenue un sujet à la mode dans les entreprises. Est-ce que, par hasard, on ne se serait guère embarrassé de considérations morales jusqu'à ce jour dans la gestion des organisations ? Sûrement pas : d'une façon permanente, les hommes et les institutions se sont posés des problèmes d'éthique. Ce qui est nouveau, c'est le besoin de se fixer collectivement, dans un contexte très libéral, un certain nombre de règles de conduite qui n'auraient été traitées que par le mépris il y a seulement vingt ans.

Ainsi, Emmannuel Levinas soutient qu'« il ne faut pas se laisser impressionner par la fausse maturité des spécialistes qui ne trouvent pas pour l'éthique, dénoncée sous le nom de moralisme, de place dans un discours raisonnable ».

Si la définition, le rôle et les finalités de l'éthique sont au centre de multiples débats (Section 1), les organisations ont déjà mis en œuvre certains principes d'éthique qui encadrent la prise de décision (Section 2).

SECTION 1
LE DÉBAT AUTOUR DE L'ÉTHIQUE DES AFFAIRES

Les concepts, les finalités et les implications d'une éthique des affaires ne font pas l'unanimité. Le débat peut s'articuler autour de six questions-clés :
- Comment préciser le contenu de la notion d'éthique, appliquée aux entreprises ?
- Existe-t-il des adversaires de l'éthique des affaires ?
- Quels sont les fondements de l'éthique des affaires ?
- L'application de règles éthiques est-elle compatible avec l'impératif d'efficacité de l'organisation ?
- Quels principes de base de l'organisation éthique de l'entreprise est-il possible de retenir ?
- Est-il réaliste de parler d'*entreprise citoyenne* ?

I. QU'EST-CE QUE L'ÉTHIQUE APPLIQUÉE À L'ENTREPRISE ?

1. La définition de l'éthique

L'éthique a pour objet premier la recherche du bonheur. Dans le domaine des affaires, elle invite les responsables et exécutants à une réflexion sur les pratiques des affaires, et les valeurs-clés à respecter et à promouvoir en vue d'une meilleure satisfaction de l'intérêt général.

• Pour le professeur François Bourricaud, « le mot éthique est le déguisement que prennent aujourd'hui ceux qui veulent parler de morale sans paraître trop ringards... ».

• « Face objectivée de la morale, l'éthique n'est pas autre chose qu'une réflexion sur la conduite responsable de sa vie dans le sens qu'on a choisi ; et l'éthique des affaires n'est qu'un cas complexe de cette démarche. » (O. Gelinier, *L'Éthique des affaires*, Le Seuil.)

• « L'éthique est une doctrine du bonheur des hommes et des moyens d'accès à cette fin » (Petit Larousse).

• Éthique = performance + déontologie. (Michel Le Net).

• Jérôme Balet et Françoise de Bry (*L'entreprise et l'éthique*, Le Seuil), proposent, en partant d'une définition de Paul Ricœur, de circonscrire le concept d'éthique à des mots-clés qui qualifient l'intériorisation de l'éthique dans le management : justice, responsabilité sociale, exemplarité, confiance mutuelle, respect des autres.

Les cinq définitions ci-dessus permettent d'entrevoir le domaine et la finalité de l'éthique. En fait, l'éthique c'est l'art de la réussite à long terme, qui suppose d'une part le bien pour soi (en affaires, la performance), mais seulement dans le respect des autres (ensemble des pratiques déontologiques).

Ce respect de soi et des autres suppose la stricte observance des principes de base de la morale universelle (prohibition du vol, crime, mensonge…). Mais l'éthique va bien au-delà des questions de légalité et d'honnêteté : il ne s'agit pas d'un ensemble de principes figés, mais plutôt d'une ouverture d'esprit conduisant à une réflexion continue dans la recherche du bien (bien individuel et bien commun).

C'est ce dernier aspect que retient l'organisation européenne *European Business Ethic Network* (EBEN) dans sa définition :

« L'éthique des affaires est une **réflexion** sur les pratiques d'affaires dans lesquelles sont impliquées les normes et valeurs des individus, des entreprises et de la société… »

2. Une première approche du contenu de l'éthique des affaires

Le tableau suivant permet d'entrevoir l'étendue du domaine d'intervention de l'éthique : celle-ci concerne tous les aspects de la vie des affaires, toutes les fonctions de l'entreprise, tous les acteurs de la vie économique.

QUELQUES PRÉCEPTES DE L'ÉTHIQUE DES AFFAIRES
pour recueillir la valeur ajoutée par la confiance

Niveaux	***Interdits** à respecter* *Anti-valeurs à écarter*	***Valeurs positives*** *à promouvoir*
Éthique générale	– Ne pas tromper, voler, trahir sa promesse… chercher la vengeance	– Honnêteté, loyauté, vérité, tolérance, rigueur, courage, respect des faits, respect des autres
Éthique professionnelle des dirigeants et salariés	– Ne pas violer : • les règles du droit • la confidentialité de certaines informations • l'exercice des libertés des autres	– Service des clients – Respect des personnes, des règles et secrets maison – Relations hiérarchiques loyales – Écoute, coopération, partage de l'information, esprit d'équipe pour le progrès créatif
Éthique de l'entreprise	– Éliminer : • discrimination, népotisme • abus de pouvoir (sur les personnes et les biens) • climat de tyrannie, de délation, etc. • violation des règles maison – Éviter, ou détecter et gérer : • les conflits d'intérêts	– Hiérarchie fondée sur la compétence reconnue – Pour les **salariés** : règles du jeu, claires, pratiques, équitables, rémunérations justes et stimulantes, information, participation, partage de la réussite, motivation – Pour les **clients** et partenaires : service compétitif, dans la durée, dans la confiance à intérêts partagés

L'éthique des affaires intéresse tous les secteurs et tous les acteurs de la vie économique. Il ne s'agit pas seulement d'interdits à respecter, mais également de valeurs positives à promouvoir.

Éthique et stratégie	– Éviter stratégies fondées sur : • profits de petite tromperie • marketing abusif • prédation pour profit à court terme • privilèges octroyés par les pouvoirs • coalitions et corruption • *statu quo*, immobilisme	– Stratégies de compétitivité à long terme fondées sur : • effort de progrès et d'excellence • perception de l'environnement, remise en question rapide, ambition, audace, risques calculés • investissement R & D, équipements, formation, innovation, service, communication
Éthique des marchés	– Éliminer du champ des marchés : • violence, intimidation • fraude, corruption • délits d'initiés, monopoles, privilèges • pratiques antisociales (noir…)	– Information transparente et justice que rien n'arrête – Régulation des marchés libres – Aide aux personnes (pas aux entreprises) touchées par les à-coups du marché
Pour l'État	– Éliminer : • acteur marchand à pouvoir régalien (Somoza) • barrières d'entrée aux marchés • concurrence subventionnée • paiement pour les défaillants • rackets partis politiques	– Information et concurrence responsable plutôt qu'économie administrée
Pour le banquier	– Exclure de : • prêter à qui ne pourra rembourser : particulier, entreprise, gouvernement… • prêter à gens d'éthique tarée	– Inculquer au client les disciplines de gestion financière responsable – Auditer l'éthique autant que le bilan
Pour le service Achats	– Chantage au prix, puis faillite, puis on passe au suivant – Pots-de-vin	– Coopération client-fournisseur pour progrès compétitif à fruits partagés
	(À compléter…)	

II. LA CRITIQUE DE L'ÉTHIQUE

Certains auteurs sont très critiques à l'égard du concept d'éthique des affaires, pour des raisons diamétralement opposées : pour les uns, l'entreprise n'a pas à prendre en compte les principes éthiques mais doit chercher à maximiser son profit. Pour d'autres, l'éthique n'est qu'un instrument de domination au profit du patronat.

Le concept d'éthique des affaires ne fait pas l'unanimité :

- Pour certains, l'éthique n'est pas l'affaire de l'entreprise. L'économiste Milton Friedmann (1962) considère que « les entreprises n'ont pas d'autre responsabilité que celle de gagner de l'argent et quand, animées par un élan de bienveillance, elles tentent d'assumer des responsabilités supplémentaires, il en résulte souvent plus de mal que de bien ». Dans le même ordre d'idée, Hannah Arendt (1961) critique l'activité économique et lui assigne un rôle uniquement biologique, c'est-à-dire maintenir l'homme en vie et en bonne santé. Enfin, le philosophe André Comte-Sponville (2004) rappelle que « la finalité première de l'entreprise reste le profit. La morale a toute sa place dans l'entreprise, mais ce n'est pas la place de l'entreprise : c'est la place des individus qui y travaillent ou qui la dirigent ».
- Pour d'autres, plus manichéens, l'éthique n'est qu'un outil de mobilisation, voire d'asservissement des salariés. Pour Paul Ricœur, l'introduction de l'éthique peut n'être qu'une ruse subtile de l'idéologie productiviste lorsqu'elle est couplée à la demande d'adhésion à des valeurs d'entreprise définies par la direction. Jean-Paul Le Goff (1997) voit dans l'éthique un retour du paternalisme, instrument de domination du patronat.

- La critique adressée à l'éthique des affaires peut également prendre une dimension macro-économique, lorsqu'elle est accusée de n'être qu'un régulateur ou un correcteur des effets pervers du marché : Gilles Lipovetsky (1992) écrit « si les entreprises ne corrigent pas d'elles-mêmes les pratiques outrancières du marché, c'est l'État, au grand dam des chefs d'entreprises, qui interviendra par voie législative ». François Périgot (1990), ancien président du CNPF, va encore plus loin en considérant que face à la réduction inéluctable du rôle de l'État, l'entreprise doit devenir une « valeur refuge », dépasser son rôle économique, et traiter les « problèmes que l'État et les hommes politiques seuls ne peuvent plus prétendre maîtriser et résoudre ».
- De nombreux auteurs et dirigeants pensent enfin que l'éthique n'est qu'un paravent destiné à se protéger contre certains risques juridiques, ou de perte d'image : les entreprises aux comportements les plus éthiquement critiquables seraient les premières à développer des chartes éthiques ou à diffuser des valeurs humanistes.

Face aux questions éthiques, il est facile de tomber dans le manichéisme ou l'angélisme. Force est de reconnaître que les entreprises n'ont pas, à l'instar des auteurs, une approche uniforme du concept. M. Falise (1997) distingue par exemple trois modèles dans les organisations :
- **l'éthique ignorée** : l'éthique n'est pas l'affaire de l'entreprise qui ne connaît que les lois économiques ;
- **l'éthique périphérique** : elle s'exprime dans les lois et les règlements, en amont et en aval de l'activité économique ;
- **l'éthique intégrée** : les décisions de l'entreprise sont déterminées non seulement selon des considérations économiques, mais aussi en fonction de réflexions éthiques.

En conclusion, le débat autour de l'éthique a une forte dimension conceptuelle : la morale ou l'éthique est souvent critiquée, mais la responsabilité sociale de l'entreprise – autre approche plus moderne du même concept – fait l'objet d'un fort consensus…

III. LES FONDEMENTS DE L'ÉTHIQUE DES AFFAIRES

Toutes les règles, toutes les pratiques éthiques de l'entreprise reposent sur quelques principes fondamentaux incontournables :

• Le respect de la personne humaine.

La personne humaine représente le but ultime de la société, et la finalité de l'économie. La justice sociale ne peut être obtenue que dans le respect de la dignité de l'homme.

L'éthique des affaires est fondée sur le respect de principes fondamentaux, principes qui mettent en avant la primauté de la personne humaine, l'égalité et la solidarité, ainsi que l'autorité qui repose sur la recherche du bien commun.

• L'égalité entre les hommes.

– Il convient donc de prohiber toute pratique discriminatoire (en fonction du sexe, de la race, de la religion…).

– Les « talents » particuliers de certains doivent profiter à l'ensemble de la collectivité.

• La solidarité.

Cette solidarité se manifeste en premier lieu dans la répartition des biens et la rémunération du travail, et par la recherche constante d'une plus grande justice sociale.

• L'autorité et le principe de subsidiarité.

Toute communauté humaine a besoin d'une autorité pour se maintenir et se développer.

Dans une hiérarchie, les échelons inférieurs doivent pouvoir prendre toutes les décisions relevant de leur domaine de compétence.

• La recherche du bien commun.

L'autorité n'est légitime que si elle s'attache à la poursuite du bien commun, « ensemble des conditions sociales qui permettent, tant aux groupes qu'à chacun de leurs membres d'atteindre leur perfection, d'une façon plus totale et plus aisée. »

IV. LA QUESTION DE LA COMPATIBILITÉ ENTRE ÉTHIQUE ET EFFICACITÉ DE L'ENTREPRISE

La plupart des non-spécialistes pensent qu'éthique et intérêt sont diamétralement opposés : le respect de l'éthique aurait un coût, évidemment non quantifiable, qui évincerait du marché l'entreprise vertueuse. Ainsi, Baumol (1990) exprime l'idée qu'il convient d'exclure toute dépense qui n'entraîne pas un accroissement du profit. De même, Briefs (1920) a proposé le concept de morale-limite décroissante, reprise dans les années 1980 par Brennan et Buchanan, exprimant l'idée que le mauvais comportement chasse le bon sur le marché.

Koslowski (1998) relève néanmoins que le comportement moral de l'entrepreneur n'induit pas nécessairement de coûts supplémentaires.

Par ailleurs, il existe des coûts liés au non-agir éthique.

Mais l'agir éthique peut-il être source de profit ? Le philosophe André Comte-Sponville insiste sur l'idée que ce n'est certainement pas sa finalité, même si certaines entreprises comme Sumitomo ont des convictions opposées…

RÈGLES DE CONDUITE DE SUMITOMO

« Sumitomo acquerra force et prospérité en attribuant une valeur primordiale à l'intégrité et à une gestion équilibrée dans la conduite de ses affaires. Sumitomo organisera ses activités avec prévoyance et souplesse de manière à faire face efficacement aux mutations du temps. Toutefois, en aucune circonstance, Sumitomo ne recherchera les profits faciles, ni n'agira imprudemment ».

H. Landier, *L'Entreprise intelligente*, Paris, Calman-Lévy, 1991.

En fait, l'éthique mise en œuvre dans l'entreprise représente souvent un coût à court terme. Mais la recherche de la pérennité de l'entreprise suppose de dépasser la simple recherche de résultats à court terme au profit du long terme. La réussite à long terme suppose donc parfois quelques sacrifices immédiats. Elle suppose d'éviter les pratiques malhonnêtes, de respecter les partenaires, et ainsi de négliger certaines sources ponctuelles de profit, certains intérêts de court terme.

L'éthique n'est pas incompatible avec l'efficacité de l'entreprise, même si elle implique parfois de sacrifier certains intérêts de court terme.

• Mais la question se pose différemment lorsque la survie immédiate de l'entreprise est en jeu : Octave Gelinier cite le cas du chef d'entreprise qui perçoit l'intérêt à long terme de son entreprise, mais qui, menacé de faillite à court terme, peut obtenir un sursis par manquement à l'éthique.

De même le chef de service menacé de licenciement, et soumis à une forte pression pour la réalisation de ses objectifs peut être tenté de réaliser quelques indélicatesses pour améliorer ses résultats.

De tels cas posent un réel problème d'arbitrage entre intérêt et éthique. Certaines personnes honnêtes peuvent soudain « oublier » leurs principes moraux et parfois sombrer dans des pratiques illégales.

Face à une pression forte et à court terme, la solution peut alors passer par le respect d'une « éthique minimale » souvent assimilée au simple respect de la loi.

V. PRINCIPES D'ORGANISATION ÉTHIQUE DE L'ENTREPRISE

La mise en œuvre dans l'entreprise d'une certaine éthique, suppose que celle-ci soit **organisée**, et non pas laissée à l'appréciation individuelle de chaque membre de l'organisation.

O. Gelinier fonde toute application d'une démarche éthique dans l'entreprise sur le respect de cinq postulats :

- Il n'y a pas d'avenir pour l'entreprise sans éthique, ni pour un capitalisme sans éthique.
- En affaires, l'éthique, c'est d'abord une morale de l'argent, et plus précisément d'un juste usage de l'argent.
- Le progrès utile concerne la mise en pratique de l'éthique plus que son contenu : le problème essentiel n'est pas le contenu de l'éthique, objet d'un assez large consensus, mais sa mise en œuvre concrète.
- Il est nécessaire de prévoir un système de sanctions destiné aux contrevenants.
- La transparence est une nécessité, une arme éthique de notre temps.

La mise en œuvre de l'éthique dans l'entreprise repose sur quelques postulats fondamentaux et notamment les impératifs d'organisation de l'éthique et de transparence.

À partir de ces cinq postulats, il est possible de formaliser les principes éthiques de l'entreprise, comme l'a fait Robert M. Price, président de Control Data :

Control Data

DIRECTIVES POUR LA CONDUITE DANS LES AFFAIRES

Introduction

Ces « directives pour la conduite dans les affaires » esquissent les normes Control Data pour un comportement éthique. Toutefois, notre réputation sur ce plan ne sera pas déterminée par nos paroles ou nos écrits, mais par notre performance de chaque jour.

Notre éthique est fondée sur la croyance en la dignité de l'homme et en la capacité de chacun de nous d'être responsable de ses actions.

Bien que nous soyons tenus à respecter la loi et à tenir nos engagements, nos normes éthiques de base exigent **plus**. Nous devons procéder équitablement et honnêtement avec tous ceux dont nous affectons les intérêts, et les traiter comme nous souhaiterions qu'ils nous traitent si les situations étaient inversées.

Nous devons veiller à ne pas abuser des moyens et pouvoirs que nous avons comme collaborateurs de Control Data. Nous devons créer un environnement qui soutient le comportement éthique, un environnement où les pratiques douteuses sont contestées.

> La capacité et la volonté de chacun de nous est d'avoir le courage de faire le choix juste quelle que soit la difficulté de la situation. Ceci, on ne peut s'attendre à ce que vous le fassiez sans assistance. Les présentes directives vous aideront à faire les justes choix.
> Toutefois ces directives ne peuvent couvrir toutes les situations, et les règles ont des exceptions. Vous devrez demander aide à votre manager ou à d'autres compétences de l'entreprise.
> Finalement, toutefois, la responsabilité d'agir suivant l'éthique repose sur vous dans votre indépendance de pensée, d'interrogation et de jugement. Si vous avez un doute sur la légalité ou l'éthique d'une quelconque action, ne la faites pas.
> Nous comptons sur vous pour faire ce qui est juste. Avec votre dévouement renouvelé, je suis confiant que la réputation de Control Data est en bonnes mains.
>
> Robert M. Price
> Chairman, President & Chief Executive Officer

De nombreuses entreprises formalisent leurs principes éthiques dans des chartes ou des codes dont l'impact est très variable d'une organisation à l'autre.

L'organisation de l'éthique prend souvent la forme d'un code ou d'une charte incluant généralement quatre grands thèmes :

- les principes fondamentaux de l'organisation (valeurs, principes d'action...) ;
- le comportement des salariés ;
- les rapports avec les parties prenantes (actionnaires, clients fournisseurs, État...) ;
- la protection de l'environnement.

> **LIVRE BLEU D'ACCOR –**
> **ÉTHIQUE ET MANAGEMENT**
>
> **Introduction**
>
> « La culture Accor existe bel et bien. Dans toutes les marques du Groupe et dans les pays du monde, certains termes reviennent. Ils traduisent ses objectifs communs et son esprit d'ensemble, de manière à toujours former un Groupe uni dans la diversité et soudé par-delà les originalités.
>
> Accor a des valeurs, ses idées forces, qu'il défend, qu'il diffuse et qu'il pratique :
> Qualité/Profit/Croissance
> Innovation/Formation/Participation
> Décentralisation/Communication
>
> Plus encore aujourd'hui, l'entreprise ne peut se dispenser d'intégrer une dimension éthique dans son management. Elle permet notamment de véhiculer de nombreux points de repère qui peuvent guider et modeler les comportements.
>
> Entreprise d'hommes et de femmes avant tout, la première valeur Accor est le respect des personnes. La vérité se dit en face, on dirige par la franchise. Un respect qui s'étend à tous les interlocuteurs, des collaborateurs aux clients et aux fournisseurs, voire aux concurrents, et devient une constante du comportement Accor.
>
> Exemplarité ou management-référence, équité, honnêteté et fiabilité, discrétion... sont autant de valeurs fondamentales indissociables de l'accomplissement personnel de chacun.
>
> L'ambition du Livre bleu de l'éthique ne se limite pas à énoncer quelques règles qui font partie intégrante du patrimoine culturel de Accor. Il a pour objectif principal de montrer que le respect de certaines valeurs morales facilite l'épanouissement et l'autonomie des personnes. L'éthique se révèle finalement avoir sa place dans les motivations de chacun, pour réussir personnellement et réussir ensemble. »
>
> Paul Dubrule et Gérard Pélisson (co-présidents), *Livre bleu d'Accor*.

Les codes éthiques sont souvent bien accueillis par les salariés, surtout s'ils ont participé à leur élaboration, mais leur principe est néanmoins discuté en raison :
- des difficultés de rédaction : imprécision, idéalisme, manque d'esprit pratique…
- de leurs motivations : gadget pour la communication de l'entreprise (?), arme concurrentielle, instrument destiné à acheter la paix sociale…
- des difficultés de leur application : contrôle difficile des comportements, adhésion parfois limitée des salariés…

En conclusion, la réussite de la mise en œuvre de principes éthiques suppose le respect de quelques règles, synthétisées dans le schéma suivant :

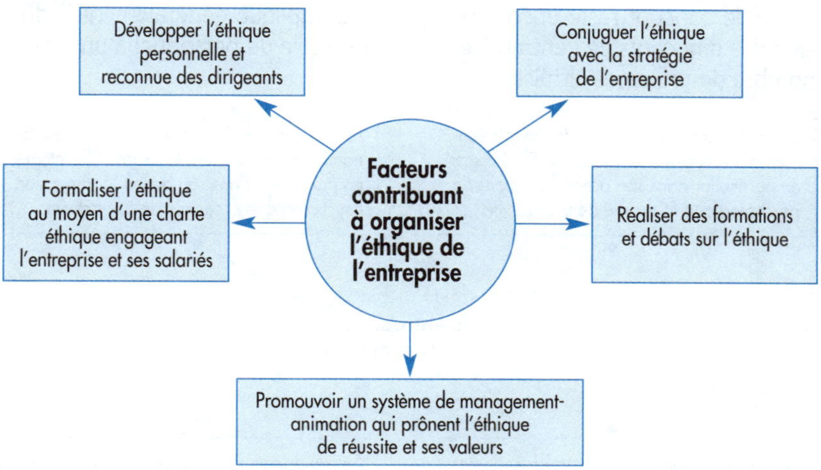

La mise en œuvre d'une démarche éthique efficace suppose une adhésion de tous les acteurs de l'organisation, formalisée au sein d'une charte ou d'un code déontologique.

VI. L'ENTREPRISE CITOYENNE : MYTHE OU RÉALITÉ ?

L'expression entreprise citoyenne a été lancée par le Centre des jeunes dirigeants et reprise par le MEDEF. Le concept reste relativement imprécis.

L'idée d'une entreprise citoyenne signifie que celle-ci n'a pas pour seule finalité la maximisation du profit, sa pérennité, ou encore une croissance sans limites ; autant de préoccupations internes dans lesquelles l'environnement ne constitue qu'une source d'opportunités et de contraintes. Au contraire, l'entreprise citoyenne met son environnement au cœur de ses préoccupations.

Adhérer au concept d'entreprise citoyenne suppose d'inclure une part d'altruisme et de solidarité dans une logique purement économique, celle du jeu concurrentiel entre les entreprises.

1. Dans une conception maximaliste, l'entreprise citoyenne placerait l'intérêt général avant le sien : cela ne peut concrètement se concevoir que dans des cas exceptionnels comme celui des entreprises d'insertion : ces entreprises cherchent à intégrer les « laissés-pour-compte de la compétitivité ». Appelées également « entreprises de qualification professionnelle », elles ont en effet pour but d'amener vers l'emploi des personnes peu qualifiées, parfois à la limite de la marginalité mais décidées à travailler, et de leur offrir un contexte professionnel très proche de celui de l'entreprise. Leurs activités touchent par exemple le bâtiment, le nettoyage, la réparation auto ou électronique, la restauration, le forestage, l'imprimerie ou encore les métiers du bâtiment. Au départ, l'entreprise d'insertion s'appuie sur des partenaires administratifs (collectivités territoriales) ou économiques (entreprises partenaires) ; mais très vite, elle a vocation à devenir autonome économiquement, même si ses résultats ne peuvent être comparés à ceux d'une entreprise classique, car elle emploie des personnels inexpérimentés à la productivité réduite, qui nécessitent un

Les entreprises d'insertion s'intègrent dans le circuit concurrentiel de l'économie de marché. Mais elles ont comme première finalité d'insérer et de former des personnes exclues du monde du travail, et parfois de la société.

encadrement lourd et spécifique. D'inévitables gaspillages, des disparitions de matériel pèsent encore sur le « surcoût social ». Il s'agit en effet d'intégrer dans une structure productive – et donc dans la société – des drogués en désintoxication, des RMistes, des chômeurs de longue durée, d'anciens délinquants.

2. Dans une conception minimaliste, l'entreprise citoyenne se contenterait de respecter la loi. Mais quel serait alors l'intérêt de transformer en mot d'ordre une exigence aussi minimale ?

3. Entre les deux conceptions précédentes, on peut retenir l'idée qu'une entreprise citoyenne s'efforce de créer des convergences d'intérêt entre elle-même et la collectivité dans laquelle elle s'insère (A. Comte-Sponville, 2003).

Si le concept reste encore peu précis, il implique généralement l'adhésion des dirigeants de l'entreprise et de l'ensemble du personnel à un certain nombre de principes altruistes :

L'entreprise citoyenne est consciente de sa fonction sociale ; elle est responsable vis-à-vis de son environnement et intègre dans son action le principe de solidarité, pour œuvrer dans le sens d'une satisfaction de l'intérêt général.

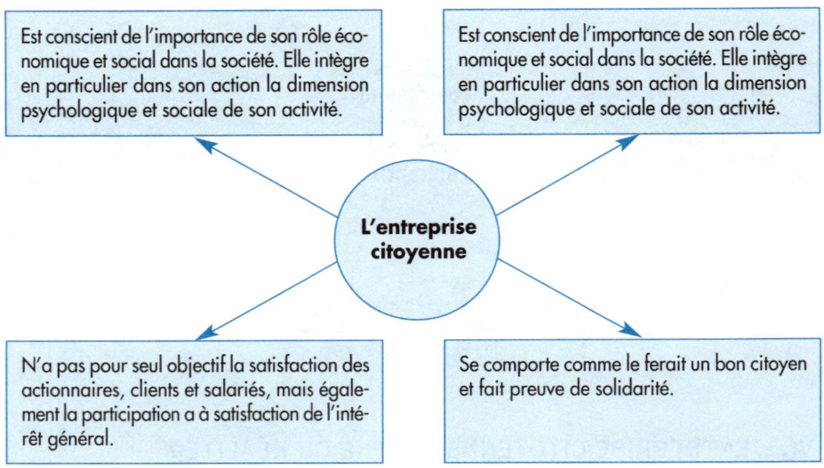

L'entreprise citoyenne se doit de lutter contre les grands problèmes économiques et sociaux de la société. Cette action repose sur un principe de base : la priorité accordée à l'intérêt de l'être humain.

Ainsi, l'entreprise citoyenne se sent concernée par les grands problèmes économiques et sociaux de notre société et contribue à leur solution. En particulier, elle se doit d'agir contre le chômage, l'exclusion sociale, l'exode rural, et même le retard de développement du tiers-monde. L'entreprise citoyenne doit ainsi être distinguée de l'entreprise paternaliste du début du siècle, qui ne mettait en œuvre qu'une solidarité (parfois intéressée) à l'égard de ses employés et de leurs familles.

En définitive, l'entreprise citoyenne est celle qui place l'intérêt de l'être humain devant toute autre préoccupation : l'entreprise se doit d'être au service de l'homme, et non le contraire.

SECTION 2 LA MISE EN ŒUVRE DE L'ÉTHIQUE DANS L'ENTREPRISE

L'éthique intéresse toutes les activités de l'entreprise, et tous les niveaux hiérarchiques.

Nous limiterons notre étude à la mise en œuvre de l'éthique dans trois domaines-clés de la vie de l'entreprise, en envisageant successivement la gestion des ressources humaines, la mercatique, et la gestion financière.

I. L'ÉTHIQUE ET LA GESTION DES RESSOURCES HUMAINES

1. L'impératif d'une éthique de la gestion des ressources humaines

La mise en œuvre de règles éthiques en matière de gestion des ressources humaines est une nécessité pour au moins trois raisons :

- Tout d'abord, gérer des ressources humaines, c'est gérer des rapports entre hommes, et ceux-ci ont besoin d'un minimum de prévisibilité et de stabilité. Par exemple, les salariés doivent avoir des garanties sur la pérennité de leur emploi, la stabilité de leur salaire, etc. Cette stabilité nécessite le respect d'un minimum de règles de la part de chacun.
- Ensuite, le travail n'est pas une marchandise comme les autres, et dans ce domaine, la régulation par le marché est insuffisante, notamment parce qu'elle élimine systématiquement les plus faibles.
- Et enfin l'environnement devenant de plus en plus turbulent, complexe et imprévisible, il convient de tenir compte systématiquement des conséquences des décisions de gestion du personnel, conséquences souvent peu prévisibles dans les faits. Par exemple, le licenciement d'un cadre de 45 ans a entraîné, dans une entreprise française de 500 salariés, une détérioration très nette du climat de travail : dans l'esprit des salariés, ce licenciement condamnait le cadre au chômage à vie, et dans un contexte de crise, les autres cadres y voyaient l'amorce d'une politique de réduction des coûts salariaux (et donc de licenciements) systématiques.

Il paraît aujourd'hui difficilement envisageable de gérer des hommes sans respecter les principes éthiques d'égalité de justice ou de stabilité dans le travail.

Comment mettre en œuvre des règles éthiques en matière de recrutement, formation, rémunération et licenciement ?

2. À la recherche d'un recrutement éthique

L'éthique intervient dans chaque phase du recrutement, comme le montre l'exemple suivant :

Phase du processus de recrutement		Préoccupation éthique
• Décision de mise en œuvre d'une procédure de recrutement	⇒	éviter le détournement de la procédure ex. « J'ai un excellent candidat qui pourrait faire telle ou telle chose, ou pourrions-nous le mettre ? »
↓		
• Rédaction d'une annonce	⇒	principe de vérité : décrire le poste clairement et honnêtement sans « oublier » ses difficultés principe de transparence : information du personnel de l'entreprise de la recherche en cours
↓		
• Prise de contact avec le candidat	⇒	respecter une certaine courtoisie et ne pas abuser de la position dominante de recruteur
↓		
• Tests d'embauche	⇒	proscrire la numérologie, l'astrologie, la morphologie (et a fortiori le serum de vérité ou l'analyse du groupe sanguin)
↓		
• Entretien de recrutement	⇒	échanger des informations et non pas procéder à un interrogatoire être franc avec le candidat mais ne pas chercher systématiquement à le déstabiliser
↓		
• Choix du candidat	⇒	réaliser ce choix en fonction de critères objectifs, en évitant les a priori et idées reçues
↓		
• Information du candidat	⇒	réponse rapide au candidat à qui l'on communiquera des résultats des tests qui lui ont été infligés

Un recrutement est éthiquement acceptable lorsqu'il respecte la personne du candidat, l'égalité des candidats, ainsi que quelques règles élémentaires de courtoisie...

3. Éthique et formation

Les principes pour une formation éthique

Agir avec courage

- C'est une nécessité pour créer et maintenir des relations efficaces avec les stagiaires.
- Ne pas chercher à plaire, mais présenter ses propos avec intégrité.
- Faire preuve de discrétion vis-à-vis de la hiérarchie des participants à la séance de formation.
- Refuser d'assurer une formation si l'on n'est pas sûr d'être compétent.
- Évaluer les participants avec sincérité.
- Savoir reconnaître ses erreurs.

Savoir faire preuve d'empathie

- Faire preuve d'empathie, c'est être capable de comprendre le point de vue de son interlocuteur.
- Comprendre les attentes des responsables qui ont souhaité la réalisation de la formation.
- Accepter le point de vue d'un stagiaire qui n'est pas le même que le sien.
- Voir rapidement un participant en situation difficile et l'aider avec tact.
- Savoir écouter son interlocuteur et chercher réellement à le comprendre.

Rechercher systématiquement la qualité

- La qualité est le moyen de témoigner à l'autre qu'on le respecte.
- Préparer les actions de formation avec le plus grand soin.
- Respecter les horaires annoncés.
- Éviter les perturbations extérieures (téléphone...).
- Appeler chaque participant par son nom exact.
- Respecter ses engagements vis-à-vis du groupe.
- Ne pas esquiver les questions.

Avoir en permanence une attitude positive

- Seule une réaction positive aux contraintes extérieures permet d'y faire face avec succès.
- Avoir toujours la volonté de construire plutôt que de détruire.
- Penser plus au futur qu'au passé.
- Accepter positivement la critique, source d'enrichissement.
- Rechercher en cas de problème des solutions plutôt que des coupables.
- Percevoir les difficultés comme des tremplins qui vont permettre de progresser.

L'éthique intervient également en matière de formation. Les formateurs doivent savoir faire preuve de courage et d'empathie, et rechercher systématiquement la qualité en gardant un esprit positif.

Le responsable de formation, qu'il soit interne à l'entreprise ou conseil extérieur doit s'imposer certaines exigences. D'après Georges Serfaty, toute action de formation, pour être efficace, se doit d'obéir aux quatre règles d'éthique décrites précédemment.

4. Éthique et rémunération

La question des rémunérations dans l'entreprise (la branche ou le secteur) s'avère bien souvent particulièrement épineuse. En fait, le niveau des salaires dépend de l'offre et de la demande, mais également d'un certain nombre de données externes ou internes (secteur concerné, qualifications, histoire de l'entreprise) pas toujours rationnelles.

Il appartient à l'éthique de définir des principes de rémunération permettant de préserver au mieux les besoins et les intérêts de chaque partie dans la négociation travail/salaire.

Le système de rémunération mis en œuvre dans l'entreprise doit respecter le principe d'égalité et de dignité de l'homme, ce qui ne signifie pas pour autant un égalitarisme conduisant à aplanir toutes les différences de salaire.

Olivier Hugla propose de partir de l'axiome simple et largement appliqué : « à travail égal, salaire égal » (qui suppose notamment une égalité des salaires entre hommes et femmes, non encore réalisée dans la plupart des pays).

Dans cette logique, il est néanmoins acceptable d'envisager des inflexions au principe, en raison d'éléments concrets tels que l'âge, l'ancienneté, et le diplôme obtenu. Toutefois ces inflexions peuvent parfois s'avérer injustes, et pénaliser des salariés performants, d'où une détérioration de l'efficacité de l'entreprise.

De même, des systèmes de rémunération fondés en grande partie sur les performances ou les résultats (commission des VRP) peuvent entraîner à terme de graves dysfonctionnements et pénaliser l'ensemble de l'organisation.

En tout état de cause, il est important que les principes de rémunération définis par l'entreprise soient clairs, publiés, et connus de tous.

Concluons par cette boutade pas tout à fait innocente : « Voulez-vous savoir si vos rémunérations sont gérées d'une façon conforme à l'éthique ? Si oui, il vous suffit de les afficher nominativement à l'entrée de l'entreprise… »

5. Éthique et licenciement

Dans ce domaine (comme dans beaucoup d'autres), l'éthique ne vise pas à proposer des solutions toutes faites, mais plutôt à suggérer quelques pistes de réflexion.

Les quelques exemples suivants montrent la complexité du problème, et il est probable qu'un directeur des Ressources Humaines, respectueux des grands principes d'éthique aura quelque hésitation avant de retenir une solution.

- Un cadre de 50 ans devrait être licencié, ce qui signifie le condamner vraisemblablement au chômage pour le reste de sa carrière active, dans l'état actuel du marché du travail en France. Faut-il pour autant conserver un poids mort, quelqu'un de complètement incompétent ?
- Faut-il conserver un salarié malade qui perturbe le fonctionnement d'un département, et où le travail est fait par les autres. Peut-on pour autant le licencier ?
- Vaut-il mieux licencier maintenant 15 ou 20 % des effectifs ou prendre le risque de maintenir l'emploi et avoir à en licencier 50 % dans 6 mois ou dans 2 ans ?

Dans ce genre de cas où la solution n'est pas évidente, le besoin d'éthique est évident. Quelle que soit la solution retenue par le DRH, celui-ci doit s'appuyer sur des principes clairs, connus de tous.

Les licenciements posent parfois des problèmes éthiques cruciaux, et il faut parfois faire des choix difficiles afin de sauvegarder l'intérêt général et le bien commun.

II. L'ÉTHIQUE ET L'ACTIVITÉ COMMERCIALE

1. La recherche d'information sur les concurrents

Les sources d'information sur la concurrence sont nombreuses, depuis la simple observation de publications des entreprises concurrentes, jusqu'à la mise en œuvre de systèmes complexes de veille concurrentielle, en passant par les multiples études de panels de distributeurs ou consommateurs. À quel niveau la question éthique intervient-elle ?

Un vol de documents ou de prototypes secrets constitue un délit. Le recueil d'informations publié par une entreprise concurrente est une activité normale…

En fait l'enjeu éthique intervient à chaque fois que l'information n'est ni tout à fait secrète, ni tout à fait disponible.

Les trois exemples suivants montrent que des pratiques presque courantes restent néanmoins tout à fait critiquables sur un plan éthique.

S'il est légitime de tenter d'obtenir des informations sur les concurrents, les moyens employés ne doivent pas détourner les grands principes de l'éthique des affaires.
En particulier, l'usurpation d'identité, la fourniture de fausses informations ou l'utilisation abusive de stagiaires doivent être prohibées.

a. Usurpation d'identité

Afin de connaître l'argumentaire des nouveautés présentées par un concurrent lors d'un salon, un responsable marketing cache son badge où est mentionné le nom de son entreprise et entame une conversation avec le vendeur qui lui remet tarif et catalogue.

Une alternative éthique : organiser avec les concurrents un échange systématique d'informations, qui permet de ne pas rompre le principe d'équité et de créer un climat d'estime réciproque.

b. Fournir des informations fausses

Les entreprises d'un même secteur peuvent s'accorder pour fournir des informations chiffrées à leur syndicat professionnel afin que celui-ci établisse des statistiques sur les niveaux de marché. Il s'agit de déclarer les ventes totales de l'entreprise qui permettent – en leur ôtant les exportations et en leur rajoutant les importations – de quantifier un marché national. La tentation peut consister à minorer ces déclarations, diminuant du coup le niveau du marché ; les concurrents, calculant leur part de marché sur cette base, auront alors l'illusion d'une progression, ce qui censé les rendre moins combatifs.

Une alternative éthique : fournir des informations exactes, car le recoupement avec d'autres sources rendra tôt ou tard la manœuvre caduque.

c. Utiliser abusivement les stagiaires

Un étudiant réalise un stage dans une banque. Sa mission consiste à réaliser une étude d'implantation d'une nouvelle agence dans une banlieue. Entre autres points, il doit se faire une idée sur la concurrence et s'entretient pour cela avec différents responsables d'agences installées dans ce secteur. Les questions ont trait notamment au nombre de comptes dans l'agence, en distinguant particuliers et entreprises, à la situation financière de l'agence ainsi qu'à ses axes de développement, à la perception des responsables des agences quant à l'évolution de la banlieue en question. Lors de sa prise de rendez-vous, le stagiaire se présente comme étudiant de son école réalisant une étude sur le secteur bancaire dans la région. Il restitue les informations obtenues enseigne par enseigne dans un rapport remis à son école et à son entreprise d'accueil.

Une alternative éthique : organiser un sondage représentatif auprès des habitants de la zone considérée, afin de connaître la part de marché de chacune des banques et la satisfaction de la clientèle.

2. La connaissance des consommateurs

Lors de la réalisation d'études de marché, il est important de garantir l'anonymat des personnes interrogées, et de présenter les résultats de façon objective. De même, les études de marché ne doivent pas servir de couverture à des pratiques commerciales.

La démarche mercatique d'une entreprise consiste à élaborer progressivement une offre par un processus d'ajustement avec une demande souvent incomplètement exprimée. À cet égard, l'outil essentiel d'approche de la demande reste l'étude de marché. La profession s'est dotée très tôt (1948) d'un « code international de pratiques loyales en matière d'études de marché d'opinion ».

Ce code de déontologie met en évidence une triple responsabilité des responsables mercatiques :

Responsabilité des réalisateurs de l'étude de marché

Vis-à-vis des personnes interrogées	Vis-à-vis du public et des milieux d'affaires	Vis-à-vis des commanditaires de l'étude
Il s'agit de garantir leur anonymat mais également de s'assurer qu'elles ne subiront aucune gêne pendant et après l'étude.	Les études de marché ne doivent pas avoir pour objectif de modifier les comportements des consommateurs. D'autre part, certaines activités (création de fichiers, vente, actions promotionnelles) ne doivent pas êtres présentés comme des études de marché.	Des règles strictes doivent êtres observés quant aux modalités de production et de publication de l'information (exactitude des commentaires, confidentialité...).

3. Éthique et publicité

Il existe aujourd'hui une réglementation relativement précise des pratiques publicitaires, relayée par une association à but non lucratif, le Bureau de vérification des publicités doté d'une double mission de contrôle et de conseil.

Mais les exigences éthiques dépassent, en matière de publicité, le simple respect de la légalité, et impliquent :

• Le respect des interdictions légales ou réglementaires, et des mentions obligatoires	– interdiction des produits dangereux pour la santé – mention « à consommer avec modération » pour les boissons alcoolisées
• Le respect d'un certain « bon goût »	– exploitation de la peur, de la détresse ou de la superstition – utilisation abusive du corps humain – répétition excessive de messages publicitaires – propos blessants ou traumatisants
• La prohibition du dénigrement	– abus en matière de publicité comparative – imitations, copies...
• La prohibition de la publicité mensongère	– apologie de produits « miracles » – recours à des qualités imaginaires d'un produit
• La prohibition de la publicité trompeuse	– ambiguïté volontaire des messages – oubli « volontaire » de certaines informations relatives au produit – juxtaposition d'un prix et d'une photo ne correspondant pas au produit dont le prix est mentionné

En matière de publicité, il convient de respecter la réglementation, mais également de ne pas nuire d'une façon ou d'une autre aux consommateurs ou aux concurrents.

Le débat autour de la campagne de publicité Benetton montre néanmoins l'impératif d'une autodiscipline renforcée de la profession...

III. L'ÉTHIQUE FINANCIÈRE

La complexité des mécanismes financiers permet de réaliser des opérations frauduleuses avec une certaine facilité.

Comme le souligne R. Ciminello (1), « la finance transgresse l'éthique avec une étonnante facilité et entre ainsi naturellement en conflit avec les principes éthiques individuels et collectifs car dans le milieu de la finance, c'est la maximisation de l'intérêt personnel qui prime ». Cette sentence sans appel est peut-être un peu excessive. Néanmoins les pratiques financières contraires à l'éthique sont nombreuses et la complexité des opérations, ainsi que la rapide évolution des techniques ne facilitent pas l'analyse.

Il ne s'agit donc pas ici de recenser toutes les pratiques financières douteuses et leurs implications éthiques. Mentionnons néanmoins l'existence de règles éthiques relatives :
- au rôle des marchés financiers ;
- au fonctionnement de la gestion de l'épargne ;
- aux pratiques bancaires ;
- etc.

Les années 1980 ont été le cadre de nombreux abus aujourd'hui condamnés.
Mais il appartient au monde de la finance d'adopter des règles éthiques plus précises, et de mettre en œuvre les moyens adéquats pour qu'elles soient respectées.

La période des années 1980 dites de l'argent facile des *golden boys* et des OPA a montré l'importance d'organismes de contrôle comme la COB (Commission des opérations de bourse), et de règles déontologiques visant à discipliner la profession.

Néanmoins le récent scandale de la banque britannique « Barrings » prouve que des progrès restent à réaliser en la matière. Bien sûr, la réglementation pourrait être renforcée ; mais une réglementation trop contraignante peut nuire à l'efficience des marchés financiers.

C'est pourquoi il appartient à l'éthique de prendre le relais. Mais la définition d'une éthique financière précise repose avant tout :
- sur l'adhésion d'une grande majorité des acteurs aux règles éthiques, comportant une certaine vision du marché (code de déontologie ?) ;
- la capacité de cette majorité à imposer des pratiques autorégulatrices contraignantes aux acteurs contrevenants ;
- une réelle équité en matière d'accès à l'information financière.

(1) *Conflits entre éthique et finance*, Édition Pau, p. 239.

SOUS-TITRE I : *L'ANALYSE STRATÉGIQUE*

27

LES OBJECTIFS DE LA STRATÉGIE

Prendre des décisions (Section 3), fondées sur un diagnostic précis de l'entreprise dans son environnement (Section 2) de façon à atteindre des objectifs de survie et de développement dans un univers concurrentiel et changeant qui exige des adaptations et des innovations : telle est la raison d'être de la stratégie de l'entreprise. (Section 1)

SECTION 1
NOTION DE STRATÉGIE

La stratégie s'oppose à l'exploitation dont on verra le caractère insuffisant pour assurer la pérennité de l'entreprise. Elle est faite d'adaptations et surtout d'innovations, seules garantes de survie et de développement de la firme dans un environnement turbulent.

I. L'EXPLOITATION À COURT TERME

L'analyse traditionnelle de la firme se situe dans un **cadre statique** de **concurrence parfaite.** Elle étudie l'entreprise à un moment donné, les caractéristiques du produit et les prix étant des données du marché qui s'imposent à elle.

Dans ce contexte, le rôle de l'entrepreneur se borne à combiner de façon optimale les ressources financières, matérielles et humaines qu'il se procure sur le marché de façon à minimiser ses coûts. Il offre son produit, similaire à celui des concurrents, au prix du marché.

Dans un univers stable, l'entreprise doit résoudre des problèmes d'exploitation de nature répétitive.

Il doit donc exclusivement résoudre des **problèmes d'exploitation** : se procurer les facteurs de production au moindre coût, les combiner au mieux, et fixer le niveau de production maximisant son profit.

Les problèmes d'exploitation sont relatifs aux tâches nécessaires au fonctionnement **continu** et **régulier** pour produire et commercialiser un ensemble de biens et services définis de façon **stable** et **durable.** Ils consistent à prendre des décisions fréquentes et répétitives d'optimisation. Pour traiter ces problèmes beaucoup de méthodes sont disponibles telles que, notamment, les techniques de gestion des stocks et d'optimisation de la production (PERT, programmation linéaire par exemple).

II. LA STRATÉGIE D'ADAPTATION

La solution à ces problèmes relève de méthodes de gestion standardisées, telles que la programmation linéaire, permettant d'effectuer des choix rationnels d'optimisation.

Les outils d'optimisation de la gestion sont bien adaptés à un univers statique dans lequel l'entreprise s'adresse avec des produits et des techniques inchangés à des marchés stables.

Ainsi, pendant de longues décennies, les producteurs de charbon n'ont eu à résoudre que des problèmes d'exploitation : leur produit était sans substitut, la demande des utilisateurs régulière, les gisements miniers paraissaient illimités et les techniques de fabrication semblaient définitivement acquises. Cependant la plupart des producteurs de charbon ont soit disparu, soit modifié de façon radicale leur activité en termes techniques et commerciaux.

L'approche statique apparaît insuffisante dès l'instant où l'on étudie la **dynamique de l'entreprise** au cours du temps d'une part ; et d'autre part lorsque l'on prend en compte le **caractère imparfait des marchés** sur lesquels les caractéristiques des produits et les prix peuvent être influencés par l'action des entreprises : il devient nécessaire d'introduire la notion de stratégie.

L'univers de l'entreprise est dynamique, caractérisé par des évolutions progressives et des transformations profondes.

Les entreprises sont face à un monde en changement caractérisé par des **évolutions rapides** et des **mutations brusques** de leur environnement économique et technologique.

La dynamique économique porte à la fois sur les marchés et sur les techniques.

Cette double dynamique des **marchés** (c'est-à-dire des besoins, des clients et des actions de la concurrence) et des **techniques** (d'approvisionnement, de production, de financement et de distribution) exige de toute firme qu'elle ne limite plus ses choix au seul domaine de l'exploitation.

L'entreprise doit comprendre la dynamique économique par l'analyse stratégique, et s'y adapter par l'action stratégique.

Pour survivre elle doit s'adapter aux changements qui affectent son environnement de façon continue (évolution) ou brutale (mutation).

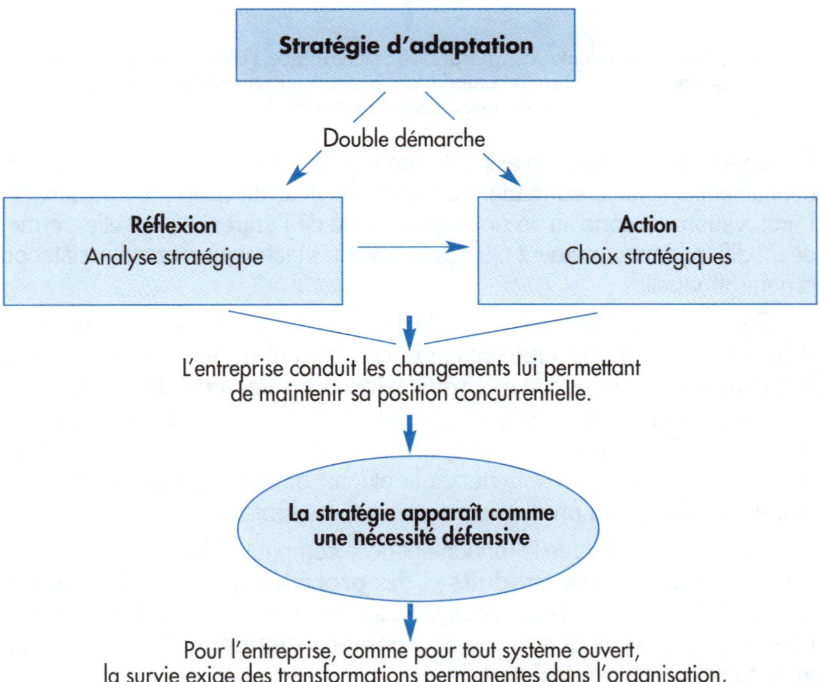

La stratégie se définit ainsi comme le **mode de couplage de l'entreprise avec son environnement**, la manière dont elle se définit par rapport à son environnement et la façon dont elle s'y insère.

La stratégie doit se fonder sur des anticipations.

III. LA STRATÉGIE D'INNOVATION

Dans un contexte en perpétuel changement, il ne suffit pas de s'adapter *a posteriori* aux changements constatés ; il est impératif **d'anticiper les évolutions** prévisibles, voire de ***générer des changements grâce à l'innovation***.

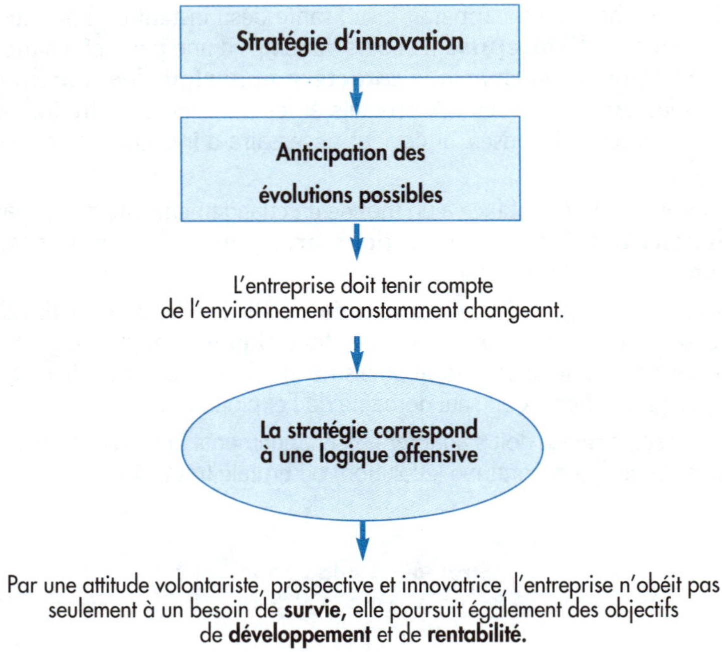

L'innovation permet d'atteindre des objectifs de survie, de développement et de rentabilité.

La réussite compétitive exige de l'entreprise qu'elle soit en avance sur ses concurrents : avance en matière de coût, de prix, de qualité ou de service. L'innovation est donc au cœur de la stratégie de l'entreprise car elle permet de modifier l'environnement par des nouveautés techniques, commerciales ou organisationnelles.

Par l'innovation, introduction d'une nouveauté économique, l'entreprise participe à la dynamique des besoins.

Par cette stratégie d'innovation, la firme fait apparaître une demande nouvelle, auparavant inexistante, soit par **la création d'un besoin** *(par exemple le baladeur de Sony)* soit par la **révélation d'un besoin latent** grâce à un produit apprécié du marché *(par exemple le disque compact de Philips ; le système ABS permettant de satisfaire le besoin de sécurité de freinage des véhicules)*. D'une manière générale la plupart de nos besoins actuels résultent de la création de produits nouveaux par les firmes.

Le succès de la stratégie passe par l'obtention d'une compétence distinctive source d'avantage concurrentiel.

La stratégie constitue le fondement de la compétitivité durable par l'innovation, tant au plan des **produits** et des **procédés** qu'à celui de l'**organisation.** Elle permet à l'entreprise de disposer, par une remise en question permanente de ses acquis, d'une **compétence distinctive** lui conférant un **avantage concurrentiel** durable.

Ainsi, la stratégie repose sur une double démarche d'**adaptation** et d'**anticipation** permettant à l'entreprise de supporter (stratégie d'adaptation) et de générer (stratégie d'innovation) des changements.

SECTION 2
LE DIAGNOSTIC STRATÉGIQUE

Le domaine de la stratégie concerne les rapports de l'entreprise avec les diverses composantes de son environnement.

La stratégie permet de modifier de façon significative et durable la position que l'entreprise occupe dans son environnement (position concurrentielle) ou de la placer dans un environnement nouveau qu'elle contribue à forger (avantage compétitif).

Comme l'affirme I. Ansoff, la stratégie porte sur le « mode de couplage entre l'entreprise et son environnement ». Elle est donc relative aux **rapports avec l'environnement** dans toutes ses composantes, notamment financière, technique, commerciale, humaine, réglementaire et écologique.

Il s'agit donc de réaliser d'abord un diagnostic de l'environnement, confronté à l'identification du potentiel de ressources de l'entreprise ; ils constituent deux premières étapes de la stratégie.

I. LE DIAGNOSTIC DE L'ENVIRONNEMENT

La stratégie repose sur un diagnostic préalable de l'environnement.

Élaborer la stratégie, c'est d'abord procéder à un diagnostic de l'environnement, ce qui suppose :

- l'identification des **domaines clés** de l'environnement, appelé environnement stratégique ;
- l'identification des **évolutions** et des **ruptures** prévisibles de cet environnement dues à des *évolutions naturelles* liées à des facteurs macro-économiques comme l'évolution des revenus par tête et l'élasticité des dépenses par rapport au revenu pour un produit donné ; ou à des *actions de la concurrence* comme l'apparition de produits de substitution ; ou bien encore à des *actions spécifiques de l'entreprise* résultant de l'évolution de son offre sous forme de nouveaux produits ou de nouveaux services.

Il faut identifier les domaines clés de l'environnement et les changements prévisibles.

Dans les changements de l'environnement, l'entreprise doit déceler ceux qui constituent des **menaces à conjurer.**

Ex. : une innovation des concurrents inimitable car protégée par des brevets incontournables ; un changement de réglementation entraînant la disparition de certains marchés.

Ces changements résultent d'évolutions naturelles, d'actions de la concurrence et des actions propres de l'entreprise.
Ils représentent des menaces ou des opportunités.

Elle doit également identifier ceux qui ouvrent **des opportunités à exploiter.**

Ex. : une évolution démographique favorable aux produits de l'entreprise qui s'adresse préférentiellement à certaines classes d'âge ; une obligation réglementaire nouvelle que l'entreprise peut satisfaire grâce à ses produits.

On perçoit ainsi que l'analyse stratégique commence par le **diagnostic de l'environnement.** Cet environnement est constitué de l'ensemble des éléments qui ont une influence sur l'entreprise et de ceux sur lesquels elle peut agir. Les premiers sont à la base des stratégies défensives face aux menaces ; les seconds fondent les stratégies offensives résultant des opportunités.

Chaque entreprise a un environnement spécifique qui dépend en particulier de la taille et de l'activité de l'entreprise.

De ce point de vue les entreprises appartenant à des secteurs d'activité différents sont caractérisées par des environnements spécifiques : l'environnement d'une entreprise textile n'est pas le même que celui d'une firme sidérurgique ; celui d'une PME diffère de celui d'une multinationale ; celui d'un industriel est distinct de celui d'un prestataire de services. Les variables d'environnement à prendre en compte ne sont pas identiques pour ces différentes firmes.

Même à l'intérieur d'une branche l'environnement pertinent pour élaborer la stratégie peut différer sensiblement selon la taille de l'entreprise car tel élément (par exemple les possibilités d'influencer les pouvoirs publics locaux ou nationaux) sera une *contrainte* pour une PME alors qu'il constituera une *variable d'action* pour une grande firme.

II. LE DIAGNOSTIC DES RESSOURCES

Le diagnostic des ressources est complémentaire de celui de l'environnement.
Il s'effectue en distinguant les forces et les faiblesses de l'entreprise.

L'étude précédente a montré l'utilité de distinguer un environnement menaçant et un environnement favorable. Cela n'a de sens que par rapport à la situation de l'entreprise elle-même. Le diagnostic externe de l'environnement est donc inséparable du diagnostic interne du **potentiel** de ressources de l'entreprise. Cette seconde partie du diagnostic permettra d'identifier des **forces** à exploiter et des **faiblesses** à supprimer.

La stratégie globale est définie en termes d'objectifs généraux.
Elle se décompose en stratégies fonctionnelles.

Le diagnostic des ressources n'est pas postérieur à celui de l'environnement : l'interaction entre les deux est permanente. La démarche d'élaboration de la stratégie est un va-et-vient continu entre le souhaitable (tirer parti de la dynamique de l'environnement) et le possible (faire ce que permet le potentiel de ressources disponibles). Nombre d'analystes préconisent d'identifier d'abord clairement l'existant dans l'entreprise avant d'explorer les actions possibles vis-à-vis des marchés. C'est cette démarche que nous adopterons dans le prochain chapitre consacré à l'étude détaillée du diagnostic stratégique.

III. LES ÉTAPES DE LA STRATÉGIE

La stratégie comporte trois phases : diagnostic, choix des orientations stratégiques, élaboration des plans d'action.

Au terme de ce double **diagnostic stratégique** de l'environnement et du potentiel de l'entreprise, il devient possible d'élaborer des **choix stratégiques** puis de les intégrer dans des **plans d'action** à moyen terme cohérents. Dans ces plans la stratégie se subdivise en sous-stratégies correspondant aux diverses *fonctions de l'entreprise* et aux divers *domaines de l'environnement*.

Il existe ainsi des stratégies de clientèle, de produit, d'approvisionnement, de production, de distribution, de financement, d'investissement ainsi qu'une stratégie sociale. Elles doivent être compatibles et complémentaires entre elles de façon à se renforcer mutuellement.

SECTION 3
LES CHOIX STRATÉGIQUES

Le diagnostic de l'environnement (diagnostic externe) et des ressources (diagnostic interne) permet d'effectuer des choix stratégiques, c'est-à-dire de prendre des décisions stratégiques dont on précisera la nature et les caractéristiques.

I. LA NATURE DES DÉCISIONS STRATÉGIQUES

Les décisions stratégiques relèvent de trois approches.

1. Les domaines stratégiques

Les domaines stratégiques portent sur le choix du portefeuille d'activités sous forme de couples produits-marchés.

Les choix stratégiques concernent des domaines dans lesquels l'entreprise doit s'engager en vue d'acquérir des avantages concurrentiels et une compétence distinctive qui la rendent différente des autres firmes : recensement des choix possibles en matière de *secteurs*, de *produits*, de *marchés*, de *clientèles*, de *technologies*…

Dans ces domaines le choix entre les diverses alternatives s'effectue en fonction des buts généraux portant sur la rentabilité recherchée, le risque accepté ainsi que le type et le rythme de croissance choisis.

2. Les types de stratégies

La stratégie se réalise par des modes de croissance variés, internes ou externes.

En second lieu, la firme doit identifier les types de stratégies possibles pour conquérir les domaines choisis.

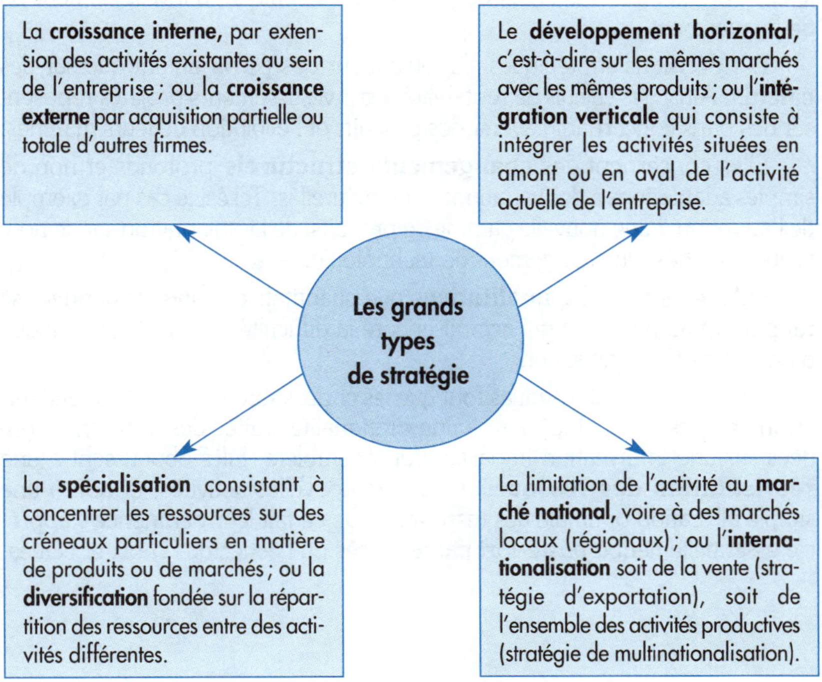

3. L'allocation des ressources

La cohérence dans l'emploi des moyens est assurée par l'établissement de plans stratégiques et de budgets.

Enfin les décisions stratégiques portent sur la nature et l'importance des ressources financières, humaines et matérielles à consacrer aux modalités de développement finalement retenues ; c'est un problème d'affectation des ressources qui s'effectue dans le cadre de **plans** et de **budgets.**

En résumé les choix stratégiques portent sur trois dimensions :
- les sources de l'avantage concurrentiel,
- les modalités d'obtention de la compétence distinctive,
- l'affectation des ressources.

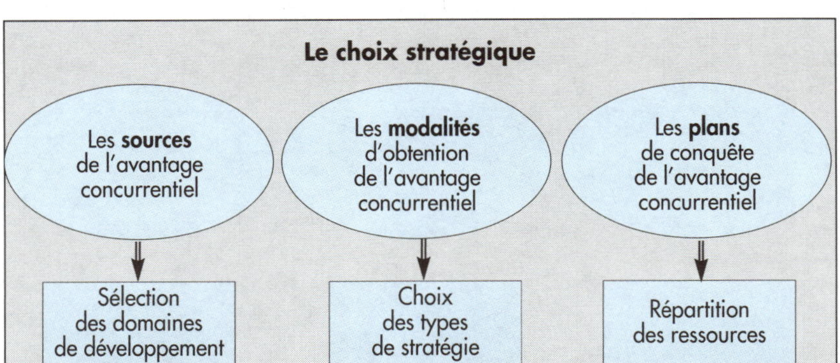

II. LES CARACTÉRISTIQUES DES DÉCISIONS STRATÉGIQUES

Les décisions stratégiques concernent le long terme.

Dans ces trois dimensions les décisions stratégiques ont des caractéristiques communes qui les opposent aux décisions opérationnelles.

Elles portent sur le **long terme**. C'est-à-dire qu'elles auront des *effets différés* par rapport à la décision immédiate. Ces effets seront *durables* en s'étendant sur plusieurs années. Enfin, ils sont souvent *irréversibles*. Tel est le cas par exemple des choix de produit, de technique, d'investissement ou de financement.

Les décisions stratégiques s'appuient sur des **paris** autant que sur des **calculs.** Ainsi, les calculs de rentabilité des investissements projetés reposent sur des paris concernant l'avenir des produits et l'évolution de leurs marchés.

Elles correspondent à des modifications des structures de l'entreprise.

Elles concernent des **changements structurels** profonds et non de simples adaptations à des variations conjoncturelles. Tel est le cas par exemple de l'adoption d'une nouvelle gamme de produits, de l'implantation sur de nouveaux marchés, du changement de technologie.

Enfin elles sont plus **qualitatives** que quantitatives, faute de données se rapportant au passé, ce qui accroît encore la difficulté du calcul économique d'une nouvelle organisation.

Elles aboutissent à une redistribution des ressources vers des activités d'avenir.

Toutes ces caractéristiques font que les choix stratégiques correspondent, selon l'expression d'H. Simon, à une « rationalité limitée des décisions » fondées sur une information imparfaite et incomplète. Elles aboutissent à une **réorientation des ressources** vers de nouvelles activités, et non à une simple allocation optimale des ressources. De ce fait leur pertinence s'apprécie essentiellement *a posteriori* par le succès ou l'échec des choix effectués.

28

LE DIAGNOSTIC STRATÉGIQUE

Comme préalable à tout choix stratégique, il est nécessaire d'une part de se connaître soi-même en analysant le potentiel de ressources de son entreprise (Section 1) et d'autre part de connaître les autres en étudiant l'environnement de l'entreprise (Section 2).

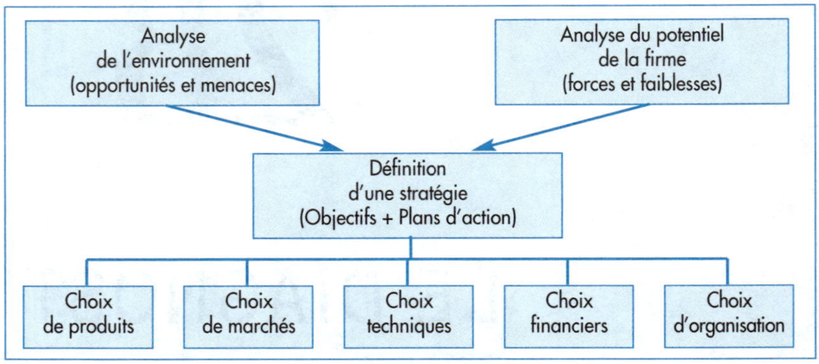

SECTION 1
LE DIAGNOSTIC DU POTENTIEL DES RESSOURCES INTERNES

Le diagnostic organisationnel porte sur les divers types de ressources de l'entreprise, qui doivent être évaluées de façon comparative et selon diverses méthodes, pour permettre une appréciation de la compétitivité de l'entreprise.

I. LES TYPES DE RESSOURCES

Le diagnostic organisationnel (ou interne) consiste à détecter, dans le potentiel de ressources de l'entreprise, les points faibles et les points forts. Il repose sur l'inventaire systématique des ressources disponibles dans chaque grande fonction.

Les ressources de l'entreprise sont matérielles, financières, incorporelles et humaines.

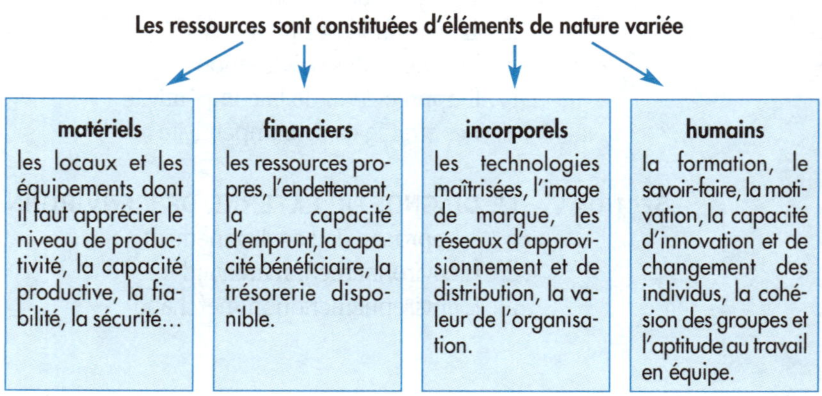

II. L'ÉVALUATION DES RESSOURCES

Les ressources doivent être étudiées de manière comparative.

Dans une optique stratégique, l'appréciation des ressources ne consiste pas en simple inventaire. Elle repose sur une étude de nature **comparative** généralement faite par grande fonction (technique, commerciale, logistique).

Les diverses ressources disponibles sont comparées entre elles afin d'apprécier **l'équilibre** entre les divers potentiels ainsi que les effets de complémentarité (appelés **synergie**) existants. Beaucoup d'entreprises sont caractérisées par des déséquilibres dans leurs ressources : elles ont des surcapacités pour certaines ressources mais qui sont inutilisables en raison d'insuffisances dans d'autres ressources complémentaires (par exemple une bonne capacité de production mais un réseau de distribution insuffisant).

Il doit y avoir équilibre et complémentarité entre les ressources des diverses fonctions. Beaucoup d'entreprises souffrent de déséquilibres fonctionnels.

Par ailleurs il faut effectuer une comparaison des ressources possédées avec celles des principaux concurrents. On voit ainsi que le diagnostic du potentiel n'est pas indépendant de l'analyse concurrentielle.

Les ressources disponibles doivent être comparées avec celles des concurrents.

III. LES MÉTHODES D'ÉVALUATION

L'appréciation du potentiel de ressources est complexe et délicate pour de nombreuses raisons.

Les *sources d'information internes* sont souvent incomplètes et hétérogènes quant à leur qualité. De ce point de vue le diagnostic du système d'information constitue une partie importante de l'étude : pertinence, fiabilité, suffisance de l'information dans les différentes fonctions. Les instruments de mesure des diverses ressources sont hétérogènes. Ainsi le potentiel commercial s'apprécie en termes quantitatifs de parts de marché, de taux de couverture de la clientèle potentielle par le réseau de vente, mais aussi en termes qualitatifs de notoriété et d'image. Le potentiel financier s'exprime en termes de rentabilité, mais aussi d'équilibre financier. Le potentiel technologique se mesure quantitativement par la capacité de production, et surtout qualitativement par l'avance technique.

Le diagnostic s'effectue à partir d'indicateurs variés et variables selon la fonction étudiée.
Ils sont à la fois quantitatifs et qualitatifs.

L'accès *aux sources d'information externes* est inégal et souvent difficile. Les données macroéconomiques et sectorielles émanant d'organismes publics (INSEE, chambres de commerce, fédérations professionnelles…) sont plus accessibles que les données individuelles sur les entreprises concurrentes. De même les renseignements commerciaux sont plus facilement disponibles que les informations comptables et financières, elles-mêmes plus aisées à obtenir que les renseignements sur le potentiel technique du concurrent.

Les informations internes doivent être comparées aux informations externes macro-économiques, sectorielles et micro-économiques portant sur la concurrence.

Chaque ressource ne peut être considérée isolément car, comme dans tout système, ce sont les **interdépendances** qui font la valeur des ressources complémentaires. Ainsi, par exemple, de bons produits sont valorisés par un réseau de distribution dynamique, par une politique de communication efficace et par une technologie permettant d'accéder à des coûts et à des prix de vente compétitifs.

IV. L'APPRÉCIATION DE LA COMPÉTITIVITÉ

À l'issue de l'analyse du potentiel, chacune des ressources et des fonctions de l'entreprise a été inventoriée et évaluée de trois façons : en elle-même ; du point de vue de sa complémentarité équilibrée avec les autres ressources ; enfin par rapport aux ressources des concurrents et aux objectifs poursuivis.

Il faut apprécier la compétitivité de l'entreprise qui dépend de son potentiel de ressources.

1. Les composantes de la compétitivité

À ce stade, un premier diagnostic de compétitivité de l'entreprise peut être réalisé. La compétitivité est la capacité de l'entreprise à affronter, grâce à son potentiel, la concurrence sans subir de handicap.

La compétitivité repose sur la productivité, la qualité, la flexibilité et l'innovation.

La stratégie de compétitivité de l'entreprise doit comporter des objectifs de *productivité*, de *qualité*, de *flexibilité* et d'*innovation*.

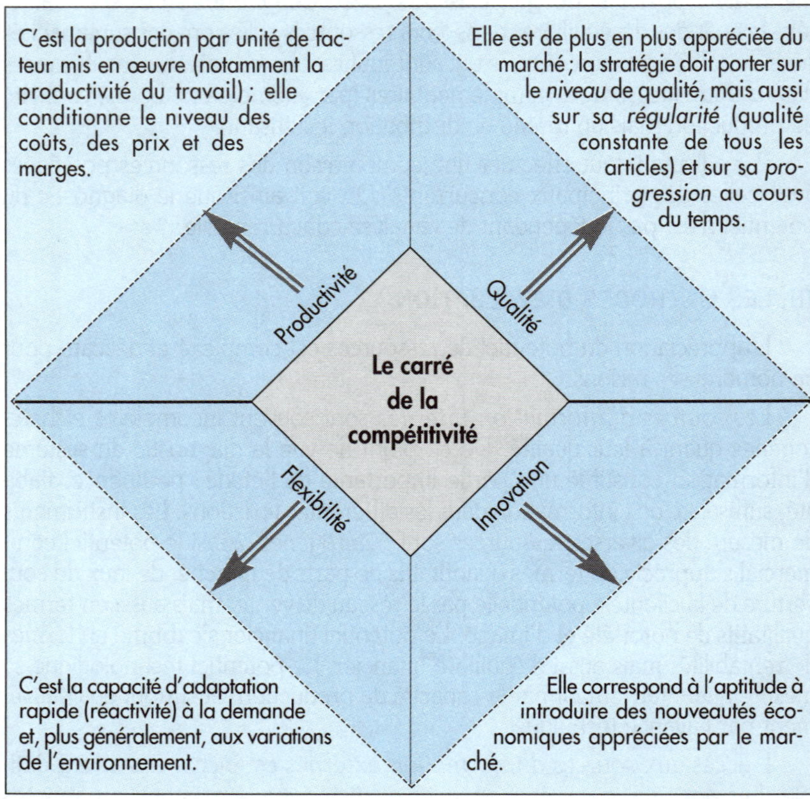

Les bases de compétitivité de chaque grande fonction se repèrent à l'aide d'indicateurs de compétitivité qui révèlent les points forts et les points faibles.

Elle ne peut les atteindre que si son potentiel de ressources comporte des bases de compétitivité. Le diagnostic du potentiel conduit ainsi à identifier des « facteurs internes de compétitivité » ou points forts de l'organisation. En sens inverse il mettra en évidence les « facteurs internes de non-compétitivité » ou points faibles.

L'identification du potentiel de compétitivité s'effectue par domaine.

2. La compétitivité commerciale

De nombreux indicateurs quantitatifs et qualitatifs permettent d'apprécier la compétitivité commerciale de l'entreprise.

Les indicateurs de compétitivité commerciale

Quantitatifs

- Taux de couverture du marché par le réseau.
- Part de marché détenue.
- Taux de marge par produit.
- Taux de croissance des ventes.

Qualitatifs

- Degré de différenciation des produits.
- Fidélité de la clientèle.
- Renouvellement de la clientèle.
- Importance des services après-vente.

3. La compétitivité technique

La compétitivité technique s'apprécie également d'un double point de vue.

Les indicateurs de compétitivité technique

Quantitatifs

- Capacité de production.
- Taux d'utilisation de la capacité.
- Âge moyen des équipements.
- Qualification de la main-d'œuvre.

Qualitatifs

- Degré d'automatisation.
- Avance technique.
- Monopole technique.

Les indicateurs de compétitivité technique et de compétitivité en matière de recherche sont à la fois qualitatifs et quantitatifs.

4. La compétitivité de la recherche

La recherche-développement conditionne fortement le maintien des compétitivités technique et commerciale. Comme ces dernières, elle peut faire l'objet de mesures quantitatives complétées par un repérage qualitatif.

Les indicateurs de compétitivité de la recherche

Quantitatifs

- Dépenses de recherche–développement.
- Part de la recherche dans le CA.
- Nombre de brevets déposés.
- Nombre de chercheurs.

Qualitatifs

- Rythme de renouvellement des produits.
- Degré de modernisation des procédés.
- Recours à de nouvelles matières et matériaux.
- Conception d'équipements nouveaux.

5. La compétitivité de l'organisation

L'efficacité de l'ensemble des moyens rassemblés dépend étroitement de la qualité de l'organisation qui en assure l'orientation et la coordination. En ce domaine les indicateurs sont essentiellement qualitatifs, la mesure étant difficile.

L'appréciation de la compétitivité de l'organisation repose sur une batterie d'indicateurs d'efficacité essentiellement qualitatifs.

Les indicateurs d'efficacité de l'organisation.

- Type de structure adoptée.
- Adéquation structure–stratégie.
- Correspondance structure–environnement.
- Degré de décentralisation.
- Qualité du système d'information.
- Valeur du contrôle de gestion.

6. La compétitivité sociale

La performance de l'entreprise dépend de sa stratégie sociale qui conditionne la *satisfaction* des personnes et donc leur *productivité*. L'efficacité sociale se repère plus qu'elle ne se mesure.

Il en est de même pour les indicateurs de performance sociale.

Les indicateurs de performance sociale.

- – Degré d'intégration des personnes.
- – Homogénéité des équipes.
- – Méthodes d'intéressement du personnel.
- – Formes de participation à la gestion.
- – Formation du personnel.
- – Profils de carrière.
- – Niveau des qualifications.
- – Démographie de l'entreprise.

7. La compétitivité financière

L'aspect financier de la compétitivité de l'entreprise se traduit par des mesures tant de son équilibre financier que de sa rentabilité.

Les mesures de la compétitivité financière

L'équilibre financier	La rentabilité
– Volume des fonds propres. – Taux d'endettement. – Fonds de roulement. – Trésorerie disponible.	– Bénéfice. – Capacité d'autofinancement. – Taux de marge. – Rotation du capital. – Coût du capital emprunté. – Taux de rentabilité du capital investi. – Taux de rentabilité des capitaux propres.

La stratégie consiste à supprimer les points faibles, sources de non-compétitivité et à exploiter les points forts, sources d'avantages concurrentiels.

V. LES STRATÉGIES DE COMPÉTITIVITÉ

Comme nous l'avons vu, on constate fréquemment des déséquilibres internes à l'entreprise. Le premier but de la stratégie consiste alors à **supprimer les sources de non-compétitivité** : par exemple en réduisant les effectifs, en réorganisant la production et en automatisant si la productivité technique est insuffisante. Le second objectif consiste à **exploiter les sources de compétitivité** : par exemple, si l'entreprise dispose de ressources techniques excédentaires, elle pourra étendre son réseau de distribution ou céder des licences d'exploitation. Il en résulte trois grands choix stratégiques en ce qui concerne l'allocation des ressources.

Les stratégies d'allocation des ressources

Concentration des ressources	Réorientation des ressources	Acquisition des ressources

L'existence d'activités en croissance pour lesquelles l'entreprise dispose d'un bon potentiel de ressources lui conférant un avantage concurrentiel conduit à une **stratégie de concentration des ressources** *(ex. : Michelin ; Air Liquide).*

Lorsque l'étude révèle que les ressources sont consacrées à des activités marginales ou en déclin **la stratégie de réorientation des ressources** est à privilégier *(ex. DANONE anciennement appelée BSN s'est réorientée du verre vers l'agro-alimentaire : VIVENDI (ex. CGE) s'est désengagée du traitement de l'eau pour réorienter ses ressources vers la communication (création de VIVENDI-UNIVERSAL).*

Enfin, lorsqu'un domaine prometteur a été identifié mais que les ressources internes s'avèrent insuffisantes, il est souvent opportun d'opter pour une **stratégie d'acquisition des ressources,** par exemple en achetant le savoir-faire d'une autre firme possédant les compétences recherchées *(ex. : rachat de NATEXIS, société cotée, par le groupe des Banques populaires pour leur permettre d'accéder au marché financier).*

L'identification des handicaps et des avantages concurrentiels résultant du potentiel de ressources disponibles est à la base des trois stratégies de concentration, de réorientation ou d'acquisition de ressources.

SECTION 2
LE DIAGNOSTIC EXTERNE DE L'ENVIRONNEMENT

Le diagnostic interne des ressources doit être complété par l'étude de l'environnement qui peut être défini selon diverses approches et se décompose en environnement marchand et non marchand.

Les conceptions de l'environnement de l'entreprise

Type de conception	Contenu de l'environnement
commerciale	les relations marchandes (clients, concurrents, marchés…)
écologique	le milieu naturel (contraintes à respecter, effets exercés, influence de la réglementation et des organisations écologiques)
extensive	l'ensemble des éléments externes à l'entreprise
méso-économique	l'appartenance sectorielle de l'entreprise et les caractéristiques du jeu concurrentiel dans le secteur
stratégique	le sous-ensemble des données et des variables externes qui ont une influence sur son fonctionnement comme contraintes ou variables d'action

I. L'APPROCHE DE L'ENVIRONNEMENT

En matière stratégique, l'environnement est constitué par l'ensemble des données et variables externes à l'entreprise mais ayant une influence sur son fonctionnement et qu'elle doit intégrer dans sa stratégie, soit comme des **contraintes** s'imposant à elle, soit comme des **moyens d'action** lorsqu'elle peut infléchir les éléments de l'environnement.

Il existe plusieurs conceptions de l'environnement.

L'environnement, ce n'est donc pas **tout** ce qui est à l'extérieur de l'entreprise. En sens inverse l'environnement n'est pas **seulement** constitué des marchés qui forment son environnement commercial.

En fait, il existe un environnement marchand (ou commercial) et un environnement non marchand (la démographie, le milieu naturel, les pouvoirs publics, la réglementation, les croyances et les valeurs sociales).

D'un point de vue stratégique, l'environnement est constitué par tous les facteurs ayant une influence sur l'entreprise et de toutes les variables sur lesquelles elle peut agir.

L'environnement ne se limite pas aux relations marchandes.

Pour élaborer une stratégie, leur étude conjointe est indispensable. À long terme, en effet, les facteurs non marchands ont souvent plus d'importance sur le fonctionnement de l'entreprise que les seules considérations mercantiles *(ex. : la montée des valeurs écologiques de protection de l'environnement).*

L'environnement non marchand inclut la démographique, la sociologie, l'écologie, la réglementation et les institutions sociales.

Cependant l'étude de l'univers marchand relève de méthodes différentes de celles qui sont applicables à l'environnement non marchand. Alors que, pour l'essentiel, les méthodes principalement quantitatives s'appliquent bien à l'étude des marchés, les techniques d'analyse de l'environnement non marchand sont plus qualitatives *(ex. : la prospective).*

II. L'ENVIRONNEMENT MARCHAND

L'environnement marchand de l'entreprise est constitué par ses partenaires sur les divers marchés. Elle doit accomplir une triple démarche pour les connaître :

Il faut identifier et évaluer les partenaires potentiels, puis les sélectionner et négocier avec eux.

- **identifier ses partenaires** actuels et potentiels pour connaître ses possibilités de choix ;
- **apprécier leur situation** relative par rapport à la firme car elle conditionne les pouvoirs de négociation respectifs de la firme et de ses partenaires ;
- **prévoir leur évolution et leur stratégie** futures car ils sont sources d'opportunités et de menaces à prendre en compte pour la définition de la stratégie.

À partir du diagnostic effectué, la stratégie de l'entreprise comporte deux dimensions :

- **sélectionner** ses partenaires *(ex. : abandon de certaines clientèles, concentration sur certains segments du marché).*
- **négocier** afin d'établir un réseau de relations privilégiées avec les partenaires choisis *(ex. : accords d'association, de sous-traitance, de concession, de franchise ; conduite d'actions communes).*

1. Les clients

Il est nécessaire d'identifier divers types de clients ou segments ayant des besoins différents et auxquels l'entreprise s'adresse par une offre spécifique adaptée à chaque segment de clientèle.

L'entreprise doit définir une *stratégie de clientèle*, c'est-à-dire :

- **identifier les besoins** en mettant en place des moyens de connaissance des attentes et des besoins latents des clients potentiels ;
- déterminer **les besoins qu'elle peut et veut satisfaire** ;
- en déduire **les clients** auxquels elle s'adressera en considérant que le client n'est pas seulement le consommateur mais aussi l'acheteur, le distributeur et le prescripteur ;
- **segmenter la clientèle** ce qui consiste à diviser les clients en groupes homogènes appelés segments auxquels elle adressera une offre spécifique (nature du produit, remises, prix, services annexes) adaptée à chaque segment *(ex. : clientèle de professionnels et de particuliers ; réseaux de distribution différents ; utilisation de plusieurs marques).*

L'entreprise doit chercher à accroître son pouvoir de négociation vis-à-vis de ses clients.

Selon le type de clientèle à laquelle elle s'adresse, et selon les caractéristiques du jeu concurrentiel sur le marché (concurrence parfaite, monopole temporaire du produit, concurrence imparfaite), l'entreprise exerce sur ses clients un **pouvoir de négociation** ou au contraire subit le pouvoir de négociation de ses clients *(ex. : les centrales d'achat des distributeurs exercent des effets de domination sur leurs fournisseurs).*

Le pouvoir de négociation dépend de nombreux facteurs sur lesquels l'entreprise peut souvent agir par sa stratégie.

Il croît avec la **taille** de l'entreprise ; d'où de nombreuses stratégies d'association ou de regroupement de producteurs. Il s'élève également lorsque l'entreprise **différencie** ses produits de ceux des concurrents. Par ses **innovations** l'entreprise peut acquérir un monopole temporaire qui améliore son pouvoir de marché. La **notoriété** et l'**image de marque** dont elle dispose permettent également de créer une clientèle captive. Beaucoup **d'actions de communication** *(publicité, promotion)* ont pour rôle de fidéliser la clientèle et d'accroître ainsi le pouvoir d'influence de l'entreprise sur ses clients et sur ses distributeurs.

La taille, la différenciation des produits, l'innovation, l'action commerciale, la segmentation améliorent le pouvoir d'influence de l'entreprise sur les clients.

Enfin l'entreprise améliore sa capacité d'action sur les clients lorsqu'elle sait **segmenter son marché** : elle peut adapter son offre à la demande spécifique de chaque segment et pratiquer sur certains segments à faible élasticité de la demande par rapport au prix des tarifs plus élevés que sur un marché unique.

Exemple : tel est le cas de la segmentation de la clientèle du TGV ou des compagnies aériennes selon les heures de transport choisies ; de la vente d'un même produit sous des marques différentes en grandes surfaces ou en boutiques spécialisées.

Les éléments du pouvoir de négociation de l'entreprise envers les clients

1) Facteurs de marché
- degré de monopole des produits de l'entreprise
- taille de l'entreprise par rapport à ses clients et à ses distributeurs
- avantages concurrentiels de l'entreprise : avance technique, niveau de qualité, différenciation des produits
- notoriété et image de marque de l'entreprise
- élasticité de la demande par rapport aux prix : plus l'élasticité est faible plus l'entreprise dispose d'une autonomie importante dans la fixation de ses prix.

2) Facteurs hors marché
- contrats à long terme liant les clients à l'entreprise (ex. : concessionnaires, franchisés)
- liens financiers (ex. : participation de l'entreprise au capital de ses principaux clients ; financement des clients par le fournisseur sous forme de délais de règlement ou d'avances).
- liens personnels (ex. : présence de représentants du fournisseur au conseil d'administration ou dans les organes de direction des principaux clients)
- dispositifs réglementaires : adoption des normes d'un constructeur particulier comme normes nationales (ex. : normes en matière de télécommunications) ; législation relative à la propriété industrielle et artistique interdisant les imitations par d'autres producteurs (ex. : pièces captives des constructeurs d'automobiles).

Le pouvoir de négociation de l'entreprise envers ses clients dépend de deux sortes de facteurs : marchands et hors marché.

2. Les fournisseurs

Vis-à-vis de ses fournisseurs l'entreprise dispose également d'un pouvoir de négociation variable. Elle peut subir ou exercer des **effets de domination.** Ainsi les sous-traitants sont fréquemment en situation de faiblesse vis-à-vis des donneurs d'ordres. Inversement, un fournisseur en situation de monopole pour son produit est en situation de domination du marché. À cet égard le pouvoir de négociation d'une entreprise s'adressant à des fournisseurs nombreux est plus important que celui d'une firme dépendant d'un fournisseur unique qui peut fréquemment exercer des effets de domination.

L'entreprise a intérêt à éviter de dépendre d'un fournisseur unique, source de domination et de risque.

Les mêmes critères que pour les clients permettent de repérer le pouvoir de négociation envers les fournisseurs : taille comparée, nombre de fournisseurs potentiels, degré de monopole du produit, existence de produits de substitution, avance technique du fournisseur, coût d'un changement de fournisseur.

Plus d'une dizaine d'éléments déterminant le pouvoir de négociation d'une entreprise envers ses fournisseurs peuvent être identifiés.

Les éléments du pouvoir de négociation envers les fournisseurs
– Tailles relatives du client et du fournisseur – Part des ventes du fournisseur représenté par le client – Réserves financières du fournisseur – Degré de monopole du fournisseur pour son produit – Existence de produits de substitution – Structure du marché amont (nombre des fournisseurs éventuels) – Degré de différenciation des produits du fournisseur – Coût d'un changement de fournisseur – Existence de contrats à long terme – Liens financiers avec le fournisseur (participation) – Liens personnels

3. Les concurrents

Les concurrents sont les producteurs ou vendeurs de produits similaires, mais aussi de produits de substitution.

L'entreprise a généralement deux sortes de concurrents : les firmes produisant des **biens similaires** et celles fabriquant des **produits de substitution** *(ex. : les différents types d'emballages).* D'un point de vue stratégique à long terme, le risque d'apparition d'un produit de substitution est souvent le plus grave car il remet en cause le concept même de l'entreprise.

L'analyse économique montre le caractère bénéfique de la concurrence pour l'ensemble de l'économie ; mais pour une entreprise particulière il en va différemment et la survie de toute entreprise consiste à :
– réduire la concurrence subie par ses produits ;
– accroître la concurrence exercée envers les autres producteurs.

On peut réduire l'intensité de la pression de la concurrence par des **innovations** qui confèrent un avantage concurrentiel *(ex. : avance technologique des avions Airbus).*

Des **barrières à l'entrée** sur le marché empêchent l'arrivée d'autres compétiteurs. Les obstacles peuvent être constitués de brevets incontournables *(ex. : Polaroïd contre Kodak)* ; par le contrôle du réseau de distribution ou d'approvisionnement *(ex. : importateur exclusif)* ; par des normes ou des labels protégés, ou bien encore par la menace de baisse des prix qui décourage le concurrent éventuel lorsque l'entreprise dispose d'un avantage de coût et peut accepter des pertes temporaires sur un produit grâce à sa situation de multi-production.

L'innovation, les barrières à l'entrée, les accords inter-entreprises et les regroupements de firmes constituent des moyens de réduire la pression concurrentielle.

Enfin fréquemment des **accords** internes à une branche ou des **regroupements** d'entreprises ont pour objet et pour effet de réduire la pression concurrentielle *(ex. : unification de la stratégie d'Air Inter, UTA et Air France par l'absorption des deux autres compagnies par Air France).*

III. L'ENVIRONNEMENT NON MARCHAND

Toute entreprise a un environnement non marchand spécifique dont elle doit identifier les domaines principaux.

L'environnement non marchand est constitué de **toutes les structures sociales et institutionnelles qui ont une incidence directe ou indirecte sur le fonctionnement de l'entreprise.** L'incidence est directe lorsqu'il y a des relations entre la firme et les composantes de l'environnement. Elle est indirecte dans les autres cas. Une même institution sociale, par exemple une administration, peut avoir à la fois une incidence directe sur l'entreprise (en lui accordant une subvention ou un marché) et une incidence indirecte (en modifiant une réglementation qui va affecter la demande s'adressant à l'entreprise).

De même qu'elle a un environnement marchand particulier lié à son activité, une entreprise se trouve face à un environnement non marchand spécifique. La première étape de l'élaboration de sa stratégie est donc d'**identifier les domaines de cet environnement.**

Pour ce faire, il est bon de disposer d'un référentiel des principales composantes de l'environnement non marchand. L'entreprise devra détecter, en balayant le champ de ces composantes, celles qui ont ou auront (prévisionnellement) une influence significative sur son activité.

1. La dynamique de la consommation

Pour étudier les phénomènes de **consommation** on retiendra ainsi comme composantes explicatives de l'évolution de la demande :

Les facteurs démographiques :
- structure par âges,
- natalité et mortalité,
- projection de la pyramide des âges
  (ex. : développement des produits d'épargne-retraite lié au vieillissement de la population).

Les facteurs culturels :
- évolution des attitudes envers le travail, les biens, les loisirs,
- rôle de la communication dans la transformation des comportements,
- phénomènes d'opinion publique
  (ex. : développement des mouvements écologiques, des associations de consommateurs).

Les facteurs économiques :
- croissance économique, politique économique, évolution des prix relatifs des produits,
- modification de la structure de la consommation avec le pouvoir d'achat
- importance croissante de la qualité,
  (ex. : développement des entreprises de services).

Des variables non économiques, comme la démographie et la culture, expliquent les changements dans la consommation des produits. Les facteurs économiques expliquent surtout les évolutions de la consommation.

2. La dynamique de la production

La détection des changements significatifs en matière de **production** conduira à prendre en compte principalement les facteurs techniques et les facteurs sociaux-techniques.

Les modes de production, comme la nature et les caractéristiques des produits, évoluent sous l'influence de facteurs technologiques.

Les **facteurs technologiques** comme l'informatisation, l'automatisation, les matériaux composites et les biotechnologies modifient les stratégies de recherche-développement et de formation et permettent d'anticiper les changements prévisibles dans les politiques de produit *(ex. : substitution du disque compact au microsillon)* et dans les modes de production *(ex. : conception et fabrication assistées par ordinateur : CFAO); travail en réseau résultant des TIC.*

De nouvelles organisations de la production découlent des facteurs sociotechniques.

Les **facteurs sociaux-techniques** comme les modifications des rapports homme-machine, le changement dans les conceptions du travail, les variations des aspirations des travailleurs conduisent à de nouvelles formes d'organisation de la production *(ex. : abandon du travail parcellisé à la chaîne ; constitution d'équipes autonomes ou îlots de production); travail en réseau résultant des TIC.*

3. L'émergence de nouvelles contraintes d'environnement

D'une manière générale l'entreprise, pour élaborer ses stratégies, doit intégrer les menaces mais aussi les opportunités que comportent la montée des externalités, de l'internationalisation et des réglementations.

Par son activité l'entreprise exerce des effets externes sur son environnement appelés externalités.
Sa stratégie doit intégrer les contraintes écologiques.

• *Les externalités*

Avec la sensibilisation croissante des agents économiques aux considérations écologiques l'entreprise ne peut plus se désintéresser des effets externes résultant de son activité. Elle doit s'efforcer de supprimer les effets négatifs *(rejets toxiques, effluents polluants, bruits)* et de valoriser les effets positifs de son activité *(animation culturelle; infrastructures réalisées; emplois créés)*. La prise en compte des impératifs écologiques peut modifier sensiblement la stratégie de l'entreprise *(ex. : diversification des fabricants de tabac vers d'autres activités; abandon de l'emballage plastique par Mac Donald; changement dans la composition des lessives ou des aérosols).*

L'internationalisation croissante de l'activité économique crée des menaces mais ouvre aussi des opportunités.

• *L'internationalisation*

L'internationalisation pèse sur les stratégies en créant des menaces de concurrence nouvelle mais en ouvrant aussi des opportunités d'implantation à l'étranger et de délocalisation de la production (ex. : transformation partielle d'Alcatel en entreprise « sans usines »).

Les changements législatifs et réglementaires nécessitent des adaptations de la stratégie.

• *Les réglementations*

Enfin une autre grande tendance contemporaine est constituée par la prolifération rapide et l'évolution continue des **réglementations** et des **normes.** L'entreprise doit s'adapter aux changements de réglementation dans ses produits, ses techniques, ses procédés de vente et d'action commerciale mais aussi dans ses financements *(nouvelles techniques financières)* et dans ses relations sociales *(évolution du droit social).*

4. Les politiques de développement durable

Pour y faire face, les entreprises élaborent des politiques de développement durable et doivent établir, pour les entreprises cotées en Bourse, un rapport annuel sur ce sujet depuis la loi de 2002 sur les nouvelles régulations économiques (loi NRE).

Le développement durable comporte essentiellement deux dimensions :
- d'une part la prise en compte de l'impact des activités de la firme sur l'environnement écologique d'une part (extraction, recyclage de matières, consommation d'énergie, émission de polluants et gaz à effets de serre, réduction des déchets, récupération et recyclage des produits en fin de vie notamment) ;
- d'autre part les conséquences humaines et sociales de son activité : respect des normes et réglementations sociales nationales et internationales (OIT), santé et sécurité, satisfaction et bien-être des salariés notamment.

29

L'ANALYSE CONCURRENTIELLE

L'analyse concurrentielle est centrée sur l'étude des rapports entre l'entreprise et ses marchés, ses concurrents et ses clients. Il est nécessaire de conduire l'analyse concurrentielle à différents niveaux (Section 1), pour mettre en évidence les sources de l'avantage compétitif (Section 2), et finalement choisir la stratégie à adopter à l'aide des modèles de l'analyse concurrentielle (Section 3).

SECTION 1
LES NIVEAUX DE L'ANALYSE CONCURRENTIELLE

Pour analyser la position concurrentielle d'une entreprise, il est nécessaire de se situer à plusieurs niveaux. Celui du **produit** qu'elle vend constitue l'approche primordiale. Mais il est généralement insuffisant de concevoir exclusivement une entreprise en terme de produit, ne serait-ce qu'en raison de l'existence des multiples produits et marchés auxquels elle s'adresse. Il est donc indispensable de délimiter le **métier** qu'elle exerce. La plupart des grandes entreprises n'ont cependant pas un seul métier de telle sorte qu'il convient d'envisager leur **portefeuille d'activités.** Cycle de vie du produit, métier de l'entreprise et portefeuille d'activités constituent les trois niveaux d'analyse de la position compétitive.

I. LE CYCLE DE VIE DU PRODUIT

Le cycle de vie du produit

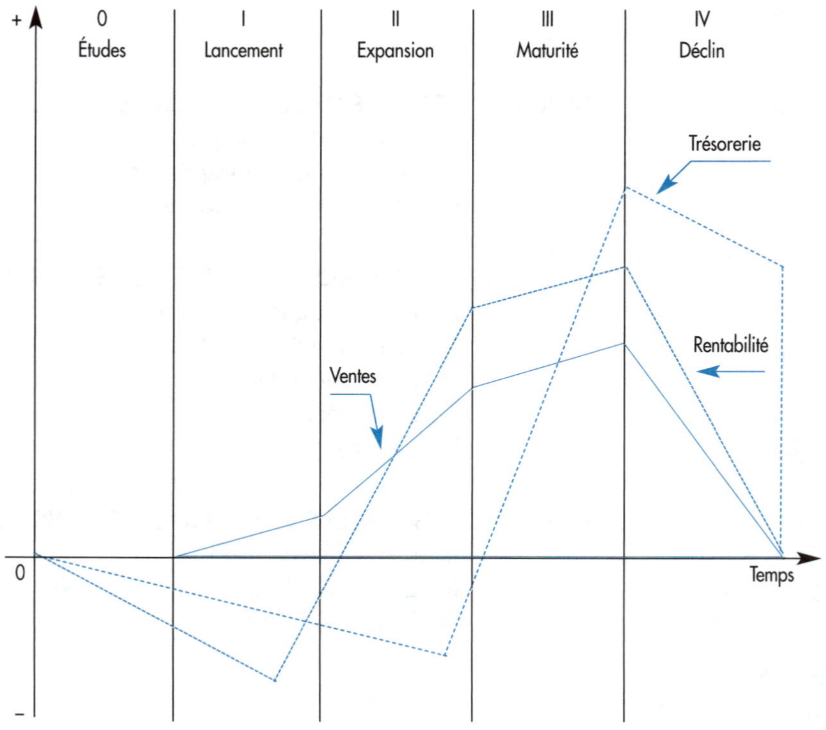

Le cycle de vie d'un produit comporte plusieurs phases.

La vie économique de tout bien se décompose en **phases** successives caractérisées par des rythmes d'évolution des ventes contrastés. Ainsi le cycle de vie conduit à distinguer les phases d'études de **lancement,** d'**expansion,** de **maturité** et de **déclin.**

La stratégie doit être adaptée à chaque phase.

À chacune de ces phases sont associées non seulement l'évolution des *ventes* mais également des *caractéristiques financières* et des *structures de marchés* spécifiques. Ceci induit la nécessité d'adopter à chaque phase une stratégie adaptée. Il faut donc identifier la période du cycle de vie dans laquelle se trouve le produit, ce qui est parfois délicat car la durée de vie varie beaucoup selon les produits, ainsi que la longueur de chaque phase du cycle de vie. D'une manière générale les évolutions techniques et économiques tendent à raccourcir la durée de vie des produits.

Le tableau suivant montre l'évolution des diverses caractéristiques financières et commerciales de l'entreprise selon les différentes phases du cycle de vie du produit.

Les caractéristiques associées au cycle de vie du produit

	Études	Lancement	Expansion	Maturité	Déclin
1) Investissements	Recherche	Communication Capacité	Capacité	Renouvellement Productivité	Désinvestissement
2) Financement	Déficitaire	Déficitaire	Déficitaire	Excédentaire	Excédentaire
3) Concurrence	Nulle	Produits anciens	Produits similaires	Produits innovants	Produits de substitution
4) Forme de concurrence dominante	Absentes	Par l'innovation	Par les quantités	Par l'action commerciale	Par les prix
5) Ressource principale	Capacité d'innovation	Capacité technologique	Capacité financière	Capacité logistique	Capacité de redéploiement
6) Stratégie	Développement	Implantation	Croissance	Adaptation	Désengagement
7) Avantage concurrentiel	Acquisition de l'avantage concurrentiel		Maintien de l'avantage concurrentiel		Disparition de l'avantage concurrentiel et recherche d'autres avantages

II. LE MÉTIER DE L'ENTREPRISE

Le métier se définit en termes de compétences et de marchés.

Le métier de l'entreprise est un concept plus large que celui de produit : c'est **l'ensemble des compétences** qu'elle possède et sait combiner **pour servir des marchés.**

Comme les produits, les métiers évoluent selon un cycle de vie, de durée variable au fur et à mesure de la diffusion des compétences caractéristiques du métier parmi les concurrents. Cependant le cycle de vie du métier ne correspond pas à celui d'un produit particulier ; il est généralement plus long car un même métier *(ex. : l'électronique)* peut donner naissance à une série de produits *(la radio, le lecteur de cassettes, la télévision, le magnétoscope, le caméscope, le vidéodisque…)* ayant des courbes de vie successives. La stratégie consiste à définir d'abord le métier de l'entreprise, puis à décliner ensuite tous les produits qu'elle peut élaborer dans le cadre de son métier.

Lorsqu'une activité présente des facteurs de succès spécifiques et nécessite une stratégie particulière, elle constitue un métier.

Le métier se définit en terme de **domaine d'activité particulier** comportant une **concurrence** clairement identifiable, des **marchés précis,** vis-à-vis desquels l'entreprise peut allouer des **moyens autonomes** et conduire une **stratégie spécifique** distincte de celle qu'elle pourra réaliser dans d'autres domaines de son activité, qui seront autant de métiers différents. Chaque métier se caractérise par une offre et une demande spécifique et des **facteurs de succès** qui lui sont propres.

1. La compétence distinctive

Le métier de l'entreprise se définit comme l'ensemble des activités dans lesquelles elle possède une **compétence distinctive** lui conférant un **avantage concurrentiel.**

Le métier de l'entreprise

Entreprise	Métier
Bongrain	Les spécialités fromagères
Wiggins-Arjomari-Prioux	Les papiers spéciaux
Damart	Les vêtements à fibres tribo-électriques contre le froid
Prénatal	Les vêtements pour enfants
Facom	L'outillage
Prouvost	Les activités liées au traitement de la laine
Valéo	Les équipements automobiles
Cetelem	Le financement de l'équipement des particuliers
Cap Gemini Ernst and Young	Les services informatiques
Veolia Environnement	Le traitement et la distribution de l'eau
Teisseire	Les boissons à base de jus de fruits

La compétence distinctive résulte du potentiel (technique, humain, commercial, financier) de ressources de l'entreprise ; elles lui permettent de faire des produits ou de rendre des services différents de ceux des autres firmes, ou avec une meilleure productivité. Elle repose sur le savoir faire (*know-how*) spécifique de l'entreprise. Dans le domaine de la distribution par exemple, Carrefour possède une compétence distinctive acquise par l'expérience que la société a dans la gestion des hypermarchés. La société papetière Wiggins Arjomari-Prioux, qui a centré son métier sur les papiers spéciaux (ex. : papier pour billets de banque), possède dans cette spécialité une compétence distinctive.

2. La délimitation des métiers

La définition précise du métier de l'entreprise constitue un préalable à l'élaboration de sa stratégie :
- elle permet de concentrer les ressources sur les facteurs de compétitivité de l'entreprise (maintien et renforcement de la compétence distinctive et de l'avantage concurrentiel) ;
- elle évite une dispersion des activités vers des domaines mal connus (de nombreuses entreprises ont connu des difficultés en raison de diversifications réalisées en dehors de leur métier).

Lorsque la concurrence se renforce les stratégies de **recentrage sur le métier** (c'est-à-dire d'abandon des activités secondaires) deviennent prioritaires.

Le métier de l'entreprise de définit de façon plus ou moins large selon la taille de l'entreprise. Lorsque sa dimension augmente et pour poursuivre sa croissance l'entreprise est conduite à **élargir son métier**. Par exemple la société Perrier, dont le métier initial portait sur la distribution d'eaux minérales, l'a élargi en y incluant l'ensemble des boissons non alcoolisées sucrées (sodas, limonades…).

Certaines entreprises, compte tenu du diagnostic de leur potentiel et de leur environnement, sont conduites à **changer de métier** (ex. : BSN s'est reconverti de l'industrie verrière vers l'industrie agro-alimentaire dont les *opportunités* de développement, compte tenu de son *potentiel de ressources* vis-à-vis de Saint-Gobain, lui apparaissaient meilleures). Le changement de métier correspond à une **stratégie de redéploiement**.

Plus l'entreprise est petite et spécialisée, plus son métier doit être défini en termes précis et restrictifs car ses ressources sont limitées. Au contraire les grands groupes définissent de façon très large leur métier car ils exercent en fait plusieurs métiers confiés à des filiales spécialisées. Par exemple, la Compagnie bancaire, définit son métier comme « l'animation d'un ensemble d'établissements spécialisés dans les services financiers aux particuliers et aux entreprises », chacun de ses établissements ayant un métier particulier.

Selon leurs activités les entreprises définissent leur métier en fonction de nombreux critères portant sur les domaines dans lesquels elles possèdent une compétence distinctive et un avantage concurrentiel.

Les critères de définition du métier

Caractéristiques du métier	**Exemples d'entreprises**	
	Noms des entreprises	Domaines de compétence distinctive
– La technique	THALÈS	L'électronique professionnelle
– Les produits	LEGRAND	L'équipement électrique des locaux d'habitation et de travail
– Les clients	PRÉNATAL	Les nourrissons et les femmes enceintes
– Les besoins satisfaits	Les sociétés de surveillance	Les besoins de sécurité
	Le journal L'ÉQUIPE	Les besoins d'information des sportifs

III. LE PORTEFEUILLE D'ACTIVITÉS

La double considération du métier et des produits sert à définir le portefeuille d'activités de l'entreprise.

Le terme de portefeuille est, à l'origine, de nature boursière ; il caractérise un ensemble de titres réunis en vue d'obtenir une **rentabilité** satisfaisante tout en préservant une **sécurité** acceptable.

Un portefeuille d'activités équilibré est constitué d'activités (métiers, produits) complémentaires.
Il garantit la rentabilité, la sécurité et le développement de l'entreprise.

De façon similaire, le portefeuille d'activités d'une entreprise n'est pas le simple rassemblement d'activités disparates, mais au contraire d'**activités complémentaires** permettant de garantir de façon stable et durable sa rentabilité et sa sécurité. On y parvient en associant des produits situés sur différents marchés et à diverses phases de leur cycle de vie. Cette stratégie permet de :

Le portefeuille d'activités permet de réduire les risques, d'équilibrer la trésorerie et de préparer l'avenir.

- **compenser les risques** inhérents à chaque produit, par exemple en produisant plusieurs biens destinés à des marchés différents sur lesquels les cycles de vie sont décalés ;
- **équilibrer la trésorerie** en utilisant l'autofinancement généré par les produits en phase de maturité pour combler les besoins de financement des biens en phase de lancement : les produits se succèdent en s'équilibrant et en se soutenant mutuellement ;
- **préparer l'avenir** en assurant progressivement le remplacement des produits anciens en phase de déclin par des produits nouveaux en phase de démarrage.

Portefeuille d'activités et cycle financier

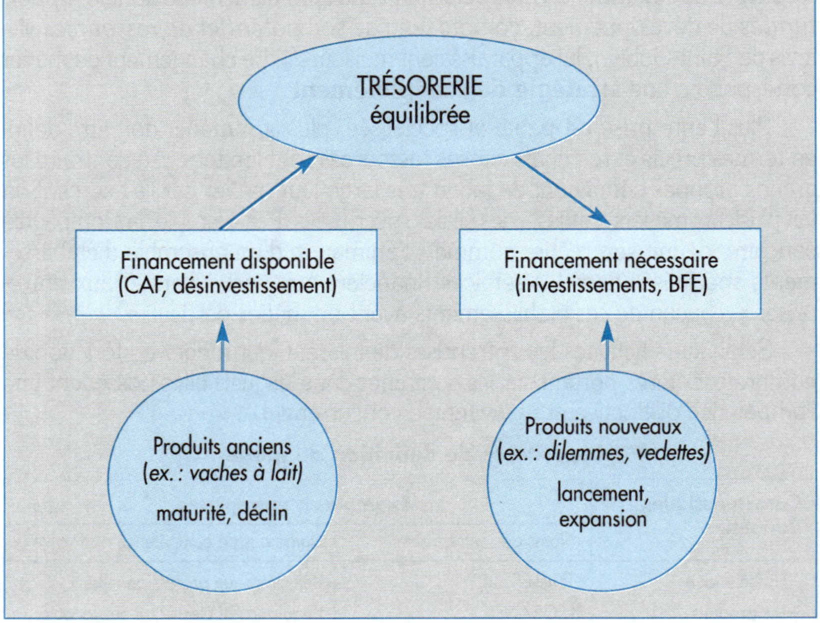

Le raisonnement en termes de portefeuille d'activités conduit ainsi à la **multiproduction** qui permet à l'entreprise de disposer de gammes de produits et de marchés harmonieusement équilibrés et répartis entre les diverses phases de leur cycle de vie.

SECTION 2
LES SOURCES DE L'AVANTAGE COMPÉTITIF

Un avantage de coût permet d'obtenir des marges plus élevées ou de pratiquer des prix plus faibles.

L'avantage compétitif de l'entreprise provient du fait qu'à services rendus identiques à ceux des concurrents, elle retire de ses ventes des **marges plus élevées** ou bien qu'elle pratique des **prix plus faibles**. Des marges substantielles lui permettent d'**accumuler de nouvelles ressources** et d'améliorer celles dont elle dispose, assurant ainsi les bases de sa compétitivité future. Des prix moindres que ceux des concurrents rendent possibles, à services égaux, des gains de **parts de marché.** Dans les deux cas ce sont des coûts plus bas qui autorisent des marges plus élevées ou des prix plus faibles : l'entreprise poursuit une **stratégie de domination par les coûts** (M. PORTER).

L'analyse montre que l'écart de coût entre les firmes résulte d'une meilleure combinaison productive induite par cinq facteurs principaux liés à la dimension et aux ressources de l'entreprise.

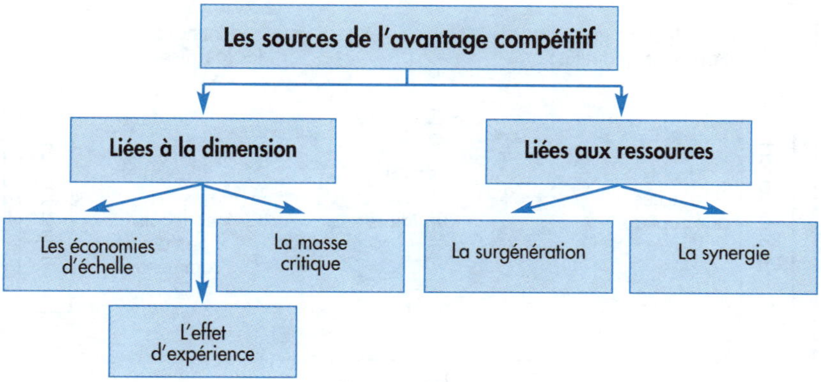

I. LES ÉCONOMIES D'ÉCHELLE

L'échelle de production (mesurée par le nombre d'unités fabriquées et vendues) correspond à la taille de l'entreprise. Dans la plupart des activités les **coûts unitaires** diminuent lorsque l'échelle de production augmente.

Il y a une relation inverse entre la longueur des séries et le coût unitaire de production.

Les économies d'échelle résultent à la fois de raisons techniques et de motifs économiques.

Les économies d'échelle ont pour origine plusieurs raisons techniques.

Du point de vue technique, l'augmentation de la production permet de réduire les coûts de quatre manières.

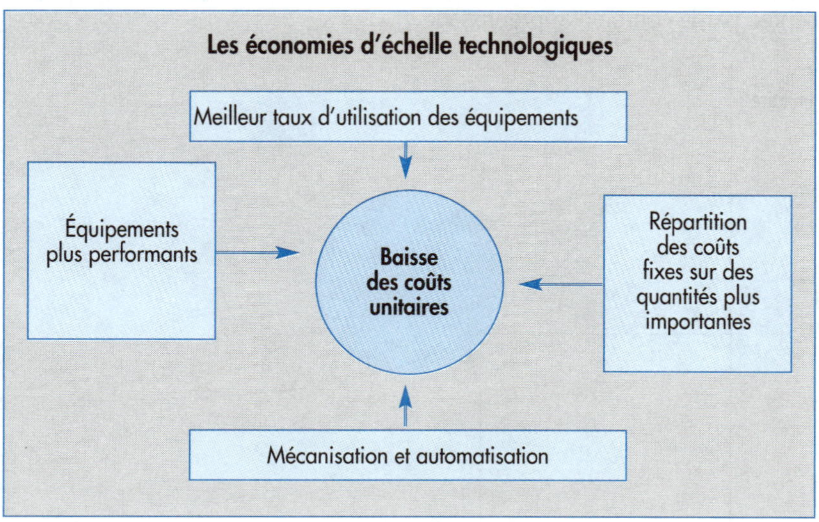

Par ailleurs, du point de vue économique, les coûts unitaires sont réduits dans quatre domaines où ils ne progressent pas proportionnellement à l'activité : l'approvisionnement, la distribution, l'administration et le financement.

Les économies d'échelle sont également dues à des raisons économiques dans quatre domaines de la gestion de l'entreprise.

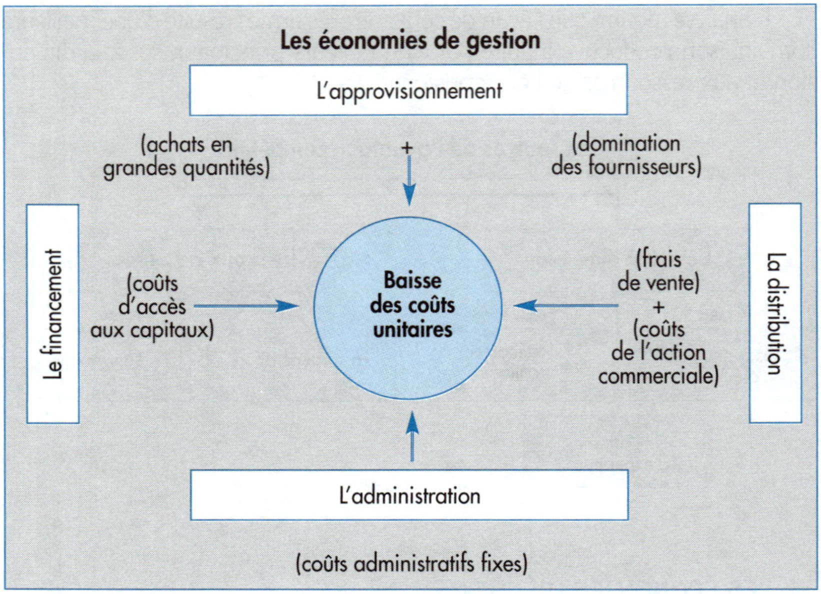

II. LA COURBE D'APPRENTISSAGE

L'économie d'échelle est liée à la production par période tandis que l'effet d'expérience résulte de la production cumulée.

Le coût unitaire d'un produit n'est pas seulement lié à la longueur de la série produite au cours d'une période. À côté du phénomène **d'économie d'échelle**, il existe une autre cause à la baisse des coûts unitaires d'un objet ou d'un service, connue sous l'appellation **d'effet d'expérience** et représentée par la courbe d'apprentissage.

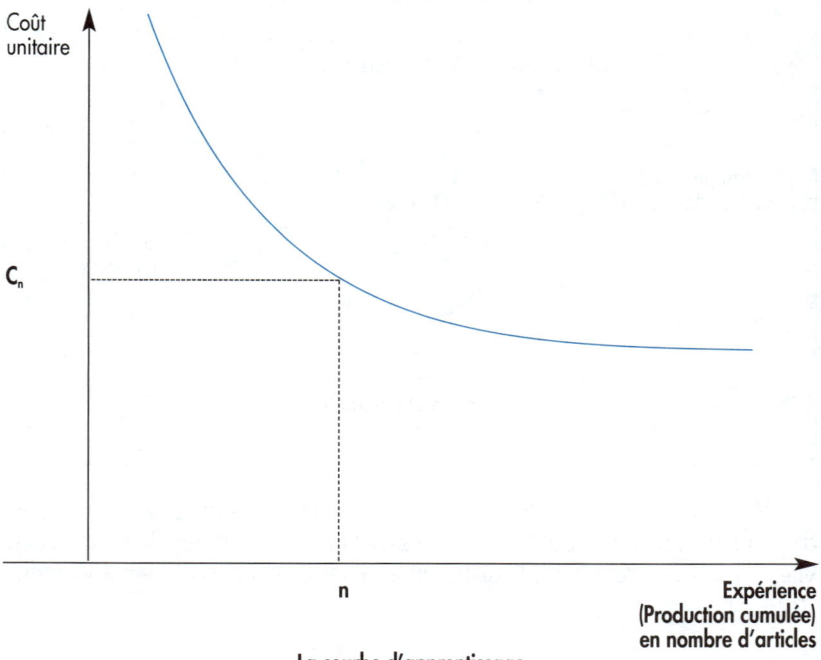

La courbe d'apprentissage

La **courbe d'apprentissage** exprime (en ordonnée) l'évolution du coût unitaire d'un produit en fonction du nombre d'unités fabriquées depuis sa première mise en fabrication. On appelle expérience la **production cumulée** depuis l'origine et l'on porte en abscisse cette grandeur.

Pour de nombreuses industries *(aéronautique, mécanique...)* la courbe montre que le **coût unitaire diminue d'un pourcentage constant à chaque doublement de l'expérience** (de 10 % à 25 % selon les produits).

**L'effet d'expérience se traduit par une baisse du coût unitaire au cours du temps.
Il est représenté par la courbe d'apprentissage dont la pente varie selon les industries.**

Cet effet d'apprentissage est dû à l'amélioration de la productivité provenant de la meilleure organisation de la production, de la plus grande habileté des opérateurs, de l'amélioration de la formation, des équipements et des méthodes de travail. D'une manière plus générale il est dû au savoir-faire croissant résultant de l'expérience.

La firme qui possède le plus d'expérience a ainsi un **avantage de coût** sur ses concurrents. D'où trois conséquences pour les choix stratégiques :
- privilégier **l'innovation** car elle est source d'avantages compétitifs par rapport aux imitateurs ultérieurs ;
- rechercher la plus forte **part de marché** car elle correspond aussi à la plus forte production cumulée et renforce ainsi l'expérience ;
- préférer les activités **à croissance rapide** car la production double plus rapidement.

L'innovation, la part de marché et la croissance confèrent des avantages concurrentiels.

Il y a ainsi un *cercle vertueux de l'expérience* :

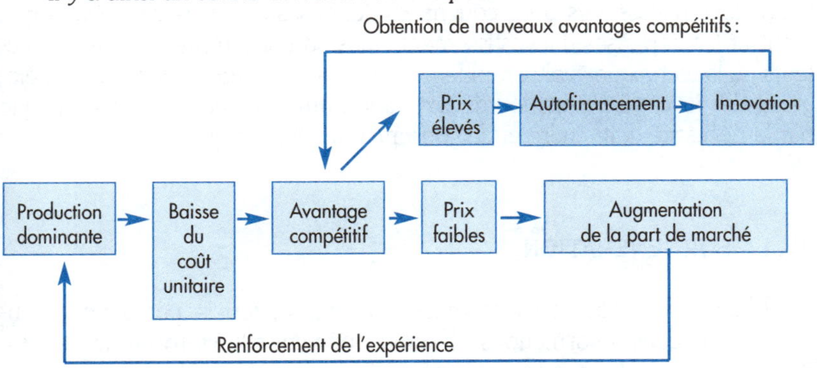

Cependant l'effet d'expérience peut être annulé par des stratégies plus efficaces des concurrents, par exemple l'adoption d'une nouvelle technologie permettant de produire à meilleur prix (effets de productivité) des biens de meilleure qualité (effet de progrès technique incorporé). Pour cette raison l'entreprise peut avoir intérêt, lorsque son produit ou son procédé arrive à maturité, avec des gains d'expérience de plus en plus faibles, à abandonner sa **stratégie d'approfondissement** pour une **stratégie de redéploiement,** surtout si des technologies émergentes sont accessibles.

L'effet d'expérience s'annule en cas d'innovation technologique.

En résumé l'initiative du lancement d'un produit confère un avantage concurrentiel dû à l'effet d'expérience, c'est-à-dire un écart de coût qui ne peut être compensé par les entreprises concurrentes tant que le produit ou la technologie ne sont pas affectés d'obsolescence.

III. LA MASSE CRITIQUE

La masse critique est la **taille minimale** nécessaire pour qu'une entreprise ne supporte pas de handicap concurrentiel insurmontable sur le marché. Elle dépend des caractéristiques du secteur d'activité de telle sorte que trois **seuils de dimension** sont perceptibles.

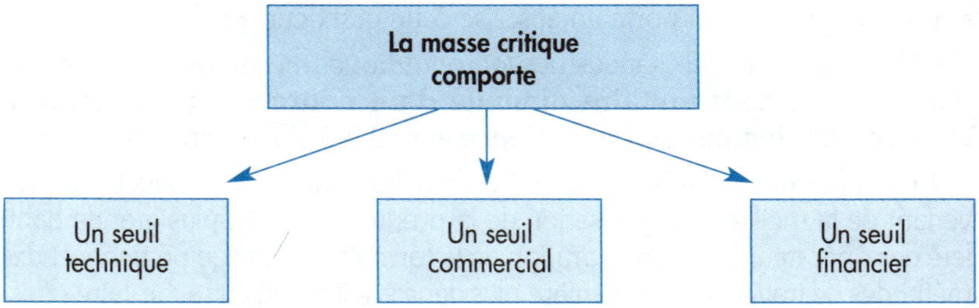

Le **seuil technique** se manifeste lorsque la production en grande quantité est nécessaire pour obtenir un faible coût unitaire de fabrication *(ex. : construction automobile ; industrie agro-alimentaire).*

Le **seuil commercial** s'exprime par de faibles coûts de distribution unitaires permis par des ventes importantes : mais il exige également une part de marché suffisante vis-à-vis des fournisseurs *(ex. : centrales d'achat ; donneurs d'ordre en matière de sous-traitance)*, des clients et des concurrents (effets de domination exercés sur le marché).

Le **seuil financier** se caractérise par le niveau minimum des ressources financières nécessaires pour couvrir les dépenses de recherche-développement et les dépenses d'investissement ; ainsi la concentration dans les secteurs où la technique évolue rapidement *(ex. : électronique)* et dans ceux exigeant des investissements lourds *(ex. : aéronautique, sidérurgie)* s'explique par la nécessité d'atteindre et de conserver la taille critique.

IV. LA SURGÉNÉRATION

L'entreprise utilise des ressources (capitaux, matériels, personnels, techniques, procédés, informations...). Simultanément elle **renouvelle** ces ressources *(ex. : par l'amortissement d'un équipement ; par le remplacement d'un emprunt par une autre source de financement ; par de nouvelles embauches face au départ d'anciens salariés...).* Mais de plus elle les **accroît** par des processus d'accumulation des ressources.

Par ses politiques et par son fonctionnement, l'entreprise produit et accumule de nouvelles ressources : c'est ce qu'on appelle la surgénération.

Ainsi, en matière financière, la partie de la capacité d'autofinancement conservée augmente les capitaux disponibles et permet également d'accumuler du capital technique par l'investissement.

De même les programmes de formation du personnel améliorent le savoir-faire de l'entreprise. C'est également le cas des programmes de recherche qui augmentent son stock de connaissances.

Le fonctionnement même de l'entreprise crée des ressources nouvelles par amélioration de l'organisation, des méthodes de travail en équipes par exemple.

On appelle **surgénération** la production de ressources nouvelles résultant du fonctionnement et des politiques de l'entreprise. Dans l'entreprise surgénératrice, le potentiel humain, technique et financier augmente et favorise la compétitivité et les stratégies de croissance en créant des **surcapacités** disponibles pour le développement d'activités nouvelles.

V. LA SYNERGIE

La synergie résulte de la réunion de moyens complémentaires.
Elle fonde de nombreuses stratégies de regroupement de moyens, d'activités ou d'entreprises.

La synergie est le phénomène par lequel le regroupement de deux activités permet d'obtenir un résultat supérieur à la somme des résultats que fourniraient ces deux activités réalisées séparément. On le note usuellement :

$$f(a + b) > f(a) + f(b).$$

L'assemblage de **moyens complémentaires** est généralement source de synergie. La recherche de la synergie, qui augmente l'efficacité et la compétitivité, est au cœur de nombreuses **stratégies de rapprochement** ou de **regroupement** d'entreprises disposant de ressources complémentaires, ou pour lesquelles il existe des synergies entre les métiers pratiqués.

Ex. : le groupe hôtelier Accor a ainsi pris le contrôle de nombreuses sociétés de restauration, de loisirs (croisières, golfs, casinos) et d'organisation de voyages en raison de la synergie entre ces activités.

SECTION 3
LES MODÈLES DE L'ANALYSE CONCURRENTIELLE

Il existe plusieurs modèles d'analyse concurrentielle.

Pour évaluer un portefeuille d'activités, plusieurs modèles d'analyse ont été proposés par des auteurs américains, notamment le Boston Consulting Group (BCG), Arthur D. Little (ADL) et Mc Kinsey. Dans les trois cas il s'agit de situer les activités de l'entreprise par rapport à deux critères, l'un portant sur la **position concurrentielle** de l'entreprise et l'autre sur les **perspectives de développement** du domaine d'activité.

I. LA MATRICE DU BCG

Le modèle du BCG combine le taux de croissance du marché et la part de marché de l'entreprise.

Le Boston Consulting Group a proposé une grille d'évaluation des activités fondée sur deux critères qui conditionnent la **profitabilité** et **l'avenir** d'un domaine :
- le **taux de croissance** du marché (aspect dynamique), mesure les perspectives du domaine pour la firme ;
- la **part du marché relative** de l'entreprise (critère statique), mesurée par rapport au marché du principal concurrent (ce qui caractérise les puissances relatives des entreprises), exprime la position concurrentielle de la firme.

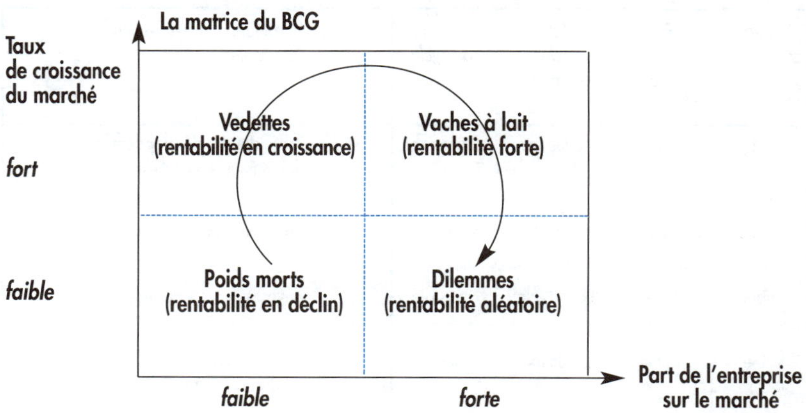

Le croisement des deux critères conduit à distinguer quatre types de domaines correspondant souvent aux quatre phases du cycle de vie d'un produit.

Il conduit à distinguer quatre sortes d'activités liées au cycle de vie des produits.

L'équilibre du portefeuille d'activités nécessite la présence simultanée de produits dans les quatre domaines.

Les **dilemmes** assurent à long terme le *renouvellement des produits* et des marchés car ils incluent des produits d'avenir en phase de lancement.

Les **vedettes** garantissent le *développement* et la rentabilité à moyen terme par leur potentiel de croissance élevé. L'entreprise doit, pour ces produits, chercher à renforcer sa position concurrentielle par une croissance plus forte que celle du marché et accroître ainsi sa part de marché pour ces produits en phase d'expansion.

Les **vaches à lait** assurent la *rentabilité* à court terme et fournissent l'autofinancement nécessaire à la croissance future (développement des dilemmes et des vedettes). Ce sont souvent des produits en phase de maturité.

Les **poids morts** ne peuvent être évités car ils correspondent à la dernière phase du cycle de vie du produit. Ils continuent à être rentables mais de façon déclinante, et surtout ils immobilisent des ressources au détriment des produits d'avenir. L'entreprise doit donc définir à temps une stratégie de désengagement et de redéploiement (désinvestissement, reconversion du personnel, réduction des effectifs…) vis-à-vis de ces produits en phase de déclin.

Les stratégies de désengagement s'effectuent selon trois directions principales :
- abandon de couples produit-marché (poids mort) ;
- impartition de certaines activités (sous-traitance, franchisage) ;
- conversion totale de l'activité (changement de métier, de secteur).

À chaque domaine d'activité sont ainsi associés :
- des caractéristiques commerciales (part de marché, ventes…) ;
- des flux financiers (recettes, trésorerie…) ;
- des stratégies d'investissement,

comme le montre le tableau ci-dessous.

Analyse d'activités et stratégie d'investissement

Caractéristiques de l'activité				**Conséquences sur la stratégie d'investissement**
Taux de croissance	*Part de marché*	*Nature du domaine*	*Période du cycle de vie*	*Stratégie d'investissement à adopter*
fort	faible	dilemme	lancement	abandon ou développement investissements publicitaires
fort	forte	vedette	expansion	investissements de capacité
faible	forte	vache à lait	maturité	investissements de productivité
faible	faible	poids mort	déclin	désinvestissement et désengagement

II. LE MODÈLE ADL

Le modèle proposé par Arthur D. Little combine également deux critères.

Les deux critères d'ADL

POSITION CONCURRENTIELLE	MATURITÉ DU MÉTIER

La **position concurrentielle** est appréciée qualitativement en fonction des atouts de l'entreprise (et non de sa seule part de marché), ce qui fournit une analyse plus complète que celle du BCG. Pour un segment stratégique l'entreprise se situe à l'un des cinq niveaux de la position concurrentielle.

La position concurrentielle de l'entreprise dépend des atouts dont elle dispose vis-à-vis des autres entreprises.

Les niveaux de la position concurrentielle

I	II	III	IV	V
Marginale	Défavorable	Favorable	Forte	Dominante

La **maturité** correspond aux quatre phases du cycle de vie du segment considéré et détermine l'attrait de l'activité.

La maturité du métier

I	II	III	IV
Démarrage	Croissance	Maturité	Déclin

Elle doit être pondérée par la maturité du secteur d'activité liée au cycle de vie.

En portant verticalement la position concurrentielle et horizontalement la maturité, on obtient une matrice « atouts-attraits ».

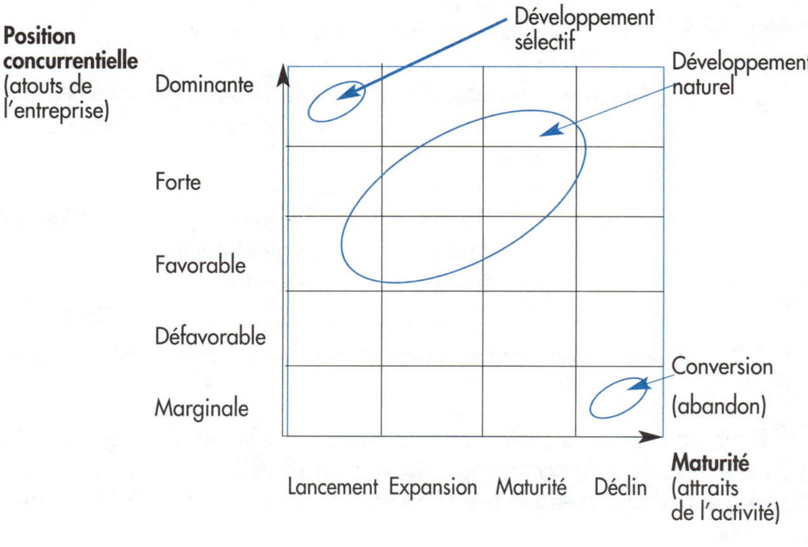

La position des activités de l'entreprise dans la matrice « atouts-attraits » guide la stratégie à adopter.

Chaque segment stratégique est positionné dans cette matrice et est représenté par un cercle proportionnel au chiffre d'affaires du segment.

Le modèle permet de juger de façon comparative les différents segments à la fois par leur dimension (taille du cercle) et leur positionnement (dans le cycle de vie, et par rapport à la concurrence).

De ce fait, il facilite les choix entre les diverses stratégies possibles :
- **développement naturel** du segment principal s'il correspond à un positionnement médian (c'est le cas du rond central de la matrice ci-dessus) ;
- **développement sélectif,** l'entreprise recentrant ses ressources vers l'activité pour laquelle elle est le mieux située.
- **abandon** (conversion), l'entreprise modifiant son activité en exploitant ses compétences sur des métiers nouveaux à fort potentiel.

Plus qualitatif et plus complexe que le modèle BCG, le modèle ADL est plus riche mais plus difficile à utiliser car le positionnement des diverses activités est souvent délicat à préciser faute de données quantitatives.

III. LE MODÈLE MC KINSEY

Le modèle Mc Kinsey utilise de nombreux facteurs qualitatifs pour apprécier la valeur du secteur d'activité de l'entreprise et sa position concurrentielle au sein du secteur.
C'est une méthode multicritère.

Comme les deux précédents, le modèle Mc Kinsey apprécie :
- d'une part la « position concurrentielle » de l'entreprise classée en trois niveaux : faible, moyenne, forte ;
- d'autre part la « valeur du secteur d'activité », elle-même classée en trois niveaux.

La matrice atouts-attraits de Mc Kinsey

Atouts (Position concurrentielle) \ Attraits (Valeur du secteur d'activité)	Forte	Moyenne	Faible
Forte	Maintenir la position de leader coûte que coûte	Maintenir la position Suivre le développement	Rentabiliser
Moyenne	Accroître l'effort Danger de marginalisation	Rentabiliser prudemment	Retraite sélective
Faible	Doubler la mise ou abandonner	Retraite progressive et sélective	Désinvestissement

J.P. Detrie – B. Ramanantsoa, *Stratégie d'entreprise et diversification,* Éditions Nathan.

Pour mesurer tant la position concurrentielle que la valeur du secteur, cette méthode recourt à de nombreux **critères qualitatifs** combinés entre eux dans le cadre d'une **analyse multicritère,** ce qui rend son utilisation lourde et complexe.

En revanche l'appréciation portée est plus précise et de meilleure qualité.

Enfin, à chacun des neuf secteurs de la matrice forces-attraits correspond une proposition de stratégie à suivre relativement précise, comme le montre la matrice ci-dessous.

L'adaptation de la stratégie aux caractéristiques du domaine d'activité

Caractéristique du domaine	**Stratégie à adopter**	**Exemples**
Déclin (poids morts)	Désengagement	PECHINEY *(abandon des activités chimiques)*
Fort potentiel de croissance et forte capacité concurrentielle (vedette)	Développement	DARTY *(expansion géographique des implantations)*
Faible capacité concurrentielle et fort potentiel de croissance du marché	Innovation	ALTADIS *(lancement de produits nouveaux en matière de cigarettes blondes)*
Nouveau domaine correspondant aux ressources de l'entreprise	Diversification	GROUPE FILIPACCHI, GÉNÉRALE OCCIDENTALE *(diversification vers l'audio visuel à partir d'une expérience de la presse écrite)*
Multiples domaines d'activité dispersés et inégaux quant au potentiel de croissance et à la capacité concurrentielle de l'entreprise	Recentrage sur le métier	VIVENDI *(cession d'activités annexes et recentrage sur deux domaines :* • *télécommunications* • *médias)*

Ainsi, les trois modèles apportent des éclairages complémentaires sur les stratégies concevables en insistant soit sur la position concurrentielle de l'entreprise, soit sur les perspectives du secteur d'activité.

Conclusion

Les modèles classiques d'analyse stratégique (notamment ceux du BCG) sont **centrés sur la dynamique des marchés** Ils présentent cependant de multiples difficultés d'application :

- la *guerre des prix,* pour la conquête d'une part de marché suffisante, s'avère souvent suicidaire pour tous les compétiteurs ;
- la *segmentation* conduit à des marchés très fragmentés engendrant des coûts de complexité croissants annihilant les gains de productivité ;
- les *coûts commerciaux* (publicité, promotion) de pénétration du marché (publicité de lancement) et de maintien de la part de marché (publicité d'entretien) laminent les marges bénéficiaires notamment pour les biens de marques de grande consommation (ex. : dégradation de la rentabilité d'Unilever provoquée par le coût de lancement des nouvelles huiles et margarines et la concurrence des produits « sans marque » des distributeurs ne supportant pas les coûts publicitaires) ;
- les *structures d'organisation* nécessaires pour mettre en œuvre une stratégie complexe excédent rapidement le potentiel de l'organisation, notam-

ment les capacités du système d'information et du système de décision. Contrairement à ce que pensait Chandler, la structure ne suit plus la stratégie.

Ces difficultés ont conduit à tenir compte davantage du potentiel de ressources de l'organisation dans l'élaboration de la stratégie. Les **stratégies centrées sur les ressources** cherchent à accroître la *productivité* et la *créativité* de l'organisation. La productivité est stimulée par une modification du contenu et des conditions de travail et par une conception globale de la qualité incluant les produits, les procédés, les structures et les hommes. La créativité est recherchée au niveau des produits, des services et des procédés de façon à conférer à l'entreprise une **compétence distinctive** qui lui procure un **avantage concurrentiel.**

En résumé la *recherche de l'excellence* (Peters et Waterman) constitue le cœur des nouvelles stratégies qui privilégient le qualificatif (le développement des ressources de l'organisation) sur le quantitatif (l'expansion des volumes et l'accroissement des parts de marché).

30

L'ANALYSE SECTORIELLE

L'entreprise est liée à des produits et à des marchés et l'analyse concurrentielle, étudiée précédemment, rend bien compte de cette dimension de la stratégie. Mais une entreprise n'est pas réductible à ses caractéristiques commerciales. Elle appartient à un secteur d'activité au sein duquel la dynamique industrielle rend compte des stratégies différentes des firmes en présence. En outre elle dispose au sein de son secteur d'activité d'un potentiel technologique particulier qui constitue l'un des ressorts de sa stratégie.

Pour fonder une stratégie globale, l'analyse concurrentielle des produits et des marchés doit donc être complétée par une analyse industrielle du secteur d'activité (Section 1) et une analyse technologique de l'entreprise (Section 2) au sein de son industrie.

SECTION 1
L'ANALYSE INDUSTRIELLE

L'analyse industrielle, à laquelle est associé le nom de Michael Porter, repose sur la notion de secteur, constitué par l'ensemble des firmes produisant des produits fortement substituables.

L'objectif de la stratégie est d'obtenir, au sein du secteur, un avantage concurrentiel défendable sur la longue période en agissant sur les forces caractéristiques du secteur.

I. LES FORCES CONCURRENTIELLES

À cette fin il est indispensable d'identifier les forces qui conditionnent le jeu concurrentiel dans le secteur et qui sont au nombre de cinq.

La dynamique d'un secteur d'activité est conditionnée par cinq forces.

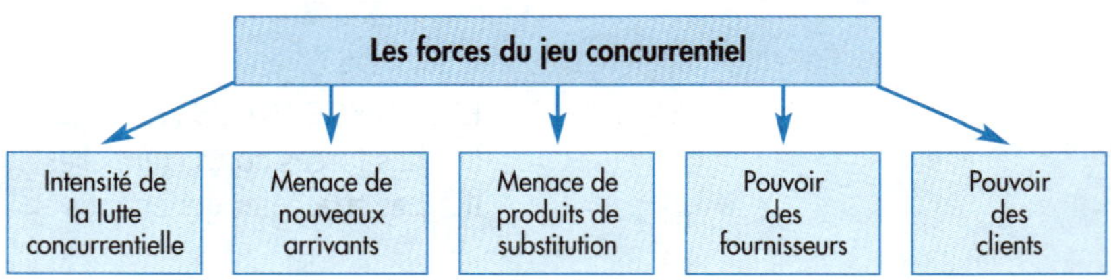

L'obtention de l'avantage concurrentiel face à ces forces repose sur deux actions complémentaires.

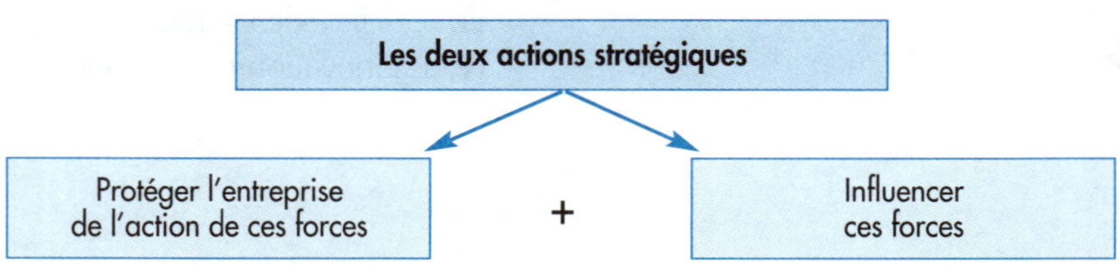

1. La pression concurrentielle

L'entreprise doit connaître les conditions de la concurrence en identifiant les facteurs de la pression concurrentielle.

On peut identifier sept facteurs principaux qui accroissent la pression de la concurrence :

- **le nombre important des concurrents,** augmentant la compétition ;
- **la grande taille** des concurrents exerçant des effets de domination ;
- **le faible taux de croissance** du marché accentuant la lutte pour les parts de marché ;
- **la faible différenciation** des produits entraînant, pour une entreprise particulière, l'impossibilité de fidéliser la clientèle ;
- **un produit périssable** entraînant des baisses de prix très importantes lorsque se manifestent des excédents d'offre ;
- **des coûts fixes élevés** conduisant les entreprises à consentir des remises importantes en cas de récession économique ;
- la difficulté de changer d'activité en raison de l'existence de **fortes barrières à la sortie** telles que l'impossibilité de reconvertir des équipements très spécialisés (ex. : *construction navale ; sidérurgie*).

Face à la pression concurrentielle l'entreprise doit adopter une stratégie visant deux objectifs :
- **accroître la pression concurrentielle** qu'elle exerce (ex. : *augmenter sa taille et sa part de marché par sa stratégie de croissance*) ;
- **réduire la pression concurrentielle** qu'elle subit (ex. : *rendre ses produits distincts de ceux des concurrents par sa stratégie de produit*).

La pression exercée par la concurrence ne dépend pas seulement du nombre et de la taille des concurrents, mais aussi des caractéristiques des produits, des marchés et des coûts.

2. Les nouveaux arrivants

Les nouveaux arrivants constituent une menace car ils cherchent à capter une part de marché (ex. : *les constructeurs automobiles japonais sur les marchés américains, puis européens*).

La stratégie de l'entreprise peut y répondre en élevant des **barrières à l'entrée** qui ont deux fonctions.

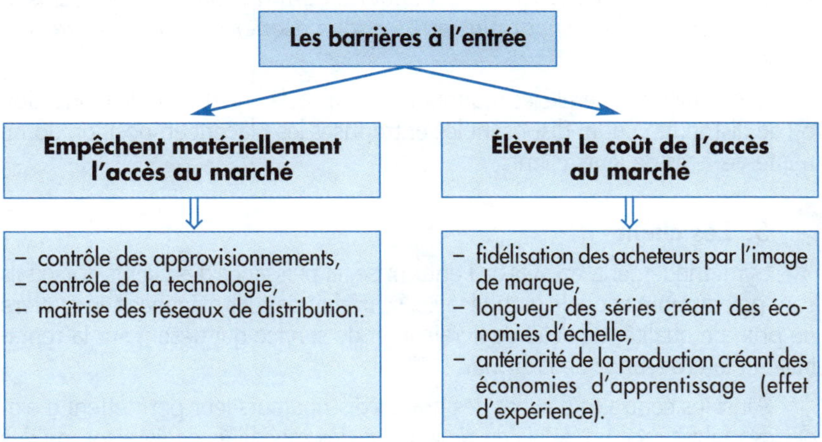

Le risque d'accroissement de la concurrence lié à de nouveaux concurrents dépend de l'importance des barrières à l'entrée.

De nombreuses stratégies permettent d'élever les barrières à l'entrée.

3. Les produits de substitution

Les produits de substitution sont une double menace pesant sur l'entreprise.

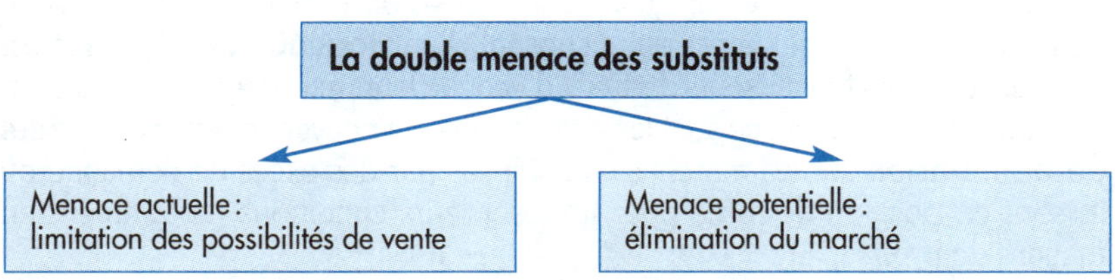

Les producteurs de produits de substitution sont aussi des concurrents, souvent dangereux à long terme.

La firme peut y remédier par sa stratégie en matière :
- **de coût,** permettant une baisse des prix ;
- **de qualité,** constituant un élément de différenciation par rapport aux substituts ;
- **d'innovation,** intégrant les avantages des produits de substitution.

Ainsi la forte substituabilité entre les différents types d'emballages *(cartons, plastiques, verres, métaux...)* a conduit à des innovations continues pour améliorer les prix, le poids, la résistance et la commodité d'usage des produits.

4. Les fournisseurs

En amont la puissance des fournisseurs leur confère des moyens d'imposer leurs prix ou leurs pratiques commerciales.

Les fournisseurs peuvent exercer des effets de domination sur l'entreprise.

C'est notamment le cas lorsqu'un fournisseur dispose d'un monopole d'approvisionnement pour une matière première, ou une concession de distribution exclusive sur un marché *(ex. : importateur exclusif)* ; ou bien encore lorsque l'entreprise doit s'adresser à un seul fabricant dont le produit est protégé par un brevet ou un savoir-faire particulier.

Le pouvoir des fournisseurs vis-à-vis des clients résulte de plusieurs types de causes.

Les situations de monopole sont favorables au fournisseur.

La dépendance envers le fournisseur peut être due :
- à des causes techniques *(ex. : brevet)* ;
- à des causes commerciales *(ex. : position d'un franchiseur vis-à-vis de ses franchisés)* ;
- à des causes juridiques *(ex. : contrats à long terme liant le client au fournisseur ; contrats comportant des pénalités en cas de dénonciation)* ;
- à des causes financières *(ex. : fort endettement du client vis-à-vis de son fournisseur qu'il ne peut plus quitter sans risquer une crise de trésorerie)*.

D'une façon générale les monopoles d'approvisionnement, de fabrication ou de distribution dont disposent les entreprises les placent en position dominante vis-à-vis de leurs clients.

5. Les clients

Les clients disposent d'un pouvoir de négociation envers les fournisseurs lorsque leur taille est grande ou qu'ils sont en petit nombre.

Symétriquement, en aval de l'entreprise, la puissance des clients, lorsqu'ils sont peu nombreux ou de grande taille, se traduit par des exigences en matière de prix, de qualité, de délai de livraison et de service qui pèsent sur la rentabilité et la croissance de la firme.

La clientèle particulière des ménages sur les marchés à excès d'offre, les distributeurs ainsi que les entreprises industrielles peuvent exercer ce pouvoir de négociation.

Ainsi les centrales d'achat des grands distributeurs leur permettent d'exiger des fabricants des délais de règlement, des modalités de livraison ou des niveaux de qualité ainsi que des remises sur les prix d'achat. Dans le domaine industriel également les clients peuvent imposer leurs conditions à leurs fournisseurs comme, par exemple, les constructeurs automobiles vis-à-vis de leurs sous-traitants.

D'une façon générale, lorsqu'il y a un excès d'offre sur un marché, la situation est favorable aux clients qui disposent d'un **pouvoir de négociation** élevé envers leurs fournisseurs désireux d'écouler leurs excédents. Inversement, comme nous l'avons vu, ce sont les fournisseurs qui peuvent exercer des **effets de domination** sur les marchés caractérisés par des excès de demande où ils sont en position de force pour imposer leurs conditions, notamment en matière de prix.

La stratégie de l'entreprise consiste à atténuer ces pressions des clients ou des fournisseurs notamment par :
- la **concentration** qui accroît sa puissance de négociation *(ex. : création de coopératives de producteurs vinicoles ; formation de groupements d'achats entre commerçants)* ;
- la **diversification** de ses débouchés et de ses approvisionnements qui réduit sa dépendance ;
- l'**intégration verticale** par laquelle elle maîtrise ses approvisionnements (intégration amont) ou ses débouchés (intégration aval). Ainsi par exemple Pechiney contrôle toute la filière de l'aluminium depuis l'exploitation de la bauxite (matière première) jusqu'à l'emballage (produit fini).

Les stratégies de concentration, d'intégration et de diversification permettent de réduire ou de supprimer la dépendance envers les clients et les fournisseurs.

II. LES STRATÉGIES GÉNÉRIQUES

Plus généralement, pour affronter les cinq forces concurrentielles, l'entreprise dispose, selon M. Porter, de trois grands types de stratégie : la domination par les coûts, la différenciation et la spécialisation.
- La **domination par les coûts,** notamment par l'obtention d'une dimension suffisante, génère des économies d'échelle (c'est-à-dire des baisses de coûts liées à de longues séries) et des effets d'expérience (c'est-à-dire des baisses de coûts provenant de la maîtrise progressive des techniques qui engendre des gains de productivité). La domination par les coûts correspond donc souvent à une production et distribution de masse en grande série. À titre d'exemple au sein du secteur de la distribution les hypermarchés *(ex. : Carrefour, Auchan)* fondent leur stratégie concurrentielle sur la domination par les coûts (faibles prix d'achat, économies d'échelle sur les coûts de distribution).
- La **différenciation** confère aux produits de l'entreprise – grâce à des innovations techniques, logistiques ou commerciales – des caractères distinctifs par rapport aux concurrents *(ex. : avance technique, meilleure fiabilité, sécurité de fonctionnement, forte image de marque, rapidité de livraison, services annexes à la vente...)*. La différenciation réduit les effets de substitution entre produits. Ainsi dans le secteur pharmaceutique de nombreuses molécules aux effets thérapeutiques identiques donnent naissance à des produits différenciés par quelques adjuvants, des conditionnements particuliers et des noms de marque.
- La **spécialisation** des activités permet la concentration des ressources sur un segment particulier d'activité où l'entreprise peut acquérir un avantage concurrentiel. Cette stratégie est particulièrement bien adaptée aux PME : c'est ainsi qu'il existe par exemple des voyagistes (tour opérators) limitant leurs activités à des marchés spécialisés par type de clientèle ou par zone géographique *(ex. : Africatours)*.

La production de masse, la différenciation et la spécialisation constituent des moyens pour obtenir un avantage concurrentiel.

SECTION 2
L'ANALYSE TECHNOLOGIQUE

Pendant longtemps l'analyse stratégique s'est fondée sur la seule prise en compte des variables commerciales comme nous l'avons vu avec l'analyse concurrentielle (cf. chapitre 29).

La rapidité des changements technologiques et le succès d'entreprises, notamment japonaises *(ex. : Sony)*, ayant fondé leur stratégie sur l'exploitation d'innovations techniques a conduit à intégrer à la stratégie d'entreprise la dimension technologique.

La compétitivité de nombreuses entreprises repose sur leur avance technologique.

I. LA COMPÉTITIVITÉ TECHNOLOGIQUE

Il est nécessaire de réaliser le diagnostic des technologies utilisées par l'entreprise en les comparant aux technologies concurrentes sur la base d'une série d'indicateurs de compétitivité.

D'un point de vue statique, la compétitivité de chaque technologie s'apprécie grâce à une batterie d'indicateurs.

La prise en compte de cet ensemble d'indicateurs permet :
- de mettre en évidence les forces et les faiblesses technologiques ;
- d'élaborer le programme de recherche-développement fondé sur la suppression des faiblesses.

II. LE DÉVELOPPEMENT TECHNOLOGIQUE

D'un point de vue dynamique on peut évaluer le potentiel de développement d'une technologie. Ainsi pour un besoin donné *(de transport par exemple)* il existe différentes réponses technologiques que l'on peut comparer sur la base de l'évolution dans le temps du rapport prix-performances. Ce rapport évolue sous l'influence de deux facteurs :

L'amélioration des techniques entraîne une baisse progressive des coûts.

- l'**effet d'expérience** qui entraîne, à performances identiques, une baisse des coûts par la meilleure maîtrise des procédés *(ex. : le coût de fabrication et d'exploitation d'un avion diminue chaque année sous l'effet d'accumulation d'expérience)* ;
- l'**"effet de progrès technique** qui entraîne une amélioration des performances *(ex. : amélioration du confort et de la vitesse des TGV par rapport aux trains traditionnels).*

Les mutations techniques provoquent une amélioration des performances.

L'effet de progrès technique peut devenir dominant par rapport à l'effet d'expérience *(par exemple le TGV l'a emporté sur l'avion sur des distances moyennes).* Il y a donc un impact des changements technologiques sur la position concurrentielle des activités et des entreprises.

Il est nécessaire d'identifier les perspectives de changement technologique.

L'identification des changements technologiques permet donc d'apprécier :
- les **menaces potentielles** (*matériaux, produits et procédés de substitution)* ;
- les **risques de vieillissement** dus à l'obsolescence technologique *(raccourcissement des cycles de vie)* ;
- les **chances de rajeunissement** d'anciennes activités *(ex. : inclusion de l'électronique en construction automobile, dans l'industrie de l'habillement ou du jouet).*

III. LE CYCLE DE VIE TECHNOLOGIQUE

Une technologie a, comme un produit ou une industrie, un cycle de vie constitué principalement de trois étapes :

Les trois étapes du cycle de vie technologique

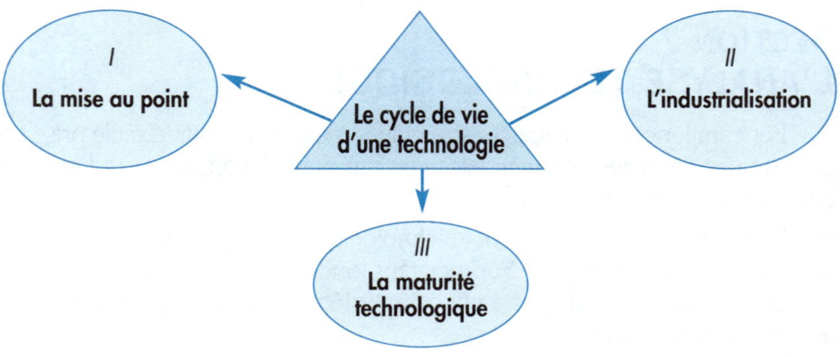

Le cycle de vie des technologies est analogue à celui des produits et comporte trois phases.

Phase I **La mise au point** exige de forts investissements principalement en recherche-développement *(ex. : mise au point des avions gros-porteurs, des centrales électro-nucléaires).*

Phase II **L'industrialisation** entraîne des gains élevés de productivité et aboutit à la maîtrise technologique. À cette phase la concurrence imitative apparaît *(ex. : imitation par l'industrie japonaise du disque audio-numérique créé par Philips).*

Phase III **La maturité** technologique correspond à la stabilisation des procédés et des coûts. À cette phase, des technologies de substitution peuvent apparaître *(ex. : technologie d'enregistrement « numérique » se substituant à la technologie « analogique » pour les centraux téléphoniques, pour les disques, pour la télévision numérique).*

Le cycle de vie technologique est souvent couplé à la distinction entre trois sortes de technologies selon leur **degré de diffusion**.

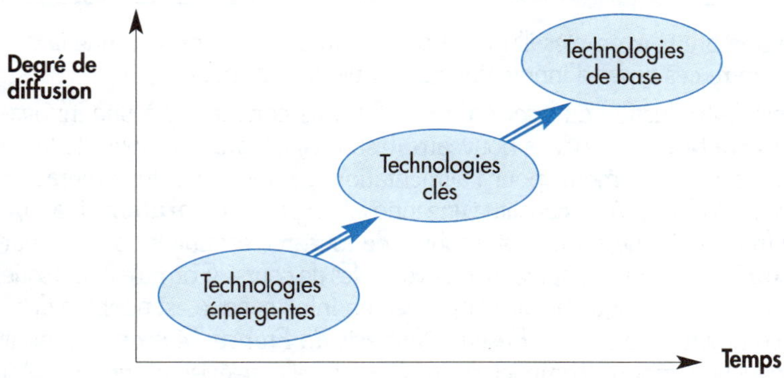

Au fur et à mesure du déroulement de son cycle de vie, une technologie se diffuse progressivement, ce qui conduit à distinguer trois sortes de technologies.

- Les **technologies de base** sont maîtrisées par toutes les entreprises du secteur ; elles correspondent généralement à la *maturité* technologique.
- Les **technologies clés** sont l'apanage de certaines entreprises dont elles fondent la compétence distinctive ; elles correspondent souvent à la phase d'*industrialisation*.
- Les **technologies émergentes** ont un potentiel de développement à terme éloigné *(ex. : le génie génétique…)* mais comportent aussi un niveau de risque élevé ; elles correspondent à la phase de *mise au point* de la technologie.

IV. L'INNOVATION TECHNOLOGIQUE

L'innovation est l'introduction d'une nouveauté économique sur le marché.

Le cycle de vie des produits et des techniques conduit l'entreprise à adopter une stratégie d'innovation. Plusieurs types de nouveautés économiques peuvent lui procurer un avantage concurrentiel.

1. Les types d'innovations

L'innovation technique peut se réaliser à toutes les phases de la production, de la matière au produit fini.

Les innovations techniques peuvent se réaliser en amont de la fabrication *(ex. : nouvelle matière)*, dans le procédé de production *(ex. : gestion de production assistée par ordinateur)*, dans les produits *(ex. : nouveau médicament)* ou bien en aval de la fabrication *(ex. : contrôle de qualité par mesure laser).*

L'innovation est la satisfaction d'un besoin grâce à un produit combinant un savoir-faire et des matériaux.

2. La démarche innovatrice

Le processus d'innovation comporte quatre phases :
- la détection du **besoin** ;
- la conception du **produit** permettant de satisfaire le besoin (le produit peut être un objet matériel ou un service) ;
- la détermination des **matériaux** utilisables ;
- l'obtention du **savoir-faire technologique** permettant de combiner les matériaux pour obtenir l'objet.

Les innovations sont d'inégale importance.
Il existe différentes catégories d'innovations, selon leur degré d'originalité et de nouveauté.

À ces diverses phases les entreprises peuvent innover selon quatre orientations :

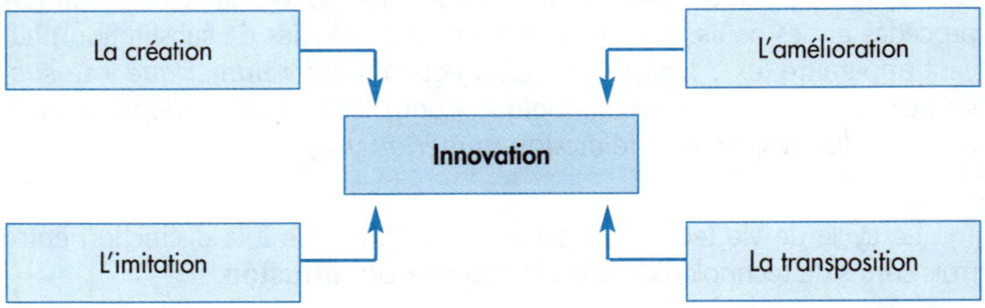

De nombreux exemples illustrent ces quatre orientations sans que la distinction entre ces types d'innovations soit toujours très nette.

Ainsi l'introduction du laser en microchirurgie correspond à une innovation par **création** de produits nouveaux (bistouris) intégrant la nouvelle technologie. Le remplacement, pour l'alimentation des moteurs, du carburateur par l'injection électronique constitue une innovation par **amélioration.** L'adoption de freins à disque sur les automobiles de tourisme est une innovation par **imitation** des solutions adoptées sur les véhicules de course (Formule I). Lorsque la technologie numérique binaire appliquée en informatique est adoptée dans les télécommunications *(ex. : Réseau Numéris de France-Télécom)* ou pour la reproduction sonore (compact disques) ou visuelle (télévision numérique) il s'agit d'une innovation par **transposition** provenant de l'application à un nouveau secteur de procédés déjà utilisés dans d'autres industries.

3. Les voies d'accès à l'innovation

L'entreprise dispose essentiellement de quatre procédés pour acquérir une nouvelle technologie :

Pour accéder à une nouvelle technologie, l'entreprise dispose de quatre voies.

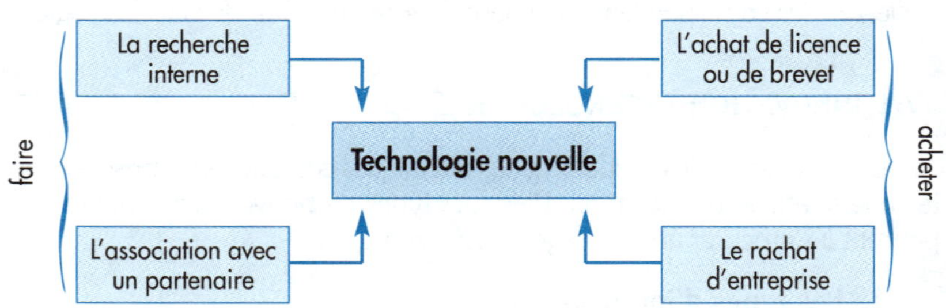

Elle peut faire de la recherche, seule ou avec un partenaire.

La recherche interne est très pratiquée par les grandes firmes, notamment dans les secteurs électronique et pharmaceutique *(ex. : invention de la pilule abortive RU 160 par Roussel-Uclaf).* Elle est souvent longue, coûteuse et incertaine quant à ses résultats.

L'achat de licence d'exploitation d'un brevet, ou du brevet lui-même, permet d'accéder à une technologie non maîtrisée par la firme acheteuse *(ex. : licence de fabrication ; licence d'utilisation de logiciels).*

Elle peut également acheter une technologie ou l'entreprise qui la maîtrise.

Le rachat d'entreprise constitue un autre mode d'accession à un savoir-faire non maîtrisé par l'acheteur.

L'association avec un partenaire permet de réunir des compétences complémentaires (effet de synergie) et de réduire les coûts *(ex. : association entre les avionneurs européens pour la conception des Airbus).*

4. Les avantages compétitifs de l'innovation technique

L'innovation technique confère à l'entreprise un avantage concurrentiel, soit en terme de coût, soit en matière de produit.

L'innovation technique confère un avantage de coût lorsqu'elle porte sur les procédés ou un avantage de marché lorsqu'elle porte sur les produits.

• *L'avantage de coût*

Lorsqu'elle permet de réduire les coûts, l'innovation ouvre le choix entre deux stratégies.

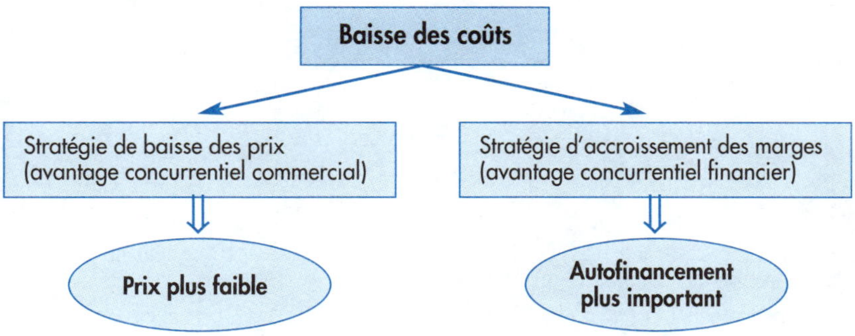

• *L'avantage de monopole*

Par la différenciation de ses produits résultant de l'innovation, l'entreprise dispose d'un **monopole sur un interstice de marché** *(ex. : Apple par rapport aux ordinateurs compatibles en micro-informatique).* Cette stratégie est souvent appliquée par les PME qui peuvent ainsi coexister à côté de grands groupes.

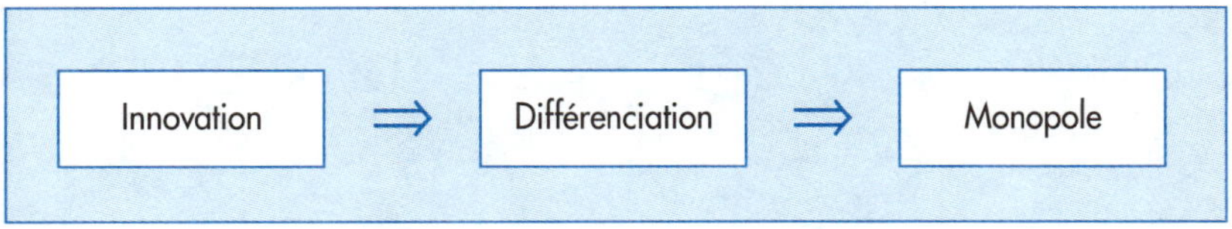

Ainsi, par le **pouvoir de monopole** qu'elle confère à l'entreprise, l'innovation constitue l'une des sources de sa rentabilité et de son développement.

31

LES CARACTÉRISTIQUES DE LA CROISSANCE

Pour comprendre le processus de développement de l'entreprise, il est nécessaire d'en percevoir d'abord les composantes, c'est-à-dire sa nature et les facteurs qui l'entretiennent ; puis d'analyser les stratégies des entreprises qui cherchent à accélérer leur développement.

SECTION 1
LES COMPOSANTES DE LA CROISSANCE

La croissance présente de multiples aspects, tant dans sa *nature* que dans les *conditions* et les facteurs qui la permettent.

I. NATURE DE LA CROISSANCE D'UNE ENTREPRISE

La croissance est un phénomène quantifiable, mesurable par de nombreux indicateurs.

La réussite de la stratégie de l'entreprise se traduit par un développement de la firme que l'on qualifie usuellement de croissance. En fait le **développement** à long terme de l'entreprise est, notamment par ses aspects qualitatifs, un phénomène plus large et plus complexe que la seule **croissance** à moyen terme. Celle-ci est de nature essentiellement quantitative et donc facilement mesurable par les nombreux indicateurs de dimension permettant d'appréhender la taille d'une entreprise (son chiffre d'affaires, sa valeur ajoutée, ses effectifs, sa production, ses capitaux propres, son bilan…).

Le développement est un phénomène qualitatif, caractérisé par des modifications dans les structures de l'entreprise.

La croissance est au cours du temps l'augmentation des **dimensions** et le changement des **caractéristiques** de l'entreprise (produits, marchés, technologie, financement, ressources humaines, organisation). C'est donc un double processus quantitatif (les dimensions augmentent) et qualitatif (les structures changent). Le phénomène de croissance peut résulter du développement autonome des activités et des services de l'entreprise : il s'agit dans ce cas d'une **croissance interne.** Mais souvent, pour des raisons variées, il résulte du regroupement de plusieurs entreprises : il s'agit alors d'une **croissance externe.**

1. La croissance quantitative

La croissance se repère à l'aide de trois sortes d'indicateurs.

Qu'elle soit interne ou externe la croissance se repère à l'aide de trois sortes d'indicateurs.

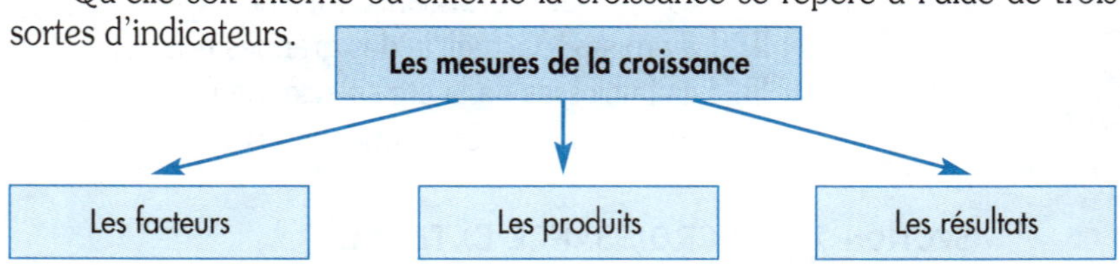

- Le **volume des facteurs employés** augmente : consommations externes, main-d'œuvre employée, capitaux investis.
- La **valeur des produits commercialisés** progresse : ventes, part de marché, valeur ajoutée.
- Les **résultats obtenus** progressent : bénéfice, capacité d'autofinancement.

2. Le développement qualitatif

Il est plus difficile d'apprécier les changements dans les caractéristiques de l'entreprise en raison de leur nature qualitative. Ils sont inséparables du processus de croissance qu'ils conditionnent car une entreprise ne peut croître indéfiniment sans modification importante de sa structure et de ses activités. Ainsi les **produits** se modifient, leur gamme s'élargit ; de nouveaux **réseaux** sont utilisés ; **l'organisation** interne se perfectionne ; la **technologie** intègre des innovations *(ex. : la commande numérique)* ou bien change radicalement *(ex. : de l'hélice au turbo-réacteur).*

Le développement entraîne et nécessite un changement des activités et des structures, notamment en matière technique, logistique, commerciale, financière et humaine.

Il ne peut y avoir de croissance sans changement des caractéristiques financières, techniques, commerciales, logistiques et humaines de l'entreprise. Seuls ces changements permettent les nécessaires adaptations à la double dynamique des marchés et des techniques. Alors que les structures de l'entreprise sont des invariants à court terme, elles deviennent à long terme des variables, facteurs de développement.

3. Les objectifs de la croissance

Dans beaucoup d'activités, en raison des phénomènes de seuil de dimension (masse critique) souvent en augmentation, la croissance est une **condition de survie** de l'entreprise. Seule une taille plus grande permet de ne pas subir de handicaps concurrentiels incontournables (seuil d'efficacité de l'action publicitaire, de la recherche-développement ; capitaux minimum requis pour un changement technologique).

Lorsque la compétitivité requiert une taille critique minimale, la croissance est une condition de survie de l'entreprise.

Dans d'autres situations, la croissance est un **moyen de réalisation des finalités** de l'entreprise, qu'il s'agisse des finalités personnelles des dirigeants (la croissance confère le prestige, la notoriété, le pouvoir, le statut social), ou des finalités générales propres à toute entreprise en économie de marché (la profitabilité, la rentabilité).

C'est aussi un moyen de réaliser les finalités de l'entreprise et de ses dirigeants.

II. LES OPPORTUNITÉS DE CROISSANCE DE L'ENTREPRISE

La croissance est la résultante de facteurs multiples. Les marchés fournissent des opportunités de croissance, mais le potentiel de l'organisation conditionne les possibilités de les saisir et d'en tirer parti.

L'environnement marchand fournit aux firmes de nombreuses occasions de croître.

1. Les produits nouveaux

La firme commercialisant un produit nouveau connaîtra une croissance du seul fait de l'augmentation de la dimension du marché au cours du cycle de vie du produit.

L'analyse du cycle de vie du produit a montré qu'au cours de sa phase d'expansion le produit nouveau se développe avec un taux de croissance rapide et supérieur à la croissance économique générale. Très souvent les firmes situées sur ces marchés ont des difficultés à suivre la croissance du marché, notamment en raison des capitaux nécessaires au financement des investissements et qui leur font défaut, ce qui constitue un blocage financier de la croissance.

Au cours de leur phase d'expansion, les produits nouveaux entraînent un développement rapide de l'entreprise. Il est souvent limité par le manque de capitaux ou d'autres ressources.

D'une manière plus générale, le manque de ressources critiques *(ex. : qualifications de la main-d'œuvre, équipements...)* entraîne un ralentissement ou un blocage de la croissance de l'entreprise.

2. La croissance macroéconomique

La croissance d'une firme peut également être induite, indépendamment de tout produit nouveau, par la croissance économique globale qui concerne

La croissance macroéconomique entraîne un accroissement de la demande globale favorable à la croissance de l'entreprise.

une nation, voire un ensemble de nations. Elle se mesure à l'aide de certains indicateurs synthétiques, tels que le produit intérieur brut (PIB) qui est l'ensemble des productions de la nation au cours d'une période donnée (en général l'année).

Sous l'effet de causes nombreuses, la production totale augmente au cours du temps. À l'augmentation de la **production** correspond un accroissement parallèle des **revenus** et donc de la **demande.** Les entreprises peuvent ainsi se développer lorsque leur marché, du fait de la croissance économique globale, s'élargit.

La structure de la demande se modifie lorsque le revenu augmente.
La croissance de certains marchés est donc beaucoup plus rapide que la croissance économique générale.

Cependant seules les entreprises de certains secteurs peuvent profiter de cette croissance car le développement économique se traduit par un **changement dans la structure de la demande.** Du fait de l'évolution du niveau de vie (quantitatif), le mode de vie (qualitatif) des individus se transforme et ils répartissent différemment leurs revenus entre les divers biens et les divers types de consommation : plus de viande et moins de féculents, plus de loisirs et moins de nourriture en pourcentage de leur revenu total. De ce fait certains marchés déclinent tandis que d'autres se développent soit au rythme de croissance de l'économie, soit encore plus rapidement, notamment sous l'effet de l'évolution des **revenus** (lois de Engel sur l'évolution de la consommation des ménages) et de la **démographie** car « chaque âge a ses plaisirs, son esprit et ses mœurs » (Boileau), ce qui se traduit sur les marchés par un déplacement de la demande.

L'évolution démographique peut aussi fournir des opportunités de croissance.

En résumé, les évolutions des revenus, de la démographie, mais aussi des **goûts** et des **aspirations,** liées à la croissance économique générale créent, pour les entreprises innovantes, des opportunités de développement sans cesse renouvelées.

3. La pénétration du marché

La croissance d'une entreprise peut s'effectuer sur un marché stagnant et en l'absence de tout produit nouveau. Il s'agit alors d'une croissance relative, qui s'opère à l'encontre des concurrents par **un gain de part de marché.** Ceci est possible principalement dans quatre circonstances :

La possession d'un avantage compétitif permet à une firme de croître même sur un marché en stagnation grâce à des gains de part de marché.

- lorsqu'une firme dispose d'une organisation plus efficace qui lui permet de mieux satisfaire les besoins des clients ;
- lorsque, par de meilleurs procédés de fabrication ou une meilleure gestion, ses coûts plus faibles lui permettent de pratiquer des prix plus compétitifs ;
- lorsque son implantation ou son action commerciale sont meilleures ;
- lorsqu'elle innove en proposant des produits ou des services contribuant à une meilleure satisfaction des besoins (produits améliorés ou produits nouveaux, mieux adaptés à la demande).

4. Les débouchés nouveaux

L'entreprise peut croître en élargissant ses marchés. Elle peut s'implanter géographiquement dans de nouvelles régions et dans des pays étrangers.

Lorsqu'une entreprise se trouve située sur un marché sans perspective de croissance, sans produit nouveau et sans possibilité de se développer au détriment de ses concurrents (cas de monopole ou d'absence d'avantages compétitifs par rapport aux autres firmes), la croissance peut néanmoins se réaliser par l'exploitation de débouchés nouveaux, c'est-à-dire la découverte de nouveaux marchés pour des produits traditionnels.

Ainsi l'action des firmes a pour effet **d'élargir les marchés.** Cet élargissement peut être géographique (accroissement de l'aire de diffusion) ou économique (élévation du taux d'équipement des ménages). L'internationalisation est un aspect particulier de l'extension des marchés : elle permet de remédier à la saturation du marché national.

5. La création des besoins

Cet examen des rapports entre l'entreprise et les marchés montre le nombre et la variété des opportunités de développement offertes aux entreprises. Toutefois il demeure incomplet.

Nous avons en effet considéré jusqu'ici que le marché préexistait à l'entreprise, cette dernière ne faisant que s'y adapter. Or marché et entreprise sont en réalité en relation dialectique.

Le marché impose à l'entreprise des contraintes d'adaptation.
Mais l'entreprise peut aussi créer des marchés nouveaux par sa stratégie d'innovation.

Le marché impose des contraintes à l'entreprise ; souvent il l'oblige à évoluer lorsqu'il se détourne des produits traditionnels, du fait de la mode ou, plus fondamentalement, de l'évolution du niveau et du mode de vie.

Inversement, l'entreprise peut modifier le marché et même le créer par une politique d'innovation. L'innovation est l'introduction d'une nouveauté économique qui fait apparaître une demande auparavant inexistante, soit par la *création* d'un besoin, soit par la *révélation* d'un besoin latent. Ainsi la demande de transport aérien fut créée par les constructeurs aéronautiques et les compagnies aériennes. En fait, la plupart de nos besoins actuels résultent de la création de produits et de services par les entreprises.

La possibilité de créer des marchés nouveaux en apportant des innovations aptes à satisfaire des désirs ou des besoins jusqu'alors inexprimés offre à l'entreprise créatrice un champ de croissance illimité.

Ainsi l'innovation est une source essentielle de la croissance de l'entreprise.

III. LE POTENTIEL DE CROISSANCE DE L'ENTREPRISE

Le potentiel des ressources de l'entreprise détermine les conditions internes de la croissance. Elles constituent des **facteurs de croissance** ou des **facteurs de blocage** de son développement.

1. Les facteurs de croissance

Les hommes, le financement et le progrès technique, qui se traduit par des innovations et des gains de productivité, constituent les principaux facteurs de croissance.

Les ressources humaines, par leur qualification et leur motivation, constituent un facteur de croissance de l'entreprise.

Les **ressources humaines**, par leur dynamisme, leur cohésion et leur qualification, liée à la formation et à l'expérience, sont le principal vecteur de croissance de l'entreprise car elles sont à la base du savoir-faire (know-how) de l'entreprise.

Les **ressources financières** constituent le second grand vecteur de la croissance. Le capital technique est nécessaire au développement mais son accumulation n'est possible que grâce au capital financier constitué par les fonds propres. L'entreprise, pour croître, doit augmenter ses fonds propres, soit de façon épisodique à l'occasion des augmentations de capital, soit de manière plus continue par l'autofinancement qui génère une dynamique de la croissance (voir schéma page suivante).

Il existe une dynamique financière de la croissance.

D'une manière plus générale l'**esprit d'entreprise** contribue à la croissance ; il s'exprime par un ensemble d'attitudes favorables au processus de croissance.

La propension à innover, l'acceptation du risque, la recherche de profit et la motivation personnelle constituent quatre attitudes favorables à la croissance.

Les attitudes favorables à la croissance

Nature	Impact concerné (Domaine)	Effets	Exemples
Propension à innover	– Procédés – Produits – Réseaux de distribution – Clientèle – Organisation, méthodes de gestion	– Amélioration de la productivité, baisse des coûts – Accroissement de la compétitivité – Meilleure implantation, dynamisme commercial – Segmentation du marché – Meilleure productivité – Adaptation aux besoins – Situation de monopole	Création des hypermarchés *(Sté Carrefour)* Nouveaux produits *(ex. : tube TV Trinitron de la Sté Sony)*
Acceptation du risque	– Recherche – Investissement – Produit – Techniques	– Anticipation de l'évolution des besoins – Création des besoins – Révélation des besoins latents – Obtention d'un avantage concurrentiel – Situation de monopole	Implantation à l'étranger
Recherche du profit	– Financement – Rentabilité – Investissement – Recherche	Amélioration : • des fonds propres • de la capacité d'emprunt • de l'accès au marché financier	Investissements dans des secteurs porteurs à forte rentabilité
Motivation du personnel	Tous les organes et toutes les fonctions de l'entreprise	– Intégration des objectifs industriels et généraux – Réduction des sources de conflit – Climat d'ensemble favorable à la croissance	Structures participatives Décentralisation

La dynamique financière de la croissance

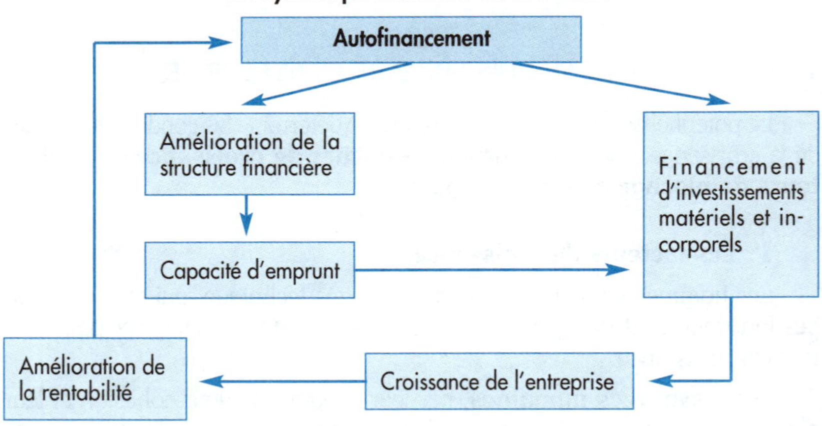

2. Les facteurs de blocage du développement

Dans de nombreuses circonstances, les ressources financières et les ressources humaines, au lieu de constituer un élément de croissance, constituent des facteurs de freinage ou de blocage du développement de l'entreprise.

Les ressources de l'entreprise constituent des instruments de la croissance.

Les **ressources financières** peuvent être insuffisantes pour financer la croissance qui exige des investissements et génère un besoin de financement de l'exploitation proportionnel à l'activité. Des blocages financiers peuvent apparaître au cours du développement, notamment des capitaux propres insuffisants par suite d'un autofinancement trop faible ou de l'impossibilité de réaliser des augmentations de capital *(ex. : structure juridique inadaptée, désir d'indépendance des dirigeants, refus de l'ouverture de l'entreprise à de nouveaux associés)*.

Facteurs de blocage de la croissance tenant au financement

Nature	Caractéristiques	Conséquences
Rentabilité	Faible	Autofinancement insuffisant Recours au marché financier impossible
Distribution des bénéfices	Intégrale ou prédominante	Autofinancement insuffisant Dégradation de la structure financière Investissement trop faible
Structure juridique	Entreprise personnelle Société de personnes SARL	Impossibilité d'accéder au marché financier Réticence des banques à prêter
Objectifs des propriétaires	Société de famille : conserver le pouvoir de décision éviter les minorités de blocage rechercher l'indépendance	Fonds propres insuffisants pour financer la croissance (refus d'augmenter le capital social ; refus d'ouvrir à des tiers le capital social)

Le développement des entreprises est souvent ralenti par des obstacles financiers.

Les **ressources humaines** constituent souvent le principal obstacle à la croissance. Les capacités de gestion des dirigeants réduisent l'efficacité de l'entreprise lorsque le système de gestion destiné à assurer la coordination et le dynamisme devient inadapté à la taille et à la complexité de l'entreprise. Des dysfonctionnements apparaissent, tels que des lenteurs, des retards, des délais et des inadaptations. Or le système de gestion résulte des compétences de l'équipe dirigeante qui le met en place. L'une des sources essentielles de l'arrêt de la croissance des firmes est donc l'inaptitude de la direction à instituer un système de gestion satisfaisant, notamment en maintenant des structures inadaptées (excès de centralisation, structure par fonction alors que les produits sont diversifiés). Lorsque la structure ne suit pas la stratégie, elle engendre un arrêt du développement de la firme.

Mais lorsqu'une des ressources nécessaires devient insuffisante, elle constitue un facteur de freinage ou d'arrêt de la croissance.
C'est notamment le cas pour les ressources financières et les ressources humaines.

Les ressources humaines peuvent être insuffisantes par leur **qualification** (formation inadaptée aux évolutions techniques, économiques ou sociales) et surtout par leur **mentalité** (absence d'esprit d'entreprise, rejet du changement, refus du risque et de l'initiative), notamment dans les PME et les grandes entreprises aux structures bureaucratiques.

Facteurs de blocage de la croissance tenant aux ressources humaines

Nature	Caractéristiques	Conséquences
Attitude face au changement	– Résistance	– Évolution difficile ou impossible
Objectifs des dirigeants	– Survie de l'entreprise – Obtention d'un revenu stable et régulier	– Refus de la croissance – Aversion face au risque
Système de décision	– Centralisation – Commandement autocratique	– Décisions tardives – Décisions mal préparées – Décisions inadaptées au contexte
Système de motivation et de sanction	– Absences de lien entre les performances, les promotions et les rémunérations – Absence de plans de carrière – Formation du personnel insuffisante	– Manque de dynamisme – Absence d'implication personnelle dans le travail – Insuffisance de l'encadrement – Manque de personnel qualifié

Le développement insuffisant de certaines ressources crée des goulets d'étranglement de la croissance.

D'une façon générale, le manque de **facteurs de production** peut limiter le rythme de l'expansion de la firme ou entraîner un blocage de la croissance *(ex. : manque de matières premières, d'équipement ou de personnel)* en constituant un **goulet d'étranglement de la croissance.**

IV. LES MODALITÉS DE LA CROISSANCE

En matière de croissance, deux grands choix sont à effectuer, portant sur les activités à exercer et sur les modalités de réunion des ressources.

La croissance de l'entreprise peut s'accomplir selon diverses modalités au regard de deux critères principaux d'analyse :
- les **activités** vers lesquelles elle s'oriente et de ce point de vue on distingue la spécialisation, la diversification, l'intégration et l'internationalisation (traitées dans le chapitre suivant) ;
- les **procédés** par lesquels, ayant défini les activités qu'elle souhaite exercer, elle va parvenir à se doter des moyens financiers, matériels, techniques et humains nécessaires.

Sous ce second aspect la croissance interne s'oppose à la croissance externe.

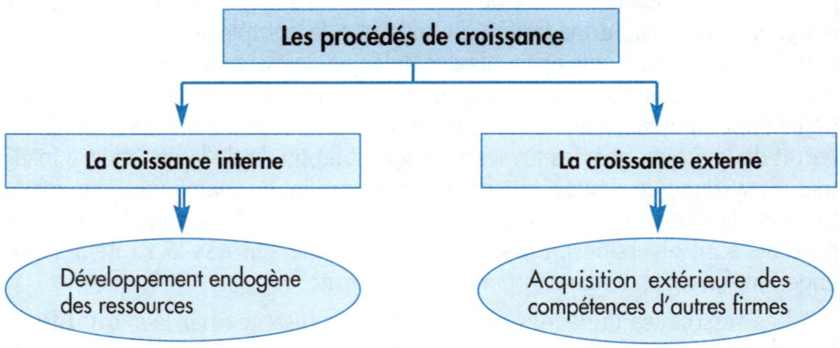

SECTION 2
LA CROISSANCE INTERNE

Comme son nom l'indique, la croissance interne également nommée croissance organique est un processus endogène : il résulte des seuls efforts de la firme sans qu'elle s'associe ou qu'elle se regroupe avec d'autres firmes.

La croissance interne résulte de l'adjonction de moyens complémentaires à l'entreprise existante, grâce à ses ressources propres.

Elle se définit comme l'*augmentation des dimensions* et le *changement des caractéristiques* de l'entreprise obtenus par adjonction de moyens de production supplémentaires créés par l'entreprise elle-même (c'est la notion de production immobilisée des comptables) ou achetés à l'extérieur (dans le cadre de contrats commerciaux normaux).

La croissance interne

Aspects	– Augmentation des dimensions. – Changement des caractéristiques.
Modalités	– Adjonction de moyens de production.

L'adjonction de moyens de production complémentaires se réalise de trois manières :

Caractéristiques de la croissance interne

- Achats externes de moyens. *(Ex. : locaux)*
- Autoproduction d'immobilisations. *(Ex. : moyens techniques)*
- Autodéveloppement des ressources humaines financières et techniques. *(Ex. : recherche ; capacité d'autofinancement ; formation du personnel)*

Adjonction de moyens complémentaires
à l'ensemble existant
grâce aux ressources propres de l'entreprise

La croissance interne repose sur des achats à l'extérieur, l'autoproduction d'immobilisations et l'autodéveloppement des ressources.

I. LES PME ET LA CROISSANCE INTERNE

La croissance interne est privilégiée par les PME.

La croissance interne est le principal procédé de croissance **continu** dans l'entreprise, bien qu'il se déroule à un rythme **irrégulier** en fonction de l'évolution conjoncturelle. Il est souvent privilégié par les PME qui sont sur des marchés en croissance rapide pour des produits classiques (du fait du déplacement de la demande) ou pour des produits nouveaux intégrant des innovations.

Le cycle de vie de la plupart des produits offre, au cours des phases d'expansion et de maturité, des perspectives de croissance à l'entreprise. Cependant la croissance interne n'est possible qu'à deux conditions.

Elle est parfois insuffisante pour suivre la croissance du marché lorsque cette dernière est très rapide.

Tout d'abord le potentiel de ressources de l'entreprise doit se développer au même rythme que le marché faute de quoi la firme ne peut satisfaire la demande et est progressivement marginalisée. Elle subit alors des handicaps concurrentiels liés à sa taille trop faible par rapport au marché et aux concurrents *(par exemple, elle ne parvient pas à atteindre la taille critique, à franchir seule les seuils de dimension, à bénéficier des économies d'échelle et des effets d'expérience).* Souvent les PME manquent de ressources, notamment financières, qui hypothèquent leur développement.

Elle ne permet pas de combler le handicap de taille par rapport aux grandes entreprises.

En second lieu l'entreprise, lorsqu'elle n'a pas le monopole du produit, risque d'être confrontée à des concurrents de plus grande taille, au potentiel de ressources et de compétitivité plus important, ce qui réduit souvent les possibilités de croissance des petites firmes disposant de ressources limitées.

Les grandes entreprises ne sont cependant pas un obstacle à la croissance des PME pour trois raisons principales.

Cependant, lorsqu'il existe de grandes firmes sur les marchés en développement, elles ne constituent pas nécessairement un obstacle à la croissance des PME pour trois raisons :
- la taille n'est pas un critère décisif pour la compétitivité d'une firme ; il est des secteurs où la taille ne procure aucun avantage compétitif (par exemple, pour beaucoup d'entreprises de services) ; la taille peut même générer des handicaps vis-à-vis des concurrents si elle se traduit par des structures trop lourdes et bureaucratiques qui élèvent les coûts et réduisent la flexibilité de l'entreprise ;
- lorsque la croissance du marché est très rapide, même les grandes firmes n'arrivent pas à faire progresser leur capacité de production et de distribu-

tion assez rapidement, de telle sorte que les PME peuvent se développer à côté des grandes firmes ;
- de nombreux segments de marché (c'est-à-dire des produits particuliers destinés à des clientèles spécifiques) sont négligés par les grandes entreprises.

Les entreprises de petite taille peuvent fonder leur croissance sur une stratégie d'interstice, de segment, de créneau.

La croissance interne est ainsi possible pour des entreprises de petite taille spécialisées sur des **créneaux** de produits, des **interstices** de marché ou des **segments** particuliers de clientèle qui ne peuvent être efficacement couverts par les grandes entreprises ou bien dont elles se désintéressent. Il s'agit en fait de métiers différents.

Par exemple, alors que les grandes entreprises de construction navale ont connu depuis vingt ans une régression, les petites entreprises de construction navale spécialisées dans les bateaux de plaisance (Jeanneau, Beneteau...) ont pu réaliser une croissance interne très importante.

II. LA CROISSANCE INTERNE DES GRANDES FIRMES

La croissance interne est utilisée par les grandes entreprises pour développer leurs activités actuelles.

La croissance interne n'est pas l'apanage des PME. C'est, pour les grandes entreprises, un procédé qu'elles utilisent fréquemment sur les **marchés porteurs** se situant dans le cadre de métiers qu'elles maîtrisent, c'est-à-dire dans la ligne de leurs techniques, de leurs produits, de leurs réseaux de distribution et de leurs clientèles actuels. Elle est en revanche beaucoup plus rare lorsqu'il s'agit de conquérir un nouveau domaine, d'accéder à un nouvel ensemble de compétences, ce qui conduit à analyser les faiblesses de la croissance interne.

III. LES FAIBLESSES DE LA CROISSANCE INTERNE

La croissance interne maintient ou accentue la spécialisation de l'entreprise dans ses activités actuelles. Elle devient ainsi source de *vulnérabilité,* l'entreprise étant trop dépendante d'un seul produit ou d'un seul marché, ce qui la rend fragile pour des raisons tant conjoncturelles que structurelles.

- D'un point de vue conjoncturel, les taux de croissance du marché sont irréguliers au cours du temps ; de ce fait, ils créent des problèmes d'emploi, de trésorerie ou de rentabilité.
- D'un point de vue structurel, lorsque les activités actuelles ont atteint la période de maturité, la croissance interne s'arrête sans avoir permis les adaptations nécessaires à une réorientation de l'activité.

La croissance interne correspond souvent à une spécialisation de l'entreprise.
De ce fait, elle est source de risques et de délais excessifs.

En outre la croissance interne entraîne *des délais* qui peuvent constituer des temps de réponse excessifs dont profiteront les concurrents pour :
- l'acquisition du savoir-faire et de la technologie lorsque l'entreprise aborde un nouveau domaine (ce délai est très long et, comme nous l'avons vu, dans ce cas la croissance interne est déconseillée) ;
- la réunion des financements nécessaires : ce délai peut être long si la croissance repose sur le seul autofinancement ou si le recours au marché financier est difficile ;
- la réalisation des investissements, notamment de capacité, ce qui peut exiger plusieurs années ;
- la formation du personnel qualifié nécessaire si le marché du travail est tendu et ne permet pas de trouver à l'extérieur les qualifications requises ;
- les délais d'apprentissage correspondant au temps nécessaire pour acquérir de l'expérience et savoir coordonner efficacement les différents éléments réunis.

Par ailleurs, les délais d'adaptation nécessaires ainsi que l'importance des moyens à mettre en œuvre peuvent empêcher l'entreprise d'atteindre la masse critique dans les secteurs où les seuils de dimension sont très importants *(ex. : longueur des séries en construction mécanique ; seuil d'efficacité de la recherche dans les industries électroniques ou pharmaceutiques)*.

Enfin la croissance interne présente une dernière faiblesse. Il est rare que les diverses ressources d'une entreprise puissent progresser au même rythme. La croissance interne accentue progressivement le déséquilibre entre les diverses catégories de ressources de l'entreprise et, tout comme le maillon le plus faible d'une chaîne détermine la capacité de résistance de l'ensemble, le rythme de croissance de l'entreprise est limité par les ressources manquantes. Elles créent des goulets d'étranglement dans la croissance *(ex. : insuffisance des capitaux, trop faible capacité de production, impossibilité de développement du réseau de distribution, inadaptation des capacités de gestion aux nouvelles dimensions de l'entreprise)*.

IV. LES ATOUTS DE LA CROISSANCE INTERNE

La croissance interne rencontre donc d'importantes limites. Elle demeure cependant le mode essentiel de développement des entreprises :
- comme **processus continu** opposé aux discontinuités de la croissance externe ;
- comme moyen de maintenir **l'indépendance** de l'entreprise et le pouvoir de ses dirigeants (ainsi beaucoup de PME refusent la croissance externe) ;
- comme possibilité d'améliorer le **climat social** en offrant des perspectives de carrière et de promotion au personnel ;
- comme moyen de **développement endogène** évitant des réorganisations difficiles et douloureuses pour les membres de l'organisation.

En dépit de ses inconvénients, la croissance interne est le principal mode de développement des entreprises.

En conclusion, la croissance interne est bien adaptée pour l'exploitation d'un domaine connu dans lequel l'entreprise dispose d'expérience, de savoir-faire et de ressources. Mais ses avantages ne doivent pas conduire à la considérer comme le seul mode de croissance. Plus qu'opposées, croissance interne et croissance externe sont des procédés de développement complémentaires.

Pour explorer de nouvelles activités, la croissance interne doit être complétée par la croissance externe.

SECTION 3
LA CROISSANCE EXTERNE

Après l'avoir définie nous en étudierons les principaux types.

I. DÉFINITION

La croissance externe correspond à l'augmentation de la taille et à la modification des caractéristiques d'une entreprise obtenues par **regroupement** ou **association** avec d'autres firmes. C'est donc un processus exogène qui s'accompagne fréquemment de la disparition de l'une ou de plusieurs des firmes réunies dans le nouvel ensemble constitué.

La croissance externe est un processus exogène de regroupement ou d'association avec d'autres entreprises.

La croissance externe

Aspects	• Augmentation de la taille. • Modification des caractéristiques. • Changement des activités.
Modalités	• Regroupement avec d'autres entreprises. • Association avec d'autres entreprises. • Création d'un réseau d'entreprises affiliées.

La croissance externe diffère profondément de la croissance interne au regard de plusieurs critères :

- elle est **discontinue** et **épisodique** alors que la croissance interne est un processus irrégulier mais continu ;
- elle est **multiforme** quant aux modalités de sa réalisation, notamment du point de vue juridique *(ex. : fusion, scission, absorption, acquisition de filiales…)* ;
- elle est **complexe** et **longue** à préparer puis à réaliser, notamment du point de vue des changements à opérer dans les structures d'organisation pour obtenir un ensemble cohérent, coordonné et efficace.

La croissance externe est faite de rapprochements (associations ou regroupements) entre plusieurs entreprises auparavant indépendantes ou n'ayant entre elles que des liens commerciaux. Deux approches permettent d'identifier les types de croissance externe : soit par le recensement des objectifs de ces rapprochements, soit en examinant les **rapports existant entre les activités des firmes réunies.** Nous adopterons ce dernier point de vue, le premier ayant déjà été largement abordé dans les chapitres consacrés à l'analyse stratégique.

Concurrence, complémentarité, appartenance à une même filière, mais aussi réalisation de métiers différents constituent quatre cas de rapprochement d'entreprises.

L'observation révèle la coexistence de quatre types de rapprochements d'entreprises :

- entre firmes dont les activités sont concurrentes *(ex. : entre Rolls Royce et BMW ; entre Carrefour et Promodès.)* ;
- entre firmes dont les activités sont complémentaires *(ex. : rachat de Liberty Surf par Tiscali)* ;
- entre firmes dont les activités se situent à des stades différents d'une filière à laquelle elles appartiennent toutes les deux *(ex. : rachat de laboratoires pharmaceutiques par une entreprise chimique)* ;
- entre des firmes dont les activités sont apparemment sans rapport *(ex. : prise de contrôle de TF1 par Bouygues ; rapprochement entre Matra et Hachette).*

Nous étudierons ces quatre modalités de croissance externe.

II. LES ASSOCIATIONS ENTRE FIRMES CONCURRENTES

Les regroupements d'entreprises concurrentes sont liés à des motifs commerciaux. Ils ont aussi pour objectif de réduire les coûts.

Lorsque l'association ou le regroupement s'effectue entre des firmes concurrentes les motifs en sont souvent commerciaux :

- éviter la lutte concurrentielle entre les deux anciens rivaux ;
- accroître au contraire la pression concurrentielle vis-à-vis des autres concurrents dispersés grâce à une meilleure couverture du marché et une plus grande part de marché (effet de domination par la taille) ;

- réunir des moyens suffisants pour conquérir de nouveaux marchés, notamment étrangers, sur lesquels l'implantation est souvent difficile et coûteuse.

Mais d'autres préoccupations, non commerciales, peuvent conduire au regroupement d'entreprises concurrentes. Elles tiennent notamment à des motifs économiques de réduction des coûts obtenue grâce à des phénomènes qui ont été antérieurement étudiés :

- économies d'échelle liées à des séries plus longues de fabrication ou d'approvisionnement ;
- franchissements de seuils de croissance (obtention immédiate de la taille critique) en matière de recherche, d'approvisionnement, de production, de distribution et d'action commerciale ;
- suppression des moyens faisant double emploi dans les entreprises réunies (cession d'équipements, réduction du personnel, regroupement des moyens sur des sites moins nombreux, spécialisation des unités).

III. LE REGROUPEMENT D'ENTREPRISES COMPLÉMENTAIRES

Le regroupement d'entreprises complémentaires a pour objet l'exploitation des synergies existant dans quatre domaines principaux : les marchés, les clientèles, les produits, les ressources.

Les entreprises réunies ne s'adressent pas exactement au même marché *(par exemple : géographiquement elles vendent dans des régions ou pays différents)* ni aux mêmes clientèles *(par exemple : leurs images de marque sont différentes et correspondent à des segments de clientèle distincts).* Par ailleurs, elles ont des produits distincts *(par exemple : des gammes qui se complètent)* et en matière de ressources elles ont souvent des forces et des faiblesses qui se compensent mutuellement *(par exemple : un bon réseau commercial pour l'une et une bonne technologie pour l'autre).*

L'association de firmes complémentaires est motivée par la recherche d'effets de synergie en matière de production, d'approvisionnement et de distribution.

À titre d'exemple, au regard des quatre critères précédents – marchés, clientèles, produits et ressources – la création d'Aventis par fusion des sociétés allemande Hœchst et française Rhône-Poulenc dans le secteur pharmaceutique, illustre ces complémentarités existant entre firmes apparemment concurrentes si on raisonne d'un point de vue sectoriel et non du point de vue microéconomique. Il en va de même pour la récente fusion entre Aventis et Sanofi-Synthélabo.

C'est essentiellement la recherche d'effets de synergie qui explique les unions entre firmes complémentaires. La réunion des moyens, des produits, des marchés et des clientèles permet d'obtenir une meilleure **productivité** et d'assurer un meilleur **service à la clientèle** comme, par exemple, l'offre d'une gamme plus complète ou d'un réseau de distribution et de service après-vente plus dense.

IV. LE REGROUPEMENT D'ENTREPRISES D'UNE MÊME FILIÈRE

Le regroupement d'entreprises appartenant à des stades différents d'une filière permet au nouvel ensemble constitué d'obtenir trois avantages :

- un meilleur contrôle des approvisionnements : réduction des coûts d'achat, éviction des concurrents, constitution de barrières à l'entrée de la filière en cas de monopole d'approvisionnement ;
- une plus grande maîtrise de ses débouchés : contrôle du réseau de distribution, possibilité d'en interdire l'accès aux concurrents ;

L'intégration permet de contrôler les approvisionnements, la distribution ainsi que l'ensemble des stades de la filière pour accroître la rentabilité.

– une amélioration de la rentabilité grâce à l'intériorisation des profits intermédiaires réalisés aux différents stades de la filière.

Ce sont donc des objectifs à la fois stratégiques (verrouiller les filières) et financiers (réduire le coût d'accès aux ressources et aux marchés, internaliser les bénéfices) qui expliquent les regroupements à l'intérieur d'une filière.

À titre d'exemples, ces regroupements s'observent dans beaucoup de secteurs, au sein par exemple de la filière agro-alimentaire *(stratégies de Bongrain, de Danone)*, pétrochimique *(stratégie de Total)* ou électronique *(Thomson, Philips)*.

V. LE REGROUPEMENT D'ENTREPRISES DIVERSIFIÉES

La diversification est un moyen d'accès à de nouveaux métiers.

Les regroupements d'entreprises aux activités totalement distinctes répondent également à une double logique stratégique et financière.

Sur le plan stratégique, c'est un moyen d'accéder à de nouveaux métiers dont l'avenir est prometteur selon l'analyse en termes de cycle de vie du métier. La prise de contrôle de TF1 par Bouygues illustre cette situation. Parfois c'est un moyen d'opérer progressivement une reconversion d'activités. C'est ainsi que s'est initialement constitué le groupe Danone qui s'est désengagé de son activité verrière en rachetant des entreprises du secteur agro-alimentaire. De même, sur le plan financier, les groupes tels que les sociétés de fourniture d'eau *(Vivendi, Lyonnaise des eaux)* ont acquis des entreprises ou créé des filiales dans la télévision par câble. Les constructeurs informatiques ont acquis des sociétés de télécommunications. Ces opérations permettent à la fois de réduire les risques financiers, de stabiliser et d'accroître la rentabilité par une présence dans des métiers très variés ayant :
– des cycles conjoncturels différents (répartition des risques) ;
– un potentiel de profitabilité élevé (maximisation de la rentabilité).

Certains regroupements répondent à une logique industrielle dans la mesure où le nouveau métier, bien que très différent de l'ancien, peut bénéficier d'un savoir-faire transposable.

Ainsi, il n'y a, en termes d'activités, aucun rapport entre le traitement de l'eau et la diffusion d'images, cependant dans les deux cas il s'agit de l'exploitation de **réseaux** et de la gestion **d'abonnés** pour lesquels l'expérience acquise par les compagnies des eaux peut être mise à profit.

Il faut distinguer les diversifications répondant à une logique industrielle des diversifications purement financières.

D'autres regroupements répondent à une logique purement financière dans le cadre de sociétés de portefeuille (*holding*) ou de sociétés de capital risque (*joint-venture*) qui prennent le contrôle d'entreprises exerçant des métiers très différents en vue de réaliser des plus-values lors de la revente des titres des sociétés achetées, à l'issue de leur développement.

SECTION 4
LE CHOIX ENTRE CROISSANCE INTERNE ET CROISSANCE EXTERNE

En conclusion, le choix entre croissance interne et croissance externe dépend du type d'entreprise, de son activité et de sa stratégie.

	Caractéristiques	Types d'entreprises	Stratégies poursuivies
Croissance interne :	Processus interne à une entreprise	PME, grandes entreprises spécialisées	– Expansion horizontale – Économies d'échelle – Masse critique – Augmentation de la part de marché – Recherche d'un pouvoir de monopole
Croissance externe :	Regroupement de plusieurs entreprises	Grandes entreprises Groupes	– Expansion horizontale – Diversification – Intégration amont – Intégration aval – Maîtrise d'une filière

Chacun de ces modes de croissance présente des avantages et des inconvénients.

Croissance interne

Avantages

- Exploitation d'un domaine connu (expérience ; savoir-faire).
- Maintien de l'indépendance.
- Promotion du personnel.
- Maintien des structures de l'entreprise.

Faiblesses

- Difficultés pour maîtriser un nouveau domaine de compétence.
- Vulnérabilité (monoproduction).
- Sensibilité à la conjoncture.
- Délais d'apprentissage.
- Difficultés pour atteindre la taille critique.

La croissance interne est bien adaptée à l'expansion horizontale dans le cadre des activités actuelles de l'entreprise et des compétences dont elle dispose.

Ainsi le schéma précédent montre que, si elle assure la stabilité de l'organisation et la motivation du personnel, la croissance interne rend l'entreprise vulnérable et répond mal aux impératifs d'adaptation et de mutation face aux évolutions de l'environnement technique et commercial.

Croissance externe

Avantages

- Accès à des domaines nouveaux.
- Acquisition de compétences nouvelles.
- Diminution des risques.
- Remède à un manque de ressources.
- Complémentarité des ressources (synergie).
- Réduction de la concurrence.
- Franchissement rapide des seuils de dimension.

Faiblesses

- Importance des capitaux nécessaires.
- Coût d'achat élevé des acquisitions.
- Réorganisations compliquées.
- Intégration difficile des activités.
- Risque d'aggravation des déséquilibres.

La croissance externe permet de s'orienter vers de nouveaux métiers exigeant des compétences différentes de celles possédées par l'entreprise.

A contrario, le schéma ci-dessus montre que la croissance externe constitue la voie d'accès privilégiée à de nouvelles compétences, à de nouvelles activités et à de nouveaux métiers. En revanche elle pose des problèmes de coordination importants et est très coûteuse en capitaux nécessaires.

32

LES AXES DE CROISSANCE DE L'ENTREPRISE

La croissance d'une entreprise s'effectue selon des axes privilégiés. Le développement de l'entreprise peut se réaliser dans la continuité de ses activités actuelles : il s'agit d'une **croissance horizontale**. Souvent elle entraîne une expansion des activités situées en amont ou en aval de la production de la firme : on parle dans ce cas **d'intégration**. L'entreprise peut ajouter à ses productions actuelles des activités différentes : elle réalise alors une **diversification**. Enfin, elle peut étendre ses activités aux marchés étrangers : c'est une **internationalisation**.

Ainsi quatre grands axes de la croissance peuvent être identifiés :

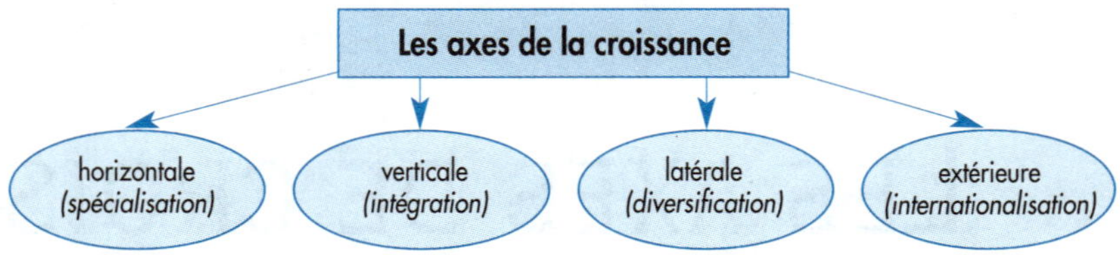

Dans ce chapitre nous traiterons des stratégies de spécialisation (Section 1), d'intégration (Section 2) et de diversification (Section 3) qui peuvent s'effectuer dans un cadre national ou international. Les problèmes spécifiques de l'internationalisation seront examinés dans le chapitre suivant.

SECTION 1
LA SPÉCIALISATION

La spécialisation résulte principalement d'une croissance interne.

Les stratégies de spécialisation se réalisent préférentiellement par croissance interne ; cependant de nombreuses opérations de croissance externe, par rapprochement avec des concurrents, entrent également dans le cadre d'une spécialisation. Dans les deux cas, il s'agit d'une croissance horizontale. Nous analyserons successivement les raisons puis les procédés de spécialisation.

I. LES RAISONS DE LA SPÉCIALISATION

La croissance horizontale est due à des causes techniques et économiques générales. Mais, par ailleurs, beaucoup d'entreprises adoptent cette stratégie de spécialisation en raison des avantages compétitifs qu'elle confère.

1. Les causes technico-économiques de la croissance horizontale

Les causes techniques ont conduit à l'installation de grands établissements spécialisés.

L'évolution technique a conduit à la construction d'unités d'approvisionnement (ex. : entrepôts), de transport (ex. : navires porte-conteneurs ; avions-cargos), de distribution (ex. : hypermarchés) et surtout de fabrication (ex. : usines de montage en construction aéronautique ou automobile ; float-glass dans l'industrie verrière...) spécialisées et de taille croissante pour réduire les coûts unitaires.

Le développement des marchés de masse conduit à la croissance de l'entreprise spécialisée.

Cependant, si l'évolution des techniques a poussé à la croissance de la taille des établissements, ce sont davantage actuellement des raisons économiques qui conduisent à la croissance horizontale des entreprises, notamment le développement de la consommation de masse liée à la *hausse du niveau de vie* moyen et à la relative *uniformisation des modes de vie*. La taille des marchés a donc augmenté pour la plupart des biens. La nécessité de détenir une part de marché significative pour des raisons commerciales conduit également à privilégier la croissance horizontale.

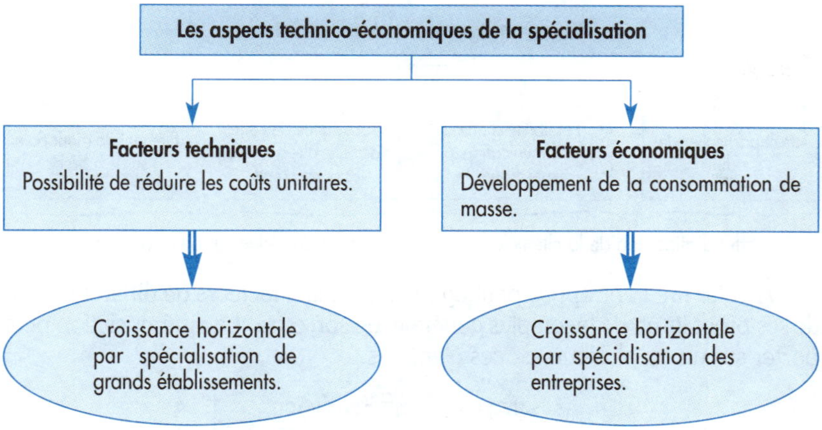

2. Les avantages compétitifs de la spécialisation

La spécialisation, qu'elle provienne d'un processus de croissance interne ou qu'elle résulte de l'association entre des firmes concurrentes, confère des avantages compétitifs provenant de plusieurs sources.

Elle génère d'abord des **effets d'expérience** et **d'économie d'échelle** qui sont des sources de baisse des coûts. Par ailleurs plus une entreprise est spécialisée plus elle atteint facilement la **taille critique** dans son domaine d'activité.

Plusieurs causes se combinent pour conférer à l'entreprise spécialisée des avantages compétitifs en termes de coûts et de marchés.

Dans le cas de croissance externe, la réunion avec des entreprises similaires **réduit la concurrence**, permet d'obtenir des **effets de synergie** et de réaliser des **actions communes**, notamment dans les domaines de la recherche et de l'action commerciale.

II. LES PROCÉDÉS DE SPÉCIALISATION

Au début de leur croissance, les PME adoptent une étroite spécialisation. Elles élaborent un **produit indifférencié** destiné à une **clientèle homogène** : par exemple Moulinex, à l'origine, ne produisait que des presse-purée.

Les PME sont généralement spécialisées dans une étroite monoproduction.
La spécialisation se définit en terme de métier exercé.
Les grandes firmes accroissent leur spécialisation par leurs politiques de différenciation, de gamme et de segmentation.

Cependant la spécialisation ne doit être confondue ni avec la monoproduction, ni avec la clientèle unique. C'est en terme de métier que s'apprécie la spécialisation : une entreprise est spécialisée lorsqu'elle exerce un seul métier.

Ainsi lorsque, du fait de sa croissance, l'entreprise spécialisée acquiert une grande taille, elle va pouvoir **différencier** ses produits, constituer une **gamme** complète dans le cadre de sa spécialité *(par exemple : créer une ligne entière d'appareils électro-ménagers)*, **segmenter** ses marchés et sa clientèle.

Les politiques de différenciation, de gamme et de segmentation constituent ainsi trois voies de spécialisation pour une entreprise.

1. La différenciation des produits

L'entreprise spécialisée peut singulariser ses produits par rapport à ceux des concurrents par une stratégie de différenciation qui présente des avantages concurrentiels.

La différenciation confère plusieurs avantages compétitifs.

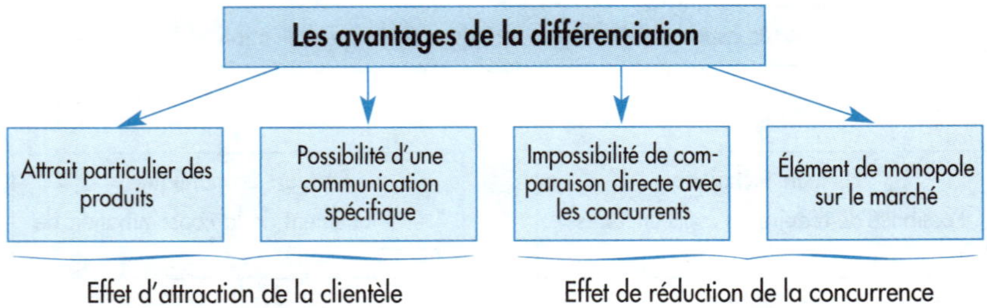

Il existe une série de facteurs de différenciation utilisables seuls ou de façon conjointe.

À cette fin, l'entreprise peut agir sur plusieurs facteurs de différenciation de ses produits et, de façon plus générale, de son offre. La différenciation peut porter sur un ou plusieurs de ces éléments.

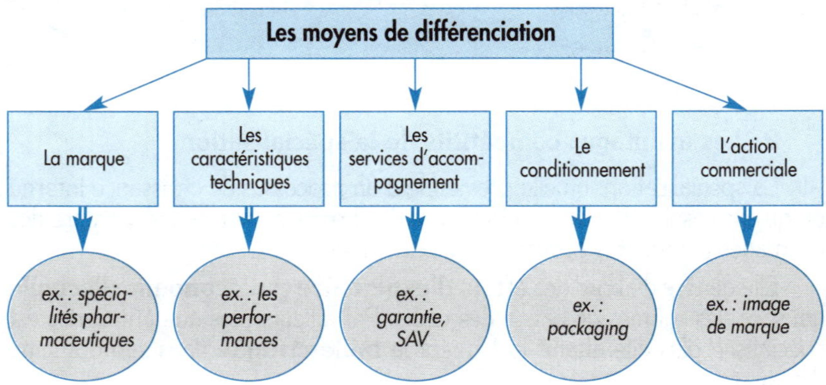

La réunion de plusieurs de ces facteurs de différenciation permet de dégager des **effets de synergie**, les différents éléments se renforçant mutuellement.

Pour constituer sa gamme de produits, l'entreprise peut suivre quatre directions principales.

2. La constitution d'une gamme de produits

La spécialisation ne doit pas être confondue avec la monoproduction, car la croissance horizontale se réalise généralement par la **constitution d'une gamme** de produits complémentaires s'adressant aux différents segments du marché (notamment aux diverses catégories de clientèle). La politique de gamme est une forme particulière de la stratégie de spécialisation d'une entreprise dans le cadre de son métier.

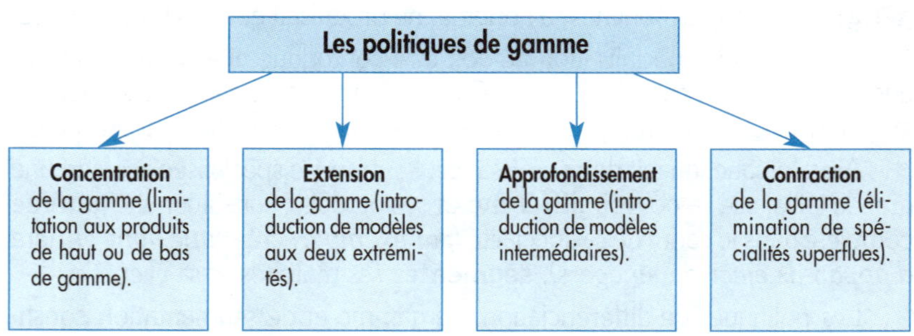

L'approfondissement de la gamme s'oppose à sa concentration. Des entreprises du même secteur adoptent des stratégies de spécialisation de leur gamme très variables.

Par exemple, à l'imitation de la compagnie General Motors qui a adopté cette stratégie sous l'impulsion d'Alfred Sloan dans les années 1930, la plupart des constructeurs automobiles ont progressivement constitué une gamme complète de véhicules tout en conservant leur **spécialisation dans un métier** caractérisé par le même type de **besoin** satisfait (le transport individuel) et la même **base technologique**.

Cet exemple montre que la spécialisation peut être plus ou moins étendue ; ainsi certains constructeurs automobiles ont adopté une spécialisation étroite en limitant leur production soit au bas de gamme (historiquement Ford avec la célèbre Ford T ; Renault et Volkswagen après la Seconde Guerre mondiale), soit au haut de gamme (actuellement Daimler-Benz, Volvo...).

La spécialisation en bas de gamme permet de bénéficier principalement de deux avantages : les économies d'échelle liées aux longues séries ; un volume de ventes important. La spécialisation en haut de gamme se justifie par une plus faible élasticité de la demande par rapport au prix, ce qui permet de réaliser des marges unitaires plus élevées.

Chaque forme de spécialisation a ses avantages selon que l'on s'adresse à un marché étroit ou large.

On voit ainsi que la spécialisation des produits est étroitement liée aux stratégies de segmentation du marché.

3. La segmentation de la clientèle

La spécialisation n'est donc pas la monoproduction. Elle ne doit pas non plus être confondue avec le marché unique. L'entreprise spécialisée peut pratiquer une stratégie de différenciation de ses clientèles. Plus sa taille est grande sur le marché, plus ses clients sont variés. De ce fait elle peut identifier des **segments de clientèle** différents auxquels elle s'adresse par une offre adaptée spécifiquement à chaque segment.

La segmentation de la clientèle accroît la spécialisation de l'entreprise qui fournit une offre spécifique à chaque segment de clientèle.

Les instruments de segmentation

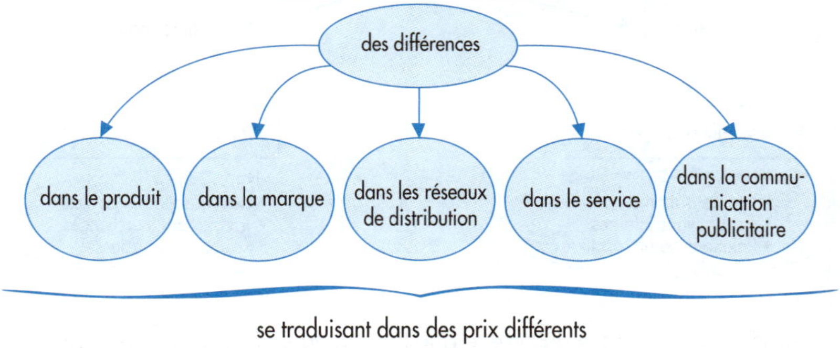

Les grandes firmes couvrent généralement les divers segments du marché. Les PME peuvent également croître dans le cadre d'une stratégie de segment en se spécialisant très étroitement. Elles exploitent alors des **interstices** de marché, pour un **produit très différencié** de celui des concurrents, en s'adressant à un **unique segment de clientèle.** On désigne sous le nom de **niche** cette spécialisation étroite portant sur le produit et la clientèle.

La spécialisation limitée à un seul segment constitue une stratégie de niche, mode de croissance privilégié des PME.

Ainsi, par exemple, l'entreprise Decaux s'est spécialisée dans la production et la gestion de « mobilier urbain », délaissé par les grandes firmes et destiné à la clientèle très spécifique des collectivités locales (notamment les municipalités), ce qui lui a assuré une croissance rapide et rentable sur un marché très peu concurrencé.

En conclusion, une entreprise qui réalise une croissance horizontale dispose de moyens d'action importants dans sa stratégie de produit (différenciation, gamme) et dans sa stratégie de clientèle (segmentation). Elle peut ainsi élargir ses marchés, accroître ses parts de marché et améliorer sa rentabilité, ce qui lui fournit les moyens financiers de sa croissance future. La croissance devient un processus cumulatif.

SECTION 2 L'INTÉGRATION VERTICALE

Après avoir défini l'intégration et précisé ses niveaux et les directions selon lesquelles elle peut se réaliser, nous analyserons ses objectifs, mais aussi les difficultés qu'elle présente.

I. INTÉGRATION ET IMPARTITION

La stratégie d'intégration s'oppose à la stratégie d'impartition. Elle consiste à internaliser des activités nouvelles au sein d'une filière de production.

L'intégration verticale se réalise généralement par croissance externe. Elle se définit comme le regroupement d'activités situées à des **stades successifs** du processus d'exploitation.

L'intégration se traduit par le remplacement des anciennes **transactions marchandes** qui reliaient la firme à ses clients ou à ses fournisseurs par des **transactions internes** à l'entreprise. On caractérise aussi cette stratégie d'intégration en disant que la **firme internalise des activités** nouvelles auparavant réalisées à l'extérieur par d'autres entreprises.

La stratégie d'**intégration** s'oppose à la stratégie d'**impartition** par laquelle l'entreprise, au contraire, confie à des tiers des achats, des fabrications ou des ventes qu'elle réalisait auparavant elle-même.

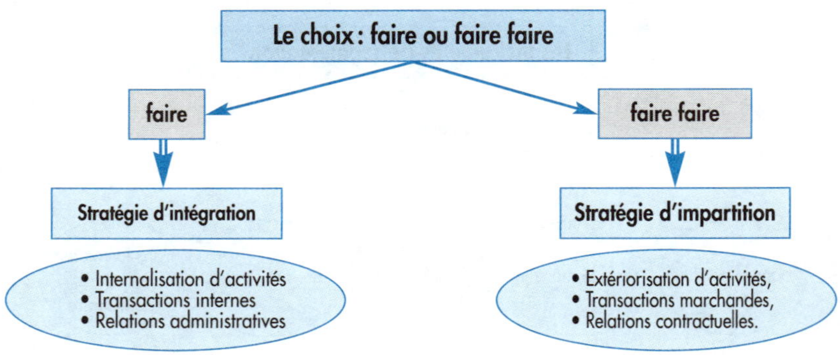

Ainsi une entreprise de presse qui se dote de sa propre imprimerie *(ex. : le journal « Le Monde »)* au lieu de s'adresser à un imprimeur spécialisé réalise une opération d'intégration. Inversement une entreprise qui confie à une société d'affacturage le recouvrement des créances qu'elle détient sur ses clients effectue une opération d'impartition.

II. LES NIVEAUX DE L'INTÉGRATION

Il y a trois niveaux d'intégration.

L'intégration peut être plus ou moins étendue dans les activités et, de ce point de vue, on distingue l'**intégration complète** et l'**intégration modulée**. Elle peut se réaliser selon des formes différentes et, à cet égard, il faut distinguer l'intégration de la **quasi-intégration**. La combinaison de ces deux critères – activité intégrée et forme d'intégration – conduit à identifier les trois niveaux d'intégration présentés sur le schéma ci-après.

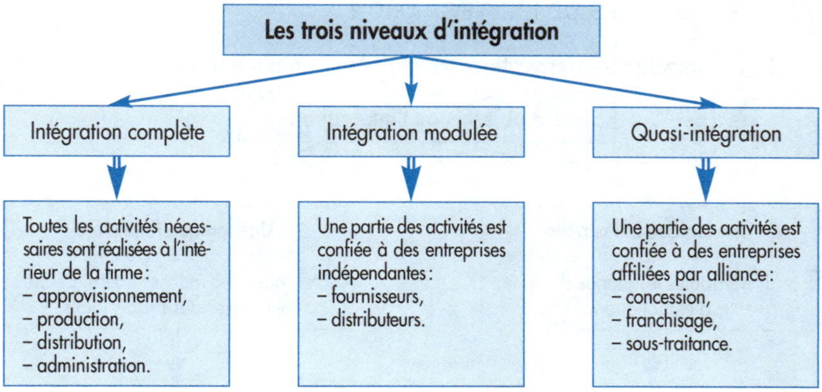

III. LES DIRECTIONS DE L'INTÉGRATION

L'intégration peut s'effectuer dans trois directions principales :

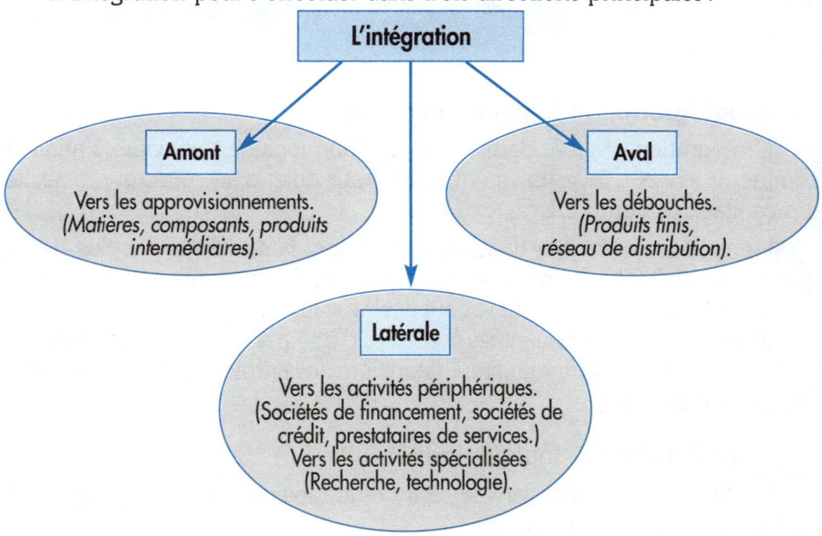

Les intégrations vers l'amont et vers l'aval sont les plus fréquentes.
Mais l'entreprise peut aussi intégrer des activités périphériques, telles que le financement et les services, ainsi que des activités spécialisées ayant un caractère stratégique.

Lorsqu'elle est complète, l'intégration correspond à une **stratégie de filière**. Ainsi les grands groupes électroniques sont intégrés depuis les composants jusqu'aux produits de grande consommation *(ex. : Philips)*, et les compagnies pétrolières ont réalisé une intégration « du puits à la pompe » *(ex. : Exxon)*. La stratégie de filière présente quatre avantages principaux.

L'intégration complète constitue une stratégie de filière.

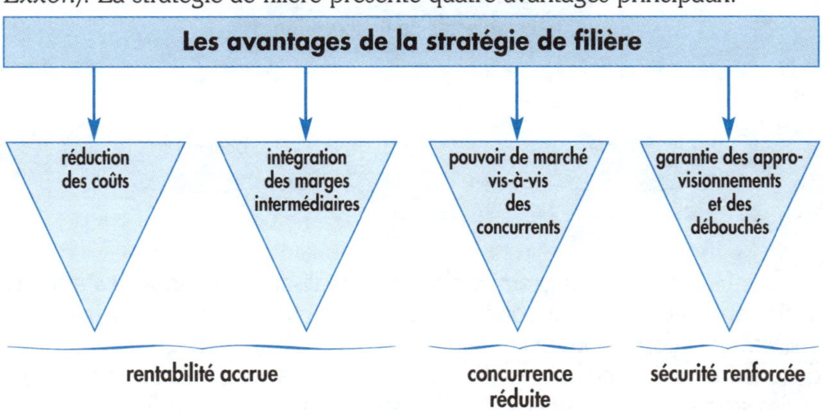

IV. LES OBJECTIFS DE L'INTÉGRATION

Deux objectifs fondamentaux fondent la stratégie d'intégration.

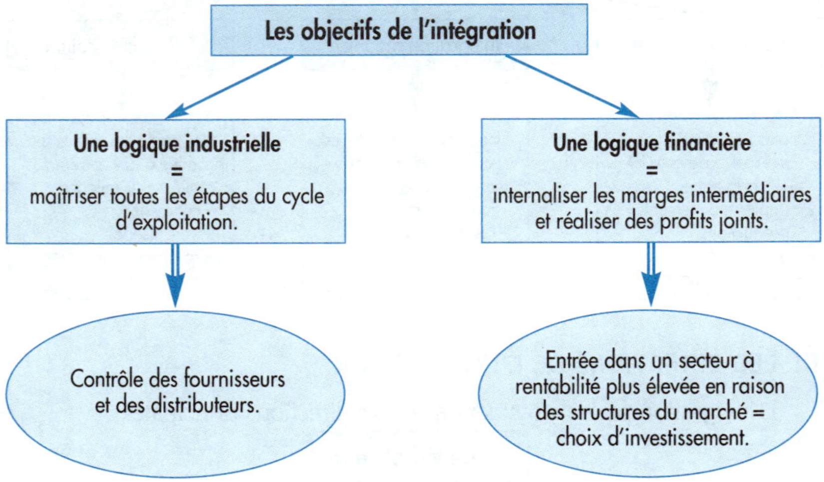

L'intégration a des objectifs industriels et des objectifs financiers.

1. Intégration et logique financière

L'intégration doit être étudiée comme un nouvel investissement de l'entreprise dont la rentabilité doit être vérifiée.

L'intégration réalisée dans le cadre d'une logique financière s'analyse comme un choix d'investissement ayant pour objet d'accroître la rentabilité des capitaux de l'entreprise.

L'entreprise va rentrer dans un secteur dont la rentabilité est plus élevée que son activité actuelle, par exemple en raison de structures de marché non concurrentielles. Elle compare le coût des capitaux investis avec le rendement attendu du capital. Cependant les stratégies d'intégration correspondent rarement exclusivement à une logique financière ; elles traduisent généralement une logique industrielle.

2. Intégration et logique industrielle

L'intégration réalisée dans le cadre d'une logique industrielle répond à quatre préoccupations principales :

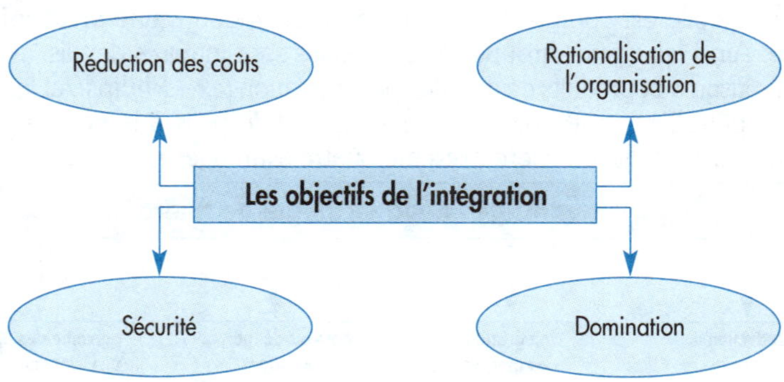

L'intégration permet de réduire les coûts, d'améliorer l'organisation, d'accroître la sécurité et l'indépendance de l'entreprise vis-à-vis de ses anciens clients et fournisseurs.

L'intégration a pour premier objectif de réaliser des **économies sur les coûts** antérieurement supportés lors des transactions marchandes : coûts de collecte de l'information sur les marchés, coûts et délais des négociations, coûts de fonctionnement de l'appareil commercial nécessaire, coûts des emballages et des stocks intermédiaires, coûts de distribution et d'approvisionnement…).

L'intégration rend possible la **rationalisation** de l'organisation par le rapprochement géographique des installations, l'harmonisation des plannings de production, l'utilisation d'installations communes et la réduction du nombre d'étapes productives.

Par ailleurs l'intégration permet de garantir la **sécurité des approvisionnements et des débouchés**, notamment en cas de pénurie ou de mévente, en rendant la firme indépendante des aléas du marché et des stratégies des anciens clients ou fournisseurs désormais intégrés.

Elle a aussi un impact sur la concurrence vis-à-vis de laquelle elle permet d'élever des barrières à l'entrée.

Enfin, par le contrôle des stades amont et aval du cycle d'exploitation, l'entreprise a la possibilité de dresser vis-à-vis de ses concurrents des **barrières à l'entrée** (ex. : se réserver un monopole d'approvisionnement en matières ou en composants essentiels). Elle exerce ainsi des **effets d'éviction** (en rendant impossible l'accès au marché) ou des **effets de domination** (en rendant coûteux l'accès au marché par l'imposition de prix ou de marges commerciales majorés).

Principales motivations des opérations d'intégration	
Vers l'amont	Vers l'aval
• contrôler la régularité, la qualité et les coûts des approvisionnements, • éliminer, par des barrières à l'entrée, les autres utilisateurs de la matière première ou en renchérir le coût, • réaliser, par un effort de recherche, des innovations technologiques utilisables ensuite aux stades ultérieurs de production.	• s'assurer des débouchés réguliers et importants, • contrôler le circuit de distribution et en réduire le coût, • créer des barrières à l'entrée pour éliminer les concurrents du circuit de distribution, • accroître la rentabilité de l'ensemble constitué en intégrant dans une seule entreprise les profits afférents aux divers stades d'élaboration d'un produit.

En résumé, la croissance par intégration présente des avantages décisifs du triple point de vue de la **sécurité** (des approvisionnements, des débouchés), de la **concurrence** (édification de barrières à l'entrée difficiles à contourner par les concurrents) et de la **rentabilité** (réduction des coûts, intégration des marges intermédiaires).

V. LES DIFFICULTÉS DE L'INTÉGRATION

Les stratégies d'intégration ne sont accessibles qu'aux grandes entreprises disposant de capitaux suffisants ; en outre elles ne sont efficaces que dans certains secteurs en raison des obstacles à surmonter.

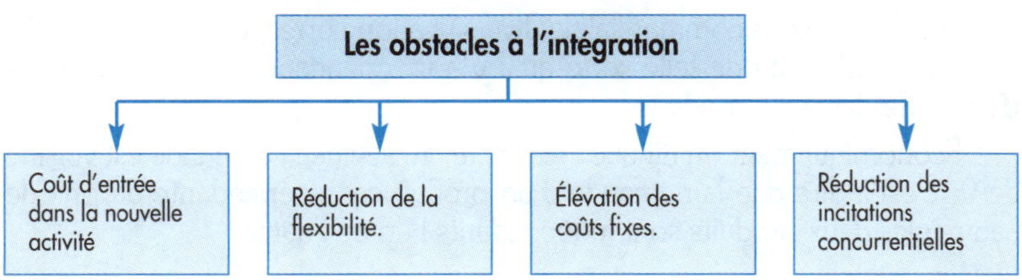

L'intégration exige des capitaux importants.

L'entrée dans la nouvelle activité exige des **capitaux importants**, ce qui n'est accessible qu'aux **entreprises disposant de forts excédents financiers** au-delà des capitaux nécessaires au développement de leurs activités traditionnelles. De ce point de vue les procédés de quasi-intégration réduisent fortement les besoins en capitaux : dans ce cas en effet les investissements sont souvent à la charge des entreprises affiliées (par exemple en cas de franchise, le franchisé doit fournir les locaux et acquérir les équipements).

La réduction de la flexibilité et la hausse des coûts fixes constituent des conséquences défavorables de l'intégration.

L'intégration entraîne également une **réduction de la flexibilité** et une **élévation des coûts fixes.** Ces phénomènes proviennent du remplacement des anciens clients et fournisseurs par des services internes à l'entreprise : en cas de baisse d'activité il est beaucoup plus difficile de supprimer des moyens internes (nécessité de licencier, de céder des actifs) que de ne pas renouveler des contrats commerciaux. C'est pour réduire leurs coûts fixes et conserver leur flexibilité que beaucoup d'entreprises préfèrent la quasi-intégration (ex. : sous-traitance) à l'intégration.

En réduisant la pression du marché l'intégration peut conduire à une moindre efficacité de l'entreprise.

Enfin l'intégration, en substituant des rapports internes aux relations marchandes, **réduit les incitations à améliorer l'efficacité** de la gestion car la pression de la concurrence ne s'exerce plus. Pour y remédier l'entreprise doit mettre en place un système de décentralisation et de contrôle de gestion fournissant les mêmes informations que le marché sur les coûts et les résultats des diverses unités intégrées, ce qui pose d'importants problèmes d'organisation.

SECTION 3
LA DIVERSIFICATION

La diversification consiste à ajouter des métiers nouveaux aux activités actuelles de l'entreprise.

La diversification consiste, pour une entreprise, à compléter son métier actuel par de nouvelles activités ayant des caractéristiques techniques et commerciales différentes et exigeant des **compétences distinctes**.

L'entreprise diversifiée se définit ainsi par la **coexistence de plusieurs métiers** correspondant à un portefeuille d'activités hétérogènes.

I. LES FORMES DE LA DIVERSIFICATION

La diversification comporte des aspects techniques et commerciaux.

La diversification est technique lorsque des fonctions de production différentes sont nécessaires pour produire les divers biens.

D'un point de vue technique, il y a diversification lorsque les **fonctions de production** servant à fabriquer les biens sont différentes au niveau des matières utilisées (ex. : les différents types de matériaux pour réaliser des emballages) ou des techniques employées (ex. : fabrication en série ou en continu).

La diversification est commerciale lorsqu'on s'adresse à des marchés sur lesquels les lois de demande sont différentes.

Du point de vue commercial, la diversification correspond à des produits de nature différente de telle sorte qu'il y a indépendance entre les **lois de demande** des deux produits.

Économiquement on dit que l'élasticité croisée de la demande est voisine de 0, c'est-à-dire que la demande d'un produit est indépendante du prix de l'autre : les deux produits sont indépendants l'un de l'autre.

$$e = \frac{\Delta D_A}{D_A} : \frac{\Delta p_B}{p_B} \approx 0$$

Cette formule exprime que la variation en pourcentage du prix de B (p_B) est sans influence sur la demande de A (D_A).

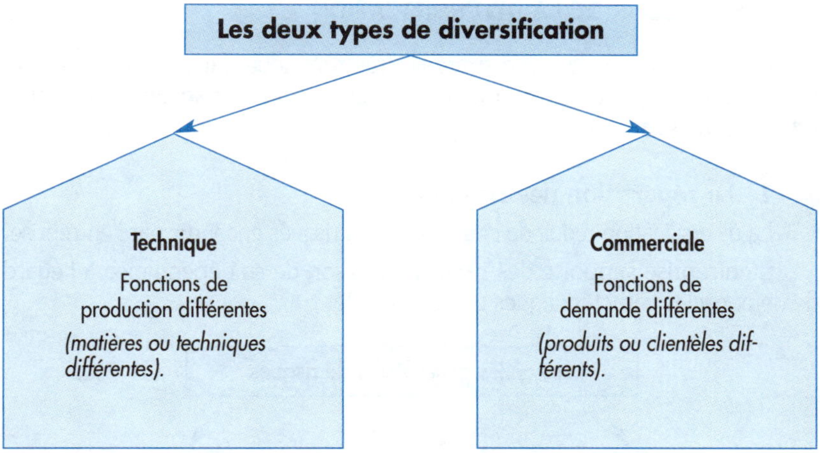

La diversification intégrale correspond à un changement complet de métier portant sur quatre axes de diversification.

Parfois les deux formes de diversification, technique et commerciale, se combinent car un métier nouveau se définit par des matières, des produits, des techniques et des marchés souvent différents de ceux des activités d'origine. Il s'agit alors d'une diversification intégrale très éloignée du métier d'origine tant du point de vue technique (technologie mais aussi matières utilisées) que du point de vue commercial (produits et clients nouveaux).

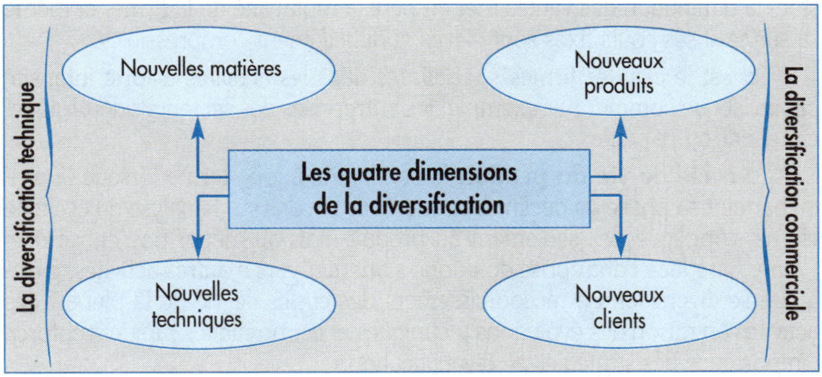

Les diversifications partielles peuvent se réaliser par croissance interne.

Lorsque la diversification se réalise par croissance interne, elle porte rarement simultanément sur les quatre variables (matière, technique, produit et marché) car l'entreprise utilise ses compétences dans un domaine (par exemple la connaissance des clients ou des techniques) pour explorer un nouveau métier ; mais elle ne possède pas l'ensemble des compétences nécessaires à une diversification intégrale.

Ainsi, lorsque les banques s'orientent vers le secteur de l'assurance, elles se dirigent vers de nouveaux produits mais connaissent déjà largement les clientèles et les techniques financières.

Les diversifications intégrales exigent le recours à la croissance externe pour acquérir les compétences nécessaires.

La croissance externe, au contraire, est une voie d'accès à la diversification intégrale. La firme utilise le savoir-faire technique et commercial d'une autre entreprise qu'elle acquiert. De manière générale la diversification se réalise souvent par croissance externe car cette dernière permet de disposer sans délai d'une expérience précieuse dans le nouveau métier, et ainsi d'éviter les erreurs et les retards qui sont souvent des handicaps concurrentiels insurmontables.

II. LES RAISONS DE LA DIVERSIFICATION

La diversification est une stratégie très répandue dans la vie des entreprises car elle répond à des impératifs de répartition de **risques** et d'amélioration de la **rentabilité**.

1. La répartition des risques

La diversification réduit de deux façons les risques encourus par l'entreprise.

L'entreprise supporte des risques en raison de sa dépendance à l'égard de deux cycles caractéristiques de son activité.

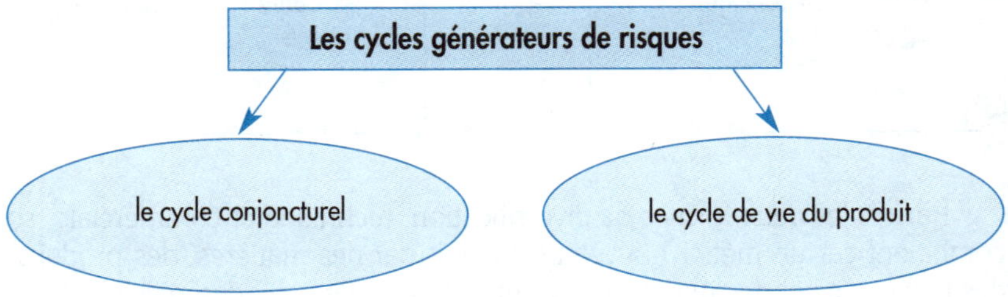

La diversification permet de réduire les risques liés à la conjoncture par des compensations entre produits ayant des cycles conjoncturels différents.

Le **cycle conjoncturel** la rend vulnérable, à court et moyen terme, aux variations de la demande. En période de basse conjoncture (récession, dépression) la diminution des ventes met en péril la rentabilité de la firme, et même sa survie si ses coûts fixes sont élevés et difficilement compressibles.

Tel est le cas des firmes spécialisées dans les activités à forte intensité capitalistique comme, par exemple, les entreprises des secteurs sidérurgique, cimentier ou papetier.

La diversification constitue un moyen de remédier au vieillissement des produits au terme de leur cycle de vie.

Le **cycle de vie du produit** la condamne à long terme lorsque le produit atteint sa phase de déclin. Comme nous l'avons vu, l'analyse du cycle de vie ne s'applique pas seulement au produit mais au métier de l'entreprise. Pour y faire face l'entreprise doit donc s'orienter vers d'autres activités, c'est-à-dire se diversifier. Le raccourcissement des cycles de vie de la plupart des activités en raison des évolutions techniques et économiques rapides renforce l'importance des stratégies de diversification.

2. L'amélioration de la rentabilité

L'amélioration de la rentabilité constitue la seconde raison de la diversification. La concurrence est plus faible dans les nouvelles activités tant que le savoir-faire pour les nouvelles techniques et les nouveaux produits n'est maîtrisé que par un petit nombre d'entreprises. La diversification permet de **s'orienter vers les nouveaux marchés plus rentables.**

La diversification est un moyen de s'orienter vers de nouveaux marchés plus rentables et d'employer les excédents financiers.

Cette situation correspond aux entreprises qui ont accumulé des excédents financiers importants qu'elles ne peuvent réinvestir dans leurs activités actuelles. La diversification constitue pour elles un **moyen d'affecter de façon rentable les excédents financiers.** En résumé la diversification constitue un moyen de réduire la vulnérabilité de l'entreprise face aux risques, de remédier au déclin de la demande et de mettre en œuvre une stratégie de redéploiement vers des activités plus rentables.

Ces différentes motivations d'une stratégie de diversification correspondent à des situations d'entreprises contrastées, ce qui conduit à distinguer, en fonction de la position de l'entreprise, deux sortes de diversifications.

Les deux sortes de diversifications

- De placement (entreprises à excédent de liquidités dont le métier est en phase d'expansion).
  - La diversification est une opportunité = Les nouveaux métiers peuvent compléter les anciens.
- De redéploiement (entreprises dont le métier est en phase de maturité ou de déclin).
  - La diversification est une contrainte = Les nouveaux métiers doivent remplacer les anciens

La diversification peut être volontaire dans le cas de placement de capitaux, ou subie en cas de nécessité de changement d'activité.

III. LES PROBLEMES POSÉS PAR LA DIVERSIFICATION

La diversification pose à l'entreprise deux catégories de problèmes situés à des stades différents.

Avant de réaliser sa diversification, l'entreprise doit répondre à deux questions essentielles.

Les questions de la diversification

- Le choix du nouveau métier
  - Quel secteur, quelles activités ?
- Le choix du mode d'accès
  - Croissance interne ou croissance externe ?

Lorsque la diversification a été décidée, du double point de vue du métier et du mode d'accès, il reste à résoudre d'importants problèmes pour la réalisation des opérations de diversification.

Préalablement à toute diversification il faut examiner deux questions essentielles.
Après la diversification plusieurs catégories de problèmes doivent être résolus.

Nature des problèmes résultant d'une diversification

Financiers	**Juridiques**	**Humains**	**Organisationnels**
– Évaluer les capitaux nécessaires. – Trouver les sources de financement. – Assurer le montage financier.	– Choisir le cadre juridique de la nouvelle activité. – Déterminer la valeur des titres et les parités d'échange. – Négocier les contrats.	– Formation. – Reconversion. – Réaffectation. – Licenciement. – Embauche.	– Intégration de la nouvelle activité. – Restructuration. – Contrôle de gestion.

IV. LES VOIES D'ACCÈS À LA DIVERSIFICATION

Le mode d'accès au nouveau métier dépend de l'éloignement de ce dernier, en termes de compétences nécessaires, par rapport au métier actuel.

La diversification s'obtient par croissance interne ou par croissance externe pour accéder au nouveau métier. Mais les deux questions, du **métier** à choisir et du **mode d'accès** à utiliser, ne sont pas indépendantes. L'option entre développement interne et acquisition d'une firme déjà existante conditionne en effet les métiers auxquels l'entreprise peut accéder. Lorsque le nouveau métier est proche, par les compétences qu'il exige (savoir-faire technique et commercial) du métier actuel de l'entreprise, la croissance interne est possible. En revanche plus le nouveau métier est éloigné des activités actuelles, plus le recours à une stratégie d'acquisition s'avère nécessaire.

Nous verrons donc successivement les cas de diversification par croissance interne, puis les opérations de diversification par croissance externe.

1. La diversification par croissance interne

Lorsqu'une firme désire se diversifier, elle doit répondre à deux questions essentielles :
- Quels sont les risques des nouveaux métiers envisagés ?
- Quels sont les facteurs de choix entre les divers métiers possibles ?

• *Les risques des nouveaux métiers*

La diversification par croissance interne entraîne quatre sortes de risques.

Bien que la diversification ait pour objectif ultime de réduire le risque pour l'entreprise en élargissant son portefeuille d'activités, dans l'immédiat la réalisation d'une diversification est une opération risquée. Quatre sortes de risques doivent être pris en compte pour le choix du nouveau métier.

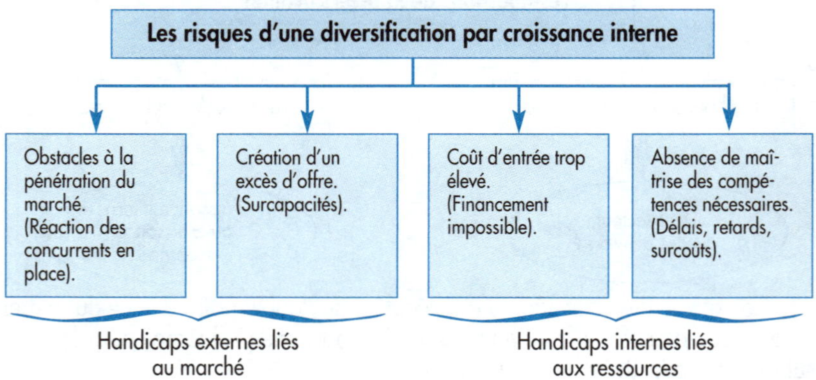

Les risques constituent des handicaps au succès de la diversification. Ils proviennent du marché, mais aussi des ressources de l'entreprise.

Puisqu'elle procède par développement interne, l'entreprise constitue un nouveau venu sur le marché. Le premier risque est donc celui d'une **réaction des concurrents** déjà installés qui peuvent engager des **actions de riposte** (ex. : baisse brutale des prix) ou élever des **barrières à l'entrée** (ex. : verrouiller les approvisionnements ou le réseau de distribution).

Le second risque est que le nouvel arrivant entraîne un **excès d'offre** sur le marché, provoquant une mévente, la guerre des prix et des luttes commerciales.

Un troisième risque est lié aux **coûts d'entrée** sur le marché : capitaux nécessaires en immobilisations, en stocks et en dépenses d'action commerciale pour imposer sa marque. Ces coûts d'entrée risquent d'être trop élevés par rapport aux capacités financières de l'entreprise, ils risquent aussi de rendre non rentable la nouvelle activité.

Enfin le dernier risque tient aux **pertes de démarrage.** Elles proviennent du fait que le produit est en phase de lancement et que les volumes sont faibles, d'où des surcoûts en raison de l'absence d'économies d'échelle et d'apprentissage. L'entreprise qui se diversifie par croissance interne risque ainsi d'accumuler les erreurs, les délais et les retards pendant que les autres firmes déjà expérimentées vont au contraire s'implanter solidement sur le marché. Plus généralement l'absence de maîtrise par une firme de la totalité des compétences nécessaires à l'exercice du nouveau métier peut lui infliger des handicaps concurrentiels insurmontables.

• *Les facteurs de choix du nouveau métier*

Pour minimiser ces risques, l'entreprise doit découvrir les métiers **où le marché est peu concurrentiel,** et pour lesquels elle dispose d'une **partie des compétences nécessaires.** Elle réduit ainsi les handicaps internes (venant de ses ressources) et les handicaps externes (émanant des concurrents) de sa diversification.

La diversification par croissance interne doit s'effectuer vers des activités peu concurrencées et pour lesquelles l'entreprise dispose d'une partie des compétences nécessaires.

La firme s'orientera préférentiellement dans des **secteurs nouveaux** où il y a peu de concurrents déjà installés.

Il est également recommandé de s'implanter dans des **activités à croissance rapide** car il est plus facile de conquérir la demande nouvelle résultant de la croissance du marché, plutôt que d'empiéter sur les parts de marché de concurrents déjà installés.

De manière générale la diversification vers des marchés caractérisés par un **excès de demande** est conseillée. Il y a en effet peu de risques de créer des surcapacités et d'entraîner une riposte des concurrents. De la même façon ces risques seront réduits si l'entreprise se diversifie vers des marchés où **l'offre est dispersée** entre beaucoup de petites entreprises qui ont peu de capacités de réaction. À l'inverse il est difficile de se diversifier vers les secteurs où le marché est en équilibre et fortement concentré comme l'oligopole (ex. : marché des détergents ménagers).

Il est préférable de s'orienter vers des secteurs nouveaux, à excès de demande et à croissance rapide, avec une offre peu concentrée.

Enfin une entreprise a intérêt à pénétrer dans des **secteurs où elle peut utiliser une partie de ses compétences actuelles** (par exemple sa technologie, son circuit de distribution, sa marque), sans devoir les acquérir par un long et coûteux apprentissage. De même les nouveaux **métiers à faibles coûts fixes** seront préférés pour une diversification interne de façon à atteindre rapidement la taille critique.

On peut ainsi identifier sept principaux cas dans lesquels une entreprise peut adopter une stratégie de diversification par croissance interne, présentés dans le schéma de la page suivante.

2. La diversification par croissance externe

La diversification par croissance externe consiste à **acquérir d'autres firmes** opérant dans des métiers différents.

L'entreprise doit, dans ce cas, se présenter sur le marché des firmes à vendre et y engager des actions de prospection et de négociation. L'acquisition comme la vente d'une entreprise répond à une **logique financière d'investissement.** Il faut, pour que la diversification soit intéressante, que le prix d'achat soit au plus égal à la valeur actuelle des profits futurs attendus. En effet les propriétaires d'une entreprise n'acceptent de la céder qu'à un prix compensant les profits futurs auxquels ils renoncent en la vendant.

La diversification par croissance externe s'analyse comme un investissement, dont il faut s'assurer de la rentabilité.

Il existe un écart important entre les profits escomptés par l'acheteur et par le vendeur de telle sorte qu'il y a une marge de négociation entre un prix plancher (résultant des profits anticipés par le vendeur) et un prix plafond (résultant des profits anticipés par l'acheteur).

Les contraintes pesant sur les propriétaires d'une firme peuvent ainsi les conduire à la céder à un prix avantageux lorsqu'ils se heurtent à des problèmes insolubles sans le **recours à un partenaire extérieur** : absence de successeur aux dirigeants âgés, partage d'un héritage, besoin de capitaux pour financer d'autres activités, manque d'une ressource essentielle pour assurer la survie de l'entreprise comme des capitaux, une technologie ou une capacité de gestion.

De nombreuses raisons fournissent des opportunités de rachat d'entreprises pour se diversifier.

Du côté de l'acheteur, la diversification à un prix avantageux est facilitée lorsqu'il est seul capable de rendre l'entreprise performante parce qu'**il possède des actifs ou des compétences qui améliorent son fonctionnement.**

De même, lorsque l'entreprise convoitée est dans la **dépendance de l'acheteur**, par exemple pour des raisons techniques ou commerciales, l'opération de diversification est plus aisée et moins coûteuse. Beaucoup de ces diversifications répondent à une logique de rapprochement industriel et non à une logique purement financière.

Enfin les opérations de diversification par acquisition sont financièrement intéressantes lorsque le marché financier est déprimé (le cours des titres est bas) et lorsque la conjoncture économique est maussade (les anticipations de profit sont faibles et la firme convoitée peut avoir une situation de trésorerie l'obligeant à accepter l'offre de rachat). Dans ces circonstances les offres publiques d'achat (OPA) permettent de réaliser à un prix intéressant des opérations de diversification.

Les stratégies de diversification tendent actuellement à être remises en cause au profit des stratégies inverses de **recentrage sur le métier** qui permettent, en concentrant les ressources sur le cœur du métier de l'entreprise, de mieux maîtriser les coûts et l'innovation et donc d'améliorer la compétitivité de l'entreprise dans un environnement mondial fortement concurrentiel.

Lorsque l'entreprise a des compétences spécifiques ou des relations commerciales avec la firme qu'elle acquiert pour se diversifier, elle le fait généralement à un prix avantageux et ajoute une dimension industrielle à l'opération financière réalisée.

En conclusion, spécialisation, intégration et diversification constituent trois modalités de la croissance des entreprises, différentes par leurs caractéristiques et par les objectifs poursuivis résumés sur le tableau suivant.

Modalité de croissance	Caractéristiques	Objectifs
I. Spécialisation (croissance horizontale)	Réunion de firmes concurrentes sur un produit ou un marché.	• Réduire la concurrence. • Augmenter la part de marché. • Abaisser les coûts. • Atteindre la masse critique. • Rechercher une synergie. • Réaliser des actions communes.
II. Intégration (croissance verticale)	Regroupement d'entreprises situées à des stades successifs du processus de production : – vers l'amont (approvisionnements) ; – vers l'aval (distribution).	• Contrôler les approvisionnements. • Contrôler les débouchés. • Maîtriser la filière. • Éliminer les concurrents. • Créer des barrières à l'entrée. • Accroître la rentabilité.
III. Diversification	Regroupement de firmes ayant des activités différentes quant aux : – matières traitées, – produits fabriqués, – marchés exploités, – technologies utilisées.	• Tirer parti des cycles de vie des produits et des techniques. • Réduire les risques. • Stabiliser la rentabilité. • Maximiser le profit. • Opérer un redéploiement vers un nouveau métier.

33

L'INTERNATIONALISATION DE L'ENTREPRISE

L'implantation internationale des entreprises est un phénomène complexe qui s'effectue par étapes ; c'est le processus d'internationalisation (Section 1). Il aboutit à la multinationalisation, c'est-à-dire à l'existence de firmes multinationales aux activités, aux structures et aux comportements spécifiques (Section 2).

Elle s'insère dans le contexte général de mondialisation de l'économie dont elle constitue l'un des principaux aspects.

SECTION 1
LE PROCESSUS D'INTERNATIONALISATION

L'internationalisation d'une entreprise revêt de multiples aspects mais peut s'appréhender, d'une manière générale, comme l'intrusion d'une firme sur des territoires géographiquement, culturellement, économiquement et juridiquement différents de ceux de son marché national dont ils sont séparés par des frontières multiformes (tarifaires, sanitaires, administratives, fiscales, réglementaires…).

I. LES RAISONS DE L'INTERNATIONALISATION

Les raisons de l'internationalisation sont très anciennes, comme le montre l'étude des précédents historiques, mais des facteurs contemporains lui ont donné une ampleur et des formes nouvelles.

1. Les précédents historiques

Les marchés se sont progressivement élargis : de locaux, puis nationaux, ils sont devenus internationaux.

Historiquement, le développement des entreprises s'est réalisé par l'extension géographique de leurs marchés. À l'origine **locaux**, les marchés sont devenus **nationaux** au XIXe siècle sous une double influence politique (émergence des États nationaux ; suppression des barrières douanières internes) et technique (développement du chemin de fer pour les transports). Ils se sont **internationalisés** au XXe siècle sous l'influence conjuguée de plusieurs facteurs, surtout au cours de la seconde moitié de ce siècle. Cependant ce mouvement d'internationalisation, s'il s'est beaucoup amplifié et généralisé à l'époque contemporaine, est très ancien.

L'Histoire révèle le rôle marchand des Phéniciens, des Juifs, des Lombards, des Hollandais et des Anglais dans le négoce, principalement pour les étoffes, les épices et les métaux précieux, de l'Antiquité au Moyen Âge et à la Renaissance.

2. Les facteurs contemporains

Jusqu'au XIXe siècle, les échanges internationaux portaient sur le commerce de matières ou de produits finis.
Au XXe siècle, les firmes industrielles participent aux échanges en internationalisant leur production.

La fin du XIXe siècle marque cependant une évolution fondamentale dans le rôle des entreprises en matière d'échange international. Alors qu'auparavant les transactions portaient essentiellement sur des produits finis destinés à des besoins de consommation et étaient l'apanage des commerçants, les firmes industrielles vont en devenir, au XIXe siècle, un partenaire actif en y cherchant pour elles-mêmes et non plus par négociants interposés, des approvisionnements (en matières premières) et des débouchés (pour leurs produits finis). Les firmes multinationales naissent ainsi dans les domaines énergétiques (sociétés pétrolières), miniers et agro-alimentaires (United Fruit en Amérique ; Unilever, Nestlé en Europe). Ce mouvement séculaire s'est accéléré en raison de facteurs techniques, économiques et politiques.

Les facteurs de l'internationalisation

Techniques

- La baisse des coûts des transports internationaux.
- La réduction des temps de transport.
- L'accroissement des capacités de production.
- Les gains de productivité dans les transports.

Économiques

- La qualification de la main-d'œuvre.
- Le niveau des salaires.
- La saturation de la demande dans les pays industrialisés.
- L'inégale dotation des pays en ressources productives.
- L'importance croissante du savoir-faire technologique très inégalement réparti.
- L'apparition d'un cycle de vie international des produits.
- L'uniformisation partielle des modes de consommation.

Politiques

- La réduction des barrières douanières.
- La diminution des obstacles non tarifaires.
- La création de zones de libre-échange et de communautés économiques.
- L'idéologie du libre-échange.
- Les incitations des pouvoirs publics.
- Le rôle des institutions communales internationales (GATT puis OMC).

Trois catégories de facteurs conduisent à l'internationalisation des entreprises.

Sous l'influence de ces facteurs, l'internationalisation va prendre de nouvelles formes. Jusqu'alors limitée à l'*approvisionnement* et à la *distribution*, la **mondialisation des activités** va envahir les domaines de la *fabrication*, du *financement*, et des *prestations de service* aboutissant à une délocalisation des productions et à l'émergence de firmes opérant dans une **optique** et **à l'échelle mondiales**. Les firmes multinationales (FMN) apparaissent avec l'implantation de filiales de production, et non plus seulement de distribution ou d'approvisionnement dans plusieurs pays étrangers.

Le mouvement d'internationalisation affecte la production mais aussi le financement et les activités tertiaires de prestation de services.

Dans ce contexte conditionné par les facteurs généraux précédemment étudiés, les firmes vont contribuer à une mondialisation partielle mais croissante des échanges économiques, la lutte concurrentielle se situant désormais sur des marchés mondiaux.

Les stratégies mondiales conduisent à la délocalisation des activités.

En effet, la vision mondiale confère aux firmes des avantages déterminants. À l'échelle planétaire, les grandes entreprises :

- ouvrent de **nouveaux marchés**, relayant et complétant les marchés arrivés à maturité dans leur pays d'origine (en raison du cycle de vie international qui caractérise de nombreux produits) ;
- sont présentes sur des **marchés moins concurrentiels** ;
- trouvent des **avantages de coût** pour leur production, notamment en matière salariale (inégalité des niveaux de vie et de rémunération), sociale (disparité des régimes de protection sociale) et fiscale (existence de paradis fiscaux) ;
- peuvent contourner **les obstacles à la pénétration des marchés étrangers** *(implantation des entreprises japonaises en Europe)* ;
- profitent des **différences dans les réglementations** des différents pays ;
- s'assurent des **sources d'approvisionnement** ;
- contrôlent des **réseaux de distribution** ;
- accèdent à des **sources de financement** (collecte des capitaux sur les marchés financiers étrangers ou sur le marché international).

L'échelle mondiale procure une série d'avantages déterminants dans la lutte concurrentielle.

II. LES ÉTAPES DE L'INTERNATIONALISATION

Il ne faut pas confondre la **multinationalisation**, qui commence lorsque des unités de production sont établies dans plusieurs pays étrangers, avec **l'exportation** et l'implantation de **réseaux de distribution à l'étranger** qui en constituent les étapes préalables.

L'internationalisation comporte une succession d'étapes : l'exportation, la constitution de réseaux de distribution à l'étranger précèdent la multinationalisation.

1. La firme exportatrice

L'entreprise qui veut réaliser des ventes à l'étranger souhaite également réduire les risques qui sont très importants lors de l'exploration de nouveaux marchés lointains obéissant à des pratiques différentes de celles du marché domestique (risques commerciaux, monétaires, politiques, administratifs...). À cette fin deux principes doivent être mis en œuvre :
– ne pas engager directement des capitaux ;
– utiliser le savoir-faire des spécialistes du marché convoité.

L'exportation constitue la première étape de l'implantation d'une firme à l'étranger ; c'est également la plus simple.

L'entreprise continue à produire exclusivement dans son pays d'origine et doit seulement apporter des adaptations à ses produits pour qu'ils correspondent aux caractéristiques de la demande et de la réglementation des pays de destination.

Par exemple la rédaction des notices d'utilisation dans la langue du pays d'accueil ; l'adoption de dispositifs de sécurité particuliers ; la tropicalisation des produits destinés aux pays chauds ; la conformité aux normes techniques ou sanitaires locales...

L'exportation requiert des adaptations des produits aux caractéristiques locales.

Lorsqu'elle a réalisé l'adaptation de ses produits, l'entreprise peut exporter selon trois méthodes.

Les trois voies de l'exportation

- L'exportation directe
- L'exportation indirecte
- L'exportation associée

• *L'exportation directe*

L'exportation directe évite les intermédiaires. Elle permet donc de faire **l'apprentissage des marchés étrangers** et **d'éliminer les rémunérations des intermédiaires**. Mais elle est en pratique difficile et coûteuse car la firme exportatrice par méconnaissance des mentalités, des modes de consommation, des pratiques commerciales et des règlements risque de commettre des erreurs importantes. De plus les délais d'implantation sur le marché étranger sont longs. Enfin elle va devoir entretenir sur place des stocks et un réseau de distribution et de service après-vente dispendieux.

Les exportations directes peuvent se faire selon diverses techniques. Mais elles sont difficiles et lentes.

Diverses techniques permettent de réaliser des exportations directes.

Les techniques d'exportation

- **Sans force de vente spécialisée à l'exportation**
  - Couponnage dans des revues étrangères (offre de produit avec coupon-réponse)
  - Participation à des foires-expositions à l'étranger
- **Avec une force de vente à l'étranger**
  - Agent commercial à l'étranger
  - Représentant salarié

• *L'exportation indirecte*

L'exportation indirecte est mieux adaptée à la phase initiale d'exportation. Elle dispense l'entreprise de tout investissement et de toute présence personnelle sur le marché étranger. L'exportateur utilise les services de **courtiers** à l'exportation qui recherchent des clients et lui apportent leurs commandes en contrepartie d'une commission. Il peut également vendre à une **société de commerce extérieur** *(ex. : la CFAO)* qui s'occupe de toutes les formalités douanières, financières et administratives et conclut elle-même les contrats de vente à l'étranger.

Il est également préférable de recourir à des courtiers, à des exportateurs ou à des sociétés de commerce extérieur qui connaissent bien les marchés.

Cependant, l'exportation indirecte par le recours à des courtiers, à des exportateurs spécialisés ou à des sociétés de commerce international crée entre le client étranger et le fournisseur national un écran qui empêche toute véritable connaissance ainsi que la réelle pénétration du marché étranger.

• *L'exportation associée*

De plus en plus les PME utilisent des techniques d'exportation associée en regroupant plusieurs entreprises exportatrices ayant le même pays d'origine et des secteurs d'activité voisins. Les firmes se réunissent pour constituer des **groupements d'exportateurs** qui se dotent, grâce aux contributions des participants, de moyens communs de prospection et de vente. Le groupement d'intérêt économique (GIE) constitue un cadre juridique propice à ces regroupements.

L'exportation peut se réaliser en partenariat inter-entreprises sous deux formes principales.

L'exportation peut aussi se réaliser par la mise à disposition des PME des réseaux étrangers des grandes entreprises. Cette technique est qualifiée de **portage d'exportation**. Elle permet aux PME d'utiliser la logistique de prise de commande, de stockage et de vente d'une grande entreprise appelée **porteur** déjà solidement implantée sur le marché étranger et qui est rémunérée en pourcentage des ventes réalisées.

2. Le réseau de distribution à l'étranger

L'exportation directe, indirecte ou associée présente le grave inconvénient de ne pas assurer une présence permanente de l'entreprise à l'étranger, notamment pour le service après-vente. Pour la plupart des biens industriels et pour tous les services, cette technique ne peut donc satisfaire les besoins des marchés étrangers et son développement est très limité.

Il existe plusieurs procédés pour constituer un réseau de vente à l'étranger, avec ou sans apport de capitaux.

C'est pourquoi la seconde étape de l'internationalisation repose sur la constitution de réseaux de distribution à l'étranger, l'approvisionnement et la production étant toujours effectués dans le pays d'origine.

Plusieurs procédés permettent de constituer des réseaux de distribution.

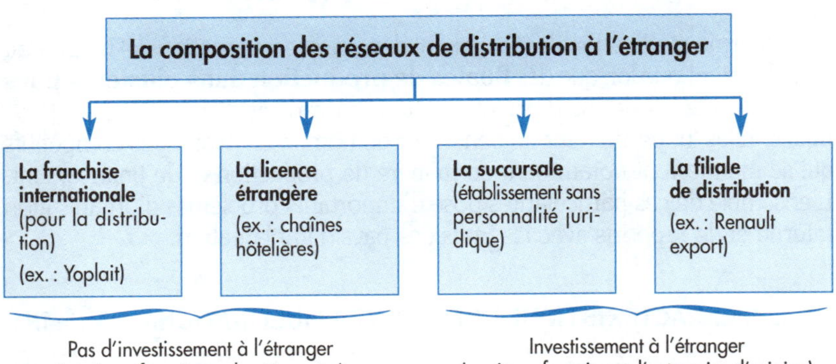

Les filiales de distribution ont un triple rôle.

La filiale de distribution a un triple rôle :
- d'importateur, depuis le pays d'origine ;
- de vendeur, dans le pays d'implantation ;
- de prestataire de services après-vente (garantie, échange, réparations, pièces détachées...).

La filiale de distribution à l'étranger

- **Répond aux besoins du marché** (présence permanente)
- **Accroît la connaissance du marché étranger (apprentissage)**

À partir de ce stade l'entreprise assure une présence matérielle permanente sur le sol étranger et peut en faire l'expérience (au sens stratégique du terme, c'est-à-dire progresser sur la courbe d'apprentissage).

L'internationalisation de la distribution procure trois avantages stratégiques.

L'entreprise a intérêt à internationaliser sa distribution pour trois raisons principales

- Accroître ses résultats en ajoutant des marges à l'exportation à ses marges intérieures.
- Accélérer le processus d'apprentissage.
- Bénéficier des économies d'échelle liées à une diffusion internationale de ses produits lorsque le marché national est trop exigu.

Les entreprises du secteur de la construction aéronautique (Boeing, Airbus-Industrie) bénéficient pleinement de ces trois avantages.

C'est la première phase de l'investissement direct à l'étranger. L'investissement direct à l'étranger caractérise la stratégie de la firme multinationale.

SECTION 2
LA FIRME MULTINATIONALE (FMN)

La firme multinationale se caractérise par la présence de plusieurs unités de production et de distribution dans divers pays.

La firme multinationale (également dénommée transnationale) n'apparaît véritablement que lorsque des **filiales de production dans plusieurs pays** complètent les filiales de distribution. Nous en verrons d'abord les caractéristiques. Elles lui permettent de bénéficier de nombreux avantages compétitifs qui se manifestent notamment en matière de production et de financement. L'ensemble de ces particularités pose d'importants problèmes d'organisation interne et de rapports avec les États des pays d'implantation.

I. LES CARACTÉRISTIQUES DES FIRMES MULTINATIONALES (FMN)

Plusieurs caractéristiques conjointes servent à repérer et identifier les FMN.

Les caractéristiques de la FMN

- la part des ventes réalisées à l'étranger ;
- la réalisation d'activités de production à l'étranger ;
- la présence dans plusieurs pays ;
- le nombre de filiales à l'étranger ;
- l'organisation mondiale des activités ;
- l'existence d'une direction générale multinationale ;
- la détention multinationale du capital financier ;
- la cotation des titres sur plusieurs places financières ;
- la collecte internationale des capitaux ;
- la stratégie internationale.

Les multinationales présentent de nombreuses spécificités.

Ces caractéristiques ne sont pas liées à un secteur d'activité particulier, de telle sorte que l'on trouve des FMN dans tous les secteurs de l'économie. Cependant elles prédominent dans les activités à fort coefficient de capital et à large marché, ainsi que dans les secteurs exigeant une grande compétence technique.

La multinationalisation s'étend à tous les secteurs de l'économie.

Les secteurs de la multinationalisation

- **Primaire**
  - Industries agro-alimentaires et minières
    Ex. : Nestlé, Danone
- **Secondaire**
  - Industries énergétiques
    Ex. : Total
  - Industries manufacturières
    Ex. : Michelin
- **Tertiaire**
  - Banques, Hôtels, Restauration
    Loueurs automobiles
    Ex. : BNP-Paribas, Accor, Mac Donald, Hertz

II. LES AVANTAGES DE LA MONDIALISATION

La mondialisation procure à l'entreprise des avantages décisifs tenant à deux catégories de facteurs : la réduction des coûts et l'amélioration de la capacité compétitive.

Les avantages de coût de la multinationalisation

- **Les coûts comparatifs**
  Écarts de coûts entre pays portant sur :
  - la main-d'œuvre,
  - les charges sociales,
  - la fiscalité,
  - les matières et l'énergie,
  - la productivité des facteurs
- **L'accroissement de l'échelle de la production**
  Allongement de la longueur des séries :
  - armement,
  - aéronautique,
  - tubes cathodiques
- **L'élimination des coûts des transactions internationales**
  - transport,
  - stockage,
  - rémunération d'intermédiaires,
  - droits de douane

Trois catégories de coûts peuvent être soit réduits, soit supprimés par la multinationalisation des activités d'une entreprise.

En dehors des avantages de coût, la multinationalisation procure d'autres avantages compétitifs.

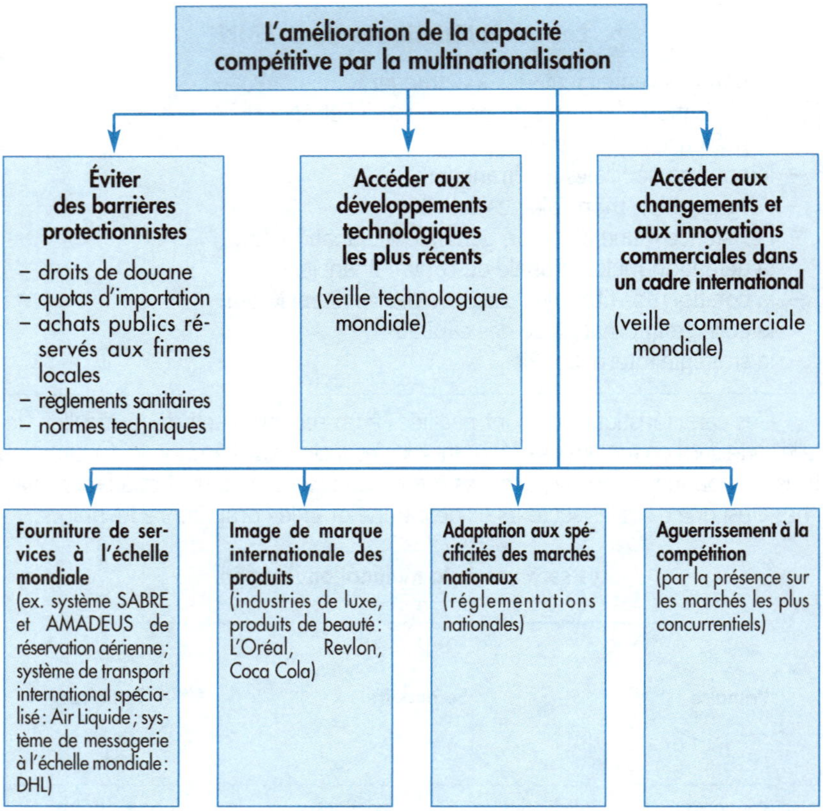

Sept facteurs principaux permettent à une entreprise d'améliorer sa compétitivité en internationalisant ses activités.

III. LA PRODUCTION DANS LES FMN

La firme multinationale se caractérise par un système de production et de distribution coordonné à l'échelle mondiale selon une logique de division internationale du travail procurant les avantages de coût précédemment recensés.

Les filiales de production sont, dans une première étape, des **unités de montage** et de conditionnement *(construction automobile)*.

Dans les multinationales, les filiales sont spécialisées ; on distingue notamment les filiales ateliers et les filiales d'assemblage.

Puis la plupart des stades du processus de production tendent à être délocalisés dans des **filiales-ateliers**. Elles sont spécialisées par produit et fabriquent des biens intermédiaires et des composants en raison d'avantages dans les coûts comparatifs existant entre pays du fait de leur inégale dotation en facteurs de production (coûts, qualité, productivité des facteurs et notamment de la main-d'œuvre plus ou moins bien qualifiée et rémunérée).

Ainsi la FMN applique le principe de la division internationale du travail en **spécialisant** ses unités dans les pays bénéficiant, pour chaque production, des avantages comparatifs les plus grands. Les investissements directs à l'étranger sont les instruments de cette délocalisation : on évalue à 120 000 le nombre de filiales étrangères dans le monde.

Elle démembre le processus de production en délocalisant ses diverses étapes de telle sorte qu'aucun pays ne maîtrise la totalité du cycle de fabrication. Le produit fini résulte de l'assemblage d'éléments élaborés dans plusieurs pays. Cette stratégie la rend largement indépendante des pays d'accueil et accroît son pouvoir de négociation vis-à-vis des États.

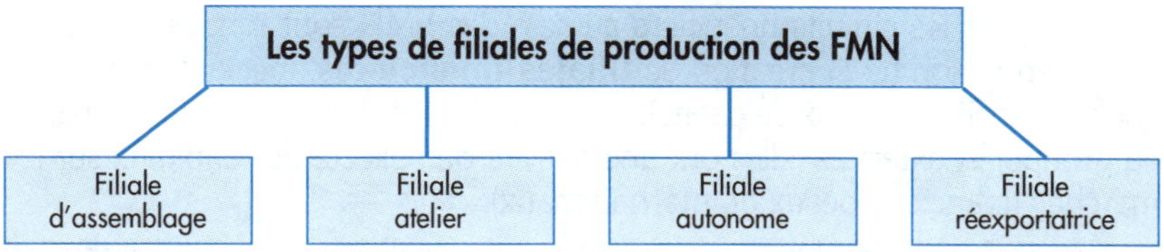

IV. LE FINANCEMENT ET LA RECHERCHE DANS LES FMN

Dans les multinationales la **spécialisation** des activités et la **division internationale du travail** ne se limitent pas aux seules activités de production dans des filiales ateliers et dans des filiales d'assemblage. Elle s'applique aussi en matière de recherche et surtout de financement.

La FMN opère une collecte et une redistribution internationale des capitaux entre les diverses filiales en s'appuyant sur trois sortes de marchés.

Les multinationales se procurent des capitaux sur tous les marchés financiers des pays d'implantation.

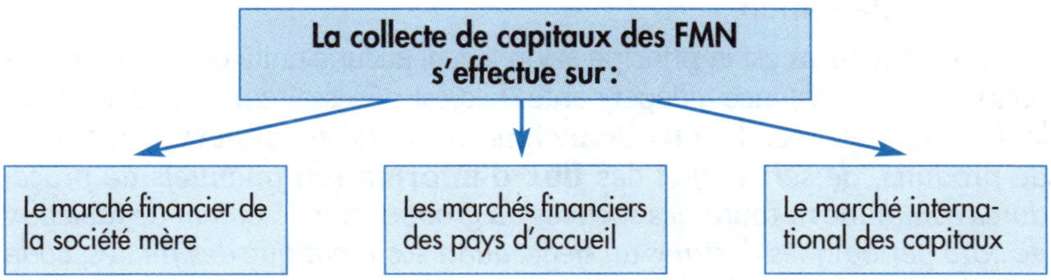

Au sein des multinationales, les filiales sont situées, en fonction de leur ancienneté, à diverses phases du cycle de vie du produit qu'elles élaborent.

Deux catégories principales de filiales sont identifiables :

Les filiales adultes dont la capacité d'autofinancement (CAF) est supérieure aux investissements (I) qu'elles réalisent et qui génèrent donc des flux de trésorerie transférés vers la société mère ;

Les filiales jeunes qui ont de lourds investissements à financer face à une capacité d'autofinancement insuffisante pour les couvrir. Elles reçoivent des flux de capitaux en provenance des autres sociétés filiales et de la société mère.

Il y a redistribution des capitaux entre les diverses filiales et la société mère.

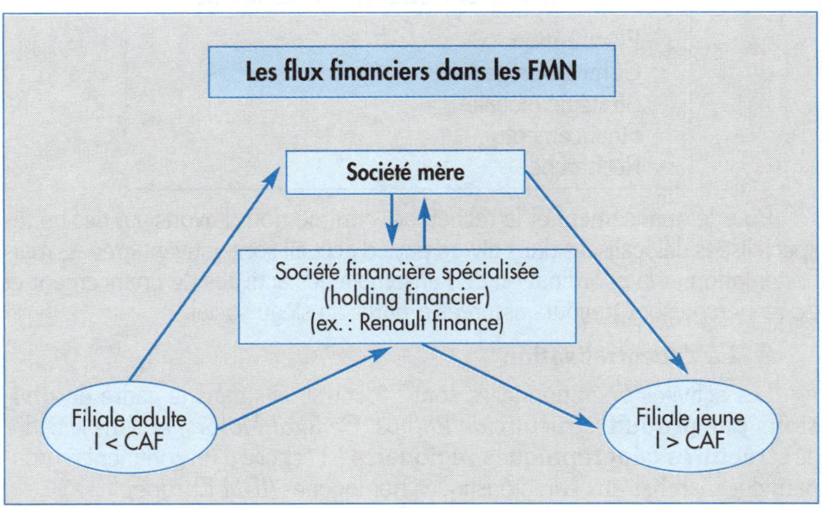

Des filiales financières spécialisées sont créées pour collecter les capitaux et gérer les transferts de trésorerie.

En outre les circuits financiers au sein des FMN sont rendus plus complexes en raison de la création de **filiales financières** spécialisées par lesquelles transitent les flux de capitaux internes (redistribution de la CAF au sein du groupe) et externes (elles ont une activité de collecte des capitaux sur les marchés financiers locaux et internationaux).

En résumé les multinationales opèrent une collecte et une redistribution internationale des capitaux à l'échelle mondiale, entre les diverses sociétés du groupe et sur les divers marchés financiers pour optimiser la gestion de leur trésorerie, réduire le coût de leurs capitaux et maximiser leur rentabilité.

V. L'ORGANISATION DE LA FMN

L'organisation de la FMN obéit à deux principes directeurs : l'intégration et la décentralisation.

L'intégration et la décentralisation sont les deux bases de l'organisation des multinationales.

1. L'intégration

L'**intégration** est le principe selon lequel aucune unité du groupe multinational n'a d'existence indépendante. Elle est nécessairement couplée avec les autres sociétés par des **flux financiers** *(cf. supra)*, des **flux réels** *(échange de produits, de services)* et des **flux d'information** *(manuels de procédures communes à toutes les sociétés du groupe, établissement de tableaux de bord périodiques destinés au siège, audit systématique des filiales, code de valeurs communes)*. Chaque filiale a donc une double nationalité.

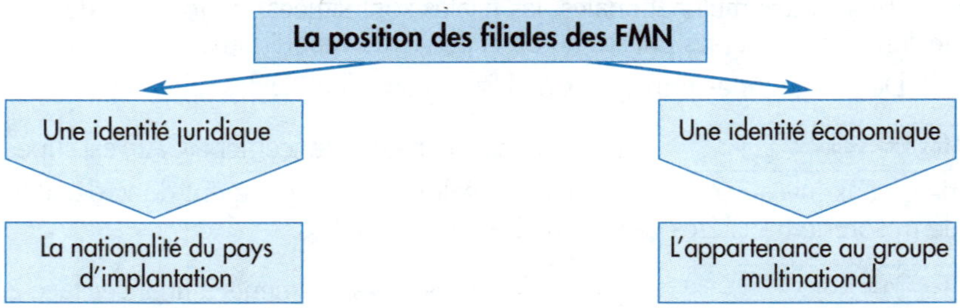

Pour réaliser cette intégration des diverses sociétés, la FMN conserve des activités centralisées au siège social.

Les activités centralisées au siège social sont celles qui concernent l'unité, la coordination et le contrôle de l'ensemble des sociétés.

Les activités centralisées dans la FMN
Planification
Contrôle de gestion
Stratégie globale
Financement
Recherche

Pour le financement et la recherche, comme nous l'avons vu, des unités spécialisées délocalisées dans divers pays d'accueil sont souvent créées, mais l'orientation et la coordination de l'ensemble des activités de financement et de recherche sont toujours assurées à partir du siège social.

2. La décentralisation

Les activités opérationnelles sont décentralisées dans le cadre de **divisions par produit** *(structure de Philips, General Motors)* et dans le cadre de **structures géographiques régionales** à l'échelle d'un continent regroupant des marchés aux caractéristiques homogènes *(IBM Europe)*.

La décentralisation constitue, au sein de la multinationale, le seul moyen d'assurer l'efficacité de la gestion :

- **adaptation aux particularités locales** des marchés, des règlements, des institutions, des comportements et des valeurs sociales *(la plupart des campagnes publicitaires sont conçues à l'échelle nationale)* ;
- **mobilité et flexibilité** pour faire face aux changements de l'environnement local *(prise en compte des modifications des réglementations nationales en matière de protection de l'environnement)*.

Les multinationales combinent les structures par produit et les structures régionales pour assurer la flexibilité de l'ensemble et une bonne adaptation aux environnements locaux.

La décentralisation est mise en œuvre à travers l'adoption de structures d'organisation spécifiques.

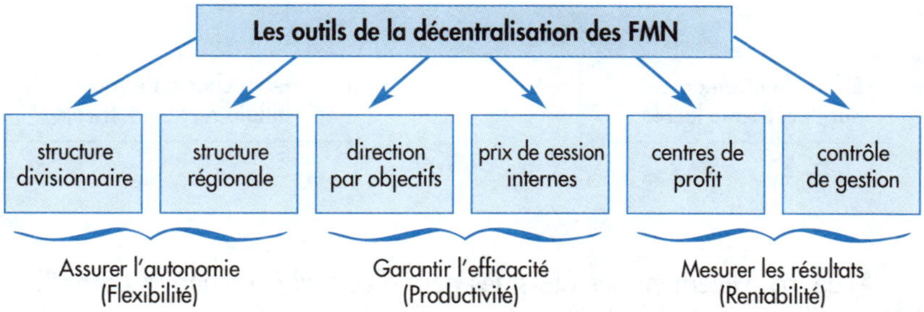

VI. LES FIRMES MULTINATIONALES ET LES ÉTATS

Les États ont, à l'égard des multinationales, des politiques variées selon les pays et les époques. À cet égard il faut distinguer la situation du pays d'origine et celle des pays d'accueil.

1. Les pays d'origine

Les pays d'origine sont généralement favorables aux investissements à l'étranger, en dépit des problèmes d'emploi et de sorties de devises qu'ils posent à court terme.

Les pays d'origine des FMN sont généralement favorables à leur développement par des investissements directs à l'étranger en fonction de considérations stratégiques à **long terme** : puissance économique, rayonnement international, rapatriement à terme des bénéfices, nécessités de la lutte concurrentielle au plan mondial. Cependant, à **court terme**, la délocalisation des productions pose des problèmes d'emploi et entraîne des sorties de devises nuisibles à l'équilibre de la balance des paiements. Ce sont essentiellement ces deux motifs – l'emploi et l'équilibre de la balance des paiements – qui conduisent parfois à des mesures restrictives en ce qui concerne les investissements à l'étranger lorsque la conjoncture économique est défavorable *(contrôle des changes limitant les sorties de capitaux)*. Les **délocalisations** s'effectuent actuellement principalement des pays développés vers les pays émergents, pour des motifs de coûts comparés, notamment quant au coût travail, aux charges sociales et à la fiscalité.

2. Les pays d'accueil

Les pays d'accueil cherchent à **attirer les multinationales** pour les avantages économiques qu'elles procurent en leur accordant des avantages *(subventions, réalisation d'infrastructures comme pour Disneyland Paris)* et des garanties (ex. : code d'investissements de nombreux pays en développement autorisant le rapatriement des bénéfices).

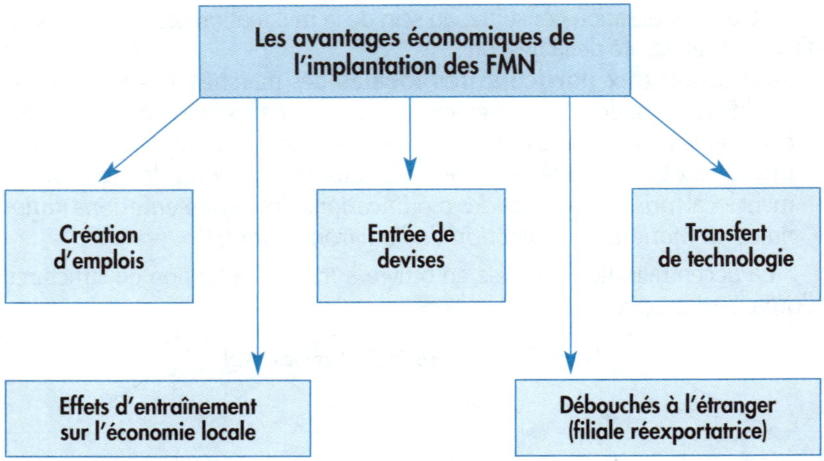

**Les pays d'accueil cherchent à attirer les multinationales par des avantages et des garanties.
Mais ils s'efforcent aussi de contrôler leur activité.**

Mais, parallèlement, les États des pays d'accueil cherchent à **contrôler leurs activités** après leur implantation car, par leur poids et leur stratégie, les FMN exercent aussi des effets déséquilibrants et perturbateurs sur l'économie nationale.

Les multinationales ont des effets déséquilibrants pour les pays d'accueil surtout lorsqu'ils sont de petite taille ou peu développés.

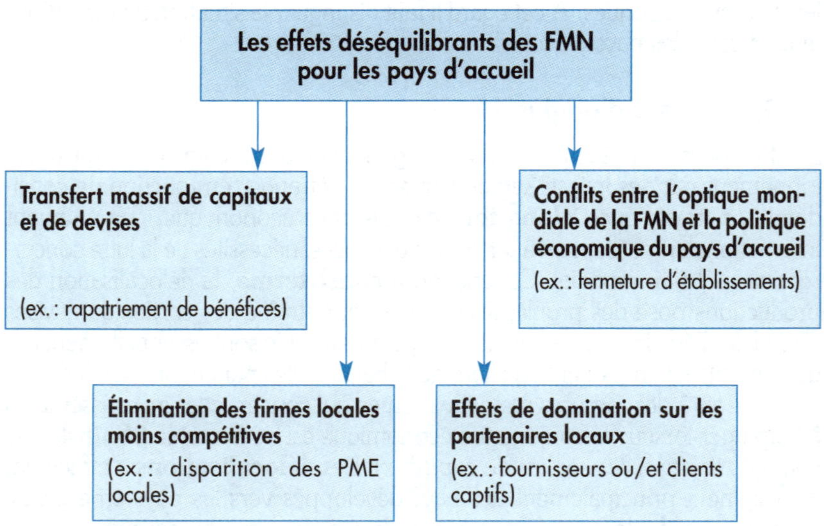

Le refus d'accueillir des multinationales peut engendrer des effets pervers.

Le contrôle de l'implantation ou de la stratégie des multinationales par les États s'avère cependant difficile et source d'effets pervers : ainsi les multinationales japonaises (dans le secteur automobile notamment avec Toyota), faute de pouvoir s'implanter en Europe continentale du fait de l'attitude des États, ont pénétré le marché européen à partir des filiales qu'elles ont pu installer au Royaume-Uni et les importations remplacent les emplois qui n'ont pas été créés.

34

LA CONCENTRATION DES ENTREPRISES

De multiples procédés permettent aux entreprises de coordonner leurs activités et de réaliser des actions communes dans des structures unifiées. Ils se répartissent en deux catégories : les modalités d'association interentreprises (Section 1) et les procédés de regroupement (Section 2). La concentration qui en résulte se traduit par l'existence de groupes (Section 3).

SECTION 1 LES MODES D'ASSOCIATION DES ENTREPRISES

Deux ou plusieurs entreprises peuvent, tout en demeurant juridiquement autonomes, s'associer en vue d'atteindre trois objectifs principaux.

Les associations interentreprises permettent de poursuivre en commun plusieurs objectifs.

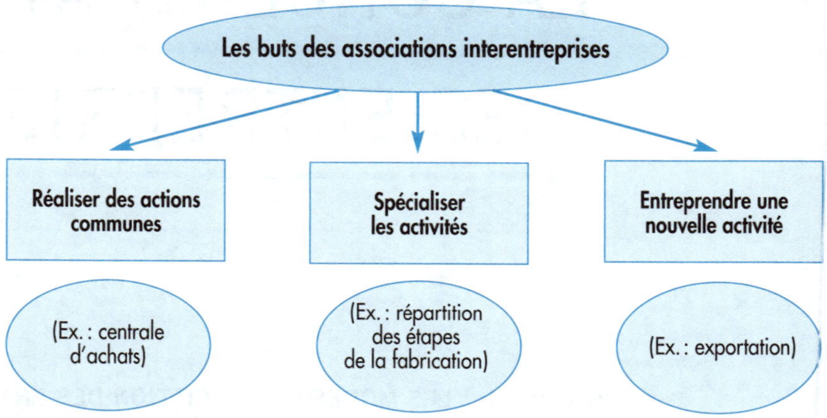

Les accords interentreprises, les groupements d'intérêt économique et les filiales communes constituent les principales modalités d'association de firmes complémentaires ou concurrentes.

I. LE PARTENARIAT INTERENTREPRISES

Le partenariat interentreprises repose sur des relations commerciales stables entre les participants.

Le partenariat interentreprises est fondé sur des contrats à moyen terme fixant les modalités dans le cadre desquelles s'effectuent un grand nombre de transactions successives, à la différence des contrats commerciaux ordinaires (contrat d'achat-vente) limités à une seule transaction. L'accord constitue un **cadre permanent pour la réalisation d'actions conjointes**.

Très souvent ces accords réunissent des entreprises de dimension inégale dont l'une impose ses conditions à l'autre par un **cahier des charges**. Il y a alors **quasi-intégration** ; l'une des entreprises, bien que juridiquement autonome, est en fait dépendante de l'autre qui peut exercer sur elle des effets de domination. Les contrats de sous-traitance, de concession et de franchise aboutissent souvent à une quasi-intégration.

1. La sous-traitance

La sous-traitance est l'une des modalités des stratégies d'impartition.

La sous-traitance est une forme particulière **d'impartition,** c'est-à-dire *d'extériorisation d'une partie des activités nécessaires au cycle d'exploitation* d'une entreprise.

Au lieu de fabriquer elle-même certains composants, produits ou sous-ensembles dont elle a besoin, une firme appelée **donneur d'ordres** peut en confier la réalisation à une autre entreprise qualifiée de **sous-traitant**.

Pour le sous-traitant, la coopération le dispense de certaines tâches d'études et de conception réalisées par le donneur d'ordres dans ses propres services. En revanche elle est source de vulnérabilité en raison du faible nombre de clients du sous-traitant (dont chacun représente un fort pourcentage du chiffre d'affaires) et de son étroite spécialisation.

Le donneur d'ordres peut recourir à deux formes de sous-traitance dites de spécialité et de capacité.

À l'inverse, pour les grandes entreprises le recours aux deux formes de sous-traitance procure des avantages essentiels.

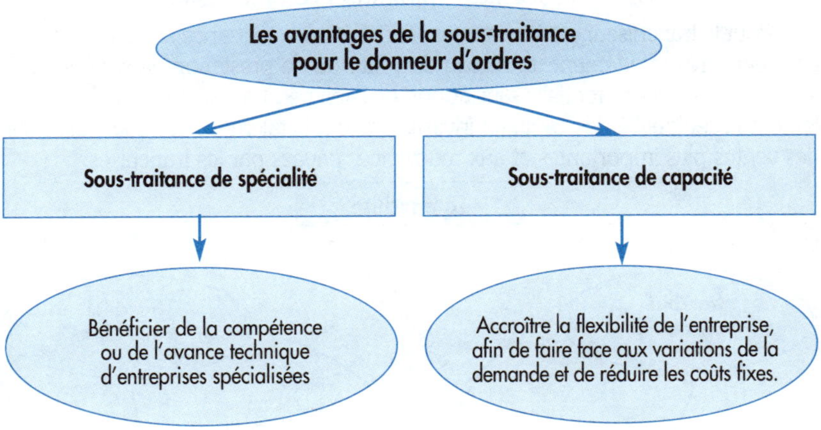

La sous-traitance de capacité est un moyen de réduire les coûts fixes et les capitaux investis ainsi que d'accroître la flexibilité de l'entreprise.

Les constructeurs automobiles recourent à la sous-traitance pour la production de nombreux équipements qu'ils assemblent ensuite sur les véhicules (Valeo est un important sous-traitant de Renault). Les grandes entreprises du bâtiment, maîtres d'œuvre des chantiers, s'adressent à de nombreuses PME spécialisées par corps de métier.

2. La concession

La concession est un contrat durable par lequel une entreprise appelée **concédant** s'engage à approvisionner son **concessionnaire** en produits de sa marque et à lui apporter une assistance technique *(formation, fourniture de logiciels d'aide à la gestion)*, en contrepartie des obligations souscrites par le concessionnaire.

Les contrats de concession portent surtout sur la distribution et le service après-vente pour des produits de marque.

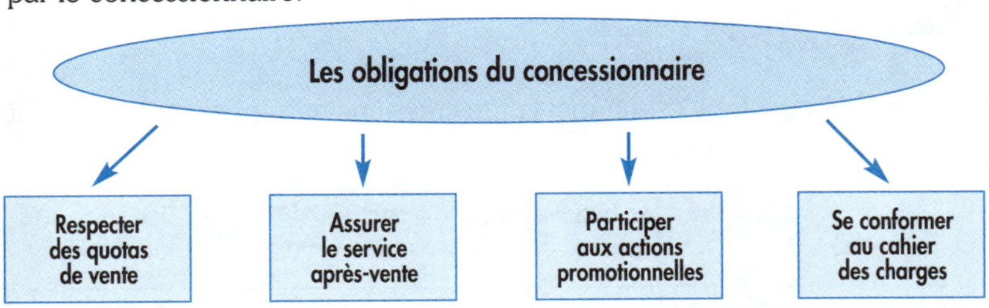

Généralement la concession confère un monopole géographique au concessionnaire qui est le seul représentant de l'entreprise dans une zone délimitée par le concédant (concession exclusive).

En contrepartie de ses obligations, le concessionnaire a souvent un monopole géographique.

La concession est un procédé très employé pour constituer un **réseau de distribution** homogène, pratiquant une **politique commune**, bien que les divers distributeurs soient juridiquement indépendants.

La concession est un moyen de constituer un réseau de distribution étendu dans des délais courts.

De façon générale, les producteurs de biens de consommation durables *(automobile, électroménager)* ont constitué un vaste réseau de concessionnaires.

3. Le franchisage

Dans les contrats de franchise, le franchiseur apporte son savoir-faire, sa marque et ses produits.

La franchise est un contrat liant durablement un franchiseur à des franchisés. Le **franchiseur** fournit les approvisionnements, la marque, réalise les actions commerciales *(publicité, promotion)* et procure une assistance *(formation, conseils, installations)* à ses franchisés en échange d'une redevance proportionnelle aux ventes réalisées.

Le franchisé apporte les capitaux et son activité ; il verse une redevance et un droit d'entrée au franchiseur.

Le **franchisé** apporte le capital nécessaire *(financement des locaux et des installations)* et son activité *(exploitation commerciale)*.

Pour le franchiseur c'est un moyen d'accélérer la croissance de son entreprise en créant très rapidement un réseau de vente ou de prestation de services desservant la clientèle potentielle sans apport de capitaux. La franchise améliore également la rentabilité des capitaux investis grâce à l'étalement des coûts fixes sur des ventes plus importantes et aux redevances payées par les franchisés.

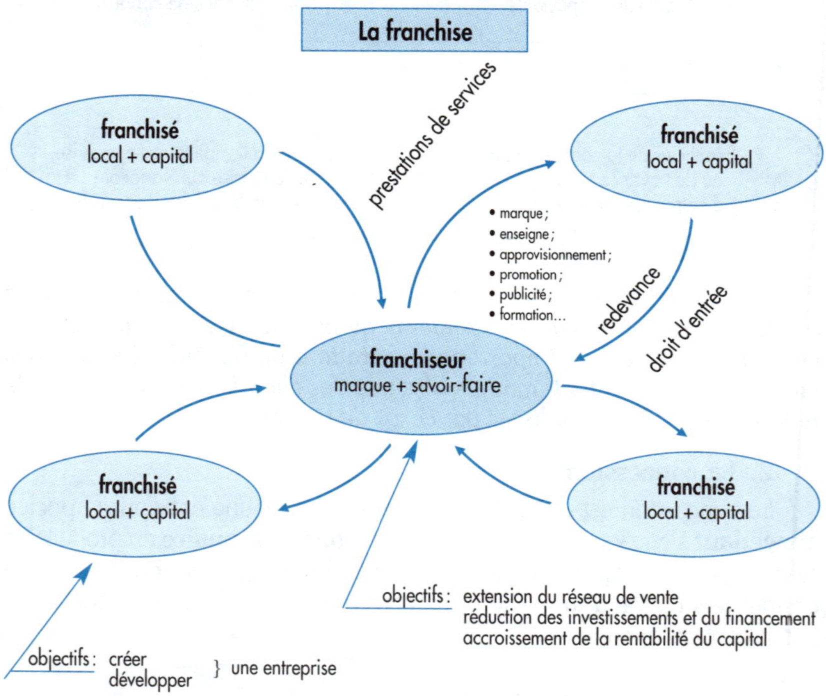

C'est un moyen pour le franchisé de créer une entreprise et pour le franchiseur d'étendre son réseau, ses ventes et sa rentabilité.

Pour le franchisé c'est un moyen de créer une entreprise en bénéficiant du savoir-faire du franchiseur.

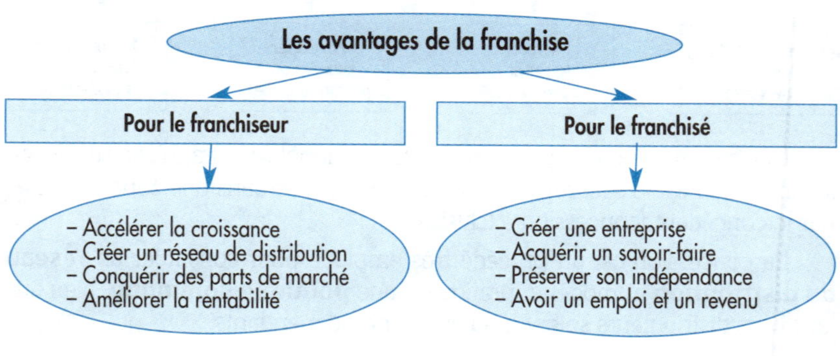

Les franchises sont très répandues dans la grande distribution *(supermarchés et hypermarchés à l'enseigne de marques diverses comme Carrefour)*, dans les prestations de service *(chaînes de restauration, chaînes hôtelières)*... et dans la distribution de produits de marque dans des boutiques spécialisées *(chocolateries Leonidas, vêtements Rodier, Kookaï...)*.

II. LE GROUPEMENT D'INTÉRET ÉCONOMIQUE (GIE)

Le GIE est un cadre juridique intermédiaire entre l'association et la société.

Le groupement d'intérêt économique résulte d'un accord par lequel deux ou plusieurs entreprises décident de rassembler des moyens dans une **personne morale** nouvelle, intermédiaire entre la société et l'association, en vue d'actions communes.

C'est une personne morale nouvelle créée pour la réalisation d'actions communes dans divers domaines.

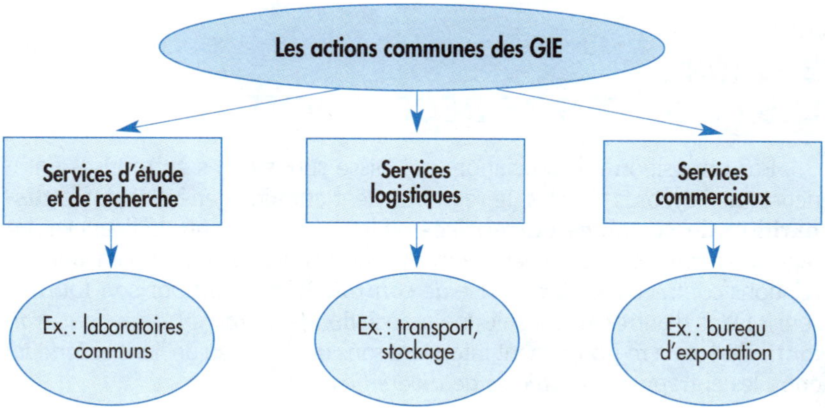

C'est ainsi que les constructeurs aéronautiques européens ont créé le GIE Airbus-Industrie pour la conception, la fabrication et la commercialisation des avions Airbus. En 2001, le GIE Airbus Industrie s'est transformé en société.

Le GIE ne réalise pas de bénéfices, car il redistribue à chacune des sociétés qui le constituent une quote-part de ses résultats en fonction des transactions réalisées avec chacune d'elles *(Airbus-Industrie reverse ses résultats à l'Aérospatiale, à British Aerospace, etc.)*.

Pour la réalisation d'actions communes par des sociétés de divers pays membres de l'Union Européenne un cadre juridique commun – le Groupement d'intérêt économique européen (GIEE) a récemment été institué.

III. LES FILIALES COMMUNES

Les filiales sont des sociétés dont la mère détient plus de 50 % du capital.

Lorsqu'une société possède une part significative (plus de 50 %) du capital d'une autre société, cette dernière constitue une **filiale** de la première qui porte le nom de **société mère**. Lorsque le capital détenu est compris entre 10 % et 50 %, il s'agit d'une **participation**.

La filiale peut être utilisée par des entreprises désireuses de réaliser en commun certaines activités. Elles créent une **filiale commune** au capital de laquelle chacune des deux sociétés mères souscrit pour partie, souvent à parts égales (filiale 50 % - 50 %). Elles apportent les actifs nécessaires *(matériels)*, les techniques *(brevets)* et le personnel de direction et d'encadrement.

Les filiales communes permettent d'entreprendre des activités communes ou des activités nouvelles.

Les filiales communes sont courantes dans les branches nécessitant la réunion de connaissances spécialisées complémentaires et dans lesquelles les innovations techniques sont fréquentes : électronique, chimie, pharmacie…

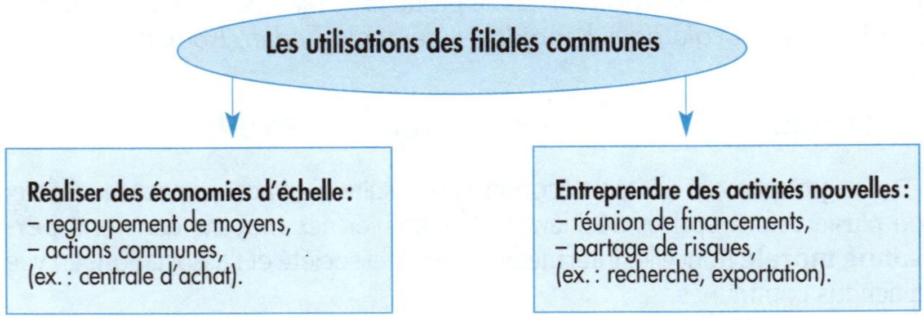

SECTION 2
LES PROCÉDÉS DE REGROUPEMENT

Les regroupements d'entreprises correspondent à des prises de contrôle ou à la disparition de certaines sociétés.

Par opposition à l'association, qui laisse subsister les entreprises antérieures aux accords conclus, le regroupement entraîne généralement la **disparition de certaines entreprises** ou leur prise de contrôle financier. Le regroupement s'opère souvent entre des firmes qui avaient auparavant des relations contractuelles *(ex. : prise de contrôle d'un client par son fournisseur)*. Dans d'autres cas, il suit une association *(ex. : rachat d'un sous-traitant)*. Parfois le regroupement intervient sans qu'il y ait eu de liens antérieurs entre les entreprises *(stratégies de diversification)*.

I. LA FUSION

La fusion est la réunion de deux ou plusieurs entreprises qui donnent naissance à une société unique regroupant les actifs, les dettes et les capitaux propres des sociétés réunies.

La fusion regroupe dans une société unique des entreprises différentes. C'est un moyen de croissance horizontale externe.

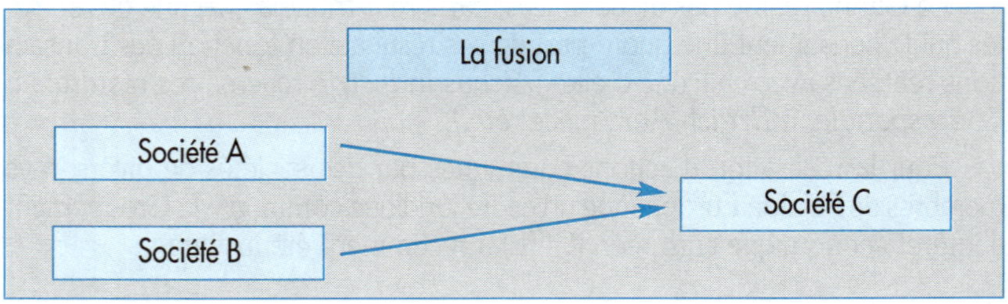

La fusion regroupe généralement des firmes appartenant au même secteur d'activité dans le cadre de stratégies de croissance horizontale. Elle permet d'accroître la part de marché (pouvoir de marché) et de réaliser des économies d'échelle (avantage de coût).

C'est une opération lourde et complexe qui exige de longs délais de négociation, de réalisation puis d'intégration des éléments réunis dans un ensemble cohérent.

Par exemple la fusion des sociétés DaimlerBenz et Chrysler pour former le groupe Daimler Chrysler a posé d'importants problèmes d'organisation, de stratégie et de gestion.

II. L'ABSORPTION

L'absorption est l'association d'entreprises qui disparaissent *(sociétés absorbées)*, à l'exception de l'une d'entre elles *(société absorbante)*. La société absorbante réunit désormais tous les actifs des sociétés absorbées, et reprend à sa charge leurs dettes.

En pratique souvent l'entreprise absorbée demeure une société dont la société absorbante détient toutes les actions.

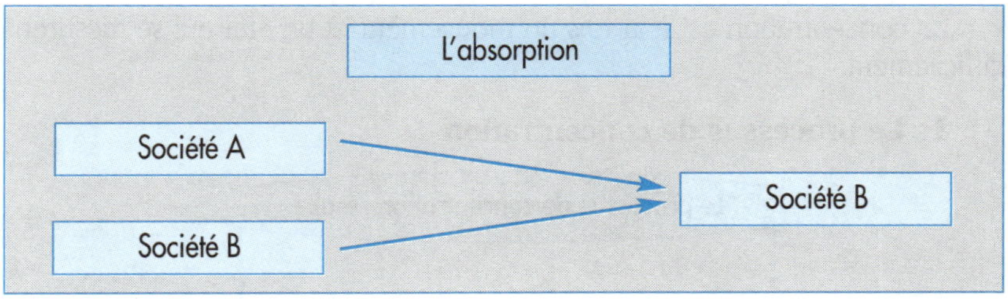

L'absorption entraîne généralement la disparition de la société absorbée, ou bien sa prise de contrôle financière par la société absorbante.

L'absorption a souvent lieu entre firmes de tailles différentes. En effet beaucoup de PME sont absorbées par les grandes entreprises car elles ont des atouts concurrentiels importants (leurs produits, leur clientèle ou leur technique) mais éprouvent des difficultés de croissance, notamment un manque de capitaux pour financer les investissements nécessaires à leur développement.

Les PME sont souvent absorbées par les grandes firmes.

L'absorption permet de poursuivre la plupart des objectifs de croissance externe (intégration, diversification notamment).

III. LA SCISSION

La scission entraîne la disparition d'une société qui répartit ses actifs et ses dettes entre deux ou plusieurs sociétés déjà existantes ou qui se créent à l'occasion de la scission.

La scission est un procédé de restructuration des entreprises de façon à créer des sociétés spécialisées dans des métiers précis, et ayant la taille critique.

Elle concerne fréquemment des sociétés aux **activités variées** dont les diverses productions sont réparties entre des **sociétés spécialisées** dans le cadre de *stratégies de recentrage sur le métier principal* de l'entreprise.

La recherche de la **masse critique** et l'obtention de **synergies** par la réunion d'actifs complémentaires dans des sociétés spécialisées sont les principales raisons des opérations de scission.

L'**apport partiel d'actif** est une variante de la scission. Il permet d'atteindre les mêmes objectifs tout en laissant subsister la société d'origine qui **abandonne ses activités annexes** en cédant une partie de ses actifs à une autre entreprise pour **concentrer ses ressources sur son métier principal** dans le cadre d'une stratégie de recentrage.

La scission comme l'apport partiel d'actif correspondent à des stratégies de recentrage sur le métier.

Les opérations de regroupement se sont multipliées sous l'influence de l'ouverture des frontières, de la pénétration des entreprises étrangères et de l'intensification de la concurrence.

SECTION 3
LES RÉSULTATS DES REGROUPEMENTS

La croissance des entreprises a abouti à un important mouvement de concentration et à la constitution de groupes d'entreprises.

I. LA CONCENTRATION

La concentration est à la fois un mouvement et un état qui se mesurent difficilement.

1. Le processus de concentration

Le mouvement de concentration provient d'une part de l'inégale croissance interne des entreprises et d'autre part des opérations de croissance externe.

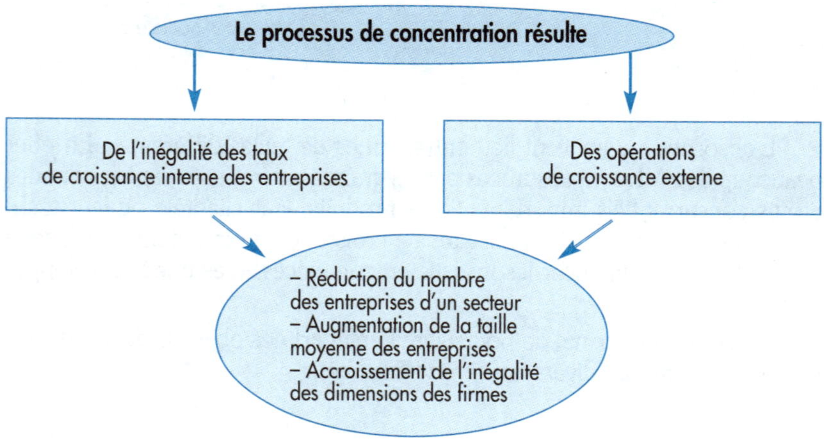

De ce fait, au cours du temps, une part croissante des ressources, des activités et des résultats d'un secteur est contrôlée par un nombre décroissant de centres indépendants de décision : il y a *concentration d'entreprises* et *constitution de groupes*.

La concentration porte à la fois sur les ressources, les activités et les résultats et peut se mesurer avec des indicateurs portant sur ces trois éléments.

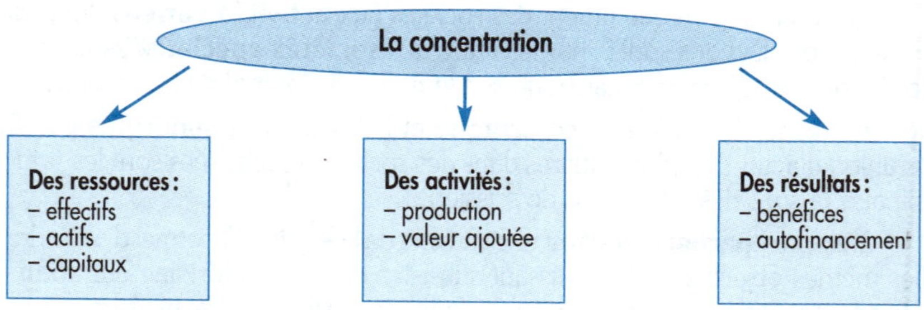

Ainsi, par exemple, la prise de contrôle de Citroën par la holding du groupe Peugeot (PSA) a accru la concentration dans le secteur de la construction automobile ; il en va de même du regroupement entre Volkswagen et Skoda : face à la concurrence japonaise le secteur automobile a connu un important mouvement de concentration.

2. Le niveau de concentration

La part de marché détenue par les n plus grandes entreprises d'une branche est un indicateur de concentration souvent employé.

La concentration se repère, à une date donnée, par la distribution statistique des entreprises d'un secteur. Elle s'analyse à partir de leur taille moyenne et de leur dispersion (écart-type) autour de cette moyenne.

Les principaux indices de concentration indiquent la part de la production totale d'une branche réalisée par les n plus grandes entreprises; ils constituent un indicateur de l'effet de domination exercé dans le secteur par les plus grandes entreprises.

La concentration est faible *(industrie de l'habillement, de l'alimentation)* s'il faut réunir un grand nombre d'entreprises pour atteindre une part de marché significative (par exemple 50 %). La concentration est forte *(sidérurgie avec le Groupe Usinor; aluminium avec Pechiney; pneumatiques avec Michelin)* lorsque quelques producteurs représentent une fraction importante du marché total (il s'agit d'un oligopole).

3. La mesure de la concentration

La mesure de la concentration est délicate pour quatre sortes de raisons.

• *L'imperfection de l'information sur les groupes*

La concentration peut se mesurer au niveau des entreprises (les sociétés) ou bien au niveau des groupes (ensemble de sociétés dépendant d'un centre de décision unique). À ce niveau elle fournit des renseignements sur la concentration du **pouvoir financier**. Mais les groupes sont des entités aux contours flous, en raison des procédés de quasi-intégration et de partenariat entre les firmes, et parce que le droit ne connaît que les sociétés, hormis celles qui sont astreintes à la publication de comptes consolidés révélateurs des groupes. Les données sur la concentration du pouvoir économique et financier sont donc partielles et imprécises.

La concentration financière se repère au niveau des groupes. Mais leur étude statistique est difficile et leurs frontières mal déterminées.

• *Les problèmes posés par la diversification*

En pratique c'est au niveau de chaque produit, et non pas de chaque branche ou de chaque secteur, qu'il faudrait mesurer la concentration pour apprécier le pouvoir de marché des entreprises.

En raison de la diversification des entreprises, il est souvent impossible d'associer à une firme un seul secteur d'activité. Le calcul d'une part de marché unique n'a alors aucun sens. Il faut calculer autant de parts de marchés qu'il y a de secteurs d'activités dans lesquels la firme est implantée.

Il est difficile de calculer un indice de concentration pour les entreprises ayant de multiples activités.

• *Le découpage sectoriel*

Le découpage de l'activité économique en secteurs peut se réaliser avec un nombre de secteurs très variable selon le degré de finesse de l'analyse *(nomenclatures de l'INSEE)*. Les indices de concentration ont alors des valeurs très différentes selon l'étendue du secteur auquel on rapporte l'activité d'une ou de plusieurs entreprises. Les mesures de la concentration ont donc toujours un contenu partiellement conventionnel, qui dépend du mode de calcul retenu et du découpage sectoriel adopté.

La mesure de la concentration varie selon les nomenclatures des branches utilisées.

• *Les difficultés d'interprétation des indices de concentration*

De très nombreux indices de concentration peuvent être établis; ils divergent parfois sensiblement les uns des autres et posent des problèmes d'interprétation difficiles. Ainsi, même avec un indice très simple comme la **part de marché détenue par *n* entreprises**, les résultats de la comparaison de la concentration entre deux secteurs peuvent changer complètement selon l'effectif d'entreprises (n) retenu pour effectuer l'analyse. Le graphique ci-après montre que pour n = 4, le secteur B est plus concentré que A; par contre c'est l'inverse pour n = 6.

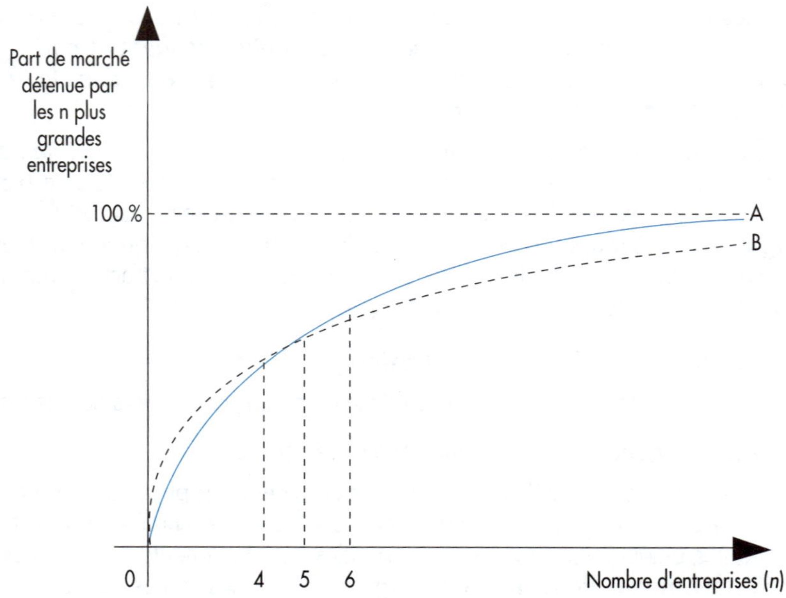

II. LES RÉSULTATS DE LA CONCENTRATION : LES GROUPES

On peut appréhender les résultats de la concentration d'un point de vue micro-économique (c'est la constitution de groupes) et sur le plan macro-économique (c'est l'ensemble des conséquences qui en résultent pour le fonctionnement des marchés).

1. La constitution des groupes

Les opérations de concentration aboutissent à la constitution de groupes, c'est-à-dire d'ensembles d'entreprises contrôlées par un centre de décision unique.

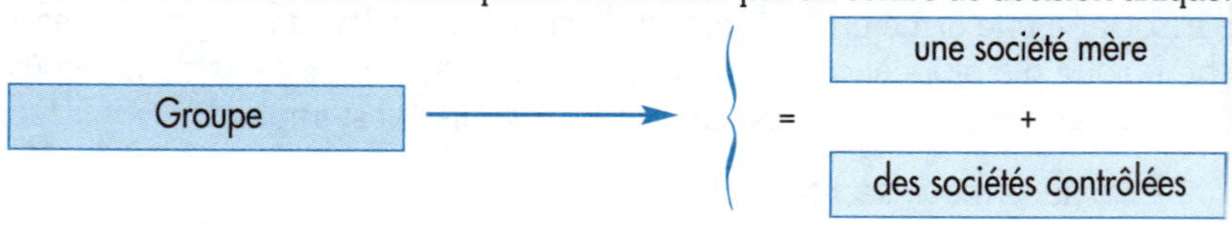

Les limites du groupe sont souvent imprécises car les formes de contrôle sont multiples.

Le contrôle financier peut être complété par des dépendances technologiques ou contractuelles.

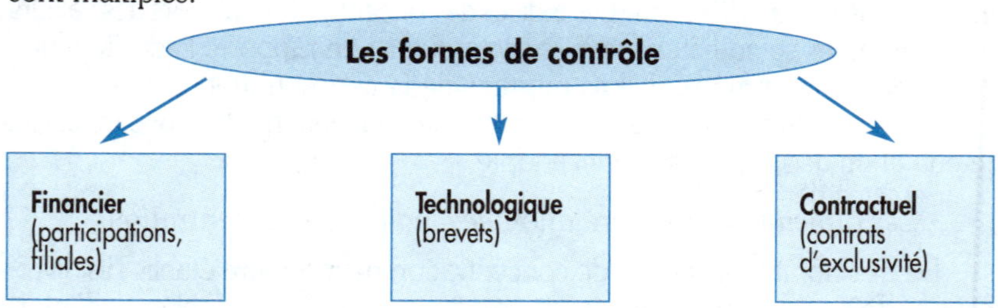

En outre un même pourcentage de capital détenu correspond à un contrôle très différent selon que les titres sont détenus de façon concentrée (par un groupe familial ou financier) ou dispersée (répartis dans le public dans le cas de sociétés cotées en Bourse), ce qui permet un contrôle par les dirigeants eux-mêmes, mais rend aussi le groupe vulnérable aux offres publiques d'achat (OPA).

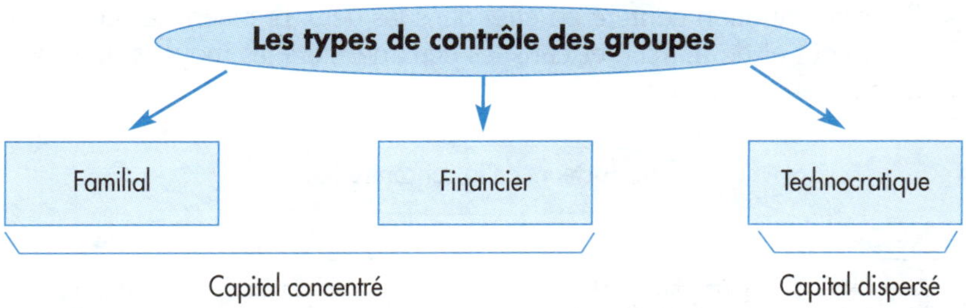

Il existe trois principales modalités de contrôle des groupes : familiale, financière ou technocratique.

En outre la composition du groupe peut comprendre un grand nombre de sociétés enchevêtrées par de multiples liens financiers.

La composition d'un groupe

Types de sociétés	Caractéristiques
Société mère (holding pure)	Activités purement financières (gestion des participations et des filiales)
Société mère (holding mixte)	Activités d'exploitation + gestion des participations et des filiales
Filiale	Société détenue à plus de 50 %
Filiale commune	Société détenue conjointement avec un autre groupe
Sous-filiales	Sociétés contrôlées par les filiales
Participations	Sociétés dont on détient entre 10 et 50 % du capital

Un groupe comporte plusieurs catégories de sociétés enchevêtrées.

Les sociétés mères sont d'abord des **sociétés exploitantes** ayant une activité industrielle et commerciale. Puis elles deviennent des **holdings mixtes** associant l'activité de production et la gestion de leurs filiales. Enfin elles se transforment en **holdings pures** n'ayant plus qu'une activité financière, toutes les activités productives étant confiées à des filiales d'exploitation *(ex. : Peugeot SA)*. Parfois la holding poursuit une politique de diversification intégrale, par acquisition d'entreprises aux métiers sans rapport les uns avec les autres, selon une logique exclusivement financière ; elle devient alors un **conglomérat** aux activités hétérogènes cherchant exclusivement à maximiser la rentabilité des capitaux investis.

Les sociétés mères passent par trois stades successifs. Le groupe peut aussi devenir un conglomérat.

2. Les effets économiques

Comme nous l'avons vu, la concentration des entreprises affecte inégalement les différents secteurs de l'économie. En effet, elle n'est avantageuse que dans les secteurs caractérisés par l'un au moins des quatre facteurs suivants :
- des seuils de dimension élevés (taille critique : *chimie*) ;
- des économies d'échelle importantes (production en grande série : *automobile*) ;
- des investissements lourds (industries à fort coefficient de capital : *sidérurgie*) ;
- des dépenses de recherche-développement massives (secteurs à évolution technologique rapide : *électronique*).

La concentration s'opère pour des raisons de coût, de marché et pour des motifs financiers.

La concentration confère en effet dans les deux premiers cas des avantages de coût et de marché et dans les deux derniers les moyens financiers nécessaires au développement.

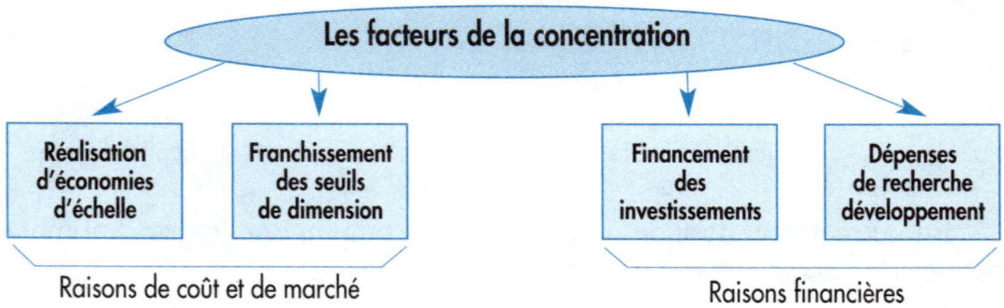

La concentration ne garantit pas la compétitivité de l'entreprise.

Cependant la grande taille n'est pas le facteur unique de la compétitivité, ni même le facteur essentiel. Ainsi elle entraîne souvent, pour la firme elle-même, des difficultés d'organisation et de gestion qui réduisent son efficacité : rigidités, bureaucratisation.

La concentration réduit de plusieurs manières la concurrence économique.

D'un point de vue économique général la concentration réduit la concurrence en raison :
- de pratiques de **monopole** lorsque le groupe est le seul sur le marché ;
- d'**effets de domination**, lorsque les tailles des entreprises sont très inégales ;
- d'**ententes** facilitées par le petit nombre d'entreprises dans un secteur.

Des règles légales limitent la concentration des entreprises.

C'est pourquoi de nombreux pays, ainsi que l'Union européenne, ont adopté des législations réglementant les opérations de concentration *(article 85 du Traité de Rome, Sherman Act et Clayton Act aux États-Unis)* afin de préserver la concurrence.

En conclusion, le bilan de la concentration doit être nuancé et modulé selon les secteurs d'activité. Utile, voire indispensable dans les domaines où les avantages de coût et le pouvoir de marché liés à la taille sont déterminants dans la lutte concurrentielle, la concentration peut, à l'inverse, être nuisible tant à l'efficacité des firmes elles-mêmes qu'à la concurrence au sein de l'économie.

35

La planification d'entreprise

La planification correspond au désir de piloter l'évolution de l'entreprise, d'adopter une attitude volontariste. Les plans expriment, sur un horizon pluriannuel de 3 à 5 ans, les choix de l'entreprise quant aux objectifs **(planification stratégique),** à la répartition des moyens dans des programmes d'action **(planification opérationnelle)** et dans des budgets **(budgétisation)** qui en sont la traduction financière.

Nous verrons successivement la nature de la planification (Section 1), l'élaboration des plans stratégiques (Section 2), puis leur mise en œuvre dans des programmes et des budgets (Section 3).

SECTION 1
LA NATURE DE LA PLANIFICATION

La planification est un processus qui comporte plusieurs étapes et constitue un outil de gestion spécifique pour l'amélioration du système d'information et de décision de l'entreprise.

I. LES ÉTAPES DE LA PLANIFICATION

Si le diagnostic stratégique, base indispensable de toute planification, répond à la question « qu'est notre entreprise ? », la planification stratégique fournit la réponse à la question « que sera notre entreprise ? » à un horizon à moyen terme quant aux ressources dont elle disposera et à son positionnement concurrentiel. Elle a donc pour objet de forger le futur désiré de l'entreprise. À cette fin elle se décompose en plusieurs étapes.

La planification d'entreprise se décompose en plusieurs étapes : planification stratégique, programmation, budgétisation et analyse d'écarts.

Les étapes de la planification

1. Des **décisions dans le présent** mais concernant l'avenir et portant sur les objectifs et les évolutions, compte tenu des perspectives d'avenir et des conséquences futures (planification stratégique).

2. Des **modalités d'action** (c'est-à-dire des moyens) programmées et étalées dans le temps pour la mise en œuvre des décisions (planification opérationnelle).

3. L'**affectation de ressources financières** pour la réalisation des actions (budgétisation).

4. La **confrontation des résultats** obtenus *aux objectifs* assignés (tableau de bord, analyses d'écarts entre prévisions et réalisations et entre budgets et dépenses).

La planification comporte donc des décisions et des actions. **Les décisions sont actuelles :** planifier, c'est décider aujourd'hui pour demain et non programmer des décisions dans le futur. **Les actions sont pluriannuelles** et étalées dans le temps *(plan à 5 ans).*

La planification comporte des décisions, débouchant sur des actions étalées sur plusieurs années.

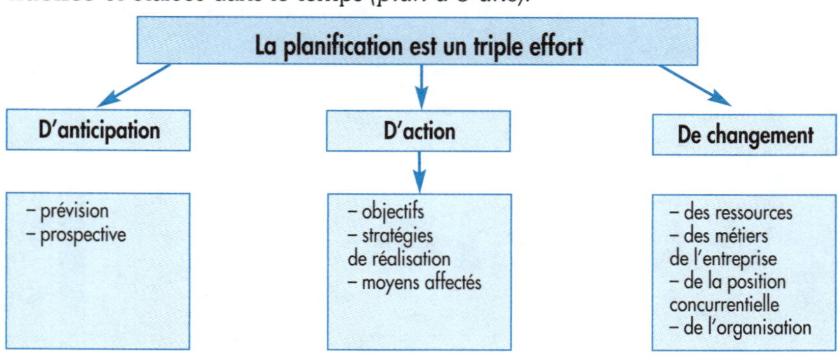

II. LA PLANIFICATION : OUTIL DE GESTION

Le principal intérêt des plans ne provient pas de leur contenu mais de leur élaboration : la planification est plus importante que le plan. La mise en place d'un système de planification présente des avantages décisifs en matière de gestion dans cinq domaines.

Planification et amélioration des méthodes de gestion

- circulation de l'information,
- qualité et densité de la communication,
- effort d'analyse, d'anticipation et de synthèse,
- adhésion et motivation des participants,
- coordination des choix et des actions.

La planification permet d'améliorer l'information et la communication dans l'entreprise ainsi que la qualité des décisions.

Ainsi la planification est source de progrès dans la communication et le mode de réflexion : prise de conscience de phénomènes nouveaux ; compréhension des points de vue des autres, sensibilisation aux changements ; apprentissage de la flexibilité face aux évolutions.

Il en résulte une *amélioration de la qualité des décisions.*

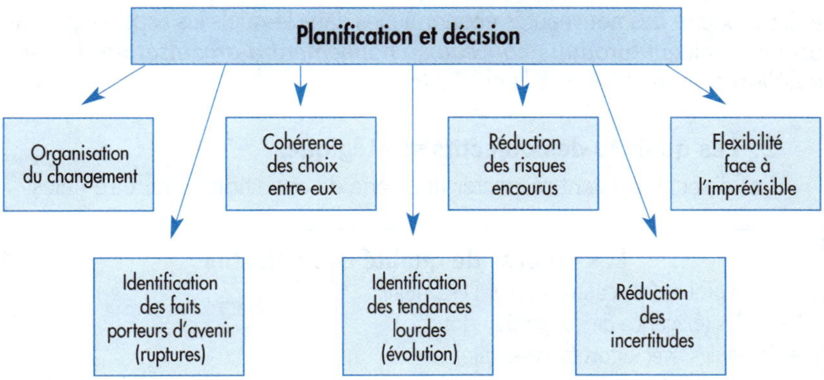

La planification s'est développée pour trois raisons principales :
- l'allongement de l'horizon temporel des entreprises (nécessité d'une perspective et d'un projet à moyen et long terme) ;
- l'accélération des changements de l'environnement technique et commercial (faire face à temps, c'est-à-dire éviter les retards, source de handicaps concurrentiels) ;
- les délais de réalisation des actions (durée des études et recherches, longueur des investissements, durée des actions de reconversion...).

SECTION 2
LA PLANIFICATION STRATÉGIQUE

La planification stratégique constitue la première phase de la procédure de planification. Elle est centrée sur le choix d'objectifs cohérents de développement dans divers domaines explorés par la mise en œuvre d'outils d'anticipation de l'avenir.

I. LES OBJECTIFS DE LA PLANIFICATION STRATÉGIQUE

Les objectifs stratégiques sont la concrétisation à une date donnée des buts généraux et de la finalité de l'entreprise. On y trouve quatre composantes.

1. Les composantes

Les objectifs stratégiques comportent quatre dimensions.

Les objectifs des plans stratégiques

des **axes** directeurs, *(ex. : spécialisation).*	des **trajectoires** à suivre, *(ex. : taux de croissance annuel des ventes).*	des **délais** à respecter, *(ex. : plan à trois ans).*	des **cibles** à atteindre, *(ex. : part de marché de 40 %).*

Les objectifs stratégiques sont à la fois quantitatifs (taux de rentabilité, part de marché) et qualitatifs car la stratégie consiste à réaliser des changements et à introduire des nouveautés économiques dans lesquels les aspects qualitatifs prédominent *(produits nouveaux, changement d'organisation, fusion, amélioration du service à la clientèle).*

2. Les qualités des objectifs stratégiques

Les objectifs doivent respecter une série de conditions pour être utiles.

Plusieurs conditions doivent être réunies pour que les objectifs contribuent à la performance économique de l'entreprise.

Les critères de qualité des objectifs

- petit nombre (concentration sur l'essentiel),
- simples (exigence de compréhension),
- réalisables avec effort (accessibilité),
- justifiés (adhésion),
- acceptés (motivation),
- quantifiés (possibilité de mesure de leur réalisation),
- synthétiques (application générale à toute l'entreprise),
- décomposables en sous-objectifs (ex. : augmentation de la rentabilité de x % = augmentation des ventes de y % + baisse des coûts de z %).

II. LES DOMAINES DE LA PLANIFICATION

La planification stratégique relève de la direction générale tandis que les plans opérationnels concernent les diverses fonctions de l'entreprise.

Alors que la **planification stratégique** est centrée sur les *objectifs* généraux et les axes de développement, la **planification opérationnelle** se focalise sur les *moyens* à mettre en œuvre dans un cadre pluriannuel avec découpage en tranches annuelles. C'est ainsi que le plan d'investissement et le plan de financement constituent deux aspects essentiels de la planification opérationnelle.

Les dimensions de la planification

L'axe commercial
- choix de produits *(ex. : gamme)*,
- choix de clientèle *(ex. : segments)*,
- choix de distribution *(ex. : sélective)*,
- choix d'actions commerciales *(ex. : campagnes publicitaires)*.

⇓

plan de marchéage

L'axe financier
- choix de structure financière,
- choix d'emploi de la CAF *(dividendes ou autofinancement)*,
- choix d'opérations externes *(emprunt, crédit bail)*.

L'axe technique
- effort de recherche-développement,
- orientation de la recherche-développement,
- choix du niveau de qualité.

L'axe social
- choix entre recrutement externe ou interne,
- objectifs de formation et de qualification,
- choix concernant la GPP,
- choix d'intégration et de participation.

Le plan stratégique se décompose en plusieurs plans fonctionnels.

Les divers objectifs stratégiques doivent être intégrés dans un ensemble cohérent correspondant au projet de l'entreprise et à la stratégie globale.

III. LES OUTILS DE LA PLANIFICATION

1. La prospective

La prospective diffère profondément de la prévision qui prolonge le passé pour entrevoir l'avenir (extrapolation des tendances ; validité dans le futur des lois et relations dégagées dans le passé).

• *La démarche prospective*

La prospective est fondée sur l'exploration.

La prospective part du postulat que le futur n'est pas le prolongement du passé. Il n'existe pas un futur prédéterminé mais une série de futurs possibles conditionnés par l'action volontaire de l'entreprise. La planification, dans sa phase d'élaboration, consiste d'abord à concevoir les **différents futurs possibles** puis à définir des stratégies qui permettront :
- l'ajustement à temps de l'entreprise à ces diverses réalisations possibles de l'avenir ;
- la réalisation préférentielle, par des actions volontaristes de l'entreprise, d'un futur souhaitable parmi l'ensemble des futurs possibles.

Les actions de prospective ont ainsi pour objet d'éclairer le présent et de fonder les décisions d'aujourd'hui à la lumière de l'avenir probable et de l'avenir souhaitable.

Caractéristiques et modes de connaissance du futur

	Contenu	Variété	Facteur de détermination	Mode de connaissance
Futur proche	prédéterminé	unique	identifié totalement	prévision (modélisation, extrapolation)
Futur lointain	indéterminé	multiples	partiellement identifié ou repérable	prospective (méthode des scénarios)

La prospective diffère de la prévision par l'horizon des temps considéré, ainsi que par les méthodes d'exploration du futur.

Les méthodes de la prévision s'appliquent au futur proche (*méthodes d'extrapolation, d'ajustement, lois explicatives, modèles mathématiques d'interaction entre variables*), tandis que les méthodes de la prospective (*scénarios; analyse qualitative multicritère; méthode Delphi fondée sur la consultation d'un panel d'experts; méthode de créativité par libre expression et libre association d'idées*) s'appliquent au futur lointain.

• *La méthode prospective*

La prospective repose sur l'élaboration de **scénarios** qui décrivent simultanément des **états futurs** et des **modes de cheminement.**

Pour élaborer des scénarios il faut identifier les invariants, repérer les tendances lourdes et détecter les faits porteurs d'avenir.

La prospective utilise la méthode des scénarios.

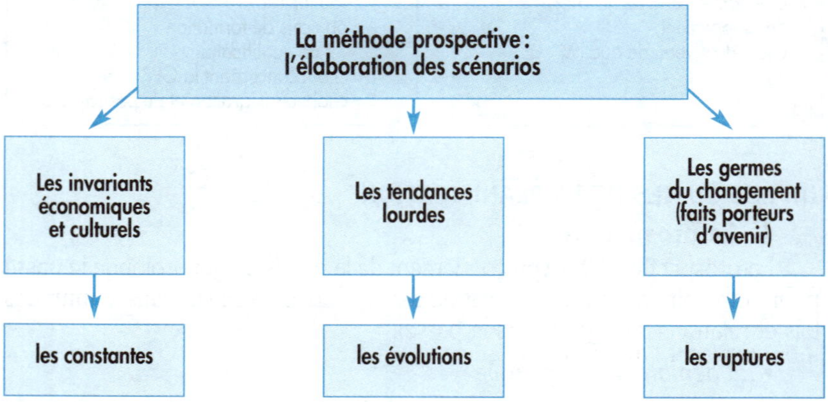

Il s'agit de décrire des états futurs résultant de l'interaction entre des constantes, des tendances et des faits porteurs d'avenir.

La méthode des scénarios aboutit ainsi à une série de futurs possibles correspondant aux multiples combinaisons des hypothèses concernant les constantes, les tendances et les ruptures.

Parmi l'ensemble des scénarios possibles des sous-ensembles de plus en plus restreints sont progressivement dégagés.

- Les scénarios exploratoires élaborés à partir de toutes les hypothèses explorent le champ du possible et recensent toutes les éventualités sans jugement sur leur faisabilité ou leur crédibilité.
- Les scénarios réalisables sont ceux qui résistent à des tests de cohérence par élimination des scénarios irréalistes comportant des incompatibilités dans les évolutions.
- Le scénario de référence est le plus probable compte tenu des tendances lourdes et des stratégies des acteurs sociaux.
- Les scénarios alternatifs ou variantes encadrent le scénario de référence en accordant une importance plus ou moins grande aux évolutions et aux mutations clés (*les technologies émergentes, le télétravail…*).

Parmi les scénarios réalisables on privilégie un scénario de référence et des variantes.

Dans ces variantes, on accorde une grande importance :
- aux **comportements sociologiques** : croyances sociales, évolution des valeurs collectives ;
- aux **phénomènes de substitution** en matière de production (*substitution entre les différentes formes d'énergie*) et de consommation (*substitution entre travail et loisirs ; entre mode de transport individuel ou collectif ; entre consommation et épargne*) ;

- aux **incertitudes techniques** comme la diffusion plus ou moins rapide de nouvelles techniques de conservation, de transport, d'automatisation des diverses activités *(domotique)*.

2. La prévision

La planification dans son élaboration comporte aussi une démarche prévisionnelle.

La planification repose simultanément sur une démarche prospective et sur des méthodes de prévision.

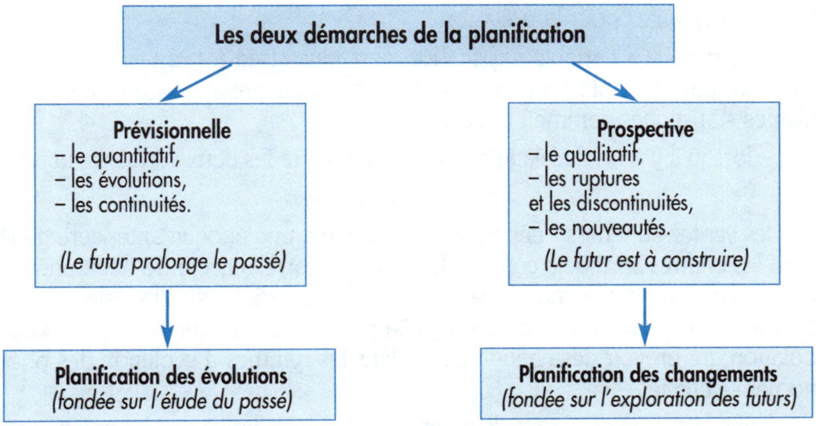

À la différence de la prospective la prévision part du passé et du présent pour explorer l'avenir. Elle est indispensable pour l'élaboration de la **planification opérationnelle** et pour la **budgétisation.**

L a prévision est nécessaire à la programmation et à la budgétisation.

Il existe de multiples méthodes de prévision qui diffèrent par leur coût, leur précision, leur complexité et les données de base utilisées, plus ou moins difficiles à obtenir. Il est souvent nécessaire d'associer plusieurs méthodes pour s'assurer de la **convergence des prévisions** effectuées ou établir une fourchette d'évaluation.

Les méthodes quantitatives sont fondées sur deux grands principes : l'**extrapolation** et la **corrélation.** L'extrapolation consiste à prolonger les tendances observées dans le passé *(le taux de croissance des ventes est de 8 % par an)*. C'est une méthode acceptable en période d'évolution régulière mais elle est dangereuse lorsque des ruptures se produisent dans les phénomènes ou leur rythme d'évolution *(surcapacité nucléaire de la France)*.

La plupart des méthodes de prévision sont fondées sur l'extrapolation du passé et la corrélation entre variables.

Dans l'évolution d'un phénomène au cours du temps on distingue quatre composantes :

- une composante tendancielle constituée par l'évolution du phénomène à long terme ;
- une composante cyclique liée à la conjoncture ;
- une composante saisonnière liée au mouvement saisonnier plus ou moins marqué selon les activités ;
- une composante aléatoire fondée sur la prise en compte d'un grand nombre de phénomènes particuliers et dont il peut être rendu compte par un modèle probabiliste *(loi normale)*.

Dans l'évolution d'un phénomène, on distingue généralement quatre composantes.

L'inconvénient de l'extrapolation est de ne reposer sur aucune explication des phénomènes constatés ou dégagés. Au contraire la corrélation rap-

La corrélation traduit le lien existant entre deux phénomènes.
Il ne faut cependant pas confondre la corrélation avec la causalité.

proche deux phénomènes l'un de l'autre *(par exemple les ventes et le revenu des ménages).* On dit qu'il y a une **variable expliquée** *(l'évolution des ventes de l'entreprise)* et **une variable explicative** *(l'évolution du revenu).*

On peut calculer le coefficient de corrélation pour s'assurer de la stabilité de la liaison entre les deux phénomènes, ou bien procéder à un ajustement (par exemple par la méthode des moindres carrés) entre les chiffres relatifs aux deux variables liées l'une à l'autre. Les méthodes de corrélation et d'ajustement sont utiles pour la prévision :

– lorsque la « variable explicative » est plus aisée à prévoir que l'autre variable (par exemple parce qu'elle fait l'objet de prévisions par des organismes statistiques comme l'INSEE) ;

– lorsqu'il y a un décalage dans le temps entre les deux variables du type

$$V_t = f(R_{t-1})$$

les ventes au temps t dépendant du revenu à une époque antérieure (t -1) dont les chiffres sont déjà connus. Bien que la corrélation entre deux phénomènes ne signifie nullement que l'un soit la cause de l'autre (ils peuvent par exemple avoir une cause commune) elle permet, mieux que la simple extrapolation, de prévoir des changements dans les rythmes d'évolution des phénomènes étudiés.

Plusieurs approches qualitatives permettent également de faire des prévisions.

Enfin la prévision, comme la prospective, peut se fonder sur des **méthodes qualitatives** telles que : le jugement convergent d'**experts** du domaine étudié (marché ; technique) ; l'étude d'un **panel** (de distributeurs, de consommateurs) ; la réalisation d'une **étude de marché.**

Comme nous l'avons vu, il est nécessaire d'associer diverses approches pour s'assurer de la convergence des prévisions.

SECTION 3
LA MISE EN ŒUVRE DES PLANS

I. LES PLANS OPÉRATIONNELS

1. La programmation

Les plans opérationnels sont des programmes d'action.

Le plan stratégique porte sur les objectifs et les axes d'orientation de l'activité à moyen terme (5 ans) exprimés en termes qualitatifs sous forme de propositions générales *(quels seront nos divers métiers à l'horizon de cinq ans et leurs parts respectives ?)*. D'une façon générale, la planification stratégique répond à la question : « Que faire et où aller ? »

Mais la stratégie globale doit être **décomposée**, **quantifiée** et **programmée** dans le temps. Tel est le triple rôle des plans opérationnels qui répondent à la question : « Comment y aller ? ». Les **plans opérationnels,** également appelés programmes, définissent les **modalités de réalisation dans le temps** des stratégies choisies. Ils sont relatifs à la mise en œuvre de la stratégie retenue.

Les programmes d'action concrétisent la stratégie en répartissant les objectifs et les moyens dans le temps et par fonction.

Le plan opérationnel décompose la stratégie globale en **stratégies fonctionnelles** interdépendantes (traduites dans des programmes ou plans d'action opérationnels) pour assurer la cohérence des évolutions. Les diverses stratégies sont décomposées en **tranches annuelles** de réalisation détaillant les objectifs à atteindre *(ventes, coûts)* et les moyens affectés.

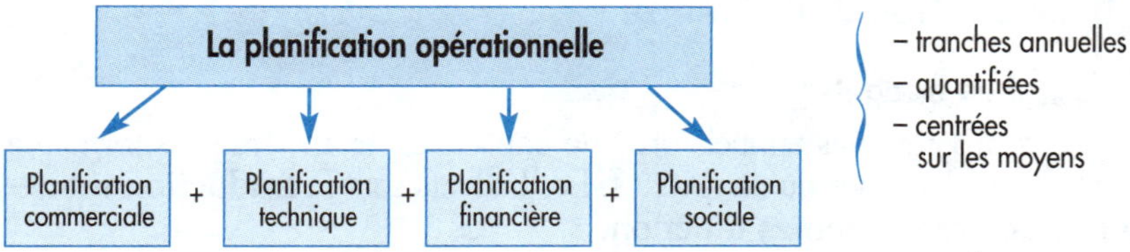

Le plan opérationnel, établi pour chaque fonction, chaque division et plus généralement pour chaque centre de responsabilité, fixe :

- les **objectifs** assignés *(les ventes, la productivité technique)* selon un programme pluriannuel de 3 à 5 ans décomposé en tranches annuelles ;
- les **moyens** affectés : investissements à réaliser, embauche ou formation de personnel ;
- les **actions** à engager ;
- le **calendrier** des opérations.

Quatre éléments principaux caractérisent les plans opérationnels.

2. Les conditions de succès de la planification

La réussite de la planification de l'entreprise exige le respect de quatre exigences :

- que les plans soient **élaborés** (les entreprises japonaises « perdent » beaucoup de temps à cette élaboration pour « gagner » ensuite beaucoup de temps dans leur application efficace) ;
- que les plans soient **négociés** (la négociation des plans les enrichit de visions diverses et favorise l'adhésion) ;
- que les plans soient **écrits** (la formalisation permet d'en vérifier la cohérence et d'éviter les ambiguïtés lors de l'application) ;
- que les plans soient **diffusés** auprès des services concernés (pour expliciter les objectifs généraux et permettre aux divers intervenants d'insérer leurs activités dans la stratégie globale de l'entreprise : donner un sens au travail effectué ; réaliser le travail en l'imprégnant des objectifs stratégiques).

Quatre conditions doivent être réunies pour que la planification soit efficace.

Les plans opérationnels sont synthétisés dans le plan d'investissement et de financement qui en constitue l'une des dimensions essentielles.

Plan de financement et d'investissement

	Exercice (n)	Exercice (n + 1)	Exercice (n + 2)	Exercice (n + 3)	Exercice (n + 4)
1. Besoins de financement Investissement de renouvellement Investissements nouveaux • matériels • financiers • incorporels Investissement en fonds de roulement Remboursement d'emprunts Dividendes distribués Autres Besoins					
Total des Besoins					
2. Ressources de financement Capacité d'autofinancement Cessions d'actifs Subventions Augmentations de capital Emprunts Recouvrements sur prêts Autres ressources					
Total des Ressources					
Solde : Variation annuelle de trésorerie Trésorerie initiale Situation de trésorerie en fin d'exercice					

II. LA GESTION BUDGÉTAIRE

1. Les budgets

Les programmes annuels ont une implication financière sous forme de budgets de dépenses ou de recettes. Les budgets sont la **traduction monétaire des programmes d'action.**

Les budgets découlent des programmes d'action dont ils sont l'expression financière.

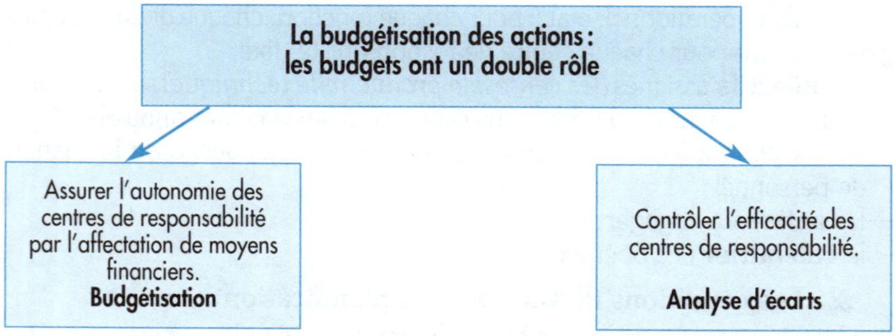

Le budget c'est donc à la fois :
- un centre de **responsabilité** (un responsable) ;
- un centre de **ressources** (un financement) ;
- un centre **d'activité** (des objectifs).

Chaque centre de responsabilité doit être doté d'un budget et responsable de sa réalisation.

Chaque chef d'unité est doté d'un budget annuel dont il est libre quant à l'affectation *(autonomie)* et dont il doit rendre compte en ce qui concerne les résultats obtenus *(responsabilité).*

Pour faciliter le contrôle de gestion les budgets doivent distinguer les charges fixes, indépendantes de l'activité, et les charges variables dont le montant dépend de l'efficacité du gestionnaire.

Le budget, comme le programme d'action, est généralement annuel.

La plupart des budgets sont annuels ; mais des périodicités plus fréquentes peuvent être utiles. La fixation de la périodicité des budgets dépend d'un arbitrage entre les coûts d'élaboration des budgets et les avantages d'un suivi des réalisations à échéances rapprochées *(semestre, trimestre).* Certains budgets importants et synthétiques peuvent faire l'objet d'un suivi mensuel *(budget de trésorerie).* L'informatisation de la procédure budgétaire permet de rapprocher la fréquence des contrôles budgétaires.

2. La coordination des budgets

La cohérence des plans se traduit dans l'articulation des budgets qui découlent les uns des autres pour aboutir au budget de trésorerie générale.

Il existe une hiérarchie des budgets conduisant du budget initial au budget de trésorerie.

Il faut distinguer deux situations :
- lorsque l'entreprise est face à une demande limitée les prévisions budgétaires doivent être élaborées à partir des ventes réalisables (et donc du *budget des ventes*) d'où découlent les autres budgets ;
- lorsque, compte tenu de sa capacité de production, l'entreprise ne parvient pas à faire face à la demande c'est à partir des prévisions de production (et du *budget de production*) que les autres budgets doivent être élaborés.

Il en résulte une hiérarchie budgétaire : du programme des ventes découlent tous les budgets d'exploitation.

Aux budgets relatifs à l'exploitation, il faut ajouter les budgets d'investissement et de financement.

Le compte de résultat prévisionnel se déduit de tous les budgets d'exploitation (de recettes et de dépenses) auxquels on ajoute les charges calculées (dotations aux amortissements).

L'articulation des budgets

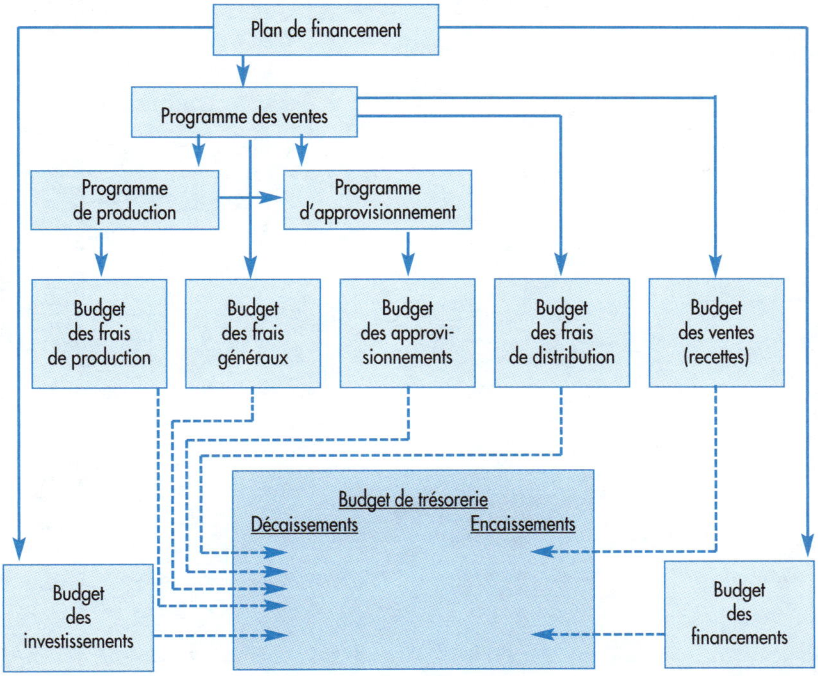

A l'ensemble des budgets d'exploitation il faut adjoindre les budgets décrivant les recettes et les dépenses hors exploitation. Chaque tranche annuelle du plan d'investissement et de financement se décompose en deux budgets :
- les acquisitions et les cessions d'actifs constituent le **budget des investissements** ;
- les nouveaux financements ainsi que les remboursements de dettes parvenues à échéance constituent le **budget des financements.**

Le budget initial est généralement le budget des ventes.

L'ensemble de tous les budgets réunis permet d'obtenir deux documents : le **budget de trésorerie,** puis le **bilan prévisionnel.** L'étude de l'équilibre de ces deux documents (solde de trésorerie ; fonds de roulement…) constitue un **test de la cohérence financière** des divers plans. En cas de déséquilibre la procédure d'élaboration des budgets doit être reprise sur la base de nouvelles prévisions de ventes et de production, voire de redimensionnement ou d'étalement dans le temps des investissements et de recours à d'autres sources ou modes de financement.

Le budget de trésorerie doit être équilibré.

3. Le contrôle budgétaire

L'élaboration des budgets est utile, comme nous l'avons vu, pour tester la cohérence des actions, faire les prévisions de recettes et de dépenses et obtenir une évaluation prévisionnelle du résultat et de la trésorerie.

Les budgets jouent également un rôle essentiel en matière de contrôle de gestion par la mise en évidence **d'écarts** entre les prévisions et les réalisations pour chaque centre de responsabilité.

L'écart global est décomposé pour chaque budget en quatre : sur quantités (écart sur volume), sur prix (écart sur budget), sur activité et sur rendement.

La recherche des **causes d'écart** conduit à distinguer les causes externes et les causes internes dues à la gestion de l'entreprise. Elle permet ainsi d'**imputer les responsabilités,** d'**engager des actions correctives** ou de **réviser les plans d'action.**

Après exécution des budgets, la comparaison des dépenses aux budgets permet de calculer des écarts, d'imputer les responsabilités et d'engager des actions correctives ou de réviser les plans établis.

TABLE DES MATIÈRES

TITRE I. INTRODUCTION À L'ENTREPRISE

TITRE II. LES ACTIVITÉS DE L'ENTREPRISE

SOUS-TITRE I : L'ACTIVITÉ COMMERCIALE

SOUS-TITRE II : LA LOGISTIQUE ET L'APPROVISIONNEMENT

TITRE III. LE FINANCEMENT DE L'ENTREPRISE

TITRE VI. LA STRATÉGIE DE L'ENTREPRISE

SOUS-TITRE I : L'ANALYSE STRATÉGIQUE

INDEX

A

B

C

D

E

F

G

M

N

O

P

Q

R

S

T

U

V

W

Y

COMPOSITION : STDI
ÉDITIONS FOUCHER, 58 RUE JEAN BLEUZEN 92178 VANVES CEDEX – N° 51354 – octobre 2004 – 01 – FM-MCS/SM

NORMANDIE ROTO IMPRESSION S.A.S. – N° D'IMPRIMEUR 04-2505 – *Imprimé en France*